Schweizer Geschichtsbuch

2

Neue Ausgabe

Vom Beginn der Neuzeit bis zum Ersten Weltkrieg

Herausgegeben von
Christophe Gross

Erarbeitet von
Patrick Grob
Christophe Gross
Beat Hatz
Martin Kloter
Klaus Pflügner
Marianne Rosatzin

ONLINE-Angebot Die Webcodes zum Lehrwerk geben Sie auf
www.cornelsen.de/webcodes ein.

Cornelsen

Schweizer Geschichtsbuch. Neue Ausgabe
Band 2: Vom Beginn der Neuzeit bis zum Ersten Weltkrieg

Herausgegeben von
Christophe Gross (Uster)

Erarbeitet von
Patrick Grob, Boningen; Christophe Gross, Uster; Beat Hatz, Felsberg; Martin Kloter, Bern;
Klaus Pflügner, Mörfelden-Walldorf; Marianne Rosatzin, Winterthur

Mit Beiträgen von Dagmar Bäuml-Stosiek, Helmut Meyer, Thomas Notz, Robert Rauh,
Dr. Birgit Stalder, Dr. Matthias Steinbrink, Dr. Sonja Tophofen

Redaktion: Klaus Pflügner
Bildassistenz: Susann Wieja
Grafiken und Karten: Dr. Volkhard Binder, Telgte; Carlos Borrell Eiköter, Berlin;
Elisabeth Galas, Bad Breisig; Erfurth Kluger Infografik GbR, Berlin; Peter Kast, Wismar;
Klaus Kühner, Hamburg; Uwe Rogal, Berlin
Umschlaggestaltung: Ungermeyer, grafische Angelegenheiten, Berlin
Layout und technische Umsetzung: tiff.any GmbH, Berlin/Uwe Rogal

Umschlagbild: Eidgenössisches Schützenfest in Zürich, 1834
Schweizerisches Nationalmuseum, Landesmuseum Zürich

Das Lehrwerk enthält Fremdtexte, die aus didaktischen Gründen gekürzt wurden;
sie sind in den Literaturangaben mit * gekennzeichnet. Fremdtexte, die gekürzt
und bearbeitet wurden, sind mit ** gekennzeichnet.

www.cornelsen.ch

Die Webseiten Dritter, deren Internetadressen in diesem Lehrwerk angegeben sind,
wurden vor Drucklegung sorgfältig geprüft. Der Verlag übernimmt keine Gewähr
für die Aktualität und den Inhalt dieser Seiten oder solcher, die mit ihnen verlinkt sind.

1. Auflage, 2. Druck 2021

Alle Drucke dieser Auflage sind inhaltlich unverändert
und können im Unterricht nebeneinander verwendet werden.

Druck: Mohn Media Mohndruck, Gütersloh

ISBN 978-3-06-065752-0 (Schülerbuch)
ISBN 978-3-06-065758-2 (E-Book)

So arbeitest du erfolgreich mit dem Schweizer Geschichtsbuch

Hier bekommst du einige Hinweise, die dir helfen, dich in diesem Buch gut zurechtzufinden:

Sich orientieren

Jedes Kapitel beginnt mit der *Auftaktdoppelseite*, die zeigt, worum es in diesem Kapitel geht. Das Bild zeigt ein wichtiges Thema, das in diesem Kapitel behandelt wird. Der Text führt dich in das Kapitelthema ein. Die Zeitleiste gibt dir den Zeitraum an, mit dem du dich beschäftigen wirst.

Auftaktseiten

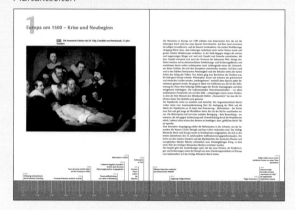

Ein Thema untersuchen

Die Themenseiten präsentieren sich als Doppelseiten (Kapitel 1 und 2) und als doppelte Doppelseiten. Ein *Darstellungstext* des Autors bzw. der Autorin umreisst das Thema auf einer bzw. auf zwei Seiten. Hier finden sich auch Bilder, die das Thema verdeutlichen, und Erklärungen in der Randspalte, die dir das Verstehen wichtiger Begriffe erleichtern. Mit einem oder mehreren Arbeitsaufträgen kannst du den Darstellungstext erschliessen. Auf der *Quellenseite* bzw. den *Quellenseiten* findest du historische Texte, Bilder, Karten und Grafiken, die es ermöglichen, das Thema der Doppelseite aus zeitgenössischer Sicht zu bearbeiten. Manchmal findet sich dort auch ein Text eines modernen Historikers, der ein Problem aus heutiger Sicht beleuchtet. Die Arbeitsaufträge sind den jeweiligen Quellen zugeordnet und helfen dir, die Materialien dieser Seite erkenntnisbringend zu bearbeiten.

Darstellungsseiten

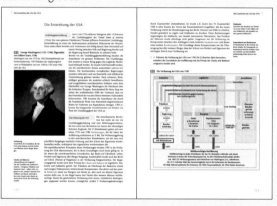

Quellenseiten

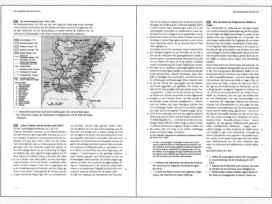

Über „Webcodes" digitale Angebote nutzen

Passend zu diesem Buch gibt es in den Kapiteln Hinweise auf zusätzliche Angebote im Internet (z. B. von Museen, Archivmaterial u. a.). Beides findest du mithilfe der Webcodes, die auf einigen Seiten abgedruckt sind, z. B.

📹 cornelsen.de/Webcodes
➕🔊 Code: namiwu

So geht es:
1. Gehe auf die Seite www.cornelsen.de
2. Gib dort den Webcode ein, der auf der Schulbuchseite abgedruckt ist, und du findest ein passendes Angebot.

Methodisch arbeiten

Für den Geschichtsunterricht eignen sich besondere Arbeitsmethoden. Diese werden auf den *Methodendoppelseiten* gesondert vorgestellt. Dort lernst du, wie man schriftliche Quellen, Bilder, Karten, Karikaturen, Statistiken, Grafiken oder politische Reden systematisch und fachgerecht auswertet. Eine Zusammenfassung dieser und anderer wichtiger Methoden, die *Methodenübersicht*, findest auf S. 379.

Methodenseiten

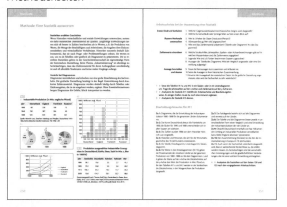

Zusammenfassen

Auch diese Seiten sind Doppelseiten. Auf der *linken* Seite fasst ein bebilderter Text den Inhalt des Kapitels zusammen. Auf der *rechten* Seite werden die wichtigsten Daten des Kapitels vorgestellt. Darüber hinaus werden Materialien und Arbeitsaufträge angeboten, mit denen du klären kannst, ob du wichtige Inhalte verstanden hast. Mit den Texten *Geschichte kontrovers* kannst du lernen, wie sich die Wissenschaft mit umstrittenen historischen Themen auseinandersetzt.

Zusammenfassungsseiten

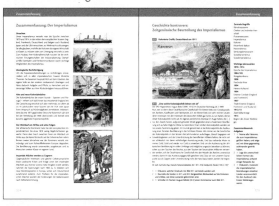

Historische Begriffe lernen

Dieser Abschnitt stellt die Begriffe zusammen, die für das Verständnis der Zeit, die im Buch behandelt wird, zentral sind. Du kannst auf sie während der Behandlung eines Themas zurückgreifen. Sie dienen aber auch als Lernstoff für dich selbst. Diese Begriffe enthalten z. T. auch die Randspaltenerklärungen auf den Themenseiten.

Sachverhalte im Buch finden

Mit dem Stichwortverzeichnis („Register") am Ende des Buchs kannst du herausfinden, auf welchen Seiten ein bestimmter Sachverhalt behandelt wird.

Begriffslexikon

Europa um 1500 – Krise und Neubeginn

M1 Die Anatomie-Lektion des Dr. Tulp, Gemälde von Rembrandt, 17. Jahrhundert

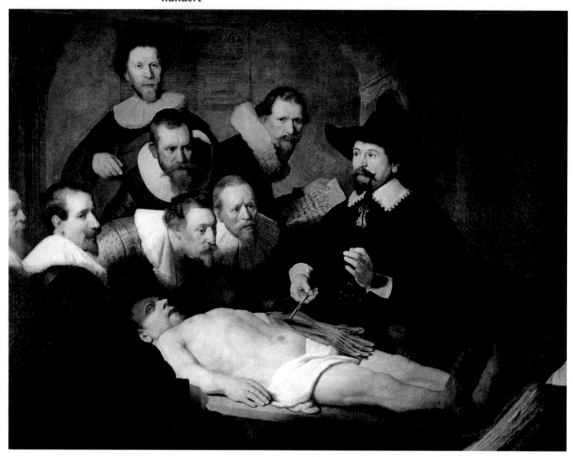

1450
Erfindung des Buchdrucks
durch Johannes Gutenberg

1492
Christoph Kolumbus entdeckt Amerika

1498
Vasco da Gama endeckt Indien
auf dem Seeweg um Afrika

1517
Thesenveröffentlichung
von Luther in Wittenberg

1522
Ferdinand Magellans Expedition
erreicht nach der ersten
Weltumsegelung ihren Ausgangshafen

1525
Reformation in Zürich

1532
Francisco
Pizarro
erobert
das
Inkareich

1536
Reformation
in Genf

| 1450 | 1460 | 1470 | 1480 | 1490 | 1500 | 1510 | 1520 | 1530 |

Die Menschen in Europa um 1500 erlebten eine krisenreiche Zeit, die mit der bisherigen brach und eine neue Epoche hervorbrachte. Auf dem Land verarmten die adligen Grundherren, und die Bauern verelendeten. Ein starker Bevölkerungsrückgang führte dazu, dass bisheriges Ackerland nicht weiter bebaut wurde und grosse Gebiete Mitteleuropas verödeten. In der Stadt dagegen stiegen die reichen und wagemutigen Bürger auf, weil sich Handel und Gewerbe entwickelten. Mit dem Handel erweiterte sich auch der Horizont der bekannten Welt. Mutige Seefahrer brachen auf zu abenteuerlichen Entdeckungs- und Eroberungsfahrten und erschlossen damit vorher unbekanntes Land. Leidtragende waren die Ureinwohner dieser Gebiete, die sich den Europäern unterwerfen mussten. Auf dem Land und in den Städten bestimmten Frömmigkeit und alte Bräuche neben der harten Arbeit den Alltag des Volkes. Von Italien ging eine Revolution des Denkens aus, die bald ganz Europa erfasste. Philosophie, Kunst und Literatur der griechischen und römischen Antike wurden „wiedergeboren", weshalb diese Epoche später Renaissance genannt wurde. Sie ging vor allem von Gelehrten aus, die bei der Erforschung der Natur über bisherige Erklärungen der Kirche hinausgingen und diese weitgehend widerlegten. Die aufkommenden Naturwissenschaften – vor allem medizinische Fortschritte wie auf dem Bild – entsprangen einem neuen Denken, in dem der freie Mensch den Mittelpunkt bildete: „Humanisten" hat man die Gelehrten dieser Zeit deshalb auch genannt.

Die Papstkirche verlor an Ansehen und Autorität. Der Augustinermönch Martin Luther stiess eine Auseinandersetzung über die Auslegung der Bibel und die Macht der Papstkirche an. Er hatte eine Erneuerung – Reformation – der Kirche zum Ziel und galt lange als Wortführer derer, die mit der Kirche unzufrieden waren. Die Reformation traf mit einer sozialen Bewegung – dem Bauernkrieg – zusammen, die sich gegen Ausbeutung und Unterdrückung durch die Feudalherren erhob. Luthers Lehre schien den Bauern zu bestätigen, dass „göttliches Recht" für sie spreche.

Eine besondere Ausprägung erfuhr die Reformation in der Schweiz, mit der besonders die Namen Ulrich Zwingli und Jean Calvin verbunden sind. Das Heilige Römische Reich und Europa waren in Konfessionen aufgespalten, die sich in den letzten Jahrzehnten des 16. Jahrhunderts waffenstarrend gegenüberstanden. Der Streit um den rechten Glauben und das Machtstreben der deutschen Fürsten und europäischen Mächte führten schliesslich zum Dreissigjährigen Krieg, in dem weite Teile des Heiligen Römischen Reiches verwüstet wurden.

Das Kapitel geht den Auswirkungen nach, die das neue Denken, die Entdeckungen und Eroberungen sowie der Kampf um neue Glaubensgrundsätze auf Europa und insbesondere auf das Heilige Römische Reich hatten.

1633
Galileo Galilei muss in einem
kirchlichen Prozess von seiner These
abschwören

1543
Nikolaus Kopernikus verkündet
das heliozentrische Weltbild

1619
Johannes Kepler
formuliert im Buch
„Harmonien der Welt"
die sogenannten
Keplerschen Gesetze

1555
Augsburger Religionsfrieden

1618
Prager Fenstersturz

1550   1560   1570   1580   1590   1600   1610   1620   1630

Renaissance und Humanismus

Die Gesellschaft wandelt sich

M1 **Ein Arzt in Pest-schutzkleidung, Kupfer-stich, um 1720.**
Mediziner gingen zur Zeit der Pest von der Vorstellung aus, dass die Pesterreger über die Atemluft verbreitet würden, und schützten sich deshalb mit einem Ganzkörperge-wand. Die schnabelähnliche Maske war mit Kräutern ge-füllt, welche die eindringende Luft reinigen sollten

Klimawandel und Pest

Zu Beginn des 14. Jahrhunderts mehrten sich die Berichte von endlosen Niederschlägen, Schneefällen in den Sommermonaten und viel zu tiefen Temperaturen. Der damit beginnende Zeitabschnitt der Klimageschichte wird als „Kleine Eiszeit" bezeichnet. Grundnahrungsmittel konnten weder ausreichend keimen noch trocken geerntet und gelagert werden und verfaulten deshalb. Für die Bevölkerung hatten diese Missernten schwerwiegende Konsequenzen. Die in weiten Teilen Europas äusserst knappen Lebensmittelbestände führten zu starken Verteuerungen und zu grossen Hungersnöten. Erschwerend hinzu kamen Pestwellen – zuerst die Rinderpest, die die Menge an Milcherzeugnissen drastisch verknappte. Dann verstarben die durch Hungerkrisen ausgemergelten Menschen massenhaft an der Beulenpest. Dieser Pestbazillus stammte aus Zentralasien, wurde durch Rattenflöhe übertragen und verbreitete sich entlang den Handelsrouten nach Europa. Die Erkrankung zeigte sich vor allem an schwarzen Pestbeulen und führte meist zu einem raschen Tod. Da gerade in den wachsenden und neu entstehenden Städten die Menschen dicht beisammen und in prekären hygienischen Verhältnissen wohnten, konnten sich die Ratten und damit die Pest stark verbreiten. Insgesamt starb an der Pestwelle von 1347–1353 ungefähr ein Drittel der Bevölkerung Europas.

Gesellschaftlicher Wandel

Vor allem für die Landwirtschaft hatte die Pestepidemie drastische Folgen, da die Bevölkerungsverluste zu einem Preisverfall von Agrarerzeugnissen führten. Überall dort, wo ungünstiges Klima oder schlechte Bodenbeschaffenheit vorherrschten, entvölkerten sich die ländlichen Gebiete. Die Menschen zogen in die Städte, die nach der Pest viel Platz und Arbeit boten. Die Grundherren verloren durch Preisverfall und durch Bevölkerungsabwanderung ihre Einnahmequellen und konnten kein standesgemässes Leben mehr führen. In den städtischen Gewerben stiegen die Löhne, verursacht durch den zunehmenden Handel sowie durch die Pest, die die Zahl der Arbeitskräfte senkte. Neue Gewerbe wie Uhrmacherei, Seidenweberei und Papierherstellung blühten auf. Durch den städtischen Reichtum konnten sich viele Bürger hochwertige Handwerks- und Handelswaren leisten. Dies führte zu besseren Lebensbedingungen in den Städten und damit zu einem verstärkten Städtewachstum.

Das Verlagswesen sowie die Manufakturen (s. S. 70) profitierten von der zunehmenden Zahl an Geldgebern (Banken) und städtischen Arbeitskräften. Beide Produktionsformen hatten gemeinsam, dass in grösseren Mengen Produkte für einen grossen Verbraucherkreis hergestellt werden konnten. In beiden Produktionssystemen strich der Geldgeber den grössten Ertrag ein, während sowohl die Bauern im Verlagssystem als auch die Handwerker in der Manufaktur kaum profitierten. So entstand eine neue gesellschaftliche Kraft, die in der städtischen Lebenswelt tonangebend wurde: die besitzenden Bürger.

1 ■ Nimm Stellung zur These „Das Klima macht Geschichte".
2 ■ Erkläre, welche Bedeutung Klimaveränderung und Pestseuche im 14. Jahrhundert für den Wandel der städtischen und ländlichen Gesellschaft hatten.
3 ■ Beschreibe, wie es zur Herausbildung des neuen Bürgerstandes kam.

Renaissance-Quiz
cornelsen.de/Webcodes
Code: namiwu

M2 **Altersaufbau der Einwohner der Stadt Zürich und ihrer Vororte 1637 (1813 Männer, 2089 Frauen)**

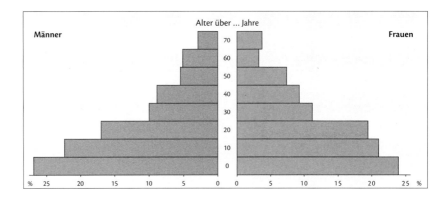

M3 **Alter und Lebenserwartung um 1400**

Aus den Aufzeichnungen des Basler Steuer- und Kaufhausschreibers Konrad Iselin 1395–1424:

1401 nahm ich am Tag der hl. Lucia und Jodok [13.12.] Agnes zur Frau. Wir bekamen innerhalb von zwei Jahren einen Sohn, Johannes, und eine Tochter, Elsine.

1405 starb meine Frau am Allerheiligentag [14.11.].

5 1406 nahm ich am dritten Tag nach St. Barbara [14.6.] Clara zur Frau.

1408 wurde meine Tochter Gretel am Vortag des Kreuzerhöhungsfestes [13.9.] geboren; Paten waren der Stadtschreiber, Frau Dreimass [die Gattin eines Ratsherrn aus der 10 Zunft der Weinkaufleute] und die Frau zur Freudnau [reiche Hausbesitzerin].

1410 wurde meine Tochter Agnes am Sonntag vor St. Simon und Juda [26.10] geboren […].

1411 starb meine Frau Clara am 5. Tag nach St. Lucia [18.12.], 15 als sie einen Sohn geboren hatte. […] Und Mutter und Sohn starben beide nachts zwischen 11 und 12 Uhr.

1412 nahm ich an Aschermittwoch [17.2.] Else zur Frau. Sie gebar mir [1413] eine Tochter gleichen Namens; Paten waren Speirer, der Kaufagent aus der Gärtnerzunft, die Frau des 20 Krämerzunftmeisters Heinrich von Biel und die Frau von Nikolaus Gottschalk aus der Krämerzunft. Das Kind wurde 18 Wochen alt und starb an Karfreitag 1413 [21.4.].

1414 wurde mein Sohn Johannes am Agnestag [21.1.] geboren; Paten waren Johannes Bömli [vermögender Hausbesit-25 zer], der Ratsherr der Schneiderzunft Hans Kesseler und die [hausbesitzende] Witwe Anna Schöderlin.

1418 wurde meine Tochter Agnes am Tag Mariä Himmelfahrt [15.8.] geboren; Paten waren [der Tuchhändler und Zunftmeister] Konrad Siebental und die Frau des Bäcker-30 meisters Franz Oltinger […].

1418 starb meine Tochter Gretel am Sonntag vor Michaelis [25.9.].

1424 starb meine Frau Elsse – Gott hab sie selig – am fünften Tag nach St. Georg [27.4.].

Zit. nach: Norbert Fuchs/Werner Goez, Die deutsche Stadt im Mittelalter, München (Oldenbourg) 1977, S. 47**

4 ■ Formuliere ausgehend von M2 und 3 Hypothesen und Fragen zur Lebenserwartung um 1500 und vergleiche mit heute. Erläutere zudem, was M3 über die sozialen Verhältnisse in der Stadt aussagt.

M4 **Vom Leben der Ritter**

Der Reichsritter Ulrich von Hutten (1488–1523, s. S. 182) beschrieb Anfang des 16. Jahrhunderts in einem Brief an seinen Freund Willibald Pirckheimer (1470–1530) das Leben auf seiner Burg in Osthessen. Pirckheimer war ein wohlhabender Ratsherr in Nürnberg:

Es steht um uns Ritter so, dass mir die Zeit keine Ruhe gönnte, auch wenn ich ein noch so ansehnliches Erbe besässe und von den Einkünften meines Besitzes leben könnte. Man lebt auf dem Felde, im Wald und auf jenen Burgen. Die uns ernähren, sind bettelarme Bauern, denen wir unsere Äcker, 5 Wiesen und Wälder verpachten. Der Erwerb, der daraus eingeht, ist im Verhältnis zur Arbeit, die er kostet, schmal. […] Sodann müssen wir uns in den Dienst eines Fürsten stellen, von dem wir Schutz erhoffen dürfen: denn andernfalls glauben alle, die könnten sich alles gegen mich herausnehmen. 10 Stehe ich aber im Dienste, so ist auch jene Hoffnung wieder gepaart mit Gefahr und täglicher Furcht. Gehe ich nämlich von Hause fort, so muss ich fürchten, dass ich auf Leute stosse, mit denen der Fürst […] Fehde oder Krieg hat, und sie mich unter diesem Vorwand anfallen und wegschlep-15 pen. Wenn es dann mein Unstern will, so geht die Hälfte meines Erbgutes darauf, mich wieder loszukaufen, und so droht gerade da ein Angriff, wo ich Schutz erhofft hatte.

Zit. nach: Heinz Schilling, Aufbruch und Krise. Deutschland 1517–1648, Berlin (Siedler) 1988, S. 134f.*

5 ■ Skizziere die Lebenssituation der einfachen Ritter um 1500 (M4).

6 ■ Schreibe eine Antwort Willibald Pirckheimers an Ulrich von Hutten (M4), in der er seine eigenen materiellen Lebensumstände schildert. Ziehe Schlüsse auf die Lebensverhältnisse von niedrigem Adel und Stadtbürgern.

Wirtschaft und Geld

M1 Aufbau einer Handelsgesellschaft, um 1500

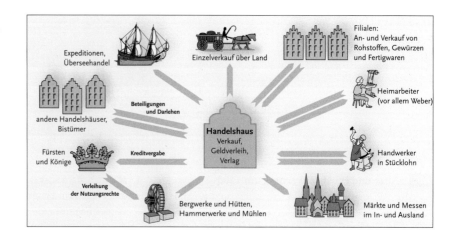

Wechselbrief
Mit diesen Urkunden sicherten sich Handelshäuser Zahlungen zu. Sie waren nur zwischen den genannten Personen gültig und ansonsten als Urkunde wertlos. Dadurch reisten Handelsreisende ohne Bargeld und reduzierten so den Anreiz für Wegelagerer.

M2 Jakob II. Fugger, der Reiche (1459–1525), Ölgemälde von Albrecht Dürer, um 1520.
Fugger war zwischen 1495 und 1525 der bedeutendste Kaufmann, Bergbauunternehmer und Bankier Europas

Handel und Fernhandel

Das besitzende Bürgertum konnte neben den Gewinnen aus Verlagswesen und Manufakturen auf eine dritte Einnahmequelle zählen, den Handel. Es bildeten sich städtische Handelshäuser, die Vertretungen in vielen Städten Europas hatten, wo Produkte aus dem Fernhandel auf den lokalen Märkten gewinnbringend abgesetzt wurden. Der Aufschwung breitete sich über die norditalienischen Handelszentren Genua, Venedig, Pisa, Mailand und Florenz Richtung Norden aus und erreichte u. a. Augsburg, Amsterdam, Leipzig, Frankfurt am Main, London, Lissabon, Hamburg und viele mehr. Die Handelshäuser gingen zunehmend zu bargeldloser Zahlung über. Sogenannte Wechselbriefe garantierten dem Verkäufer, dass er den ausstehenden Betrag von einem Vertreter des kaufenden Handelshauses in einer anderen Stadt erhalten würde. Die Banca, italienisch für den Wechseltisch, wurde zusehends bedeutsam und mit ihr die Wechsel- und Kreditgeschäfte.

Grosse Handelshäuser

Der Augsburger Jakob Fugger etablierte einen Baumwollhandel mit Italien und stieg zu einem der reichsten Bürger seiner Zeit auf. Seine Gewinne investierte er in Bergbau und Bankgeschäfte. Geschickt brachte er die Fürsten, die einen sehr luxuriösen Lebensstil pflegten, durch Kreditgeschäfte in finanzielle Abhängigkeit. Im Gegenzug sicherte er sich Schürfrechte in Minen auf den Ländereien der Adeligen. Dadurch erarbeitete er sich eine Monopolstellung auf vielen Warenmärkten. Sein immenser Reichtum ermöglichte ihm zusehends politischen Einfluss.
Ein ähnliches Beispiel war die „Diesbach-Watt-Gesellschaft" aus der Schweiz. Der in ärmlichen Verhältnissen aufgewachsene Niklaus von Diesbach absolvierte in Frankreich eine Ausbildung zum Goldschmied und wurde zu einem erfolgreichen Kaufmann. Er erwarb die Herrschaft Diesenberg, stieg dadurch zum Landadel auf und begründete eine Patrizierfamilie in Bern.

1 ■ Erkläre die Zusammenhänge, die das Schema M1 enthält.
2 ■ Stelle einen logischen Zusammenhang zwischen den Begriffen „Handelshaus", „wachsendes Bürgertum" und „Kreditgeschäfte" her.

M 3 Das Handelsnetz der Diesbach-Watt-Gesellschaft

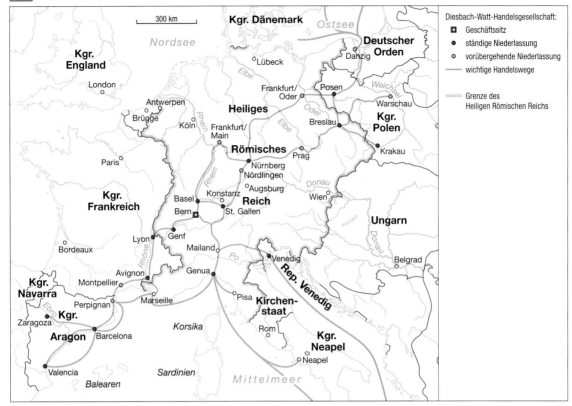

3 ■ Erkläre anhand der Karte die Vorteile der gewählten Niederlassungen der Gesellschaft.

4 ■ Untersuche, auf wie vielen Flüssen die Kaufleute verkehrten, um alle Niederlassungen zu erreichen.

M 4 Jakob Fugger schreibt an Kaiser Karl V.

1519 fiel die Wahl des deutschen Königs und erwählten römischen Kaisers auf Karl I., einen Habsburger. Er bestieg als Kaiser Karl V. den Thron. 1523 schrieb ihm Jakob Fugger folgenden Brief:

Eure Kaiserliche Majestät tragen ungezweifelt gut Wissen, wie ich und meine Neffen bisher dem Haus Österreich zu dessen Wohlfahrt und Aufstieg in aller Untertänigkeit zu dienen geneigt sind. Deshalb haben wir uns auch mit [...]

5 Kaiser Maximilian [dem Grossvater Karls], Eurer Kaiserlichen Majestät Ahnherrn, eingelassen und zur Erlangung der römischen Krone für Eure Kaiserliche Majestät uns gegen etliche Kurfürsten verschrieben, die ihr Trauen und Glauben auf mich und vielleicht sonst niemanden setzen wollten.

10 Auch haben wir ein trefflich Summa Geldes dargesteckt, die ich nicht allein bei mir und meinen Neffen, sondern auch bei anderen meinen guten Freunden mit grossem Schaden aufgebracht. [...] So hab ich auch hierin meinen eigenen

Nutzen nicht angesehen. Denn wo ich von dem Hause Österreich abstehen und Frankreich fördern hätte wollen, würd ich gross Gut und Geld, wie mir dann angeboten wurde, erlangt haben. Was aber Eurer Majestät und dem Hause Österreich für Nachteil daraus entstanden wäre, das haben Eure Majestät an hohem Verstande wohl zu erwägen. [...] So ist an Eure Kaiserliche Majestät mein untertäniges Bitten, 20 die wolle solche meine getreuen, untertänigen Dienste [...] gnädlich bedenken und verordnen, dass mir solch mein ausliegend Summa Gelds samt dem Interesse ohne längeren Verzug entrichtet und bezahlt werde.

*Jakob Strieder, Augsburger Wirtschaftsleben und Wirtschaftsgeist im Zeitalter der Fugger, zit. nach: Heinz F. Deininger (Hg.), Das reiche Augsburg, München (Duncker & Humblot) 1938, S. 77 f.***

5 ■ Fasse die Forderung Jakob Fuggers an Kaiser Karl V. zusammen und rekonstruiere seinen Einfluss auf die Kaiserwahl (M 3).

6 ■ Finde mithilfe des Internets heraus, wie reich Niklaus von Diesbach heute wäre. Vergleiche den Wert mit geschätzten Vermögen von Spitzensportlern, Unternehmern oder Politikern unserer Zeit.

Neues Denken

M1 **Die Erschaffung Adams, Deckenfresko der Sixtinischen Kapelle, erschaffen von Michelangelo Buonarotti (1475–1564), zwischen 1508 und 1512.**
Michelangelo gehörte zu den wichtigsten und berühmtesten Künstlern der Renaissance. Er verband die Tradition der Antike mit den künstlerischen Strömungen seiner Zeit

Renaissance
Auf das Mittelalter folgte die Epoche der Renaissance. Sie war geprägt vom Versuch, die Kultur der Antike wiederaufleben zu lassen.

Renaissance

Im Mittelalter waren Bildung und Unterricht eine Sache der Kirche. Grundlage allen Wissens war der christliche Glaube. An ihm wurde auch alles gemessen, was die Griechen und Römer in der Antike an grossen Leistungen in Kunst, Literatur und Wissenschaft hervorgebracht hatten. Von ihnen schöpfte man zwar viel Wissen, vergass aber nie, dass sie Heiden waren. Das änderte sich während des 14. und 15. Jahrhunderts in Italien. An Fürstenhöfen und in Städten entstanden neue private Schulen, und Gelehrte sammelten Schüler um sich. Nicht mehr das festgelegte Unterrichtsprogramm der mittelalterlichen Universitäten, sondern die freie Diskussion galt als oberstes Ideal. Die Erörterung mancher theologischen Frage, die bisher viel Raum eingenommen hatte, wurde durch das Studium der Philosophie und Literatur der griechisch-römischen Antike verdrängt. Vor allem in der italienischen Handelsstadt Florenz sammelten sich Gebildete, die die mittelalterlichen Vorstellungen nicht mehr teilten. Gegen das zurückgezogene Leben und Studieren der Mönche brachten sie vor, dass dies dem Staat und den Menschen wenig nütze und oft nur der Bequemlichkeit entspringe.

Humanismus
Eine am Menschen ausgerichtete Form der Lebensgestaltung. Das Ideal des Humanismus ist das Bild eines freien und unabhängigen Menschen, der seine Möglichkeiten voll entfaltet.

Humanismus

Als Bewunderer der Antike waren viele Gebildete anfangs weniger an der Erforschung von Naturgesetzen interessiert. Sie wollten sich vielmehr mit den Menschen befassen. Man nannte sie deswegen auch Humanisten (von lat. *humanus* = menschlich, den Menschen betreffend). Der Humanismus stellte den Menschen als Individuum ins Zentrum und förderte seine freie und geistige Entfaltung. Die Humanisten betrachteten die antiken Schriftsteller in Wort und Schrift als unerreichte Vorbilder. Ein an diesen geschulter Mensch musste ihrer Ansicht nach ein besserer Mensch sein. Deswegen bemühten sie sich zunächst darum, die verloren gegangenen Schriften der antiken Schriftsteller wiederzufinden.

1 ■ Recherchiere im Internet zu Michelangelo und bereite ein Referat vor (M1).
2 ■ Versetze dich in einen Vertreter von Humanismus und Renaissance und begründe, was das Ziel der Bildung ist und welche Inhalte gelehrt werden sollten.

M2 Über die Würde des Menschen

Giovanni Pico della Mirandola (1463–1494) war ein im heutigen Norditalien beheimateter Philosoph der Renaissance, der jedoch in seinen Werken scholastische Ansätze beibehielt.

Als Gott alle Dinge geschaffen hatte, dachte er schliesslich daran, den Menschen zu schaffen. Aber er hatte keine Form mehr für ein neues Geschöpf, noch Stoff, mit dem er das neue Kind begabte, noch einen Raum, wo es als Betrachter
5 des Universums hätte Platz finden können. Schon war das Weltall erfüllt, schon alles ausgeteilt an die Ordnungen der Höhe, der Mitte und der Tiefe. Und so beschloss der oberste Werkmeister, es solle das Geschöpf, dem er nichts Eigenes mehr geben konnte, an all dem Anteil haben, was den ande-
10 ren Geschöpfen einzeln gegeben war. So nahm er den Menschen als ein Geschöpf von schwankender Bildung in die Welt auf, setzte ihn in ihre Mitte und sprach zu ihm: Keinen festen Sitz, keine eigene Gestaltung, keine besondere Verrichtung dir selbst wählest, und was du wählest, soll dein
15 sein. Alle anderen Geschöpfe habe ich mit einer bestimmten Natur gehabt und sie damit in feste Grenzen eingeschlossen. Dich engen keine Schranken ein, nach deinem Willen, in dessen Hand ich dich gegeben habe, schaffst du sie dir selbst. Mitten in die Welt habe ich dich gesetzt, auf
20 dass du von da bequemlich um dich blicken mögest nach allem Geschaffenen. Ich habe dich nicht himmlisch noch irdisch, nicht sterblich noch unsterblich geschaffen, damit du, dein eigener Bildner und Schöpfer, dich so gestaltest, wie du willst. Du kannst zum unvernünftigen Tier entarten, du
25 kannst deine Art erhöhen, alles wie du es wünschest. Welche Gnade Gott Vaters ist das, welch eine Glückseligkeit für den Menschen! Ihm ist gegeben zu besitzen, was er sich wünscht, zu sein, was er will.

Zit. nach: Giovanni Pico della Mirandola, Über die Würde des Menschen, hg. v. Norbert Baumgarten und August Buck, Hamburg (Meiner) 1990, S. 25, übers. v. Norbert Baumgarten

3 ▨ Fasse zusammen, welches Menschenbild der Autor in M2 entwirft und worin er den Sinn des Lebens sieht. Inwiefern enthält es scholastische Elemente?
4 ▨ Nimm aus der Sicht eines römisch-katholischen Kirchenvertreters Stellung dazu.

M3 Humanistisches Bildungsideal

Leon Battista Alberti (1402–1472), Kunsttheoretiker und Architekt, wandte sich an die Jünglinge seiner Zeit:

Wer wüsste nicht, dass das Erste, was Not tut, die Geistesbildung ist; so sehr das Erste, dass selbst ein geborener Edelmann ohne Bildung nur für einen Tölpel gelten wird! Ich für meine Person wünschte die jungen Edlen öfter mit einem
5 Buch in der Hand als mit dem Falken auf der Brust zu sehen; keineswegs gefällt mir der gemeine Gebrauch mancher, die da sagen: Vollauf genug, wenn du deinen Namen schreiben kannst und zusammenrechnen weisst, was man dir schuldig

ist! […] Und ihr Jünglinge, fahret fort, wie ihr es tut, widmet den gelehrten Studien viele Bemühung, seid beharrlich dar-
10 in, findet eure Freude in der Kenntnis vergangener Zeiten und denkwürdiger Dinge und Nutzen in der Aneignung lehrreicher Erinnerungen […], suchet in der Erfahrung des politischen Lebens einen Überfluss unglaublicher Feinheiten, strebet, alles Menschliche und Göttliche kennenzuler-
15 nen, das mit vollkommener Vernunft in den Büchern niedergelegt ist. […] Keine Mühe ist so reich belohnt, wenn es überhaupt Mühe heissen kann und nicht vielmehr Vergnügen und Erquickung für Herz und Geist – wie die, gute Werke zu lesen und wieder zu lesen: Du gewinnst daraus einen
20 Überfluss an Beispielen, eine Fülle von Gedanken, einen Reichtum an Überzeugungen, Kraft der Gründe und Urteile, du schaffst dir Gehör, deine Mitbürger lauschen gern deinen Worten, sie schauen auf dich, preisen dich, lieben dich. Ich will mich nicht darüber verbreiten […], wie sehr literarische
25 Bildung, ich sage nicht nützlich, sondern notwendig ist für den, der die Dinge lenkt und steuert; und ich will nicht beschreiben, wie sehr sie den Staat veredelt.

Zit. nach: Johannes Burkhardt, Frühe Neuzeit, Königstein/Ts. (Athenäum) 1985, S. 124 f.*

5 ▨ Beschreibe das humanistische Bildungsideal.
6 ▨ Stelle dir den Schulalltag in einer humanistischen Bildungsstätte anhand von M3 vor und vergleiche ihn mit dem mittelalterlichen Bildungsideal..

M4 Giovanni Pico della Mirandola (1463–1494), Gemälde, 15. Jh.

Eine neue Sicht auf Mensch, Staat und Religion

Religion und Humanismus Der wichtigste Grundzug des Humanismus war eine an der Antike orientierte menschliche (humane), nicht eine theologische Bildung. Der Humanismus der Renaissance verpflichtete sich der Religion, dem Christentum, dennoch stark, und seine führenden Köpfe waren zum Teil bei den Päpsten hoch angesehen. Durch seine Wendung gegen Aberglauben und Dogmatismus hatte der Humanismus aber religionskritische Elemente und wurde zum Wegbereiter von politischen und geistigen Reformen.

M 1 Niccolò Machiavelli (1469–1527), Gemälde von Santi di Tito, 16. Jh.

Niccolò Machiavelli – eine neue Auffassung von Politik Einer der berühmtesten philosophischen Denker, Niccolò Macchiavelli (M 1), stammte wie so viele prägende Figuren der Renaissance aus Florenz. Wie alle Humanisten interessierte er sich für den Menschen, wie er war – und nicht, wie er sein sollte. In seinem Buch „Il Principe" (= Der Fürst) beschrieb Machiavelli um 1513 nicht die idealen Tugenden eines Fürsten, sondern was dieser tun sollte, um seine Herrschaft gegen innere und äussere Feinde zu sichern. Allein der Erfolg sei ausschlaggebend für die Wahl der Mittel. Mit dieser These wurde Machiavelli zum Begründer der „Staatsraison", einer Lehre, nach der ein Staatsmann nicht an moralische Vorschriften gebunden ist. Machiavelli hatte im „Fürsten" Ratschläge gegeben, die sich nicht auf Moral, sondern auf Beobachtung des politischen Verhaltens der Fürsten seiner Zeit gründeten. Dennoch hatte auch Machiavelli Ideale: Nicht die Monarchie, sondern die Republik hielt er für die beste Staatsform. Dabei hatte er – typisch für die Renaissance – den altrömischen Staat und dessen Staatsmänner vor Augen.

Erasmus von Rotterdam – Wegbereiter des Humanismus Erasmus Desiderius (M 2) kam als unehelicher Sohn eines Priesters und seiner Haushälterin um 1465 in Rotterdam zur Welt. Mit 14 Jahren wurde er Waise und kam in ein Kloster. Dort hatte er in der Bibliothek nebst den wichtigsten kirchlichen Schriften Zugang zur Literatur des klassischen Altertums.

Erasmus litt unter der klösterlichen Disziplin und kam bald mit der mittelalterlichen Scholastik in Konflikt. Seinem Freiheitsbedürfnis folgend, entfloh er 1493 dem Klosterleben und wandte sich vollends einer typisch humanistischen Tugend zu: der Bildung des Individuums. Er lehrte als Privatlehrer, verfasste aber auch Schriften und liess diese drucken. Als humanistischer Gelehrter knüpfte er Kontakte zu Verlegern und geistigen Grössen seiner Zeit. Dies führte dazu, dass er im steten Briefwechsel mit Humanisten aus ganz Europa stand und mit seinen Schriften das humanistische Gedankengut über ganz Europa verbreitete. Er plädierte für eine Schulbildung für alle Untertanen, inklusive der Mädchen, und für tugendhafte und moralisch integre Fürsten.

M 2 Erasmus von Rotterdam (1466–1539), Gemälde, 1517

Im Zentrum von Erasmus' Schriften stand stets das Evangelium, also die Schriften der ersten Christen. Er lehnte jedoch die Reformation, die sich ebenfalls auf dieses Urchristentum berief, ab. Beispielhaft zeigte sich sein gespaltenes Verhältnis zur Reformation, als er nach der Einführung der Reformation der Stadt Basel, wo er seit 1524 lebte, 1529 den Rücken kehrte. Er wünschte sich eine Reform innerhalb der römischen Kirche und keine Abspaltung von Rom.

1 ■ Erkläre, inwiefern Machiavelli und Erasmus von Rotterdam „Brüder im Geiste" waren.

M3 „Vor dem Schlechten nicht zurückschrecken"

Niccolò Machaivelli in „Der Fürst", um 1513:

Wie rühmlich es für einen Fürsten ist, die Treue zu halten und redlich, ohne Falsch, zu leben, sieht jeder ein. Nichtsdestoweniger lehrt die Erfahrung, dass […] die Fürsten Grosses ausgerichtet haben, die es mit der Treue nicht genau nah-
5 men […]; und schliesslich haben sie die Oberhand gewonnen über die, welche es mit der Redlichkeit hielten. […] Ein kluger Fürst kann und darf demnach sein Wort nicht halten, wenn er dadurch sich selbst schaden würde oder wenn die Gründe weggefallen sind, die ihn bestimmten, es zu geben.
10 Wenn alle Menschen gut wären, wäre diese Vorschrift nicht gut; da sie aber schlecht sind und dir die Treue nicht halten würden, brauchst Du sie ihnen auch nicht zu halten. […] So muss der Fürst Milde, Treue, Menschlichkeit, Redlichkeit und Frömmigkeit zur Schau tragen und besitzen, aber wenn
15 es nötig ist, imstande sein, sie in ihr Gegenteil zu verkehren. Es ist wohl zu beachten, dass ein Fürst, zumal ein neuer, nicht alle Tugenden befolgen kann, die den guten Ruf der Menschen begründen, da er oft genötigt ist, gegen Treue, Barmherzigkeit, Menschlichkeit und Religion zu verstossen,
20 um seine Herrschaft zu behaupten. Deshalb muss er verstehen, sich zu drehen und zu wenden nach dem Winde und den Wechselfällen des Glücks, und am Guten festhalten, soweit es möglich ist, aber im Notfall vor dem Schlechten nicht zurückschrecken.

Niccolò Machiavelli, Il Principe, zit. nach: Walter Reese-Schäfer, Klassiker der politischen Ideengeschichte, Oldenburg (de Gruyter) 2016, S. 49 ff., 56 ff.*

2 ■ Erarbeite die Merkmale erfolgreicher Politik nach Machiavelli (M3). Nimm Stellung dazu.

3 ■ Heute wird der Begriff „Machiavellismus" für ein bestimmtes Verständnis von Politik verwendet. Suche ein aktuelles Beispiel hierfür im Internet. Beschreibe diese Politik und beurteile, ob man hier den Begriff anwenden kann.

M4 „Kein Ausweg aus dem Gewirr"

Erasmus von Rotterdam in „Loblied der Torheit", 1509:

Jene grossen und, wie sie sich nennen, erleuchtete Meister der Theologie sind nur Fragen würdig wie die folgenden, bei deren Erörterung sie stets gleichsam von neuem aufleben. […] „Stammt Christus aus mehreren Ehen?" […] „Ist es denk-
5 bar, dass Gott von seiner Person einem Weib mitgeteilt hat oder dem Teufel oder einem Esel, einem Kürbis, einem Kieselstein?" „Wie würde ein solcher Kürbis das Evangelium predigen, wie würde er Wunder tun, wie ans Kreuz geschlagen werden?" […] „Wird es nach der Auferstehung gestattet sein,
10 wie vorher zu essen und zu trinken?" Diese Magenfrage möchten die Herren am liebsten schon jetzt entschieden wissen. Ausserdem haben sie noch eine Unzahl viel feinerer

Wortklaubereien: die Verstandesbegriffe, die Verhältnisse, die Momente, die Formalitäten, […]. Alles reine Phantasie-
15 geburten, die niemand zu sehen oder zu erkennen imstande ist. […]

Diese spitzfindigsten Spitzfindigkeiten spitzen die verschiedenen Methoden der Schulen noch feiner zu, sodass man sich eher in den Gängen eines Labyrinths zurechtfinden als
20 einen Ausweg entdecken könnte aus dem Gewirr der Realisten, Nominalisten, Thomisten, Albertisten, Occamisten, Scotisten – das sind noch lange nicht alle, aber doch wenigstens die bedeutendsten Sekten. In all diesen Schulen gibt es ja so viel Lehrgegenstände, deren Studium überaus
25 schwierig und mühsam ist, sodass die Apostel selbst, wenn sie mit den Theologen von heute über jene Gegenstände disputieren wollten, von einem ganz anderen Geist beseelt sein müssten als damals. […] Die Apostel tauften allenthalben, aber nirgends haben sie gelehrt, was die Bildungs- und
30 Stoffursache, was die wirkende, was die endliche Ursache der Taufe sei. […] Sie beteten Gott an, aber nur im Geist. […] Offenbar ist ihnen damals noch nicht klar gewesen, dass der Person Jesu Christi eine Anbetung in nicht höherem Masse zukommt als einem mit Kohle an die Wand geschmierten
35 Bildchen, das den Heiland darstellt, wenn es nur die drei Kennzeichen aufweist: die ausgebreiteten Hände, das wallende Haar und den Heiligenschein am Haupt. Wer sollte wohl auch alles dies erfassen, ohne sich sechsunddreissig volle Jahre als Schüler des Aristoteles und Scotus in der Are-
40 na der Physik und Metaphysik getummelt zu haben? […] Dennoch muss ich ihre grosse Bescheidenheit und Zurückhaltung anerkennen, sie verdammen nämlich nicht das, was die Apostel in ihren Schriften vielleicht nicht elegant genug oder zu unbestimmt ausgedrückt haben, sondern suchen es
45 ordentlich zu deuten, teils aus Rücksicht auf das ehrwürdige Alter jener Stellen, teils aus Achtung vor dem Namen eines Apostels. Es wäre doch auch zu unbillig, über so schwierige Dinge von den Aposteln Rechenschaft zu fordern, über die sie von ihrem göttlichen Lehrer nie ein Wort gehört haben.
50 Aber heute! Welcher Heide, welcher Ketzer erklärte sich nicht in einem so dichten Pfeilregen der schärfsten Spitzfindigkeiten sogleich für besiegt, wenn er nicht gerade zu dumm ist, sie überhaupt zu verstehen, oder unverschämt genug, sie zu verspotten, oder endlich auch, wenn er dieselben Waffen führt, sodass dann der Kampf gleich wäre, wie
55 wenn ein Magier mit einem anderen Magier stritte.

Erasmus von Rotterdam, Das Loblied der Torheit, www.welcker-online.de/ Texte/Erasmus/torheit.pdf (Zugriff: 2.1.2019)*

4 ■ Fasse Erasmus' Kritik an den „erleuchteten Meistern" seiner Zeit zusammen (M4). Zeige auf, wie er sich über diese lustig macht.

5 ■ Erläutere, woran deutlich wird, dass der Humanismus von Erasmus vom Christentum geprägt war.

Humanistische Bildung und Wissenschaft

M1 **Albrecht Dürer (1471–1528), deutscher Maler, konstruiert ein perspektivisches Bild, 16. Jh.**
Dürer wandte bei vielen seiner Bilder mathematische Proportionen an

Rezipieren
Fremdes Gedankengut aufnehmen.

M2 **Anatomievorlesung, 1495.**
Der Professor hält anatomische Vorlesung, ein Gehilfe seziert die Leiche

Paradigmenwechsel in der Medizin

Humanistische Pädagogen entwarfen neue Lehrpläne, in denen sprachlich-literarische Bildung, Naturwissenschaften, aber auch Geschichte, Ethik und Kunst in den Vordergrund rückten. Diese Bildungsreform entfaltete sich hauptsächlich in Städten, die mit anderen Pfeilern der Renaissance wie dem Fernhandel oder den Künsten in Kontakt kamen (M 1). Sie trugen wesentlich zum Entstehen eines Bürgertums bei. Scholastische Schulen, oftmals Klosterschulen, in denen das Rezipieren von theologischen Versen geübt wurde, verloren hingegen an Stellenwert.

Bürgerschulen entstehen

Insbesondere die Medizin verschrieb sich dem humanistischen Grundsatz, dass der Mensch im Zentrum des Interesses stehe. Die wenigen Akademien, an denen Medizin gelehrt wurde, kannten alle die gleiche Situation: Der Professor las von der Empore herab aus einem Lehrbuch einer anerkannten geistigen Grösse – etwa des bedeutenden griechischen Arztes Galen –, während sein Assistent die Vorlesung begleitete (M 2). Andreas Vesalius, ein humanistisch geprägter flämischer Demonstrator, wusste die Distanz zum Professor zu seinem Vorteil zu nutzen und wandte sich einer neuen Lehre zu. Er wollte die Medizin empirisch erfahren und das anatomische Wissen mittels praktischen Anfassens vertiefen. Vesalius wurde zu einem der berühmtesten Anatomen und Chirurgen der Renaissance. Im Vergleich zu früheren Professoren stellten seine Lehrbücher wegen der vielen Details neue Standardwerke von beeindruckendem Volumen dar. Vesalius gilt als Begründer der neuzeitlichen Anatomie und des morphologischen Denkens in der Medizin. Er war Leibarzt Kaiser Karls V. und des spanischen Königs Philipp II.

1 ■ Erkläre den humanistischen Gehalt, der im Bild M 1 zu erkennen ist.

M 3 Darstellung von Gregor Reisch, einem spätscholastischen Hochschullehrer, 1504

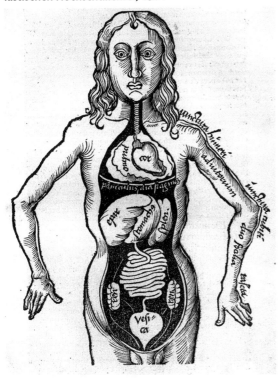

M 4 Darstellung von Vesal, 1543

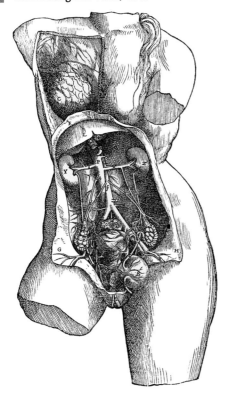

2 ■ Vergleiche M 3 und M 4. Beschreibe, wie sich das Wissen der Anatomie zwischen 1504 und 1543 entwickelt hat. Achte insbesondere auf den grossen Unterschied bei der Detailschärfe.

3 ■ Finde heraus, woher Vesal die Inspiration für die äussere Gestaltung des Torsos hatte. Schau zur Hilfe auf der S. 22 nach.

Paracelsus

Theophrastus Bombast von Hohenheim (Paracelsus), 1493–1541 stammte aus Einsiedeln in der heutigen Schweiz. Er war einer der bedeutendsten Ärzte und Naturforscher. In einer Zeit, in der viele Krankheiten als Strafe Gottes oder als Auswirkung einer bösen Seele angesehen wurden, ging Paracelsus davon aus, dass Krankheiten grundsätzlich natürliche Ursachen haben. Er wandte sich auch gegen veraltete Ansätze in der Medizin, wie etwa gegen die damals weit verbreitete Viersäftelehre nach Galen. Er erkannte z. B., dass Lungenkrankheiten bei Bergarbeitern durch Dämpfe in den Stollen und Kröpfe durch fehlenden Mineralgehalt im Trinkwasser entstanden. Vor Paracelsus hatte auch niemand auf diesen Zusammenhang und auf die Verbreitung von Kröpfen in manchen Gegenden hingewiesen. Seine Beschreibung der Syphilis war für die Zeit bahnbrechend, weil in ihr erstmals eine Behandlung der Krankheit mit einer Quecksilbermischung vorgeschlagen wurde. Er erkannte auch, dass äussere Einflüsse bei der Entstehung vieler Krankheiten eine grosse Rolle spielen. Man kann davon ausgehen, dass der Fortschritt der praktischen Medizin zu Anfang des 16. Jahrhunderts zum grossen Teil ihm zu verdanken ist. Weil er die heilende Wirkung von Arzneimitteln erkannte, gilt Paracelsus auch als einer der Urväter der modernen Pharmazie. Paracelsus legte Wert auf einfache Heilmittel aus der Umgebung und auf eine naturgemässe Lebensweise, die vorbeugend und heilend wirke. Ein häufig verwendetes Zitat von Paracelsus lautet: „Alle Ding' sind Gift und nichts ohn' Gift. Allein die Dosis macht, dass ein Ding' kein Gift ist." Es wird wiedergegeben als „Nur die Dosis macht das Gift" (Sola dosis facit venenum). Das Wissen und Wirken des Paracelsus gilt als überaus umfassend. Seine Heilungserfolge trugen ihm aber auch erbitterte Gegnerschaft durch etablierte Mediziner und Apotheker ein.

4 ■ Erläutere, warum man Paracelsus als einen der Begründer der modernen Medizin bezeichnen kann.

Entstehung und Bedeutung des Buchdrucks

M1 Buchdruckerei,
16. Jh.

M2 Bewegliche Lettern,
wie sie von Gutenberg verwendet wurden

M3 Gutenberg-Bibel,
erste Seite

Die Anfänge des Buchdrucks

Bis zur Erfindung des Buchdrucks wurden Manuskripte und Bücher handschriftlich hergestellt und vervielfältigt. Das Monopol hierauf hatte eine kleine Zahl von Spezialisten, in Europa insbesondere die gebildeten Mönche und Nonnen in den Scriptorien der Klöster. Die Anfänge des Buchdrucks sind in Ostasien, Babylon und Rom zu finden. Schon im 6. Jahrhundert n. Chr. sollen die Chinesen damit experimentiert haben. Die Herstellung der ältesten Bücher erfolgte damals im Blockdruckverfahren. Dabei wurde jede einzelne Seite komplett in einen Druckstock aus Holz geschnitten und dann abgezogen. Der Durchbruch in Europa gelang erst um 1450 dem Mainzer Johannes Gensfleisch, genannt Gutenberg, der sich seit 1436 mit diesem Problem befasst hatte. Aus einer Metalllegierung goss er bewegliche Lettern (Buchstaben), mit denen er Papier in einer hölzernen Presse bedruckte (M1, M2). Diese Methode der Vervielfältigung verbreitete sich in Europa rasant. Um 1500 waren wahrscheinlich bereits rund 40 000 Buchtitel mit einer Gesamtauflage von vermutlich acht Millionen Exemplaren im Umlauf. Im Jahr 1455 erschien das erste im neuen Verfahren gedruckte Buch. Es war eine lateinische Bibel mit je 42 Zeilen auf 1 282 Seiten, die sogenannte Gutenberg-Bibel (M3). Die Auflage dürfte zwischen 100 und 200 Exemplaren gelegen haben.

Die Bedeutung des Buchdrucks

Gutenbergs Erfindung hat die Welt verändert. Mit ihr konnten Bücher und Flugblätter rasch und in grossen Mengen hergestellt werden. Informationsstand und Bildung breiter Kreise stiegen, neue Ideen verbreiteten sich sehr schnell. Ohne Gutenbergs Erfindung wäre z. B. die rasche Ausbreitung der Reformation oder die Verbreitung der zwölf Artikel im Bauernkrieg (s. S. 46/47) kaum denkbar gewesen. Der Buchdruck mit allen seinen wirtschaftlichen, kulturellen und wissenschaftsgeschichtlichen Auswirkungen entwickelte sich in der heute bekannten Form als kulturprägende Informations- und Kommunikationstechnologie in Europa. Damit ist Gutenberg einer der Väter der modernen Welt.

1 ■ Erkläre den Fortschritt des Gutenberg-Buchdrucks gegenüber den vorhergehenden Verfahren.
2 ■ Erläutere die Rolle des Buchdrucks in der Reformation (s. S. 40 ff.).

M4 **Ein Zeitgenosse über den Buchdruck**

Bereits der Humanist Jakob Wimpfeling (s. S. 181) hebt in seiner Schrift „Über die Buchdruckkunst" die geistigen Veränderungen hervor, die der Buchdruck bewirkte, um 1500:

Auf keine Erfindung oder Geistesfrucht können wir Deutsche so stolz sein wie auf die des Bücherdrucks, die uns zu neuen geistigen Trägern der Lehren des Christentums, aller göttlichen und irdenen Wissenschaften und dadurch zu
5 Wohlthätern der ganzen Menschheit erhoben hat. Welch ein anderes Leben regt sich jetzt in allen Klassen des Volkes, und wer wollte nicht dankbar der ersten Begründer und Förderer dieser Kunst gedenken, auch wenn er sie nicht, wie dies bei uns und unseren Lehrern der Fall ist, persönlich ge-
10 kannt und mit ihnen verkehrt hat.

Zit. nach: Hiram Kümper/Michaela Pastors (Hg.), Mittelalter, Fundus – Quellen für den Geschichtsunterricht, Schwalbach/Ts. (Wochenschau) ³2014, S. 110

3 ■ Arbeite heraus, worin Wimpfeling die Bedeutung des Buchdrucks sah (M4) und vergleiche diese Einschätzung mit M5.

M5 **Gutenbergs Bedeutung heute**

Zum deutschen Bibliothekartag 2008 erschien folgender Beitrag:

In der Geschichte fanden laut Angaben vieler Historiker gleich mehrere Medienrevolutionen statt. Zur ersten Revolution zählt die Ausbildung der Sprache, als zweite die Erfindung der komplexen Schriftsysteme und als dritte die Ent-
5 wicklungen des Erfinders Gutenberg. Das Druckverfahren mit den beweglichen Lettern (Buchstaben) ermöglichte einen effektiveren und auch effizienteren Druck von Printmedien. Dies bedeutet, dass der Druck günstiger, in grösseren Mengen und vor allem schneller erfolgen konnte, als es bis-
10 her möglich gewesen ist. So war es schnell kein Problem mehr, dass die sogenannten Druckschriften bald zum Alltag der Gesellschaft gehörten konnten und die altbewährten Handschriften abgelöst wurden. Weiterhin konnten die Entwicklungen Gutenbergs den Humanismus und die Refor-
15 mation dahin gehend unterstützen, dass die Verbreitung von Informationen nun besser möglich gewesen ist.
Das System des Buchdrucks trug zudem wesentlich zur Alphabetisierung bei. Zu erklären ist dies damit, dass die Bücher und sonstigen Druckschriften immer mehr Menschen
20 den Zugang zu Schriften, Informationen und somit auch zur Bildung ermöglichten. […]
Belegt ist, dass die Einflüsse geschichtlich und auch gesellschaftlich wesentlich gewesen sind. Dies wird erkennbar, wenn man bedenkt, dass diese Erfindung der Gutenberg-
25 Druckerei für einige Medienwissenschaftler einen bedeutsamen Zeitabschnitt in der Medienentwicklung eingeleitet hat. […] Aber auch in unserer heutigen Gesellschaft sind die

Einflüsse der Erfindungen Gutenbergs noch deutlich zu spüren.

Gutenbergs Bedeutung heute, 2008, in: https://www.bibliothekartag2008.de/gutenbergs-bedeutung-heute/ (Zugriff: 14.10.2018)*

4 ■ Erläutere, warum die Erfindung des Buchdrucks als Medienrevolution bezeichnet wird.

M6 **Verbreitung des Buchdrucks und Universitätsgründungen in Europa**

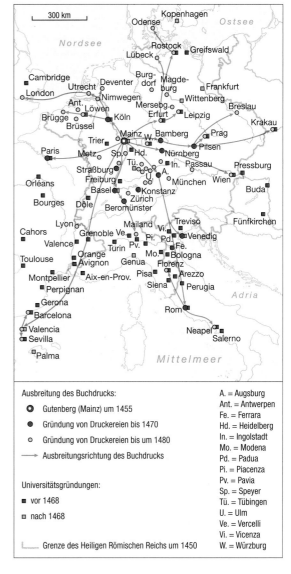

Ausbreitung des Buchdrucks:
- ◉ Gutenberg (Mainz) um 1455
- ● Gründung von Druckereien bis 1470
- ○ Gründung von Druckereien bis um 1480
- → Ausbreitungsrichtung des Buchdrucks

Universitätsgründungen:
- ■ vor 1468
- ▫ nach 1468

┗┄ Grenze des Heiligen Römischen Reichs um 1450

A. = Augsburg
Ant. = Antwerpen
Fe. = Ferrara
Hd. = Heidelberg
In. = Ingolstadt
Mo. = Modena
Pd. = Padua
Pi. = Piacenza
Pv. = Pavia
Sp. = Speyer
Tü. = Tübingen
U. = Ulm
Ve. = Vercelli
Vi. = Vicenza
W. = Würzburg

5 ■ Erkläre anhand der Karte M6, wie sich der Buchdruck in Europa ausgebreitet hat.
6 ■ Beschreibe, welche Bedeutung der Buchdruck für die Renaissance hatte.
7 ■ Diskutiert, ob der Buchdruck heute angesichts der Digitalisierung an Bedeutung verliert.

Die Renaissance als Epoche der Kunstgeschichte

Mäzenatentum
Der Begriff leitet sich ab vom römischen Adeligen Gaius Maecenas (70–8 v. Chr.), der Schriftstellern durch finanzielle Unterstützung ihr Schaffen ermöglichte.

M1 **Leonardo da Vinci, Vitruvianischer Mensch, 1490.**
Darstellung des Menschen nach den vom antiken Architekten und Ingenieur Vitruv formulierten und idealisierten Proportionen

M2 **Mona Lisa, Ölgemälde von Leonardo da Vinci, Anfang 16. Jh.**

Florenz – die Wiege der Renaissance

Weder Maler noch Bildhauer liessen sich nun – im Gegensatz zum Mittelalter – unter die Handwerker einordnen, sondern sahen sich selbstbewusst als Schöpfer von Kunstwerken. Dieses neue Selbstbewusstsein gab es zuerst in norditalienischen Städten, allen voran in Florenz. Dort stiessen die Künstler auf ideale Bedingungen: Durch Handel reich gewordene Familien lieferten sich einen Konkurrenzkampf um Prestige und soziale Stellung. Das Mäzenatentum war wiedergeboren und fand grosse Verbreitung. Die Familie Medici, reich geworden durch Bankgeschäfte, spendete im Werben um politischen Einfluss in der Stadtrepublik Klöster, Kirchen, Bibliotheken und engagierte für die Ausführung und Ausgestaltung dieser Bauwerke stets die berühmtesten Künstler aus eigener Tasche. Zudem erhielt die Stadt Mitte des 15. Jahrhunderts ihre Freiheit als Stadtrepublik und unterwarf deshalb die Künstler keinen dogmatischen Vorschriften.

Uomo universale, arte universale

Der Name Leonardo da Vinci wird bis heute mit der Erschaffung der berühmtesten Kunstwerke der Menschheitsgeschichte wie beispielsweise der Mona Lisa (M 2) und dem vitruvianischen Menschen (M 1) in Verbindung gebracht. Letzterer steht stellvertretend für die Epoche als verbindendes Element zwischen Kunst und Wissenschaft. Leonardo interessierte sich – typisch für die Renaissance – ganzheitlich für die menschliche Kultur und beschäftigte sich mit allen Disziplinen. Er konstruierte Panzerwagen, Fluggeräte und plante sogar ein Perpetuum mobile. Er sezierte zu wissenschaftlichen Zwecken auch Leichen und ging als Philosoph in die Geschichte ein. Leonardo da Vinci wird im Beinamen „Uomo universale" (Universalgenie) genannt.

In sämtlichen Spielformen der Renaissance-Kunst können die gleichen Elemente erkannt werden. In der Architektur, aber auch in der bildenden Kunst wurden Dank des Rückgriffs auf antike mathematische Grundlagen neue Meilensteine gesetzt. So wäre das Erbauen von Kuppeldächern wie beim Petersdom in Rom ohne antikes Wissen unmöglich gewesen. Entsprechend gross war die Verehrung für Kuppelbauten aus der Antike wie das Pantheon in Rom.

In der bildenden Kunst stand der Fokus auf der genauen Beobachtung der menschlichen Proportionen und einer möglichst genauen Darstellung derselben. Hinterlegt wurden die Gemälde mit geometrisch konstruierten Hintergründen mit Tiefenwirkung. In der Ästhetik orientierten sich die Künstler an der Antike, wie beispielsweise bei der David-Statue von Michelangelo Buonarroti erkennbar ist.

1 ■ Recherchiere im Internet zum „Vitruvianischen Menschen" von Leonardo da Vinci.

2 ■ Liste weitere Renaissance-Kunstwerke auf und definiere deren Erkennungsmerkmale.

M3 Malerei – zweimal Maria mit Kind

a) Gemälde von Lucca, 1260

b) Gemälde von Filippo Lippi (1406–1469), 1465

3 ▪ Vergleiche die beiden Bilder (M3a und b) bezüglich ihrer malerischen Technik. Welche Unterschiede bzw. welche Entwicklung kann man erkennen? Welches Bild spricht dich weshalb mehr an?

M4 Leonardo da Vinci über die Aufgabe des Malers

Es ist notwendig, dass der Maler, um ein guter Darsteller der Gliedmassen in den Stellungen und Gesten bei nackten Körpern zu sein, die Anatomie der Sehnen, Knochen, Muskeln und Fasern kenne, damit er bei den verschiedenen Bewegungen und Kraftanstrengungen wisse, welche Sehne 5 und welcher Muskel der Ursprung dieser Bewegung sei und also nur diesen Muskel deutlich und angeschwollen mache und nicht alle am ganzen Körper, wie manche es tun, die, um als grossartige Zeichner zu erscheinen, ihre nackten Gestalten hölzern und ohne Anmut machen, sodass sie eher 10 einem Sack voller Nüsse als einem menschlichen Äusseren gleichen oder eher einem Bündel Rettiche als muskulösen nackten Körpern.

Leonardo da Vinci, Philosophische Tagebücher, hg. v. Guiseppe Zamboni, Hamburg (Rowohlt) 1985, S. 85

4 ▪ Erläutere, in welchen der beiden Bilder (M3a und b) du die Ausführungen Leonardos (M4) verwirklicht siehst.

M5 Architektur – zwei Kuppelbauten

a) Das antike Pantheon in Rom, erbaut 27 v. Chr.

b) Der Petersdom in Rom, Grundsteinlegung 1506

5 ▪ Vergleiche die beiden Kuppelbauten (M5a und b) und suche nach architektonischen Parallelen.

Der Wandel des Weltbildes

M1 **Weltkarte von Hartmann Schedel (1440–1514), Ausschnitt, Holzschnitt, 1493.**

Dargestellt sind die bekannten drei Erdteile Europa, Asien und Afrika mit den drei Söhnen Noahs (Sem, Japhet und Ham) als den Stammvätern jeweils eines Erdteils sowie Darstellungen der zwölf Winde. Die Karte zeigt den Einfluss des griechischen Geografen und Kartografen Ptolemäus

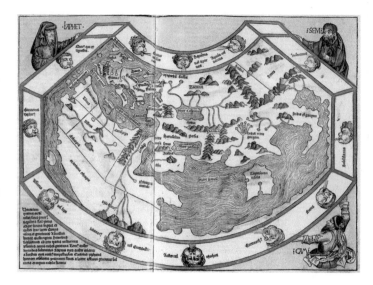

Das geozentrische Weltbild

Bereits antike griechische Geografen gingen von der Kugelgestalt der Erde aus. Um 1400 vertrat die Kirche den Standpunkt, dass die Erde eine Scheibe sei, in deren Mittelpunkt Jerusalem liege. In der Renaissance orientierte man sich nun vor allem am Weltbild des Geografen Claudius Ptolemäus aus Alexandria (um 100–nach 160 n. Chr.). Dieser ging schon im 2. Jahrhundert n. Chr. – wie die antiken Griechen – von einer Kugelgestalt der Erde aus, wobei bei ihm allerdings die Sonne und die Planeten die Erde umrundeten. Dieses geozentrische Weltbild hatte auch die Kirche als verbindlichen Grundsatz verkündet. Gestützt auf diese Auffassung des Ptolemäus erschienen in der Renaissance zahlreiche „ptolemäische Weltkarten" (M1).

Geozentrisch, heliozentrisch
Geozentrisch: auf die Erde als Mittelpunkt bezogen.
Heliozentrisch: auf die Sonne als Mittelpunkt bezogen.

Das heliozentrische Weltbild

Im Jahr 1543 behauptete der Naturwissenschaftler Nikolaus Kopernikus (1473–1543), dass nicht die Erde, sondern die Sonne der Mittelpunkt des Planetensystems sei. Jahrzehntelange astronomische Beobachtungen und Berechnungen der Planentenbahnen, bei denen er nach dem ptolemäischen System immer wieder auf Unregelmässigkeiten gestossen war, führten ihn zu diesem Ergebnis: Wie die anderen Planeten kreise auch die Erde um die Sonne, die Erde drehe sich gleichzeitig um sich selbst, und der Mond umkreise wiederum die Erde. Das war der Durchbruch zu einem neuen, dem heliozentrischen Weltbild. Es stellte alles infrage, was die Kirche gelehrt hatte. Erde und Mensch standen als Schöpfung Gottes nicht mehr im Mittelpunkt. Zu Beginn des 17. Jahrhunderts, als der italienische Gelehrte Galileo Galilei (M2) das kopernikanische System mit genaueren Instrumenten bestätigte, wurde die Kirche aufmerksam und erklärte das kopernikanische System philosophisch und theologisch für falsch. Galilei wurde durch einen päpstlichen Inquisitionsprozess zum Widerruf gezwungen. Erst im Jahr 1992 gestand die katholische Kirche ein, dass er zu Unrecht verurteilt worden war.

M2 **Galileo Galilei (1564–1642), italienischer Philosoph, Mathematiker, Ingenieur, Physiker, Astronom und Kosmologe, Gemälde, um 1610**

1 ■ Betrachte M1 und erläutere, warum die ptolemäischen Weltkarten religiös geprägt waren.
2 ■ Erkläre, warum die katholische Kirche so hart gegen Galilei vorging.

M 3 Kircher-Weltkarte, Kupferstich von Anthanasius Kircher, Jesuit und Universalgelehrter (1602–1680), 1665

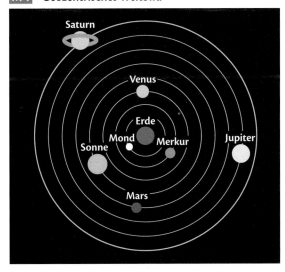

3 ■ Vergleiche die Karte M 3 mit der Karte M 1 und mit einer Karte von heute. Arbeite jeweils die Unterschiede heraus.

M 4 Geozentrisches Weltbild

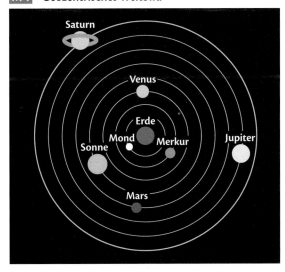

4 ■ Beschreibe die Änderung der Sichtweise, die in dieser Darstellung des Universums (M 4) deutlich wird. Mit welchem Forscher wird sie in Verbindung gebracht?

5 ■ Zeichne als Gegenbild das Planetensystem, wie es sich Kopernikus vorstellte.

M 5 Das Urteil gegen Galilei

Aus dem Urteil gegen Galileo Galilei, 1633. Es wurde von sieben der zehn anwesenden Kardinäle unterschrieben:

Sie sind verdächtig, für wahr gehalten und geglaubt zu haben, dass die Sonne der Mittelpunkt der Welt ist und dass sie sich nicht von Ost nach West bewegt und dass die Erde sich bewegt und nicht der Mittelpunkt der Welt ist. Sie sind weiter verdächtig, diese Meinung vertreten und als wahrscheinlich verteidigt zu haben, nachdem erklärt und festgelegt ist, dass sie der Heiligen Schrift zuwider ist. Infolgedessen sind gegen Sie alle die Verurteilungen und Strafen verwirkt, die das kanonische [kirchliche] Recht und die anderen in Betracht kommenden allgemeinen und besonderen Vorschriften gegen solche Verbrecher vorschreiben und feststellen. Wir wollen Sie davon befreien, sofern Sie vorerst mit reinem Herzen und ungeheuchelt vor uns abschwören und jene Irrtümer und Ketzereien verwünschen und verfluchen, ebenso wie jeden anderen Irrtum und jede andere Ketzerei gegen die katholische und apostolische Kirche in einer Ihnen von uns vorzuschreibenden Art und Weise.

Zit. nach: Ludwig Bieberbach, Galilei und die Inquisition, Bremen (Faks-Verlag) 1982, S. 106–108*

6 ■ Versuche herauszufinden, warum die römische Kirche der Auffassung war, Kopernikus' Lehre widerspreche der Bibel.

7 ■ Bewerte den Sachverhalt, dass die katholische Kirche Galilei erst 350 Jahre nach seinem Tod rehabilitiert hat.

Entdeckungen und Eroberungen

Regionale Konflikte von globaler Bedeutung

Der Fall von Konstantinopel

Im 15. Jahrhundert kam es zu regionalen Konflikten, die den Übergang in eine neue Zeit einleiteten. Durch das gesamte Mittelalter hindurch erfolgte der Handel mit Fernostasien über die sogenannte Seidenstrasse. Als Dreh- und Angelpunkt dieses Handelsweges diente Konstantinopel. Diese letzte Bastion römisch-christlicher Kultur am Bosporus war für die Kaufleute so bedeutsam, dass hier alle grossen Handelshäuser Niederlassungen hatten. Im Jahr 1453 eroberten muslimische Truppen unter Mehmed II., dem Sultan des Osmanischen Reichs, Konstantinopel und setzten damit der byzantinischen Herrschaft ein Ende. Die Europäer waren gezwungen, neue Handelswege nach Fernostasien zu erkunden.

Mauren
Mauren (von *mauros*: griechisch = dunkel) wurden die Nordafrikaner genannt, die infolge der Besetzung durch die Araber zum Islam konvertiert waren.

Reconquista in Spanien

Zu Beginn des 15. Jahrhunderts gab es auf der spanischen Halbinsel mehrere Reiche, die untereinander verfeindet waren. Dies änderte sich 1469 mit der Heirat von Isabella von Kastilien und Léon und Ferdinand von Áragon, die fortan als spanisches Königspaar den Portugiesen im Westen und den Arabern im Süden die Stirn boten. Als „Isabela y Fernando los Catolicos" („die Katholischen", M 1) setzten sie zur Reconquista an, zur Wiedereroberung der maurischen Territorien auf der spanischen Halbinsel (al-Andalus). Im Jahr 1492 endete die ca. 700-jährige mauretanische Herrschaft, die nicht nur durch Kampf, sondern auch durch einen fruchtbaren Austausch zweier Kulturen geprägt war.

Während es im Mittelalter in den Klöstern Europas nur wenige Hundert Handschriften gab, waren in Cordoba 80 000 vorhanden. Zudem stiessen die Spanier bei der Rückeroberung Toledos auf verloren geglaubte Werke der Antike, die ins Arabische übersetzt worden waren. Die Reconquista war somit Brücke zwischen Mittelalter und Renaissance, weil sie antikes Wissen zutage brachte und weil sie regionale Umwälzungen hervorrief, die ein neues Zeitalter einläuteten, das Zeitalter der Entdeckungen. In Spanien selbst kam es im Jahr 1492 zur Unterdrückung der muslimischen und jüdischen Bevölkerung. So unterzeichneten die „Katholischen Könige" das „Alhambra-Edikt", mit dem sie nach dem Sieg gegen die Araber auch die jüdische Bevölkerung zur Ausreise zwangen. Das Edikt war ein Produkt der Inquisition und entsprach dem damaligen Wunsch nach religiöser Einheitlichkeit.

Das Erstarren der Handelsverbindungen über den Bosporus und die östliche Seidenstrasse sowie der Abschluss der Reconquista stellten für Portugal und Spanien eine einmalige Chance dar. Dies insbesondere deshalb, weil England und Frankreich 1453 den Hundertjährigen Krieg beendet hatten, der den Kriegsparteien eine lang anhaltende Schwächephase bescherte. Somit war der Weg für die beiden iberischen Mächte zu Weltmächten frei.

M1 Ferdinand II. von Áragon (1452–1516) und Isabella von Kastilien (1451–1504), die „Katholischen Könige" von Spanien, Türmalerei, um 1500

1 ■ Erläutere, inwiefern die Jahre 1453 und 1492 als Schlüsseljahre gelten können.

M2 Mittelmeerraum und Osmanisches Reich 1326–1683

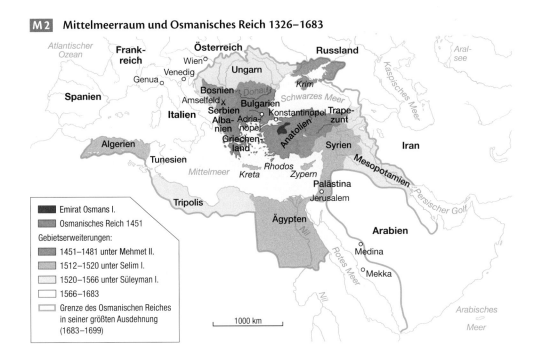

Emirat Osmans I.

Osmanisches Reich 1451

Gebietserweiterungen:

1451–1481 unter Mehmet II.

1512–1520 unter Selim I.

1520–1566 unter Süleyman I.

1566–1683

Grenze des Osmanischen Reiches in seiner größten Ausdehnung (1683–1699)

1000 km

2 ■ Untersuche die Karte M2:
- Recherchiere den genauen Verlauf der Seidenstrasse, kopiere die Karte und zeichne den Verlauf der Seidenstrasse in Europa und im Nahen Osten ein.
- Benenne die Risiken, die Kaufleute auf dieser Strasse eingingen.
- Erläutere anhand der Karte die Bedeutung Konstantinopels (Istanbuls) für den Ostasienhandel.
- Fasse die Folgen des Falls von Konstantinopel 1453 für die europäischen Handelshäuser zusammen.

M3 Das Alhambra-Edikt

Ferdinand II. und Isabella, die „Katholischen Könige", verfügten 1492:

Es ist wohlbekannt, dass es in unseren Herrschaftsgebieten schlechte Christen gibt, die dem jüdischen Glauben insgeheim anhängen und vom heiligen katholischen Glauben abgefallen sind. Dies ist in den meisten Fällen begründet
5 durch das Zusammenleben zwischen Juden und Christen. […] Diese Juden haben diese Christen in den Zeremonien und Glaubensfragen ihrer Gesetze unterrichtet, sie haben ihre Kinder beschneiden und ihnen Bücher für ihre Gebete zukommen lassen. Sie haben ihnen die Tage zum Fasten
10 vorgeschrieben und sie dann versammelt, um ihnen die Geschichten ihrer Gesetze zu vermitteln. Sie haben ihnen beigebracht, wie und wann sie das Osterfest zu feiern haben, sie haben ihnen ungesäuertes Brot gegeben und das unter Zeremonien zubereitete Fleisch. Sie haben ihnen Anweisungen
15 gegeben, wann sie Abstinenz gegenüber bestimmten Le-

bensmitteln und anderen Dingen zu halten haben, so wie es die Gesetze des Moses bestimmen. Sie haben ihnen bei vollem Bewusstsein und Wissen vorgegaukelt, dass kein anderes Gesetz oder keine andere Wahrheit ausser dieser exis-
20 tiere. […] Dem christlichen Glauben und ihrer Religion scheint es vielmehr, dass die Juden ihre böswilligen Machenschaften weiterbetreiben und den Schaden sogar noch steigern, indem sie dort, wo sie leben ihr gesprochenes Gift verbreiten. Und weil kein Raum dafür existieren darf, wo
25 unser heiliger Glauben beleidigt wird, so wie ihn Gott bis heute beschützt hat und auch diejenigen, die in ihrem Schutze leben, so ist es die Pflicht der heiligen Kirche, diese Situation zu reparieren und wieder in den vorherigen Stand zurückzuversetzen. Unter der Zugrundelegung der Schwä-
30 che des menschlichen Wesens könnte es eintreten, dass wir der teuflischen Versuchung verfallen, die kontinuierlich auf uns einwirkt. Deswegen und weil die Ansprachen der Juden, sofern sie nicht konvertiert sind, die Hauptursache dafür sind, deswegen müssen die Juden des Königreichs verwiesen
35 werden!

Revista de Textos de Historia de Castilla la Vieja, 2004/134, übers. v. Gerhard Strecker*

3 ■ Fasse das Dekret zusammen und zeige auf, welche Situation sich für die jüdische Bevölkerung ergab.
4 ■ Vergleiche das Datum des Ediktes mit weiteren historischen Ereignissen im selben Jahr und stelle einen Zusammenhang her.
5 ■ Recherchiere im Internet die langfristigen Folgen des Alhambra-Edikts für die spanischen Juden.

Die Entdeckung der Neuen Welt

Ziel: Seeweg nach Indien

Christoph Kolumbus stammte aus Genua und erfuhr deshalb direkt, welche Folgen es für eine Handelsstadt hatte, als Konstantinopel von den Osmanen erobert wurde. Auch für ihn ging es nun darum, einen von der Seidenstrasse unabhängigen Weg nach Ostasien zu finden. Als humanistisch gebildeter Mensch ging er von der Kugelgestalt der Erde aus, weswegen er einen Seeweg westwärts nach Indien vermutete. Zur Berechnung der Route vermengte Kolumbus Gelehrtenwissen mit fiktiven Reiseberichten und sprach 1484 beim portugiesischen Hof wegen Unterstützung seines Vorhabens vor, westwärts bis Indien zu segeln. Wegen fehlerhafter Distanzberechnungen und weil die portugiesischen Seeleute in der Umsegelung Südafrikas grosse Fortschritte erzielten hatten, wurde seine Bitte um die Ausrüstung einer Expedition abgelehnt. Im folgenden Jahr trat er mit demselben Vorhaben vor den spanischen König Ferdinand, wo er ebenfalls eine Absage erhielt. Erst als sich die Kunde verbreitete, dass die Mission des Portugiesen Bartolomeu Dias zur Erkundung der Südspitze Afrikas 1488 erfolgreich war, schwenkte das spanische Königspaar um und unterstützte die Ausrüstung einer Expedition. Die Portugiesen sollten den Spaniern bei der Entdeckung neuer Gebiete nicht zuvorkommen.

Westindien
Bezeichnung für eine Inselgruppe in der Karibik.

Kolumbus' Triumpf

1492 brach Kolumbus mit drei Schiffen von Palos in Spanien aus auf und kam dank günstiger Passatwinde so zügig voran, dass die Mannschaft bereits nach 39 Tagen auf offener See am 12. Oktober 1492 Land sichtete. Kolumbus nannte das entdeckte Land Westindien in der Annahme, es handele sich um Indien. In Wirklichkeit traf er auf eine Insel der Bahamas. Er nahm das Land in Besitz, ohne die einheimischen Indios zu fragen, und liess einen Teil seiner Mannschaft vor Ort eine Siedlung gründen. Auf der Weiterfahrt entdeckte Kolumbus Kuba und Hispaniola, die grössten Inseln der Antillen. Im Januar 1493 segelte er zurück nach Spanien. Dort schwärmte er von der unmittelbar bevorstehenden Entdeckung der Westpassage, den Gewürzen und Goldfunden. Es wurden ihm die höchsten Adelstitel verliehen, und zügig wurde eine zweite Expedition mit 17 Schiffen und 1 200 Mann zusammengestellt. Wieder in Westindien angekommen, musste er feststellen, dass es zu Unfrieden zwischen den Einheimischen und den Spaniern gekommen war und dass sämtliche Europäer ermordet worden waren. Seine Misserfolge hatten einen grossen Ansehensverlust zur Folge. 1506 starb er in Spanien, ohne dass die Welt davon Kenntnis nahm. Seine Titel wurden ihm aberkannt, und die Ländereien, die er entdeckt hatte, wurden später Amerika genannt – nach dem Seefahrer Amerigo Vespucci, der erkannte hatte, dass nicht der Seeweg nach Indien, sondern ein neuer Erdteil entdeckt worden war.

Indios
Kolumbus nannte die angetroffenen Bewohner Indios. Zumeist wird daraus geschlossen, dass er sie für Inder hielt. Der Name Indianer ist eine Abwandlung davon.

M1 **Erste Landung von Kolumbus 1492, Druckgrafik von Theodor de Bry, 1594**

1 ■ Stelle Vermutungen an, warum der neue Erdteil nicht nach Kolumbus benannt wurde.

M 2 Weltkarte des Paolo dal Pozzo Toscanelli (1397–1482), 1457.

Eine ähnliche Karte lag Kolumbus für die Überquerung des Atlantiks vor

M 3 Toscanelli schreibt Kolumbus

Kolumbus hatte Kontakte zum Astronomen und Arzt Paolo Toscanelli. In einem Schreiben an Kolumbus von ca. 1480 äusserte sich dieser wie folgt:

Deinen Brief und die mir zugesandten Gegenstände habe ich erhalten und darüber grosse Genugtuung empfunden. Von deinem mutigen und grossartigen Plan, auf dem Westwege, den die dir übermittelte Karte anzeigt [M 2], zu den
5 Ostländern zu segeln, nahm ich Kenntnis. Besser hätte er sich noch an Hand einer runden Kugel klar machen lassen. Es freut mich, dass du mich recht verstanden hast. Der geschilderte Weg ist nicht nur möglich, sondern wahr und sicher.

Zit. nach: Eberhard Schmitt (Hg.), Die grossen Entdeckungen, München (Beck) 1984, S. 99 f.*

2 ■ Erkläre, warum Kolumbus aufgrund des Briefverkehrs mit Toscanelli und der Karte M 2 in seinem Vorhaben bestärkt wurde.

M 4 Motive des Kolumbus für seine Fahrt

Aus dem Schiffstagebuch des Kolumbus:

13. Oktober 1492

Ich war aufmerksam und bemühte mich, in Erfahrung zu bringen, ob es Gold gäbe. […] Durch Zeichensprache [mit den Eingeborenen] konnte ich folgendes herausfinden:
5 Wenn man nach Süden gehe oder die Insel nach Süden umfahre, so sei dort ein König, der grosse Gefässe aus Gold habe und der sehr, sehr viel davon habe. […] Ich beschloss, […] nach Südwesten aufzubrechen, denn viele von ihnen zeigten mir und sagten mir auf diese Weise, dass im Süden, im Südwesten und im Nordwesten Land sei und dass die 10 Leute aus dem Nordwesten häufig herkämen, um sie anzugreifen – und also im Südwesten nach dem Gold und den Edelsteinen zu suchen.

6. November 1492

Ich verbürge mich, […] wenn fromme Kirchenmänner hier 15 herkämen, die zu ihnen [den Eingeborenen] in ihrer Sprache reden könnten, dann würden sie alle auf der Stelle Christen werden; und so hoffe ich auf unsern Herrn, dass sich Eure Hoheiten mit grosser Eile dazu entschliessen werden, um diese Völker in den Schoss der Kirche heimzuholen, und sie 20 werden sie bekehren, ebenso wie sie jene niedergeworfen haben, die den Vater und den Sohn und den heiligen Geist nicht bekennen wollten.

Christoph Kolumbus, Schiffstagebuch, Erstveröffentlichung 1825, Neuauflage Leipzig (Reclam) ⁶1992, S. 25, 54, übers. v. Roland Erb*

3 ■ Nenne die Leitmotive, die Kolumbus in seinen Bordbucheinträgen aufführt (M 4).

4 ■ Erläutere, an wen er sich in diesen Einträgen wandte und welches Ziel er dabei verfolgte.

5 ■ Erläutere, welchem Zufall es Kolumbus zu verdanken hatte, dass er die erste Überfahrt überlebte.

Die Teilung der Welt

M1 **Portugiesische Karavellen des 15. Jahrhunderts, Computeranimation.**

Die portugiesischen und spanischen Karavellen spielten eine entscheidende Rolle bei den Entdeckungs-, Forschungs- und Handelsfahrten entlang der westafrikanischen Küste und nach Amerika. Ihre Merkmale waren 100 bis 180 Tonnen Verdrängung, geringer Tiefgang, hohes Heck und eine effiziente Takelung. Karavellen waren schnell und zeigten sehr gute Eigenschaften am Wind

Padrão
(Portugiesisch für Muster) Steinsäule mit dem Wappen Portugals und einem Kreuz an der Spitze. Auf den Säulen stand in lateinischer und portugiesischer Sprache das Jahr der Aufstellung, der Name des Seefahrers und des regierenden Königs. Padrãos dienten späteren Seefahrern als Orientierungszeichen.

Nautik und Kartografie

Die Atlantiküberquerungen der spanischen Schiffe erforderten dank des Äquatorialstroms nach Westen sowie der nördlich nach Osten ziehenden Passatwinde für die Rückfahrt weniger nautisches Geschick als die Reisen der Portugiesen ans Kap der Guten Hoffnung. Vor Westafrika herrschen oftmals Flauten, was insbesondere für die Moral der Mannschaft und für die Vorräte problematisch war. Deshalb mussten die Portugiesen zunächst westwärts kreuzen, um dann in Richtung Südosten zu wenden. Diese bogenähnliche Fahrt über den Südatlantik erforderte genaue astronomische Kenntnisse. Dass sich die Portugiesen bei ihren Entdeckungsfahrten stark an den Sternen orientierten, ist anhand der Seekarten wiederzuerkennen. Die Küsten sind oftmals nur ansatzweise dargestellt. Von grosser Bedeutung waren die Padrãos, die auf den astronomischen Karten eingezeichnet waren.

Der Vertrag von Tordesillas

Die Rivalität zwischen Portugal und Spanien hatte viele Auseinandersetzungen zwischen diesen beiden Ländern zur Folge. Im Sinne stabiler Verhältnisse kam es 1494 auf Betreiben Papst Alexanders VI. zum Vertrag von Tordesillas (Spanien). Dieser teilte die Welt durch eine Linie im Atlantik in eine östliche portugiesische und eine westliche spanische Einflusssphäre. Er wurde 1529 durch den Vertrag von Saragossa ergänzt, der im Pazifik eine östliche Demarkationslinie festlegte. Der Kirchenstaat selbst konnte sich so günstig im Schatten der beiden führenden Mächten positionieren. Dazu versprach sich der Papst von den Entdeckungen neue kirchliche Untertanen. Die Interessen der kleineren europäischen Länder gewichtete er weniger hoch. Die Portugiesen wiesen das Abkommen von Tordesillas zurück, und es gelang ihnen, die Demarkationslinie weit nach Westen zu verschieben. Dies machte es ihnen später möglich, die östlich dieser Linie liegenden Gebiete Brasiliens zu kolonisieren. England, Frankreich und Holland – die anderen grossen Seemächte der Zeit – erkannten den Vertrag von Tordesillas nicht an, da er ihre eigenen Weltherrschaftsansprüche ignorierte.

1 ■ Erläutere die Interessen der am Vertrag von Tordesillas beteiligten Mächte.
2 ■ Ermittle weitere technische Neuerungen, die die Seefahrten der Spanier und Portugiesen erleichterten.

M2 Cantino-Weltkarte
von 1502, westliche Hälfte

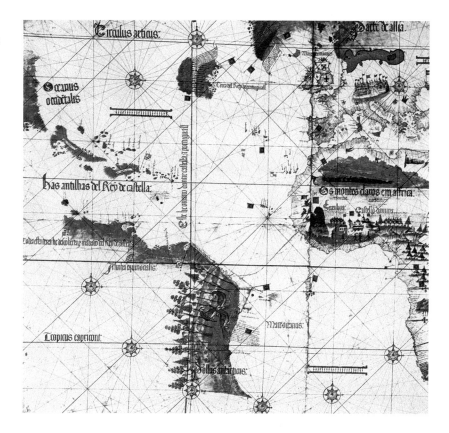

3 ◼ Untersuche die Karte M 2:
– Recherchiere zur Cantino-Weltkarte und beschreibe, was auf ihr alles eingezeichnet ist. Welchen Kenntnisstand gibt sie wieder?
– Identifiziere die Tordesillas-Linie von 1494 (s. auch M 3). Beschreibe, welche Gebiete Portugal und Spanien 1494 für sich beanspruchten.
– Markiere auf einer Karte alle Länder, die entweder spanisch oder portugiesisch sprachen. Vergleiche mit heutigen Sprachregionen. Welches Muster stellst du fest?
4 ◼ Erörtere, wer beim Vertrag von Tordesillas den besseren Handel gemacht hat – Portugal oder Spanien.

M3 Teilungsedikt des Papstes, 1493

Unter den anderen der göttlichen Majestät wohlgefälligen und unserem Herzen erwünschten Werken ist es das Wichtigste, dass der katholische Glaube und die christliche Religion gerade in unserer Zeit verherrlicht und überall verbrei-
5 tet, das Heil der Seelen gefördert und die barbarischen Nationen gedemütigt und zum Glauben zurückgeführt werden. [...]
(§ 3.) Auf den schon entdeckten Inseln finden sich Gold, Gewürze und zahlreiche andere wertvolle Naturprodukte ver-
10 schiedener Art und Güte.

(§ 4.) Nachdem ihr alles und namentlich, wie es katholischen Königen und Fürsten geziemt, das Interesse der Verherrlichung und Verbreitung des katholischen Glaubens gewissenhaft nach der Art eurer Vorfahren glorreichen Angedenkens erwogen hattet, habt ihr euch vorgenommen, 15 die genannten Inseln und Festländer samt ihren Bewohnern mit Gottes Hilfe euch zu unterwerfen und zum katholischen Glauben zurückzuführen. [...]
(§ 6.) Das Gebiet, das wir euch [...] übergeben, umfasst alle Inseln und Festländer, obschon bekannt oder noch zu ent- 20 decken, in westlicher und südlicher Richtung, sobald sie von euren Abgesandten und Kapitänen erreicht werden; dazu ziehen wir eine Linie vom arktischen Pol, also von Norden nach Süden, gleich, ob nun die Festländer und Inseln auf dem Wege nach Indien oder nach einer anderen Weltge- 25 gend entdeckt wurden oder entdeckt werden. Diese Linie soll hundert Meilen westlich von den Inseln und Festländern, obschon bekannt oder noch zu entdecken, [den Spaniern] zufallen.

Zit. nach Wolfgang Lautemann/Manfred Schlenke (Hg.), Geschichte in Quellen, Renaissance, Glaubenskämpfe, Absolutismus, München (bsv) 1983, S. 57 ff.*

5 ◼ Fasse die Interessen zusammen, die der Papst bei den Verhandlungen um den Vertrag von Tordesillas verfolgte (M 3).

Die Entdecker

M 1 **Karte von Battista Agnese mit der Route von Magellans Schiffen, 1536.** *Agnese (1500–1564) war ein genuesischer Kartograf, der in Venedig arbeitete*

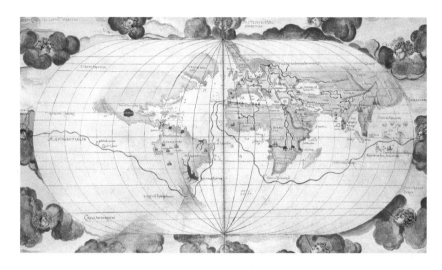

M 2 **Vasco da Gama (um 1469–1524), Buchmalerei, 1565**

Vasco da Gama segelt nach Indien

Vasco da Gama hatte 1498 Südafrika umfahren und einen Seeweg nach Indien entdeckt. Damit hatte er eine direkte Seehandelsroute nach Indien gefunden, die den Zwischenhandel über die Seidenstrasse umging. 1499 kehrte er triumphal nach Portugal zurück. Der König rüstete daraufhin unter dem Kommando von Vasco da Gama noch weitere Expeditionen aus, um in Indien Niederlassungen zu errichten, z. B. Goa und Macao. Diese Stützpunkte wurden jedoch von innen und aussen bedroht. Um dies zu bereinigen, schickte der König Vasco da Gama, inzwischen mit dem Titel des Vizekönigs von Indien geehrt, 1524 zu einer letzten Reise nach Indien, wo er drei Monate nach seiner Ankunft an Malaria verstarb.

M 3 **Ferdinand Magellan (1480–1521), Gemälde, 16. Jh.**

Ferdinand Magellan segelt um die Welt

Ferdinand Magellan erhielt vom spanischen König 1518 fünf Schiffe zur Erkundung einer südlichen Westpassage nach Ostasien. Diese Reise wurde zu einer entsetzlichen Leidensgeschichte. Das Vordringen in immer lebensfeindlichere Klimazonen entlang der Küste Südamerikas führte zu Meutereien, die Magellan mit drastischen Massnahmen, z. B. durch Hinrichtungen, beendete. Dennoch entfloh ein Schiff aus dem Konvoi, und ein anderes erlitt Schiffbruch, sodass nur noch drei Schiffe durch die Verbindung von Atlantik und Pazifik, die nach ihrem Entdecker benannte Magellanstrasse, segelten. Die anschliessende dreimonatige Fahrt über den fast windstillen Ozean, den Pazifik, verlangte der Mannschaft alles ab. Ohne frische Nahrung ernährten sie sich von Sägemehl, Schiffsratten und fauligem Wasser. Viele überlebten die Überfahrt nicht. Auch Magellan kam 1521 bei einer Auseinandersetzung mit Insulanern auf der Insel Mactan (Philippinen) ums Leben. Von den 237 Seemännern erreichten 1522 noch 18 auf einem maroden Schiff den Heimathafen in Spanien. Der Wert der Gewürze, die sie mitbrachten, wog die Kosten der gesamten Reise jedoch um ein Mehrfaches auf.

Die Entdecker

🔖▶ cornelsen.de/Webcodes
➕🔊 Code: marube

1 ■ Vergleiche den geografischen Kenntnisstand der Karte M 1 mit dem der Karte M 2 auf S. 31 und nenne die Unterschiede.

2 ■ Beschreibe anhand der Karte M 1 die Etappen des Seewegs von Vasco da Gamas und Magellans Schiffen. Nimm die Karte M 4 zuhilfe.

3 ■ Nenne die Herausforderungen, denen Seefahrer jener Zeit ausgesetzt waren.

M 4 Entdeckungsfahrten der Europäer im 15./16. Jahrhundert

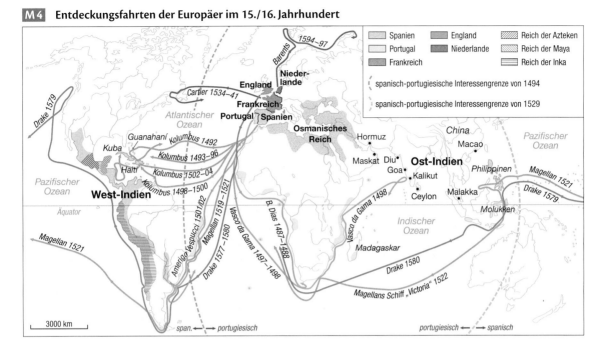

4 ■ Finde anhand der Karte M 4 heraus, wo die Expedition Magellans wie viele Schiffe und Besatzungsmitglieder verloren hat (M 6 und Internet).

M 5 Die Vorbereitungen der Weltumsegelung

Der Schiffskonvoi der Expedition von Magellan war wie folgt konzipiert:

Schiff	Tonnage	Besatzung
Trinidad	120 Tonnen	55 Mann
San Antonio	130 Tonnen	60–70 Mann
Concepción	90 Tonnen	45 Mann
Victoria	90 Tonnen	42 Mann
Santiago	60 Tonnen	32 Mann

Der Proviant bestand aus 7 240 kg Zwieback, 194 kg eingelagertem Fleisch, 163 kg Öl, 381 kg Käse, 200 Fässern Sardinen, 44 kg getrocknetem Fisch

Verfassertext

5 ■ Das übrig gebliebene Schiff Magellans war insgesamt drei Jahre unterwegs. Berechne überschlagsmässig, wie weit die Vorräte gereicht haben bzw. wie viel Nahrung für die einzelnen Wegstrecken zur Verfügung stand (M 5).

M 6 Verschwörung gegen Magellan

In einer Bucht vor Südamerika kam es zur Verschwörung der vier anderen spanischen Kapitäne gegen Generalkapitän Magellan, die vermutlich die beschwerliche Fahrt nicht fortsetzen wollten. Die Verschwörung wurde entdeckt, und Magellan selbst sprach die Urteile. Der italienische Seemann Antonio

Pigafetta, der Mitglied der Expedition war, berichtet darüber in seinem Tagebuch, Januar 1520:

Juan de Cartagena wurde vor aller Augen gevierteilt […]. Luis de Mendoza entkam nur dadurch demselben Ende, dass er trotz seiner Fesseln zu flüchten versuchte und bei diesem Fluchtversuch erstochen wurde. Nur Gaspar de Quesada wurde vom Generalkapitän [Magellan] begnadigt. Dadurch zog sich der Generalkapitän den Hass aller jener zu, die heimliche Gefolgsleute der Hingerichteten gewesen waren. Unter ihnen war Esteban Gomez, ein Steuermann, der es als eine Schande empfand, dass er unter einem Portugiesen dienen musste.

[An der Küste Patagoniens] stürzte unvermutet [ein] Priester […] auf den Generalkapitän los und versuchte ihm ein Messer in die Brust zu stossen. Er wurde von Magellans Getreuen ergriffen, in Ketten gelegt und […] einem peinlichen Verhör unterzogen. Nach langem Stillschweigen gestand er, von Gaspar de Quesada angestiftet worden zu sein, den Generalkapitän zu ermorden. Alle warteten nun darauf, dass auch Gaspar de Quesada ergriffen und gevierteilt werden würde. Aber Magellan wagte es nicht, den Verräter hinrichten zu lassen, weil dieser vom Kaiser selbst zum Kapitän ernannt worden war. Er wies ihn und seinen Mitschuldigen, den Priester, vom Geschwader […] und liess beide an Land.

Zit. nach: Antonio Pigafetta, Mit Magellan um die Erde. Ein Augenzeugenbericht der ersten Weltumsegelung 1519–1522, hg. u. übers. v. Robert Grün, Wiesbaden (Edition Erdmann) 2013, S. 50, 52**

6 ■ Vermute, warum es während der Reise Magellans häufig zu Meutereien kam (M 6). Diskutiert über die Art der Strafen, die Magellan verhängt hat.

Die Suche nach El Dorado

M1 Spanier greifen mit ihren indianischen Verbündeten die Azteken an, aztekische Zeichnung, 16. Jh.

Azteken
Indianerstamm, der um 1200 n. Chr. in das Hochtal von Mexiko einwanderte. Die Azteken selbst nannten sich auch Mexica.

El Dorado
Sagenhaftes Goldland im Inneren des nördlichen Südamerika, das zahlreiche Abenteurer und Entdecker anzog. Es bedeutet im übertragenen Sinn Paradies, Traumland.

M2 Hernán Cortés (1485–1547), Gemälde, 16. Jh.

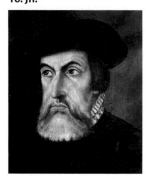

Cortés zerstört das Aztekenreich
Der Kleinadlige Hernán Cortés erhielt 1519 vom spanischen Gouverneur in Westindien den Auftrag, weitere Erkundungsfahrten zu unternehmen. Bei der Landung an der mexikanischen Küste liess er allerdings seine zwölf Schiffe zerstören und sandte damit an seine 700 Mann starke Truppe die Botschaft, dass er um jeden Preis Land nicht entdecken, sondern erobern wollte. Er verband sich mit der Indigenen Malinche, der er den Namen Doña Maria gab, und erhielt so eine Dolmetscherin. Cortés wusste die Rivalitäten zwischen einigen indigenen Stämmen, z. B. den Tlaxcalteken, und den Azteken zu seinem Vorteil zu nutzen, indem er sich mit einigen von ihnen verbündete und sie zum Kampf gegen die Azteken gewann. So konnte Cortés trotz der zahlenmässigen Unterlegenheit seiner Truppe ins Innerste des Reiches vorstossen. Obwohl der Aztekenherrscher Moctezuma II. friedlich mit den Spaniern auskommen wollte, liess Cortés Gold und Edelsteine aus den Tempeln der Hauptstadt Tenochtitlán abtransportieren und Kreuze aufstellen. Die zunehmenden Scharmützel und Spannungen zwischen Spaniern und Azteken führten am 30. Juni 1520 zur „Noche triste" (traurige Nacht), in der die Azteken drei Viertel der Spanier töteten. Cortés konnte mit wenigen Überlebenden fliehen. Es gelang ihm schliesslich mit Verstärkung aus Spanien und weiteren verbündeten Einheimischen, im August 1521 Tenochtitlán zu besiegen und die Stadt zu zerstören. Cortés hatte damit dem spanischen König ein Weltreich erobert, in dem die Sonne nie unterging.

Pizarro zerstört das Inkareich
1531 führte Francisco Pizarro eine mehrere Hundert Mann starke Expedition, zunächst mit Schiffen, an der peruanischen Pazifikküste entlang. Noch im selben Jahr machte er sich auf der Suche nach El Dorado mit seinen Leuten in das Landesinnere auf. Nach verlustreichen Fussmärschen durch den tropischen Dschungel drangen die spanischen Eroberer über die mehrere Tausend Meter hohen Anden in das Zentrum des Inkareichs vor. Dort nahm er in der Inkastadt Cajamarca den Inkaherrscher Atahualpa gefangen. Dieser wollte sich freikaufen und bot an, für seine Freilassung den Raum, in dem er gefangen gehalten wurde, bis zur Decke mit Gold und Silber zu füllen. So liess er 120 Zentner Gold und 135 Zentner Silber herbeischaffen. Obwohl er damit sein Versprechen hielt, wurde er von den Spaniern erdrosselt. Nach Atahualpas Hinrichtung im Juli 1533 zog Pizarro von Cajamarca nach Cuzco. Die letzte Schlacht zwischen den Spaniern und den Inka fand im November 1533 in der Nähe von Cuzco statt und endete siegreich für die Spanier. Damit war das Inkareich von den Spaniern erobert, das ihnen ebenso wie Mexiko immense Gebietsgewinne und Reichtum brachte.

1 ■ Fasse zusammen, was die Ziele der Konquistadoren waren.
2 ■ Erkläre, worauf der militärische Erfolg von wenigen Hundert Spaniern gegenüber Millionen von Indigenen vor allem beruhte (s. auch M1).

M 3 „Die Hauptstadt in ihrer Pracht"

Díaz del Castillo nahm als Soldat an der Eroberung des Aztekenreichs 1519–1521 teil. Er verfasste darüber einen Augenzeugenbericht, in dem er schrieb, 1568:

Die Schiffe wurden vor unseren Augen zerstört. Anschliessend hielt Cortés eine lange Rede an uns alle über den Feldzugsplan. [...] Wir hatten nun keine Schiffe mehr, um nach Kuba zurückzukehren. Er führte für unsere Lage zahlreiche

5 schöne Beispiele aus der Geschichte an. Wir aber antworteten ihm alle wie aus einem Munde, dass wir seinen Befehlen blindlings folgen würden, die Würfel seien gefallen. [...] Die Strasse, auf der wir marschierten, war nach meiner Erinnerung acht Schritte breit und führte kerzengerade bis in

10 die Mitte von Mexiko [Tenochtitlán]. Aber diese grosse Strasse reichte nicht aus, um die Menschenmenge aufzunehmen, die aus der Stadt kam und die in die Stadt zog, um uns zu sehen und zu begleiten. Auf allen Türmen und Tempeln standen Zuschauer, der ganze See war dicht bedeckt

15 mit überfüllten Fahrzeugen. [...] Wir zogen weiter über grosse Brücken, bis sich schliesslich vor uns die Hauptstadt Mexiko ausbreitete in all ihrer Pracht. Als man Cortés meldete, dass Moctezuma selbst in der Nähe sei, stieg er vom Pferd und ging ihm zu Fuss entgegen. Nun gab es von bei-

20 den Seiten grosse Begrüssungszeremonien. Motezuma hiess Cortés willkommen, und der Generalkapitän antwortete durch Marina [Malinche], er wünsche, dass Motezuma sich wohl befinde. Wenn ich mich recht erinnere, bot Cortés Motezuma seine rechte Hand. Der Fürst wies sie

25 aber zurück und breitete zum Gruss seine Arme aus. [...] Als Cortés den Herrscher umarmen wollte, hielten ihn die Fürsten davon ab; denn sie sahen in dieser Bewegung einen Mangel an Ehrerbietung. Er musste sich also begnügen, Motezuma zu sagen, wie sehr es ihn ehre und erfreue, dass er

30 ihm persönlich entgegengekommen sei. [...] Wir wurden in einem riesigen Gebäude untergebracht, in dem Platz für uns alle war. [...] Jeder von uns fand hier ein Bett mit Matten, Kissen, Decken und Vorhängen, wie sie die vornehmsten Männer nicht besser und schöner haben können. [...] Wir

35 waren nun schon vier Tage in Mexiko, und niemand von uns hatte bis jetzt das Quartier verlassen. Cortés aber wollte den grossen Marktplatz der Stadt und den Haupttempel besichtigen. [...] Dort fanden wir eine unerwartet grosse Menge Menschen, zahlreiche Verkaufsstände und eine aus-

40 gezeichnete Ordnungspolizei. [...] Jede Warengattung hatte ihre Plätze. Da gab es Gold- und Silberarbeiten, Juwelen, Stoffe aller Art, Federn, Baumwolle und Sklaven.

Bernal Diaz del Castillo, Die Eroberung von Mexiko (1568), neu hg. v. Georg Adolf Narciß, Berlin (Insel) 2017, S. 122 ff., übers. v. Anneliese Botond*

3 ▪ Beschreibe die Eindrücke der Spanier.

4 ▪ Ergänze dann jeweils die vorhergegangenen und die nachfolgenden Ereignisse der Eroberung Mexikos und beurteile sie.

M 4 „Wie Affen griffen sie nach dem Golde"

Bernardino de Sahagún (1500–1590) war ein spanischer Missionar, der in Mexiko lebte. Sein Bericht „Allgemeine Geschichte der Gegebenheiten in Neu-Spanien" basiert auf Gesprächen mit Einheimischen. Darin schreibt er, um 1565:

Sie [Abgesandte Moctezumas] trafen den Kapitän [Cortés]. [...] Sie schenkten ihm das Goldbanner, das Quetzalfederbanner und die goldene Perlhalskette. Und als sie es ihnen gegeben hatten, lachten die Spanier über das ganze Gesicht,

5 freuten sich sehr, wie Affen griffen sie nach dem Golde, ihr ganzes Herz richtete sich gleichsam darauf, ihr Herz war gleichsam blank, ihr Herz war gleichsam frisch. Denn danach dürsteten sie sehr, sie verlangten danach, hungerten danach, suchten das Gold wie die Schweine, und die golde-

10 ne Fahne schwenkten sie hin und her, prüften sie, wie sie gleichsam eine unverständliche fremde Sprache sprach, was sie in unverständlicher Sprache sprach.

Zit. nach: Aus der Welt der Azteken, 1558/1580. Die Chronik des Fray Bernardino de Sahagún, Frankfurt/M. (Insel) 1989, S. 257, übers. v. Leonhard Schultze**

5 ▪ Fasse das Bild zusammen, das die Azteken nach Sahagúns Bericht von den Spaniern hatten (M 4). Vergleiche mit M 5 und beurteile das Verhalten der Spanier.

M 5 Die goldfressenden Spanier im Inkareich.

Federzeichnung des Huamán de Ayala (um 1550–1615) eines indigenen Übersetzers und Zeichners in Peru. Er hielt das Verhalten der Spanier in Zeichnungen fest. Die Person links sagt: „Isst du dieses Gold?", die rechte Person sagt: „Dieses Gold essen wir"

Unterdrückung und Ausbeutung der Indigenen

M1 Im Innern des Silberbergs von Potosí, kolorierte Radierung, 1592

M2 Kinder als Minenarbeiter in der Silbermine von Potosí, 2013

Das Encomienda-System

Die spanische Königin Isabella (s. S. 26) förderte durch das sogenannte Encomienda-System die Besiedlung der entdeckten Gebiete. Dieses bestand darin, dass spanische Eroberer von der Krone Land anvertraut bekamen, das sie bewirtschaften und auf dem sie über die ansässige Bevölkerung verfügen konnten. Diese wurde aus ihren althergebrachten Gemeinschaften herausgerissen und zu Sklavenarbeit gezwungen. Seelisch und körperlich geschwächt, vereinsamt, der gewohnten Umgebung entrissen, als Arbeitstiere zu unmenschlichen Leistungen gezwungen, starben viele Menschen. Weitere wurden von europäischen Krankheiten dahingerafft, gegen die sie keine Abwehrkräfte besassen. Die gesamte Bevölkerung der Insel Hispaniola (Haiti) z. B. wurde zwischen 1492 und 1514 ausgerottet oder starb an Seuchen – etwa 300 000 Menschen.

Der Silberberg in Potosí

Die Kolonien sollten dem Reichtum der spanischen Krone dienen. So wurde im Jahr 1545 auf über 4 000 m. ü. M. am Fusse des Berges Cerro Torre („Turmberg") die Stadt Potosí im heutigen Bolivien gegründet. Mehr als 200 Jahre lang versorgte der Silberberg Cerro Torre Europa mit riesigen Silbermengen. Potosí war im 17. Jahrhundert mit 150 000 Einwohnern so gross wie Venedig. Im Silberberg starben Hunderttausende von Menschen, die Zahlen sind umstritten (M 1). Sie schürften grosse Mengen Silber, das auf dem Rio de la Plata – dem Silberfluss – an den Atlantik und von dort mit der spanischen Silberflotte nach Spanien verschifft wurde. Noch heute wird von Einheimischen im Cerro Torre nach Silber geschürft – auch von Kindern (M 2). Nicht alle Spanier waren mit dem Vorgehen der Eroberer in Südamerika einverstanden. Der Dominikanermönch Bartolomé de Las Casas trat z. B. für eine menschliche Politik ein. Er geisselte schonungslos die Verfolgung und Ausrottung der Indigenen durch seine Landsleute und löste unter spanischen Juristen Diskussionen über die rechtliche Stellung der Indianer und die Ziele der Missionstätigkeit aus (s. S. 61).

1 ■ Schaut euch gemeinsam den Film „The Devil's Miner" an. Diskutiert, wie sich die Bedingungen am Cerro Torre historisch entwickelt haben, und vergleicht eure Lebenssituation mit der des bolivianischen Jungen in M 2.
2 ■ Recherchiere mithilfe des Internets die Entstehungsgeschichte einer beliebigen Millionenstadt in Südamerika und stelle der Klasse das Resultat vor.

M 3 **Die Landung der Spanier in Veracruz, Fresko von Diego Rivera, 1951**

3 ■ Beschreibe die Herrschafts- und Ausbeutungsformen der Spanier in Südamerika anhand von M 3 und M 4.

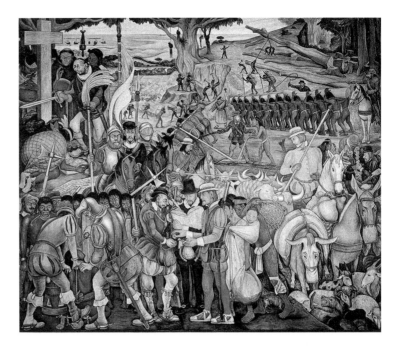

M 4 **Die Einführung des Encomienda-Systems**

Die folgende Verordnung der spanischen Königin Isabella aus dem Jahr 1503 bedeutete zugleich die Einführung des Encomienda-Systems.

Weil Wir wünschen, dass die genannten Indianer sich zu Unserem heiligen katholischen Glauben bekehren und darin unterrichtet werden, dies sich aber besser tun lässt, wenn die Indianer mit auf der Insel wohnenden Christen in Berüh-
5 rung kommen […] befehle [Ich] hiermit Euch, Unserem Gouverneur, dass Ihr […] jedem Kaziken [Häuptling] auferlegt, eine bestimmte Anzahl Indianer bereitzuhalten, um sie jeweils da, wo es nötig ist, zur Arbeit einsetzen zu können, und damit sie sich […] zusammenfinden, um an den dafür
10 bestimmten Orten über die Dinge des Glaubens zu hören und darin unterrichtet zu werden, dass jeder Kazike die von Euch vorgeschriebene Zahl von Indianern beibringt und an die von Euch benannten Personen zur Arbeit überlässt, gemäss näherer Anweisung dieser Personen und gegen einen
15 von Euch festzusetzenden Tageslohn. Die genannten Verpflichtungen sollen sie als freie Personen leisten, die sie ja sind, nicht als Sklaven.

Zit. nach: Urs Bitterli (Hg.), Die Entdeckung und Eroberung der Welt, Bd. 1, München (Beck) 1980, S. 76 f.*

zen verpflichtet war, nämlich die Erziehung, Belehrung und Bekehrung der Indianer, so habe ich oben schon gesagt […], 5 dass die Missionierung und Bekehrung dieser Menschen nicht mehr Aufmerksamkeit und Mühe zugewendet, nicht mehr Nachdenken und Sorgfalt gewidmet wurde, als wenn die Indianer Klötze oder Steine, Katzen oder Hunde gewesen wären. […] Die zweite Vorschrift, dass jeder Kazike eine 10 bestimmte Anzahl von Leuten zu stellen habe, führte der Gouverneur so aus, dass er die zahlreiche Bevölkerung dieser Insel vernichtete; er übergab nämlich jedem Spanier, der den Wunsch dazu äusserte, dem einen 50, dem anderen 100 Indianer, […] darunter Kinder und Greise, schwangere Frau- 15 en und Wöchnerinnen, Hohe und Niedere, ja selbst die Herren und angestammten Könige dieses Landes. […] Ferner liess er über die unerträgliche Arbeitsleistung hinaus noch zu, dass man spanische Aufseher über sie setzte, die sich durch Grausamkeit hervortaten, […] die ihnen [den Indige- 20 nen] nicht Tag und Nacht einen Augenblick Ruhe liessen. Sie gaben ihnen Stock- und Rutenhiebe, Ohrfeigen, Peitschenschläge, Fusstritte und nannten sie nie anders als Hunde.

Zit. nach: Wolfgang Lautemann/Manfred Schlenke (Hg.), Geschichte in Quellen, Bd. 3, München (bsv) 1966, S. 69 f.*

M 5 **Die Praxis des Encomienda-Systems**

Bartolomé de Las Casas (1474–1566), Dominikanermönch und Bischof von Chiapas (Mexiko), nahm zur Verfügung Isabellas (M 4) Stellung:

Es ist nun zu berichten, wie der Gouverneur die Verfügung […] durchführte. Was die erste und wichtigste Sache betrifft, die die Königin sich zum Ziel gesetzt hatte und zu set-

4 ■ Vergleiche die Ziele des Encomienda-Systems in M 4 und ihre Umsetzung in M 3. Welche Folgerungen ziehst du?
5 ■ Informiere dich im Internet über Bartolomé de Las Casas und beschreibe, inwiefern sein Lebensweg mit den Erfahrungen des Encomienda-Systems zusammenhing.

Neue europäische Kolonialmächte

Europäische Handelskompanien entstehen

Das weltumspannende Handelsnetz und die Kolonien der Spanier und Portugiesen lagen jeweils in den Händen des Staates und waren äusserst rentabel. Bald begannen sich auch reiche Bürger und Kaufleute aus England und Holland für den lukrativen Fernhandel zu interessieren. Um die sehr kostspieligen Handelsreisen nach Asien oder Amerika zu finanzieren, schlossen sie sich zusammen und gründeten im 17. Jahrhundert private Handelskompanien. Da sie vor allem am Gewürzhandel mit Indien und Ostasien interessiert waren, nannten sie sich „Ostindische Kompanien". Diese Gesellschaften waren zwar staatlich lizensiert, aber der Profit floss in die Taschen der Gesellschaft, die ihn an ihre Teilhaber weitergab. Diese Form des privat organisierten Überseehandels warf enorme Gewinne ab. Sie rief daher bald Nachahmer auf den Plan, was zu einem harten Konkurrenzkampf unter den Handelsgesellschaften führte. Im 17. Jahrhundert entstanden grosse europäische Handelsimperien, die mit eigenen Streitkräften und mit kriegerischen Mitteln um die Vorherrschaft im Welthandel kämpften.

Handelskompanie
Zusammenschluss von Kaufleuten, um bessere Handelsbedingungen und sicherere Handelswege zu erreichen; Frühform von modernen Aktiengesellschaften.

Aus Handelsgesellschaften werden Kolonialherren

Die Handelsgesellschaften traten nach aussen unterschiedlich auf, zunächst als Handelspartner und Bittsteller, bald aber auch als Kriegsmacht und Eroberer. Hatten Handelsgesellschaften in einem Gebiet einmal die Monopolstellung erkämpft, war es oft ein Leichtes, dort auch politisch Einfluss zu erlangen. So wurden sie zu Landeignern und Kolonialherren und konnten ihr Ziel, maximalen Gewinn zu erwirtschaften, noch besser verfolgen. Dabei fungierten die Kompanien meist in einer Doppelrolle, die zunehmend zu einer verschmolz: Sie waren Geschäftsunternehmen, ihre Expansion stand aber unter ständiger Kontrolle durch ihren eigenen Staat, der ebenfalls Interesse an den Kolonien der Kompanien hatte. Vom 17. bis zum 19. Jahrhundert bauten hauptsächlich Briten, Franzosen und Niederländer so ihren direkten oder indirekten Einfluss auf den anderen Kontinenten aus.

Die wichtigsten Ostindischen Kompanien (OK) und ihre Gründungsjahre
1600: Britische OK
1602: Niederländische OK
1616: Dänische OK
1626: Schwedische OK
1628: Portugiesische OK
1664: Französische OK

Die EIC verhilft Britannien zur Weltmacht

Als sich im Jahr 1600 rund 100 Kaufleute in England zusammentaten, um ein einziges Handelsschiff für den Handel mit Indien auszurüsten, begann der Aufstieg der British East India Company (EIC). Die Gesellschaft hatte das königliche Privileg erhalten, Handel mit Asien treiben. Dies war für ganz England eine vorteilhafte Angelegenheit, denn die Wirtschaft begann zu florieren, die Steuereinnahmen stiegen, das Risiko aber blieb bei der Company. Im Laufe des 17. und 18. Jahrhunderts konnte die EIC ihren Einflussbereich in Indien vergrössern. Überall gründeten sie Handelsniederlassungen, bauten Befestigungsanlagen und konnten schliesslich die Konkurrenten komplett verdrängen. Damit hielt sie nicht nur das Monopol für den Indienhandel in den Händen, sondern konnten auch ihre Forderungen gegenüber den indischen Machthabern steigern und leichter durchsetzen. Gegen Ende des 18. Jahrhunderts übernahm der EIC sogar die Macht im ohnehin instabilen Indien: Aus einer reinen Handelsgesellschaft war eine Handels- und Kolonialmacht geworden, die massgeblich mithalf, aus dem britischen Königreich ein Empire zu machen.

M1 Einheimische als Söldner im Dienste der Britischen EIC, um 1800.
Um ihre Herrschaft in den Kolonien zu sichern, wurden Einheimische zu Soldaten ausgebildet. Als Söldner setzten sie die Interessen der EIC auch mit Gewalt durch

1 ■ Erläutere den Unterschied zwischen der Kolonisation der Spanier und Portugiesen einerseits (s. S. 28–37) und den Briten, Franzosen und Holländern andererseits.

M2 **Überseehandel und europäische Kolonialreiche um 1700**

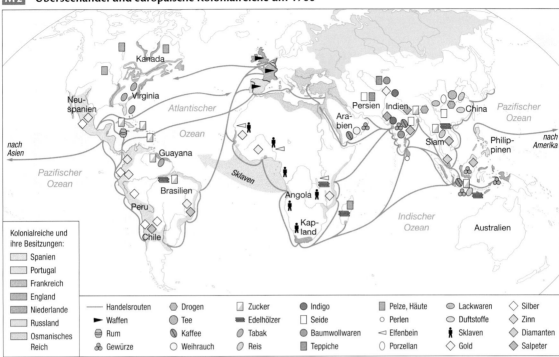

2 ■ Betrachte die Karte M2 und gib an, wo die zentralen Interessengebiete der Kolonialmächte lagen.

M3 **Die Niederländische Ostindien-Kompanie**

Die Niederländische Ostindien-Kompanie (Vereenigde Geoctroyeerde Oostindische Compagnie, VOC) war eine Organisation von niederländischen Kaufmannsgruppen, die sich März 1602 zusammengeschlossen hatten, um in Ostin-
5 dien ihre Konkurrenz untereinander zu beseitigen. Sie wurde vom niederländischen Staat gefördert, indem sie Handelsmonopole, Hoheitsrechte in Landerwerb, Kriegsführung und Festungsbau erhielt. Die VOC hatte ihren Hauptsitz in Amsterdam und Middelburg und war eine der grössten
10 Handelsunternehmungen des 17. und 18. Jahrhunderts. In Ostasien hatte sie ihr Hauptquartier für die Handelsschifffahrt in Batavia, der heutigen indonesischen Hauptstadt Jakarta auf Java. Weitere Niederlassungen wurden auf anderen Inseln Indonesiens gegründet. Sie verfügte jedoch über wei-
15 tere Handelsposten, so auf Deshima, einer künstlichen Insel vor der Küste der japanischen Stadt Nagasaki, sowie in Persien, im heutigen Bangladesch und in Indien, im heutigen Sri Lanka, im heutigen Taiwan und in Kapstadt. Die wirtschaftliche Stärke der VOC bestand vor allem darin, dass sie die
20 Gewürzroute von Hinterindien nach Europa kontrollierte. Gewürzhandel war zu dieser Zeit eines der lukrativsten Geschäfte weltweit. Der Handelswert der von der VOC nach Europa transportierten Waren betrug im ersten Jahrhundert

bis 1700 rd. 770 Mio. und im zweiten Jahrhundert bis 1795 rd. 1,5 Mrd. Gulden. Die VOC kam nach dem Vierten Eng- 25 lisch-Niederländischen Krieg von 1780 bis 1784 in finanzielle Schwierigkeiten und wurde 1798 aufgelöst.
Verfassertext

M4 **Briefwechsel zwischen zwei indischen Fürsten über die East Indian Company, 1733**

Ich bin kaum in der Lage, Ihnen die abscheulichen Praktiken dieser Leute wiederzugeben. Als sie zuerst in dieses Land kamen, baten sie die Regierung demütig um die Freiheit, ein Stück Land zum Bau eines Handelshauses kaufen zu dürfen. Kaum war es ihnen erlaubt worden, errichteten sie ein star- 5 kes Fort, das mit einem Graben umgeben wurde. […] Sie haben eine ganze Reihe von Kaufleuten und andern verführt, sich unter ihren Schutz zu stellen.

*Ainslie T. Embree und Friedrich Wilhelm (Hg. und Verf.): Indien. Geschichte des Subkontinents von der Induskultur bis zum Beginn der englischen Herrschaft, Fischer Weltgeschichte, Bd. 17, S. 245**

3 ■ Suche die in M3 genannten Niederlassungen der VOC auf der Karte M2 und beschreibe deren Rolle im Ostasienhandel (M3).
4 ■ Vergleiche das Handelsvolumen der VOC mit dem einiger heutiger Seehandelsländer.
5 ■ Erläutere, wer im Bau von Forts Vor- und Nachteile sah (M4).

Reformation

Frühe Kirchenkritik

M1 Hauptportal des Berner Münsters mit dem Jüngsten Gericht, erbaut im 15. Jh.

M2 John Wiclif (1330–1384), englischer Theologe, einfarbiges Gemälde, Ende 14. Jh.

Konzil von Konstanz
Zur Zeit des Konzils von Konstanz (1414–1418) waren drei Päpste im Amt. Das Konzil beendete diesen Zustand. Ausserdem wurde gegen Ketzereien vorgegangen und über eine sanfte Reformation der Kirche beraten.

John Wiclif und Jan Hus

Viele spätmittelalterliche Altarbilder sollten den Kirchenbesuchern eindrücklich vor Augen führen, was sie am Jüngsten Tag erwartet. Die Prophezeiungen des Alten Testaments kündigen ein göttliches Gericht an, das nach dem Ende der Welt und der Auferstehung der Toten endgültig die Guten von den Bösen trennt (M1). So wurde von der Kirche Angst vor dem Tod und dem Ende der Welt erzeugt und der Druck auf die Gläubigen erhöht, ein Leben in Busse und Gottgefälligkeit zu führen. Ab dem Ende des 14. Jahrhunderts gab es innerkirchliche Kritik an diesem Vorgehen von Theologen, die eine Rückbesinnung auf die Heilige Schrift forderten. Der englische Theologe John Wiclif (1330–1384) forderte von der Kirche vor allem, sich nicht mehr auf die Anhäufung von Reichtum, sondern wieder auf die Nächstenliebe, die Fürsorge für die Schwachen und auf die Zehn Gebote zu konzentrieren. In Prag fand Anfang des 15. Jahrhunderts der Kirchenreformer Jan Hus (um 1370–1415) eine grosse Anhängerschaft. Wie Wiclif kritisierte auch er die Verweltlichung der Kirche und das lasterhafte Leben vieler Kleriker. Für ihn galt nur die Bibel als Autorität, und Christus, nicht der Papst, war für ihn das wahre Oberhaupt der Kirche. Doch die Reformvorschläge von Wiclif und Hus wurden nie umgesetzt, weil Papst und Klerus um ihre Macht fürchteten. Auf dem Konzil von Konstanz wurde beschlossen, alle Schriften von Wiclif zu verbrennen und ihn nachträglich als Ketzer zu verurteilen. Noch schlimmer erging es Jan Hus: Er wurde beim Konstanzer Konzil wegen Ketzerei zum Tode auf dem Scheiterhaufen verurteilt. Fortan waren alle späteren Reformatoren ähnlich bedroht wie Jan Hus.

1 ■ Erläutere anhand des Bildes M1 die Theorie vom Jüngsten Gericht.

M3 **Jan Hus und seine Ideen**

Der Pfarrer Siegmund Meisterlin (2. Hälfte 15. Jh.) schrieb in
seiner „Chronik der Stadt Nürnberg", dass die Ideen der Hussi-
ten Folgendes aussagten, 1488:

1. Der Papst ist ein Bischof wie ein anderer Bischof über sein
Bistum und nit weiter.

2. Ein Priester ist in aller Gewalt wie der andere und ist unter
ihnen kein Unterschied. Welcher Priester besser ist als der
5 andere, das liegt nit an der Prälatur, sondern an der Heilig-
keit des Lebens.

3. Wenn eine Seele scheidet von dieser Welt, so hat sie allein
zwei Wege, sie fährt sofort gen Himmel oder schnell zur
Hölle, was man aber sagt von dem Fegfeuer [nach katholi-
10 scher Lehre], so erklären die Hussiten, es sei kein Fegfeuer,
sondern die Habgier der Pfaffen hab es erdacht, und es sei
verloren Ding, dass man für die Toten bitte.

4. Man soll abtun alle Bildnisse, es sei zu Gottes Ehre oder
der reinen Jungfrauen Marien oder der Heiligen und so wei-
15 ter. […]

6. Die Bettelorden und Mönche habe der Teufel erdacht
und gefunden.

7. Es sollen alle Priester arm sein und nichts haben denn das
Almosen.

20 8. Wer predigen will, dem sei es erlaubt, er sei Laie oder Priester. […]

11. Firmung und letzte Tauf oder Ölung seien nit zu zählen
unter die Sakrament.

12. Es sei eine Ursache zum Lügen, dass die Menschen dem
25 Priester ins Ohr beichten.

13. Es sei genug, dass ein jeglicher Mensch in seinem Herzen
Gott bekenne. […]

16. Es gelte gleich, wo die Körper zugedeckt werden.

17. Das geziemendste und grösste Stift und Gotteshaus, da-
30 rin Gott soll angebetet werden und die Toten begraben, sei
die Welt; die aber Kirchen bauen und Klöster und Kapellen
und Bethäuser, die wollen die göttliche Majestät in einen
Winkel zwingen, als ob sie nit an allen Stätten könnt gleich
gnädig sein. […]

35 21. Es soll niemand wieder die Jungfrau Maria, noch Engel,
noch irgendwelche Heiligen anrufen, denn sie können niemand helfen.

22. Es sei eine verlorene Zeit, dass man die sieben Tagzeiten
(das Chorgebet) singe oder spreche.

Zit. nach: Wolfgang Lautemann/Manfred Schlenke (Hg.), Geschichte in Quel-
len, Bd. 2, München (bsv) ²1978, S. 800–802*

2 ■ Erkläre anhand von M3, warum Jan Hus in Opposition zur offiziellen Kirche geriet.

3 ■ Recherchiere die Biografie von Jan Hus und erstelle
eine Bildlegende zu der Bilderserie M4.

4 ■ Nimm Stellung zum Vorgehen der Kirche gegen
Wiclif und Hus.

M4 **Der Prozess gegen Jan Hus**

Luthers Kritik an der Kirche

Ablass

Im Spätmittelalter eine Almosenspende, die an die Stelle einer vorher üblichen nachgelassenen Bussstrafe trat. Diese Spende wurde dann von der Kirche als Geldquelle missbraucht (Ablasshandel mit Ablassbriefen).

M1 **Ablassbrief, Holzschnitt (nachkoloriert), Deutschland, um 1450.**

Der Anfang des Textes lautet: „Wer dise Figur ehret mit einem pater noster der hat XIIII dusent jar ablas ...“

Reformation

(von lat. *reformatio* = Umgestaltung, Erneuerung) Als Reform der römischen Kirche gedachte religiöse und gesellschaftliche Erneuerung, die zur Entstehung neuer, von Rom unabhängiger Kirchen führte. Kernidee war der Glaube, dass das Heil des Menschen in seiner persönlichen Beziehung zu Gott liege.

Der Ablasshandel

Als der Augustinermönch Martin Luther am 31. Oktober 1517 seine Kritik an der Kirche in 95 Thesen veröffentlichte, wollte er lediglich eine Disputation unter Gelehrten über eine Erneuerung der Kirche anstossen. Anlass war der seit Beginn des 16. Jahrhunderts blühende **Ablasshandel**. Ablassprediger zogen im Auftrag der Kirchenfürsten durch das Land und predigten den Erlass der Sündenstrafen und die Verkürzung der Zeit im Fegefeuer durch den Erwerb eines Ablassbriefes. Für den Papst und die Angehörigen des hohen Klerus war das Geschäft mit der Angst der Menschen vor dem Tod und vor ewiger Verdammnis eine lukrative Einnahmequelle. Sie finanzierten mit dem Verkauf von Ablassbriefen sowie mit dem Handel mit Ämtern und Titeln prunkvolle Bauwerke und ihre verschwenderische Hofhaltung. Kardinäle, Bischöfe und Äbte lebten oft in Luxus und Verschwendung und herrschten wie weltliche Fürsten. Sie führten Kriege und versorgten ihre Familienmitglieder und Günstlinge mit einflussreichen Ämtern und Posten. Der päpstliche Hof war um 1500 der prunkvollste in ganz Europa. Andererseits konnten Tausende Dorfpfarrer von ihrem geringen Einkommen kaum leben.

Luthers Botschaft

Die von Luther ausgelöste **Reformation** veränderte die politischen Strukturen Europas. Wie viele seiner Zeitgenossen quälte auch ihn die Furcht vor einem strafenden Gott, der die Menschen nach dem Tod für ihre Sünden zur Rechenschaft ziehen würde. Die Antwort, die Luther bei seiner intensiven Auseinandersetzung mit der Bibel für sich fand, hatte wenig gemeinsam mit der Lehre der Kirche. Der Gott – so Luther –, der sich in der Schrift offenbarte, war kein strafender, zürnender Gott, der durch Bussübungen, Wallfahrten, Heiligenverehrung oder den Erwerb von Ablassbriefen besänftigt werden musste. Nicht durch fromme Werke, sondern allein durch den Glauben *(sola fide)*, allein durch Gottes Gnade *(sola gratia)* und allein durch die Schrift *(sola scriptura)* könne der Mensch Erlösung und Seelenheil finden. Die Kirche und ihre Würdenträger als Vermittler zwischen Mensch und Gott wurden damit überflüssig. An die Stelle der strengen Hierarchie der Papstkirche trat bei Luther das „Priestertum aller Gläubigen“. Allein das Wort der Bibel weise den Weg zu Gott, und auch der Papst habe nicht das Recht, die allein gültige Wahrheit in Glaubensfragen zu beanspruchen. Die Gemeinden sollten künftig ihre Priester selbst wählen, und der Gottesdienst sollte in der Volkssprache und nicht mehr auf Latein gehalten werden. Luther lehnte zudem das Klosterleben, den Zölibat und die Verehrung von Reliquien ab, da diese Pflichten nicht aus dem Evangelium abgeleitet werden könnten. Seine Schriften, von denen er viele auf Deutsch verfasste, fanden reissenden Absatz. Für viele Menschen wirkte Luthers Botschaft wie eine Befreiung.

1 ■ Fasse die wesentlichen Kritikpunkte Luthers zusammen.

2 ■ Erläutere den letzten Satz dieses Textes.

M 2 „Römische Heuchler"

Luther über den Ablasshandel, 1520:

Zum Ablasswesen habe ich vor zwei Jahren geschrieben, aber so, dass es mich jetzt sehr reut, das Büchlein[1] ausgegeben zu haben. Ich hing damals nämlich noch in grosser, abergläubischer Verehrung an der römischen Tyrannei; da-
5 her meinte ich auch, man dürfe die Ablässe nicht ganz verwerfen, die doch, wie ich sah, von jedermann für gut befunden wurden. Kein Wunder, denn ich wälzte diesen Felsblock damals ganz allein! Später aber […] erkannte ich, dass sie nichts anderes als echte Betrügereien römischer Schmeich-
10 ler sind, durch welche sie den Glauben an Gott ebenso wie den Geldbeutel der Menschen zugrunde richten. Ach, wenn ich doch die Buchhändler und alle, die es lesen, bewegen könnte, alle meine Büchlein zum Ablasswesen zu verbrennen und anstelle dessen, was ich darüber geschrieben habe,
15 diesen Satz anzunehmen: ABLÄSSE SIND EINE SCHADEN BRINGENDE ERFINDUNG RÖMISCHER HEUCHLER!
Danach fingen Eck und Emser samt ihren Mitverschworenen an, mich über den Primat des Papstes aufzuklären.[2] Und damit ich gegenüber so gelehrten Männern nicht undank-
20 bar bin, bezeuge ich hier auch, dass ich durch ihre Arbeiten grosse Fortschritte gemacht habe. Denn als ich dem Papsttum das göttliche Recht bestritt, liess ich doch noch zu, dass es aus menschlichem Recht stammt. Aber seit ich die subtilsten Spitzfindigkeiten dieser römischen Gecken gehört
25 und gelesen habe, mit denen sie ihren Abgott kunstvoll aufrichten – ich bin ja nicht ganz ungelehrig in solchen Sachen –, weiss ich jetzt und bin überzeugt, dass das Papsttum das Reich Babylon und die Herrschaft des gewaltigen Jägers Nimrod[3] ist (Mos 10,8 f.). Darum bitte ich auch hier,
30 damit meinen Freunden alles zum Guten werde, die Buchhändler und die Leser bitte ich, alles, was ich darüber geschrieben habe, zu verbrennen und dafür den Satz festzuhalten: DAS PAPSTTUM IST DES RÖMISCHEN BISCHOFS WILDE JAGD.

Martin Luther, Von der babylonischen Gefangenschaft der Kirche (1520), zit. nach: Martin Luther, Die reformatorischen Grundschriften in vier Bänden, Bd. 3, hg. von Horst Beintker, München (dtv) 1983, S. 9 f.*

1 Vermutlich *Resolutiones disputationum de indulgenciarum virtute* (Erklärungen und Beweise der Thesen von der Kraft der Ablässe, 1518), eine Erklärung der 95 Thesen hinsichtlich des Ablasses.
2 Johann Eck (1486–1543) und Hieronymus Emser (1478–1527) waren Luthers Hauptgegner bei den Diskussionen um den Ablass.
3 Nimrod war ein altorientalischer Held und König.

3 ■ Erkläre, warum Luthers Kritik am Ablasshandel die scharfe Gegnerschaft der Papstkirche zur Folge haben musste (Darstellungstext und M 2). Erweitere die Kritik am Papst anhand von M 3.

Martin Luther (1483–1546) – Urheber der Reformation

Martin Luther wurde am 10. November 1483 in Eisleben (Sachsen-Anhalt) als Sohn eines Bergmannes geboren. Mit 18 begann er in Erfurt ein philosophisches Grundstudium, das er vier Jahre später mit dem Magister Artium abschloss. Anschliessend schrieb er sich an der juristischen Fakultät ein. Während dieses Studiums beschäftigte er sich immer mehr mit der Bibel und mit theologischen Abhandlungen. Schliesslich brach er das ungeliebte Jura-Studium ab. Ausschlaggebend war ein Erlebnis auf dem Rückweg von seinem Elternhaus nach Erfurt: Luther kam in ein heftiges Gewitter, dicht neben ihm schlug ein Blitz ein und verletzte ihn am Bein. In Todesangst legte der Student ein Gelübde ab: „Hilf Du, heilige Anna, ich will ein Mönch werden." Zwei Wochen nach diesem Ereignis, am 17. Juli 1505, trat Luther in ein Augustinerkloster ein und begann, Theologie zu studieren. Ab 1512 lehrte er als Professor an der Universität Wittenberg die Auslegung des Alten und Neuen Testaments. Die intensive Auseinandersetzung mit der Bibel brachte Luther zur Erkenntnis, dass der Mensch nur durch die Gnade Gottes die Vergebung seiner Sünden erlangen könne und nicht durch eigene Werke, durch Busse oder gar durch den Kauf von Ablassbriefen. Mit dieser „Rechtfertigungslehre" geriet Luther in Widerspruch zur offiziellen Lehre der Kirche. 1517 veröffentlichte er 95 Thesen gegen den Ablasshandel. 1521 wurde er von Karl V. auf den Reichstag zu Worms geladen (s. S. 44). Aber auch vor dem Kaiser stand Luther zu seinen Schriften und änderte seine Auffassung nicht. Der Kurfürst Friedrich von Sachsen, ein Anhänger seiner Lehre, brachte ihn auf der Wartburg in Thüringen in Sicherheit. Dort übersetzte Luther innerhalb eines Jahres das Neue Testament vom Griechischen ins Deutsche. Nach seiner Rückkehr von der Wartburg 1522 lebte Luther in Wittenberg. 1525 heiratete er Katharina von Bora, eine ehemalige Nonne. Er starb am 18. Februar 1546 in Eisleben.

M 3 „Der Papstesel zu Rom", Karikatur auf den Papst, 1521

Luther bietet der Kirche die Stirn

M1 **Martin Luther auf dem Reichstag zu Worms, Gemälde von Paul Thumann, 1872.**
Das Bild zeigt Martin Luther vor Kaiser Karl V. und den Kurfürsten

Luther wird verurteilt

Im Juni 1518 verurteilte der Papst Luthers Thesen und verbot die Verbreitung seiner Schriften. Doch Luther liess sich nicht einschüchtern. Im Juni 1520 traf die Androhung des Kirchenbanns in Wittenberg ein. Nur ein Widerruf seiner Lehre hätte Luther vor der Verurteilung als Ketzer und dem Ausschluss aus der kirchlichen Gemeinschaft (Exkommunikation) bewahren können. Luther dachte aber nicht daran, einzulenken und verkündete, dass Päpste und Konzilien irren könnten und für ihn nur die Heilige Schrift massgeblich sei. Dies konnte der Papst nicht hinnehmen. Am 3. Januar 1521 wurde Martin Luther exkommuniziert.

Wormser Edikt
Erlass Kaiser Karls V. vom 8.5.1521, der die Reichsacht über Luther verhängte und die Verbreitung und Lektüre seiner Schriften verbot.

Reichsacht
Vom König oder Kaiser verhängte Ächtung (Fried- und Rechtloserklärung), die sich auf das ganze Gebiet des Heiligen Römischen Reiches erstreckte.

Das Wormser Edikt

Der Kirchenbann gegen Luther rief Kaiser Karl V. auf den Plan. Als Kaiser des Heiligen Römischen Reiches war er oberster Schutzherr der Kirche. Er fürchtete, Kämpfe zwischen Anhängern und Gegnern Luthers könnten das Reich und seine Herrschaft erschüttern. Im März 1521 lud Karl V. Luther auf einen Reichstag nach Worms ein und verhörte ihn. Luther wurde erneut aufgefordert, seine Schriften zu widerrufen. Als er dies ablehnte, verhängte der Kaiser mit dem Wormser Edikt die Reichsacht über ihn. Er war nun völlig rechtlos und vogelfrei, d.h., jedermann konnte ihn ohne Strafe töten. Am 26. April 1521 verliess Luther die Stadt. Auf der Rückreise nach Wittenberg inszenierte Luthers Landesherr, der Kurfürst Friedrich von Sachsen, eine Entführung und brachte Luther auf der Wartburg bei Eisenach in Sicherheit. Das Wormser Edikt wurde nie umgesetzt. Luthers Lehre hatte bereits zu viele Anhänger, darunter auch mächtige Landesfürsten, die sich weigerten, die kaiserliche Anordnung in ihrem Territorium durchzusetzen.

1 ■ Erläutere das Neue an Luthers Theologie (s. auch M1).
2 ■ Interpretiere das Bild M1 und beschreibe den Eindruck, den der Maler von Luther vermitteln wollte. Nimm Stellung dazu.

M2 „Widerrufen kann und will ich nicht"

Aus der Rede Martin Luthers (1483–1546) auf dem Reichstag zu Worms, 18. April 1521:

Allerdurchlauchtigster Kaiser, Durchlauchtigste Fürsten, auf die zwei Artikel, die ihr mir gestern durch Seine Majestät vorgelegt habt, nämlich ob ich die aufgezählten und unter meinem Namen veröffentlichten Bücher als die meinen an-
5 erkenne und beharren wollte, sie zu verteidigen, oder widerrufen wollte, habe ich meine klare Antwort auf den ersten Artikel gegeben, zu der ich noch stehe und in Ewigkeit stehen will, nämlich dass diese Bücher mein und unter meinem Namen ausgegangen sind. [...]
10 Was ich aber auf den anderen Artikel antworten werde, bitte ich, Euer Allerdurchlauchtigste Majestät und Euer Herrlichkeit wollen darauf achten, dass meine Bücher nicht alle von der gleichen Art sind. Denn es gibt einige, in denen ich die Frömmigkeit in Bezug auf den Glauben und die Sitten
15 und noch dazu schlicht und evangelisch behandelt habe, sodass selbst meine Feinde gezwungen sind, diese als nützlich, unschädlich und einer christlichen Unterweisung durchaus würdig anzuerkennen. [...]
Eine andere Art meiner Bücher ist die, in denen auf das
20 Papsttum und die päpstlichen Dinge gescholten wird wie auf diejenigen, die durch ihre sehr schlechten Lehren und Beispiele die Christenheit an Leib und Seele verwüstet haben. Denn niemand kann das weder leugnen noch verheimlichen, weil es durch die Erfahrung aller und die allgemeine
25 Klage bezeugt wird, dass die Gewissen der Gläubigen durch die päpstlichen Gesetze und die menschlichen Lehren ganz jämmerlich verstrickt, geplagt und gemartert werden, auch der Besitz und das Vermögen, zumal in dieser berühmten deutschen Nation, durch unglaubliche Tyrannei verschlun-
30 gen wurde und verschlungen wird bis auf den heutigen Tag ohne Ende auf die unwürdigste Weise, obgleich sie selbst in ihren eigenen Dekreten festsetzen, [...] dass die päpstlichen Gesetze und Lehren, die dem Evangelium oder Sätzen der Kirchenväter widersprechen, für irrtümlich und nichtig zu
35 halten sind. [...]
Wenn also Euer Allerdurchlauchtigste Majestät und Eure Fürstlichkeiten eine einfache Antwort fordern, will ich sie weder gehörnt noch gezähnt folgendermassen geben: Wenn ich nicht überwunden werde durch die Zeugnisse
40 der Schrift oder durch evidente Vernunftgründe [...], bin ich durch die von mir angezogenen Schriftstellen besiegt, und das Gewissen ist im Wort Gottes gefangen, und ich kann und will nicht irgendetwas widerrufen, weil es weder gefahrlos noch heilsam ist, gegen das Gewissen zu handeln.
45 Ich kann nicht anders, hier stehe ich, Gott helfe mir, Amen.

Zit. nach: Helmar Junghans (Hg.), Die Reformation in Augenzeugenberichten, München (dtv) 1973, S. 107–112*

M3 „Verteidiger des katholischen Glaubens"

Kaiser Karl V. (1500–1558) nahm am 19. April 1521 an die Fürsten gewandt zu Luthers Aussage Stellung:

Ihr wisst, ich stamme ab von den allerchristlichsten Kaisern der edlen deutschen Nation, von den katholischen Königen Spaniens, den Erzherzögen Österreichs, den Herzögen von Burgund, die alle bis zum Tod treue Söhne der römischen Kirche gewesen sind, immer Verteidiger des katholischen 5 Glaubens, der heiligen Zeremonien, Gesetze, Anweisungen und der heiligen Gebräuche – zur Ehre Gottes, Mehrung des Glaubens und zum Heil der Seelen. Nach ihrem Heimgang haben sie uns dank angestammten Rechts die genannten heiligen katholischen Verpflichtungen als Erbe hinterlas- 10 sen, um ihnen gemäss zu leben [...].
Aus diesem Grund bin ich fest entschlossen, alles aufrechtzuerhalten, was meine genannten Vorgänger und ich bis zur Stunde aufrechterhalten haben: besonders aber, was meine genannten Vorgänger verordnet haben sowohl auf dem 15 Konstanzer Konzil als auf anderen: Denn es ist gewiss, dass ein einzelner [Ordens-]Bruder irrt mit seiner Meinung, die gegen die ganze Christenheit steht, sowohl während der vergangenen tausend und mehr Jahre als auch in der Gegenwart; andernfalls wäre die ganze genannte Christenheit 20 immer im Irrtum gewesen und würde es [noch heute] sein. Und nachdem wir die hartnäckige Antwort gehört haben, die Luther gestern in unser aller Gegenwart gegeben hat, erkläre ich Euch, dass es mich reut, so lange gezögert zu haben, gegen den genannten Luther und seine falsche Lehre 25 vorzugehen; und ich bin fest entschlossen, ihn ferner nicht mehr zu hören [...] und gegen ihn vorzugehen [...]; Euch aber ersuche ich, dass Ihr Euch in dieser Sache als gute Christen erweist, wie Ihr es ja zu tun gehalten seid und wie Ihr es mir versprochen habt. 30

Zit. nach: Heiko Oberman (Hg.), Kirchen- und Theologiegeschichte in Quellen, Bd. 3, Neukirchen (Neukirchener Verlag) ⁴1994, S. 61 f.*

3 ■ Arbeitsteilige Gruppenarbeit: Analysiert und vergleicht M2 und M3 hinsichtlich der Positionen und Argumentationen der Autoren im Glaubensstreit:
Gruppe 1: Erläutert Luthers Standpunkt und fasst seine Argumente in Stichpunkten zusammen.
Gruppe 2: Erläutert den Standpunkt Karls V. Wie begründet er sein Handeln?

4 ■ Versetze dich in die Lage eines Journalisten, der vom Wormser Reichstag berichtet. Verfasse einen Kommentar zu der Entscheidung des Kaisers:
a) aus der Perspektive eines Anhängers Luthers oder
b) aus der Perspektive der römischen Kirche.

Reformation von unten?

Die Krieg der Bauern

Im 15. Jahrhundert lebte die breite Masse der Bevölkerung im Heiligen Römischen Reich auf dem Land. Der Kampf ums tägliche Brot bestimmte den Alltag der Bauern. Die Abgaben an den Grundherrn stiegen, die Frondienste wurden immer drückender, und viele Grundherren – weltliche wie geistliche – schränkten althergebrachte Sonderrechte der Bauern wie z.B. die gemeinschaftliche Nutzung der Allmend (Gemeindeland) ein. Immer mehr Bauern konnten die steigenden Abgaben an die Grundherren nicht mehr entrichten. Im Bauernkrieg 1524/25 entlud sich der lange aufgestaute Unmut. Der Aufstand begann im Sommer 1524 im Südschwarzwald.

Die Not der Bauern

Nie zuvor hatten sich Aufstände über ein so grosses Gebiet ausgebreitet (M 1), und nie zuvor wurden sie mit solcher Brutalität niedergeschlagen. Die Angaben über die Opfer schwanken zwischen 70 000 und 100 000. Die Bauern begründeten ihre Forderungen nicht mehr wie früher nur mit dem „guten alten Recht", sie beriefen sich nun auch auf das Evangelium, auf „göttliches Recht". In Oberschwaben schlossen sich im Frühjahr 1525 etwa 30 000 Bauern zur „christlichen Vereinigung" zusammen und verabschiedeten ein gemeinsames Programm, die „Zwölf Artikel". Sie waren von Ulrich Zwingli beeinflusst und wurden zum Manifest des Bauernkrieges. Das Ziel der Bauern war eine christliche Gesellschaft auf der Grundlage des Evangeliums. Dadurch stellten sie die Berechtigung der grundherrschaftlichen Ordnung infrage.

Der Untergang der Bauern

In Thüringen setzte sich der lutherische Pfarrer Thomas Müntzer (um 1490–1525) an die Spitze des Bauernaufstandes. Der wortgewaltige Prediger begeisterte die aufständischen Bauern, aber auch Bergleute und Bürger, weil ihre soziale Lage für ihn im Mittelpunkt stand. Müntzer sammelte ein Heer von Aufständischen, die am 15. Mai 1525 singend in die abschliessende Schlacht bei Frankenhausen/Thüringen gegen das fürstliche Herr gezogen sein sollen. 6 000 Bauern kamen dabei ums Leben – und nur wenige Soldaten des fürstlichen Heeres. Müntzer wurde hingerichtet. Luther hatte zunächst Verständnis für die Forderungen der Bauern und gab dem Eigennutz der Fürsten und Herren die Schuld am Aufruhr. Als die Aufstände jedoch immer gewalttätiger wurden, verurteilte er sie scharf. Er sprach den Bauern grundsätzlich das Recht zum Widerstand ab und rief auf, sie zu töten. Er betonte aber das Recht der Obrigkeit auf ihre Herrschaft.

M 1 **Die Ausbreitung des Bauernkriegs 1524/25**

Kerngebiete der Bauernaufstände 1524
Ausweitung bis März 1525
von Aufständen erfasste Gebiete nach April 1525
● Aufstände in Städten
○ Städte ohne Aufstände
➤ 1. Feldzug gegen die Bauern März/April 1525
➤ 2. Feldzug gegen die Bauern Mai – Juli 1525
X Siege der Fürstenheere

1 ■ Benenne die Gebiete, in denen es Bauernaufstände gab (M 1).
2 ■ Erläutere den Zusammenhang von Bauernkrieg und Reformation.
3 ■ Forsche nach, ob es in deinem Wohnort Spuren des Bauernkriegs gibt (M 1).

M 2 Aus den „Zwölf Artikeln" der Bauern

Im März 1525 veröffentlichte der Memminger Stadtpfarrer Christoph Schapeler gemeinsam mit dem Kürschnergesellen Sebastian Lotzer die Beschwerden der Bauern.

Der Erste Artikel. Erstens ist unsere demütige Bitte und Begehren, auch unser aller Wille und Meinung, dass wir von nun an Gewalt und Macht haben wollen, dass eine ganze Gemeinde ihren Pfarrer selbst erwählt und prüft. […] Der-
5 selbe erwählte Pfarrer soll uns das heilige Evangelium lauter und klar predigen ohne jeden menschlichen Zusatz […].

Der Zweite Artikel. Zweitens, weil der rechte Zehnte im Alten Testament eingesetzt und im Neuen erfüllt ist, wollen wir den berechtigten Kornzehnten gerne geben. […] Davon soll
10 dem Pfarrer, der von der ganzen Gemeinde gewählt wird, der gebührende und genügende Unterhalt, ihm und den Seinen, gegeben werden. Was übrig bleibt, soll man den Bedürftigen, die in demselben Dorf vorhanden sind, zuteilen. […]
15 *Der Dritte Artikel.* Drittens ist es bisher Brauch gewesen, dass sie uns für ihre Leibeigenen gehalten haben […]. Aus der Schrift ergibt sich, dass wir frei sind, deshalb wollen wir es auch sein. […]

Der Sechste Artikel. Sechstens wird uns eine schwere Last
20 aufgebürdet durch die Dienstleistungen, die von Tag zu Tag mehr und täglich umfangreicher werden. Wir begehren deshalb, uns nicht so hart zu beschweren, sondern uns so zu belassen, wie unsere Vorfahren gedient haben.

Der Siebente Artikel. Siebentens, dass wir uns künftig von
25 einer Herrschaft nicht mehr belasten und schädigen lassen wollen. […]

Der Achte Artikel. Achtens werden viele dadurch belastet, dass Güter die Zinsen nicht erbringen können und die Bauern das Ihre einbüssen und verlieren. Wir begehren, dass die
30 Herrschaften diese Güter von ehrbaren Leuten besichtigen lassen und nach Billigkeit einen Zins vom Ertrag erheben.

Zit. nach: Günther Franz, Quellen zur Geschichte des Bauernkrieges, Darmstadt (WBG) 1963, S. 174–179*

4 ▪ Erstelle ein modernes Wahlplakat mit den wichtigsten Programmpunkten der „Zwölf Artikel" (M 2).

M 3 „Dran, dran, dieweil das Feuer heiss ist"

Im April 1525 schrieb Thomas Müntzer (um 1490–1525) in einem Brief an seine Anhänger:

Wie lange schlaft Ihr, wie lange gesteht Ihr Gott seinen Willen nicht zu, darum, dass er Euch nach Eurer Meinung verlassen hat? […] Fanget an und streitet den Streit des Herrn! Es ist hohe Zeit, haltet alle Eure Brüder dazu an, dass sie das
5 göttliche Zeugnis nicht verspotten, sonst müssen sie alle verderben. […] Nun dran, dran, dran, es ist Zeit, die Bösewichter sind verzagt wie die Hunde. Setzt die Brüder in Bewegung, damit sie befriedigt werden und den Beweis ihrer Regung erbringen. Es ist über die Massen hoch, hoch von-

nöten. Dran, dran, dran! Lasst euch nicht erbarmen […]. Sie 10 werden Euch so freundlich bitten, weinen und flehen wie die Kinder. Lasst euch nicht erbarmen, wie Gott durch Moses befohlen hat, 5. Mos. 7, und er hat uns dasselbe auch offenbart. Setzet in Bewegung die Dörfer und Städte, besonders die Berggesellen mit anderer guter Gesellschaft, die 15 gut dazu sein wird. Wir dürfen nicht länger schlafen. […] Dran, dran, dieweil das Feuer heiss ist. Lasst euer Schwert nicht kalt werden, lasst es nicht lahm werden! […] Es ist nicht möglich, solange sie leben, dass Ihr von der menschlichen Furcht könnt befreit werden. Man kann Euch von 20 Gott nichts sagen, solange sie über Euch regieren. Dran, dran, solange Ihr Tag habt. Gott geht euch voran, folget!

Zit. nach: Helmar Junghans (Hg.): Die Reformation in Augenzeugenberichten, München (dtv) 1973, S. 318–320*

5 ▪ Nenne die Argumente, die Müntzer als Begründung für den Aufstand bringt.

M 4 „Wider die räuberischen und mörderischen Rotten der Bauern"

Luthers Schrift „Wider die räuberischen und mörderischen Rotten der Bauern" vom Mai 1525 war ein Aufruf an die Fürsten:

Dreierlei gräuliche Sünden wider Gott und Menschen laden diese Bauern auf sich, um derentwillen sie vielfältig den Tod verdient haben an Leib und Seele.

Zum Ersten: Sie haben ihrer Oberkeit Treu und Huld geschworen, untertänig und gehorsam zu sein. […] Weil sie 5 aber diesen Gehorsamseid mutwillig und mit Frevel brechen, indem sie sich ihren Herren widersetzen, haben sie […] Leib und Seele verwirkt […]. Denn Gott will, dass Treue und Pflicht gehalten werden. […] Sie richten Aufruhr an, berauben und plündern frevelhaft Klöster und Schlösser, die 10 ihnen nicht gehören, wofür sie allein schon […] den Tod an Leib und Seele wohl zweifach verdienen; auch ein aufrührerischer Mensch, den man als solchen überführen kann, ist schon in Gottes und in des Kaisers Acht. […]

Zum Dritten: Sie decken diese schreckliche Sünde mit dem 15 Evangelium, […] womit sie die allergrössten Gotteslästerer und Schänder seines heiligen Namens werden. […] Es nützt den Bauern auch nichts, dass sie anführen […], wir seien alle gleich getauft. […] Die Taufe macht nicht Leib und Gut frei, sondern die Seelen. Auch macht das Evangelium den Besitz 20 nicht zum Allgemeingut.

Zit. nach: Heiko Oberman, Kirchen- und Theologiegeschichte in Quellen, Bd. 3, Neukirchen (Neukirchener Verlag) ⁴1994, S. 136*

6 ▪ Fasse den Inhalt der Kritik Luthers an den Bauern stichwortartig zusammen. Wie beurteilst du sie?
7 ▪ Arbeite die unterschiedlichen Positionen von Luther und Müntzer zum Bauernkrieg heraus und nimm Stellung dazu

Reformation von oben!

M1 **Confessio Augustana, Kupferstich von Johann Dürr, um 1650.**
Die lutherische Partei verliest und überreicht auf dem Reichstag zu Augsburg am 26. Mai 1530 die „Confessio Augustana" an Kaiser Karl V.

Säkularisation
Enteignung kirchlichen Eigentums durch den Staat und Umwandlung geistlicher Herrschaften in weltliche.

Die Reformation der Fürsten

Viele Fürsten sympathisierten mit Luther und der Reformation, da sie seine Kritik an der Papstkirche teilten und seine Forderung nach einer starken weltlichen Obrigkeit ihrem Herrschaftsanspruch entgegenkam. Sie sorgten für eine Neugestaltung des Gottesdienstes, setzten Pfarrer ein und kontrollierten die Umsetzung der reformatorischen Lehre. Sie enteigneten Klöster und vergrösserten so ihren eigenen Besitz, setzten dieses säkularisierte Kirchengut aber auch für die Armenfürsorge, für die Entlohnung der Pfarrer sowie für Schulen und Universitäten ein.
Als Karl V. der Reformation im Reich Einhalt zu gebieten versuchte, legten die fünf lutherischen Landesfürsten und 14 Reichsstädte auf dem Reichstag zu Speyer 1529 förmlich Protest ein. Seither werden die Anhänger der Lehre Luthers als „Protestanten" bezeichnet.

Der Augsburger Religionsfrieden

Auf dem Reichstag zu Augsburg 1530 versuchte der Kaiser den Streit zwischen den Konfessionen (Glaubensrichtungen) zu beenden, die Glaubenseinheit im Reich wiederherzustellen und damit seine Zentralmacht gegenüber den Territorialfürsten zu stärken. Die protestantischen Fürsten legten ihr Glaubensbekenntnis, die *Confessio Augustana*, vor (M 1). Darin betonten sie die gemeinsamen Grundlagen des Glaubens, hoben aber auch deutlich hervor, was sie von der römischen Kirche trennte. Karl V. liess sich nicht überzeugen. Zusammen mit den noch anwesenden katholischen Fürsten beschloss er, dass künftig jeder Widerstand gegen das Wormser Edikt (s. S. 44) als Landfriedensbruch betrachtet würde. Ab 1546 kam es zu kriegerischen Auseinandersetzungen mit den protestantischen Fürsten, die im Augsburger Religionsfrieden von 1555 beigelegt wurden. Darin wurden die Lutheraner rechtlich den Altgläubigen gleichgestellt. Die Obrigkeit hatte künftig die freie Wahl zwischen Luthertum und katholischem Glauben. Die Untertanen mussten die Konfession des Fürsten annehmen nach dem Motto *Cuius regio, eius religio* (wessen Herrschaft, dessen Glauben) oder auswandern.

1 ■ Lege dar, welche unterschiedlichen Interessen zwischen den Befürwortern und Gegnern der neuen Lehre aufeinanderstiessen.

M 2 **Staaten und Konfessionen in Europa um 1570**

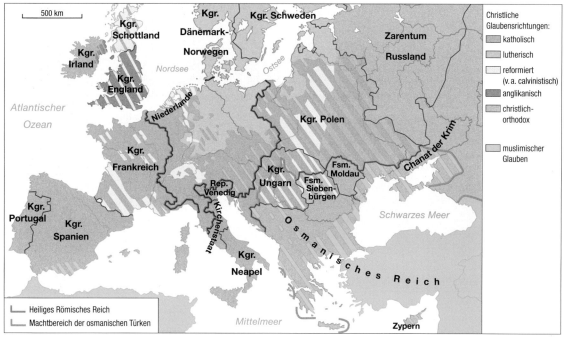

2 ■ Nenne wichtige Informationen, die du aus der Karte M 2 ablesen kannst.

3 ■ Beurteile die Ausbreitung der Reformation (M 2). Ist ein Muster zu erkennen? Vergleiche auch mit der heutigen Konfessionslandschaft.

M 3 **Aus dem Augsburger Religionsfrieden**

Der Religionsfrieden wurde am 25. September 1555 auf dem Reichstag zu Augsburg zwischen Ferdinand I. (1503–1564), dem Nachfolger Karls V., und den Reichsständen geschlossen:
Wir, Ferdinand, von Gottes Gnaden Römischer König [...], gebieten, dass hinfort niemand [...] um keinerlei Ursachen willen [...] den anderen befehden, bekriegen, berauben, fangen, überziehen und belagern, [...] sondern ein jeder dem
5 anderen in echter Freundschaft und christlicher Liebe begegnen soll. [...]
§ 15 Und damit dieser Frieden auch im Hinblick auf die Religionsspaltung [...] zwischen der Römischen Kaiserlichen Majestät uns sowie den Kurfürsten, Fürsten und Ständen
10 des Heiligen Reiches deutscher Nation aufgerichtet und gehalten werde, so sollen die Kaiserliche Majestät, wir sowie Kurfürsten, Fürsten und Stände des Heiligen Reiches keinen Stand des Reiches der Augsburgischen Konfession wegen [...] gewaltsam überziehen [...] oder sonst gegen sein Wis-
15 sen, Gewissen oder Wollen [...] auf andere Wege drängen [...].
§ 16 Dagegen sollen die Stände, die der Augsburgischen Konfession zugehörig sind, jene Stände, die der alten Religion anhängen [...] bei ihrer Religion [...] bleiben lassen. [...]

§ 18 Wo ein Erzbischof, Bischof, Prälat [Würdenträger der 20 katholischen Kirche] oder ein anderer geistlichen Standes von unserer alten Religion abtreten würde, hat derselbe sein Erzbistum, Bistum, Prälatur oder andere Benefizien, einschliesslich aller Einkommen, die er daraus hatte, alsbald [...] ohne Verzug, jedoch ohne Schaden für seine Ehre, zu verlas- 25 sen. [...]
§ 24 Wo aber [...] Untertanen, die der alten Religion oder der Augsburgischen Konfession anhängen, wegen dieser ihrer Religion [...] mit Weib und Kindern an andere Orte ziehen und sich niederlassen wollten, soll ihnen Ab- und Zu- 30 zug, auch der Verkauf ihres Hab und Guts gegen sehr billigen Abtrag der Leibeigenschaft und Nachsteuer, wie es überall von alters [...] gehalten worden ist, unbehindert [...] bewilligt sein. [...]
§ 27 Nachdem aber in vielen freien und Reichsstädten die 35 beiden Religionen [...] bisher [schon] eine Zeit lang [nebeneinander] in Gang und Gebrauch gewesen sind, sollen dieselben hinfort auch so bleiben.

Zit. nach: Wolfgang Lautemann/Manfred Schlenke (Hg.), Geschichte in Quellen, Bd. 3, München (bsv) ²1976, S. 204–207, 210**

4 ■ Erläutere, welche positiven und negativen Auswirkungen der Augsburger Religionsfrieden (M 3) für den Kaiser, die Fürsten und die Gläubigen hatte.

5 ■ Diskutiert, ob der Augsburger Religionsfrieden eine Gleichberechtigung zwischen den Konfessionen sicherstellte.

Die Reformation in der Eidgenossenschaft

Brüder im Geiste Luthers

Nahezu zeitgleich, aber unabhängig von Luther kritisierten auch in anderen europäischen Ländern Reformatoren den Zustand der Kirche. In der Schweiz fanden vor allem die Lehren von Ulrich Zwingli (1484–1531) und der aus Frankreich stammende Jean Calvin (1509–1564) viele Anhänger.

Sola scriptura (allein durch die Schrift) – dieses Grundprinzip der Lehre Luthers war auch für Zwingli grundlegend. Weitere Gemeinsamkeiten zwischen den drei Reformatoren bestanden in der Auffassung, der Mensch erlange nur aufgrund seines Glaubens das Seelenheil. Die Bibel war für Zwingli, Calvin und Luther die einzige Autorität in Glaubensfragen, sodass eine Vermittlung zwischen Mensch und Gott durch geweihte Priester überflüssig wurde. Jeder Gläubige könne die Schrift auslegen und die christliche Botschaft verkündigen (Priestertum aller Gläubigen). Doch gab es auch gewichtige Unterschiede zwischen den drei Reformatoren, sodass sich innerhalb der evangelischen Kirche im Laufe des 16. Jahrhunderts drei verschiedene Richtungen herausbildeten: Lutheraner, Reformierte (Anhänger Zwinglis) und Calvinisten.

M1 **Ulrich Zwingli (1484–1531), Gemälde, 16. Jh.**

Ulrich Zwingli

Zwingli vertrat ein „Christentum der Tat", das zusammen mit Bildung und Aufklärung zu einer moralischen Besserung des Menschen beitragen sollte. Die Frage nach der Erlösung des sündigen Menschen stand bei ihm nicht wie bei Luther im Vordergrund. Zwingli predigte gegen die Verehrung von Heiligen, er äusserte Zweifel am Fegefeuer und forderte die Priesterehe. Während Luther die Trennung von Kirche und Politik forderte, gehörten für Zwingli Staat und Kirche zusammen – vergleichbar dem Verhältnis von Körper und Seele. Die weltliche Obrigkeit hatte für Zwingli die Aufgabe, die Reform der Kirche politisch durchzusetzen und zugleich die Gesellschaft im christlichen Sinne neu zu ordnen.

M2 **Jean Calvin (1509–1564), Gemälde, 18. Jh.**

Jean Calvin

Die Auffassung, dass die weltliche Obrigkeit zugleich für die Durchsetzung der christlichen Lehre zu sorgen habe, vertrat auch Jean Calvin. Für ihn war die weltliche Obrigkeit „Diener der göttlichen Gerechtigkeit". Erfüllte sie diesen Auftrag nicht, handelte ungerecht und unterdrückte die Glaubensfreiheit, war Widerstand gegen die Obrigkeit erlaubt, ja sogar Pflicht. Wie Luther ging Calvin davon aus, dass der Mensch nur durch die Gnade Gottes (*sola gratia*) sein Seelenheil erlangen könne. Wie Luther vertrat der Genfer Reformator die Auffassung, dass von Anfang an feststehe, wer von Gott zum Heil erwählt und wer zu ewiger Verdammnis bestimmt sei (Prädestinationslehre). Glaube war jedoch für Calvin ein Zeichen der Gnade Gottes, während für Luther die Gnade Gottes durch den Glauben erlangt wurde. Wer sich jedoch um ein gottgefälliges Leben bemühe, so Calvin, könne darauf hoffen, dass Gott ihn in den Kreis der Erwählten aufnehmen würde.

Prädestination
(lat. *praedestinatio* = Vorherbestimmung). Die Vorstellug von einem persönlichen Ratschluss Gottes über das ewige Heil oder die Verdammnis des Menschen.

1 ▪ Verfasse ein theologisches Streitgespräch zwischen Luther, Calvin und Zwingli.
2 ▪ Erläutere die Bedeutung der Prädestinationslehre für den Alltag der Menschen.

M3 **Widerstandsrecht der niedrigen Obrigkeiten**

Den Reformatoren stellte sich die Frage, ob begründeter Widerstand gegen die gewaltsame Unterdrückung der Glaubensfreiheit erlaubt sei. Johannes Calvin nahm vor allem wegen der massiven Verfolgung der Protestanten in Frankreich Stellung, 1541:

Denn wenn auch die Züchtigung einer zügellosen Herrschaft Gottes Rache ist, so sollen wir deshalb doch nicht gleich meinen, solche göttliche Rache sei uns aufgetragen – denn wir haben keine andere Weisung, als zu gehorchen
5 und zu leiden. Dabei rede ich aber stets von amtlosen Leuten. Anders steht nun die Sache, wo Volksbehörden eingesetzt sind, um die Willkür der Könige zu mässigen. […] Wo das also so ist, da verbiete ich diesen Männern nicht etwa, der wilden Ungebundenheit der Könige pflichtgemäss ent-
10 gegenzutreten, nein, ich behaupte geradezu: Wenn sie Königen, die masslos wüten und das niedrige Volk quälen, durch die Finger sehen, so ist solch ihr absichtliches Übersehen immerhin nicht frei von schändlicher Treulosigkeit; denn sie verraten ja in schnödem Betrug die Freiheit des Volkes, zu
15 deren Hütern sie, wie sie wohl wissen, durch Gottes Anordnung eingesetzt sind.

Zit. nach: Otto Weber, Johannes Calvin, Unterricht in der christlichen Religion, IV, Kap. 20, 32, Neukirchen (Neukirchener Verlag) 1936, S. 38*

3 ■ Beschreibe Ziel und Begründung des Widerstandsrechts bei Calvin (M3).

M4 **Calvinistischer Gottesdienst in Stein bei Nürnberg, Kupferstich, 16. Jh.**

4 ■ Erläutere, inwiefern das Kircheninnere (M4) Ausdruck von Calvins Lehre ist.

M5 **Zwingli zum Umgang mit Eigentum**

Daher kommt es, dass Christus die Reichtümer ungerecht oder unrechtmässig nennt, […], womit ohne Zweifel der Boden und die auf Gottes Erde gewachsenen Früchte gemeint sind […], und diese lässt er uns ohne Entgelt besitzen und geniessen. Wir machen aber das zu unserem Eigentum,
5 was Gott gehört. Das lässt Gott in der Weise gelten, dass wir dieser Güter wegen gleichwohl seine Schuldner und dabei auch verpflichtet sind, das zeitliche Gut allein nach seinem Wort und Gebot zu gebrauchen. Diese Schuld wird niemals erlassen. Deshalb ist jeder, der das zeitliche Gut nicht nach
10 dem Willen Gottes gebraucht, vor Gott ungerecht, obschon er es nicht im Widerspruch mit der menschlichen Gerechtigkeit verwendet. Darum nennt Christus die Reichtümer billigerweise ungerecht.

Evangelisches Museum Österreich, Zwingli – Reformator der Gesellschaft, in: https://museum.evang.at (Zugriff: 11. 12. 2018)*

M6 **Sozialdisziplinierung im Zuge der Reformation**

Aus der ersten staatlichen Armenordnung in Zürich, 1525:
1. Mus und Brot im Predigerkloster: Erstens, damit die armen Leute ab der Gasse gebracht werden, ist zu einem Anfang beschlossen, dass man alle Tage einen Kessel mit Habermehl, Gerste oder anderem Gemüse […] koche. […]
5 7. Diesen hienach angezeigten Hausarmen und einheimischen Leuten soll das Almosen nicht gegeben werden: Von welchem man offenkundig weiss, es seien Frauen oder Männer, dass sie all ihr Lebtag das ihre üppiglich, unnütz vertan, verspielt, vergeudet, auch verzehrt und nie haben arbeiten
10 wollen, sondern in den Wirtshäusern, Trinkstuben und in aller Hurerei immer gelegen, solchen und dergleichen Personen soll man von diesem Almosen nichts geben, bis sie in die äusserste Not gekommen sind. […] Item, welche ohne redliche Ursachen nicht in die Predigten gehen, das Gottes-
15 wort und göttliche Ämter weder hören, noch sehen wollen, Gott lästern, fluchen, schwören, mit den Leuten zanken, kriegen, hadern, die einander verleumden, Zwietracht und Feindschaft machen, denen soll man auch nichts geben. […]
10. Ab der Gasse: Es ist darauf beschlossen, dass hinfür aller
20 Bettel in der Stadt Zürich, es sei von Einheimischen oder von fremden Personen, abgestellt sein solle, also dass weder fremden noch einheimischen hausarmen Leuten erlaubt werde, dass sie an den Strassen, vor den Kirchen liegen.

Zit. nach: Wilhelm Oechsli (Hg.), Quellenbuch zur Schweizergeschichte, Neue Folge, Zürich (Friedrich Schulthess) 1893, S. 536 ff.*

5 ■ Nimm mit Bezug auf M6 zu folgender Aussage Stellung: „Fürsorge ist Disziplinierung."

6 ■ Gehe der Frage nach, ob in deiner Stadt/in deinem Kanton eine „Bettelordnung" besteht. Ist Betteln heute erlaubt? Wer gilt heute als arm, und was heisst Armut heute?

7 ■ Diskutiert über die Auffassungen von Luther, Zwingli und Calvin zur Armuts-, Eigentums- und Widerstandsfrage.

Zwinglis und Calvins Bedeutung

M1 Schlacht bei Kappel am 11. 10. 1531, Buchillustration, 17. Jh.
In dieser Schlacht, in der sich Zürich und die fünf katholischen Orte gegenüberstanden, fiel Ulrich Zwingli

Schweizer Protestantismus

1525 war in Zürich die Reformation vollzogen: Die Kirchen waren leer geräumt, Altäre und Bilder weggeschafft, die Klöster geschlossen, das eher nüchterne Abendmahl anstelle der feierlichen Messen eingeführt. Die internationale Ausstrahlung von Calvins Lehre war aber weit grösser als jene der Deutschschweizer Reformatoren. Genf verdoppelte seine Einwohnerzahl in wenigen Jahren von 10 000 auf 23 000 Einwohner. Viele Professoren und Studenten strömten aus verschiedenen Ländern an die von Calvin gegründete Genfer Akademie und trugen ihr Wissen anschliessend nach Hause. Seit der Eroberung der Waadt gehörten zum ersten Mal grössere französischsprachige Gebiete zur Eidgenossenschaft: Der Grundstein für die mehrsprachige Schweiz war gelegt. Die französische Schweiz entwickelte sich zu einem überwiegend reformierten Gebiet, während sich die Reformation in Frankreich kaum durchzusetzen vermochte. In Deutschland dominierte das Luthertum, und in der Deutschschweiz wurden Calvins Bemühungen durch die Kirchenpolitik der **Fünf Orte** ausgebremst.

Fünf Orte
Die fünf katholischen Orte waren die Waldstätte (die Kantone Uri, Schwyz und Unterwalden), Zug und Luzern.

Confessio Helvetica Posterior
Späteres Helvetisches Bekenntnis; es ist heute noch das verbreitetste reformierte Bekenntnis der Schweiz.

Zwingli in Zürich und Calvin in Genf

Unter der Federführung des Zwingli-Nachfolgers Heinrich Bullinger kam 1566 ein zweites gemeinsames Bekenntnis des Schweizer Protestantismus zustande, die **Confessio Helvetica Posterior**. Zürich und Genf wurden mit ihren theologischen Lehrstühlen zu geistigen Zentren und oft zu Zufluchtsorten für die in Frankreich, England, den Niederlanden oder in Osteuropa verfolgten Anhängerinnen und Anhänger des dort verbotenen Calvinismus. Die calvinistischen Flüchtlinge aus Frankreich wurden als „Huguenots" bezeichnet, was wahrscheinlich von „Eidgenoss" herrührt und aufzeigt, wo diese Glaubensimmigranten ihre neue Heimat fanden.

Vorabend Reformation

cornelsen.de/Webcodes
Code: qibice

1 ■ Recherchiere, wie häufig und warum es zwischen Reformierten und Katholiken in der Schweiz zu gewalttätigen Auseinandersetzungen kam (M 1).
2 ■ Erläutere, inwieweit es richtig ist, Calvin und Zwingli als radikale Vertreter der Reformation zu bezeichnen.

M2 Wider die Täufer

Aus der Chronik des Reformators Johannes Kessler (1502–1574), 1523–1539:

Sie [die Täufer oder Wiedertäufer[1]] bekämpften die Kindertaufe, die von Christus nicht eingesetzt, von den Aposteln niemals gebraucht, sondern von den Päpsten ohne Grund erdichtet worden sei. [...] Ein Kind sei eine ungläubige, un-
5 vernünftige Kreatur, und folglich sei ihre Taufe, als wenn man ein anderes unvernünftiges Vieh, wie eine Katze, oder einen Stock in das Wasser tauchte. [...] Und wenn einer die Wiedertaufe begehrte, gossen sie ihm eine Schüssel mit Wasser auf sein Haupt im Namen des Vaters, des Sohnes
10 und des Heiligen Geistes. [...] Sie unternahmen es auch, wie die ersten Christen die zeitlichen Güter gemeinsam zu verwalten, wie in den Geschichten der Apostel zu lesen ist. Sie brachen die Schlösser von den Türen, Kasten und Kellern ab und brachten Speise und Trank in eine Gütergemeinschaft
15 ohne Unterschied ein. Aber ebenso wie in der Zeit der Apostel hatte diese wegen der falschen und faulen Christen nicht lange Bestand. Dabei glänzte ihr Wandel und ihr Gebaren ganz fromm, heilig und unsträflich. Die köstlichen Kleider vermieden sie. Sie verachteten köstliches Essen und
20 Trinken. Sie bekleideten sich mit grobem Tuch, sie verhüllten ihre Häupter mit breiten Filzhüten. Ihr Gang und ihr Wandel war ganz demütig. Sie trugen kein Gewehr, weder Schwert noch Degen, nur ein abgebrochenes Brotmesser. [...] Sie schwuren nicht, auch keiner Obrigkeit, eine bürger-
25 liche Eidespflicht. Und wenn sich einer von ihnen daran verging, wurde er von ihnen gebannt.

Zit. nach: Peter Ziegler, Zeiten, Menschen, Kulturen, Bd. 3, Zürich (Lehrmittelverlag des Kantons Zürich) 1977, S. 121*

1 Anhänger einer radikalreformatorisch-christlichen Bewegung, die im 16. Jahrhundert in den deutsch- und niederländischsprachigen Teilen Europas, auch in der Deutschschweiz, entstanden ist.

3 ■ Untersuche M 2:
  – Arbeite heraus, welche Charakteristika der Wiedertäufer Kessler nennt.
  – Begründe, warum sich die Reformatoren und die Obrigkeit durch sie bedroht fühlten.
  – Noch heute gibt es Strömungen der Wiedertäufer. Informiere dich darüber und nenne Kontinuitäten.

M3 Der Bildersturm in Basel, 1529

Der Bildersturm in Basel entwickelte sich aus einer kleinen militärischen Revolution, bei der die Reformierten im Rat nicht nur ihre religiösen, sondern auch ihre politischen Forderungen verkündeten. Hier ein Auszug aus der Chronik des Fridolin Ryff, der Jahre 1514 bis 1541:

Die Bürger [...] standen für und für in ihrem Harnisch am Kornmarkt; da wurden ihrer etliche rätig, dass sie herumziehen wollten, um zu sehen, ob sie etwas ausrichten könnten; und also zogen ihrer an die vierzig miteinander auf Burg [auf den Münsterplatz], um die Pfaffenhöfe, und zuletzt zogen
5 sie ins Münster, gingen darin spazieren; indem öffnet einer eine Altartafel mit einer Waffe, dass sie herabfiel und zerbrach, gingen also hinweg. Indem begegneten ihnen bei zweihundert, die vom Kornmarkt kamen; sie kamen am Sprung [heute „Münsterberg"] zusammen, berieten, was sie
10 tun wollten, die Beratung wollte lange dauern, da gab einer Rat, sie wollten wieder in das Münster und die Götzen zerschlagen und sehen, ob sie die Sache zu Ende bringen möchten. Dem folgten sie alle nach und zogen miteinander wieder in das Münster. [...] Sie zerhieben alle Gemälde, Ta-
15 feln, Götzen, steinerne und hölzerne, alles ward in kleine Stücke zerschlagen, alle Zierrat, die sie erreichen konnten, musste zerschlagen sein, mit Ausnahme dessen, was von Gold, Silber und andern Kleinodien war, das blieb unbeschädigt und wohlbehalten, denn keiner begehrte etwas zu
20 entwenden, sie wollten nur zerschlagen. [...] Auf Aschermittwoch, den zehnten Tag Hornung [Februar], ward erkannt, dass man das Götzenwerk, wie Tafeln, Bilder und was von Holzwerk in den Kirchen war, zerhauen und armen Leuten austeilen solle, die kein Holz hatten, dass sie damit
25 feuern sollten. Da teilten sie das an einzelnen Orten unfreundlich und schlugen einander darum. [...]. Da hat die Abgötterei zu Basel und in allem Gebiet und allen Ämtern ein Ende genommen in den Kirchen, nicht weiss ich, wie in allen Herzen.
30

Basler Chroniken, Bd. I, Leipzig (S. Hirzel) 1872, S. 86–88*

M4 Spuren des Bildersturms von 1529 an einem Kreuzigungsrelief im Basler Münster

4 ■ Filtere die verschiedenen Haltungen der Akteure in M 3 heraus.

5 ■ Beschreibe die von Ryff rapportierten Ereignisse aus der Sicht eines Münsterpfarrers und eines beteiligten Bürgers.

6 ■ Erläutere, was Ryff (M 3) mit dem Satz meint: „Da hat die Abgötterei zu Basel und in allem Gebiet und allen Ämtern ein Ende genommen in den Kirchen, nicht weiss ich, wie in allen Herzen" (s. auch M 4)?

Die katholische Erneuerung

M1 **Der niederländische Jesuit Petrus Canisius (1521–1597) als Prediger.**

Petrus Canisius gründete in Fribourg das Kollegium Sankt Michael

Zölibat
Pflichtmässige Ehelosigkeit aus religiösen Gründen.

Kapuziner
Der Name „Kapuziner" leitete sich von der spitzen Kapuze ab, die die Mönche noch heute tragen. Die Kapuziner bemühten sich in erster Linie um die Volksseelsorge und das individuelle Seelenheil.

Die katholische Gegenreaktion

Als Reaktion auf die Reformation setzte in der katholischen Kirche eine Reform ein, die als „katholische Reform" oder als „Gegenreformation" bezeichnet wird. Auf dem Konzil von Trient (1545–1563) war ein letzter Versuch gescheitert, die christliche Kirche wieder zu einen. Ziel war nun eine klarere Abgrenzung vom Protestantismus. Als Gegensatz zur reformierten Auffassung unterstrich man den Lehrauftrag der Kirche. Für die Katholiken war es weiterhin allein den geweihten Priester, die im **Zölibat** leben mussten, vorbehalten, das Wort Gottes zu vermitteln. Pompöse Messen, Prozessionen, Reliquienverehrungen, Musik und barocker Bilderschmuck bildeten einen bewusst geförderten Kontrast zur nüchternen protestantischen Predigt.

Rivalisierende Orden

Vor allem weil die Ausbildung kompetenter Priester nicht vorankam, nahmen in ganz Europa die Orden an Bedeutung zu. So hatte der Bettelorden der **Kapuziner** Mitte des 17. Jahrhunderts bereits 33 Niederlassungen. Es handelte sich dabei um eine 1528 durch den Papst anerkannte Mönchsgemeinschaft, deren Gründer sich kurz davor vom Franziskanerorden abgespalten hatten, weil sich dieser ihrer Meinung nach zu sehr von den Prinzipien des heiligen Franz von Assisi – Askese, Armut und Nähe zu den Armen – entfernt hatte. Eine besondere Rolle spielten die Jesuiten, lateinisch *Societas Jesu* (Gemeinschaft Jesu), ein 1534 von Ignatius von Loyola gegründeter und 1540 von Papst Paul III. bestätigter Orden (M1). Er breitete sich im 16. Jahrhundert in ganz Europa aus und war ein wichtiges Instrument der Gegenreformation.

Sozialdisziplinierung

Die katholische Reform verfügte sittenpolitische Massnahmen, um die Bevölkerung sozial zu disziplinieren. Im Allgemeinen gingen diese Schritte aber nicht so weit wie in den reformierten Orten, und der Ausbau der Staatstätigkeit fand in kleinerem Rahmen statt. Auch wenn der Staat stark eingriff, bewahrte der Schweizer Katholizismus im Bereich der Lehre seine Autonomie und blieb Teil einer staatenübergreifenden Organisation, deren Internationalität durch die weltweit aktiven Ordensleute gefördert wurde.

1 ■ Fasse die wesentlichen Inhalte der katholischen Erneuerung zusammen und erkläre, inwiefern sie als Antwort auf die reformatorische Kritik gelten können.

2 ■ Interpretiere das Bild M1. Welche Ziele der katholischen Erneuerung kommen hier zum Ausdruck?

M2 Das Konzil von Trient, zeitgenössisches Gemälde aus dem Kloster Stans

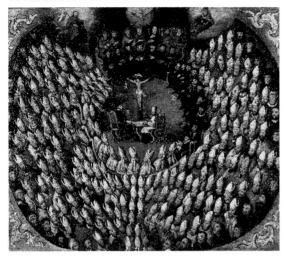

3 ■ Benenne im Bild M2 die Personengruppen und erkläre die dargestellte Szene. Welchen Eindruck bekommst du von dieser Versammlung?

M3 „Der Ablass muss beibehalten werden"

Auszug aus dem Protokoll der Schlusssitzung des Konzils von Trient, 1545–1563:

Die heilige Synode beauftragt alle Bischöfe und die anderen, denen Pflicht und Sorge der Unterweisung obliegt, die Gläubigen sorgsam zu unterweisen, besonders in der Fürsprache und Anrufung der Heiligen, der Verehrung der Reliquien und im rechten Gebrauch der Bilder. Da die Macht, Ablass zu erteilen, der Kirche von Christus zugestanden wurde, lehrt und verordnet die heilige Synode, dass der Gebrauch des Ablasses, als der Christenheit sehr heilsam und durch die Autorität der heiligen Konzilien gebilligt, in der Kirche beibehalten werden solle. Und sie verflucht die, welche ihn als unnütz erklären oder der Kirche die Macht bestreiten, ihn zu erteilen. Die Missbräuche jedoch, die sich dabei eingeschlichen haben und deretwegen der Ablass von den Ketzern gelästert wird, sind gänzlich abzuschaffen. Schliesslich erklärt die heilige Synode, dass alles, was man auf diesem hiesigen Konzil festgesetzt hat, in dem Sinne entschieden worden sei, dass dabei immer die Autorität des Papstes gewahrt bleibt.

Zit. nach: Peter Ziegler, Zeiten, Menschen, Kulturen, Bd. 4, Zürich (Lehrmittelverlag des Kantons Zürich) 1978, S. 8

4 ■ Fasse den Inhalt von M3 zusammen. Erkläre, warum das Konzil so grossen Wert auf die Beibehaltung des Ablasses gelegt hat (s. auch S. 42/43).

M4 Massnahmen gegen die Reformation

Der Gründer des Jesuitenordens Ignatius von Loyola an Pater Canisius (s. M1) in Wien, 13. August 1554:

Angesichts der Fortschritte, die die Neuerer in so kurzer Zeit machen, könnte vielleicht die Vorsehung unsere Gesellschaft als eines der wirksamsten Gegenmittel gegen solches Übel [die Reformation] ausersehen haben. […] Wir müssen die Heilmittel umfassend anwenden, um so rasch als möglich – besonders in den nördlichen Ländern – das gesund Gebliebene zu bewahren, das bereits Ergriffene zu heilen. Die Neuerer [die Reformatoren] verstehen es, ihre falsche Lehre mundgerecht zu machen und dem Fassungsvermögen der Masse anzupassen, indem sie in den Schulen predigen und zugleich kurze Broschüren unter das Volk werfen. Wir könnten von ihnen lernen, wie man arbeiten muss.

Die Gründung von Schulen hauptsächlich in Gegenden, wo sich ein guter Zulauf von Schülern erwarten lässt, wäre das beste Mittel, um der Kirche in ihrer bedrängten Lage zu Hilfe zu kommen.

Die Hauptsätze der Theologie liessen sich, nach Art eines kurzen Katechismus zusammengestellt, den Kindern und dem ungebildeten Volk lehren. Die tüchtigsten Scholastiker [Gelehrte] sollen an Sonn- und Festtagen Christenlehre halten. Wenn zur Lehre das gute Beispiel kommt und jeder Schein von Habsucht vermieden wird, liesse sich der stärkste Angriffsgrund der Neuerer entkräften, nämlich der Hinweis auf das schlechte Leben und die Unwissenheit der katholischen Kirchendiener.

Da die Neuerer häufig Broschüren und Flugschriften verbreiten, durch die sie das Ansehen der Katholiken und besonders der Jesuiten zu untergraben suchen, scheint es zweckmässig, dass auch die Unsern zur Abwehr einige Verteidigungsschriften und Traktate herausgeben, und zwar gut und kurz geschriebene, damit sie schnell zur Stelle sind und von vielen gekauft werden können. Sie müssen jedoch von gelehrten und in der Theologie beschlagenen Männern verfasst und dabei doch der Fassungskraft der breiten Massen angepasst sein.

*Zit. nach: Peter Ziegler, Zeiten, Menschen, Kulturen, Bd. 4, Zürich (Lehrmittelverlag des Kantons Zürich) 1978, S. 12**

5 ■ Arbeite heraus, was Ignatius von Loyola an den Reformatoren bewundert und wie er selber den Katholizismus wieder stärken will (M5).

6 ■ Recherchiere zur Tätigkeit des Jesuitenordens in der Schweiz und bewerte diese abschliessend.

Der Dreissigjährige Krieg

Viele Menschen im Reich hofften, dass der in Augsburg 1555 geschlossene Religionsfriede die Spannungen zwischen den Konfessionen im Reich dauerhaft beseitigen würde. Doch diese Hoffnungen wurden schnell enttäuscht. Konfessionelle Fragen und machtpolitische Interessen vermengten sich: Die protestantischen Fürsten wollten mit der Reformation ihre Unabhängigkeit gegenüber dem katholischen Kaiser aus dem Hause Habsburg absichern. Die katholischen Fürsten unterstützten die Gegenreformation, wollten die Ausbreitung der reformatorischen Lehre eindämmen und der römischen Kirche zu einem neuen Aufstieg verhelfen. Beide Lager stellten Heere auf und knüpften Kontakte zum Ausland. In dieser explosiven Lage genügte ein Funke, um einen Flächenbrand zu entfachen. Dies geschah 1618 in der böhmischen Hauptstadt Prag. Das mehrheitlich protestantische Böhmen wurde seit fast hundert Jahren von den katholischen Habsburgern regiert. Im Juni 1617 setzte der Kaiser gegen den Willen der Stände den Habsburger Ferdinand II. als böhmischen König ein. Kaum im Amt, schränkte Ferdinand die von seinem Vorgänger gewährten politischen Rechte der Stände – z. B. die freie Wahl des Königs – und die Religionsfreiheit ein. Empört stürmten protestantische Bürger und Adlige die Prager Burg, drängten in den Raum, in dem sich zwei Statthalter des Kaisers aufhielten, zerrten die beiden zum Fenster und warfen sie in den Burggraben. Die beiden kaiserlichen Gesandten überlebten den Sturz aus 17 Metern Höhe in den Burggraben. Doch dieser „Prager Fenstersturz" (M 2) war der Auftakt zu 30 Jahren Krieg in Europa, der durch unvorstellbare Grausamkeit gekennzeichnet war (M 1). An seinem Ende hatten sich nicht nur die Machtverhältnisse vollkommen verändert, sondern lagen auch unzählige Dörfer in Schutt und Asche, und ganze Landstriche waren entvölkert.

M 1 Soldaten plündern einen Bauernhof, Gemälde von Sebastian Vrancx, um 1620

M 2 **Prager Fenstersturz, Kupferstich, um 1650.**
Die beiden kaiserlichen Gesandten überlebten – sie sollen auf einem Misthaufen gelandet sein

Die Folgen des Krieges und des Friedensvertrages (Westfälischer Friede) waren aussen- und innenpolitisch von grosser Tragweite. Frankreich, Schweden und die deutschen Reichsfürsten konnten sich gegen die Habsburger durchsetzen. Die Niederlande und die Schweiz lösten sich aus dem Reichsverband und wurden formell selbstständige Staaten. In der Konfessionsfrage wurden Katholiken, Lutheraner und Calvinisten nun gleichberechtigt, und die Regelung *Cuius regio, eius religio* entschärfte man: Untertanen, die einer anderen Konfession als der Landesherr anhingen, mussten das Land nicht mehr verlassen, und wenn der Landesherr die Konfession wechselte, musste ihm die Bevölkerung nicht folgen.

1 ■ Erläutere, inwieweit man beim Dreissigjährigen Krieg in erster Linie von einem politischen und weniger von einem religiösen Konflikt sprechen muss.

M3 **Machtpolitische Gegensätze zu Beginn des Dreissigjährigen Krieges**

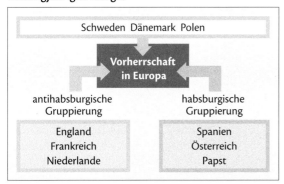

2 ■ Ermittle in M3, welche Konfessionen die beteiligten Mächte hatten und welche Rolle diese Konfessionen in den aufgezeigten Koalitionen spielten.

M4 **Alltag im Dreissigjährigen Krieg**

Aus der Chronik des Pfarrers Johann David Minck in der hessischen Gemeinde Gross-Bieberau, 1650:

Bald fielen die Schweden über den Rhein herüber . […] Dadurch wurde das ganze Land zwischen Rhein und Main verelendet, und kein Mensch durfte sich auf dem Lande blicken lassen, denn dann wurde ihm nachgejagt wie einem
5 Wild. Fing man ihn, so wurde er unbarmherzig misshandelt, und damit er Geld, Vieh und Pferde verriete, […] geknebelt, nackt an den heissen Ofen gebunden, aufgehängt […] oder mit Wasser und Jauche getränkt, die man den Leuten zuberweise in den Hals schüttete, worauf man ihnen mit Füssen
10 auf die dicken Bäuche sprang. […] Viele […] versteckten sich zwar in Wäldern, Höhlen […] usw., aber sie wurden auch hier aufgespürt, denn die Soldaten hatten menschenspürige Hunde bei sich. […] Anno 1635, nachdem das ganze Land ausgeplündert und kein Vieh noch Pferd mehr vorhanden
15 war, wurde auch die Sommerfrucht […] ausgesät. […] Zwischen und neben den Kriegsruten schickte uns Gott die Pestilenz. Sie kam zu Anfang [des Jahres 1635] […] auf, an der viele starben. […] Im Frühjahr […] [starben] die Leute schnell und haufenweise dahin […], sodass man sie gar
20 nicht alle begraben konnte. […] Oft lagen Kranke bei den Toten in einem Bette. […] Die Pest währte bis in den Herbst […], sie riss aber dennoch viele Tausend Menschen im Lande weg, sodass kaum der zwanzigste Teil, in einigen Dörfern aber gar niemand übrig blieb. […] [In Bieberau] […] waren
25 es zusammen […] über 300 Seelen. Nach der Pest blieben nur noch 25 übrig. Im Herbst wollte man sich an die Ernte des Wintergetreides und der Früchte machen, [da fiel] eben zur Erntezeit der kaiserliche General Gallas plötzlich ins Land zwischen Main und Rhein.

*Zit. nach: Eberhard Orthbandt, Das deutsche Abenteuer, Baden-Baden (Pfahl) 1960, S.611f.***

3 ■ Stelle die grössten Nöte und Sorgen der Bevölkerung während des Dreissigjährigen Krieges anhand von M4 zusammen. Vergleiche dies mit der Lage der Zivilbevölkerung in heutigen Kriegsgebieten.

M5 **Ergebnisse des Krieges**

a) Bevölkerungsverluste

Von den 18 Millionen Einwohnern des Heiligen Römischen Reiches um 1618 waren bis 1648 fünf bis sechs Millionen umgekommen:

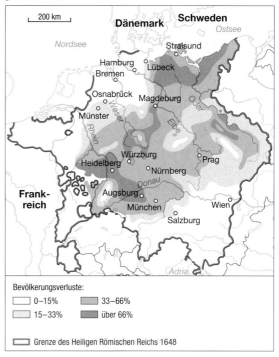

b) Politische Regelungen

Die kaiserliche Gewalt wurde zugunsten einer weitgehenden Selbstständigkeit der Reichsstände stark eingeschränkt. […] Der Augsburger Religionsfrieden [s. S.49] wurde erneuert, erweitert und zwecks Beseitigung der bisherigen Differenzen „ausgelegt": Das Jahr 1624 galt als Normaljahr für den 5 kirchlichen Besitz- und Bekenntnisstand, […] der Calvinismus erhielt den gleichen reichsrechtlichen Status wie die Augsburger Konfession [s. S. 48]; alle Reichsbehörden wurden paritätisch [gleichberechtigt] besetzt. […] Ein gewaltsamer Konfessionswechsel der Untertanen brauchte nun 10 nicht mehr befürchtet zu werden.

*Heinrich Lutz, Reformation und Gegenreformation, München (Oldenbourg) 1982, S.114***

4 ■ Beschreibe anhand von 5a und b die Folgen des Dreissigjährigen Krieges für das Heilige Römische Reich.

Methode: Karikaturen entschlüsseln

Was sind Karikaturen?

Karikaturen sind eine besondere Form der historischen Bildquelle. Sie thematisieren bestimmte gesellschaftliche und politische Zustände, Entwicklungen und Ereignisse oder nehmen Stellung zu einzelnen Personen oder Personengruppen und deren Verhaltensweisen. Als zentrales Mittel für ihre Kritik benutzt die Karikatur dafür Übertreibungen und Verzerrungen (vgl. das italienischen Verb *caricare* = überladen, übertreiben). Entweder werden diese Mittel plakativ eingesetzt oder es wird mit hintergründigen Anspielungen gearbeitet, die sich nicht immer auf den ersten Blick erschliessen.

M 1 **Das Abendmahl der Evangelisten und der Höllensturz der Papisten mit dem predigenden Luther, Holzschnitt von Lucas Cranach dem Jüngeren, 1546**

Entstehung von Karikaturen

Auch wenn es Karikaturen bereits in der Antike und im Mittelalter gab, schuf erst die Erfindung des Buchdrucks den Durchbruch dieser Form der Bildquelle. Während der Reformation erlebte die Karikatur eine erste Blüte. In Form von Flugblättern wurde sie zum beliebten Kampfmittel zwischen protestantischer und römisch-katholischer Anhängerschaft.

Die Weiterentwicklung des Druckverfahrens (Lithografie) und eine zunehmende politisierte Öffentlichkeit führten zum weiteren Aufschwung von Karikaturen. Die Französische Revolution und die Epoche Napoleons zeugen davon. Die Entwicklung des Pressewesens im 20. Jahrhundert führte zur Berufsgattung des Karikaturisten, die als Pressezeichner, Cartoonisten oder Illustratoren für die Tagespresse arbeiten und das Zeitgeschehen auf ihre Art kommentieren.

Karikaturen stehen immer im Bezug zu realen Personen, Ereignissen oder Zuständen – und damit zur Geschichte. Um die Botschaft einer Karikatur zu entschlüsseln bedarf es einer Interpretation. Dabei geht es um die Deutung der Bildinhalte in ihrem geschichtlichen Zusammenhang. Zu berücksichtigen gilt, dass die Karikatur immer zeitgebunden ist und damit eine zeitgenössische Meinung wiedergibt.

Arbeitsschritte zur Interpretation einer Karikatur

1. Formale Merkmale
– Wer ist der Zeichner bzw. der Auftraggeber?
– Wo, wann und von wem wurde die Karikatur veröffentlicht?
– Besitzt die Karikatur einen Titel?

2. Bildinhalt
– Was wird dargestellt (Personen, Gegenstände, Symbole, usw.)?
– Wie wird es dargestellt (Farbgebung, Komposition, Text, usw.)?

3. Interpretation
– Auf welche Personen, Ereignisse und Konflikte bezieht sich die Karikatur?
– Welche Absichten bzw. Ziele verfolgt der Karikaturist bzw. sein Auftraggeber?

4. Fazit
– Welche Gesamtaussage lässt sich formulieren?

M2 „Das ist des Lothers ketzers spil/Davon kumbt auffrür und jamers vil/Der Gottes dinst ist worden still", Ausschnitt aus einem anonymen Flugblatt, um 1520

Die linke Inschrift lautet:
Galle und Gift will ich drein rühren, der einfache Mann wird mich nicht spüren.
Die rechte Inschrift lautet:
Falsch und Trug kann ich drauss nehmen. Keines Übels tue ich mich schämen.
Die Flammen sind mit Erbsünden beschriftet, die die katholische Kirche nennt, u.a. Falschheit, Unglauben, Hoffahrt, Lügen, Ketzerei, Unkeuschheit

Interpretation der Karikatur M2

1. Formale Merkmale

– Wer ist der Zeichner bzw. der Auftraggeber?
Es handelt sich um ein anonymes Flugblatt, daher ist der Verfasser, bzw. der Auftraggeber unbekannt

– Wo, wann und von wem wurde die Karikatur veröffentlicht?
Um 1520, wohl im Heiligen Deutschen Reich Deutscher Nation

– Besitzt die Karikatur einen Titel?
Das Flugblatt trägt einen Titel: Luthers Ketzerspiel, das für Aufruhr und Jammer verantwortlich ist und den Gottesdienst beendet hat.

2. Bildinhalt

– Was wird dargestellt (Personen, Gegenstände, Symbole, usw.)?
Ein Teufel und ein Mönch, die gemeinsam eine Suppe anrühren. Das Feuer wird von Gehilfen des Teufels unterhalten. Auf der Schulter des Mönchs sitzt ein Rabe.

– Wie wird es dargestellt (Farbgebung, Komposition, Text, usw.)?
Im Zentrum der Karikatur steht der Suppentopf, dessen Dampf und Rauchschwaden einzelne Begriffe enthält und die beiden Personen (Teufel, Mönch). Oberhalb von Teufel und Mönch sind kurze Texttafeln angebracht, die die Funktion von Sprechblasen besitzen.

3. Interpretation

– Auf welche Personen, Ereignisse und Konflikte bezieht sich die Karikatur?
Beim Mönch handelt es sich wohl um Luther, dafür sprichts das Mönchsgewand und das Gesicht, das den damals existierenden Porträts dieser Person entspricht. Der Rabe ist in der christlichen Überlieferung vielfach ein Symbol der Dunkelheit und des Todes und steht in Verbindung mit dem Teufel.

– Welche Absichten bzw. Ziele verfolgt der Karikaturist bzw. sein Auftraggeber?
Die Karikatur möchte den Betrachter klarmachen, dass die Lehre von Luther nicht nur falsch ist, sondern vom Teufel angeleitet wurde. Dieser Aussage entsprechen auch die Sprechblasen der Karikatur. Die rechte Sprechblase verweist darauf, dass es für die einfachen Leute gar nicht so einfach sei, die Irrlehre Luthers zu erkennen.

4. Fazit

– Welche Gesamtaussage lässt sich formulieren?
Die vorliegende Karikatur thematisiert die neue Lehre Luthers und lehnt sie ab, weil sie vom Teufel stamme. Die einzig wahre Lehre sei jene der römisch-katholischen Kirche. Nur sie entspreche Gottes Ordnung

1 ■ Interpretiere die Karikatur M1 nach der hier exemplarisch durchgeführten Methode.

2 ■ Wende diese Methode auch auf Karikaturen in diesem Buch an.

Europa um 1500 – Krise und Krise und Neubeginn

Renaissance und Humanismus

In der Mitte des 13. Jahrhunderts begann in Norditalien eine Kunst- und Kulturepoche, die die antike Literatur, Architektur und Malerei wiederentdeckte. Gelehrte und Künstler wendeten sich verstärkt antiken Dichtern und Philosophen zu und grenzten sich vom Mittelalter ab, in dem die Lehren der Bibel vorherrschten. Diese Epoche, die bis ins 16. Jahrhundert hineinreichte, nannte sich „Renaissance" und meinte damit die Wiedergeburt der Antike.. Gefordert wurde die freie geistige Entwicklung des Menschen. Die Renaissance stellt die Zeit des Übergangs vom Mittelalter zur Neuzeit dar. Ein Bestandteil der Renaissance war die geistige Strömung des Humanismus. Er stellte den einzelnen Mensch in den Vordergrund und forderte seine freie und unverfälschte Entfaltung.

Entdeckungen und Eroberungen

Das 15. Jahrhundert war eine Zeit des Aufbruchs unter den europäischen Seefahrernationen. Es begann das Zeitalter der europäischen Expansion. Die Portugiesen entdeckten den Seeweg um Afrika und erreichten schliesslich Indien. Christoph Kolumbus wollte den Seeweg nach Indien auf der Westroute finden und entdeckte, ohne es zu wissen, einen neuen Kontinent, Amerika. Die grossen geografischen Entdeckungen sind mit den Namen grosser Entdeckungsreisender und Seefahrer wie Vasco da Gama, Christoph Kolumbus und Amerigo Vespucci verbunden. Mit den Entdeckungen wurde auch das Kolonialzeitalter eingeläutet. Es war auch eine Epoche der Unterdrückung, Ausbeutung und Ausrottung ganzer Völker durch europäische Grossmächte.

Die Reformation

Die Reformation war ein rund 130 Jahre dauernder Prozess während der Übergangszeit vom Mittelalter zur Neuzeit. Sie wurde 1517 vom Augustinermönch Martin Luther ausgelöst, der mit seinem Aufbegehren gegen den Ablasshandel und die kirchliche Pracht- und Machtentfaltung eine Welle in Bewegung setzte, die ganz Europa erfasste und die grossen Veränderungen dieser Zeit entscheidend mitprägte. Luther konnte ein neues religiöses Denken in Gang setzen, das zur Gründung eigener Kirchengemeinschaften führte. Das traditionelle Dogmensystem der katholischen Kirche und ihre festgefügte Organisation wurden jedoch nicht angetastet. Daher konnten die Machtstrukturen der römischen Kirche wieder Boden gewinnen und eine Reformation im Sinne von Umgestaltung oder gar Erneuerung abwehren. Es kam zu langen und blutigen Kriegen zwischen Katholiken und Protestanten, die im Dreissigjährigen Krieg ihren Abschluss fanden.

Geschichte kontrovers: Sind Indios „Barbaren"?

Im Disput von Valladolid 1550/51 stritten der Weltpriester und Humanist Juan Ginés de Sepúlveda (1490–1573) und der Dominikaner Bartolomé de Las Casas (1485–1566) in der spanischen Stadt Valladolid über die Versklavung der Indianer.

M1 Auszug aus der Stellungnahme von Sepúlveda

Unter Barbaren versteht man […] diejenigen, welche nicht in Übereinstimmung mit der natürlichen Vernunft leben und verderbte Sitten haben, die unter ihnen öffentlich gebilligt werden, ob dies nun aus Mangel an Religion kommt, sodass diese Menschen ganz roh aufwachsen, oder aber durch verderbte Sitten und aus Mangel an richtiger Lehre und
5 entsprechenden Strafen. Dass diese Menschen nämlich von geringerer Auffassungsgabe und verderbten Sitten sind, ist durch das Wort nahezu aller, die von dort kommen belegt. […] Was seine Behauptung betrifft der Krieg sei gerecht, wenn es sich um die Befreiung der Unschuldigen handle […], und die Folgen dieses Krieges stellten grössere Übel dar als der Tod der Unschuldigen, so ist diese Voraussetzung seiner Gnaden [Las Casas'] unzutref-
10 fend, denn in Neuspanien wurden nach dem Zeugnis aller, die von dort gekommen sind und sich um Kenntnis darüber bemüht haben, jährlich mehr als 20 000 Menschen geopfert [Menschenopfer der Azteken]. Multipliziert man diese Zahl mit den dreissig Jahren seit der Conquista [spanischen Eroberung Mexikos] und der Abschaffung dieser Opfer, wären dies schon 600 000. Und ich glaube nicht, dass bei der gesamten Conquista so viele
15 umgekommen sind, wie sie [die Azteken] in einem Jahr geopfert haben. Durch diesen Krieg vermeidet man zudem den Verlust unzähliger Seelen derer, die durch ihre Bekehrung gerettet werden, jetzt und in Zukunft.

M2 Auszug aus der Stellungnahme von Las Casas

Die Indios sind von so guter Fassungskraft und so scharfsinnigem Geist, von so grosser Auffassungsgabe, so gelehrig für jedwede moralische Wissenschaft und spekulativer Lehre, die meisten von ihnen so wohl geordnet, ausgestattet und vernünftig in der Führung ihres Gemeinwesens, sie besitzen viele überaus gerechte Gesetzte und haben in den Angelegen-
5 heiten des Glaubens und der christlichen Religion sich so viel zunutze gemacht sowie in den guten Sitten und bei der Berichtigung der Laster, wo immer sie durch Ordensleute und Menschen von rechtem Lebenswandel unterrichtet worden sind. […]
Die Behauptung, in Neuspanien würden jährlich 20 000 oder 100 oder 50 Menschen geopfert, entspricht nicht der Wahrheit. […] Daraus spricht nur die Stimme der Tyrannen,
10 um ihre eigenen tyrannischen Gewaltanwendungen zu entschuldigen und zu rechtfertigen und die Indios unterdrückt zu halten, zu schinden und zu tyrannisieren, die nach der reichen Ernte als Sklaven blieben. […] Der Doktor [Sepúlveda] hat sich verrechnet, denn mit grösserem Wahrheitsanspruch und weit zutreffender können wir sagen, dass die Spanier ihrer geliebten und hochverehrten Göttin Habsucht in jedem Jahr, seit sie nach West-
15 indien gekommen und in jede Provinz einmarschiert sind, mehr Menschenopfer dargebracht haben als die Indios all ihren Göttern Westindiens in hundert Jahren.

Beide zit. nach: Bartolomé de Las Casas, Disputation von Valladolid, in: Werkauswahl, hg. v. Mariano Delgado. Bd. 1: Missionstheologische Schriften, Paderborn (Schöningh) 1994, S. 336–436**

1 ■ Arbeite heraus, welche Auffassung Sepúlveda hinsichtlich der Versklavung der Indios vertritt und wie er sie begründet.
2 ■ Fasse die Gegenargumente von Las Casas zusammen und beziehe Position in diesem Streit.
3 ■ Beurteile, welche Rolle die Auffassung beider in der Eroberungspolitik der Spanier spielten.

Zentrale Begriffe

Renaissance
Humanismus
Fernhandel
Uomo universale
Geozentrisches Weltbild
Heliozentrisches Weltbild
Europäische Expansion
Ablasshandel
Reformation
Protestanten
Gegenreformation

Wichtige Jahreszahlen
14. Jahrhundert
Beginn der Renaissance
Um 1450
Erfindung des Buchdrucks mit beweglichen Lettern
1492
Christoph Kolumbus landet in Amerika
1494
Vertrag von Tordesillas
Anfang 16. Jahrhundert
Leonardo da Vinci malt die Mona Lisa
Ca. 1513
Machiavelli schreibt *Il Principe*
1517
Luther veröffentlicht seine 95 Thesen
1524/25
Bauernkrieg
1618–1648
Dreissigjähriger Krieg

Zusammenfassende Aufgaben

4 ■ Vergleiche die Bedeutung des Buchdrucks mit der heutigen Digitalisierung.
5 ■ Begründe, warum Renaissance, Humanismus und Reformation zu einem neuen Denken geführt haben.

2 Absolutismus und Aufklärung

1648–53
Fronde in Frankreich: vergeblicher Aufstand
von Teilen des Hochadels gegen den Absolutismus

1666
Isaac Newton formuliert
die Gravitationsgesetze

1643
Regierungsantritt Ludwigs XIV.
in Frankreich (bis 1715)

1651
Leviathan von
Thomas Hobbes erscheint,
Begründung der absolu-
tistischen Staatsidee

1688/89
Glorious Revolution in England,
das Parlament setzt sich
gegen die Krone durch

1618–48 Dreissigjähriger Krieg

1620   1630   1640   1650   1660   1670   1680   1690

Der Staat ist heute die universelle Form, in der Herrschaft organisiert wird. Er ist zugleich die zentrale Ordnungsmacht, die ein gedeihliches Zusammenleben vieler Menschen innerhalb eines Landes ermöglicht. In den meisten Ländern Europas leben die Menschen in dem Bewusstsein, dass sie ein gewisses Mass an Kontrolle über diesen Staat gewonnen haben, indem sie durch Wahlen und Volksabstimmungen an den staatlichen Entscheidungsprozessen teilnehmen. Deshalb lässt sich das Verhältnis der Menschen zum Staat heute im Grossen und Ganzen als befriedigend bezeichnen.

Das nebenstehende Bild zeigt einen als Riesen dargestellten Monarchen mit den Symbolen weltlicher und geistlicher Macht. Sein Körper besteht aus vielen einzelnen Bürgern. Überschrieben ist die Abbildung mit einem Zitat aus dem Alten Testament „Auf Erden ist nicht seinesgleichen; er ist ein Geschöpf ohne Furcht" (Buch Hiob, 41.25). Die Darstellung versinnbildlicht die zentrale Idee im Werk von Thomas Hobbes, wonach die Menschen sich zum Staat zusammengeschlossen und sich freiwillig dem Monarchen unterworfen haben, der den Staat mit allumfassender Macht und zum Nutzen der Bürger regiert. Für die damalige Zeit war diese Auffassung neu, während sie in der Gegenwart – zumindest in Bezug auf die Rolle und die Bedeutung des Staates – weitgehend unbestritten ist.

Der Staat, wie er uns im gegenwärtigen Europa in seinen vielfältigen politischen Formen entgegentritt, ist im späten Mittelalter und in der Frühen Neuzeit entstanden. Davor gab es in Europa keine Staaten in unserem Sinn, wenn es auch staatsähnliche Gebilde gab. Alles, was den Staat der Gegenwart ausmacht, bildete sich in historischen Prozessen heraus. Dabei spielte die Epoche des Absolutismus und der Aufklärung eine zentrale Rolle. In der Auseinandersetzung mit der Frage nach vernünftiger und rechtmässiger politischer Herrschaft schufen die Aufklärer die theoretischen Grundlagen des modernen Verfassungsstaates, in dem die Gewaltenteilung, die Volkssouveränität und die Menschenrechte verankert sind. In diesem Sinn war die Aufklärung auch eine Gegenbewegung zum politischen und gesellschaftlichen System des Absolutismus.

Im vorliegenden Kapitel wird thematisiert, in welcher Weise der Absolutismus und die Aufklärung Europa im 17. und 18. Jahrhundert geprägt haben und welche Bedeutung die Ideen der Aufklärer für das politische, gesellschaftliche und wirtschaftliche Leben der Gegenwart haben.

1783
Die Brüder Montgolfier
konstruieren den ersten Heissluftballon

1756–63
Siebenjähriger Krieg

1776–83
Unabhängigkeitskrieg
der USA

1752
Benjamin Franklin
erfindet den Blitzableiter

1717
Gründung der Londoner Grossloge
der Freimaurer zur Verbreitung der
Aufklärung in Europa

1762
„Contrat Social" von
Jean-Jacques Rousseau
erscheint

1748
„De l'esprit des lois" von
Montesquieu erscheint

| 1710 | 1720 | 1730 | 1740 | 1750 | 1760 | 1770 | 1780 |

Die Herausbildung der absoluten Monarchie

Monarchie
Zumeist durch Erbfolge oder Wahl zur Macht gekommene Herrschaft eines Einzelnen (griech. = *monarchia*). Ihre Amtsdauer ist in der Regel lebenslänglich. Ihre Herrschaft begründen Monarchen zumeist religiös (Gottesgnadentum).

Absolutismus
Regierungsform mit einem starken Monarchen an der Spitze, der nach zentralisierter Macht und unbeschränkter Herrschaft strebt, die er von Gott herleitet.

Staat
Politisches Organisationssystem innerhalb festgelegter räumlicher Grenzen (Staatsgebiet) zur Wahrung eines geordneten Zusammenlebens im Innern und zum Schutz der Bevölkerung (Staatsvolk) nach aussen.

M1 **Der französische König Ludwig XIV., Ausschnitt aus einem Gemälde von Hyacinthe Rigaud, 1701**

Neues Herrschaftsverständnis Im Verlauf des 16. und frühen 17. Jahrhunderts veränderten die europäischen Monarchien allmählich ihren Charakter. Im Mittelalter begriffen sich die Monarchen noch als vornehmste Adlige ihres Landes und betonten den Gedanken der Gefolgschaft. Sie reisten in ihren Ländern umher und kamen ihrer wichtigsten Aufgabe, der des obersten Richters, nicht selten persönlich nach. Ihr Lebens- und Herrschaftsstil hatte viel Persönliches, Direktes und wenig Amtliches an sich. Im Gegensatz dazu entwickelte sich nun ein neues Herrschaftsverständnis: Die Fürsten waren strenge Amtspersonen, von einer Aura der Ordnung umgeben, von den Untertanen weit entfernt, zumeist in grossen Hofanlagen ausserhalb der mittelalterlichen Stadtkerne residierend, dem Irdischen fast entrückt und, ihrem Selbstverständnis nach, tatsächlich dem Göttlichen nahe (Gottesgnadentum). Die Zeit, die von herausgehobenen Monarchen geprägt wurde, bezeichnet man als die Epoche des Absolutismus.

Die Idee des starken Staates Dieser Wandel des Herrschaftsverständnisses kam nicht von ungefähr, sondern hatte tiefere Ursachen. Die mit der Reformation eingeleitete Spaltung der Christenheit in protestantische und römisch-katholische Glaubensrichtungen führte zu blutigen Bürger- und Religionskriegen in Mittel- und Westeuropa, die weite Teile Europas in eine Krise stürzten und auch die Königsmacht in den beteiligten Ländern schwächten. Auf die Zeitgenossen übte daher die Vorstellung einer starken Zentralgewalt, die Konfliktlösungen durchsetzen konnte, eine grosse Faszination aus. Philosophen wie Thomas Hobbes sahen die zentrale Rolle zur Sicherstellung von Ruhe und Ordnung dabei beim Staat, dessen Repräsentanten – den Fürsten – eine über allen Untertanen hinausgehobene Stellung eingeräumt werden müsse, damit sie den staatlichen Interessen wirkungsvoll dienen konnten. Diese Idee einer einheitlichen Staatsgewalt war nicht vollständig neu (s. Machiavelli, S. 16). Sie entsprach jedoch nicht der mittelalterlichen Realität, in der die Herrschaft dezentral auf Adel und Kirche verteilt war.

Opposition gegen den Absolutismus Die sukzessive Stärkung der Königsmacht verlief nicht reibungslos. In allen Staaten zählte der Adel in dieser Zeit zu den unruhigsten sozialen Gruppen, weil der königliche Machtzuwachs seine Vorrechte am meisten bedrohte. So waren Adlige fast überall an Aufständen beteiligt. Noch grösserer Druck auf die monarchischen Regierungen ging von den zahllosen Volkserhebungen aus, die Europa in der Frühphase des Absolutismus erschütterten. Nicht die Herrscher oder gar „der Staat" waren Ziel ihres Angriffs, vielmehr deren Repräsentanten vor Ort, die Beamten, die Steuern eintrieben, Abgaben kassierten, Truppen einzogen oder einquartierten, Getreide requirierten oder willkürliche Verhaftungen durchführten. „Es lebe der König – ohne die Salzsteuer!" war der bekannteste Schlachtruf französischer Bauern, wenn sie gegen königliche Beamten vorgingen, Wagenladungen mit requiriertem Getreide in die Gräben warfen oder Steuerbüros plünderten. Aufhalten liess sich der Prozess der absolutistischen Staatsbildung auf diese Weise jedoch nicht.

1 ■ Fasse zusammen, inwiefern sich Herrschaftsverständnis und Herrschaftsausübung in der Epoche des Absolutismus vom Mittelalter unterschieden.

M 2 Darstellungen staatlicher Machtträger

a) Der deutsche Kaiser Otto III., Buchillustration, um 1000 n. Chr.

b) Der schweizerische Bundesrat, 2018

2 ■ Vergleiche das Porträt Ludwigs XIV. (M 1) mit den beiden anderen Darstellungen staatlicher Machtträger (M 2 a und b): Was wird jeweils in den Vordergrund gerückt und welches Herrschaftsverständnis lässt sich daraus ableiten?

M 3 Die „Vielstaaterei" im deutschen Reich, 1667

Der deutsche Naturrechtsphilosoph Samuel Pufendorf (1632–1694):

Es bleibt uns also nichts anderes übrig, als das deutsche Reich […] einen irregulären und einem Monstrum ähnlichen Körper zu nennen, der sich im Laufe der Zeit durch die fahrlässige Gefälligkeit der Kaiser, durch den Ehrgeiz der Fürsten und durch die Machenschaften der Geistlichen aus 5 einer regulären Monarchie zu einer so disharmonischen [uneinheitlichen] Staatsform entwickelt hat, dass es nicht mehr eine beschränkte Monarchie, wenngleich der *äussere* Schein dafür spricht, aber noch nicht eine Föderation mehrerer Staaten ist, vielmehr ein Mittelding zwischen beiden. 10 Dieser Zustand ist die dauernde Quelle für die tödliche Krankheit und die inneren Umwälzungen des Reiches, da auf der einen Seite der Kaiser nach der Wiederherstellung der monarchischen Herrschaft, auf der anderen die Stände nach völliger Freiheit streben. 15

Samuel Pufendorf, Die Verfassung des Deutschen Reiches (1667), hg. v. Horst Denzer, Stuttgart (Reclam) 1976, S. 106 f.*

3 ■ Lege dar, mit welchen Problemen das deutsche Reich gemäss Pufendorf konfrontiert ist (M 3) und wie der Absolutismus da Abhilfe schaffen könnte.

M 4 Über die staatliche Souveränität, 1576

Der französische Staatstheoretiker Jean Bodin (1529–1596):
Wohl aber gehört es notwendig zum Begriff der Souveränität, dass ihre Inhaber auf keine Weise den Befehlen eines anderen unterworfen sind, dass sie den Untertanen Gesetze geben, überholte Gesetze kassieren und aufheben und neue dafür erlassen können: Das kann keiner, der selber den Ge- 5 setzen oder anderen, die Befehlsgewalt über ihn haben, untersteht. Dies ist gemeint, wenn das Gesetz sagt, der Fürst sei von der Gewalt der Gesetze befreit (absolutus); und das Wort „Gesetz" bedeutet auch im Lateinischen so viel wie: Befehl des Inhabers der Souveränität. […] Darin zeigt sich ja 10 gerade die Grösse und Majestät eines wirklich souveränen Herrschers, dass die Stände des ganzen Volkes, wenn sie versammelt sind und in aller Untertänigkeit dem Herrscher ihre Anträge und Bitten vortragen, keinerlei Befugnis zum Anordnen und Beschliessen, ja, nicht einmal eine beratende 15 Stimme haben, sondern was der König nach seinem Gutdünken annimmt oder verwirft, befiehlt oder verbietet, gilt als Gesetz, Edikt, Befehl.

Jean Bodin, Les six livres de la République, 1576, zit. nach: Geschichte in Quellen, hg. v. Wolfgang Lautemann/Manfred Schlenke, Bd. 3, übers. u. bearb. v. Fritz Dickmann, München (bsv) 1966, S. 257 f.*

4 ■ Erkläre, worin sich die Souveränität des Monarchen zeigen soll (M 4).
5 ■ Diskutiert, welches die Vor- und Nachteile einer solchen Machfülle sind.

Das Vorbild Frankreich

Versailles – Herrschaftszentrum des Sonnenkönigs

M1 **Das Emblem des Sonnenkönigs, Wanddekoration aus den Gemächern Ludwigs XIV.**

Das Motto Ludwigs XIV. lautete: nec pluribus impar = auch nicht einer Mehrzahl unterlegen

Absolutismus und Aufklärung

📖▶ cornelsen.de/Webcodes
✛◀) Code: retube

Ludwig XIV. – der Sonnenkönig

Der französische König Ludwig XIV. war erst 23 Jahre alt, als 1661 seine Alleinregierung begann. Er konnte nach den Jahrzehnten der Kriege und Bürgerkriege teilweise mit der Unterstützung von Adel und Bürgertum rechnen, die den König als Garanten des inneren Friedens stark sehen wollten. Ausserdem gab das für Frankreich siegreiche Ende des Dreissigjährigen Krieges (1618–1648) dem französischen Königtum günstige Möglichkeiten an die Hand, seine Macht nach innen und aussen zu vergrössern. Hierauf aufbauend wollte der ehrgeizige Ludwig XIV. Ruhm und Ansehen bei allen Fürsten Europas gewinnen. Seinen Ministern erklärte er gleich zu Beginn seiner Herrschaft, dass er von jetzt an die Staatsgeschäfte selbst in die Hand nehmen werde. Ludwig XIV. wird der Ausspruch zugeschrieben: „L'état c'est moi" („Der Staat bin ich"). Er verstand sich als Sonne, um die sich alles drehte: Entsprechend diesem Bild (M 1) wurden in Frankreich im Zeitalter des Absolutismus unter dem „Sonnenkönig" – wie sich Ludwig XIV. selbst bezeichnete – Staatsverwaltung, Gesellschaft und Wirtschaft umgestaltet.

Das Schloss Versailles

Der Mittelpunkt des Staates war der Hof, die königliche Residenz. Als Ausdruck seiner Macht liess Ludwig dazu von etwa 36 000 Arbeitern ab 1661 in 28 Jahren in Versailles ein gewaltiges Schloss erbauen, das zum Vorbild vieler fürstlicher Residenzen in Europa wurde (M 2). Hier liefen alle Fäden der Macht zusammen, hier mussten alle erscheinen, die am Glanz und an der Macht des Königs teilhaben wollten: der Hofadel, die Offiziere, die Staatsbeamten, die ausländischen Gesandten und die Künstler. Der König zwang sich und seinem Hof eine komplizierte Etikette (Umgangsformen) auf, die zum Massstab für das Ansehen jedes Einzelnen wurde. Fast jede Handlung des Königs war geregelt und wurde zur Staatszeremonie. So galt es zum Beispiel als eine grosse Ehre, beim Aufstehen des Königs dabei sein zu dürfen. Auf prunkvollen Festen stellte sich der Hofstaat in grossem Glanz und feinster Lebensart dar. Hatte der Adel früher die Macht des Königs bedroht, so wetteiferte er nun um seine Gunst, denn Aufstieg und Ansehen gab es nur noch im Dienst des Königs. Eine wichtige Rolle im Hofleben spielten die Hofdamen, allen voran die jeweiligen Geliebten des Königs, die „Mätressen". Sie nahmen Einfluss auf die Vergabe von Stellungen und Ehrungen, hielten „Salon" ab, zu dem sich berühmte Persönlichkeiten einfanden und diskutierten.

M2 **Schloss Versailles, Spiegelsaal**

1 ■ Erkläre die Bedeutung des Königshofs von Versailles für die Herrschaft von Ludwig XIV.

M3 Schloss Versailles, Gemälde von Pierre Patel, 1688

2 ■ Grössere Bauwerke vermitteln immer auch eine Botschaft an den Betrachter. Lege dar, wofür das Schloss Versailles gemäss M 3 steht.

M4 Der König steht auf

Der Historiker und Soziologe Norbert Elias (1897–1990) beschreibt das Morgenzeremoniell des Königs:

Des Morgens um 8 Uhr wird der König von seinem ersten Kammerdiener geweckt, der zu Füssen des königlichen Bettes schläft. Dann treten der Reihe nach fünf Gruppen von Leuten ein, um ihre Aufwartung zu machen. Zuerst kommt
5 die „vertrauliche" Gruppe. Sie besteht aus dem legitimen Sohn und den Enkeln des Königs, Prinzen und Prinzessinnen von Geblüt sowie dem ersten Arzt. Um 8.15 Uhr folgt die „grosse" Gruppe. Dabei befinden sich der Grosskämmerer, der Grossmeister der Garderobe und besonders begünstigte
10 Adlige wie der Herzog von Orléans. Man giesst dem König aus einer vergoldeten Schale Franzbranntwein [alkoholische Lösung zum Einreiben] auf die Hände und reicht ihm das Weihwasser. Dann bekreuzigt sich der König und betet. Er erhebt sich vor der ganzen Gesellschaft aus dem Bett, zieht
15 den vom Grosskämmerer gereichten Schlafrock an und setzt sich auf den Ankleidesessel. In diesem Augenblick wird die dritte Gruppe hereingelassen, die aus besonderen Günstlingen […] besteht. Auch die Nachtstuhl-Inspektoren fehlen nicht. Wenn der König sich anzukleiden beginnt, tritt

die vierte Gruppe ein. Darunter befinden sich Finanzminis- 20 ter Colbert und die Offiziere der Leibgarde. Der König wäscht sich die Hände und entkleidet sich allmählich. In diesem feierlichen Augenblick, dem Gipfelpunkt der Handlung, wird die fünfte Gruppe eingelassen. Es sind die Herren von Adel […], die in solcher Gunst des Königs stehen, dass 25 auch sie diesem Zeremoniell beiwohnen dürfen. Die Ehre, das Hemd darzureichen, gebührt dem Sohn des Königs. Nun ergreift der erste Kammerdiener den rechten, der erste Diener der Garderobe den linken Ärmel des frischen Hemdes und zieht es dem König an. Hierauf bringen Diener die 30 anderen Kleider herbei. Der Grossmeister der Garderobe präsentiert dem Herzog von Orléans die Weste. Aus den Händen des Herzogs empfängt sie schliesslich der König. Sobald der König vollkommen angezogen ist, kniet er auf einem Fusskissen nieder und betet abermals. Um 9 Uhr be- 35 gibt sich dann der König nur mit seinen Ministern in das Beratungskabinett, um die Regierungsgeschäfte zu besprechen. Der Adel Frankreichs hingegen wartet auf das nächtliche Zubettgehen des Königs, um zugegen sein zu dürfen.

Norbert Elias, Die höfische Gesellschaft, Darmstadt (Luchterhand) 1969, S. 126 ff.*

3 ■ Erläutere, warum das Morgenzeremoniell die Macht des absoluten Königs aufzeigt.
4 ■ Nenne die Vorteile, die ein Adliger durch den direkten Kontakt zum Monarchen hatte.

Die Machtgrundlagen des französischen Monarchen

Stände
Gesellschaftliche Grossgruppen, die sich voneinander durch jeweils eigenes Recht, Einkommensart, politische Stellung, Lebensführung und Ansehen unterschieden und die Gesellschaftsordnung des Mittelalters und der Frühen Neuzeit prägten („Ständegesellschaft"). Man unterschied vor allem Geistlichkeit (Klerus), Adel, Bürger und Bauern sowie unterständische Schichten.

Ständegesellschaft

Die Gesellschaft war – ähnlich wie im Mittelalter – in drei **Stände** gegliedert: Adel, Klerus und Dritter Stand, zu dem die reichen Bürger, aber auch Bauern und Tagelöhner gehörten. Adel und hoher Klerus bildeten die führende Schicht, die Aristokratie, die etwa zwei Prozent der Bevölkerung ausmachte. Sie genossen Vorrechte, mussten keine Steuern zahlen und lebten von den Abgaben ihrer abhängigen Bauern. Die Geistlichkeit sorgte mit Verweis auf den göttlichen Willen für die Rechtfertigung der herrschenden Ordnung.

Die stets wachsenden Ausgaben konnte der König nur beschränkt mit neuen Steuern begleichen. Der Staat nahm daher immer häufiger Anleihen bei reichen Bürgern auf. Ausserdem konnten Ämter und Titel käuflich erworben oder das Recht, Steuern einzuziehen, gepachtet werden. Auf diesen Amtsadel konnte sich der König bei seinen Regierungsgeschäften stützen.

Die Beamten

Im Vergleich zu unserem heutigen Staat mit seinen vielen Behörden war der Verwaltungsapparat des absolutistischen Staates klein. Der König stützte sich auf drei Minister, etwa 30 Räte, knapp 100 Sonderbeauftragte, 30 direkte Vertreter des Königs in den Provinzen (Intendanten) und deren Beamte und Schreiber. Mit diesen insgesamt nicht viel mehr als 1000 Personen regierte der König den Staat weitgehend selbstständig und besass die höchste gesetzgebende, gesetzausführende und richterliche Gewalt. Die geringe Zahl der Beamten zeigt allerdings auch, dass im 17. Jahrhundert viele Angelegenheiten der Menschen noch nicht staatlich geregelt waren. Auch wenn die Adligen entmachtet waren, so blieben sie doch als **Grundherren** auf ihren Ländereien unabhängig. Städte, Ständeversammlungen in den Provinzen und die Kirche besassen ausserdem alte Privilegien, die sie gegen den Herrschaftsanspruch des Königs verteidigten. Zudem war der König auch von seinen Beamten insofern abhängig, als er Entscheidungen nur aufgrund ihrer Informationen treffen konnte.

Grundherrschaft
Herrschaft eines Grundherrn über Menschen, die auf seinem Grund und Boden ansässig sind. Die Bauern, die das Herreneigentum (Boden und Güter) bewirtschaften, entrichten dem Herrn für die Nutzung seines Eigentums Abgaben und Frondienste.

M1 Ludwig XIV. in Rüstung, Gemälde von P. Mignard, um 1673

Das stehende Heer

In der zweiten Hälfte des 17. Jahrhunderts baute Frankreich eine Armee auf, die grösser war als die jedes anderen Landes in Europa. Von 1664 bis 1703 stieg die Zahl der Soldaten von 45 000 auf 400 000 Mann. Auch Söldner aus verschiedenen Kantonen der Eidgenossenschaft, organisiert in Schweizer Regimentern, dienten dem französischen Monarchen. Um 1678 waren dies gut 25 000 Soldaten. Dieses gewaltige Heer war die wichtigste Grundlage der Herrschaft Ludwigs XIV., sowohl in seinem eigenen Land als auch in Europa. In Frankreich sollte es oppositionelle Adlige, aber auch Bauern und Bürger von Auflehnung gegen seine Herrschaft abhalten. Und nach aussen wollte Ludwig XIV. mithilfe dieser grossen Armee seine Machtansprüche gegenüber den anderen europäischen Staaten durchsetzen. Doch der Glanz einer grossen Militärmacht hatte auch seinen Preis: Viele Menschen wurden der Wirtschaft des Landes entzogen. Bewaffnung, Ernährung und Unterkünfte verschlangen riesige Summen – in Friedenszeiten ein Drittel, im Krieg über zwei Drittel der gesamten Staatsausgaben.

1 ■ Erstelle ein Schema, das die Grundlagen der königlichen Macht aufzeigt und beschreibt.

M2 **Bauernfamilie, Gemälde von L. Le Nain, 1643**

2 ■ Versetze dich in eine der Personen in M2, beschreibe ihren Tagesablauf und vergleiche ihn mit dem eines Höflings in Versailles.

M3 **Eine Rechtfertigung der absoluten Monarchie**

Jacques Beninge Bossuet, Bischof von Meaux, war von Ludwig XIV. beauftragt worden, die Erziehung des Thronfolgers zu leiten. Dafür verfasste er 1682 eine Schrift mit dem Titel „Politique tirée des propres paroles de l'Ecriture Sainte" (Politik, unmittelbar abgeleitet aus den Worten der Heiligen Schrift):
Die Monarchie ist die älteste und naturgemässeste Staatsform, denn sie ist aus der väterlichen Gewalt hervorgegangen. Alle Menschen werden als Untertanen geboren, und schon die Herrschaft des Vaters, in dessen Gehorsam sie
5 aufwachsen, gewöhnt sie, nur ein Oberhaupt zu verehren. [Daraus folgt:]
1. Satz: Der Fürst ist niemandem Rechenschaft schuldig von dem, was er anordnet. Ohne diese bedingungslose Autorität kann er das Gute nicht tun und das Böse nicht beseiti-
10 gen. Seine Gewalt muss so gross sein, dass niemand sich ihr entziehen kann. Die einzige Zuflucht des Bürgers vor der öffentlichen Gewalt ist seine Unschuld.
2. Satz: Hat der Fürst gesprochen, so gibt es kein anderes Urteil. Man muss dem Fürsten gleichwie der Gerechtigkeit
15 selbst gehorchen, sonst kann Ordnung und ein Ende der Streitigkeiten nicht entstehen. Denn er ist von Gott und sozusagen ein Stück der göttlichen Unabhängigkeit. Gott allein kann über seine Entscheidungen befinden und seine Person richten. […]
3. Satz: Es gibt keine Gewaltausübung gegen den Fürsten. 20 Gewaltausübung bedeutet eine Macht, die rechtmässig ergangene Befehle vollstreckt. Rechtmässige Befehle aber vermag nur der Fürst zu geben. Somit gebührt ihm allein die Gewaltausübung. Ihm allein obliegt die allgemeine Volkswohlfahrt. Und aus dieser wichtigen Befugnis folgt alles 25 übrige. […] Er teilt die öffentlichen Arbeiten aus, er verfügt über Ämter und Waffen, er vollzieht Erlasse und Befehle. er bestimmt Ehrungen. Wo Macht erscheint, hängt sie von ihm ab, und so ist auch keine Versammlung ohne seinen Vorsitz. 30
4. Satz: Das bedeutet aber nicht, der Fürst wäre von den Gesetzen befreit. Er ist gleich allen anderen Recht und Gesetz unterworfen, ja er vor allen soll gerecht sein und seinem Volk ein Beispiel in Erfüllung der Gesetze geben. Aber den Strafen der Gesetze ist er nicht unterworfen. 35

*Zit. nach: Ricardo Krebs, Der europäische Absolutismus, Stuttgart (Klett) 1975, S. 25 f. ***

3 ■ Fasse zusammen, wie Bossuet den Absolutismus legitimiert und inwieweit die Macht des Königs nicht unbeschränkt ist.
4 ■ Erläutere den scheinbaren Widerspruch in Bossuets Ausführungen unter Punkt 4.

Wirtschafts- und Kulturpolitik

M1 Blumenmanufaktur, Frankreich, 18. Jh.

In Blumenmanufakturen, die vor allem in Italien und Frankreich verbreitet waren, konnten mit billigen Rohstoffen und schlecht bezahlten Arbeitskräften preisgünstige Produkte hergestellt werden. Beliebt war vor allem die Herstellung von künstlichen Seidenblumen, die aus Abfallstoffen der Seidenherstellung gefertigt wurden

Manufaktur
Bezeichnung einer Betriebsform, die es erlaubt, grosse Mengen von Waren an einer Produktionsstätte arbeitsteilig herzustellen (lat. *manu factum* = mit der Hand gemacht).

Schutzzölle
Als wirtschaftspolitische Massnahme ein Zoll, der die heimische Wirtschaft und ihren Absatz schützen soll. Schutzzollpolitik steht im Gegensatz zur liberalen Freihandelspolitik.

Merkantilismus
Begriff für eine staatliche Wirtschaftspolitik, die die Staatsfinanzen und den Handel als entscheidend für die Stärkung der staatlichen Macht betrachtet (lat. *mercator* = Kaufmann).

Der Merkantilismus Aus der Sicht der Regierung war es wichtig, dass die Wirtschaft des Landes möglichst viel Geld in die Staatskasse brachte. Jean-Baptiste Colbert (1619–1683), Sohn eines Tuchhändlers aus Reims, legte dazu die Grundlagen. Er war von Ludwig XIV. mit umfangreichen Vollmachten ausgestattet worden und setzte sich als Ziel, die Staatsfinanzen in Ordnung zu bringen. Da der König nicht bereit war, auf kostspielige Hofhaltung und Kriege zu verzichten, blieb Colbert nur die Möglichkeit, die Staatseinnahmen zu steigern. Von einer blühenden Wirtschaft konnte der Staat hohe Steuern und günstige Kredite erhalten. Deshalb versuchte Colbert, die Produktion durch die Errichtung von Manufakturen zu erhöhen (s. M1). Gleichzeitig wurde der Absatz der im Land hergestellten Produkte vom Staat durch Schutzzölle unterstützt. Mit dieser planmässigen staatlichen Wirtschaftspolitik, dem Merkantilismus, gelang es Colbert, Frankreich zu einer Wirtschaftsmacht zu machen. Sein eigentliches Ziel aber, die Staatsschulden einzudämmen, erreichte er aber nicht.

Kunst und Wissenschaft Nicht nur die Wirtschaft, auch Künste und Wissenschaft sollten dem Staat Nutzen und Ansehen bringen. Der König bezahlte Künstler und zog viele Schriftsteller an den Hof. Sie sollten die Herrschaft des Königs preisen und verherrlichen. Wie die Kunst in den Dienst der Politik gestellt wurde, so geschah dies noch stärker mit der Sprache. Französisch sollte das Latein ablösen und Weltgeltung über alle anderen Sprachen erlangen. Dazu wurde die Sprache vereinheitlicht und am Anspruch der Gebildeten in Frankreich ausgerichtet. 1634 wurde die „Académie française" gegründet, in der sich Sprachwissenschaftler darum bemühen sollten, „unserer Sprache sicherere Regeln zu geben, sie zu reinigen und sie für Wissenschaft und Kunst nutzbar zu machen". Die Sprache des Hofes und der gebildeten Bürger wurde zur Norm, die bis heute prägende Wirkung entfaltet.

1 ■ Vergleiche die in M1 dargestellte Produktionsweise mit einem traditionellen Handwerksbetrieb. Worin bestehen die Hauptunterschiede und inwiefern kann man von einer verbesserten Produktion sprechen?

2 ■ Nenne Vor- und Nachteile einer solchen Wirtschaftspolitik für die Bevölkerung.

M2 Die Wirtschaft Frankreichs in der zweiten Hälfte des 17. Jahrhunderts

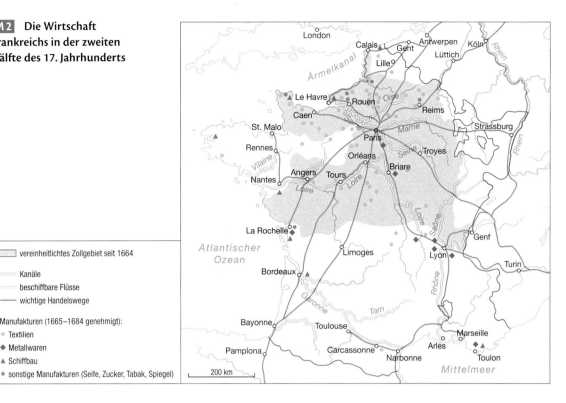

vereinheitlichtes Zollgebiet seit 1664

.... Kanäle

beschiffbare Flüsse

wichtige Handelswege

Manufakturen (1665–1684 genehmigt):

⦿ Textilien

◆ Metallwaren

▲ Schiffbau

● sonstige Manufakturen (Seife, Zucker, Tabak, Spiegel)

200 km

3 ▪ Kommentiere die Karte als Beamter des französischen Hofes, der über Ziel und Mittel der merkantilistischen Politik Auskunft gibt.

M3 Stärkung des französischen Handels

Aus einer Denkschrift des französischen Finanzministers Jean Baptiste Colbert, 1664:

Ich glaube, man wird ohne weiteres in dem Grundsatz einig sein, dass es einzig und allein der Reichtum an Geld ist, der die Unterschiede an Grösse und Macht zwischen den Staaten begründet. Was dies betrifft, so ist es sicher, dass jährlich

5 aus dem Königreich einheimische Erzeugnisse (Wein, Branntwein, Weinessig, Eisen, Obst, Papier, Leinwand, Eisenwaren, Seide, Kurzwaren) für den Verbrauch im Ausland im Wert von 12 bis 18 Millionen Livres hinausgehen. Das sind die Goldminen unseres Königreiches, um deren Erhaltung

10 wir uns sorgfältig bemühen müssen […]. Je mehr wir die Handelsgewinne, die die Holländer den Untertanen des Königs abnehmen, und den Konsum der von ihnen eingeführten Waren verringern können, desto mehr vergrössern wir die Menge des hereinströmenden Bargeldes und

15 vermehren wir die Macht, Grösse und Wohlhabenheit des Staates. Denselben Schluss können wir hinsichtlich des Zwischenhandels ziehen, d. h. derjenigen Waren, die wir aus Ost- und Westindien holen und nach Nordeuropa bringen könnten, von wo wir die zum Schiffbau nötigen Materialien

20 selber heranführen könnten, worauf zum andern Teil Grösse und Macht des Staates beruhen.

Ausser den Vorteilen, die die Einfuhr einer grösseren Menge Bargeld in das Königreich mit sich bringt, wird sicherlich durch die Manufakturen eine Million zur Zeit arbeitsloser Menschen ihren Lebensunterhalt gewinnen. Eine ebenso

25 beträchtliche Anzahl wird in der Schifffahrt und in den Seehäfen Verdienst finden, und die fast unbegrenzte Vermehrung der Schiffe wird im gleichen Verhältnis Grösse und Macht des Staates vermehren. Dies sind die Ziele, nach denen der König meines Erachtens aus guter Gesinnung und

30 Liebe zu seinem Volk streben sollte. Als Mittel, sie zu erreichen, schlage ich vor: […] Es sollte jährlich eine bedeutende Summe für Wiederherstellung der Manufakturen und die Förderung des Handels durch Conseilbeschluss ausgeworfen werden. Desgleichen bezüglich der Schifffahrt: Zahlung

35 von Gratifikationen an alle, die neue Schiffe kaufen oder bauen oder grosse Handelsreisen unternehmen. Die Landstrassen sollten ausgebessert, die Zollstationen an den Flüssen aufgehoben, die kommunalen Schulden weiterhin abgelöst werden. Man bemühe sich unablässig, die Flüsse

40 im Innern des Königreiches schiffbar zu machen, soweit sie es noch nicht sind.

Volker Dotterweich/Andreas Mehl/Helmut G. Walther, Grundriss der Geschichte. Dokumente, Bd. 1, Stuttgart (Klett) 1985, S. 122 f.*

4 ▪ Lege die staatlichen Massnahmen zur Stärkung des französischen Handels stichwortartig dar.

5 ▪ Versetze dich in einen Handelspartner Frankreichs: Was kritisierst du an der französischen Wirtschaftspolitik?

Barock – der Kunstil dieser Zeit

Ein Beispiel – das Kloster Einsiedeln

Der Barock wurde im 17. und 18. Jahrhundert zur prägenden Stilrichtung in Architektur, Malerei, Bildhauerei und Musik. Ausgangspunkt für den Barock war das päpstliche Rom auf dem Höhepunkt des Kampfes der katholischen Kirche gegen die Reformation. Als Prototyp der Barockarchitektur gilt die Kirche Il Gesù in Rom (erbaut 1568–1584). Zu Beginn war der italienische Barock primär das künstlerische Instrument der katholischen Kirche, um die eigenen Gläubigen zu beeindrucken und die Andersgläubigen durch pompöse Selbstdarstellung wiederzugewinnen.

Von Rom aus breitete sich der Barock rasch in Europa und im europäisch beherrschten Südamerika aus. Aber auch in den reformierten Gebieten, nördlich der Alpen, konnte sich der Barock durchsetzen – allerdings mit weniger religiös-kirchlicher Ausrichtung. Für die absolutistischen Fürsten erwies sich der Stil als ausgesprochen geeignet, ihre Macht darzustellen und die Monarchie zu verherrlichen. Anders als die Renaissance mit ihrem Bemühen um Einfachheit und Klarheit liebte der Barock das Dramatische und Prunkvolle und versucht direkt das Gefühl der Menschen anzusprechen. Gesamtkunstwerke, bei denen Architektur, Bildhauerei und Malerei in enger Verbindung auftraten und sich in ihrer Wirkung gegenseitig verstärkten, entsprachen dem barocken Kunstideal.

M1 Vorplatz und Hauptfassade des Klosters Einsiedeln

M2 Kloster Einsiedeln, barocker Innenraum der Stiftskirche

Entstehung des Barocks

Die Barockarchitektur wandte ihre Aufmerksamkeit nicht nur dem einzelnen Bauwerk zu, sondern konzipierte aus Bauten, Strassen, Plätzen und Gärten eigene Gesamtkunstwerke. Die in der ersten Hälfte des 18. Jahrhunderts erbaute Klosteranlage von Einsiedeln im Kanton Schwyz ist dafür ein typisches Beispiel: Der Klosterplatz ist ganz auf die wuchtige Stiftskirche ausgerichtet, die den Mittelpunkt der Klosteranlage bildet (M 1). Der ganze Gebäudekomplex ist ein sichtbares Symbol des weltumspannenden Machtanspruchs der römisch-katholischen Kirche im konfessionellen Zeitalter.

1 ■ Fasse Ziele und die wichtigsten architektonischen Stilelemente des Barocks zusammen.
2 ■ Beschreibe den Innenraum der Stiftskirche und erkläre, inwiefern man sie der barocken Kunstepoche zurechnen kann (M 2).
3 ■ Recherchiere weitere Beispiele kirchlicher und weltlicher Barockarchitektur in der Schweiz.
4 ■ Suche mithilfe des Internets nach einem Beispiel einer barocken Gartenanlage und erläutere daran die Ziele dieser Kunstrichtung.

M3 Kloster Einsiedeln, Schwarze Madonna.

Die spätgotische Gnadenfigur stammt aus der Mitte des 15. Jahrhunderts. Gläubige erbitten von ihr bis heute Unterstützung (Gnade). Die dunkle Farbe erhielt die Figur ursprünglich durch den Russ der zahlreichen Kerzen. Bei der Restauration der Madonna nahm man darauf Rücksicht

M4 Eine barocke Skulptur.

Apoll und Daphne: Der Gott verfolgt die fliehende Nymphe und hat sie beinahe erreicht, als sich diese in einen Lorbeerbusch verwandelt. Die Skulptur des Bildhauers Gian Lorenzo Bernini (1598–1680) diente im Barock einerseits zur Dekoration und zur Vervollkommnung der Architektur. Andererseits trat sie – wie in der Antike und in der Renaissance – auch als selbstständiges Kunstwerk auf

5 ■ Vergleiche die Barockskulptur (M 4) mit der Schwarzen Madonna von Einsiedeln (M 3). Halte wesentliche Unterschiede zu Thema, Bearbeitung und Gesichtsausdruck stichwortartig fest und arbeite heraus, welche Ziele jeweils mit den Darstellungen verfolgt wurden.

M5 Barock – die Kunst der Gegenreformation

Unter dem Einfluss des Calvinismus wurden viele Kunstwerke und Altäre im Bildersturm zerstört. Dort, wo der Katholizismus nach den kriegerischen Auseinandersetzungen wieder Fuss fasste, wurden diese Kunstwerke ersetzt. Neuartige Kunstwerke sollte die Glaubensinhalte der katholischen 5
Kirche transportieren […]:
- das Fegefeuer ist der Leidensort der Sünder,
- Strafablass kann durch gute Werke erreicht werden,
- die Heiligen haben eine Vermittlungsfunktion zwischen Gott und Mensch. 10

Somit diente die Kunst als ein Instrument der Gegenreformation und der katholischen Dogmen. Profane [weltliche] Themen wurden überhaupt nicht in den Kirchen erlaubt […]. Die Inhalte bezogen sich auf das Marienleben, auf das Leben Jesu, auf das Leben der Heiligen und die Verherrli- 15
chung des Kreuzes […]. Die Kunst sollte den unbedingten Machtanspruch der katholischen Kirche aufzeigen und ihr Erlösungsversprechen dramatisch vor Augen führen.
In ihrer Darstellungsweise sollten die Kunstwerke
- klar und verständlich sein, 20
- realistisch sein,
- und den Betrachter gefühlsmässig ansprechen.

In den Bildern wie im Gesamtkunstwerk (Bau, Plastik und Malerei zu einem Gesamteindruck vereint) spielte auch das Licht eine besondere Rolle. Licht entsprang geheimnisvollen 25
Quellen, deutete göttliche Präsenz oder himmlisches Wirken an. Der Glanz des Goldes wurde zum Glanz des Himmels (anders als im Mittelalter, wo der „Goldgrund" eine Ortsangabe war, der Ort, wo sich die Heiligen aufhielten).

Forum Kirchenpädagogik, http://www.forum-kirchenpaedagogik.de/blog/?p=249 (Zugriff: 21.9.2018)*

6 ■ Arbeite heraus, inwiefern der Barock ein politisches Ziel hatte (Darstellungstext und M 5). Versuche dieses Ziel an Barockbauwerken auf dieser Doppelseite zu erläutern. Ziehe auch Barockgebäude aus deiner Umgebung hinzu.

England – ein Gegenmodell zum Absolutismus?

Die englischen Revolutionen des 17. Jahrhunderts

Parlament
(von franz. *parler* = reden) Gewählte Volksvertretung. Im Mittelalter und in der Frühen Neuzeit war das Parlament eine Ständevertretung, die den Herrscher beriet und mitbestimmte.

Anglikanische Kirche
Durch König Heinrich VIII. von England im Kontext der Reformation ab 1529 geschaffene Kirche Englands, die protestantische mit katholischen Glaubensgrundsätzen vereint. Sie erkennt den Papst nicht an.

Republik
Bezeichnung für nichtmonarchische Staatsformen.

Revolution
Meist gewalttätiger Umsturz des politischen Systems, der durch den tief greifenden Umbau eines Staates gekennzeichnet ist.

Bill of Rights
Englisches Verfassungsdokument von 1689, das die Rechte des Parlaments sicherte (s. Konstitutionelle Monarchie).

Konstitutionelle Monarchie
Staatsform, in der die absolute Macht des Monarchen durch eine Verfassung (Konstitution) beschränkt wird.

Der Konflikt zwischen König und Parlament

Im 13. Jahrhundert entwickelte sich aus dem Beratungsgremium des Königs und dem Gerichtshof ein **Parlament** mit zwei „Häusern": Im „Oberhaus" sass der Hochadel, im „Unterhaus" sassen die Vertreter des niederen Adels und des Bürgertums. Ohne ihre Zustimmung durfte die Krone keine Steuern erheben, und sie wirkten bei der Gesetzgebung mit. Zu Beginn des 17. Jahrhunderts versuchte König Jakob I. (1566–1625) aus dem Hause der katholischen Stuarts die politischen Verhältnisse in England in Richtung einer absolutistischen Herrschaft zu verändern. Er regierte jahrelang, ohne das Parlament einzubeziehen, und nährte zudem den Verdacht, dass er mit den Katholiken sympathisiere, die im **anglikanischen England** als Staatsfeinde galten. Der Konflikt eskalierte 1640 unter Karl I. zum Bürgerkrieg zwischen „Parlamentariern" und „Royalisten" (1642–1646). Er endete mit einem Sieg des Parlamentsheeres unter Führung Oliver Cromwells (1599–1658). Diesen Sieg nutzte Cromwell zu einem Staatsstreich und zur Gründung der **Republik**. Cromwell regierte (1653–1658) als Staatsoberhaupt („Lord Protector") gestützt auf die Armee.

Die „Glorious Revolution"

Nach dem Tod Cromwells 1658 wurde die Monarchie wiederhergestellt, und Karl II., der Sohn des hingerichteten Königs, bestieg den Thron. Als sein Nachfolger Jakob II. ab 1685 wieder auf das Mittel der Parlamentsauflösung setzte und versuchte, ein stehendes Heer aufzubauen, forderte das Parlament den militärischen Oberbefehlshaber und Statthalter der Niederlande Wilhelm von Oranien zum militärischen Eingreifen auf. Dieser, ein Verwandter Jakobs und überzeugter Protestant, landete mit seiner Armee 1688 in England. Der englische König floh nach Frankreich und Wilhelm und seiner Frau Mary, der Tochter Jakobs, wurde die Krone übertragen. Sie mussten vor ihrer Krönung aber noch die Rechte des Parlaments anerkennen (**Bill of Rights**). Die Macht war jetzt zwischen Krone und Parlament geteilt. Der Monarch blieb zwar Oberhaupt des Staates und behielt die Regierungsgewalt, aber das Parlament machte die Gesetze und musste die Steuern bewilligen. Damit hatte sich in England die **Konstitutionelle Monarchie** durchgesetzt.

M1 Hinrichtung Karls I. im Jahr 1649, Radierung von Jan Luyken, zweite Hälfte 17. Jh.

1 ■ Kommentiere Ursache, Verlauf und Ergebnis der englischen Revolutionen im 17. Jahrhundert aus der Sicht des französischen Monarchen Ludwig XIV.

M2 **Jakob I. begründet seinen absoluten Anspruch**

Noch als König von Schottland schrieb Jakob I. anonym folgende Abhandlung über die Stellung des Königs, 1598:
Deshalb existierten die [...] Könige bereits vor irgendwelchen Ständen oder Unterscheidungen der Menschen innerhalb dieser Stände, auch schon bevor Parlamente tagten oder es eine Gesetzgebung gab; sie verteilten das Land (wel-
5 ches zunächst ihnen allein gehörte), planten und verwirklichten die Errichtung von Staaten und ersannen und begründeten Regierungsformen. Daraus ergibt sich die Notwendigkeit, dass die Könige die Urheber und Schöpfer der Gesetze sind und nicht die Gesetze die Urheber von Köni-
10 gen. [...] Und in Übereinstimmung mit diesen schon festgestellten grundlegenden Gesetzen sehen wir täglich, dass im Parlament – das ja nichts ist als der oberste Gerichtshof des Königs und seiner Vasallen – die Gesetze von seinen Untertanen lediglich erfleht werden; sie werden allein von ihm auf
15 ihre Bitte hin mit ihrem Rat gemacht. [...] Deshalb können allgemeine Gesetze, die öffentlich im Parlament gemacht wurden, nur kraft [...] königlicher Autorität abgeschwächt und aufgehoben werden, auch wenn nur er die Ursache kennt.

Zit. nach: Wolfgang Lautemann/Manfred Schlenke (Hg.), Geschichte in Quellen, Bd. 3., bearb. u. übers. v. Fritz Dickmann München (bsv) 1966, S. 364 ff.*

M3 **Aus einem Schreiben des Unterhauses an den König, 1604**

1. Unsere Privilegien und Freiheiten sind unser wirklich ererbtes Recht, nicht anders als unsere Länder und Güter.
2. Sie können uns nicht entzogen, aberkannt oder geschmälert werden, es sei denn mit offenbarem Unrecht gegenüber
5 dem Königreich. [...]
5. Es gibt keinen höchsten Gerichtshof in diesem Lande, der sich nach Rang und Autorität mit diesem hohen Gerichtshof, dem Parlament, vergleichen könnte.

Zit. nach: Wolfgang Lautemann/Manfred Schlenke (Hg.), Geschichte in Quellen, Bd. 3, bearb. u. übers. v. Fritz Dickmann, München (bsv) 1966, S. 356*

2 ■ Vergleiche die beiden Auffassungen zu den Aufgaben und Rechten des Parlaments (M2 und M3) und nenne die Unterschiede.

M4 **Lobrede auf das politische System Englands**

Der französische Immigrant Aubry de la Motraye, 1727:
In den zwei Kammern findet das Parlament statt, diese erlauchte Versammlung der weisesten Regierung, die jemals existiert hat, so sinnvoll gemässigt durch das Monarchische im König, durch das Aristokratische in den Grossen oder
5 Pairs und durch das Demokratische im Volk, ohne die Nachteile eines jeden zu haben. Zumindest wenn das Gegenteile eintrifft, ist es nur durch die gewinnsüchtige oder ehrgeizige Korruption einiger seiner Mitglieder und nicht

durch einen Fehler der Verfassung oder der Gesetze [möglich]. Diese Gesetze binden beidseitig den Herrscher und
10 den Untertan, ohne der Ehre des Ersten etwas zu entziehen. Sie haben nichts Bitteres oder Hartes für einen guten Herrscher und scheinen nur bestimmt, die Macht, Schlechtes zu tun, demjenigen zu entziehen, der so nicht ist. Wiewohl sie ihm kein despotisches Recht über die Güter oder das Leben
15 seiner Untertanen geben, werden sie von diesen ebenso freigiebig wie freiwillig zum Gemeinwohl unterstützt, um zum Beispiel die Kosten und Gefahren eines Krieges zu bestreiten, wo die königliche Ehre, untrennbar von der ihren, ihre Freiheiten und ihre Religion betroffen sind; um ihre Freunde
20 oder ihre Verbündeten vor dem Joch und der Unterdrückung eines zu mächtigen und zu unruhigen Nachbarn zu schützen.

Aubry de la Motraye, Voyages en Europe, Asie et Afrique, Bd. I, Den Haag 1727, Reprint Berlin (Nabu Press) 2011, S. 156, übers. v. S. Kühn.

3 ■ Lege die Haltung des Autors gegenüber dem politischen System Englands dar und fasse zusammen, wie er diese begründet (M4).

4 ■ Diskutiert, inwieweit der soziale Hintergrund von Motraye sein Urteil beeinflussen könnte.

M5 **Wilhelm von Oranien erhält von Vertretern des Unter- und Oberhauses die Krone, Kupferstich nach einem Gemälde von J. Northcote, 1790**

5 ■ Versetze dich in die Person des französischen Königs Ludwig XIV. Erläutere, wie er den Krönungsakt (M5) beurteilen würde.

6 ■ Erkläre abschliessend den Unterschied zwischen absoluter und konstitutioneller Monarchie.

Englands Aufstieg zur See- und Kolonialmacht

Kolonialismus, Kolonialpolitik
Einrichtung von Handelsstützpunkten und Siedlungen in wenig entwickelten Ländern, vor allem ausserhalb Europas, sowie deren Inbesitznahme durch militärisch überlegene Staaten seit Ende des 15. Jh.

Sklave, Sklaverei
Mensch, der rechtlich als eine Sache gilt und das Eigentum eines anderen Menschen ist. Er steht in völliger persönlicher Abhängigkeit zu seinem Herrn.

Übersee- und Sklavenhandel Um die Wende zum 17. Jahrhundert begannen Engländer, Franzosen und Holländer eine eigene Überseepolitik. Sie eroberten von den Spaniern die wichtigsten westindischen Inseln und gingen daran, Kolonien in Nordamerika zu errichten. Die englische Besiedlung Nordamerikas nahm 1607 mit der Gründung von Jamestown in Virginia ihren Anfang (s. S. 100). Im Fernen Osten bauten Holländer und später Engländer mit neuartigen Methoden Handelsimperien auf, indem private Aktiengesellschaften – und nicht der Staat – Kolonialpolitik betrieben. Sie konnten im Kolonialhandel üppige Gewinne erzielen, mussten aber dafür in den Kolonien Aufgaben übernehmen, die in Europa der Staat wahrnahm: Festungen bauen, Krieg führen und Verträge mit einheimischen Fürsten schliessen. Doch die neuen Herren eroberten keine Territorien, sondern schufen lediglich ein System befestigter Stützpunkte zur Sicherung des Handels gegen einheimische Herrscher.

Im letzten Drittel des 17. Jahrhunderts begann die grosse Zeit des Handels mit Textilien. Die schweren Wolltuche wurden von leichten, luftigen Baumwollstoffen abgelöst, die in hoher Qualität aus Indien kamen. Im 18. Jahrhundert wurden dann die überseeischen „Kolonialwaren" – Tee, Schokolade, Tabak, Kaffee und Zucker – zur Quelle des Reichtums in Europa. Diese Produkte wurden in den Kolonien auf Plantagen von Zwangsarbeitern angebaut. Zwischen 17. und 19. Jahrhundert wurden über 10 Mio. afrikanische Sklaven unter grausamen Bedingungen nach Amerika gebracht (M 1). Für die europäischen Handelsnationen war der Einstieg ins Sklavengeschäft neu. Es war für sie ein Geschäft wie jedes andere; moralische Vorbehalte gab es kaum. Der Sklavenhandel brachte Reichtum in die Hafenstädte Frankreichs und Grossbritanniens.

M 1 Personenverteilung auf einem britischen Sklavenschiff, 1788

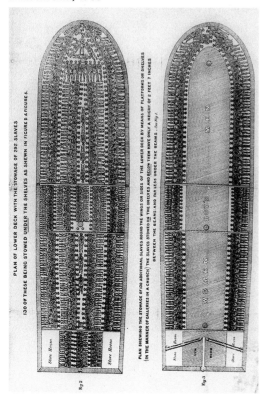

Englands Wirtschaftspolitik Seit Mitte des 17. Jahrhunderts war das Hauptinteresse Englands zunehmend auf die Beherrschung der Meere, d. h. auf Kolonien und Fernhandel, gerichtet. So wurden die Handels- und die Kriegsflotte im 18. Jahrhundert ständig ausgebaut. Dank dieser Flotte und einer Handelspolitik, die durch Schutzgesetze englischen Schiffen und Bürgern Sonderrechte sicherte, setzten sich die Engländer auf den Weltmeeren gegen ihre Konkurrenten durch. Die früheren Kolonialmächte Spanien und Portugal wurden ebenso zurückgedrängt wie die Niederlande und Frankreich. Nach dem Siebenjährigen Krieg (1756–1763) war England zur führenden Macht in der Welt aufgestiegen. Entsprechend dieser Weltmachtstellung entwickelte sich der Aussenhandel. Während die alten Kolonialmächte, z. B. Spanien, die Kolonien nur als Lieferanten von Edelmetallen und Rohstoffen genutzt hatten, erschlossen die englischen Kaufleute die Kolonien auch als Absatzmärkte für englische Waren.

1 ■ Fasse die Ziele und Instrumente der englischen Wirtschaftspolitik im 17. und 18. Jahrhundert zusammen.

M2 Das britische Kolonialreich um 1763

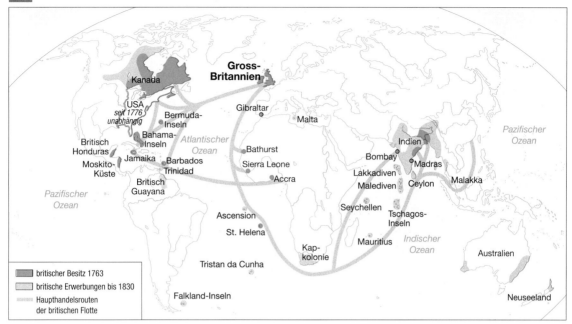

M3 Die englische Wirtschaftspolitik gegenüber ihren Kolonien

Die Navigationsakte von 1651 bestimmt, dass nur englische Schiffe Waren nach England und seinen Kolonien bringen dürfen. Die Einfuhr von Fischen nach England ist verboten. Nach der Navigationsakte von 1660 dürfen die Kolonien
5 bestimmte Waren (z. B. Zucker, Tabak, Wolle, Indigo) nur nach England ausführen. 1699 wird den Kolonien die Ausfuhr von Wolle ganz verboten (Wolle-Gesetz); 1732 gilt das Verbot auch für die Ausfuhr von Hüten nach England oder anderen europäischen Ländern (Hut-Gesetz). 1750 unter-
10 sagt das Eisen-Gesetz den Kolonien die Herstellung von Eisenwaren. 1764 wird durch das Zucker-Gesetz die Einfuhr von Zucker aus Westindien besteuert. Das Stempelsteuer-Gesetz von 1765 besteuert alle Drucksachen und Dokumente in den Kolonien. 1767 wird eine Einfuhrsteuer auf
15 Tee, Papier, Glas und andere Waren beschlossen (Townshend-Gesetz). Das Melasse-Gesetz von 1773 belegt Melasse aus Westindien mit hohen Einfuhrzöllen.

Aus: Heinz Dieter Schmid (Hg.), Fragen an die Geschichte, Bd. 3, Frankfurt/ Main (Hirschgraben) 1981, S. 114

2 ■ Arbeite anhand der Bestimmungen der englischen Wirtschaftspolitik heraus, inwiefern man diese Politik als merkantilistisch beschreiben kann (M3).

M4 Bericht eines ehemaligen Sklaven

Das Erste, was meine Augen erblickten, als ich die Küste erreichte, waren die See und ein Sklavenschiff, das vor Anker lag und seine Ladung erwartete. Es erfüllte mich mit Stau-
nen, das sich bald in Schrecken wandelte, als ich an Bord gebracht wurde. Ich wurde sofort von einem Besatzungs- 5
mitglied befühlt und hin und her gestossen, um zu sehen, ob ich gesund sei. Und nun war ich überzeugt, in eine Welt böser Geister geraten zu sein, dass sie darangingen, mich zu töten. Auch ihre Gesichtszüge, die sich so sehr von den unseren unterschieden, ihr langes Haar und die Sprache, die sie 10
sprachen, die sehr verschieden war von irgendeiner, die ich je gehört hatte, wirkten zusammen, mich in diesem Glauben zu bestärken. In der Tat, so gross waren die Schrecken und die Ängste, die mir meine Vorstellungen verursachten, dass, wenn ich auch 10 000 Welten mein Eigen gezählt hätte, 15
ich mich freudig von ihnen allen getrennt hätte um meine Lage mit der des niedrigsten Sklaven in meinem Heimatlande zu tauschen. Als ich auf dem Schiff herumblickte und ein grosses Feuer beziehungsweise einen großen kochenden Kupferkessel und eine Menge schwarzer Menschen aller Art 20
aneinander gekettet sah, von denen jeder in seinem Angesicht den Ausdruck von Sorge und Niedergeschlagenheit zeigte, zweifelte ich nicht länger an meinem Schicksal und völlig überwältigt von Schrecken und Qual fiel ich bewegungslos auf das Deck und wurde ohnmächtig. 25

Black Voyage, Eyewitness account of the Atlantic slave trade, hg. v. R. Howard, Boston 1971, S. 20, abgedr. u. übers. in: Geschichtsbuch 2, Die Menschen und ihre Geschichte in Darstellungen und Dokumenten, hg. v. Hans-Georg Hofacker/Thomas Schuler, (Cornelsen) Berlin 2012

3 ■ Beschreibe die Einschiffung und die Überfahrt nach Amerika aus der Sicht des Sklaven (M1, M4).

Die Schweiz in der Epoche des Absolutismus

Die politischen Strukturen

Staatenbund
Zusammenschluss von Staaten, wobei die einzelnen Staaten ihre Eigenständigkeit (Souveränität) vollständig behalten.

Gemeine Herrschaft
Von den vollberechtigten Orten gemeinsam verwaltete Untertanengebiete.

Ewiger Friede
Im Jahr 1516 unterzeichneter, unbefristeter Friedensvertrag zwischen dem Königreich Frankreich und den Dreizehn Alten Orten der Eidgenossenschaft mit ihren Zugewandten Orten.

Gewaltentrennung
Die staatlichen Gewalten – Legislative (gesetzgebende Gewalt), Exekutive (ausführende Gewalt) und Judikative (rechtsprechende Gewalt) – sind funktional und personell voneinander getrennt.

Landsgemeinde
Älteste und einfachste Form der direkten Demokratie: Die stimm- und wahlberechtigten Bürgerinnen und Bürger versammeln sich und erledigen die Aufgaben der Legislative (Wahlen, Abstimmungen über Sachgeschäfte oder Budget).

Ein heterogener Staatenbund Im Vergleich zu den zusehends straffer organisierten Staaten der europäischen Monarchien trug die Alte Eidgenossenschaft starke Züge aus dem Spätmittelalter. Sie bestand aus einem Bündnisgeflecht souveräner Kleinstaaten, nämlich aus den dreizehn alten Orten – die sich nach Stadt- und Landorten unterschieden – und den zugewandten Orten, die in einem lockeren Rechtsverhältnis zu den alten Orten standen. Zusammengehalten wurde dieser Staatenbund durch eine Vielfalt höchst unterschiedlicher Verträge. Die einzige gemeinsame Einrichtung dieses Bündnissystems war die Tagsatzung. Jeder Ort schickte zwei Gesandte an diesen Delegiertenkongress, die Zugewandten nur einen. Die Gesandten stimmten nach den Instruktionen ihrer Regierungen. Beschlüsse erforderten Einstimmigkeit. Zu den wichtigen Geschäften der Tagsatzung gehörten die Verwaltung der Gemeinen Herrschaften, die Aussenpolitik und die Verteidigung.

Aussenpolitisch geriet die Schweiz seit Beginn des 16. Jahrhunderts unter starken Einfluss Frankreichs. Der 1516 im Anschluss an die kriegerische Auseinandersetzungen um das Herzogtum Mailand geschlossene Friedensvertrag (Ewiger Friede) bildete dabei die Grundlage der gegenseitigen Beziehungen bis Ende des 18. Jahrhunderts. Er verband Gebietsabsprachen mit handelspolitische Regelungen und führte 1521 auch zum Soldbündnis, das dem französischen König das Recht gab, bis zu 16 000 eidgenössische Söldner pro Jahr zu verpflichten. Die Verfolgung der französischen Protestanten (Hugenotten) Ende des 17. Jahrhunderts, die teilweise in der Eidgenossenschaft Aufnahme fanden, führte zu einer Distanzierung der reformierten schweizerischen Orte von der französischen Politik.

Städtische Orte und Länderorte In den Stadtrepubliken lag die Herrschaft bei ehrenamtlich, also unbezahlt waltenden Ratskollegien, die im Grossen, Kleinen und Geheimen Rat Einsitz hatten. In den beiden kleineren Räten wurden die wichtigen Geschäfte vorberaten, dem Grossen Rat blieb der Schlussentscheid. Präsidiert wurden diese Ratsgremien vom Bürgermeister oder Schultheiss. Die Mitglieder des Grossen Rates wurden überwiegend nicht von den Bürgern gewählt; der Rat ergänzte sich, wenn ein Mitglied starb oder zurücktrat, meist selbst. Eine Gewaltenteilung bestand nicht; die Ratsherren waren sowohl für die Gesetzgebung, die Regierung und die Rechtsprechung zuständig. Ihnen zur Seite standen wenige Dutzend Beamte. Alle Sitzungen und Geschäfte blieben grundsätzlich geheim; öffentliche Kritik stand unter schwerer Strafe.

In den Länderorten lag die höchste Gewalt bei der Versammlung aller Landleute, der Landsgemeinde. Faktisch befand sich die Macht allerdings in den Händen weniger wohlhabender „Häuptergeschlechter", die ihren Reichtum als Militärunternehmer oder als Grundbesitzer und Viehhändler erworben hatten. Diese verstanden es mit Unterstützung ihrer finanziell abhängigen Klienten, die Landsgemeinde in ihrem Sinn zu lenken und das Antragsrecht des freien Mannes einzuschränken. Die Ämter wurden meist an die Meistbietenden verkauft.

1 ■ Vergleiche die politischen Strukturen der heutigen Schweiz mit der Eidgenossenschaft im 18. Jahrhundert. Beschränke dich dabei auf die Ebene des Gesamtstaates.

M1 Die Eidgenossenschaft im 18. Jahrhundert

2 ■ Lege in einer Tabelle dar, welche Gebiete und Kantone der Gegenwart vollberechtigte Mitglieder (alte und zugewandte Orte) des eidgenössischen Staatenbundes um 1750 waren (M 2).

M2 Erneuerung des eidgenössischen Bündnisses mit Frankreich 1663, Ölgemälde (Ausschnitt), um 1665.

Das Bild zeigt die eidgenössischen Gesandten bei ihrem Einzug in Paris. In der Mitte der Kardinal Barberini, zu seiner Rechten der französische König Ludwig XIV. mit seiner Frau Maria Theresia von Österreich und seiner Mutter Anna von Österreich, zu seiner Linken der Zürcher Bürgermeister Johann Heinrich Waser, der die eidgenössische Gesandtschaft anführte

3 ■ Leite aus M 2 das Machtverhältnis zwischen Frankreich und der Eidgenossenschaft ab.

Herrschaft und Herrschaftsausübung

Untertanengebiete

Die meisten Menschen im Gebiet der Schweiz waren Untertanen, entweder als Bewohner eines einzelnen Ortes oder einer Gemeinen Herrschaft. Der herrschende Ort liess sich durch einen Landvogt vertreten, der die Gerichtsverhandlungen leitete, die lokale Verwaltung kontrollierte und auf die fristgerechte Ablieferung der Abgaben (Zehntabgabe) achtete. Ihm zur Seite stand eine Handvoll einheimischer Schreiber und Knechte. Unter der Aufsicht der Landvögte konnten sich die Dörfer und Städtchen weitgehend selbst verwalten. So entsandte die Stadt Bern beispielsweise ins ganze Waadtland nur elf Landvögte; alle übrigen Beamten stellten die Waadtländer selbst. Diese Ämter waren auch hier im Besitz der alteingesessenen und vermögenden Familien. Wenn überlieferte Selbstverwaltungsrechte durch den regierenden Ort, etwa im Zeichen einer Modernisierung der Verwaltung, infrage gestellt wurden, kam es oft zu lokalem Aufruhr. Dieser wurde dann zwar niedergeschlagen, doch bewirkte er meist den punktuellen oder vollständigen Verzicht auf die geplante Ausdehnung der Herrschaftsrechte.

Herrschaftsmittel der Obrigkeit

Um ihre Herrschaft ausüben zu können, verfügte die Obrigkeit über verschiedene Instrumente. Zum einen waren dies die Einnahmen, die aber nicht wie heute aus direkten Steuern, sondern überwiegend aus Binnenzöllen an Strassen und Brücken und den Erträgen aus dem Salzverkauf bestanden. In den protestantischen Orten ging zusätzlich ein grosser Teil der Zehntabgabe in die Staatskasse. Insgesamt waren die Staatseinnahmen jedoch im Vergleich zur Gegenwart sehr gering. Die Landvögte bzw. die städtischen Räte urteilten auch über Verbrechen und regelten den Strafvollzug. Ein weiteres Herrschaftsmittel war das Militärwesen. Die Obrigkeit hatte die Militärhoheit und damit das Recht, die männlichen Untertanen zum Kriegsdienst aufzubieten. Regelmässige Exerzierübungen sollten die Männer kriegstauglich machen.

Schliesslich war die Obrigkeit auch für die Aufrechterhaltung von Moral und Sittlichkeit verantwortlich. Unzählige Mandate hielten vor allem in den protestantischen Orten die Bevölkerung an, sich sittsam zu verhalten. In katholischen Orten bestand diese Sozialdisziplinierung auch, aber in abgeschwächter Form. Schliesslich oblag der Obrigkeit die soziale Fürsorge.

M 1 **Das Rathaus von Lottigna im Val Blenio (Tessin).**

Die im späten 15. und im frühen 16. Jahrhundert erworbenen Gebiete der südlichen Alpen, die 1803 zum heutigen Kanton Tessin zusammengeschlossen wurden, bildeten zum grössten Teil verschiedene „Gemeine Herrschaften", darunter auch die Gemeine Herrschaft Bleniotal. Die an der Herrschaft beteiligten Orte entsandten im Turnus den herrschenden Landvogt, der in der abgebildeten „Casa dei Landvogti" residierte. Die Fassade des Anfang des 16. Jahrhunderts errichteten Gebäudes zeigt die Wappen der herrschenden Orte Uri, Schwyz und Nidwalden, ferner die des Bleniotals sowie zahlreicher Landvögte

1 ■ Halte die wichtigsten Herrschaftsmittel der Obrigkeit zusammen und vergleiche sie mit den heutigen Instrumenten staatlicher Herrschaft.

2 ■ Recherchiere mit Hilfe des Internets die heutigen Einnahmequellen von Bund und Kantonen.

M2 **Das Landvogteischloss Kyburg im Kanton Zürich, 17. Jahrhundert.**

Die Burg war ursprünglich Sitz des Adelsgeschlechtes der Kyburger, deren Erben im 13. Jahrhundert die Habsburger waren. 1452 verpfändeten diese die Grafschaft Kyburg mitsamt der Burg an die Stadt Zürich. Dadurch wurde die Grafschaft zur grössten Landvogtei der Stadt, die fast den gesamten nördlichen und östlichen Teil des zürcherischen Herrschaftsgebietes umfasste. Deshalb war die Stelle eines Landvogtes von Kyburg sehr begehrt

M3 **Landvögte leben prächtig**

Abraham Stanyan, britischer Gesandter in Bern 1705–1714:
Die Landvogteien sind alle einträglich und einige von ihnen so sehr, dass die Landvögte während der sechs Jahre ihrer Regierung prächtig leben. […] Jedermann begann, sobald er in den Grossen Rat getreten war, die Massnahmen zu ergreifen, die er für geeignet hielt, um die gewünschte Landvogtei zu erhalten, und machte jenen Ratsmitgliedern den Hof, die am meisten Ansehen und Macht hatten. Dabei opferte er sogar seine eigene Meinung zugunsten der ihrigen. […] Der Grund, der die Bewerber um Landvogteien zwang, den führenden Männern so viel Rücksicht und Gefälligkeit zu zollen, lag in dem Brauche, die Vogteien durch offene Abstimmung zu verteilen. Dadurch wusste jedermann, für wen jedes Ratsmitglied stimmte; und jene, die nicht die Kandidaten wählten, welche von den angesehensten Männern unterstützt und vorgeschlagen wurden, hatten sicher dafür zu leiden; denn wenn sie dann ihrerseits eine Landvogtei begehrten, so wandten jene Männer sich gegen sie.

Abraham Stanyan, An account of Switzerland, London 1714, in: Peter Ziegler, Zeiten, Menschen, Kulturen, Bd. 4, Zürich (Lehrmittelverlag des Kantons Zürich) 1978, S. 105*

3 ■ Beschreibe, welche Bedeutung einer Landvogtei zukam.

4 ■ Verfasse einen kurzen Ratgeber, der beschreibt, wie man zu einer Vogtei kam.

M4 **Kritik der Untertanen**

Aus dem „Stäfner Memorial" der Untertanen im Gebiet des Zürichsees, 1794:
Welches aber sind die vornehmsten Rechte eines freien Bürgers? Unstreitig folgende: die Sicherheit gegen Despotismus und drückende Abgaben, die Gleichheit vor dem Gesetz, Freiheit des Erwerbs und ungehinderter Gebrauch seiner Fähigkeiten. […] Alle diese Vorrechte geniesst der Stadtbürger von Zürich. Aber geniesst sie auch der Landmann […]? Diese Frage ist durch unsere Klagen eindeutig beantwortet worden, und es ist erwiesen, wie weit der Landmann dem freien Bewohner Zürichs nachgesetzt ist. […] Daher rufen der Geist der Zeit und unser Bedürfnis unserer hohen Landesobrigkeit zu: „Väter des Vaterlandes, schliesst doch die Freiheit und Gleichheit nicht in diesen Stadtmauern ein, sondern verpflanzt sie uneigennütz und grossmütig bis an die Grenzen unseres Staates, damit Friede und Eintracht ewig auf Eurem Lande wohnen!"

Zit. nach: Otto Hunziker, Zeitgenössische Darstellungen der Unruhen in der Landschaft Zürich 1794–1798, Basel 1897, S. 244*

M5 **Reaktion der Obrigkeit, 1794**

Aus der Stellungnahme des Zürcher Rates zum „Stäfner Memorial" an die Bürger und Untertanen:
Während die zerstörende Flamme des Krieges in halb Europa wütet und das Eigentum, die Gesundheit und das Leben von Tausenden dahinrafft [Revolutionskriege], […] blüht unser liebes Vaterland unter weisen Gesetzen, einer väterlichen Regierung und dem heilsamen Einfluss der Religion und Sittlichkeit. Jedem ist sein Leben, seine Ehre und sein Vermögen bestens gesichert. […] Wie sehr musste es also unser landesväterliches Herz kränken, als wir in Erfahrung brachten, dass da und dort auf der Landschaft getrachtet wird […], durch emsig ausgebreitete Schriften die Gemüter irrezuführen und eine für die öffentliche Ruhe höchst gefährliche Neuerungssucht zu erwecken. […] Dieses im Finstern schleichende Gift veranlasst uns, aus besonderer landesväterlicher Fürsorge diese hochobrigkeitliche Erklärung bekannt zu machen. […] Wir ermahnen demnach alle vaterländisch gesinnten Bürger und Angehörigen […], sich sorgfältig vor dem neuerungssüchtigen und unseligen Schwindelgeist zu hüten. […] Bei ihrer Eidespflicht fordern wir sie auf, dass sie jeden Versuch, die schuldige Treue der Landesangehörigen gegen uns zu erschüttern, den Behörden sogleich anzeigen und dieser auch alle Schriften von der erwähnten Art ungesäumt abliefern.

Zit. nach: Otto Hunziker, Zeitgenössische Darstellungen der Unruhen in der Landschaft Zürich 1794–1798, Basel 1897, 247f.*

5 ■ Erläutere, wovor der Zürcher Rat warnt (M5).

6 ■ Stelle die Argumente der Untertanen und jene der Zürcher Regierung einander gegenüber.

Der Aufbau der Gesellschaft

Wirtschaftliche und rechtliche Unterschiede

Die Mehrheit der Schweizer Bevölkerung im 18. Jahrhundert waren Untertanen, die jedoch keine sozial einheitliche Schicht darstellten. Dazu gehörten Stadtbürger ohne Zugang zum Rat und städtische Hintersassen, Bewohner der von einem einzigen Ort abhängigen Landschaften und Bewohner von Gemeinen Herrschaften. Untertänigkeit liess sich nicht mit Rechtlosigkeit gleichsetzen, da von Region zu Region rechtliche Unterschiede bestanden. Die städtischen Untertanen genossen gegenüber den Landbewohnern gewisse wirtschaftliche Vorteile. So konnten manche Handwerksberufe nur in der Stadt innerhalb der zünftischen Organisation ausgeübt werden. Auch hatten die Städterinnen und Städter unbeschränkt Zugang zum städtischen Markt, während die ländlichen Produzenten nur an gewissen Tagen in der Stadt ihre Ware feilhalten durften. Daher opponierten die Stadtbürger kaum je gegen die Herrschaft. Die Hintersassen ihrerseits mussten froh sein, wenn sie nicht aus der Stadt verwiesen wurden. Auch innerhalb der untertänigen Dorfbevölkerung waren die sozialen Unterschiede sehr gross. Wirte, Müller und Bauern, die sich ein eigenes Gespann leisten konnten, zählten bereits zur dörflichen Oberschicht. Sie stellten meist die dörflichen Amtsinhaber und arbeiteten mit dem Vertreter der Obrigkeit, dem Landvogt, zusammen. Es war ihnen daher mehrheitlich an der Aufrechterhaltung der politischen und gesellschaftlichen Ordnung gelegen. Kleinbauern, die sich das Gespann und in Notsituationen auch Geld ausleihen mussten, waren von ihren reicheren Nachbarn abhängig. Wer drei oder weniger Hektar Land besass, musste zum Überleben zusätzlich zu einer Erwerbsarbeit als Dorfhandwerker, Taglöhner, sogenannte Tauner, oder Heimarbeiter nachgehen.

Ehefrauen waren gewissermassen Untertanen ihrer Männer. Sie waren keine eigenen Rechtspersonen, sondern in juristischen Belangen ihrem Gatten unterstellt. Ihre Situation unterschied sich in rechtlichen Fragen kaum von jener der Kinder. Eine Ausnahme bildete dabei in protestantischen Gebieten die Scheidungsklage: Hier konnte die Ehefrau in eigener Sache vor Gericht treten.

Hintersasse
Im 17. und 18. Jahrhundert ein Einwohner, der kein Bürgerrecht, also eine eingeschränkte Rechtsstellung besass.

1 ■ Beschreibe die gesellschaftliche Ordnung in der alten Eidgenossenschaft und nimm Stellung zur Behauptung, es handle sich um eine Ständegesellschaft.

2 ■ Recherchiere im Internet zur Lebensgeschichte der Familie Stettler (M 1) und beschreibe ihre Rolle in der Gesellschaft.

M 1 Die Familie von Johann Rudolf Stettler, Gemälde von Johann Ludwig Aberli im Museum Schloss Jegenstorf, 1757

M2   Verbot von Gewerbe und Handwerk auf dem Land

Auszug aus der Gewerbeordnung der Stadt Luzern von 1471, die in den Grundzügen bis Ende des 18. Jh. gültig war:

Ordnung auf dem Lande. Da bisher zu viel und zu mancherlei Gewerbe und Handwerke auf dem Lande gewesen sind, so ist diesbezüglich der Nutzen und die Ordnung des Landes unserer gemeinen Stadt eingehend erwogen und demnach verordnet und festgesetzt worden, dass in Zukunft keinerlei Gewerbe noch Handwerk, insbesondere Gerberhandwerk, auf dem Lande und in den Dörfern unserer Ämter mehr sein, sondern von dannen genommen und in unsere Stadt Luzern, dazu nach Willisau, Sursee, Sempach, Münster und Wohlhusen verteilt und gezogen werden sollen. Doch [sind] ausgenommen Hufschmiede und die, die „buw geschirr" (Ackergeräte) machen, das in die Erde gehört. Auch Schneider und Schuhmacher, die auf dem Lande „hushablich" (ansässig) sitzen, die mögen auf dem Lande jeglicher sein Handwerk treiben und nicht mehr als einen Knecht haben. Und den fremden Knechten (Handwerksgesellen), die „uff der stör lauffend" und arbeiten, soll niemand zu arbeiten geben bei Androhung nachgenannter Busse. […] Es sollen auch inskünftig die Wirte auf dem Lande und in den Dörfern nicht mehr metzgen noch backen, wie das bisher geschehen ist. Jedoch Entlebuch, Dietwil, Reiden, Merischwand und Ufhusen sollen allein der Handwerke halber „unverpenet" (ohne Verbot) bleiben, und (die Leute) mögen diese haben, weil sie an den Grenzen und zu fern von den Städten wohnhaft sind. Ebenso ist bezüglich der Marktschaffler (Zwischenhändler) und Krämer, die immer wieder auf dem Lande herumlaufen und den Leuten zu Haus und Hof ihre Krämerei feiltragen, verordnet, dass in Zukunft kein Krämer noch Marktschaffler mehr in unsern Landen und Gebieten herumlaufen und feilhaben solle, ausser allein auf offenen Jahrmärkten und Jahrkirchweihen; da mögen sie feilhaben und sonst nicht, wie ihr Ordnungsbrief das weist.

Zit. nach: Philip Anton von Segesser: Rechtsgeschichte der Stadt und Republik Luzern, Bd. 2, Luzern (Gebrüder Räber) 1851, S. 392, in: Quellenhefte zur Schweizergeschichte, Heft 4, hg. durch eine Kommission des Vereins Schweizer Geschichtslehrer, Aarau (Sauerländer) 1961, S. 7f.*

3 ■ Erstelle eine Tabelle mit den von den Regeln (M2) betroffenen Personen und den jeweiligen Einschränkungen. Nimm die Rolle eines Angehörigen der Obrigkeit ein und versuche, der aufgebrachten Dorfbevölkerung den Sinn der neuen Ordnung zu erklären.

M3   Die kleinen Leute – ein fiktives Interview

Die Mehrheit der Landbevölkerung lebte als Tagelöhner oder als Tauner. Friedolin Emmenegger aus Triengen (LU), Vater von sechs Kindern, verfügte über zwei kleine Äckerchen, einen Pflanzplatz neben dem Haus und Nutzungsrechte auf der Allmend (Gemeindeland), wo er vor allem Kartoffeln anpflanzte. Im weiteren besass er eine Kuh, zwei Ziegen und Hühner. Zugtiere musste er bei einem Grossbauern ausleihen.

Herr Emmenegger, haben Sie von Ihrem landwirtschaftlichen Ertrag leben können?

Wenn ich die verschiedenen Abgaben mitrechne, insbesondere auch die Schuldzinsen, so genügte der Ertrag nicht, um meine Familie zu ernähren und zugleich eben die verschiedenen Abgaben erbringen zu können. Statt zwei hätte ich mindestens drei Hektar Ackerland haben müssen.

Wie haben Sie denn trotzdem leben können?

Wir haben unser Einkommen eben mit Spinnen und Weben aufgebessert. Wie die meisten Kleinbauern habe auch ich am Webstuhl gearbeitet. Zudem ging ich oft als Tagelöhner zu Grossbauern. Die Kinder mussten selbstverständlich auch mitarbeiten.

Interessierten Sie sich dafür, wie die Regierung die Staatsgeschäfte führte?

Die Obrigkeit erlebte ich in der Person des Landvogts. Manche Landvögte waren die meiste Zeit in der Stadt. Sie überliessen viele Geschäfte dem Untervogt. Wir hatten einen Schuft von einem Landvogt. Dem hätten wir am liebsten die Hacke über den Kopf gehauen. Der hat uns überall nachspioniert und kontrolliert, ob wir nicht gegen die zahlreichen Vorschriften verstiessen. Nicht einmal Holz auflesen durfte man im Wald.

Gingen die Kinder denn nicht in die Schule?

Nein, sie mussten arbeiten, zudem gab es keine Schule. Im Religionsunterricht haben sie ein wenig lesen gelernt.

Was gab es bei Ihnen zu essen?

Habermus [Dinkelbrei], Erbsenmus, Apfelmus. Uns genügten also die Löffel. Fleisch kam selten auf den Tisch. Wichtig waren auch die Kartoffeln.

Warum haben Sie eigentlich einen Zehnten abgeben müssen?

Warum? Das war schon immer so. Damit finanzierten die Herren die Ämter, die Spitäler und zum Teil wohl auch ihre eigenen Unternehmen.

Haben Sie sich in der Politik engagiert?

Ich weiss nicht, was das ist.

Zit nach: Georg Kreis, Der Weg zur Gegenwart. Die Schweiz im 19. Jahrhundert, Basel (Birkhäuser) 1986, S. 14*

4 ■ Halte wichtige Informationen zur Lebensweise eines Tauners stichwortartig fest und vergleiche sie mit denjenigen der städtischen Oberschicht. Beachte dabei auch M1.

5 ■ Diskutiert, warum sich Friedolin Emmenegger mit diesen Lebensumständen abgefunden hat (M3).

Die Aufklärung – Beginn der Moderne?

Die europäische Aufklärungsbewegung

Wissenschaftliche Revolution Schon seit der Renaissance hatten Wissenschaftler die kirchlichen Ansichten zur Erklärung der Welt immer häufiger infrage gestellt und sich gegen die Bevormundung durch die Kirche ausgesprochen. Seit Mitte des 17. Jahrhunderts lösten sich Gelehrte in ganz Europa sehr viel stärker von überkommenen Traditionen und Dogmen. Sie wollten die Umwelt selbst entdecken, verstehen und für den Menschen nutzbar machen. In Anwendung naturwissenschaftlicher Methoden (**Empirismus**) wurden spektakuläre Erfindungen gemacht und bahnbrechende Naturgesetze formuliert: So trieb der Holländer Christian Huygens den Bau von immer besseren Uhren, Mikroskopen und Fernrohren voran, und der englische Mathematiker und Physiker Isaac Newton formulierte die wesentlichen physikalischen Gesetze, die das Verhältnis von Kräften und Körpern bestimmten (Gravitation, Trägheitsprinzip, Aktionsprinzip, Wechselwirkungsprinzip). Der neue Geist der Wissenschaft blieb nicht auf spektakuläre Grosstaten beschränkt. Er wehte überall und trieb die Menschen in einer bis dahin nicht erlebten Vielfältigkeit zu neuen Ufern der Erkenntnis – von der Welt der hohen Mathematik bis hin zu den technischen Errungenschaften des Strassen-, Festungs- und Bergwerkbaus.

Empirismus
Annahme, dass nur auf Sinneseindrücken und Erfahrung beruhende Ergebnisse wahr und überprüfbar sein können.

Aufklärer

cornelsen.de/Webcodes
Code: manuqo

Bildungsbewegung Viele Gelehrte des 17. Jahrhunderts können als unmittelbare Vorläufer der Aufklärung betrachtet werden. Die Zeitgenossen verstanden darunter einen Prozess, der die Menschheit aus der Dunkelheit – dem Zustand der Unwissenheit – zum Licht der Erkenntnis führen sollte. Dies setzte voraus, dass sich der Mensch von bestehenden Vorurteilen und der Vormundschaft traditioneller Autoritäten löste. Er sollte sich ganz auf seine Vernunft verlassen und sich zu allen Bereichen des Lebens, also auch zu Kirche und Staat, eine eigene Meinung bilden. Ziel war der selbstbewusste, kritische Bürger. Die Aufklärer forderten auch Toleranz gegenüber Andersdenkenden und -gläubigen, die Gleichheit der Menschen, die freie Entwicklung der Produktion sowie eine breite und staatlich kontrollierte Schulbildung. Sie waren überzeugt, dass jeder Einzelne zu Mündigkeit und Humanität erzogen werden könne. Diesem Programm entsprechend entfaltete sich die europäische Aufklärung ausgeprägt als eine pädagogische Bewegung.

Viele der Aufklärer waren Ärzte und Juristen, stammten also aus dem gehobenen Bürgertum. Auch viele Frauen beteiligten sich aktiv an der Aufklärung. Sie verfassten Beiträge für die neu gegründeten Zeitschriften, lasen sich diese vor und diskutierten darüber. Die Anzahl der schriftlichen Veröffentlichungen stieg im 18. Jahrhundert enorm an, obwohl nach wie vor nur ein geringer Teil der Bevölkerung lesen und schreiben konnte.

M1 Heissluftballon, Kupferstich, um 1783.
Dieser Heissluftballon wurde von den französischen Brüdern Montgolfier entwickelt. Ein Testflug mit drei Tieren (Hahn, Ente, Hammel) verlief im September 1783 erfolgreich. Der erste bemannte Flug startete in Paris zwei Monate später und dauerte 25 Minuten

1 ▪ Fasse die Ideen der Aufklärung zusammen und überprüfe auf dieser Grundlage, inwieweit unsere heutige Gesellschaft als aufklärerisch bezeichnet werden kann.
2 Erläutere, was dafür bzw. dagegen spricht, die Anfänge dafür in der europäischen Aufklärungsbewegung zu sehen.

M2 Was ist Aufklärung?

Der deutsche Philosoph Immanuel Kant, 1784:

Aufklärung ist der Ausgang des Menschen aus seiner selbstverschuldeten Unmündigkeit. Unmündigkeit ist das Unvermögen, sich seines Verstandes ohne Leitung eines anderen zu bedienen. Selbstverschuldet ist diese Unmündigkeit,
5 wenn die Ursache derselben nicht am Mangel des Verstandes, sondern der Entschliessung und des Mutes liegt, sich seiner ohne Leitung eines andern zu bedienen. Sapere aude! Habe Mut, dich deines eigenen Verstandes zu bedienen! ist also der Wahlspruch der Aufklärung. Faulheit und Feigheit
10 sind die Ursachen, warum ein so grosser Teil der Menschen, nachdem sie die Natur längst von fremder Leitung freigesprochen, dennoch gerne zeitlebens unmündig bleiben. […] Es ist so bequem, unmündig zu sein. Habe ich ein Buch, das für mich Verstand hat, einen Seelsorger, der für mich Gewis-
15 sen hat, einen Arzt, der für mich die Diät beurteilt usw., so brauche ich mich ja nicht selbst zu bemühen. Ich habe nicht nötig zu denken, wenn ich nur bezahlen kann; andere werden das verdriessliche Geschäft schon für mich übernehmen.

Berlinische Monatsschrift, Dezember-Heft 1784, S. 481–494, zit. nach: http://gutenberg.spiegel.de/buch/-3505/1 (Zugriff: 28. 8. 2018)*

3 ■ Erkläre kurz, was Kant unter Aufklärung versteht und mit welchen Schwierigkeiten man dabei konfrontiert ist.

M3 Aus einem Ratgeber

Das „Noth- und Hülfsbüchlein" sollte in einfachen Worten und Bildern der Landbevölkerung Ideen der Aufklärung vermitteln, 1788:

Der Herr Pastor Wohlgemuth entschloss sich den Leuten das Verständnis durch eine Predigt zu öffnen: […] Aus den in demselben enthaltenen Geschichten sollen sie:
1) die schöne Lehre recht lernen, dass man mit Verstand,
5 Geschicklichkeit und Fleiss alles in der Welt verbessern und selbst immer besser und dadurch glücklicher werden kann, wenn man will, 2) sollten sie dadurch gereizt werden, ihre Geschäfte im Felde und zu Hause nicht ohne Verstand nach der alten Leyer immer überein zu verrichten, sondern dabei
10 fleissig nachzudenken und zu überlegen, wie dieses oder jenes besser eingerichtet werden könne. […] 4) sollten sie daraus die Lehre behalten: Bei Essen, Trinken, Kleidung, Wohnung, Freude und Leid, Überfluss und Not, ja auch bei der ganzen Landwirtschaft und bei allen und jeden menschli-
15 chen Dingen sei nicht der Leib die Hauptsache, auf die alles gerichtet sein müsse, sondern die Seele.

Alles, was ihnen in der Welt widerfahre, und alles, was sie täten, solle nach dem Willen Gottes ihre Seelen besser machen am Verstand und am Willen.

Zit. nach: Rudolf Zacharias Becker, Noth- und Hülfsbüchlein für Bauersleute oder lehrreiche Freuden- und Trauergeschichte des Dorfes Mildheim, Dortmund (Herenberg) 1980, S. 49, 53, 413 f.*

4 ■ Nimm Stellung zur Frage, ob der Prediger den Ideen der Aufklärung verpflichtet ist (M 3).

M4 Jean-Jacques Rousseau über das Leben, 1762

Es handelt sich weniger darum, den Tod zu verhindern, als leben zu lernen. Leben, das ist nicht nur Atmen, das ist Handeln; das heisst Gebrauch machen von unsern Organen, unsern Sinnen, unsern Fähigkeiten, kurz: Leben heisst alle Teile von uns selbst gebrauchen, die uns das Gefühl unserer 5 Existenz geben. Der Mensch, der am längsten gelebt hat, ist nicht derjenige, der die meisten Jahre zählt, sondern derjenige, der das Leben am meisten als solches empfunden hat. Mancher ist im hundertsten Jahre begraben worden, der schon bei der Geburt starb. Für ihn wäre es ein Gewinn ge- 10 wesen, wenn er als Kind gestorben wäre, vorausgesetzt, dass er wenigstens bis zu dieser Zeit gelebt hätte.

Zit. nach: Jean-Jacques Rousseau, Emile oder Über die Erziehung, dt. Übersetzung, Paderborn (Schöningh) 1962, S. 17 ff.

5 ■ Beschreibe Rousseaus Einstellung zum Leben (M 4) und erkläre, was daran aufgeklärt ist.

Jean-Jacques Rousseau (1712–1778)

Rousseau wurde 1712 als Sohn eines Uhrmachers in Genf geboren. Mit 16 Jahren floh er nach Frankreich, wo er zunächst glückliche Jahre bei einer adligen Dame in der Provinz verbrachte. In Paris dagegen, der nächsten Station seines Lebens, wurde er zwar als Schriftsteller und Opernkomponist gefeiert, aber das Leben in der feinen Gesellschaft mit ihrer strengen Etikette und ihren Intrigen stiess ihn immer mehr ab. Auf seinen langen Wanderungen lernte er die einfachen Menschen auf dem Lande kennen und schätzen. Ihre natürliche Lebensweise stellte er in seinen Schriften dem „verdorbenen" Leben in der Zivilisation gegenüber. Rousseau heiratete eine Frau aus einfachen Verhältnissen. Seine Kinder brachte er ins Findelhaus, schrieb aber mit seinem „Emile" ein klassisches Werk der Pädagogik. Es enthält heftige Kritik an Kirche und Staat und wurde deshalb zusammen mit seinem staatsphilosophischen Werk „Vom Gesellschaftsvertrag" verboten und verbrannt.

Neue Ideen zu Staat und Politik

M1 John Locke (1632–1704), Gemälde, um 1700

Gesellschaftsvertrag
Annahme, dass die Grundlage des gesellschaftlichen Lebens ein vom Individuum mit der Allgemeinheit geschlossener Vertrag sei, dem sich das Individuum freiwillig, aber bedingungslos unterwirft.

M2 Charles de Montesquieu (1689–1755), Radierung von Pierre Michel Alix, um 1800

Volkssouveränität
Prinzip, nach dem das Volk die Herrschaftsgewalt (Souveränität) im Staat besitzt.

Warum entsteht ein Staat? Ausgehend von der Kritik am absoluten Königtum entwarfen die Philosophen der Aufklärung und ihre unmittelbaren Vorgänger eine Theorie des Staates, mit der sich Herrschaft vernünftig begründen liess. Thomas Hobbes (1588–1679) betonte – unter dem Eindruck des englischen Bürgerkrieges – die Notwendigkeit eines starken Herrschers, der mithilfe des staatlichen Gewaltmonopols den „Kampf aller gegen alle" zu unterbinden hätte. Aus ihrem Selbsterhaltungstrieb heraus unterwürfen sich die Menschen dem Staat freiwillig und würden so zu Untertanen. Wie Hobbes ging John Locke (1632–1704) vom staatslosen Naturzustand der Menschen aus. Mithilfe seiner Vertragstheorie begründete er jedoch, warum sich diese Gesellschaftsverträge und somit Regierungen gaben und damit den staatslosen Zustand verliessen. Anders als Hobbes verpflichtete er den Staat, die Naturrechte des Menschen zu schützen, die allen von Geburt an zustünden. Die wichtigsten dieser Rechte waren der Anspruch auf das eigene Leben, auf die persönliche Freiheit und auf den Besitz des erworbenen Eigentums.

Wie soll staatliche Gewalt ausgeübt werden? Als Vertreter des aufsteigenden Bürgertums betonte Locke in seinen politischen Schriften dessen Interessen und befürwortete eine Beschränkung der politischen Beteiligung (Wahlrecht) auf die besitzenden Schichten. Unter dem Eindruck der Uneinheitlichkeit und Willkür des französischen Rechtswesens wollte Charles de Montesquieu (1689–1755) die Rechtssicherheit und damit die Justiz als eigenständige staatliche Gewalt etablieren. Er unterschied drei voneinander unabhängige Gewalten (Gewaltentrennung), die sich gegenseitig kontrollieren sollten: die legislative (gesetzgebende), exekutive (gesetzausführende) und judikative (richterliche) Gewalt. Nur dies konnte in seinen Augen Gewähr bieten, staatliche Macht zu beschränken und die Rechte des Individuums zu schützen. Der Genfer Jean-Jacques Rousseau (1717–1778, s. S. 85) formulierte die Idee der Volkssouveränität. Dabei orientierte er sich an einem Modell der Demokratie, in der das Volk direkt über Gesetze abstimmen sollte, damit das staatliche Handeln wirklich dem Gemeinwohl diente und sich nicht Gruppeninteressen durchsetzten. Allerdings stellte sich schon bei ihm die Frage, wie zu verfahren wäre, wenn in einer Abstimmung eine Mehrheit des Volkes nicht im Sinne des Gemeinwohls entschiede.

Reaktion der Fürsten Das politische Denken der Aufklärung setzte auch das politische Handeln der Fürsten unter Druck. Sie mussten mit jenen Kräften im Lande, die an einer Aufklärung interessiert waren, ins Gespräch kommen. Seit der Mitte des 18. Jahrhunderts nahmen Herrscher in Preussen, Österreich und Russland Forderungen der Aufklärer auf und modernisierten ihre Staaten in bestimmten Bereichen (Wirtschaft, Bildungs- und Rechtssystem). Allerdings wurde in keinem dieser Staaten die monarchische Gewalt eingeschränkt, und der Untertanenstaat blieb bestehen. Deshalb spricht man in diesem Zusammenhang von Reformabsolutismus oder aufgeklärtem Absolutismus (s. auch S. 88/89).

1 ■ Lege die Theorien Hobbes', Lockes und Montesquieus dar und prüfe, welche dieser Ideen in der Verfassung der Schweiz umgesetzt wurden.
2 ■ Erläutere, welche Motive absolute Monarchen dazu veranlassen konnten, bestimmte Forderungen der Aufklärer durchzusetzen.

M 3 **John Locke: Über den Gesellschaftsvertrag, 1689**

Wenn der Mensch im Naturzustand so frei ist, […] wenn er absoluter Herr seiner eigenen Person und Besitztümer ist, dem Grössten gleich und niemandem untertan – weshalb soll er seine Freiheit fahren lassen? Weshalb soll er seine
5 Selbstständigkeit aufgeben und sich dem Dominium [der Herrschaft] und dem Zwang einer anderen Gewalt unterwerfen? Die Antwort liegt auf der Hand, nämlich, obwohl er im Naturzustand ein solches Recht hat, so ist doch der Genuss dieses Rechtes sehr unsicher und beständig den Ein-
10 griffen anderer ausgesetzt. […] Dies macht ihn geneigt, sich aus seiner Lage zu befreien, die bei aller Freiheit voll ist von Furcht und beständiger Gefahr; und es ist nicht ohne Grund, dass er sucht und bereit ist, sich mit anderen zu einer Gesellschaft zu verbinden, die bereits vereinigt sind oder die
15 Absicht haben, sich zu vereinigen zum gegenseitigen Schutz ihres Lebens, ihrer Freiheiten und ihres Vermögens, was ich mit dem allgemeinen Namen Eigentum bezeichne. […] Mit ihrem Eintritt in die Gesellschaft verzichten nun die Menschen auf die Gleichheit, Freiheit und exekutive Gewalt, die
20 sie im Naturzustand hatten, zugunsten der Gesellschaft, die durch die Legislative so weit darüber zu verfügen hat, als das Wohl der Gesellschaft es erfordert. […] Da die Legislative nur eine treuhänderische, für gewisse Zwecke zu handelnde Macht ist, […] [verbleibt] dem Volk eine höchste Gewalt,
25 die Legislative zu entfernen oder zu ändern, wenn es findet, dass die Legislative dem in sie gesetzten Vertrauen zuwider handelt. Denn, da alle Gewalt, die mit dem Vertrauen, einen Zweck zu erlangen, gegeben wird, durch diesen Zweck begrenzt ist, so muss, sobald dieser Zweck vernachlässigt oder
30 ihm entgegengehandelt wird, auch diese Vertrauensstellung notwendigerweise verwirkt werden und die Gewalt in die Hände derjenigen zurückfallen, die sie erteilt hatten und sie nun von Neuem vergeben können, wie sie es für ihre Wohlfahrt und Sicherheit am besten halten.

John Locke, Über die Regierung, hg. von Peter Cornelius Meyer-Tasch, Stuttgart (Reclam) 1974, S. 4 ff., übers. v. Dorothee Tidow*

3 ■ Erkläre, wie Locke das Zustandekommen und die Aufgaben des Staates erklärt (M 3).

4 ■ Erläutere, was er unter dem Widerstandsrecht des Volkes versteht.

M 4 **Charles de Montesquieu: Die Idee der Gewaltentrennung, 1748**

Wenn in derselben Person oder der gleichen obrigkeitlichen Körperschaft die gesetzgebende Gewalt mit der vollziehenden vereinigt ist, gibt es keine Freiheit; denn es steht zu befürchten, dass derselbe Monarch oder derselbe Senat ty-
5 rannische Gesetze macht, um sie tyrannisch zu vollziehen. Es gibt ferner keine Freiheit, wenn die richterliche Gewalt nicht von der gesetzgebenden und vollziehenden getrennt

ist. Ist sie mit der gesetzgebenden Gewalt verbunden, so wäre die Macht über Leben und Freiheit der Bürger willkürlich, weil der Richter Gesetzgeber wäre. Wäre sie mit 10 der vollziehenden verknüpft, so würde der Richter die Macht eines Unterdrückers haben. […]
Die vollziehende Gewalt muss in den Händen eines Monarchen liegen. Denn dieser Teil der Regierung, der fast immer der augenblicklichen Handlung bedarf, ist besser durch ei- 15 nen als durch mehrere verwaltet, während das, was von der gesetzgebenden Gewalt abhängt, häufig besser durch mehrere als durch einen Einzelnen angeordnet wird.

Charles de Montesquieu, Vom Geist der Gesetze, Tübingen (Mohr) 1992, S. 213 ff., übers. u. hg. v. Ernst Forsthoff*

5 ■ Fasse zusammen, welche staatlichen Gewalten Montesquieu unterscheidet, wer sie vertritt und wie sie zueinander stehen (M 4).

M 5 **Jean-Jacques Rousseau: Was bedeutet Volkssouveränität?, 1762**

Sobald der Dienst am Staat aufhört, die hauptsächlichste Angelegenheit der Bürger zu sein, und diese vorziehen, mit der Geldbörse statt mit ihrer Person zu dienen, ist der Staat seinem Zerfall schon nahe. Muss man denn in die Schlacht ziehen? Sie bezahlen Truppen und bleiben zu Hause. Muss 5 man denn in den Rat? Sie benennen Abgeordnete und bleiben daheim. Dank Faulheit und Geld haben sie schliesslich Söldner, um das Vaterland zu versklaven, und Volksvertreter, um es zu verkaufen. […]
Die Souveränität kann […] nicht vertreten werden; sie be- 10 steht wesentlich im Gemeinwillen, und der Wille kann nicht vertreten werden: Er ist derselbe oder ein anderer; ein Mittelding gibt es nicht. Die Abgeordneten des Volkes sind also nicht seine Vertreter, noch können sie es sein, sie sind nur seine Beauftragten; sie können nicht endgültig beschliessen. 15 Jedes Gesetz, das das Volk nicht selbst beschlossen hat, ist nichtig; es ist überhaupt kein Gesetz. Das englische Volk glaubt frei zu sein, es täuscht sich gewaltig, es ist nur frei während der Wahl der Parlamentsmitglieder; sobald diese gewählt sind, ist es Sklave, ist es nichts. Bei dem Gebrauch, 20 den es in den kurzen Augenblicken seiner Freiheit von ihr macht, geschieht es ihm recht, dass es sie verliert.

Jean-Jacques Rousseau, Vom Gesellschaftsvertrag, Stuttgart (Reclam) 1977, S. 61 ff., übers. u. hg. v. Hans Brockhard*

6 ■ Lege dar, was Rousseau unter Volkssouveränität und den Pflichten des Bürgers versteht (M 5).

7 ■ Arbeite heraus, inwiefern diese Prinzipien in der Schweiz verwirklicht sind.

Preussen – ein aufgeklärter Absolutismus

Das Königreich Preussen

Das Königreich Brandenburg-Preussen reichte Mitte des 18. Jahrhunderts vom Niederrhein bis zur Ostsee. Herrscher über diese Ländereien war das Adelsgeschlecht der Hohenzollern. Nach dem Vorbild des französischen Monarchen Ludwig XIV. verfolgten sie eine Politik der Vereinheitlichung (Arrondierung), bauten ein stehendes Heer auf und drängten den Einfluss des Adels zurück. So gelang es ihnen, das Territorium unter einer starken Herrschaft zu einigen und zu festigen.

Mit Friedrich II. kam ein Herrscher an die Regierung, der eine kriegerische Aussenpolitik betrieb. Er eroberte Schlesien und Westpreussen und legte damit den Grundstein für Preussens Weg zur Großmacht in Europa. Friedrich war eine widersprüchliche Person: Er war ein Freund der schönen Künste, ein begabter Musiker und interessiert an den Schriften der Aufklärer – so stand er beispielsweise in Kontakt mit Voltaire –, er konnte aber auch für seine militärischen Ziele bedenkenlos Menschen opfern. So starb wohl gegen eine halbe Million seiner Soldaten in den zahlreichen Kriegen, die er führte.

M1 **Voltaire, eigentlich François-Marie Arouet (1694–1778), französischer Philosoph und Schriftsteller; einer der Hauptvertreter der französischen und europäischen Aufklärung**

„Alles für das Volk, nichts durch das Volk"

Friedrich sah sich als „erster Diener des Staates". Trotzdem beanspruchte er die Macht ungeteilt – auch, um die Forderungen der Aufklärer umzusetzen. So wollte er seine Untertanen durch die Einführung der Schulpflicht zu vernünftigen, gebildeten Menschen erziehen. Dadurch erhoffte er sich aber auch, pflichtgetreue, gut ausgebildete Beamte zu erhalten. Friedrich sprach sich für Toleranz aus. Er liess Glaubensflüchtlinge aus dem katholischen Frankreich in Preussen einwandern, sorgte für eine Verbesserung der Ernährung, liess Strassen und Kanäle bauen und förderte damit auch Handel und Gewerbe. Für die weit verstreuten Landesteile galt nun ein einheitliches Recht, das vereinfacht worden war. Friedrich ging bei seinen Reformen nur so weit, wie dies das Staatsinteresse Preussens erlaubte. So hob er die Leibeigenschaft der Bauern nicht auf, weil er ihre adligen Grundherren als Offiziere im Heer brauchte. Im Heer behielt er die Prügelstrafe bei, um die Soldaten zu unbedingtem Gehorsam zu erziehen. Der Leitspruch eines anderen Herrschers, der wie Friedrich ein Vertreter des aufgeklärten Absolutismus war, galt deswegen auch für den preussischen König: „Alles für das Volk, nichts durch das Volk." Die Worte werden Kaiser Joseph II. von Österreich zugeschrieben, der in seinem Land ähnliche Reformen im Sinne der Aufklärung durchführte.

M2 **König Friedrich II., Gemälde von Robert Warthmüller, 1886.**
Friedrich II. setzte sich persönlich für die Anwendung fortschrittlicher Methoden in der Landwirtschaft ein. So ermunterte er die Bauern zur Anpflanzung der in Preussen noch unbekannten Kartoffel

1 ■ Kommentiere aus der Sicht Friedrichs II. die Aussage: „Alles für das Volk, nichts durch das Volk."

2 ■ Fasse zusammen, worin der Unterschied zwischen der Regierungsweise Friedrichs II. und der des französischen Königs Ludwig XIV. bestand.

M3 Das Königreich Brandenburg-Preussen 1640–1786

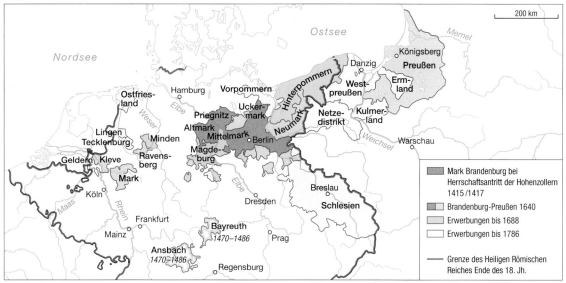

3 ■ Recherchiere im Internet, wie die Gebietsgewinne Preussens zustande gekommen sind (M3) und beurteile dieses Vorgehen Friedrichs II. (s. S.91).

M4 Das Herrschaftsverständnis Friedrichs II.

Der preussische König Friedrich II. über Regierungsformen und Herrscherpflichten, 1777:

Wir haben gesehen, dass die Bürger einem ihresgleichen immer nur darum den Vorrang vor allen zugestanden, weil sie Gegendienste von ihm erwarteten. Diese Dienste bestehen im Aufrechterhalten der Gesetze, in unbestechlicher Pflege
5 der Gerechtigkeit, in kraftvollstem Widerstand gegen die Sittenverderbnis, im Verteidigen des Staates gegen seine Feinde. […]
Die Fürsten, die Herrscher, die Könige sind also nicht etwa deshalb mit der höchsten Macht bekleidet worden, damit
10 sie ungestraft in Ausschweifung und Luxus aufgehen könnten. Sie sind nicht zu dem Zweck über ihre Mitbürger erhoben worden, dass ihr Stolz in eitel Repräsentation sich brüste und der schlichten Sitten, der Armut, des Elends verächtlich spotte. Sie stehen keineswegs an der Spitze des
15 Staates, um in ihrer Umgebung einen Schwarm von Nichtstuern zu unterhalten, die durch ihren Müssiggang und ihr unnützes Wesen alle Laster fördern. Schlechte Verwaltung kann bei monarchischer Regierung auf sehr verschiedene Ursachen zurückgeführt werden, die ihre Wurzel im Charak-
20 ter des Herrschers haben. […]
Ich wiederhole also: Der Herrscher repräsentiert den Staat; er und sein Volk bilden bloss einen einzigen Körper, der nur insoweit glücklich sein kann, als Eintracht die einzelnen Glieder zusammenhält. Der Fürst ist für den Staat, den er regiert, dasselbe, was das Haupt für den Körper ist: Er muss für die
25 Allgemeinheit sehen, denken und handeln, um ihr jeglichen wünschenswerten Vorteil zu verschaffen. […] Er muss sich sorgsam und eingehend über Stärke und Schwäche seines Landes unterrichten, und zwar ebensogut im Hinblick auf die Geldquellen wie auf die Bevölkerungsmenge, die Finan-
30 zen, den Handel, die Gesetze und den Geist der Nation, die er regieren soll. […] Alle Beamten werden zur Pflichterfüllung angehalten durch Visitationen, die man von Zeit zu Zeit in den Provinzen vornimmt. Jeder, der sich geschädigt glaubt, wagt alsdann, seine Klagen bei der Kommission vorzubrin-
35 gen; die Pflichtvergessenen sind streng zu strafen. Vielleicht ist es überflüssig, hinzuzufügen, dass die Strafe niemals schwerer als das Vergehen sein, Gewalt nie an die Stelle der Gesetze treten darf und ein Herrscher lieber zu nachsichtig als zu streng sein soll.
40

Zit. nach: Helmut Neuhaus (Hg.), Zeitalter des Absolutismus 1648–1789, Deutsche Geschichte in Quellen und Darstellungen, Band 5, Stuttgart (Reclam) 1997, S. 231–237*

4 ■ Halte die zentralen Punkte von Friedrichs Herrschaftsverständnis fest und erläutere, welche Aspekte daran aufklärerisch sind (M4).
5 ■ Versetze dich in die Rolle eines Personalverantwortlichen, der die Stelle des preussischen Königs besetzen muss. Erarbeite ein Stellenprofil auf der Grundlage von M4.
6 ■ Recherchiere nach weiteren aufgeklärt-absolutistischen Herrschern dieser Zeit in Europa und berichte der Klasse.

Aussenpolitik im Zeitalter des Absolutismus

Streben nach Vorherrschaft

Die europäischen Regenten des 17. und 18. Jahrhunderts verfolgten das Ziel, die Macht des eigenen Staates zu vergrössern. Das rascheste und wirksamste Mittel war, sich fremde Gebiete einzuverleiben – sei es durch Verträge, etwa bei Heiraten oder Erbschaften, sei es durch Krieg. Dieses versuchte man rücksichtslos durchzusetzen. Dabei setzte man auf das Mittel des Krieges, wenn die Diplomatie, die „Kunst der Verhandlungen", nicht den gewünschten Erfolg brachte. Der Friede und ein Menschenleben hatten für die damaligen Herrscher keinen hohen Wert.

In zwei grossen Kriegen waren die Interessen der europäischen Grossmächte Anfang des 18. Jahrhunderts aufeinandergestossen. Im Spanischen Erbfolgekrieg 1701–1713/14 war es einer grossen Allianz aus England, den Niederlanden, Österreich, Preussen und Portugal gelungen, das französische Streben nach Vorherrschaft zu stoppen. Auf dem Friedenskongress in Utrecht setzte sich England durch, das eine neue Formel für die Lösung von Konflikten präsentierte: das **Gleichgewicht der Mächte**. In dem schon traditionellen Gegensatz zwischen Frankreich und Österreich wollte sich England stets auf die Seite des wahrscheinlich Schwächeren stellen, um so das Mächtegleichgewicht auf dem Kontinent und damit seine Position als führende Kolonial- und Seemacht zu erhalten.

Mächtegleichgewicht
Prinzip der internationalen Beziehungen, das auf ein Gleichgewicht von Staaten mit vergleichbarer Militär- und/oder Wirtschaftskraft setzt, um die Hegemonie (Vorherrschaft) eines Staates zu verhindern.

Der Siebenjährige Krieg 1756–1763

In der Mitte des 18. Jahrhunderts kam es zum ersten weltpolitischen Konflikt der europäischen Grossmächte, der allein in Europa mehr als eine halbe Million Opfer kostete. Zum einen rivalisierten England und Frankreich um die Vorherrschaft in den Kolonien und auf den Meeren. Zum anderen war die österreichisch-preussische Auseinandersetzung im Deutschen Reich nicht entschieden. Die beiden Konflikte waren miteinander verklammert. So entstand ein grosser Krieg unter Beteiligung fast aller Mächte, die in wechselnden Bündnissen gegeneinanderkämpften. Mit den Friedensschlüssen von Paris (für die Kolonien) und Hubertusburg (für Europa) wurde 1763 der Siebenjährige Krieg beendet. Die Folgen waren weitreichend: England beherrschte nun die Weltmeere und den Kolonialhandel; Frankreich war als weltpolitischer Konkurrent ausgeschaltet. Russland war die neue Grossmacht im Osten. Im Deutschen Reich gab es seit 1763 zwei europäische Grossmächte: Österreich und Preussen.

M 1 **Schlacht bei Kollin, 1757, Gemälde von Richard Knötel, um 1885.**

Als Schlacht bei Kollin wird die kriegerische Auseinandersetzung zwischen Preussen und Österreich am 18. Juni 1757 im böhmischen Kollin bezeichnet, bei der die Österreicher dem preussischen König Friedrich II. die erste Niederlage im Siebenjährigen Krieg (1756–1763) beibrachten. In der Schlacht wurden auf preussischer Seite etwa 35 000 Mann aufgeboten, auf österreichischer Seite etwa 54 000 Mann. Die Schlacht forderte rund 22 000 Tote und Verwundete. Im Vordergrund ist das 1. Preussische Bataillon abgebildet

1 ■ Erläutere, inwiefern die Aussage „Krieg ist die Fortführung der Politik mit anderen Mitteln" für die Aussenpolitik in der Epoche des Absolutismus zutrifft.
2 ■ Fasse die wichtigsten Konsequenzen des Siebenjährigen Krieges zusammen.
3 ■ Arbeite anhand von M 1 heraus, wie die absoluten Herrscher ihre Soldaten in einer Schlacht einsetzten.

M2 Europa in der zweiten Hälfte des 17. Jahrhunderts

4 ■ Schätze anhand der Karte M 2 die Mächteverhältnisse in Europa um 1700 ein.

M3 Kriegserklärung durch den französischen König Ludwig XIV., 1672

Das Missfallen Seiner Majestät über das Betragen, das die Generalstaaten der Vereinigten Niederlande seit einiger Zeit ihm gegenüber gezeigt haben, hat sich so vermehrt, dass Seine Majestät ohne Verminderung seines Ansehens nicht
5 länger seine Empörung [...] zurückhalten kann. [...] Deshalb erklärt Seine Majestät hiermit den Generalstaaten den Krieg zu Wasser und zu Lande

M. Mignet, Négotiations relatives à la Succesion d'Espagne sous Louis XIV., Bd. 3, Paris 1838, S. 710, in: Fragen an die Geschichte 3, hg. v. Heinz Dieter Schmid, Berlin (Cornelsen) 1981, S. 29*

5 ■ Fasse das Motiv für die Kriegserklärung Frankreichs zusammen und erläutere, inwieweit dieses den Geist der absolutistischen Epoche zeigt.

M4 Aussenpolitische Überlegungen und Strategien Preussens

In seinem „Politischen Testament" hat Friedrich II. von Preussen 1752 folgende Gedanken über Polen festgehalten:
Wir müssen die Russen und Österreicher stets im Auge behalten, die Russen wegen der Verhältnisse in Polen und Schweden und der von ihnen zwischen Polen und dem Wiener Hof etwa geplanten Bündnisse. Österreich erfordert ebenso grosse Wachsamkeit, unser Hauptfeind. Es möchte 5 den Prinzen von Lothringen auf den polnischen Thron setzen und despotisch im Reiche schalten, lauter Dinge, die wir nicht dulden können. Hier entsteht die Frage, wie das zu verhindern ist. Folgende Mittel gibt uns der gesunde Menschenverstand an. Wir müssen uns mit den Feinden unserer 10 Feinde verbünden. [...] Von allen Ländern Europas kommen am meisten für Preussen in Betracht: Sachsen, Polnisch-Preussen und Schwedisch-Pommern, weil alle drei den Staat abrunden. [...]

Polen ist ein Wahlreich; beim Tode des jeweiligen Königs 15 wird es jedesmal durch Parteikämpfe entzweit. Das muss man sich zunutzemachen und um den Preis seiner Neutralität bald eine Stadt, bald ein anderes Gebiet erwerben, bis alles geschluckt ist. [...] Erwerbungen mit der Feder sind solchen mit dem Schwert immer vorzuziehen. Man setzt 20 sich weniger Zufällen aus und schädigt weder seine Börse noch seine Armee.

Zit. nach: Ausgewählte Quellen zur deutschen Geschichte der Neuzeit, Bd. 22, hg. v. Rudolf Buchner, Darmstadt (WBG) 1982, S. 210–232*

6 ■ Erläutere, auch mithilfe der Karte auf Seite 89, die Ziele und Mittel der preussischen Aussenpolitik gemäss den Ausführungen Friedrichs II.

7 ■ Recherchiere zur Aufteilung Polens zusätzlich im Internet. Erläutere, inwiefern hier typische Merkmale absolutistischer Aussenpolitik vorliegen.

Absolutismus und Aufklärung

Die absolute Monarchie in Frankreich

In der absoluten, d.h. unbeschränkten Monarchie des 17. und 18. Jahrhunderts verkörperte der König alle staatliche Macht. Dem diente die Konzentration des adligen Lebens an seinem Hof, die Schaffung einer leistungsfähigen Bürokratie und die Aufstellung eines stehenden Heeres. Ludwig XIV., der von 1661–1715 regierte, war der König des damals mächtigsten Staates in Europa. Sein Regierungssystem wurde zum Vorbild für viele europäische Herrscher.

England und die Konstitutionelle Monarchie

Die Bestrebungen der englischen Könige, die traditionellen Mitwirkungsrechte des Parlaments zu beschneiden, mündeten Ende des 17. Jahrhunderts in einen Bürgerkrieg mit der Niederlage der Monarchie absolutistischer Prägung. Das Ergebnis war die Konstitutionelle Monarchie, in der die Rechte des Königs durch eine Verfassung eingeschränkt und festgelegt wurden.

Die Eidgenossenschaft im Zeitalter des Absolutismus

Sie war kein Staat im modernen Sinn, sondern ein uneinheitliches Geflecht souveräner Kleinstaaten, die diesem in ganz unterschiedlichem Masse angehörten. Den Kern bildeten die dreizehn alten Orte mit ihren Untertanengebieten und die Zugewandten Orte. Die einzige gemeinsame Einrichtung dieses Bündnisses war der Delegiertenkongress, die Tagsatzung. Die politische Macht in den einzelnen Orten lag bei einflussreichen Familien, die ihre Stellung mit adligem Stand und wirtschaftlichem Erfolg rechtfertigten.

Die Aufklärung

Sie war eine kulturelle Reformbewegung des 17. und 18. Jahrhunderts, deren Vertreter den Anspruch erhoben, das vernunftgemässe Denken und Handeln anstelle unbewiesener Glaubensgrundsätze traditioneller Autoritäten durchzusetzen. Die Aufklärer ermunterten die Menschen nicht nur zu Kritik und geistiger Freiheit, sondern forderten auch die Abschaffung der Ständeordnung. Die Ideen und Forderungen der Aufklärung wurden von den Regenten des 18. Jahrhunderts teilweise übernommen, allerdings blieb der Grundsatz des Untertanenstaats, in dem die monarchische Gewalt unantastbar war, davon weitgehend unberührt.

Aussenpolitik in der Epoche des Absolutismus

Die europäischen Regenten des 17. und 18. Jahrhunderts folgten bei ihrer Herrschaft dem Grundsatz: Tue alles, was die Macht deines Staates vergrössern kann. Das Streben nach Gebietserweiterung und nach Vorherrschaft über andere Staaten wurde zum bestimmenden Moment in den Auseinandersetzungen der Grossmächte dieser Zeit.

Geschichte kontrovers: Gibt es eine Aufklärung?

M 1 **Der Journalist und Historiker Urs Hafner, 2018**

Die Aufklärung ist wohl die gegenwartsbezogenste historische Epoche überhaupt. Das ist erstaunlich, denn die Verhältnisse haben sich seit dem 18. Jahrhundert geändert: Die absolutistischen Monarchien sind untergegangen, die dogmatischen Staatskirchen haben an Einfluss eingebüsst, eine bürgerliche Öffentlichkeit ist entstanden, die kein obrigkeitliches
5 Geheimhaltungsprinzip mehr akzeptiert. […]

Die Zeitgenossen waren sich ganz und gar nicht einig, was unter Aufklärung zu verstehen sei. Für die frisch gegründete „Neue Zürcher Zeitung" [1780], die Aufklärung unter Zensurbedingungen betrieb, war diese dann gegeben, wenn die Verwaltung sich in der Landessprache ausdrückte statt auf Lateinisch. Der „Gebrauch einer toten Sprache" sei das
10 „schweigende Zeugnis" nicht nur der Unaufgeklärtheit der Nation, sondern auch des Umstands, dass diese mit einer Sprache regiert werde, die sie nicht verstehe. Der mit dem Atheismus sympathisierende Theologe Karl Friedrich Bahrdt meinte denn auch: „Das Wort Aufklärung ist jetzt in dem Munde so vieler Menschen, und wir haben gleichwohl noch nirgends einen Begriff gefunden, der ganz bestimmt und gehörig begrenzt gewesen
15 wäre." Immanuel Kants heute eingängige Definition, die im Kontext nicht widerspruchsfrei ist, war wenig repräsentativ und wurde kaum zur Kenntnis genommen; Kant selbst mass ihr keine grosse Bedeutung bei. […]

Erst um 1900 etabliert sich die heutige Bedeutung der Aufklärung: als Epochenbegriff, der die Zeit zwischen 1650 und 1800 umfasst, und als Bewegung von Philosophen mit be-
20 stimmten Ideen und Werten, die in die Forderung münden, dass die Menschen sich von Autoritäten und Konventionen befreien sollten, die der kritischen Prüfung der Vernunft nicht standhielten. Am meisten zur Entstehung „der Aufklärung" haben die Antiaufklärer beigetragen, die sich nach der Französischen Revolution organisierten: die Verfechter des Ancien Régime, die Konservativen, die Antirevolutionäre, Adligen und Theologen. Sie
25 machten aus den „Aufklärlingen", wie eine abschätzige Bezeichnung lautete, eine radikale, einheitliche Gruppe. […]

Die Aufklärungslandschaft ist unüberblickbar in ihrer Vielgestaltigkeit. Hat es die vielbeschworene Aufklärung am Ende gar nie gegeben? Sicher ist: Die gegenwärtige Anrufung des „Geistes der Aufklärung" dient – wenig aufklärerisch – meist der Selbstvergewisserung.
30 Aufgeklärt sind „wir", unaufgeklärt „die Anderen". Oft heisst es: Weil das Abendland die Aufklärung durchlaufen habe, sei die westliche Gesellschaft freiheitlich, tolerant, individualistisch, humanitär – und christlich. „Der Islam", der dies alles nicht sei, brauche daher dringend eine Aufklärung, er müsse den Rückstand aufholen. Sämtliche Differenzen innerhalb der arabischen und islamischen Welt verschwinden in dieser einfältigen Sicht. Was
35 aber ist mit dem Holocaust, mit den beiden Weltkriegen, der Verfolgung der Indianer, den verdingten Kindern, dem vom Westen installierten globalen System der Sklaverei? Diese Phänomene werden dann als Betriebsunfälle oder Kinderkrankheiten abgehakt, wie die Soziologin Claudia Honegger einmal bemerkt hat. Nähme man sie ernst, könnte man die europäische Kultur nicht länger als eine aufgeklärte bezeichnen. […] Die Anrufung der
40 Aufklärung nimmt von Jahr zu Jahr zu. Mit heiligem Ernst bemüht man sich um deren widersprüchliches Erbe. Je weiter wir uns von dieser Epoche entfernen, desto mehr brauchen wir sie offenbar. Leider spielen dabei Selbstvergewisserung und Besserwisserei die Hauptrollen – auf Kosten von Selbstkritik und distanzierter Neugier.

*Urs Hafner, Alle berufen sich auf die „Aufklärung", aber nötig haben sie vor allem die „Anderen", Neue Zürcher Zeitung v. 9. 3. 2018 (leicht überarbeitet)**

1 ■ Lege dar, wie der Autor den Begriff „Aufklärung" definiert und problematisiert.
2 ■ Erläutere, für wie aufgeklärt der Autor die Gegenwart hält, und setze dich mit seiner Position kritisch auseinander.

Zentrale Begriffe

Absolutismus
Aufklärung
Barock
Gleichgewicht der Mächte
Kolonialismus
Manufaktur
Merkantilismus
Monarchie
Republik
Revolution
Staat
Staatenbund

Wichtige Jahreszahlen
1643
Regierungsantritt Ludwigs XIV. in Frankreich
1666
Isaac Newton formuliert die Gravitationsgesetze
1688/89
Glorious Revolution in England
1756–63
Siebenjähriger Krieg

Zusammenfassende Aufgaben

1 ■ Vergleiche die politische und gesellschaftliche Situation um 1750 in Frankreich und der Schweiz. Halte zentrale Parallelen und Unterschiede fest.
2 ■ Erläutere die Widersprüchlichkeit des Begriffs „aufgeklärter Absolutismus".

3 Die Geschichte der USA bis 1914

M1 **Die Freiheitsstatue**

Die Freiheitsstatue ist eine von Frédéric-Auguste Bartholdi (1834–1904) geschaffene neoklassizistische Kolossalstatue auf Liberty Island im New Yorker Hafen. Sie wurde am 28. Oktober 1886 eingeweiht und ist ein Geschenk des französischen Volkes an die Vereinigten Staaten in Erinnerung an den 100. Jahrestag der Amerikanischen Unabhängigkeitserklärung. Die Statue ist 46 m hoch und steht auf einem Sockel, der weitere 47 m hoch ist. Sie stellt die Figur der Libertas dar, der römischen Göttin der Freiheit. Die auf einem massiven Sockel stehende Figur aus einer Kupferhülle auf einem Stahlgerüst hält in der rechten Hand eine vergoldete Fackel als Symbol für die Aufklärung hoch und trägt in der linken Hand eine Inschriftentafel mit dem Datum der Amerikanischen Unabhängigkeitserklärung. Zu ihren Füssen liegt eine zerbrochene Kette. Die Statue ist eines der bekanntesten Wahrzeichen der Vereinigten Staaten

7.–10. Jahrhundert
Blütezeit der Maya-Stadtstaaten

1607
Erste englische Kolonisten
landen an der Ostküste
Nordamerikas

ca. 20 000 v. Chr.
Besiedlung des nordamerikanischen Kontinents
von Asien her

1492
„Entdeckung" des Kontinents
durch Christoph Kolumbus

13.–16. Jahrhundert Hochkultur der Inka

14.–16. Jahrhundert Hochkultur der Azteken

20 000 v. Chr.

1500

1550

1600

Für viele Menschen, die aus Europa einwanderten, war die Freiheitsstatue ein Zeichen der Hoffnung auf ein besseres und freieres Leben. 270 Jahre vor der Einweihung dieses Monuments war eine Gruppe von Engländern an der Ostküste des nordamerikanischen Kontinents gelandet. Sie trafen auf die bereits seit Jahrtausenden ansässigen *Native Americans*, die den gesamten Erdteil besiedelt hatten. Die Geschichte der USA ist die Geschichte einer Pioniergesellschaft, die, nachdem sie ihre Unabhängigkeit von Grossbritannien erkämpft hatte, im Laufe eines Jahrhunderts einen Kontinent erschloss und eine neue Gesellschaft aufbaute. Aus einem kolonialen Ableger der Alten Welt wurden die jungen USA zu einer Grossmacht, die im 20. Jahrhundert die Weltpolitik bestimmte. Die von den Ideen der Aufklärung beeinflussten Amerikaner glaubten von Anfang an, dass es ihre Bestimmung sei, ein vorbildliches politisches und soziales System aufzubauen. Freiheit, persönliche Initiative sowie Fleiss und Experimentierfreudigkeit galten als Grundlagen des „American way of life" und sind bis heute fest im Selbstverständnis des Landes verwurzelt.

Die Erklärung der Menschen- und Bürgerrechte, mit der die Französische Revolution 1789 die bürgerliche Gesellschaft auf eine feste Grundlage stellte, war von der Amerikanischen Revolution beeinflusst. Ausserdem verstand sich das republikanische Frankreich seit dem Sturz Kaiser Napoleons III. 1870 als „Schwester" der Republik USA. Vermutlich tauchte deshalb in Frankreich die Idee auf, den USA zum hundertsten Geburtstag eine Freiheitsstatue zu schenken. Der Unternehmer Joseph Pulitzer sammelte in einer grossen Spendenkampagne das nötige Geld für die Finanzierung des Sockels. Er war ein ungarischer Einwanderer, der den „American Dream" des sozialen Aufstiegs verkörperte, weil er vom Kofferträger und Soldaten zum erfolgreichen Verleger aufgestiegen war. Im Amerikanischen Bürgerkrieg (1861–1865) diente er auf der Seite der Nordstaaten, die gegen die Südstaaten kämpften. In den Jahrzehnten nach dem Krieg erlebte die Industrialisierung einen gewaltigen Aufschwung, und die USA entwickelten sich schnell zur grössten Wirtschaftsmacht der Welt.

Welche Voraussetzungen machten es möglich, dass ein so junger Staat wie die USA in so kurzer Zeit eine Weltmachtstellung erreichen konnte? Wer konnte den „American Dream" für sich realisieren, wer nicht? Wie werden die heutigen USA von ihrer Geschichte geprägt?

Vor allem diesen Fragen soll in diesem Kapitel nachgegangen werden.

1688/89
Glorious Revolution
in England

1756/63
Siebenjähriger Krieg
(French and Indian War
in Nordamerika)

1773
Boston Tea Party

1774/75
Erster Kontinentalkongress und
Beginn des Unabhängigkeitskrieges
gegen Grossbritannien

1783
Friede von Paris:
Ende des
Unabhängigkeitskrieges

1787
Bundesstaatliche
Verfassung der USA

1789
George Washington
1. Präsident der USA

1830
Indian Removal Act:
Umsiedlungen der
Native Americans
in Reservate

1861–1865
Bürgerkrieg in
den USA, Verbot
der Sklaverei

1876
Niederlage der
amerikanischen Armee in der
Schlacht am Little Bighorn

1890
Letztes grosses Massaker
an Lakota-Sioux-Kämpfern
bei Wounded Knee.
Frontierbewegung
offiziell abgeschlossen

1917
Eintritt der
USA in den
Ersten
Weltkrieg

1924
Native Americans
erhalten
Bürgerrechte

| 1700 | 1750 | 1800 | 1850 | 1900 |

„Native Americans" – die ersten Amerikaner

„Indianer"

Der Begriff „Indianer" ist die deutsche Sammelbezeichnung für die indigene Bevölkerung Nordamerikas und daher wie alle anderen üblichen Bezeichnungen (z. B. American Indians, Native Americans, eingeborene Amerikaner) eine Fremdbezeichnung. Der Begriff geht auf das spanische Wort „indio" zurück, weil Christoph Kolumbus bei seiner Landung 1492 irrtümlicherweise glaubte, er sei in Indien gelandet. Für die Betroffenen selbst bestand bis zum Eintreffen der Europäer kein Anlass, einen übergreifenden Begriff für die Bevölkerung des Kontinents zu bilden, weil sie in Stämmen lebten, die z. T. auch in Konkurrenz zueinander standen. Selbst die Eigenbezeichnung vieler Gemeinschaften war häufig einfach nur gleichbedeutend mit „Mensch". Im Folgenden wird der Begriff *Native Americans* verwendet, weil er eher den verbindenden Aspekt der gemeinsamen Heimat auf dem amerikanischen Kontinent betont.

Frühe Besiedlung
Nordamerikas

Als die Europäer Ende des 15. Jahrhunderts Nordamerika erreichten, lebten auf dem Gebiet der heutigen USA und Kanadas mindestens fünf bis sechs Millionen Menschen, wobei diese Zahl sehr umstritten ist. Ihre Vorfahren waren vermutlich während der letzten Eiszeit vor etwa 20 000 Jahren, möglicherweise schon viel früher, über die Beringstrasse von Asien auf den amerikanischen Kontinent eingewandert. Sie gelangten wahrscheinlich über eine breite Landbrücke, die durch den niedrigen

M2 Native Americans vor der Kolonisation

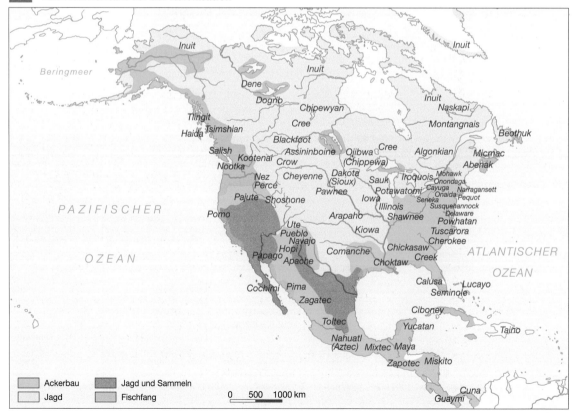

Wasserstand während der letzten Eiszeit entstanden war, auf den damals noch menschenleeren Kontinent. Es gibt allerdings andere Theorien, die davon ausgehen, dass der Kontinent von der Westküste her besiedelt wurde; wieder andere Forscher kombinieren die beiden Theorien. Die „Beringstrassentheorie" ist allerdings die einzige, für die es genügend archäologische und genetische Belege gibt.

Lebensweise

Die nordamerikanischen Völker unterschieden sich stark in ihrer Lebensweise. Die Stämme passten sich ihrer natürlichen Umgebung an und entwickelten entsprechende unterschiedliche Siedlungs- und Wirtschaftsformen. Im Südwesten z. B. betrieben die Pueblo-Stämme hoch entwickelten Ackerbau und bewohnten Dörfer. Auch andere Stämme, wie etwa die Navajo und Stämme an der Küste im Nordwesten oder in den waldreichen Gebieten im Osten, waren sesshaft und lebten in Holz- oder Erdhäusern. Stämme wie die Büffel jagenden Cheyenne und Sioux zogen als Nomaden durch die Prärie.

Eine übergeordnete staatliche Organisation existierte nicht, die Stämme und Familien regelten ihre Angelegenheiten selber. Auch hier sind grosse Unterschiede festzustellen: Während einige Stämme wie z. B. die Irokesen schon eine weit entwickelte politische Struktur kannten und eine aktive Aussenpolitik mit und gegen andere Stämme betrieben, waren andere viel einfacher organisiert. Untereinander führten sie sehr häufig Krieg; Konflikte entzündeten sich an der Rivalität um die besten Jagd- und Weidegründe oder auch zwischen sesshaften Bauern und nomadisch lebenden Jägern und Sammlern. Diese Uneinigkeit zeigte sich auch in späterer Zeit, als die Stämme von den europäischen Siedlern gegeneinander ausgespielt wurden oder als Verbündete der Europäer in den Kolonialkriegen auf verschiedenen Seiten kämpften. Gemäss den unterschiedlichen Lebensräumen entwickelten sich auch verschiedene Sprachen. Das Thema der Sprachfamilien ist sehr umstritten. Die meisten Sprachforscher unterteilen die Sprache der *Native Americans* in 10 bis 15 Hauptfamilien und ca. 60 Sprachgruppen. Eine Buchstabenschrift war nicht bekannt, einzig die Cherokee entwickelten eine Silbenschrift, allerdings erst um 1820.

Erste Kontakte mit den weissen Siedlern

Zunächst hatte es zwischen den Bewohnern der Atlantikküste und den neu angekommenen Weissen relativ wenige Auseinandersetzungen gegeben. Es kam sogar zu einem lebhaften Handel zwischen ihnen. Die *Native Americans* lieferten die in Europa begehrten Pelze und erhielten dafür Eisenwaren, Messingkessel, Alkohol und andere Waren. Aber schon dieser Handel, den die Stämme in der Regel freiwillig betrieben, zerstörte teilweise ihre alten Kulturen. Sie zogen sich immer weiter ins Binnenland zurück. Die Stämme stritten sich dort um Jagdgebiete, da immer mehr am Handel teilhaben wollten, wodurch das Wild stark dezimiert wurde. Hunderttausende von *Native Americans* starben mit der Zeit an Infektionskrankheiten, die von den Siedlern aus Europa nach Nordamerika eingeschleppt worden waren, z. B. an den Pocken, gegen die sie keine Resistenz entwickeln konnten.

1 ■ Beschreibe anhand der Karte M 2 die verschiedenen Lebensräume der *Native Americans* und ziehe daraus Schlüsse auf ihre Lebensweise.

2 ■ Erkläre, warum der Begriff „Indianer" von den Betroffenen selbst bis heute grösstenteils abgelehnt wird.

3 ■ Vergleiche die Darstellung der *Native Americans* im Text und auf den Bildern M 1 und M 3 mit den Vorstellungen, die wir aufgrund von Wildwestfilmen von den „Indianern" haben.

M 3 **Joseph Brant, Mohawk, in der Sprache der Mohawk Thayendanegea (1742–1807), Illustration von Charles Bird King, ca. 1835.**
Die Mohawk waren eine der sechs „Nationen" der Irokesen. Nach ihrem Haarkamm ist der heutige Irokesenschnitt benannt

Quellen amerikanische Geschichte

 cornelsen.de/Webcodes
Code: morupo

M4 **Siedlungsformen der *Native Americans***

a) **Ruinen des Cliff Palace, Mesa-Verde-Nationalpark**

b) **Sioux-Tipi, Gemälde von Karl Bodmer, 1833**

c) **Indianisches Dorf, Gemälde,16. Jh.**

d) **Traditionelles Runddorf, Gemälde, 16. Jh.**

4 ■ Beschreibe die Bilder. Welche Rückschlüsse lassen sich daraus auf die Lebensformen der Bevölkerung ziehen?

5 ■ Die Gemälde b), c), d) stammen von Europäern: Der Maler des Tipis besuchte die USA mehrmals, die Künstler der beiden Gemälde aus dem 16. Jahrhundert malten hingegen aus ihrer Vorstellung. Beurteile den Quellenwert der Darstellungen.

M 5 **Die Lebensweise der *Native Americans* am Beispiel der Irokesen**

Der Ethnologe Wolfgang Lindig über die vielfältige Wirtschaft der Irokesen, 1994:

Die Irokesen [...] kannten über zweihundert verschiedene Nahrungspflanzen, darunter allein siebzehn Mais-, sechzig Bohnen- und acht Kürbisarten. Ausserdem wussten sie zahlreiche halb domestizierte Pflanzen wie Sonnenblume, Me-
5 lone, Tabak und Hanf zu verwerten, ebenso eine grosse Zahl von wildwachsenden Pflanzen (Beeren, Nüsse, Pilze, Wildrüben). [...] Die Hauptlast der Feldarbeit, von der Rodung abgesehen, lag bei den Frauen; dies ist wohl auch einer der wesentlichen Gründe, weshalb die Frau bei den Irokesen in
10 sozialer und politischer Hinsicht eine besondere Bedeutung zukam. [...] Meist wurden einige Beete zu einer kleinen Pflanzung vereinigt, sodass hier von einem Gartenbau gesprochen werden kann. Man verarbeitete das Hauptnahrungsmittel, den Mais, indem man die Körner mit Stösseln
15 in einem Holzmörser zu Mehl zerstampfte. Das Mehl wurde dann zu Brei oder Hominy, einem Gericht aus gekochtem Maisbrei mit Fleisch- oder Fischstückchen, verarbeitet. Der Besitz an Land war wie bei fast allen Indianern Nordamerikas niemals individuell verteilt, sondern gehörte der ganzen
20 Gemeinschaft. Das Land stand nur für die Zeit der Bebauung derjenigen Familie zur Verfügung, die es in Nutzung genommen hatte. Die Irokesen bildeten für die wichtigen Arbeiten des Rodens, des Pflanzens und des Erntens kollektive Arbeitsgemeinschaften. Während der Wachstumszeit
25 musste die ermüdende, aber wichtige Arbeit des Hackens und Jätens von den Familien einzeln durchgeführt werden. Mit der Verlegung der Felder, die oft nach wenigen Jahren erschöpft waren, wurden auch die Dörfer verlassen, sodass man hier in gewissem Sinne von einem Wanderfeldbau
30 sprechen kann. Es muss aber festgehalten werden, dass sich dieser Wanderfeldbau immer im Rahmen eines genau abgesteckten Territoriums abspielte, den Stammesgrenzen. Da das Wohngebiet der Irokesen dicht besiedelt war, gab es hier nur geringe Möglichkeiten, Felder unbegrenzt in Nut-
35 zung zu nehmen. Zudem blieb eine starke Bindung an die Gräber [...] erhalten, in denen die Gebeine der Vorfahren ruhten. Der andere Faktor, der die Siedlungsmobilität in Grenzen hielt, war – bis zur Ankunft der Europäer – die Möglichkeit, die angebaute Nahrung durch Wildbret, Fische
40 und Wildpflanzen in ausreichendem Masse zu ergänzen. [...] Im Nahrungserwerb der Bodenbauern war auch der Fischfang in den zahlreichen Flüssen und Seen [...] im Wohngebiet der verschiedenen irokesischen Stämme [...]. Man fing die Fische mit Angelhaken, mit Speeren und in
45 Netzen. [...] Im zeitigen Frühjahr, von Ende Februar bis Anfang April, zog das ganze Dorf in die Ahornwälder und errichtete dort das Zuckerlager. Man zapfte die Bäume an, kochte den Saft ein und liess schliesslich den dicken Sirup-

saft zu Zucker kristallisieren, der in kleinen kuchenförmigen Stücken aufbewahrt wurde. [...] Auf die Bedeutung des
50 Handels bei einigen indianischen Stämmen wurde bereits hingewiesen. Nicht erwähnt wurde, dass die Stämme der atlantischen Küste und des unmittelbaren Hinterlandes bereits eine primitive Form von Geld kannten, das im südlichen Neuengland „Wampum" genannt wurde. Dieses „Geld"
55 bestand aus Wampumperlen, die man zu Schnüren aufreihte. [...] Im Laufe der Zeit gewannen sie auch dokumentarischen Wert, da man sie bei Friedensschlüssen, Kriegserklärungen und Handelsverträgen seinen Partnern überreichte.

Wolfgang Lindig/Mark Münzel, Die Indianer, Bd. 1: Nordamerika, München (Fink) ³1994, S. 90–93*

6 ■ Zeige anhand von Beispielen aus M 5 auf,
a) wodurch sich die Wirtschaftsweise der Irokesen auszeichnete,
b) wie stark die Realität des Lebens der *Native Americans* sich von unserer Vorstellung des „Indianers" unterschied.
7 ■ Informiere dich im Internet über die nomadische Lebensweise anderer Stämme (z. B. Sioux) und vergleiche sie mit derjenigen der Irokesen (s. auch M 6).
8 ■ Im 19. Jahrhundert wurden viele Stämme in weit entfernte Reservate umgesiedelt. Erkläre, warum diese Umsiedlungen viele Stämme wie die Irokesen oder die Sioux vor existenzielle Probleme stellten.

M 6 **Jagdszene, Farblithografie, um 1880**

Die englischen Kolonien in Nordamerika

M1 Die *Mayflower* auf Cape Cod. 26.12.1620, kolorierter Holzstich nach einem Gemälde von A. Gisbert, 1864

Die ersten Kolonisten

Am 14. Mai 1607 landeten drei kleine englische Schiffe an der nordamerikanischen Ostküste mit 105 Männern an Bord, die an Land gingen und die Niederlassung Jamestown gründeten – benannt nach König James I. von England. Sie sollten im Auftrag der 1606 gegründeten Virginia Company, einer Handelsgesellschaft, den Küstenstreifen wirtschaftlich erschliessen. Alle hofften auf grosse Gewinne: die Aktionäre der Gesellschaft, die 105 Männer und das englische Königshaus. Dieses hatte der Virginia Company in einem Freibrief die Kolonialisierung erlaubt, um – wie es darin hiess – die ungläubigen und wilden Indianer auf dem nordamerikanischen Kontinent „menschlicher Gesittung und einer geregelten und ruhigen Regierung" zuzuführen.

Im September 1620 stach das Segelschiff *Mayflower* in See. Unter den 120 Passagieren waren 41 **Puritaner** – „Pilgerväter" genannt – mit ihren Familien, die England verlassen hatten, weil die anglikanische Kirche religiöse Minderheiten nicht duldete. Sie gingen in der Nähe des heutigen Boston an Land und gründeten die *Plymouth Plantation*. Die Lebensbedingungen waren hart, nur die Hälfte von ihnen überlebte den ersten Winter. Doch viele andere folgten ihnen, auch spanische und französische Siedler gründeten Niederlassungen in Nordamerika. Sie flohen vor religiöser und politischer Unterdrückung und vor der Armut in Europa. Amerika – das war die Hoffnung auf Wohlstand und Eigentum, wenn man bereit war, hart und ausdauernd zu arbeiten. Natürlich waren auch Abenteurer dabei, die sich von der Unberührtheit des Landes und der Wildnis angezogen fühlten oder die den schnellen Reichtum durch Gold- und Silberfunde suchten. Sie alle haben das Land und seine Entwicklung beeinflusst.

Puritaner
Seit Mitte des 16. Jahrhunderts Bezeichnung für alle streng calvinistisch gesinnten Protestanten in England und Schottland (s. auch S. 50–53).

Aufstieg der USA
cornelsen.de/Webcodes
Code: homuci

Die Entstehung der 13 Kolonien

Im Laufe des 17. und 18. Jahrhunderts entstanden 13 englische Kolonien. Bis 1770 stieg deren Bevölkerungszahl auf insgesamt 2,5 Millionen, rund 450 000 davon waren schwarze Sklaven, die aus Afrika stammten (s. S. 104). Die Besiedlung begann an der durch Buchten und Flussläufe gegliederten Atlantikküste. Unterschiedliche Boden- und Klimaverhältnisse formten drei Regionen, in denen sich unterschiedliche Kolonietypen entwickelten. In den nördlichen Kolonien herrschten Familienfarmen vor, die sich meist selbst versorgten. Weil die Landwirtschaft nicht alle ernähren konnte, ging ein Teil der Kolonisten einem Handel oder einem Gewerbe nach. Fischfang, Holzwirtschaft und Schiffbau waren hoch entwickelt, die Verwendung von Sklaven war fast unbekannt – der Sklavenanteil betrug nur zwei Prozent. In den mittleren Kolonien bauten die Farmer Getreide an, das zum Teil nach Europa ausgeführt wurde. Die Sklavenhaltung war auch hier wenig verbreitet. Im Süden mit seinem subtropischen Klima wurden auf Plantagen Tabak, Reis, Indigo und Baumwolle für den Export angebaut. Die soziale Gliederung ähnelte hier am meisten der in Europa. Die Oberschicht der Plantagenbesitzer strebte aristokratischen Vorbildern nach. Unter ihr stand eine Schicht von kleinen Farmern. Der Sklavenanteil betrug 60 Prozent.

Die Kolonien im Vergleich zu Europa

Die Kolonien unterschieden sich stark von Europa. Es gab zwar eine soziale Rangordnung, aber die soziale Mobilität war vergleichsweise hoch. Über 50 Prozent der weissen Amerikaner wurden trotz harter Arbeit nicht reich, aber fast alle erwarben im Laufe ihres Lebens ein kleines Eigentum. Die Unterschicht bestand aus Lohnarbeitern und weissen **Kontraktarbeitern**. Darunter standen vor allem im Süden die Sklaven. Es gab keinen erblichen Adel und keine abhängigen Bauern, keine Grundherrschaft und keine Feudalabgaben für die ländliche Bevölkerung. Das war eine wichtige Voraussetzung für die breite Streuung ländlichen Eigentums. Grund und Boden waren leicht zu erwerben und zu verkaufen. Vor der Revolution war Amerika eine Gesellschaft von sich selbst versorgenden Farmern. Die fünf grössten Städte hatten 1760 zusammen nur 73 000 Bewohner; London hatte damals schon 750 000 Einwohner.

Politisch orientierten sich die Kolonien am englischen System; die politischen und wirtschaftlichen Beziehungen waren auf das Mutterland hin ausgerichtet. Die freien Kolonisten hatten Anspruch auf eine unabhängige Rechtsprechung und auf die Unverletzlichkeit des Eigentums. Neben den meist vom englischen König berufenen Gouverneuren hatten die Volksvertretungen der Kolonien eine wichtige Stellung und wirkten an der Gesetzgebung und der Steuerbewilligung mit. Das Wahlrecht war an den Besitz von Eigentum gebunden. In ihrem Recht auf Mitbestimmung in der Politik waren die weissen Amerikaner den Europäern weit voraus. Die Kolonien waren im 18. Jahrhundert zwar noch keine Demokratien, aber sie waren auf dem Wege dazu. Politische Freiheiten, Wohlstand und Bildung genossen allerdings nur die weissen Männer, die weissen Frauen nur bedingt, die *Native Americans* und die Sklaven gar nicht.

Soziale Mobilität
Auf- und Abstieg der Menschen zwischen den verschiedenen gesellschaftlichen Gruppen.

Kontraktarbeiter
Kolonisten, die ihre Überfahrt nicht bezahlen konnten und sich vertraglich verpflichten mussten, die Kosten während vier bis sieben Jahren abzuarbeiten.

1 ■ Erläutere, welche Konsequenzen die Entstehungszeit des Gemäldes M 1 für den Aussagewert des Bildes als Quelle hat.

M2 Koloniale Entwicklung bis 1763

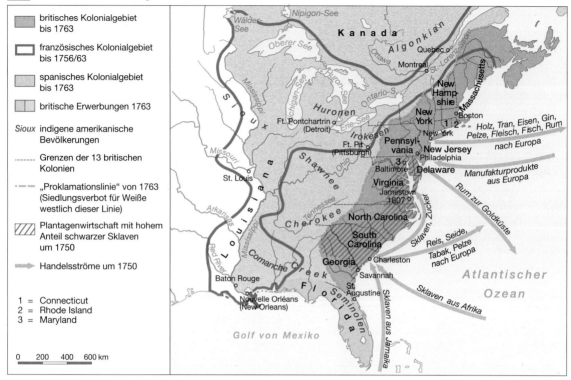

Legende:
- britisches Kolonialgebiet bis 1763
- französisches Kolonialgebiet bis 1756/63
- spanisches Kolonialgebiet bis 1763
- britische Erwerbungen 1763
- *Sioux* indigene amerikanische Bevölkerungen
- ······· Grenzen der 13 britischen Kolonien
- – · – "Proklamationslinie" von 1763 (Siedlungsverbot für Weiße westlich dieser Linie)
- ///// Plantagenwirtschaft mit hohem Anteil schwarzer Sklaven um 1750
- ➡ Handelsströme um 1750

1 = Connecticut
2 = Rhode Island
3 = Maryland

0   200   400   600 km

2 ■ Beschreibe anhand von M2 die territoriale und wirtschaftliche Entwicklung der 13 Kolonien bis 1763. Leite aus der Karte die Entstehung der verschiedenen Kolonietypen ab.

M3 Mayflower-Vertrag der Pilgrim Fathers, 11. November 1620

Im Namen Gottes, Amen. Wir, die Unterzeichner dieses Vertrags, treue Untertanen unseres erhabenen Herrschers und Herrn König Jakobs I., von Gottes Gnaden König von Grossbritannien, […] haben zur Ehre Gottes und zur Ausbreitung
5 des christlichen Glaubens und zum Ruhm von König und Vaterland eine Fahrt unternommen, um die erste Kolonie in den nördlichen Teilen von Virginia zu gründen. Und wir kommen hiermit feierlich und wechselseitig vor Gottes Angesicht und voreinander überein und vereinigen uns selbst
10 zu einem bürgerlichen Körper; zur besseren Ordnung unter uns und zu Schutz und Förderung der oben genannten Absichten; und kraft dieses wollen wir von Zeit zu Zeit verordnen, errichten und einrichten rechte und billige Gesetze, Verfügungen, Erlässe, Einrichtungen und Ämter, wie es uns
15 am zuträglichsten und zweckmässigsten für das allgemeine Wohl der Kolonie erscheint; und wir versprechen dazu alle schuldige Unterwerfung und Gehorsam. Zum Zeugnis dessen haben wir hier unsere Namen unterschrieben, vor Kap Cod, am 11. November […] 1620.

Zit. nach: Wolfgang Lautemann/Manfred Schlenke (Hg.), Geschichte in Quellen, Bd. 3, München (bsv) ³1976, S. 407 f.*

3 ■ Zeige anhand von M3 das Verhältnis zwischen der Kolonie und dem englischen Mutterland auf.

M4 Navigationsakte und Handelsbilanz der Kolonien mit England.

Die sogenannte Navigationsakte von 1651 bestimmte, dass nur englische Schiffe Waren (z. B. Zucker, Tabak, Wolle, Indigo) nach England und seine Kolonien bringen durften. Dieses Gesetz wurde später noch verschärft, viele Waren aus den Kolonien wurden mit hohen Steuern belastet

Warenwert in englischen Pfund

Kolonie	Export nach England		Import aus England	
	1762	1774	1762	1774
Neu England	45 000	11 200	250 000	562 000
New York	60 000	80 000	285 000	438 000
Pennsylvania	40 000	70 000	210 000	625 000
Virginia/ Maryland	415 000	612 000	420 000	529 000
Carolina	180 000	432 000	200 000	378 000
Georgia	6 000	68 000	23 000	57 000

Zit. nach: Heinz Dieter Schmid (Hg.), Fragen an die Geschichte, Bd. 3, 1980

4 ■ Vergleiche anhand von M 4 die Handelsbilanzen der nördlichen und südlichen Kolonien und erkläre die Unterschiede.

5 ■ Erkläre, warum England seine Kolonialpolitik im Verlauf der Zeit durch Gesetze und Steuern verschärfte.

M 5 Die Kolonialgründungen in zeitgenössischen Bildern, 17. Jh.

6 ■ Vergleiche die beiden Kolonietypen (M 5) und ordne sie auf der Karte M 2 einer geografischen Region zu.

M 6 „Der Mann, der despotische Mann"

Aus einer Rede der Schülerin Priscilla Mason von der „Young Ladies' Academy" in Philadelphia, um 1790:

Unsere hohen und mächtigen Herren haben uns – dank ihrer willkürlichen Verfassungen [u. a. die Verfassung von 1787] – die Mittel der Erkenntnis verwehrt, uns dann aber dafür getadelt, dass wir danach zu streben wagen. Weil sie die stärkere Partei sind, haben sie sich schon sehr früh sowohl des Zepters als auch des Schwertes bemächtigt, und auf dieser Grundlage diktierten sie die Gesetze der Gesellschaft; sie verwehrten den Frauen die Vorteile einer freiheitlichen Erziehung; sie untersagten ihnen, ihre Begabungen bei grossen Anlässen auszuüben, die dazu dienen könnten, sie weiter zu vervollkommnen. [...] Glücklicherweise beginnt nun eine liberalere Art des Denkens um sich zu greifen. Die Quellen des Wissens öffnen sich allmählich auch unserem Geschlecht. [...] Kirche, Juristerei und Politik sind uns verschlossen. Wer hat sie verschlossen? Der Mann, der despotische Mann, der uns zuerst unfähig für diese Aufgabe machte und uns dann die Ausübung verbot. Lasst es zu, dass wir eine angemessene Ausbildung erhalten, dass wir uns für diese hohen Aufgaben qualifizieren, dann werden sich die Türen dazu für uns auch auftun. Sagte ich: „Sie werden?" Sie haben sich bereits einen Spaltbreit geöffnet. Neben einigen Kirchen von geringerer Bedeutung hat sich auch eine mitgliederstarke und respektable Gemeinschaft unparteiisch gezeigt. [...] Sie blicken nicht auf die anatomischen Formen des Körpers, sie blicken in die Seele und erlauben es jedem zu lehren, der dazu fähig ist, sei er nun männlich oder weiblich. [...]

Was nun den Gerichtssaal angeht, so haben die Bürger beiderlei Geschlechts unstrittig das Recht, dort Beweisgründe für ihre eigene Sache vorzutragen. Es hat Gelegenheiten gegeben, wo man Frauen das Recht eingeräumt hat, die Sache eines Freundes, des Ehemannes oder des Sohnes zu verteidigen, und sie haben das mit Energie und Wirkung getan. Ich bin davon überzeugt, dass nichts in unseren Gesetzen oder in unserer Verfassung die Lizenzierung weiblicher Anwälte verhindert; und sicher verfügen unsere Richter doch über zu viel Ritterlichkeit, um durch ein nachdrückliches Verbot im Gerichtssaal [das Vordringen der Frauen] zu verhindern.

Zit. nach: The Rise and Progress of the Young Ladies' Academy of Philadelphia, Philadelphia (Stewart & Cochran) 1794, S. 90 ff.*

7 ■ Ordne den Text M 6 quellenkritisch ein und nimm Stellung zur Argumentation der Schülerin.

8 ■ Entwirf mithilfe des Darstellungstextes und der Materialien einen Brief einer englischen Kolonistin an ihre Mutter in England, in dem sie ihre Ankunft und die erste Zeit in den Kolonien beschreibt. Überlege dir, wo und in welcher gesellschaftlichen Position die Frau gelebt haben soll.

Die Afroamerikaner – eine neue Bevölkerungsgruppe

Sklaven
Menschen, die in völliger rechtlicher und wirtschaftlicher Abhängigkeit als Eigentum ihrer Besitzer leben.

Atlantischer Dreieckshandel
System von Sklaven- und Warenhandel zwischen Europa, Afrika und Amerika (s. S. 290).

Slave Codes
Gesetzbücher, die die Rechte und Verantwortlichkeiten der Sklavenbesitzer regelten.

Herkunft und Verbreitung der Sklaven

Die Sklaven kamen aus Afrika und waren dort vor allem von europäischen und arabischen Sklavenhändlern, teilweise mit Unterstützung afrikanischer Herrscher, zusammengetrieben und verschifft worden. In Amerika wurden sie an Plantagenbesitzer verkauft. Die ersten Sklaven wurden 1619 in Virginia eingeführt. Weit verbreitet war das System der Sklaverei jedoch erst ab dem Ende des 17. Jahrhunderts mit dem atlantischen Dreieckshandel. Um 1770 lebten in den Kolonien rund 450 000 schwarzafrikanische Sklaven. Die meisten lebten in den südlichen Kolonien, wo Sklaven ein gutes Drittel der Bevölkerung ausmachten. Hochburgen der Sklaverei waren Virginia südlich des James River mit 4 Sklaven pro weissem Steuerzahler sowie South Carolina mit 7 bis 13, in manchen Gegenden bis zu 40 Sklaven. Insgesamt wurden auf den amerikanischen Doppelkontinent mehr als 9,5 Mio. Afrikaner verschleppt. Der nordamerikanische Anteil daran betrug rund 5 Prozent.

Die Lebensbedingungen

Ausprägung und regionale Verbreitung der Sklaverei waren sehr unterschiedlich. In den nördlichen Kolonien vollzog sich die Abkehr von der Sklaverei und die Ablösung von den afrikanischen Wurzeln vergleichsweise schnell. In den südlichen Kolonien war das Bild gemischt. In Maryland, Delaware und Virginia waren kleinere Tabak- und Familienfarmen vorherrschend. Aufgrund des engeren Zusammenlebens vermischten sich hier teilweise europäische und afrikanische Lebensformen. In South Carolina und Georgia mit ihrer Plantagenwirtschaft hingegen entwickelten sich schon früh Formen einer afroamerikanischen Kultur. Ab der Mitte des 17. Jahrhunderts wurden die Bedingungen, unter denen Sklaverei stattfand, rechtlich festgelegt. Die *Slave Codes* wurden zunehmend schärfer und erlaubten z. B. lebenslange Sklaverei, verboten Geschlechtsverkehr und Ehen zwischen Schwarzen und Weissen. Die Lebensbedingungen der Sklaven vor allem auf den Plantagen waren unmenschlich; Gewalt prägte ihren Alltag. Da die Preise für Sklaven auf den Sklavenmärkten anfangs sehr niedrig waren, nahmen weder Sklavenhändler noch Pflanzer Rücksicht auf deren Gesundheit, sodass die Sterblichkeit hoch und Schwangerschaften und Geburten selten waren. Ein Viertel der aus Afrika importierten Sklaven starb innerhalb des ersten Jahres nach der Ankunft – vor allem an ansteckenden Krankheiten wie Gelbfieber, gegen die sie keine Immunabwehr besassen. Widerstand gegen diese Bedingungen war kaum möglich und selten erfolgreich.

M1 **Sklave mit Wunden einer Auspeitschung, Lousiana, 1863**

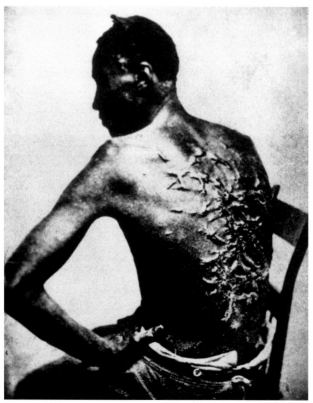

Die Entwicklung im 19. Jahrhundert

Um 1860 lebten in den südlichen Bundesstaaten immer noch 3,5 Mio. versklavte Afroamerikaner. Die Sklaverei war allerdings durch das Erstarken des Abolitionismus zunehmend umstritten. 1865 wurde als Folge des Bürgerkriegs (s. S. 124) das Verbot der Sklavenhaltung in der Verfassung festgeschrieben. 1868 erhielten die Afroamerikaner gewisse Rechte wie z. B. das Wahlrecht oder das Recht auf ein ordentliches Gerichtsverfahren. Die weissen Landbesitzer im Süden schafften es jedoch ab den 1880er-Jahren, ihnen diese Rechte wieder zu entziehen, und errichteten ein System der Rassentrennung. Sie terrorisierten die ehemaligen Sklaven mit Gewalt, die die Lynchjustiz einschloss. In den Jahren von 1889 bis 1940 wurden schätzungsweise 3800 Menschen gelyncht; 90 Prozent dieser Morde fanden in den Südstaaten statt, vier Fünftel der Opfer waren Afroamerikaner.

Den schwarzen Landarbeitern und Pächtern ging es kaum besser als vor dem Bürgerkrieg. Die verzweifelte Lage der Afroamerikaner im Süden löste die „Great Migration" aus, die grosse Wanderungsbewegung in den Norden im frühen 20. Jahrhundert. Sie führte zu einem Erstarken des Kampfes gegen Gewalt und Diskriminierung von Afroamerikanern.

Abolitionismus
Bewegung zur Abschaffung der Sklaverei in England und Nordamerika.

Rassentrennung
Rassistisch motivierte zwangsweise Trennung von Menschengruppen, die als „Rassen" definiert werden.

Lynchjustiz
Meist durch eine aufgebrachte Volksmenge vorgenommene Misshandlung oder Tötung eines Menschen ohne vorherige Gerichtsverhandlung.

Die Bürgerrechtsbewegung

Verschiedene Gruppierungen führten einen jahrzehntelangen Kampf gegen die Rassentrennung in der Arbeitswelt und beim Wohnungsbau. Ein Meilenstein dieses Kampfes war ein Gesetz, das 1954 die Rassentrennung in öffentlichen Schulen verbot. Zudem wurde die Ausübung des verfassungsmässig garantierten Wahlrechts für Afroamerikaner erneut erkämpft. Die Bewegung erreichte in den Jahren 1964/65 unter Führern wie Martin Luther King, Whitney Young und Roy Wilkins ihren Höhepunkt. Der Schwerpunkt der damaligen Bewegung lag im Engagement für die Durchsetzung der Bürgerrechte der Afroamerikaner gegen die zu dieser Zeit gesetzlich festgeschriebene Diskriminierung der schwarzen Bevölkerung in den Südstaaten der USA. Mit den Mitteln des zivilen Ungehorsams, zu denen auch der gewaltlose Widerstand mit unterschiedlichen Formen des friedlichen Protests gehörte, konnte die Bürgerrechtsbewegung die Aufhebung der Rassentrennung in den Südstaaten durchsetzen.

Die heutige Situation

Bis heute sind die Rassendiskriminierung auf dem Wohnungs- und Arbeitsmarkt, die polizeiliche Fahndung nach rassischen Merkmalen, die hohe Inhaftierungsrate und die Armut von Afroamerikanern Teil der amerikanischen Gesellschaft. Die Arbeitslosenquote in dieser Bevölkerungsgruppe ist seit Jahrzehnten doppelt so hoch wie die der Weissen, ungeachtet der erreichten Ausbildung. Der Anteil von High-School- und College-Abschlüssen der Afroamerikaner ist wesentlich geringer als der der Weissen, und sie verdienen im Schnitt 30 bis 40 Prozent weniger als diese. Andererseits gibt es eine wachsende Gruppe von gut ausgebildeten Afroamerikanern, die in der Wirtschaft, im Sport, in der Kunst oder in der Politik erfolgreich sind, wie die Wahl des ersten schwarzen Präsidenten Barack Obama 2008 zeigte (M 2).

M 2 Barack Obama, 44. Präsident der USA, 2008–2016

1 ■ Erkläre, warum die Verbreitung der Sklaverei in den 13 Kolonien so unterschiedlich war.

2 ■ Suche im Internet aktuelle Beispiele für die anhaltende Diskriminierung von Schwarzen in den USA.

M 3   Die Sklaven als Ware

Die folgenden Texte behandeln die Auktionen, auf denen die Sklaven gekauft und verkauft wurden.

a)

Das Angebot bestand aus 436 Männern, Frauen und Kindern. [...] Die Auktion wurde Wochen vorher in allen grösseren Zeitungen der Südstaaten angezeigt. [...] Tagelang vorher waren alle Hotels in Savannah bis zum Dachboden
5 besetzt, vorwiegend von Negerspekulanten [...], die ein gutes Geschäft zu machen hofften [...]. Die Sklaven blieben Tag und Nacht auf der Rennbahn, ein Teil von ihnen über eine Woche lang. [...] Man hatte sie so früh wie möglich dorthin geschafft, um den Käufern Gelegenheit zu geben,
10 sie genau zu besichtigen und zu prüfen. [...] Der Käufer öffnete ihnen den Mund, prüfte die Zähne, kniff sie in Arme und Schenkel, um Muskeln zu probieren, liess sie auf und ab gehen und alle möglichen Verrenkungen machen, um zu sehen, ob sie lahm oder wund waren, und stellte eine Men-
15 ge Fragen, die sich auf ihre Kenntnisse und ihre Fähigkeiten bezogen.

Zit. nach: New York Tribune, 9.9.1859, übers. v. Verf.*

b)

Der Sklavenhändler sammelt seinen Trupp in Virginia oder Kentucky und treibt ihn zu einem geeigneten gesunden Ort, gewöhnlich einem Badeort, um ihn zu mästen. [...] Ich bin nicht dafür, sparsam mit Niggern umzugehen, sie
5 aufbrauchen und neue kaufen, das ist meine Methode. Das macht einem weniger Mühe, und ich bin überzeugt, dass es im Endeffekt auch billiger ist. [...] Kräftige Burschen halten sechs oder sieben Jahre aus, schwächliche sind nach zwei bis drei Jahren ausgelaugt. Als ich anfing, hatte ich beträchtliche
10 Mühe damit, weil ich Rücksicht auf sie nahm und versuchte, dass sie es länger machten. Ich habe an ihnen herumgedoktert, wenn sie krank waren, und ihnen Kleider und Decken und Gott weiss was gegeben, um es ihnen behaglich zu machen, aber es nutzte nichts. Ich habe nur Geld verloren, und
15 es machte einen Haufen Mühe. Jetzt, wissen Sie, lasse ich sie arbeiten, ob sie nun krank oder gesund sind. Wenn ein Nigger stirbt, kaufe ich einen anderen. Ich finde, das ist in jeder Hinsicht einfacher und billiger.

Zit. nach: Harriet Beecher Stowe, Onkel Toms Hütte. München (dtv) 1994, S. 376f., übers. anonym*

3 ■ Beschreibe das Verhältnis, das die Sklavenhändler und Sklavenhalter zu den Menschen hatten, die sie kauften und verkauften. Vergleiche dies mit dem Streit zwischen Sepúlveda und Las Casas auf S. 61.

M 4   Ankündigung einer Sklavenauktion, 1859.

Mit diesem Flugblatt bewarb ein Sklavenhändler die öffentliche Versteigerung von Sklaven, die am 28.10.1859 stattfinden sollte

NEGROES FOR SALE.

I will sell by Public Auction, on Tuesday of next Court, being the 29th of November, *Eight Valuable Family Servants*, consisting of one Negro Man, a first-rate field hand, one No. 1 Boy, 17 years of age, a trusty house servant, one excellent Cook, one House-Maid, and one Seamstress. The balance are under 12 years of age.   They are sold for no fault, but in consequence of my going to reside North. Also a quantity of Household and Kitchen Furniture, Stable Lot, &c.   Terms accommodating, and made known on day of sale.

Jacob August.
P. J. TURNBULL, *Auctioneer.*
Warrenton, October 28, 1859.
Printed at the *News* office, Warrenton, North Carolina.

4 ■ Übersetze den Text M 4.

M 5   Sklavenauktion in den Südstaaten, 1861

5 ■ Bereite dich mithilfe des Darstellungstextes und der Materialien auf ein Streitgespräch zwischen einem Sklaven, einem Sklavenhändler, einem Plantagenbesitzer des Südens und einer aufgeklärten Bürgerin des Nordens über die Sklavenfrage vor. Das Gespräch findet um 1850 in den USA statt.

M 6   I have a Dream: Martin Luther King, 1963

I have a Dream (dt. „Ich habe einen Traum") ist der Titel einer berühmten Rede von Martin Luther King (1929–1968, ermordet), die er am 28. August 1963 vor dem Lincoln Memorial in Washington, D.C. hielt.

Vor einem Jahrhundert unterschrieb ein berühmter Amerikaner, in dessen symbolischem Schatten wir heute stehen, die Freiheitsproklamation. Dieser bedeutungsvolle Erlass kam als heller Leitstern der Hoffnung zu Millionen von Negersklaven, die in den Flammen der vernichtenden Unge- 5

rechtigkeit versengt wurden. Er kam als ein freudiger Tagesanbruch am Ende der langen Nacht ihrer Gefangenschaft. Aber einhundert Jahre später ist der Neger immer noch nicht frei. Einhundert Jahre später ist das Leben des Negers
10 leider immer noch von den Handfesseln der Rassentrennung und den Ketten der Diskriminierung eingeschränkt. Einhundert Jahre später lebt der Neger immer noch auf einer einsamen Insel der Armut in der Mitte eines weiten, weiten Ozeans des materiellen Wohlstandes. Einhundert
15 Jahre später vegetiert der Neger immer noch an den Rändern der amerikanischen Gesellschaft dahin und befindet sich im Exil in seinem eigenen Land. [...]
1963 ist kein Ende, sondern ein Anfang. Diejenigen, die hoffen, dass der Neger nur Dampf ablassen muss und jetzt zu-
20 frieden sein wird, werden ein böses Erwachen haben, sollte die Nation zu ihren alten Methoden zurückkehren. [...]
Ich bin mir dessen bewusst, dass einige von Ihnen hierher aus grossen problematischen und widerwärtigen Situationen gekommen sind. Einige von Ihnen kommen gerade aus
25 engen Gefängnissen. Einige von Ihnen kommen aus Gegenden, wo ihre Suche nach Freiheit sie von den Stürmen der Verfolgung misshandelt und von den Winden der Polizeigewalt zum Schwanken gebracht hat. [...] Arbeiten Sie weiter mit dem Glauben, dass unverdientes Leiden erlösend ist.
30 Gehen Sie zurück nach Mississippi! Gehen Sie zurück nach Alabama! Gehen Sie zurück nach South Carolina! Gehen Sie zurück nach Georgia! Gehen Sie zurück nach Louisiana! Gehen Sie zurück zu den Slums und Ghettos unserer nördlichen Staaten und wissen Sie, dass die Situation irgendwie
35 geändert werden kann und wird. Wir werden nicht im Tal der Verzweiflung schweigen.
Deswegen sage ich Ihnen, meine Freunde, dass ich immer noch einen Traum habe, obwohl wir den Schwierigkeiten

von heute und morgen entgegensehen. Es ist ein Traum, der
40 seine Wurzel tief im amerikanischen Traum hat, dass sich diese Nation eines Tages erheben wird, und der wahren Bedeutung ihres Glaubensbekenntnisses, wir halten diese Wahrheiten als offensichtlich, dass alle Menschen gleich geschaffen sind, gerecht wird. Ich habe einen Traum, dass eines
45 Tages die Söhne von früheren Sklaven und die Söhne von früheren Sklavenbesitzern auf den roten Hügeln von Georgia sich am Tisch der Bruderschaft gemeinsam niedersetzen können. [...] Ich habe einen Traum, dass meine vier kleinen Kinder eines Tages in einer Nation leben werden, in der sie
50 nicht wegen der Farbe ihrer Haut, sondern nach dem Wesen ihres Charakters beurteilt werden. [...]
Dies ist unsere Hoffnung. Dies ist der Glaube, mit dem ich in den Süden zurückgehen werde. Mit diesem Glauben werden wir den Berg der Verzweiflung behauen, einen Stein der
55 Hoffnung. Mit diesem Glauben werden wir gemeinsam arbeiten können, gemeinsam beten können, gemeinsam kämpfen können, gemeinsam in das Gefängnis gehen können, um gemeinsam einen Stand für Freiheit mit dem Wissen zu machen, dass wir eines Tages frei sein werden.

Gekürzt und zit. nach Martin Luther King, Ich habe einen Traum, Ansprache während des Marsches auf Washington für Arbeitsplätze und Freiheit, 28. 6. 1963, https://usa.usembassy.de/etexts/soc/traum.htm (Zugriff: 18. 8. 2018)*

6 ■ Erläutere die Argumentation der Rede (M 6).
7 ■ Barack Obama, der erste schwarze Präsident, sagte einmal, Martin Luther King sei neben Abraham Lincoln der Mann in der amerikanischen Geschichte, den er am meisten bewundere. Suche im Internet Informationen zu Martin Luther King und erkläre diese Einschätzung.

M7 **Lynchjustiz: 5 000 Schaulustige betrachten die Leichen von zwei ermordeten Afroamerikanern, Fotografie, 1935**

8 ■ Beschreibe das Bild und nimm kritisch Stellung dazu.

Die Amerikanische Revolution

M1 *Boston Tea Party*, 1773, Lithografie von N. Currier, um 1846.
Als Indianer verkleidete Kolonisten werfen die Teeladung britischer Schiffe im Hafen von Boston ins Wasser

Die Ursachen der Revolution Seit Beginn der Besiedlung waren die wirtschaftlichen Ziele des Mutterlandes klar formuliert: Im Sinne einer merkantilistischen Politik (s. S. 70) mussten die Kolonien England mit Rohstoffen versorgen und Fertigprodukte aus England abnehmen. Zudem dienten sie als Siedlungsraum für die wachsende Bevölkerung des Mutterlandes. Mit verschiedenen Massnahmen (Import- und Exportverbote, Zölle) versuchte die englische Regierung, ihre eigene Wirtschaft vor der amerikanischen Konkurrenz zu schützen. Sie behinderte damit bewusst die wirtschaftliche Entwicklung der Kolonien.

Zur Entfremdung zwischen den Kolonien und Grossbritannien trugen auch die Auseinandersetzungen mit Frankreich bei. Nach dem Siebenjährigen Krieg (1756–1763), in Amerika *French and Indian War* genannt, musste Frankreich unter anderem Kanada an Grossbritannien abtreten, das zur führenden Weltmacht aufstieg. Das durch den Krieg finanziell erschöpfte britische Mutterland wollte die Kolonien am Abbau der Schuldenlast beteiligen und deren Wirtschaft noch mehr als bisher für die eigenen Interessen nutzbar machen. Die Politik des Mutterlandes stand im Widerspruch zu den Erwartungen der Kolonisten. Die Ausschaltung des Rivalen Frankreich als Machtfaktor in Nordamerika hatte die Aussicht auf grössere Bewegungsfreiheit der Amerikaner eröffnet. Die Engländer sahen jedoch darin die Möglichkeit, die Kolonien stärker zu kontrollieren. Die Hauptforderung der Kolonisten lautete: *No taxation without representation* – die Regierung sei nicht berechtigt, Steuern ohne Zustimmung der Abgeordneten des Volkes zu erheben. Schliesslich waren die amerikanischen Siedler selbst nicht im Londoner Parlament vertreten und betrachteten daher die britischen Steuerpläne als Bedrohung ihrer traditionellen Selbstverwaltung. Die Kolonisten beriefen sich dabei auf die „Rechte jedes freien Engländers". Einen Boykott britischer Waren beantwortete London mit der Verstärkung militärischer Präsenz. 1770 gab es bei Demonstrationen in Boston die ersten Toten. Als das englische Parlament der in finanzielle

Schwierigkeiten geratenen Ostindien-Kompanie das Monopol für den Teeimport in die Kolonien erteilte, betrachtete man dies als neuen Versuch, die Wirtschaft der Kolonien dem britischen Diktat zu unterwerfen. Aus Protest dagegen enterten Mitglieder der radikalen Gruppierung *Sons of Liberty* am 16. Dezember 1773 Schiffe der Ostindien-Kompanie im Hafen von Boston und vernichteten Teile der Teeladung (*Boston Tea Party*, M1). Die britische Regierung reagierte umgehend, schloss den Hafen und hob die Verfassung und die Selbstverwaltung von Massachusetts auf.

Der Bruch mit dem Mutterland

Im September 1774 traten Delegierte der Kolonien zum Ersten Kontinentalkongress in Philadelphia zusammen. Sie erklärten die Eingriffe Grossbritanniens in die Verfassung der Kolonien ebenso für rechtswidrig wie die Steuergesetze und die Stationierung von Soldaten in Friedenszeiten. Der Kongress beschloss, den Handel mit dem Mutterland einzustellen und britische Waren zu boykottieren. Zugleich bat man aber König George III. (Reg. 1760–1820) um Schutz gegen die Gesetzesbrüche von Parlament und Regierung in London. Noch wollte die Mehrheit der Amerikaner keine vollständige Trennung vom Mutterland, sondern lediglich Autonomie.

Im Februar 1775 befahl das Londoner Parlament nach längeren Diskussionen dem Gouverneur, diese Rebellion zu beenden. Im April lieferten sich amerikanische Milizen und britische Truppen erste Gefechte. Der Zweite Kontinentalkongress übernahm daraufhin die Regierungsfunktionen und beschloss den Aufbau einer eigenen Armee. Für die Engländer bedeutete das Rebellion. Aus einem Konflikt um Wirtschafts- und Steuerfragen war ein Kampf um Grundsatzfragen von Recht und Verfassung geworden.

Die führenden amerikanischen Politiker standen in der Tradition englischen Verfassungs- und Rechtsdenkens und nahmen das in ihm verankerte Widerstandsrecht gegen illegale Akte der Obrigkeit für sich in Anspruch. Sie sahen in ihrem Kampf gegen Parlament und Regierung in London eine Parallele zur Glourious Revolution (s. S. 74), die die Freiheitsrechte der Engländer gesichert hatte. Nicht weil sich die Amerikaner als eigenständige Nation (s. S. 184–187) fühlten, sondern weil sie gleichberechtigte Untertanen der britischen Krone sein wollten, war es zum Konflikt gekommen. Erst die im Januar 1776 erschienene Streitschrift „Common Sense" des britisch-amerikanischen Publizisten Thomas Paine (1737–1809) gegen die britische Obrigkeit bewirkte, dass sich der Gedanke einer völligen Ablösung vom Mutterland bei der Mehrheit der Kolonisten durchsetzte.

1 ■ Zeige auf, wie sich aus einem Handelskonflikt zwischen den 13 Kolonien und dem englischen Mutterland eine Unabhängigkeitsbewegung entwickelte.

2 ■ Die heutige „Tea-Party-Bewegung" ist eine US-amerikanische konservative Protestbewegung, die 2009 entstand. Der Name der Bewegung bezieht sich auf die *Boston Tea Party* von 1773 (M1). Stelle dar, was sich die Kolonisten von der Aktion erhofften, und erkläre anschliessend, warum sich die Gründer der heutigen Bewegung auf die *Boston Tea Party* berufen und welchen Anspruch sie damit verbinden.

3 ■ Interpretiere den Cartoon (M2).

M2 *Join or Die*, **erster amerikanischer Cartoon, von Benjamin Franklin, 1754.**

Die Abkürzungen bezeichnen einige Staaten

Autonomie
Hier: Befugnis zur selbstständigen Regelung der eigenen Angelegenheiten.

Benjamin Franklin (1706–1790)

Der Schriftsteller, Politiker und Naturwissenschafter Benjamin Franklin zählt zu den Gründervätern der USA. Er wurde als 15. Kind eines Handwerkers in Boston geboren und eignete sich schon als Kind durch das Lesen von Büchern grosses Wissen an. Er begann als Buchdrucker und Papierwarenhändler, verlegte Bücher und wurde ein wohlhabender Zeitungsverleger. 1751–1764 war er Mitglied des Parlaments von Pennsylvania. Er gehörte zu den Mitunterzeichnern der Unabhängigkeitserklärung der USA. Danach war er amerikanischer Gesandter in

Das Bild zeigt eine 100-Dollar-Note mit dem Porträt Franklins, die bis 1993 gültig war.

Paris, wo er während des Unabhängigkeitskrieges erfolgreich für die Unterstützung Frankreichs für die USA warb und an den Friedensverhandlungen von 1783 mit England beteiligt war. Auch an der Verfassung der USA schrieb er wesentlich mit. In den letzten Jahren seines Lebens warb er vergeblich für die bundesweite Abschaffung der Sklaverei. Neben seinen verlegerischen und politischen Tätigkeiten sind seine bedeutenden wissenschaftlichen Forschungen zu nennen, besonders zur Elektrizitäts- und Wärmelehre. Er war z. B. der Erfinder des Blitzableiters. Franklin geniesst noch heute grosses Ansehen in den USA, weil er der amerikanischen Vorstellung vom privat erfolgreichen, aber zum Dienst an der Nation bereiten Politiker entspricht.

4 ■ Erkläre, inwiefern Benjamin Franklin auch dem Ideal der Gründergeneration der Kolonisten entsprach. Recherchiere hierzu ggf. im Internet.

M3 „Dem Kampf auszuweichen, heisst siegen"

Der britische Staatsmann William Pitt der Ältere (1708–1778) erklärte am 20. Januar 1775 in einer Rede im Oberhaus:
Der erste Tropfen Blut, der in einem unnatürlichen Bürgerkrieg vergossen wird, würde eine unheilbare Wunde sein. Er würde Hass und Streit zwischen den zwei Völkern von Geschlecht auf Geschlecht fortpflanzen. Wehe dem, der den
5 ersten, den unaussöhnlichen Tropfen Bluts vergiesst, in einem verruchten Krieg mit einem Volk, das in der grossen Sache der öffentlichen Freiheit streitet. Ich sage es Euch frei heraus, my Lords, keiner von meinen Söhnen, noch jemand, auf den ich Einfluss habe, soll jemals sein Schwert auf seine
10 Mituntertanen ziehen. […] Stillt den in Amerika herrschenden Aufruhr, indem Ihr die anstössige, feindliche Ursache entfernt. […] „Dem Kampf auszuweichen, heisst siegen." Unser Sieg kann nimmer durch Anstrengung sein. Unsere Kraft würde auf unverhältnismässige Weise angestrengt werden
15 gegen ein tapferes, edelmütiges und vereinigtes Volk, mit Waffen in den Händen und Mut im Herzen. […] Der Geist, der sich jetzt Eurer Besteuerung in Amerika widersetzt, […] ist derselbige Geist, der den grossen Grundsatz Eurer Freihei-

ten festsetzte, dass kein Untertan besteuert werden soll, als nur mit seiner eigenen Bewilligung. […] Ich hoffe, Eure Herr- 20 lichkeiten sind davon überzeugt, dass alle Versuche, solchen Leuten das Joch aufzulegen, über eine solche mächtige, über einen ganzen Kontinent ausgebreitete Nation willkürliche Herrschaft aufzurichten, vergeblich und verderblich sein müssen. Wir werden am Ende gezwungen sein aufzugeben. 25 Lasst es uns tun, solange wir können, nicht, wenn wir müssen.

Zit. nach: Willi Paul Adams/Angela Meurer Adams (Hg. u. Übers.), Die Amerikanische Revolution in Augenzeugenberichten, München (dtv) 1976, S. 113–117*

5 ■ Analysiere die Argumente, mit denen Pitt versucht, das Parlament zu überzeugen, die umstrittenen Steuererhöhungen zurückzunehmen (M 3).
6 ■ Erkläre den Titel dieses Textes.
7 ■ Entwirf eine Antwort eines britischen Parlamentariers, der die Gegenposition von Pitt einnimmt.

M4 Gegen die „barbarische und höllische Macht"

Thomas Paine (1737–1809) war 1774 von England nach Amerika ausgewandert. Durch seine Flugschrift „Common Sense" aus dem Jahr 1776, die an die amerikanische Bevölkerung gerichtet war und die weite Verbreitung erfuhr, gelang es ihm, in Nordamerika grossen Einfluss zu erlangen.
Da man die Sache [den Befreiungskampf] von der Beweisführung auf die Waffen verwiesen hat, ist eine neue Zeitrechnung für die Politik angebrochen, ist eine neue Denkweise entstanden. Alle Pläne, Vorschläge usw., die […] vor dem Beginn der Feindseligkeiten liegen, sind wie Kalender 5 vom letzten Jahr, die damals taugten, aber überholt und nutzlos sind. […] Wir haben mit dem Schutz Grossbritanniens geprahlt, ohne daran zu denken, dass dessen Beweggrund der eigene Vorteil und nicht Zuneigung war, und dass es uns nicht unsertwegen vor unseren Feinden schützte, 10 sondern seinetwegen vor seinen Feinden. […]
Europa, nicht England, ist das Stammland Amerikas. Die Neue Welt ist die Zuflucht für die verfolgten Freunde der bürgerlichen und religiösen Freiheit aus allen Teilen Europas gewesen. […] Eigene Regierung ist unser natürliches Recht. 15 […] Ihr, die ihr euch jetzt gegen Unabhängigkeit wendet, ihr wisst nicht, was ihr tut; ihr öffnet ewiger Tyrannei die Türe, denn ihr haltet den Sitz der Regierung leer. Tausende und Zehntausende würden es für ruhmvoll halten, von diesem Erdteil die barbarische und höllische Macht zu verjagen, die 20 zu unserer Vernichtung die Indianer und Neger aufreizte. […]
Oh ihr, die ihr die Menschheit liebt! Ihr, die ihr nicht bloss der Tyrannei, sondern dem Tyrannen selbst zu trotzen wagt, haltet stand! In jedem Fleck der Alten Welt herrscht Unter- 25 drückung. […]

Oh nehmt die Flüchtlinge auf und bereitet der Menschheit rechtzeitig eine Zufluchtsstätte. [...] Wer sich Natur zum Führer nimmt, kann nicht leicht in seiner Beweisführung ir-
30 regemacht werden, und auf dieser Grundlage stehe ich allgemein dafür: Unabhängigkeit ist eine gerade, einfache Richtlinie, die in unserer Hand liegt, Versöhnung aber ist eine ausserordentlich verwirrte und verwickelte Sache, bei der sich ein verräterischer, launenhafter Hof einmischen

muss. [...] Kurz, Unabhängigkeit ist das einzige Band, das 35 uns verknüpfen und zusammenhalten kann.

Zit. nach: Wolfgang Lautemann/Manfred Schlenke (Hg.), Geschichte in Quellen, Bd. 4, München (bsv) 1981, S. 99*

8 ■ Beschreibe die Argumentation von Paine (M 4) und beurteile sie. Erkläre den grossen Erfolg der Schrift in den Kolonien.

M 5 **Die erste Schlacht des Amerikanischen Unabhängigkeitskriegs, 19. April 1775, Massachusetts, zeitgenössischer Kupferstich von F. Godefroy (1743–1819), spätere Kolorierung**

9 ■ Analysiere und interpretiere das Bild M 5 gemäss der Methode auf S. 136/137.

Die Entstehung der USA

Unabhängigkeitserklärung

Am 4. Juli 1776 erklärten Delegierte aller 13 Kolonien die Unabhängigkeit der *United States of America (USA)*. Die vom späteren Präsidenten Thomas Jefferson formulierte Unabhängigkeitserklärung ist eines der bedeutsamsten politischen Dokumente der Neuzeit. Zum ersten Male beriefen sich Untertanen mit Erfolg darauf, dass Herrschaft auf einem Vertrag zwischen Volk und Regierung beruhe und die Regierung darauf Rücksicht zu nehmen habe.

Bereits vor der Unabhängigkeitserklärung standen die Amerikaner vor grossen Problemen. Die Unabhängigkeit musste in einem Krieg gegen das englische Mutterland erkämpft werden. Es musste Geld beschafft werden, um die amerikanische Armee auszurüsten und zu entlohnen. Die kontinentalen europäischen Regierungen mussten informiert und um finanzielle und militärische Unterstützung gebeten werden. Nach schweren Rückschlägen gewannen die zunächst schlecht bewaffneten und ausgebildeten amerikanischen Soldaten unter dem Oberbefehl von George Washington die Oberhand über die britischen Truppen. Entscheidend für ihren Sieg war neben der ausländischen Hilfe der Umstand, dass sie das Hinterland der von den Briten besetzten Hafenstädte beherrschten. 1781 konnten die Amerikaner die durch die französische Flotte vom Nachschub abgeschnittenen Briten bei Yorktown zur Kapitulation zwingen. 1783 erkannte das kriegsmüde Grossbritannien im Frieden von Paris die Unabhängigkeit der USA an.

M1   **George Washington (1732–1799), Ölgemälde von Gilbert Suart, 1796.**
Washington war von 1775 bis 1783 Oberbefehlshaber der Kontinentalarmee, 1787 Präsident des Verfassungskonvents in Philadelphia und von 1789 bis 1797 erster Präsident der USA

Die Verfassung der USA

Die Amerikanische Revolution war mehr als nur ein Unabhängigkeitskrieg und eine Befreiungsrevolution. Sie war auch eine Revolution im Innern der ehemaligen Kolonien Englands. Die 13 Einzelstaaten gaben sich zwischen 1776 und 1780 **Verfassungen**, die die Ideen der Aufklärung aufnahmen (s. S. 84). Die Verfassunggebung in den amerikanischen Einzelstaaten, mit der man eine schriftlich festgelegte staatliche Ordnung und den Schutz des Eigentums wiederherstellen wollte, verkörperte den eigentlichen revolutionären Akt.

Die republikanischen Prinzipien dieser Verfassungen wurden 1787 in die Verfassung der USA übernommen, die in ihren Grundzügen noch heute gültig ist. In ihr waren die unveräusserlichen Grundrechte, das Recht auf Gleichheit, Leben, Freiheit und Eigentum aller Bürger festgelegt. Ausdrücklich wurde auch das Recht auf Glück *(Pursuit of Happiness)* in der Verfassung festgeschrieben. Die Regierungsgewalt wurde nach dem Prinzip der *Checks and Balances* in Legislative, Exekutive und Judikative geteilt. Der Präsident als Oberhaupt der Exekutive erhielt nach langen Diskussionen weitreichende Kompetenzen. Das aktive und das passive **Wahlrecht** stand nur Bürgern mit Besitz zu, aber auch ein kleines Eigentum reichte dafür aus. In der Regel waren drei Viertel aller weissen Männer wahlberechtigt. Damit die geschriebene Verfassung stets neuen, veränderten Bedingungen angepasst werden konnte, ermöglichte Artikel 5 Verfassungsänderungen

Verfassung
Gesamtheit der Grundsätze, die die Form eines Staates und die Rechte und Pflichten seiner Bürger festlegen.

Checks and Balances
„Überprüfung und Ausgleich".
Die drei Gewalten des politischen Systems – Kongress, Präsident und Supreme Court – sollen nicht nur getrennt sein, sondern einander kontrollieren und damit verhindern, dass eine Gewalt mehr Macht gewinnt als ihr durch die Verfassung zusteht.

durch Zusatzartikel *(Amendments)*. So wurde z. B. durch den 19. Zusatzartikel 1920 in allen Staaten der Union das Frauenwahlrecht eingeführt. Mit der neuen Verfassung erhielt die Bundesregierung das Recht, Steuern und Zölle zu erheben, Handel gesetzlich zu regeln und Geldnoten zu drucken. Diese Bestimmungen begünstigten die städtische, am Handel interessierte Oberschicht. Das Problem der Sklaverei wurde allerdings nicht gelöst. Insgesamt war die Verfassung ein Kompromiss zwischen den Anhängern eines lockeren Staatenbundes und denen eines starken Bundesstaates. Die Grundlage dieses Kompromisses war die Überzeugung fast aller weissen Bürger, dass der Schutz von Freiheit und Eigentum der wichtigste Zweck einer Verfassung sei.

Wahlrecht
Das Recht des Einzelnen auf Teilnahme an der Wahl. Er darf wählen (aktives Wahlrecht) oder gewählt werden (passives Wahlrecht).

Staatenbund und Bundesstaat
Im Bundesstaat ist die Zentrale, der Bund, Inhaber der Staatsgewalt, im Staatenbund sind die einzelnen Staaten rechtlich und wirtschaftlich selbstständig, bilden jedoch eine Union.

1 ■ Erläutere die Verfassung der USA von 1787 (M 2). Beachte dabei besonders, inwiefern die Grundideen der Aufklärung und das Prinzip der *Checks and Balances* umgesetzt worden sind.

M 2 Die Verfassung der USA von 1787

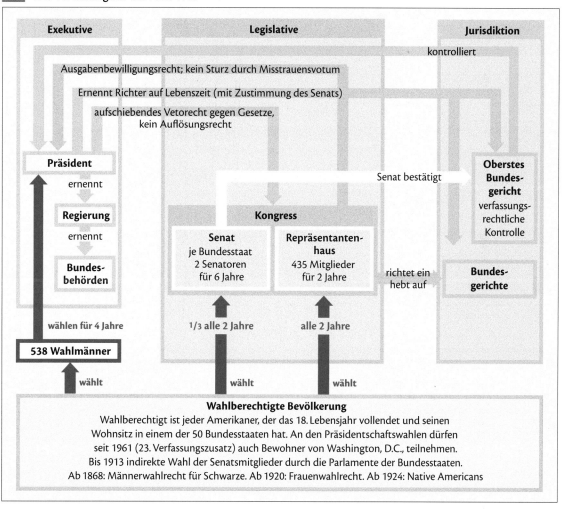

M3 **Die Entstehung der USA 1763–1795.**

*Die Proklamationslinie von 1763 war eine vom englischen König eingerichtete zeitweilige
Grenze zwischen den Kolonien und den Gebieten der Native Americans. Sie regelte den Handel, den Landerwerb und die Neuansiedlung von Siedlern jenseits der erklärten Linie. Sie
sollte damit die Beziehungen zu den Native Americans stabilisieren*

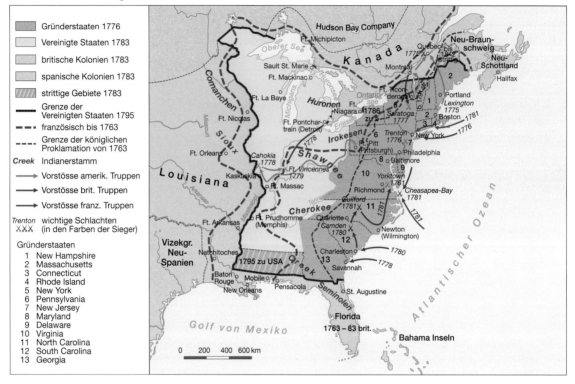

2 ■ Beschreibe anhand der Karte die Entwicklung der USA. Unterscheide dabei
den Verlauf des Krieges, die verschiedenen Kriegsparteien und die Rolle der *Native
Americans*.

M4 **„Leben, Freiheit und das Streben nach Glück"**

Aus der Unabhängigkeitserklärung vom 4. Juli 1776:

Folgende Wahrheiten erachten wir als selbstverständlich:
dass alle Menschen gleich geschaffen sind; dass sie von ihrem Schöpfer mit gewissen unveräusserlichen Rechten ausgestattet sind; dass dazu Leben, Freiheit und das Streben
5 nach Glück gehören; dass zur Sicherung dieser Rechte Regierungen unter den Menschen eingerichtet werden, die
ihre rechtmässige Macht aus der Zustimmung der Regier-
ten herleiten; dass, wenn irgendeine Regierungsform sich für
diese Zwecke als schädlich erweist, es das Recht des Volkes
10 ist, sie zu ändern oder abzuschaffen und eine neue Regierung einzusetzen und sie auf solchen Grundsätzen aufzubauen und ihre Gewalten in der Form zu organisieren, wie
es zur Gewährleistung ihrer Sicherheit und ihres Glücks geboten zu sein scheint. Gewiss gebietet die Vorsicht, dass seit
15 Langem bestehende Regierungen nicht um unbedeutender

und flüchtiger Ursachen willen geändert werden sollten,
und demgemäss hat noch jede Erfahrung gezeigt, dass die
Menschen eher geneigt sind zu dulden, solange die Übel
noch erträglich sind, als sich unter Abschaffung der Formen,
die sie gewöhnt sind, Recht zu verschaffen. Aber wenn eine 20
lange Reihe von Missbräuchen und Übergriffen, die stets das
gleiche Ziel verfolgen, die Absicht erkennen lässt, sie absolu-
tem Despotismus [Willkürherrschaft] zu unterwerfen, so ist
es ihr Recht, ist es ihre Pflicht, eine solche Regierung zu beseitigen. [...] Solchermassen ist das geduldige Ausharren 25
dieser Kolonien gewesen und solchermassen ist jetzt die
Notwendigkeit, welche sie treibt, ihre früheren Regierungs-
systeme zu ändern. Die Geschichte des gegenwärtigen Königs von Grossbritannien ist die Geschichte wiederholten
Unrechts und wiederholter Übergriffe, die alle auf die Errich- 30
tung einer absoluten Tyrannei über die Staaten zielen.
[Es folgt eine Auflistung von Missbräuchen und Rechtsbrü-

chen, die der König von England nach Ansicht der Revolutionäre gegen die Bevölkerung der 13 Kolonien begangen hatte[1].]
In jenem Stadium dieser Bedrückungen haben wir in den untertänigsten Ausdrücken um Abhilfe ersucht; unser wiederholtes Ersuchen ist lediglich durch wiederholtes Unrecht
35 beantwortet worden. Ein Fürst, dessen Charakter durch jede Handlung in solcher Weise gekennzeichnet ist, kann als ein Tyrann bezeichnet werden, der als Herrscher über ein freies Volk ungeeignet ist.

Auch haben wir es nicht unterlassen, unserer britischen Brü-
40 der hinlänglich eingedenk zu sein. Wir haben sie von Zeit zu Zeit von den Versuchen ihrer gesetzgeberischen Gewalt in Kenntnis gesetzt, eine gesetzwidrige Rechtsprechung über uns zu errichten. Wir haben sie an die näheren Umstände unserer Auswanderung und unserer Siedlung hier erinnert.
45 Wir haben an ihr natürliches Gerechtigkeitsgefühl und ihre natürliche Hochherzigkeit appelliert und sie bei den Banden unserer gemeinsamen Herkunft beschworen, diese Übergriffe zu missbilligen, die unvermeidlich zum Abbruch unserer Verbindungen und Beziehungen führen müssten. Auch
50 sie sind der Stimme der Gerechtigkeit und der Blutsverwandtschaft gegenüber taub geblieben. Wir müssen uns daher mit der Notwendigkeit abfinden, welche unsere Trennung gebietet […]. Daher tun wir, die Vertreter der Vereinigten Staaten von Amerika, versammelt in einem allgemeinen
55 Kongress, an den Obersten Richter der Welt betreffs der Rechtlichkeit unserer Absichten appellierend […], feierlich kund und erklären, dass diese Vereinigten Kolonien freie und unabhängige Staaten sind und es von Rechts wegen sein sollen; dass sie von jeglicher Treuepflicht gegen die britische
60 tische Krone entbunden sind und dass jegliche politische Verbindung zwischen ihnen und dem Staate Grossbritannien vollständig gelöst ist, […] und dass sie als freie und unabhängige Staaten Vollmacht haben, Kriege zu führen, Frieden zu schliessen, Bündnisse einzugehen, Handel zu treiben und
65 alle anderen Akte und Dinge zu tun, welche unabhängige Staaten von Rechts wegen tun können.

*Zit. nach: Adolf Rock, Dokumente der amerikanischen Demokratie, Wiesbaden (Limes) 1953, S. 102 ff.***

1 U. a. habe er sich geweigert, notwendigen Gesetzen seine Zustimmung zu erteilen, die Arbeit der Kolonialparlamente behindert und diese wiederholt unrechtmässig aufgelöst, die Rechtsprechung behindert und korrumpiert, ungesetzlich die Einquartierungen von Truppen befohlen, einen Krieg gegen die eigene Bevölkerung in den Kolonien begonnen, und schliesslich danach gestrebt, ohne Unterschied von Alter, Geschlecht und Stand alles niederzumetzeln.

3 ■ Analysiere die Argumente, mit denen die Kolonien ihre Trennung vom englischen Mutterland begründen (M 4).

4 ■ Entwirf eine fiktive Antwort der englischen Regierung an die Unterzeichner dieser Erklärung.

M5 Über das Recht von Zivilpersonen, Waffen zu tragen

Der 2. Zusatzartikel zur Verfassung der Vereinigten Staaten von Amerika verbietet der Bundesregierung, das Recht auf Besitz und Tragen von Waffen einzuschränken. Er wurde mit den anderen ersten neun Zusatzartikeln am 15. Dezember 1791 vom Kongress verabschiedet. Der Originaltext des seit seinem Beschluss durch den Kongress unveränderten Artikels lautet: „A well regulated Militia, being necessary to the security of a free State, the right of the people to keep and bear Arms, shall not be infringed." („Da eine wohlgeordnete Miliz für die Sicherheit eines freien Staates notwendig ist, darf das Recht des Volkes, Waffen zu besitzen und zu tragen, nicht beeinträchtigt werden.")

Dieser Artikel wird in den USA bis heute sehr kontrovers diskutiert, wie der folgende Zeitungsartikel vom 28. 10. 2018 zeigt.
In den USA sind geschätzte 300 Millionen Waffen im Umlauf, beinahe eine pro Einwohner. Kein anderes Land erlebt so viele Schusswaffenmassaker – und doch verteidigen die USA vehement das Recht, eine Waffe zu tragen. [Das Gesetz] stammt aus Zeiten, in denen der Staat noch nicht in 5 der Lage war, das Gewaltmonopol zu übernehmen und seine Bürger gerade in entlegenen Gegenden zu schützen. Die USA sind heute das Industrieland mit den meisten Schusswaffen pro Einwohner. Dazu hat auch die erhöhte Polizei- und Militärpräsenz nach den Terroranschlägen vom 10 11. September 2001 beigetragen. Millionen von Veteranen, Polizisten und Sicherheitsleuten im Land prägen die weitverbreitete Schusswaffenkultur. Seit der Jahrtausendwende hat die Zahl der Waffen stetig zugenommen – und mit ihr die Zahl der Schusswaffenmassaker mit mehr als vier Toten. 15 Seit 1934 wurden vorrangig unter Präsidenten der Demokratischen Partei – Roosevelt, Johnson, Clinton – Gesetze eingeführt, die eine gewisse Waffenkontrolle garantieren sollten. Republikanische Präsidenten – Reagan, Bush – stärkten hingegen vor allem die Rechte der Waffenbesitzer 20 und -händler. Es gibt in der vorhandenen Gesetzgebung diverse Schlupflöcher. Nach grösseren Schusswaffenmassakern werden immer wieder Forderungen nach einer effektiveren Waffenkontrolle laut. Bis anhin scheiterten diese jedoch am Widerstand der Waffenbesitzer und der Waffen- 25 lobby.
*Neue Züricher Zeitung v. 28. 10. 2018**

5 ■ Erkläre die ursprüngliche Absicht der Gesetzgeber im Zusammenhang mit der Entstehung der USA (M 5).

6 ■ Erläutere die Problematik eines Gesetzes, das mehr als 200 Jahre alt ist und heute noch Gültigkeit hat.

7 ■ Dürfen/Sollen Zivilisten Waffen tragen? Bereite in der Klasse ein Streitgespräch zu diesem Thema vor.

„Go West" – die Frontier-Bewegung

M1 **Siedler vor Planwagen in Nebraska, Fotografie, 1886**

Die Erschliessung des Westens

1783 war den USA im Frieden von Paris das Gebiet westlich der Appalachen bis zum Mississippi zugesprochen worden. 1803 wurde von Frankreich Louisiana, das Land zwischen Mississippi und Rocky Mountains, erworben. Die Fläche der USA wurde mit diesem Kauf verdoppelt und war damit gut hundertmal grösser als die Schweiz. Mit dem Landerwerb begann das Jahrhundert der Pionierzeit. Von 1790 bis 1850 wurde das Gebiet bis zum Mississippi besiedelt, die Erschliessung des „fernen Westens" folgte bis 1890. Hatte ein Territorium eine Bevölkerungszahl von 60 000 Männern erreicht, wurde es vom Kongress der USA als Staat mit allen Rechten und Pflichten in die Union aufgenommen. Nicht alle Gebiete kamen friedlich durch Abtretung oder Kauf an die USA. So wurde Texas 1845 annektiert, und Kalifornien und Neu-Mexiko kamen nach einem zweijährigen Krieg mit Mexiko an die USA.

Zum Verständnis der Westausdehnung gehört der Begriff *Frontier*, ein Wort, das nicht genau ins Deutsche übersetzt werden kann. Im amerikanischen Sprachgebrauch bezeichnet es den stets bewegten und umkämpften Grenzbereich zwischen Zivilisation und Wildnis, das Gebiet, in dem Mensch und ursprüngliche Natur aufeinandertrafen, in der sich Menschen in Gefahren aller Art bewähren mussten – Hitze, Kälte, Urwälder, Wüsten, weglose Gebirge, reissende Flüsse, feindliche Ureinwohner, wilde Tiere. Von Europa her wanderten im 19. Jahrhundert Millionen von Menschen in die USA ein (s. S. 128). In den Frontiers fanden sie Land, um sich anzusiedeln. Soziale Spannungen konnten so vermindert werden. Das Gefühl der Pioniere, allein auf sich gestellt etwas aufzubauen, prägt die Mentalität der Amerikaner bis heute.

Manifest Destiny

Im Zusammenhang mit der Erschliessung des Westens wurde ein weiterer Begriff wichtig: *Manifest Destiny*, was etwa mit „schicksalhafter Bestimmung" übersetzt werden kann. Gemeint ist, dass die weissen Amerikaner glaubten, einen göttlichen Auftrag zur Expansion zu haben, um die Ideen von Freiheit und Demokratie in Richtung Pazifik zu verbreiten. Der Begriff wurde im 19. Jahrhundert dazu verwendet, die territoriale

Expansion über den gesamten nordamerikanischen Kontinent mit den Idealen der Demokratie und der Zivilisation zu rechtfertigen. Praktisch bedeutete dies jedoch häufig den Ausschluss der *Native Americans* und der Menschen mit nichteuropäischen Vorfahren. 1890 erklärte die amerikanische Regierung die Frontier-Bewegung offiziell für abgeschlossen, weil das Gebiet zwischen der Ost- und Westküste weitgehend erschlossen war. Das nationale Selbstverständnis der USA ist bis heute geprägt vom *Spirit of the Frontier* und von der *Manifest Destiny* (s. Methode S. 136/137).

Die Kultivierung des Landes　Schon die ersten Kolonisten an der Ostküste waren Farmer geworden, und Generationen von Siedlern waren ihnen, immer weiter nach Westen ziehend, gefolgt. Sie rodeten das Land, sodass man erste Feldfrüchte (Mais, Roggen, Weizen, Bohnen) anbauen konnte. Aus gefällten Bäumen wurden Blockhäuser und Zäune errichtet. Die Farmer waren weitgehend Selbstversorger. In den 1850er-Jahren erreichte die *Farming Frontier* jenseits von Mississippi und Missouri die Grasprärien des Mittleren Westens, *American Desert* genannt. Hier war der Boden trocken und hart, und auf ihm wuchsen nur spärliches Gras und anspruchsloses Gebüsch. Viele glaubten, das Land sei nur für die Cowboys mit ihren grossen Viehherden geeignet, aber nicht für den Ackerbau. Drei einfache technische Neuerungen öffneten schliesslich die Prärie für die Farmer: Mit kleinen, günstig hergestellten Metallwindrädern wurde das Grundwasser an die Oberfläche gepumpt – die Wasserversorgung, das grösste Problem in der Prärie, wurde damit gelöst. Eine drehbare Pflugschar aus Stahl wurde entwickelt, die stabil genug war, um den schweren, harten Prärieboden aufzureissen. Mit billig produziertem Stacheldraht konnten die Farmer ihr Land umzäunen und so vor den Rinderherden der Viehzüchter schützen. Diese mussten für ihre Herden ebenfalls Land einzäunen und wurden so zu Ranchern.

Die Eisenbahn　Eine weitere wichtige technische Erfindung als Voraussetzung zur Erschliessung der Prärie war die Eisenbahn. Die Präriefarmer waren keine Selbstversorger mehr, sie mussten viele Waren kaufen. Dafür und für den Kauf- oder Pachtpreis brauchten sie Geld, das sie mit dem Verkauf ihrer Produkte in die Städte des Ostens und zunehmend nach Europa verdienten. Mit der Eisenbahn konnten Getreide und Vieh aus dem Westen in den Osten und mit den neu entwickelten Dampfschiffen nach Übersee transportiert werden. Die Farmer waren abhängig von der Natur, von der Kaufkraft ihrer Abnehmer und schliesslich von Bankiers, die ihnen den Kaufpreis der Farm, die Ausrüstung und die erste Ernte gegen hohe Zinsen vorfinanzierten. Während der ersten Jahre blühte die Agrarwirtschaft. Der Boden trug gut, und die Bevölkerungszahl in den Städten wuchs. Viele alte Selbstversorgungsfarmen östlich des Mississippi stellten wegen der Gewinnmöglichkeiten auf die Produktion für den Markt um, neue Agrarflächen wurden erschlossen. So verdoppelte sich die Weizenanbaufläche bis 1880. Das führte zu einer Überproduktion und endete schliesslich in in einer schweren Agrarkrise. Sie begann in den 1870er-Jahren und dauerte über 20 Jahre. Zudem gab es mehrere Sommer ohne Regen, einige Winter mit so viel Schnee und Kälte, dass das Vieh auf den Weiden einging. Viele kleine Farmer mussten ihren Betrieb aufgeben.

1　■　Schreibe einen Tagebucheintrag einer Farmerin, die um 1890 im heutigen Staat Colorado lebte.

M2 **Die territoriale Entwicklung der USA 1783–1912**

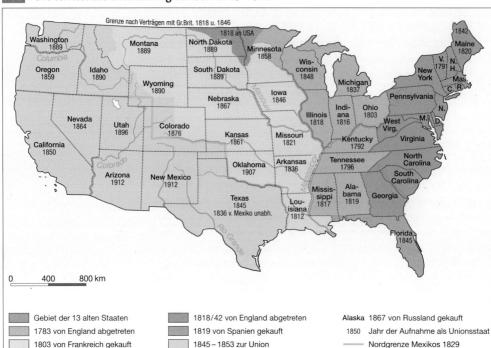

2 ■ Beschreibe mithilfe des Darstellungstextes und M2 die territoriale Entwicklung
der USA 1783–1912.

M3 **Die Bedeutung der Frontier-Bewegung für die USA**

Auszug aus einem Vortrag des Historikers Frederick Jackson Turner (1861–1932), den er anlässlich der Weltausstellung 1893 in Chicago hielt:

Die Eigentümlichkeit amerikanischer Einrichtungen besteht darin, dass sie gezwungen waren, sich den Veränderungen anzupassen, die eine Durchquerung des Kontinents durch eine sich ausbreitende Bevölkerung, eine Erschliessung der
5 Wildnis und eine Entwicklung auf jeder Stufe des Fortschritts aus den primitiven wirtschaftlichen und politischen Bedingungen der Grenze zur Kompliziertheit städtischen Lebens bewirkten [...]. Die amerikanische soziale Entwicklung hat an der Grenze fortlaufend neu begonnen. Diese
10 dauernde Wiedergeburt, dieser fliessende Zustand amerikanischen Lebens, [...] die fortwährende Berührung mit der Einfachheit primitiver Gesellschaften liefern die den amerikanischen Charakter beherrschenden Kräfte. Den wahren Angelpunkt in der Geschichte dieser Nation bildet nicht die
15 Atlantikküste, sondern der Grosse Westen. [...] Bei diesem Vordringen bildet die Grenze den äusseren Rand der Ausdehnungswelle, den Punkt, wo Wildnis und Zivilisation aufeinanderstossen. [...] Die Grenze war die Linie, auf der sich

die Amerikanisierung am schnellsten und wirksamsten vollzog. [...] So bedeutet das Vordringen der Grenze ein stetiges 20 Entfernen vom europäischen Einfluss, ein ständiges Wachsen der Unabhängigkeit im amerikanischen Sinne. [...] Aus den Bedingungen des Grenzlebens formten sich geistige Charakterzüge von grösster Wichtigkeit. [...]

Jene Derbheit und Kraft, verbunden mit Scharfsinn und 25 Wissbegier, jene praktische, erfinderische Geistesrichtung, die sich schnell mit Notbehelfen abfindet, jenes meisterhafte Erfassen materieller Dinge, dem zwar das Künstlerische fehlt, aber zu grossen Endzielen führt, jene ruhelose, nervöse Tatkraft, jener ausgesprochene Individualismus [...] und vor 30 allem jene Spannkraft und Lebensfülle, die aus der Freiheit strömt – dies sind die Charakterzüge der Grenze.

Zit. nach: Frederick Jackson Turner, Die Grenze. Ihre Bedeutung in der amerikanischen Geschichte (1893), übers. v. Charlotte von Cossel, Bremen (Dorn) 1947, S. 11–42*

3 ■ Analysiere die Argumentation Turners (M3).
4 ■ Suche nach aktuellen Beispielen aus der amerikanischen Politik, die den beschriebenen „Frontier-Geist" spiegeln.

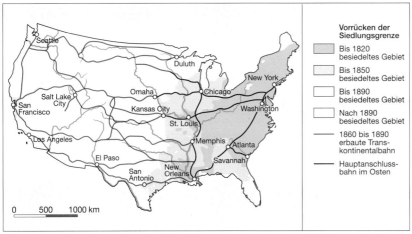

M4 Besiedlung des Westens und Bau der Transkontinentalbahn.

Das Eisenbahnnetz der USA hatte 1890 eine Länge von 268 409 km (Deutschland 42 889 km, Grossbritannien 32 297 km, Europa 192 500 km)

5 ■ Erläutere anhand der Karte M 4 und des Darstellungstextes die Bedeutung der Eisenbahn für die Besiedlung des Westens.

M5 *The Great West.* Lithografie, 1870

6 ■ Beschreibe den Bildaufbau von M 5 und interpretiere die Bildaussage. Beachte den Titel des Gemäldes.

M6 „Westwärts geht der Weg des Imperiums", Fresko von E. Leutze aus dem Kapitol in Washington, 1862

7 ■ a) Vergleiche das Bild M 6 mit dem Gemälde M 5.
b) Vergleiche das Bild mit dem Gemälde „Der Fortschritt" auf S. 137.
c) Erkläre die Unterschiede und nenne die Folgerungen, die sich aus den drei Bildern ziehen lassen.

Die „Indianerpolitik" der USA bis heute

M1 Reservat der Flathead in Montana, Foto, 1909

Reservate
Begrenzte Gebiete, die im Verlauf des 19. Jahrhunderts meistens durch Verträge mit den Stämmen oder, ab 1871, ohne ihre Mitsprache eingerichtet wurden.

Die „Indianerpolitik" im 19. Jahrhundert

1790 wurde in der ersten Volkszählung der USA (*United States Census*) eine Bevölkerungszahl von knapp 4 Mio. Einwohnern ermittelt. Wie viele davon *Native Americans* waren, lässt sich nicht sagen, da sie nicht mitgezählt wurden; Schätzungen gehen von weniger als einem Prozent Bevölkerungsanteil aus. Für die Regierung galten ihre Siedlungsgebiete bis 1849 als „Ausland", mit dem Kriege geführt und Verträge geschlossen werden sollten. Je weiter sich die USA im 19. Jahrhundert gegen Westen ausdehnten, desto mehr wurden die Stämme verdrängt oder vernichtet. Land- und Kapitalbesitz vor Augen, nahmen die Weissen auf sie wenig Rücksicht. „Die Knochen des Indianers müssen den Boden düngen, ehe der Pflug der Weissen ihn öffnen kann", war ein im Westen oft gebrauchtes Sprichwort. Viele *Native Americans* starben in Kämpfen mit Siedlern oder mit der amerikanischen Armee oder verhungerten, weil die Weissen ihre Lebensgrundlage zerstörten, indem sie z.B. die Bisonherden abschlachteten. Ein „Gesetz zur Entfernung der Indianer" von 1830 wies ihnen bestimmte Territorien als „dauernde Wohnsitze" in Form von **Reservaten** zu. Diese befanden sich häufig in trockenen Gegenden, die den weissen Siedlern zunächst wenig begehrenswert schienen. Später entdeckte man jedoch gerade in diesen Gebieten grosse Vorkommen an Bodenschätzen. Die meisten Stämme hatten nur wenig Möglichkeiten, sich gegen den Abbau der Bodenschätze in ihren Reservaten zu wehren. Die anderen Gebiete mussten geräumt werden. Damit war jedoch der Landverlust für die *Native Americans* noch nicht beendet. Auf Druck der Siedler wurden diese Territorien 1887 durch ein neues Gesetz wieder aufgelöst und der Hoheit der einzelnen Staaten unterstellt. Das bisherige Reservatsland wurde in den folgenden Jahrzehnten zum Teil als Privatbesitz aufgeteilt. Da aber viele der *Native Americans* keine Möglichkeit für eine bezahlte Arbeit hatten, mussten sie ihr Land an Weisse verkaufen. Die noch verbliebenen Reservate galten nun als staatlicher Besitz, der den Stämmen zur Verfügung gestellt wurde.

Trotz einzelner Erfolge wie der Schlacht am Little Bighorn (1876), als die Truppen der USA eine vernichtende Niederlage erlitten, blieb der Widerstand der *Native Americans* insgesamt erfolglos. 1890 endete bei Wounded Knee der Widerstand mit dem Massaker an Mitgliedern des Sioux-Stammes. Die Gesamtzahl der *Native Americans* betrug in diesem Jahr nur noch 0,2 Mio. In den folgenden Jahrzehnten versuchte die US-Regierung die native Americans zur Assimilation zu zwingen, um die Kultur der Weissen annehmen. Es wurde ihnen z. B. verboten, ihre traditionellen Kulte in der Öffentlichkeit auszuüben. Auch wurden Kinder ihren Eltern weggenommen und in Internate ausserhalb der Reservate geschickt, in denen sie ihre Sprachen nicht sprechen durften. Die Reservate wurden vom staatlichen *Bureau of Indian Affairs* (BIA) verwaltet.

Assimilation
Gezielte, auch zwangsweise Durchsetzung einer sozialen Anpassung von Personen durch politische und kulturelle Massnahmen.

Die Entwicklung bis heute Bis zum Ende des 19. Jahrhunderts waren fast alle Stämme in Reservate getrieben oder umgesiedelt worden. Elend und Resignation prägten ihr Leben, die Situation besserte sich nur langsam. Dieser Wandel hatte seinen Ursprung im *Indian Reorganization Act* von 1934. Unter anderem wurden nun Landverkäufe an Weisse verboten, und die Stämme konnten nach amerikanischem Vorbild Reservatsregierungen wählen.

Heute leben je nach Zählung etwa 2,3 Mio. *Native Americans* (1,26 Prozent der Gesamtbevölkerung) in den USA, etwa 40 Prozent davon in Reservaten. Sie gehören zumeist kleinen Völkern an. Lediglich der Stamm der Cherokee hat mehr als 300 000 Angehörige. Im Kampf um ihr Land sind die Indianer bis heute nur teilweise erfolgreich. Die juristischen Auseinandersetzungen begannen 1946, als der US-Kongress die *Indian Claims Commission* (ICC) einsetzte, die für illegal enteignetes Land eine verzinste Entschädigung in Höhe des Wertes zur Zeit der Enteignung verteilen sollte. Stämme, deren Forderungen anerkannt wurden, erhielten beträchtliche Summen. Einige Stämme weigerten sich jedoch, finanzielle Entschädigung für ihr angestammtes Land zu akzeptieren.

Als einer der ärmsten Stämme galten lange Zeit die Fort-Mohave am Colorado River. Viele der kaum 1 000 Stammesangehörigen lebten von Sozialhilfe und hausten in verfallenen Armeebaracken. Das änderte sich ab den 1990er-Jahren, als der Stamm auf seinem Gebiet das grösste Spielkasino-Zentrum westlich des Mississippis baute. Elf Kasinos und Luxushotels entstanden dort. Das bedeutete gut bezahlte Arbeit für viele, vor allem auch in den stammeseigenen Hotels und Tankstellen. Die Mohave verteilen die Gewinne nicht auf die Familien, sondern schaffen damit Arbeitsplätze. Ermöglicht hat dies ein Sondergesetz der amerikanischen Regierung. Seit 1988 erlaubt es den *Native Americans*, auf ihrem Land Spielkasinos zu betreiben. In fast 160 Reservaten gibt es inzwischen Spielkasinos. Viele Stämme sind zudem im Tourismus aktiv und versuchen, den Besuchern ihre Traditionen und Werte näherzubringen. Nicht einmal die Hälfte der Stämme hat allerdings Anteil an dem Erfolg. Die Mehrheit lebt entweder geografisch zu abgelegen, oder sie kann Kasinobetriebe mit ihren Traditionen nicht vereinbaren.

Trotz dieser neuen Entwicklungen kommt es aber immer wieder zu Problemen, vor allem, wenn wertvolle Bodenschätze entdeckt werden. Viele *Native Americans* leben unter sehr schlechten Bedingungen. Ihre geringe Schulbildung lässt ihnen wenig berufliche Chancen. Viele sind von der Sozialhilfe abhängig, Alkohol- und Drogenmissbrauch sind auch in den Reservaten ein grosses Problem, ebenso Gewalt und sexueller Missbrauch. Die Selbstmordrate ist hoch. Das kulturelle Überleben der *native Americans* ist deshalb trotz gewisser Fortschritte nach wie vor schwierig. Sie leben meist zersplittert in kleinen Gruppen, sind häufig untereinander zerstritten und haben keine gemeinsame Strategie für die Zukunft.

1 ■ Charakterisiere das Verhältnis der Weissen zu den *Native Americans*.
2 ■ Suche im Internet aktuelle Beispiele für die Situation der „Indianer".

M2 **Crazy Horse in der Schlacht am Little Bighorn, Malerei des Oglalas Amos Bad Heart Bull (Tatanka Chante Shicha), nach 1890.**

Die Schlacht mit indianischen Augen gesehen: In der Mitte des Bildes der Häuptling Crazy Horse, rechts und links US-Soldaten. Einer Vision folgend verteilte Crazy Horse vor jedem Kampf Staub auf seinem Körper, womit er unverwundbar sein sollte; dies hat der Künstler mit der Punktierung wohl andeuten wollen

3 ■ Beschreibe und interpretiere die Darstellung der Schlacht (M2).

4 ■ Für die Armee der Vereinigten Staaten ist die Niederlage am Little Bighorn bis heute eines der grössten Traumata. Erkläre diese Einschätzung.

M3 **Jacksons Indianerpolitik**

Aus der „Ersten Jahresadresse" des US-Präsidenten Andrew Jackson (1767–1845, Amtszeit 1829–1837) an den US-Kongress, 1829:

Die Situation und das weitere Schicksal der indianischen Stämme in den Grenzen unserer Staaten sind zu einem Gegenstand grossen Interesses und [grosser] Bedeutung geworden. Seit Langem ist es das Ziel der Regierung gewesen,
5 sie zu zivilisieren, in der Hoffnung, sie allmählich von ihrem Nomadentum zu bekehren. Mit dieser Politik unvereinbar war allerdings ein weiteres Ziel, das wir verfolgten. Im gleichen Masse, in dem wir versuchten, sie zu zivilisieren und anzusiedeln, liessen wir keine Gelegenheit ungenutzt, ihr
10 Land zu erwerben und sie weiter in die Wildnis zu treiben. Durch dieses Verhalten sind die Indianer nicht nur bei ihrer Lebensweise geblieben, sondern gelangten zu der Ansicht, dass wir ungerecht seien und gleichgültig gegenüber ihrem Schicksal. [...] Obwohl die Indianer innerhalb der Grenzen
15 der Staaten Georgia und Alabama siedeln, haben sie jüngst versucht, eine unabhängige Regierung zu errichten. Diese Staaten beanspruchen aber die uneingeschränkte Oberherrschaft in ihren Territorien, die sich auch auf die Indianer erstreckt. Letztere haben die Vereinigten Staaten nun um
20 Schutz angerufen. Unter diesen Umständen stellt sich uns die Frage, ob die Bundesregierung diese Stämme in ihren

Ansprüchen unterstützen soll. In der Verfassung steht, dass ohne Zustimmung des Kongresses kein neuer Staat innerhalb der Gerichtsbarkeit eines anderen Staates gebildet oder errichtet werden soll. [...] Könnten die Indianer in jedem 25 ihrer Reservate in Ohio eine eigene Republik ausrufen? Und wenn dies geschehen würde, wäre es die Pflicht der Bundesregierung, sie dabei zu unterstützen? Wenn dieser Grundsatz gelten würde, hätte dies zur Folge, dass die Regierung ihren eigentlichen Zweck verletzen würde: Es wäre dann 30 ihre Pflicht, dabei zu helfen, die Staaten zu zerstören, zu deren Schutz die Union ursprünglich gegründet worden ist. Bestärkt durch diese Sicht der Dinge informierte ich die Indianer, die in Teilen Georgias und Alabamas ansässig sind, dass ihr Versuch, eine unabhängige Regierung zu gründen, 35 von dem Präsidenten der Vereinigten Staaten keine Unterstützung finden werde, und gab ihnen den Rat, jenseits des Mississippi zu emigrieren oder sich den Gesetzen der beiden Staaten zu unterwerfen. [...] Als Mittel, um dieses Ziel zu erreichen, unterbreite ich Ihnen den Vorschlag, die Indianer 40 in einem ausreichenden Bezirk westlich des Mississippis anzusiedeln und ohne Einschränkung durch irgendeinen Staat ein neues Territorium zu erschliessen. [...] Jeder Stamm soll dabei die uneingeschränkte Herrschaft über den Bereich erhalten, der ihm zugewiesen wurde. Dort sollen sie das Recht 45 haben, ihre eigene Regierung zu wählen, und nur so weit der Kontrolle der Vereinigten Staaten unterstellt sein, wie es notwendig erscheint, um den Frieden an der Frontier und zwischen den einzelnen Stämmen zu sichern. Es ist dabei unser gütiges Bestreben, sie mit den Segnungen der Zivilisa- 50 tion vertraut zu machen, Einigkeit und Harmonie zwischen ihnen zu stiften. Auf diese Weise möge ein besonderes Gemeinwesen entstehen, welches das Fortbestehen der Indianer sichert und die Humanität und Gerechtigkeit der Regierung bezeugt. Die Umsiedlung soll freiwillig geschehen, 55 denn es wäre grausam und ungerecht, die Ureinwohner zu zwingen, die Gräber ihrer Väter zu verlassen und eine neue Heimat in einem fernen Land zu suchen. Zudem sollen sie ein Jahr lang alles das erhalten, was sie zum Leben benötigen. Aber sie sollten mit Entschiedenheit darüber informiert 60 werden, dass sie, wenn sie bleiben, sich den Gesetzen der jeweiligen Staaten zu unterwerfen haben. Für diesen Gehorsam sollen sie im Gegenzug den vollen Schutz ihres Besitzes zugesichert bekommen.

Zit. nach: Andrew Jackson, „First Annual Message". A Compilation of the Messages and Papers of the Presidents, New York 1897, S. 1020–1022; in: Praxis Geschichte, März 2008, S. 24 ff., übers. v. H. Mannigel**

5 ■ Stelle anhand der Rede die Grundzüge der „Indianerpolitik" Jacksons zusammen und nimm Stellung dazu (M3).

6 ■ Beurteile die Rede aus der Sicht eines Stammeshäuptlings.

M 4 **Der Powwow.**

Powwow in Wyoming, 2006. Ein Powwow (auch Pow-Wow oder Pow Wow) im weitesten Sinne ist ein Treffen von nordamerikanischen Native Americans. Der Zweck eines Powwows besteht darin, den gemeinschaftlichen Geist zu stärken und die Zugehörigkeit zu einer indianischen Kultur aktiv zu leben. Das geschieht durch Stärkung von Körper, Seele und Geist

7 ■ Charakterisiere anhand von M 4 den Powwow. Powwows erfreuen sich bei vielen Touristen grosser Beliebtheit. Es gibt aber vonseiten der *Native Americans* auch kritische Stimmen dazu, dass diese Feste öffentlich zugänglich sind und vermarktet werden. Bereite ein Streitgespräch zu diesem Thema vor.

M 5 **Sioux-Stämme kämpfen gegen Pipeline, 2017**

Indigene Völker aus den USA haben vor Gericht den sofortigen Stopp des Baus der umstrittenen Dakota Access Pipeline beantragt. Das von US-Präsident Donald Trump wiederbelebte Projekt im Norden des Landes verstosse gegen
5 ihre Verfassungsrechte, führten die Mitglieder vom Stamm der Cheyenne River Sioux in ihrem Antrag an. Am Donnerstag waren die Bauarbeiten an der Pipeline wieder aufgenommen worden. Am letzten Teilabschnitt unter dem Oahe-Stausee am Fluss Mississippi werde wieder gebaut, sagte
10 eine Sprecherin der zuständigen Firma Energy Transfers. Die Pipeline könne demnach binnen drei Monaten in Betrieb genommen werden.

Mehrere Monate lang waren die abschliessenden Bauarbeiten an dem insgesamt 3,8 Mrd. Dollar teuren Projekt unter-
15 brochen worden, weil der vor Ort ansässige Stamm der Standing Rock Sioux gemeinsam mit Unterstützern und Umweltaktivisten aus dem ganzen Land protestiert hatte. Die Dakota Access Pipeline entweihe die Gewässer, in denen der Stamm seine „wichtigsten religiösen Gebräuche"
20 praktiziere, argumentierten die Sioux. Auch der Stamm aus dem Reservat Standing Rock kündigte an, rechtliche Schritte einzuleiten und weiter zu demonstrieren. […] Der Stamm der Cheyenne River Sioux hatte […] zuvor [darum] gebeten, die Bauarbeiten zu stoppen, solange eine früher eingereichte
25 Klage der Standing Rock Sioux noch in Bearbeitung sei. […] Im vergangenen Jahr war es bei Demonstrationen gegen die Pipeline immer wieder zu Zusammenstössen zwischen Polizisten und Tausenden Demonstranten gekommen, die nahe der Baustelle ein Lager errichtet hatten. Mehrere Personen wurden verletzt, es gab zahlreiche Festnahmen. Schliesslich
30 wurde noch unter Ex-Präsident Barack Obama eine neue Prüfung des Routenverlaufs angeordnet.

Der neue US-Präsident Donald Trump forderte das Korps der Armee-Ingenieure kurz nach seinem Amtsantritt in einem Dekret auf, den Weiterbau schneller voranzutreiben.
35 Die eigentlich auf zwei Jahre angesetzte Umweltstudie wurde gestoppt, und Energy Transfers bekam am Mittwoch die Freigabe für den Weiterbau. Unmittelbar danach wurden die Bauarbeiten wieder aufgenommen, wie Energy-Transfers-Sprecherin Vicki Granado sagte. Ihrer Schätzung nach
40 soll die Pipeline binnen 60 Tagen fertiggestellt sein und dann innerhalb von 23 Tagen befüllt und in Betrieb genommen werden. Trump hatte noch als Unternehmer in die Firma investiert.

Die Mitglieder der Sioux-Stämme und ihre Unterstützer be-
45 fürchteten unter Anderem, dass ihr Trinkwasser durch ein mögliches Leck der Pipeline verschmutzt werden könnte. Die Baufirma betonte hingegen, die Leitung sei sicher. Die insgesamt fast 2 000 Kilometer lange Pipeline soll Öl aus North Dakota durch mehrere US-Staaten bis nach Illinois
50 bringen, wo es dann verschifft wird.

ZEIT ONLINE, AFP, AP, vvö: Sioux-Stamm will Pipelinebau gerichtlich stoppen, ZEIT ONLINE, 10. 2. 2017, https://www.zeit.de (Zugriff: 4. 11. 2018)**

8 ■ Lege die Gründe der Pipeline-Betreiber und der Sioux für ihr jeweiliges Verhalten dar (M 5). Nimm Stellung dazu.
9 ■ Suche im Internet ein Beispiel für einen aktuellen Konflikt um Landrechte und Bodenschätze und stelle ihn in einem kurzen Referat deiner Klasse vor.

Der Bürgerkrieg 1861–1865

M1 *A Harvest of Death, Gettysburg,* **Fotografie von Timothy O'Sullivan, 4. Juli 1863.**

Es gehört zu den modernen Aspekten des Amerikanischen Bürgerkrieges, dass ihn Fotografen dokumentierten. Wegen der langen Belichtungszeiten konnten sie die Kämpfe nicht abbilden. Sie versuchten aber, die Folgen der Schlachten möglichst realistisch darzustellen (s. auch M5, M6)

Nord- und Südstaaten entwickeln sich auseinander

Die Sklaverei in den USA war mit den Menschen- und Bürgerrechten nicht vereinbar. Dennoch scheuten die „Gründungsväter" der USA vor einem Verbot zurück, damit die Sklaven haltenden Südstaaten in die USA integriert werden konnten. Auch ein anderes Problem blieb ungeklärt: Wer besass bei Konflikten zwischen Einzelstaat und Bundesregierung die letzte Entscheidungsgewalt? Das betraf besonders die Frage, ob ein Staat aus dem Bundesstaat austreten konnte, dem er freiwillig beigetreten war. Die Erschliessung des Westens und die Aufnahme neuer Staaten in die Union machten die Lösung der Sklavenfrage immer dringlicher. Die Verfassung von 1787 beruhte auf einem ungefähren Gleichgewicht sklavenfreier und Sklaven haltender Staaten. Aber nun zeigte sich, dass viele neue Staaten des Westens die Sklaverei nicht zulassen wollten. Zum Teil hing das mit der im Westen weiter verbreiteten Vorstellung von der Gleichheit aller Staatsbürger zusammen, zum Teil lag es daran, dass die Farmwirtschaft des Westens auf Sklaven verzichten konnte.

Das wirtschaftliche Wachstum ab 1800, verstärkt durch die Industrielle Revolution (s. S. 246) ab 1840, kam überwiegend den Nordstaaten zugute. Hier gab es mehr Fabriken, mehr Eisenbahnen, vor allem mehr Kapital als im Süden. Dort baute man nun vor allem Baumwolle an, die auf den Plantagen mit billiger Sklavenarbeit profitabel geerntet wurde. Auch in der Zollpolitik gab es Differenzen: Der Norden wollte den Binnenmarkt für die eigenen Industrieprodukte mit hohen Schutzzöllen möglichst abschotten, der exportorientierte Süden befürchtete Gegenmassnahmen vorwiegend europäischer Abnehmer. Die Schere in der wirtschaftlichen Entwicklung öffnete sich immer mehr zugunsten des Nordens, und sein politischer Einfluss vergrösserte sich. Die Nordstaatler neigten eher dazu, die Gemeinsamkeiten und den Charakter des Bundesstaates zu betonen, die Südstaatler betonten die Rechte der Einzelstaaten. So wurde es immer schwieriger, die politischen Interessen zwischen Norden und Süden auszugleichen.

1854 wurde die Republikanische Partei gegründet. Neben hohen Schutzzöllen für die amerikanische Industrie forderte sie die Möglichkeit billigen Landerwerbs im Westen, eine rasche Einbürgerung für die Einwanderer und das Verbot der Sklaverei in den neuen Bundesterritorien im Westen. 1860 wurde der Republikaner Abraham Lincoln (1809–1865, M 2), ein erklärter Gegner der Sklaverei, zum 16. Präsidenten der USA gewählt. Lincolns Wahl war der Anlass für den offenen Bruch. Im März 1861 traten sieben Staaten aus der Union aus und gründeten die „Konföderierten Staaten von Amerika". Lincoln versuchte durch Verhandlungen den Konflikt zu lösen und die Sezession rückgängig zu machen. Als aber Truppen der Konföderierten in South Carolina ein Fort der Bundestruppen angriffen, war klar, dass dies den Beginn des Krieges bedeutete.

Sezession
Abspaltung. Loslösung einzelner Landesteile aus einem bestehenden Staat mit dem Ziel, einen neuen Staat zu bilden oder sich einem anderen Staat anzuschliessen.

M 2 **Memorial Abraham Lincoln in Washington**

Der Bürgerkrieg

Militärisch betrachtet hatte der Süden kaum eine Chance, den Krieg zu gewinnen, auch wenn er über viel mehr erfahrene Offiziere verfügte als der Norden. An Bevölkerungszahl und Wirtschaftskraft war der Norden klar überlegen. Die Hoffnung der Südstaaten, dass Grossbritannien und Frankreich sie unterstützen würden, erfüllte sich nicht. Entscheidend für den Ausgang des Krieges war die Überlegenheit des Nordens zur See. Seine Flotte blockierte die Küste der Südstaaten und unterband den für den Süden lebenswichtigen Baumwollexport und die Einfuhr von Lebensmitteln. Auf dem Land wogte der mit grosser Härte geführte Kampf lange hin und her. Die dreitägige Schlacht von Gettysburg 1863 brachte eine Vorentscheidung zugunsten des Nordens. Aber erst im April 1865 kapitulierte der Süden endgültig. Die Truppen der Nordstaaten wandten in der Schlussphase des Krieges die „Strategie der verbrannten Erde" an: Die Soldaten der Union zogen durch die Südstaaten und zerstörten alles, was ihnen in den Weg kam. Bewusst wurde so die Zivilbevölkerung in eine Art von „totalem Krieg" hineingezogen und demoralisiert. Insgesamt forderte der Krieg mehr als 600 000 Menschenleben. Wenige Tage nach der Kapitulation der letzten Truppen der Südstaaten wurde Präsident Lincoln durch einen Sezessionisten ermordet.

Der Amerikanische Bürgerkrieg war der erste moderne Krieg. Eine neue Waffentechnologie hatte den Charakter des Krieges grundlegend verändert. Er wird deshalb als Vorläufer der grossen Kriege des 20. Jahrhunderts betrachtet.

Die Folgen des Bürgerkriegs

Der Bürgerkrieg hatte grosse Teile des Südens verwüstet. Noch 1880 war das Niveau der landwirtschaftlichen Produktion von 1860 nicht wieder erreicht. Das Eisenbahnnetz des Südens war durch Kampfhandlungen auf ein Drittel reduziert worden. Die Republikaner verwirklichten nun ihr Wahlprogramm von 1860: Die Sklaverei wurde verboten, es wurden eine Einkommenssteuer und die allgemeine Wehrpflicht eingeführt, eine Sezession einzelner Bundesstaaten verboten. Der Bürgerkrieg verstärkte die regionalen Unterschiede. Der Norden wurde wirtschaftlich immer stärker, der Süden das „Armenhaus der Nation".

Nach der Beendigung des Krieges standen die USA vor drei grundlegenden Problemen: Wiedereingliederung der Südstaaten in die Union, Wiederaufbau der verwüsteten Wirtschaft der Südstaaten und Erziehung, Ausbildung und Unterstützung der aus der Sklaverei befreiten schwarzen Bevölkerung. In der folgenden Phase der *Reconstruction* (Wiederaufbau, Umformung), wurde versucht, diese Probleme zu lösen, was zu heftigen Kontroversen führte. Erst 1877 wurden die internen Auseinandersetzungen mit einem Kompromiss offiziell beendet.

1 ■ Stelle Ursachen, Verlauf und Folgen des Bürgerkriegs in einer Mindmap dar.
2 ■ Erläutere die Bedeutung Abraham Lincolns im Bürgerkrieg.

M3 Bevölkerung und Wirtschaft der USA um 1861

Nord-staaten		Süd-staaten
22,2	Bevölkerung (in Mio.)	9,2
4,6	wehrfähige Weisse über 18 Jahre (in Mio.)	1,1
950	Roheisen-produktion (in Tsd. t)	37
30 000	Eisenbahnlinien (in km)	9000
1740	Wert der Industrieproduktion (in Mio. $)	160

3 ■ Beschreibe anhand der Grafik die wirtschaftliche Rückständigkeit des Südens.

M4 Abraham Lincoln über die Sklavenfrage

Abraham Lincoln an den Journalisten Horace Greeley über seine Ziele, 22.8.1862:

Mein Hauptziel in diesem Kampf ist die Rettung der Union und nicht die Erhaltung oder Aufhebung der Sklaverei. Wenn ich die Union bewahren könnte, ohne einen einzigen Sklaven zu befreien, so täte ich dies, und wenn es nur durch
5 die Befreiung aller Sklaven möglich wäre, würde ich es auch tun. Was ich für die Sklaven und die Farbigen tue, tue ich nur für die Union, und was ich unangetastet lasse, lasse ich, weil es meiner Überzeugung nach nicht zur Aufrechterhaltung der Union beitragen würde. Ich unterlasse alles, was
10 der Sache schaden könnte, und ich unternehme alles, was der Sache dienen könnte. Ich versuche, Fehler zu korrigieren, die sich als Fehler erwiesen haben, und ich akzeptiere neue Meinungen, sobald sie sich als richtig herausgestellt haben. Das ist meine Zielsetzung, wie sie mir mein Amt meiner
15 Meinung nach auferlegt, und davon ist mein persönlicher, oft geäusserter Wunsch, dass alle Menschen frei sind, nicht betroffen. An einem gewissen Punkt habe ich erkannt, dass die Sklaverei sterben muss, damit die Nation leben kann.

Zit. nach: Giampiero Carocci, Kurze Geschichte des amerikanischen Bürger-kriegs, Berlin (Wagenbach) 1998, S. 99

4 ■ Fasse den Text zusammen und charakterisiere das Amtsverständnis Präsident Lincolns.
5 ■ Nimm Stellung zur Aussage, dass die Sklavenfrage die Ursache des Bürgerkriegs gewesen sei. Beachte dazu auch M4.

M5 Ruine einer Eisenbahnbrücke in Virginia, 1864

M6 „Bilder des Krieges"

Die Kriegsfotografie wurde im Amerikanischen Bürgerkrieg das erste Mal bewusst eingesetzt. Professionelle Studiofotogra-fen besuchten aus eigenem Antrieb heraus die Schlachtfelder nach den Kämpfen oder wurden von Regierungsseite einge-setzt. Der Historiker Gerhard Paul schrieb über die Rolle der Kriegsfotografie, 2004:

Der Bürgerkrieg [fand] ein ausserordentlich grosses Medien-interesse. Zeitweise waren über 500 Kriegsreporter im Ein-satz. Die Zeitungen vervielfachten ihre Auflagen. Die Mili-tärs indes waren noch überfordert, die Gruppe der Kriegsreporter für ihre Ziele zu nutzen. Lediglich der Kriegs-
5 minister der Union stellte Zensusregeln auf, liess unbeque-me Redakteure verhaften und Korrespondenten von der Front verbannen. Um das Informationsbedürfnis der Öf-fentlichkeit zu befriedigen, gab man ein tägliches Kriegsbul-letin heraus, in dem die Situation an den unterschiedlichen
10 Frontabschnitten schöngefärbt wurde: Militärische Rück-schläge fanden nicht statt, Verlustzahlen wurden zu Un-gunsten des Gegners manipuliert […]. Die Fotografen nutz-ten das Abbildungspotenzial der Fotografie erstmals zu dem Zweck, ein möglichst realistisches Bild der Gräuel des
15 Krieges zu zeichnen. Mit den Aufnahmen von Schlachtfel-dern […] gerieten zwar aufgrund der begrenzten fototech-nischen Möglichkeiten auch jetzt die Gefechte selbst nicht in den Blick, wohl aber das unaufgeräumte Schlachtfeld und die Folgen des Krieges für die Beteiligten […]. Zum Schlüs-
20 selbild dieser neuen Perspektive und zu einem der am meis-ten reproduzierten Bilder des Bürgerkrieges avancierte das Bild von Timothy O'Sullivan *A Harvest od Death*, Gettysburg [M 1].

Zit. nach: Gerhard Paul, Bilder des Krieges. Krieg der Bilder, Paderborn u. a. (Schöningh) 2004, S. 66–68**

6 ■ a) Beschreibe Möglichkeiten und Grenzen der Kriegsfotografie und des Kriegsjournalismus im Bürgerkrieg. Betrachte dazu M 1 und M 5.
 ■ b) Informiere dich im Internet über die Rolle der Kriegsfotografie und des Kriegsjournalismus in modernen Kriegen.

M7 Der Bürgerkrieg 1861–1865

Union (Nordstaaten)
- Sklavenfreie Staaten
- Sklavenhaltende Staaten

Konföderation
(Sklavenhalt. Südstaaten):
- Sezession vor Kriegsbeginn
- Sezession nach Kriegsbeginn
- 1863 × Vorstöße u. Siege der Union
- 1861 × Vorstöße u. Siege der Konföderation
- ʌ ʌ ʌ Blockade der Konföderation durch die Union
- ■ Stadt über 500000 Einw.
- ■ Stadt 100000–500000 Einw.
- ● Stadt 50000–100000 Einw.
- ○ Stadt unter 50000 Einw.
- ⊗ Kohleförderung
- Fe Eisenerzförderung
- Eisen- und Stahlindustrie
- Maschinenindustrie

West Virginia: bis 1861 zu
Virginia, 1863 Unionsstaat

7 ■ Analysiere den Kriegsverlauf anhand der Karte. Stelle einen Zusammenhang zwischen Wirtschaftsstärke bzw. Industrialisierung und Kriegsverlauf her.

M8 Die Sklavenfrage spaltet die Union.
Lithografie aus der satirischen Zeitschrift „Punch", Grossbritannien 1856

8 ■ Beschreibe die Karikatur M 8 und interpretiere sie.

9 ■ Recherchiere im Internet, welche politische Rolle der Roman „Onkel Toms Hütte" von Harriet Beecher-Stowe im Vorfeld des Bürgerkrieges spielte.

Die USA als Einwanderungsland

Die USA als „Melting Pot"

Im Verlauf des 19. Jahrhunderts wanderten Millionen von Menschen aus der ganzen Welt – vor allem aus Europa – nach Amerika aus. Die Motive waren neben persönlichen, religiösen oder politischen Beweggründen vor allem wirtschaftlicher Natur. Missernten, Hungersnöte, fehlende Perspektiven in der Heimat trieben die Menschen dazu, die äusserst strapaziöse Reise auf sich zu nehmen und ins „Land der unbegrenzten Möglichkeiten" auszuwandern, in dem billiges Ackerland, Arbeit, Gold und Freiheit lockten.

Anfang der 1890er-Jahre unterstellte die amerikanische Bundesregierung die Einwanderung ihrer Zuständigkeit und zentralisierte die Überprüfung der Ankommenden. Als die Zahlen weiter stiegen, kam es immer öfter zu Protesten und fremdenfeindlichen Reaktionen. Damit sahen sich vor allem Einwanderer aus Südost- und Osteuropa konfrontiert. 1882 verbot der *Chinese Exclusion Act* die Immigration chinesischer Arbeiter. Dieses Gesetz galt bis zum Zweiten Weltkrieg. Das Quotensystem von 1924, das vor allem Asiaten diskriminierte, wurde erst 1965 aufgehoben. Fremdenfeindliche Reaktionen gab es Anfang des 20. Jahrhunderts aber auch gegen so genannte „Bindestrichamerikaner", die seit Generationen in den USA lebten. Sie pflegten weiterhin die Traditionen ihrer Herkunftsländer, wie z. B. die Italo-Amerikaner.

Das Selbstverständnis der Vereinigten Staaten bestand seit der Gründung darin, die vielfältigen ethnischen und nationalen Zuwanderergruppen in die Gesellschaft ihrer neuen Heimat zu integrieren. Diese Vorstellung vom „Schmelztiegel" *(Melting Pot)* USA wird heute jedoch zunehmend infrage gestellt. Die Einheit der Nation wird als Ideal, nicht als Realität gesehen. Nach dieser Auffassung zeigt sich vielmehr eine starke Gliederung der Gesellschaft in „Unternationalitäten", die sich aus der zeitlich, räumlich und ethnisch unterschiedlichen Zuwanderung ergab. Das Leben in der neuen Heimat war für viele Einwanderer sehr hart und entbehrungsreich, viele konnten für sich und ihre Familien den *American Dream* nicht oder erst sehr viel später realisieren.

American Dream
Begriff für den Traum der Einwanderer von wirtschaftlichem Erfolg und persönlicher Freiheit.

M 1 *The Future Emigrant Lodging House,* **Karikatur, um 1890**

THE FUTURE EMIGRANT LODGING HOUSE.
A suggestion to Secretary Windom.

Schweizer und Schweizerinnen wandern in die USA aus

Im Mai 1847 brachen 27 Personen, darunter eine Grossfamilie, von Villigen im Aargau nach Amerika auf. Die Gemeinde finanzierte ihre Reise. Eine durch eine verheerende Kartoffelseuche ausgelöste Krise hatte neben den Bauern auch das ländliche Gewerbe schwer getroffen. Im Lauf der Jahrzehnte fanden 120 Personen aus den Dörfern nördlich von Brugg im gleichen Bezirk in Ohio wie die Aargauer mindestens zeitweise eine neue Existenz. Zwanzig Aargauer zogen weiter in den Westen, nur drei kehrten zurück in die Schweiz, zwei verloren als Freiwillige im Bürgerkrieg ihr Leben. Schicksalsschläge konnten auch in der Neuen Welt zu Notlagen führen. Umgekehrt fanden die Kinder eines als Sozialfall abgeschobenen Hottwilers (AG) in Ohio Erwerb, und eine ausserehelich geborene Frau aus Mandach (AG) entzog sich dem sozialen Randdasein, indem sie 1873 zu einem 25 Jahre zuvor emigrierten Farmer zog.

Diese Beispiele sind typisch für die frühe Auswanderung von Schweizern und Schweizerinnen nach Amerika. Im 19. Jahrhundert waren die Vereinigten Staaten das Hauptziel der Schweizer Auswanderer: 1803 entstand Nouvelle Vevay in Indiana (heute New Vevay), 1831 New Switzerland in Illinois, 1845 New Glarus in Wisconsin. Trotz Hürden und Misserfolgen folgten viele weitere Siedlungen. Zahlreiche Kultur-, Wohltätigkeits- und Heimatvereine unterstützten die Ankommenden zunehmend beim Aufbau ihres neuen Lebens. In den 1880er-Jahren hatte eine Rekordzahl von Schweizern und Schweizerinnen ihr Hab und Gut gepackt und sich zum Teil mit finanzieller Unterstützung ihrer Heimatgemeinden auf den Weg gemacht, um in Hafenstädten wie Hamburg und Le Havre einen Dampfer nach Amerika zu besteigen. In diesem Jahrzehnt wanderten etwa gleich viele Schweizer und Schweizerinnen in die USA aus wie in den 70 Jahren zuvor insgesamt. Es gab auch in der Schweiz eine Zeit des grossen Umbruchs. Diese war von politischen und sozialen Spannungen geprägt, vor allem hervorgerufen durch die Zweite Industrielle Revolution (s. S. 268). Zudem war die Bevölkerung der Schweiz zwischen 1870 und 1914 von 2,65 auf fast 4 Mio. angewachsen. Gleichzeitig erschwerten immer wieder Agrarkrisen das Leben der Bevölkerung vor allem in den landwirtschaftlich geprägten Regionen.

Viele der Ankömmlinge aus der Schweiz konnten sich zwar nur eine Reise in der dritten Klasse leisten, hatten aber mehr Bargeld für den Start in ihr neues Leben zur Verfügung als Immigranten aus anderen Ländern. Die Schweizer und Schweizerinnen zogen Richtung Westen, um das Angebot zu nutzen, an billiges Ackerland zu kommen. Oder sie reisten an Orte, an denen sich schon Siedler aus der Schweiz niedergelassen und eigene Gemeinden gegründet hatten. Während des kalifornischen Goldrauschs von 1848 bis 1854 suchten auch viele Schweizer und Schweizerinnen ihr Glück als Goldgräber in Kalifornien.

1 ■ Übersetze den Titel von M 1 und vergleiche die dort gezeigten Vorstellungen der Auswanderer mit der Realität ihrer Ankunft in der neuen Heimat.

2 ■ Viele Schweizer Gemeinden unterstützten die Auswanderungswilligen mit finanziellen Beiträgen für die Reise. Erkläre die Beweggründe dieser Gemeinden.

3 ■ Informiere dich über die Motive der Emigration von heutigen Asylbewerbern und Asylbewerberinnen aus ihrer Heimat und vergleiche sie mit der Auswanderung in die USA im 19. Jahrhundert.

M 2 Alphornbläser in New Glarus, Wisconson, 2003

M 3 Anzahl der Schweizer Ankömmlinge in den USA, 1820 bis 1950

Zeitraum	Anzahl
1820–50	12 722
1851–60	25 011
1861–70	23 286
1871–80	28 293
1881–90	81 988
1891–00	31 179
1901–10	34 922
1911–20	23 091
1921–30	29 676
1931–40	5 512
1941–50	10 547

M4 **Die Einwanderung in die USA.**

Die Statistik zeigt die Verteilung der Einwanderer in die USA, aufgeschlüsselt nach Herkunfts-
regionen in den Jahren 1820 bis 2009. Berücksichtigt wurden dabei nur Personen, die einen
legalen Aufenthaltstitel erworben hatten. Auch Sklaven, die bis zur Aufhebung der Sklaverei
1863/65 eingeführt wurden, sind in diesen Zahlen nicht enthalten

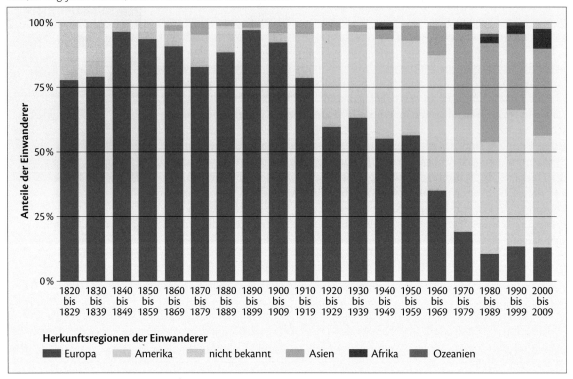

Herkunftsregionen der Einwanderer

■ Europa   ■ Amerika   ■ nicht bekannt   ■ Asien   ■ Afrika   ■ Ozeanien

4 ■ Interpretiere die Statistik M4. Beachte die Veränderungen im Verlauf der Zeit
und suche nach Erklärungen dafür. Vergleiche mit den Zahlen zur Schweiz (M3).

M5 **Gruss aus der neuen Heimat, 1858**

Aus einem Brief des Bergmanns Peter Klein, der 1854 nach
Amerika ausgewandert ist. Die Rechtschreibung ist unverän-
dert übernommen:

Lieber Vatter Liebe Muter Liebe Schwester und Brüter Ver-
wande und bekande, Ich erkreife die fether um an diesem
Thage mit euch zu konversieren aus fernem Lande [...].
Liebste Ältern es erfreuet mich sehr das ich inen noch eine
5 woltat thun kann es ist zwar eine kleine Gabe aber Leite
unseres Standes können keine grossen sagen wirken, Liebe
Ältern ich sende inen ein hundert Thaler und hoffe das ier
zufrieren sein werden mit dieser kleine gabe biss ich mehr
thun kann Vater ier wollen wissen ob ich fier mich arbeiten
10 oter für eine heerschaft ich arbeite auf meinem eigenthum
Vater in Americka gibt es keine heerschaft hier ist ein jeter
ein freier agend wen es mir an einem platz nicht gefallen
thut so gehet mann zu einem andern dan hier sind wir alle
kleig. Ich kaufte mir ein stik Land in dem Stätjen Sutte Creek
15 und baute mir ein kleines Hauss u beköstigte mich selbst,
dan die kost ist sehr theuer hir wan mann in die kost geen

will so ist sie 8 Thaler die woge. [...] Auf dem ob besachten
stick Land das ich gekauft habe grabe ich golt darauf und
habe ungefär 3 jahre arbeit darauf.
Was meine brüter anbetrift so kann ich gar nichts darzu sa- 20
gen [...] sie miessen selbst wissen was am besten ist fir sie,
einem gefält es in Americka und dem nicht, Nathierlich es
ist ein fremtes Land fremte sitten fremte Mentschen.

*Zit. nach: Wolfgang Helbich u.a. (Hg.), Briefe aus Amerika, München
(C.H. Beck), 1988, S. 372 f.**

5 ■ Ordne den Text M5 quellenkritisch ein und
erläutere die Erfahrungen des Bergmanns.

M6 **Von Schaffhausen nach Amerika**

Der folgende Ausschnitt aus einem Zeitungsartikel zeichnet
das Schicksal der Schaffhauserin Agathe Dutli nach, die An-
fang des 20. Jahrhunderts nach Amerika auswanderte:

Alles in allem lässt es sich gut leben in Schaffhausen – aber
wohl nicht für die damals 29-jährige Schaffhauserin Agathe
Dutli. Denn diese will die Stadt hinter sich lassen. Ihr Ziel:

Amerika. Ob sie dabei die „Schaffhauser Nachrichten" vom
5 25. Februar 1908 gelesen hat? Diese zitieren damals einen
Bericht aus dem „Luzerner Tagblatt": „Nicht auswandern!
[...] Ich warne daher meine Landsleute, gegenwärtig in
die Vereinigten Staaten auszuwandern und ins Elend zu ren-
nen." Vielleicht kennt Agathe auch diese Geschichten, von
10 Arbeitslosigkeit und Armut unter den Migranten. Über ihre
Motive kann man nur spekulieren. Vielleicht sucht sie die
Liebe, die sie hier in Schaffhausen nicht gefunden hat: Mit
29 Jahren ist sie noch unverheiratet – ungewöhnlich für die
damalige Zeit. Vielleicht erhofft sie sich, als Köchin in Ame-
15 rika leicht eine Anstellung zu finden – dieser Beruf steht
zumindest im Logbuch des Schiffes, mit dem sie dann über-
setzen wird.
Auch ist nicht klar, wann sie aufbricht. In Schaffhausen mel-
det sie sich nie ab, denn ihr Name taucht nirgendwo in den
20 Passbüchern des Stadtarchivs auf. Auch woher sie das Geld
hat, ist nicht nachzuvollziehen. Vielleicht von ihren Eltern,
laut Immigrationsunterlagen Anton Dutli und Wilhelma
Mehr. Es könnte auch sein, dass ihr Bruder, ihre Kontaktperson, die sie in Bremen bei der Einschiffung angegeben hat,
25 oder ihre Schwester, die Kontaktperson in New York, ihr
etwas gegeben hat. Sicher ist nur: Am 28. November 1908
geht sie an Bord der „Prinz Friedrich Willhelm" und setzt von
Bremen aus über nach Amerika. [...]
Die „Prinz Friedrich Willhelm" mit Zielhafen New York ist
30 zum Zeitpunkt der Abfahrt noch nagelneu: Erst am 6. Juni
des gleichen Jahres war das Schiff zu seiner Jungfernfahrt
aufgebrochen. Etwa 2500 Leute haben Platz an Bord. Agathe Dutli ist, wie die meisten anderen Mitreisenden, auf dem
Zwischendeck untergebracht. Dafür muss sie knapp 160
35 Mark bezahlen – ein stolzer Preis. Das Leben an Bord muss
für die Frau anstrengend gewesen sein: Die Räume sind eng,
Platz ist Mangelware und Seekrankheit und dicke Luft machen die Überfahrt zur Tortur für die Passagiere in den Zwi-
schendecks. [...]
40 Es ist nicht überliefert, wie sich Agathe Dutli fühlt, als sie am
Morgen des 8. Dezember 1908 die Freiheitsstatue am Horizont auftauchen sieht. Was man aber weiss, ist, dass ihr erster Halt auf amerikanischem Boden „Ellis Island" heisst – von
den Migranten auch die „Träneninsel" genannt, denn hier
45 zerbricht für viele der Traum von einem neuen Leben. Binnen weniger Minuten entscheidet sich hier, ob das ganze
Geld, welches man für eine Überfahrt investiert hat, umsonst gespart und ausgegeben worden ist. [...] Wann Agathe Dutli genau von Bord geht, ist nicht überliefert. Der
50 Weg, den sie gegangen ist, lässt sich aber belegen und nach-
vollziehen: Zuerst muss sie knapp 50 Stufen zur Registrie-
rung hochlaufen. Schon dort wird die Spreu vom Weizen
getrennt: Ärzte beobachten die Migranten dabei und wer
den Anschein macht, dass er nicht fit ist, wird sofort geson-
55 dert untersucht [M7]. Finden die Mediziner eine Behinde-
rung oder eine Krankheit, kann es das gewesen sein für die

betreffende Person. [...] Agathe Dutli muss sich jedoch
nicht nur medizinischen, sondern auch kognitiven [geisti-
gen] Tests unterziehen. Geisteskrankheiten sind ebenso ein
Ausschlusskriterium für die US-Einwanderungsbehörden 60
wie Polygamie oder Behinderungen. Betrachtet man die
„List or Manifest of Alien Passengers for the U.S. Immigration
Officer at Port of Arrival", so was wie das Einwanderungsfor-
mular der Behörden in New York, stellt man fest: Keines der
Merkmale trifft auf Agathe Dutli zu. So bekommt sie in die- 65
sem Dokument die Anmerkung, dass ihr Gesundheitszu-
stand „gut" sei.
Wo die Frau hingeht, ist danach nur schwer nachzuvollziehen. Auswanderergruppen haben damals ihre „Orte" in New
York, in denen sie sich zusammenschliessen. [...] Ihre Spur 70
verliert sich nach ihrer Ankunft ein bisschen – bis zum
24. November 1910, da wird aus der unverheirateten Agathe
Dutli, mittlerweile nennt sie sich Agatha, was wohl amerika-
nisch besser auszusprechen ist, Mrs. Agatha Lewis. Laut den
Aufzeichnungen der Stadt New York schliesst sie an diesem 75
Tag im Stadtbezirk Manhattan die Ehe mit dem Immigranten Albert Edward Lewis.

*Zit. nach: Ralph Denzel, Von Schaffhausen nach Amerika. Das Schicksal des
Agathe Dutli, Schaffhauser Nachrichten, 30. 5. 2018***

M7 **Untersuchung von Einwanderern auf Ellis
Island, New York, 1911**

6 ▪ Fasse den Text M6 zusammen und markiere die
Aussagen, die durch Quellen belegt sind. Ziehe M7
hinzu. Welche Schlüsse lassen sich für die Erforschung
der Geschichte der Auswanderung daraus ziehen?

Der Aufstieg der USA zur Weltwirtschaftsmacht

M1 *The Progress oft the century*, Lithografie von Nathanael Currier und James Ives, 1876

M2 **Andrew Carnegie (1835–1919), 1913.**
1900 war Carnegie Steel der grösste Industriekonzern der Welt

The American Dream

„Strebe nach dem Höchsten; gehe nie in eine Bar; rühre keinen Alkohol an; spekuliere nie; investiere nie mehr als das, was dir an überschüssigem Geld zur Verfügung steht; identifiziere dich mit den Interessen der Firma, missachte Anordnungen immer dann, wenn dadurch Unternehmen gerettet werden; konzentriere dich auf eine Sache; lege alle Eier in einen Korb und hüte diesen allein; halte deine Ausgaben immer im Rahmen deiner Einkünfte; und schliesslich: Sei geduldig, denn keiner kann dich [...] um den letzten Erfolg bringen als du selbst." Diese Sätze stammen von Andrew Carnegie, einem der erfolgreichsten Unternehmer der USA im 19. Jahrhundert (M 2). Sie drücken den amerikanischen Glauben an die Erfolgschancen des Selfmademan aus.

Der Aufstieg der USA vom Agrarland zur Weltwirtschaftsmacht zeigt, dass verschiedene Voraussetzungen gegeben sein mussten, um diesen *American Dream* zu erfüllen.

Die Industrialisierung der USA und das Big Business

Den Prozess der Industrialisierung in den Vereinten Staaten kann man grob in zwei Phasen unterteilen: in die Anfänge, die vom Ende des 18. Jahrhunderts bis in die 1850er-Jahre reichten, und in den raschen Aufstieg zur Weltwirtschaftsmacht, der sich in der Zeit zwischen den 1860er- und den 1920er-Jahren vollzog. Der Amerikanische Bürgerkrieg (1861–1865) endete mit einem Sieg des industriell entwickelten Nordens über den agrarischen Süden (S. 125). Der riesige Binnenmarkt war nun politisch stabil, und die USA konnten ihre Stärken nutzen, um bis zum Ende des 19. Jahrhunderts eine Spitzenstellung in der Weltindustrieproduktion zu erreichen. Wichtige Grundlagen des industriellen Aufschwungs waren reichhaltige Rohstoffvorkommen: Kohle, Eisenerz, Öl und Gold. Technische Erfindungen und Verfahren, die zunächst importiert, dann aber zunehmend im Land selbst entwickelt wurden, ermöglichten deren Ausbeutung. Für die Ausdehnung des Binnenmarktes sorgte der rasche Ausbau des Verkehrsnetzes aus Wasserstrassen und Eisenbahnen (S. 119). Der Eisenbahnbau förderte nicht nur die Eisen- und Stahlindustrie, den Kohlebergbau und den Maschinenbau, er ermöglichte auch den rentablen Transport grosser Warenmengen und landwirtschaftlicher Produkte. Der Bau von Telegrafenlinien verbesserte die Kommunikationsmöglichkeiten. Der landwirtschaftliche Anbau – besonders in den Nordstaaten – wurde früher mechanisiert als in Europa. Der stetige Zustrom an Immigrantinnen und Immigranten sowie Erfindungen wie die Fliessbandproduktion durch Henry Ford (1913) ermöglichten eine Massenproduktion, die die Preise der Güter sinken liess. So konnten auch durchschnittlich Verdienende in den neuen Kauf- und Versandhäusern ihre Konsumwünsche befriedigen. Das beschleunigte Wirtschaftswachstum sicherte den USA um 1900 den Rang einer Weltwirtschaftsmacht. Darüber hinaus nahm im Innern die Konzentration von Unternehmen und Kapital in den Händen des sogenannten Big Business zu. Damit wurde die Frage nach dem Verhältnis von Wirtschaft und Staat ein wichtiges politisches Thema.

Kehrseiten des *American Dream* In den wachsenden Industriestädten wie Detroit, Pittsburgh und New York lebten viele Arbeiter und Angehörige der Unterschicht. Auch sie träumten den *American Dream,* jedoch waren die meisten weit davon entfernt, ihn jemals verwirklichen zu können und einen auch nur bescheidenen Wohlstand zu erreichen. Durch die hohe Einwanderung in die USA entstand bald ein Überschuss an Arbeitskräften. Deshalb waren die Löhne der Arbeiter tief, und Entlassungen waren keine Seltenheit. Trotzdem entwickelte sich in den USA im Gegensatz zu vielen europäischen Staaten keine starke sozialistische Arbeiterbewegung. Es gab zwar Gewerkschaften, aber deren Mitgliederzahlen blieben gering. Ein festes Klassenbewusstsein kam nicht auf, vor allem weil viele Einwanderer die Beschäftigung als Arbeiter nur als vorübergehende Tätigkeit betrachteten.

Mit Beginn des 20. Jahrhunderts verschärften sich die Gegensätze in der amerikanischen Gesellschaft. Einer relativ kleinen Ober- und Mittelschicht stand eine ständig grösser und ärmer werdende Unterschicht gegenüber. Die liberale Wirtschaftspolitik des Staates, die Eingriffe in das Wirtschaftsleben vermied, begünstigte dies noch. Die gut verdienende Ober- und Mittelschicht konnte sich zunehmend einen luxuriösen Lebensstandard leisten und zog aus den engen Grossstädten in Villenvororte. Dem Luxus der Vororte stand das Massenelend der Slums gegenüber, in denen die Arbeiterfamilien dicht gedrängt lebten. Dort gab es weder eine geregelte Müllabfuhr noch eine ausreichende Versorgung mit Frischwasser oder eine Kanalisation. Da ihre Eltern nicht genug verdienten, mussten viele Kinder sehr früh arbeiten und konnten nicht regelmässig zur Schule gehen. Gesetze zur Beschränkung der Arbeitszeiten oder zur Kinderarbeit (M 3) gab es nicht, ebenso wenig eine geregelte Versicherung der Arbeiter bei Krankheit, Invalidität oder für das Alter, wie sie die meisten europäischen Länder bereits eingeführt hatten. Solche Bestimmungen entsprachen nicht dem amerikanischen Ideal, nach dem jeder für sein Glück selbst verantwortlich ist.

M 3 **Kinderarbeit in einem Kohlenbergwerk, West Virginia, Foto, 1908**

1 ▪ Erkläre anhand des Zitates von Carnegie, wie der *American Dream* vom Puritanismus (S. 100) geprägt war.
2 ▪ Erörtere, inwiefern M 1 den *American Dream* ausdrückt.
3 ▪ „Fortschritt" – Fluch oder Segen? Erörtere diese Frage. Berücksichtige dabei die Lebenssituation der verschiedenen sozialen Gruppen.

M4 **Landwirtschaft, Gewerbe und Rohstoffe in den USA 1860**

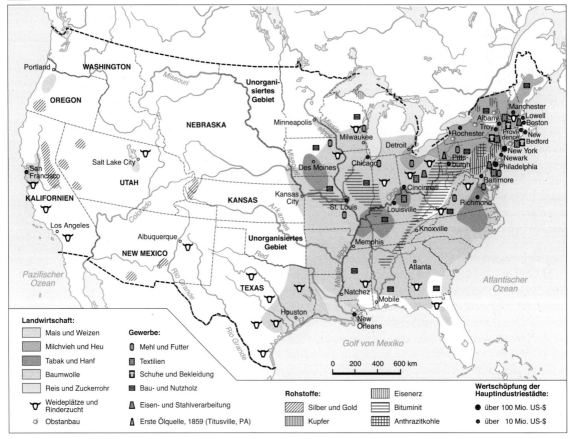

Landwirtschaft:

- Mais und Weizen
- Milchvieh und Heu
- Tabak und Hanf
- Baumwolle
- Reis und Zuckerrohr
- Weideplätze und Rinderzucht
- Obstanbau

Gewerbe:

- Mehl und Futter
- Textilien
- Schuhe und Bekleidung
- Bau- und Nutzholz
- Eisen- und Stahlverarbeitung
- Erste Ölquelle, 1859 (Titusville, PA)

Rohstoffe:

- Silber und Gold
- Kupfer
- Eisenerz
- Bituminit
- Anthrazitkohle

Wertschöpfung der Hauptindustriestädte:

- ● über 100 Mio. US-$
- • über 10 Mio. US-$

4 ■ Erörtere anhand der Karte einen möglichen Zusammenhang zwischen den Rohstoffvorkommen und der wirtschaftlichen Entwicklung der USA.

5 ■ Stelle einen Zusammenhang mit M3 (S. 126) und M7 (S. 127) her.

M5 **Anteile an der Weltproduktion 1820–1913 in Prozent**

	1820	1840	1870	1896–1900	1913
England	34	29	31,8	19,5	14
Frankreich	25	20	10,3	7,1	6,4
Deutschland	10	11	13,2	16,6	15,7
USA	6	7	23,3	30,1	35,8
Russland	2	3	3,4	5	5,5

6 ■ Analysiere die Statistik M5 und suche nach Erklärungen für die unterschiedliche Entwicklung der Länder.

M6 **Henry Ford über die Grundprinzipien seines Unternehmens**

Der Autohersteller Henry Ford (1863–1947) in seinen Memoiren, 1923:

Gäbe es ein Mittel, um zehn Prozent Zeit zu sparen oder die Resultate um zehn Prozent zu erhöhen, so bedeutete die Nichtanwendung dieses Mittels eine zehnprozentige Steuer [auf alle Produktion]. [...] Man erspare zwölftausend Ange- 5
stellten täglich zehn Schritte, und man hat eine Weg- und Kraftersparnis von fünfzig Meilen erzielt. Dies waren die Methoden, nach denen die Produktion meines Unternehmens eingerichtet wurde. [...] Unsere gelernten Arbeiter und Angestellten sind die Werkzeughersteller, die experimentellen Arbeiter, die Maschinisten und die Musterhersteller. Sie kön- 10
nen es mit jedem Arbeiter auf der Welt aufnehmen – ja, sie sind viel zu gut, um ihre Zeit in Dinge zu vergeuden, die mithilfe der von ihnen gefertigten Maschinen besser verrichtet werden. Die grosse Masse der bei uns angestellten Arbeiter sind ungeschult; sie lernen ihre Aufgabe innerhalb 15
weniger Stunden oder Tage. Haben sie sie nicht innerhalb dieser Zeit begriffen, so können wir sie nicht gebrauchen. [...]

Ein Fordwagen besteht aus rund 5000 Teilchen – Schrau-
20 ben, Muttern usw. mitgerechnet. Einige sind ziemlich um-
fangreich, andere nicht grösser als Uhrteilchen. Bei den ersten Wagen, die wir zusammensetzten, fingen wir an, den
Wagen an einem beliebigen Teil am Fussboden zusammen-
zusetzen, und die Arbeiter schafften die dazu erforderlichen
25 Teile in der Reihenfolge zur Stelle, in der sie verlangt wurden,
ganz so, wie man ein Haus baut. […] Das rasche Wachstum
und Tempo der Produktion machten jedoch sehr bald das
Ersinnen neuer Produktionspläne erforderlich, um zu vermeiden, dass die verschiedenen Arbeiter übereinanderstol-
30 perten. Der ungelernte Arbeiter verwendete mehr Zeit mit
Suchen und Heranholen von Material und Werkzeugen als
mit Arbeit und erhält dafür geringen Lohn, da das Spazier-
engehen bisher immer noch nicht sonderlich hoch bezahlt
wird. Der erste Fortschritt in der Montage bestand darin,
35 dass wir die Arbeit zu den Arbeitern hinschafften statt umgekehrt.

*Zit. nach: Henry Ford, Mein Leben und Werk, übers. v. Kurt Thesing, Leipzig
(List) 1923, S. 89 ff.***

7 ■ Erläutere die Strategie von Ford (M6).
Welche entscheidende Neuerung schlägt er vor?
Nimm aus der Sicht eines ungelernten Arbeiters
Stellung dazu.

M7 **Die Entwicklung der Löhne und Preise 1850–
1890 in den USA**
(Index 1860 = 100)

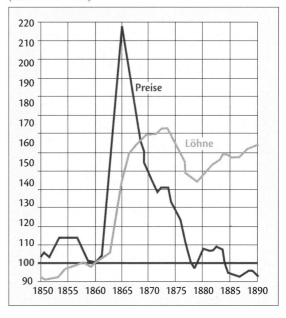

8 ■ Interpretiere die Grafik und beschreibe die Folgen
für den Konsum.

M8 *The Trust Giant's
Point of View: What a
Funny Little Government?*
**Karikatur von Horace
Taylor (1881–1934) aus der
US-Zeitschrift** *The Verdict*
vom 25.9.1899

9 ■ Charakterisiere
anhand von M8 das
Verhältnis von Wirt-
schaft und Staat in den
USA und stelle die
Folgen dar.

Methode: Die Malerei als historische Quelle

M1 *American Progress,* **Ölgemälde von John Gast, 1872**

John Gast (1842–1896) war ein Lithograf und Maler mit deutschen Wurzeln, der in den USA lebte. Durch dieses Ölbild wurde er international bekannt. 1872 fertigte er es im Auftrag des Verlegers George Crofutt an und gab ihm zuerst den Namen „Westward Ho/ Manifest Destiny"; heute ist es jedoch als „American Progress" bekannt. Corfutt fertigte einen vergrösserten Farbdruck an. Dadurch konnte das Gemälde leicht vervielfältigt werden und wurde schnell zur bekanntesten Darstellung der „Manifest Destiny" (S. 116)

Der Quellenwert der Malerei

Als historische Quellen führten Bilder lange Zeit ein Schattendasein – zu Unrecht, denn sie bieten eine Fülle von Erkenntnismöglichkeiten. Für welche Themenfelder sind sie besonders geeignet? Welche methodischen Probleme gibt es beim Umgang mit Bildern?

In historischen Büchern und Zeitschriften werden Bilder meistens als Illustrationen verwendet, um Geschichte anschaulich und unterhaltsam zu präsentieren. Dahinter steht oft ein zu einfaches Verständnis vom Charakter historischer Bilder. Sie werden aufgefasst als unmittelbare und wirklichkeitsgetreue Wiedergabe von Realität, als ein Fenster zur Vergangenheit. Natürlich zeigen historische Bilder Vergangenheit, aber sie tun dies auf eine indirekte Art und Weise. Informationen über die Realität geben uns die Maler und ihre Bilder oft unabsichtlich.

Die unterschiedlichsten Bildgattungen kommen als historische Quellen infrage. In diesem Kapitel liegt der Schwerpunkt auf den Gemälden.

Analyse

Ebenso wie bei Textquellen muss bei der Interpretation von Gemälden der historische Kontext der Quelle beachtet werden: Wer waren der Künstler und der Auftraggeber, was waren ihre Absichten, an wen sollte sich das Bild richten, wie wurde es verbreitet oder präsentiert, wie wurde es aufgenommen? Die Analyse umfasst aber auch Fragen nach der Komposition, den Motiven und der Darstellungstechnik. Auch dafür ist Kontextwissen notwendig: War das Gemälde „typisch" für seine Zeit? Verstanden die Betrachter die Symbole und Anspielungen? Gibt es vergleichbare Darstellungen?

Wichtig bei der Nutzung eines Gemäldes als historische Quelle ist das Bewusstsein, dass es nicht die historische Wirklichkeit abbildet, sondern nur eine Sichtweise. Es handelt sich also immer nur um eine Deutung eines historischen Ereignisses durch den Künstler bzw. seinen Auftraggeber.

1. Leitfrage: Welche Fragestellung soll mit der Untersuchung des Gemäldes beantwortet werden?

2. Formale Aspekte:
– Wer ist der Maler bzw. sein Auftraggeber? Was ist über seinen Hintergrund bekannt? Gibt es andere vergleichbare Werke von ihm?
– Für welchen Zweck wurde das Bild gemalt?
– Wann ist das Gemälde entstanden?
– Um welche Art von Gemälde handelt es sich?
– Gibt es einen Titel?
– An wen richtet sich das Gemälde (Adressat)?

3. Inhaltliche Aspekte:
– Beschreibung: Welche Gestaltungsmittel sind verwendet worden (Figurendarstellung wie Mimik, Gestik, Kleidung, Gegenstände, Symbolik, Farbgebung, Lichtgebung, Komposition, Perspektive, Proportionen)?
– Deutung: Was bedeuten die Gestaltungsmittel?

4. Historischer Kontext:
– In welchen historischen Zusammenhang lässt sich das Gemälde einordnen (Epoche, Ereignis, Prozess)?

5. Beurteilung:
– Welche Absicht verfolgte der Maler bzw. sein Auftraggeber?
– Welche Wirkung soll beim Betrachter erreicht werden?
– Mit welchen anderen Quellen lässt sich das Gemälde vergleichen?
– Inwieweit gibt das Gemälde die historische Thematik realistisch wieder?
– Welche Schlussfolgerungen lassen sich im Hinblick auf die Leitfrage ziehen?
– Wie muss das Bild aus heutiger Sicht bewertet werden?

1 ■ Analysiere das Gemälde „American Progress" (M 1) nach diesen Vorgaben. Recherchiere hierzu auch im Internet.

2 ■ Erkläre, warum das Gemälde vor allem in den USA so berühmt wurde.

3 ■ Suche nach Gründen für die Änderung des Titels.

4 ■ Begründe, wie in diesem Gemälde häufig Frauenfiguren als Allegorie (bildliche Darstellung eines abstrakten Begriffs durch Personifizierung) eingesetzt wurden (s. auch die Freiheitsstatue S. 94).

5 ■ Vergleiche dieses Gemälde mit den Bildern M 1 (S. 132) und M 6 (S. 119).

6 ■ Betrachte das Bild M 2 (unten), das den gleichen Titel trägt. Vergleiche die Bilder und erkläre die Unterschiede.

M2 *American Progress*, **1937.**
Das Wandgemälde befindet sich im Rockefeller Center in New York und wurde vom spanischen Künstler Jose Maria Sert (1876–1945) geschaffen

Die Entwicklung der USA bis 1914

Die Besiedlung

Als die ersten europäischen Siedler Anfang des 17. Jahrhunderts Nordamerika erreichten, trafen sie nicht auf leeres Land. Dieses war bereits seit Jahrtausenden von Menschen besiedelt. Je stärker sich die Kolonisten ausbreiteten, desto mehr verdrängten sie die *Native Americans*. Die Siedler verwalteten sich weitgehend selbst und orientierten sich an der politischen Organisation des englischen Mutterlandes.

Die Entstehung der USA

Als die britische Regierung in der zweiten Hälfte des 18. Jahrhunderts mehr Steuern erhob, wehrten sich die Kolonisten dagegen. Sie wollten das Recht auf Mitbestimmung in Steuerfragen haben, wie es für die Briten seit der „Glorious Revolution" 1688 galt. Dieser Streit führte schliesslich zum siegreichen Unabhängigkeitskrieg der 13 Kolonien gegen England. Am 4. Juli 1776 erklärten sich die Kolonien als unabhängig und gaben sich 1787 die Verfassung, die in den Grundzügen bis heute gültig ist. In den folgenden Jahrzehnten dehnten sich die USA weiter nach Westen aus und erreichten Ende des 19. Jahrhunderts den Pazifik und damit ihre heutigen Grenzen.

Der Bürgerkrieg

Die USA waren mit ihrer Gründung aber noch kein einheitlicher Staat. Im Bürgerkrieg 1861–1865 zeigte sich dies deutlich. Der wirtschaftlich schwächer entwickelte Süden wollte sich von den USA lösen, um einen eigenständigen Staat zu bilden. Vor allem fürchteten die Südstaaten ein Verbot der Sklaverei, auf der sie ihre Plantagenwirtschaft aufgebaut hatten. Der für die Nordstaaten erfolgreiche Bürgerkrieg forderte grosse Opfer und führte vor allem im Süden zu unermesslichen Zerstörungen. In der Folge wurden die Sklaverei abgeschafft und ein System der Rassentrennung eingeführt.

Der Aufstieg zur Weltwirtschaftsmacht

Die Überlegenheit des industrialisierten Nordens über den landwirtschaftlich geprägten Süden machte den Weg für die ungebremste Industrialisierung und ein gewaltiges Wirtschaftswachstum frei, sodass die USA vor dem Ersten Weltkrieg die grösste Wirtschaftsmacht der Welt waren. Möglich geworden war dies einerseits durch technische Erfindungen und den Pioniergeist der amerikanischen Gesellschaft, andererseits durch Millionen Einwanderer aus der ganzen Welt, die als Arbeitskräfte und Konsumenten die Wirtschaft anheizten. Allerdings konnten längst nicht alle Menschen für sich den American Dream verwirklichen; die Gegensätze in der Gesellschaft verschärften sich bis zum Beginn des 20. Jahrhunderts zunehmend.

Geschichte kontrovers:
Der *American Dream* – für wen?

M1 Die Bestimmung der Nation

John L. O'Sullivan, der Herausgeber einer grossen Zeitung, 1839:

Es ist sicher, dass unser Land dazu bestimmt ist, die grosse Nation der Zukunft zu sein. Die Zukunft ist unsere Arena und das Feld unserer Geschichte. Wir sind die Nation des menschlichen Fortschritts. Diese Nation aus vielen Nationen [ist] bestimmt, der Menschheit die Grösse der göttlichen Prinzipien aufzuzeigen. [Unser Land ist] bewohnt von Mil-
5 lionen Menschen, die niemandem Untertan sind, sondern bestimmt von Gottes natürlichem und moralischem Gesetz der Gleichheit [und] Brüderlichkeit – vom Frieden und guten Willen unter den Menschen.

*Zit. nach: O. Handlin, American Principles and Issues, New York 1961, S. 536/537 (bearbeitet)***

M2 Das Recht des Millionärs auf seine Millionen

Der Industrielle Andrew Carnegie, 1889:

Der freie Wettbewerb mag zwar für den Einzelnen manchmal schwierig sein, der Menschheit insgesamt jedoch dient er zum Besten, weil er auf jedem Gebiet das Überleben des Tüchtigsten garantiert. Deshalb akzeptieren und begrüssen wir die Ungleichheit der Lebensbedingungen, die Konzentration von Industrie und Handel in den Händen weniger
5 Unternehmer, weil sie für den zukünftigen Fortschritt der Menschheit zwingend erforderlich sind. Die Zivilisation an sich beruht auf der Unantastbarkeit des Eigentums – dem Recht des Arbeiters auf seine hundert Dollar ebenso wie dem Recht des Millionärs auf seine Millionen.

*Zit. nach: Andrew Carnegie, Wealth, in: North American Review 391, Juni 1889, S. 655 f., übers. v. F. Anders (bearbeitet)***

M3 Auflösung alter Standesschranken

Der amerikanische Historiker F. J. Turner über die Gesellschaft der USA, 1920:

Im Grenzerleben gab es keine Freizeit, [nur] harte Arbeit. Ererbte Titel und althergebrachte Klassenunterschiede [waren] bedeutungslos, [weil] der Wert eines Menschen für die Gesellschaft nach seinen persönlichen Fähigkeiten beurteilt wurde. Ein demokratisches Gesellschaftssystem mit grösseren Aufstiegschancen war die Folge. Vor allem aber [bot]
5 das weite Land im Grenzgebiet dem Einzelnen so grosse Entfaltungsmöglichkeiten, dass äussere Kontrollen unnötig waren. Individualismus und Demokratie wurden Leitbilder der Grenzer.

*Zit. nach: R. A. Billington, America's Frontier Heritage, Albuquerque 1974, S. 3, übers. v. F. Anders (bearbeitet)***

1 ■ Vergleiche die drei Aussagen. Beurteile sie aus der Sicht verschiedener sozialer Gruppen aus den USA.
2 ■ Überprüfe die Aussagen aus deiner Sicht: Welche beschreibt die Realität des amerikanischen Lebens bis zum Beginn des 20. Jahrhunderts am besten?
3 ■ Informiere dich über die aktuelle Situation in den USA. Suche Beispiele für die Haltungen, die in den drei Texten zum Ausdruck kommen.

Zentrale Begriffe

Abolitionismus
Atlantischer Dreieckshandel
Checks and Balances
Kontraktarbeiter
Lynchjustiz
Puritaner
Rassentrennung
Reservat
Sezession
Sklaven

Wichtige Jahreszahlen

Ca. 20 000 v. Chr.
Besiedlung Nordamerikas
1492
Entdeckung Amerikas durch Kolumbus
1607
Beginn der europäischen Besiedlung
1756/63
French and Indian War
1776
Unabhängigkeitserklärung
1787
Verfassung der USA
1861–1865
Bürgerkrieg und Verbot der Sklaverei

Zusammenfassende Aufgaben

1 ■ Arbeite die Auswirkungen der Aufklärung auf die amerikanische Geschichte heraus.
2 ■ Fasse zusammen, welche Faktoren für die „Erfolgsgeschichte" der USA verantwortlich waren, und gewichte sie.

4 Die Französische Revolution und die Epoche Napoleons

M1 Französisches Plakat, erstellt während des ersten Koalitionskriegs, 1792

UNITÉ.
ET
INDIVISIBILITÉ
DE LA
RÉPUBLIQUE.
LIBERTÉ,
ÉGALITÉ,
FRATERNITÉ
OU LA MORT.

1793
21. 1. Hinrichtung Ludwigs XVI.

1793–94
Diktatur der radikalen Jakobiner

1792
20. 4. Kriegserklärung Frankreichs an Österreich
21. 9. Ausrufung der Republik

1792–97
1. Koalitionskrieg

1789
14. 7. Sturm auf die Bastille
26. 8. Erklärung der Menschen- und Bürgerrechte

1791
3. 9. Erste
französische
Verfassung

1776–1783
Amerikanischer
Unabhängigkeitskrieg

1787
Verabschiedung der amerikanischen Verfassung

1775   1780   1785   1790

„Freiheit, Gleichheit, Brüderlichkeit" war während der Französischen Revolution eine zentrale Parole der Anhänger der Revolution. Viele Menschen sehen in diesen Idealen bis heute Grundwerte, die massgebend für die Ausgestaltung von Staat und Gesellschaft sind. Der Sieg der Revolution in Frankreich, dem damals mächtigsten Staat auf dem Kontinent, leitete das Zeitalter der Revolutionen und Reformen ein, das in vielen Staaten des europäischen Kontinents die politische und gesellschaftliche Vorherrschaft des Adels beendete. Bestimmten in der vorrevolutionären ständischen Gesellschaft Geburt und rechtliche Ungleichheit die Stellung des Einzelnen, ersetzte die sich herausbildende bürgerliche Ordnung diese Kriterien durch Besitz und Bildung, Leistung und Beruf. Allen Bürgern sollten die gleichen Rechte und Pflichten zustehen. Der Grundsatz der Gleichheit galt aber nicht für die Frauen, und das Wahlrecht wurde durch Zensusbestimmungen eingeschränkt. Der revolutionäre Modernisierungsprozess verlief nicht geradlinig und gleichmässig, sondern er war begleitet von vielen Rückschlägen und Enttäuschungen.

Der Ausbruch der Revolution hatte vielfältige Ursachen, wobei der Reformunfähigkeit des absolutistischen Staates und der zunehmenden Politisierung der Öffentlichkeit durch die zahlreichen Schriften der Aufklärer eine zentrale Bedeutung zukommt. Nach 1792 trugen die französische Revolutionsarmee und die napoleonischen Heere die Ideen der Revolution in die meisten europäischen Länder. Häufig wurden die französischen Truppen von der Bevölkerung der besiegten Staaten – so auch in vielen Gebieten der Schweiz – als Befreier vom absolutistischen Joch begeistert empfangen. Allerdings währte diese Freude nicht lange, da Europa unter der Herrschaft Napoleons primär französischen Interessen zu dienen hatte und die Fremdherrschaft der Bevölkerung grosse wirtschaftliche Bürden auflud. Gegen die französische Vor- und Fremdherrschaft regten sich in Europa Nationalbewegungen. Diese kämpften für die Freiheit von französischer Besatzung, aber auch für Freiheiten der Bürger, eine Idee, die die französischen Revolutionsheere ursprünglich als Legitimation für ihren Feldzug propagiert hatten. Doch die Hoffnung auf bürgerliche Freiheit erfüllte sich nicht. Die alten Mächte, die Kräfte der Restauration, setzten sich nach dem endgültigen Sturz Napoleons 1815 noch einmal durch.

Neben der Erarbeitung von Ursachen, Verlauf und Ergebnis der Französischen Revolution werden auf den folgenden Seiten Inhalt und Aktualität der revolutionären Forderungen nach Freiheit, Gleichheit und Brüderlichkeit thematisiert und diskutiert.

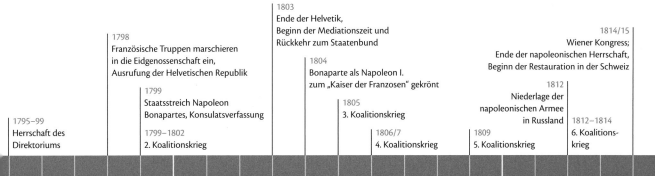

1803
Ende der Helvetik,
Beginn der Mediationszeit und
Rückkehr zum Staatenbund

1814/15
Wiener Kongress;
Ende der napoleonischen Herrschaft,
Beginn der Restauration in der Schweiz

1798
Französische Truppen marschieren
in die Eidgenossenschaft ein,
Ausrufung der Helvetischen Republik

1804
Bonaparte als Napoleon I.
zum „Kaiser der Franzosen" gekrönt

1799
Staatsstreich Napoleon
Bonapartes, Konsulatsverfassung

1812
Niederlage der
napoleonischen Armee
in Russland

1805
3. Koalitionskrieg

1795–99
Herrschaft des
Direktoriums

1799–1802
2. Koalitionskrieg

1806/7
4. Koalitionskrieg

1809
5. Koalitionskrieg

1812–1814
6. Koalitionskrieg

1800

1805

1810

Die Französische Revolution

Voraussetzungen und Ursachen der Revolution

M1 **Die Lage der Bauern, kolorierter Kupferstich, 1789.**
Die Inschrift auf dem Stein lautet übersetzt: die Kopfsteuer, das Steuerwesen und die Fronarbeit

Ständegesellschaft
Aufteilung der Gesellschaft in Grossgruppen, die sich voneinander durch jeweils eigenes Recht sowie durch die wirtschaftliche und soziale Stellung unterscheiden. In Frankreich sah bis 1789 die Aufteilung der Gesellschaft so aus: erster Stand = Klerus (also Geistliche); zweiter Stand = Adel; dritter Stand = vor allem die Bauern, aber auch die Bürger und Handwerker in den Städten.

Adel
Bis um 1800 (teilweise länger) war der Adel in Europa die mächtigste Führungsschicht mit erblichen Vorrechten (Grundbesitz), besonderen politischen und militärischen Pflichten, mit ausgeprägtem Standesbewusstsein und besonderen Lebensformen.

Bürgertum
Ab dem 18. Jahrhundert Angehörige einer durch Besitz, Bildung und spezifische Einstellungen gekennzeichneten Bevölkerungsschicht, die sich von Adel, Klerus, Bauern und Unterschichten unterschied. Zu ihr gehörten Besitzbürger, Bildungsbürger und am Rande auch die Kleinbürger.

Privilegien des Adels

Frankreich war eine Ständegesellschaft. Der Adel war der politisch führende, tonangebende Stand im Staat. Aus seinen Reihen rekrutierte der König die staatlichen Entscheidungsträger. Seine Vormachtstellung zeigte sich in den standesgemässen Privilegien. Dem Geburtsadel war es seit 1781 vorbehalten, die Offiziere zu stellen, und er war von den direkten und indirekten Steuern weitgehend befreit. Adlige besetzten auch die hohen Kirchenämter. Allerdings lebte nicht jeder Adlige sorgenfrei, mancher Landadlige war nicht viel reicher als seine Bauern. Neben diesen wirtschaftlichen Unterschieden innerhalb des Adels war auch der Gegensatz zwischen dem Geburtsadel und dem Amtsadel von Bedeutung. Letzterer rekrutierte sich aus dem reichen Bürgertum und hatte sich seit dem 16. Jahrhundert im Zuge der Erweiterung des staatlichen Verwaltungs- und Justizapparates Ämter käuflich erworben.

Wirtschaftliche Lasten des Dritten Standes

Die Stadtbevölkerung war wirtschaftlich und sozial äusserst uneinheitlich zusammengesetzt: Sie reichte von vermögenden Bürgern (Bankiers, Manufakturbesitzern) über Angehörige der „freien Berufe" (Ärzte, Rechtsanwälte, Kaufleute) bis zu den Kleinbürgern (Handwerker, Kleinhändler, Gastwirte) und den städtischen Unterschichten (Hauspersonal, Manufakturarbeiter), die täglich um ihre Existenz kämpfen mussten. Etwa drei Viertel der Franzosen waren 1789 in der Landwirtschaft tätig. Neben einer grossen Anzahl von Landlosen, die als Saisonarbeiter und Tagelöhner arbeiteten und deren Anteil in gewissen Regionen Frankreichs bis zu 60 Prozent der Landbevölkerung ausmachen konnte, gab es die Kleinbauern, die auch über eigenes Land verfügten. Dies war aber oft so wenig, dass sie vom Ertrag nicht leben konnten. Die zahlreichen Abgaben spielten für diese prekäre soziale Situation eine zentrale Rolle: An den König gingen eine Grundsteuer, eine Kopfsteuer und der Zwanzigste. Die Kirche holte sich den Zehnten. Wenn ein Bauer abhängig war, kassierte der Grundherr noch Grundzinsen, ausserdem waren Frondienste, etwa Feldarbeit für den Grundherrn, zu leisten. Nur die wenigen Grossbauern führten ein wirtschaftlich sorgenfreies Leben.

Bevölkerungswachstum und finanzielle Krise Im Jahr 1715 gab es etwa 18 Millionen Franzosen, 1785 schon acht Millionen mehr. Dieses Bevölkerungswachstum erschwerte die Versorgung der Bevölkerung, da sich die landwirtschaftliche Produktivität trotz verbesserter Anbaumethoden nicht in gleichem Mass entwickelte. Seit 1770 verschlechterte sich in Frankreich die wirtschaftliche Lage, was zu einer wachsenden sozialen Not führte. Brotunruhen und Hungeraufstände nahmen zu, waren allerdings kein neues soziales Phänomen. In den Jahren 1788 und 1789 verursachten Missernten massive Preisaufschläge bei den Nahrungsmitteln.

Neben der traditionellen Ausgabefreudigkeit der französischen Könige im Zeitalter des Absolutismus verursachte die Aussenpolitik zunehmend Probleme. Sie war seit dem 17. Jahrhundert darauf ausgelegt, eine Vormachtstellung Frankreichs auf dem europäischen Festland durchzusetzen unter Beibehaltung und Ausbau seiner See- und Kolonialmachtstellung. Die erheblichen militärischen Anstrengungen zur Durchsetzung dieses Anspruchs und zahlreiche Kriege unter Beteiligung Frankreichs im 18. Jahrhundert führten zu einer enormen Schuldenlast, die den Staat vor 1789 nötigte, 50 Prozent der staatlichen Gesamteinnahmen für die Bezahlung der Schuldzinsen einzusetzen. Trotz der enormen finanziellen Aufwendungen erreichte Frankreich seine aussenpolitischen Ziele nicht; im Siebenjährigen Krieg (1756–1763) verlor es sogar seine nordamerikanischen Besitzungen, was dem Prestige des französischen Königs schadete. Die Geldgeber der Krone waren angesichts eines drohenden Staatsbankrotts nicht bereit, weiter etwas zu leihen. Um die Einnahmen des Staates zu verbessern, gab es eigentlich nur einen Weg: die bisher weitgehend steuerfrei lebenden Angehörigen des ersten und zweiten Standes, die Privilegierten, zu besteuern. Doch diese widersetzten sich allen Reformbemühungen.

Aufklärerische Kritik Fast alle Kritiker der politischen Zustände in Frankreich waren Aufklärer (s. S. 84), erhoben also die Vernunft zum entscheidenden Beurteilungsmassstab – auch des politischen Systems. Sie äusserten sich in der Literatur, in Zeitungsartikeln und in Flugschriften. Die staatliche Überwachung alles Gedruckten – die Zensur – wurde geschickt umgangen. Es bildete sich das heraus, was wir „Öffentlichkeit" oder „öffentliche Meinung" nennen. Eine der populärsten politischen Schriften lautete „Was ist der dritte Stand?" Sie stammte von Abbé Sieyès und wurde 1789 veröffentlicht (s. auch S. 186). Viele Angehörige des dritten Standes erkannten in den Schriften des Abbés ihre Interessen wieder.

Was die aufklärerischen Ideen, umgesetzt in politische Handlungen, bewirken konnten, hatten einige Jahre zuvor die nordamerikanischen Kolonien mit ihrem Sieg gegen England und der Gründung der USA auf der Basis einer im Geist der Aufklärung geschriebenen Verfassung gezeigt. Französische Heimkehrer aus dem amerikanischen Unabhängigkeitskrieg berichteten begeistert von ihren Erfahrungen und verstärkten damit den Glauben an die Möglichkeit, aufklärerische Reformen auch in Frankreich umzusetzen.

M2 **US-Plakat zu Ehren von Marquis de la Fayette, Ausgabejahr 1957**

Der französische Adlige La Fayette (1757–1834) kämpfte im amerikanischen Unabhängigkeitskrieg als General auf der Seite der Kolonisten und genoss grosse Verehrung. So wurden beispielsweise verschiedene Städte in den USA nach ihm benannt. Nach seiner Rückkehr nach Frankreich forderte er als Anhänger der Aufklärung eine grundlegende Reform des absolutistischen Frankreichs und spielte bis 1791 eine bedeutende Rolle in der Französischen Revolution

Phasen der Französischen Revolution

🔖🎞 cornelsen.de/Webcodes
➕🔊 Code: yatagi

---

1 ▦ Fasse die zentralen Voraussetzungen und Ursachen der Französischen Revolution zusammen. Unterscheide dabei nach kurz- und langfristigen Faktoren.

M3 Die Schichtung der französischen Gesellschaft vor der Revolution

1. Stand: Geistlichkeit (le Clergé)

Anzahl: Ca. 130 000 (= 0,5 % der Bevölkerung, weniger als im protestantischen England).

Gliederung:

5 a) Hohe Geistlichkeit, 143 Bischöfe und Äbte, 4 000 Domherren und Prälaten adliger Herkunft mit bedeutenden Einkünften.

b) Niedere Geistlichkeit bäuerlicher bzw. bürgerlicher Herkunft, z. T. ärmlich; 25 000 Ordensbrüder; 40 000 Ordens-
10 schwestern; 70 000 Pfarrer und Vikare.

Privilegien: Befreiung vom Militärdienst und allen Steuern (die Geistlichen gaben eine freiwillige Steuer); Erhebung eigener Steuern (Zehnt); Ehrenrechte; eigene Gerichtsbarkeit.

Pflichten: Armen- und Krankenfürsorge; Seelsorge; Unter-
15 richtswesen.

2. Stand: Adel (la Noblesse)

Anzahl: Ca. 300 000 bis 400 000 (ca. 1,3 % der Bevölkerung; in Polen und Ungarn: 4–8 %).

Gliederung:

20 a) – Geburtsadel (Noblesse d'epée), ca. 20 000 Personen.

– Hofadel (Noblesse de cour), 4 000 Familien, Grundbesitz, königliche Pensionen, Einkünfte aus bestimmten Ehrenämtern.

– Landadel (Noblesse provincielle), unterschiedlicher
25 Besitz, häufig verarmt, Einkünfte aus Feudalrechten.

Ursprung: Schwertadel, feudaler und militärischer Ursprung im Mittelalter.

b) Amtsadel (Noblesse de robe), durch Kauf von Ämtern mit adelnder Wirkung aus dem Grossbürgertum hervor-
30 gegangen.

Privilegien: Befreiung von den meisten Steuern; Feudalrechte: Frondienste abhängiger Bauern, Erhebung von Abgaben (Zehnt), Anrecht auf Ämter und Pfründe. Jagd, Holz, Wasserrechte u.a.; Herrenrechte. Einschränkungen bei der Betä-
35 tigung in Handel und Gewerbe.

Pflichten: Ursprünglich Militärdienst, im 18. Jahrhundert keine Gegenleistung mehr.

3. Stand: Bürgertum und Bauern

Anzahl: 25 Millionen; umfasst das gesamte Volk in Stadt
40 und Land, in sich vielfach nach der sozialen Lage geschichtet, einig nur in der Opposition gegen die Privilegierten.

Gliederung:

a) Grossbürgertum (Bankiers, Fabrikanten, Steuerpächter, Grosshändler), Aufstiegsmöglichkeit zur Noblesse de
45 robe.

b) Bürgerliche in freien Berufen (10–20 % des Bürgertums, Advokaten, Notare, Ärzte, Gelehrte, Lehrer, Schriftsteller, Künstler). Diese Gruppe stellt die Wortführer der Revolution.

c) Handwerker und Ladenbesitzer (ca. 65 % des Bürgertums) 50 mit grossen Unterschieden im Lebensstandard. „Le peuple" [das Volk].

d) In Zünften organisierte Arbeiter, Gesellen und Lehrlinge, die im Haus des Meisters leben.

e) Fabrikarbeiter, Tagelöhner, Hauspersonal, im Laufe des 55 18. Jahrhunderts zunehmend verarmt durch die steigenden Brotpreise, meist schutzlos Krankheiten, Unfällen und dem Alter ausgesetzt. „La canaille" [der Pöbel].

f) Bauern (über 20 Millionen, 85 % der Gesamtbevölkerung; davon 1 Million Leibeigene), wurden infolge von 60 Abgaben an die Feudalherren und hohen Steuerlasten am wirtschaftlichen Aufstieg gehindert.

Wenige Grosspächter verfügen über den grössten Teil der Bodenfläche. Tendenz zur weiteren Konzentration des Bodens in ihrer Hand zur billigen Grossproduktion von Weizen 65 für den Markt. Eine kleine Gruppe von Bauern, die von ihrem Boden leben und etwas an Überschüssen für den Markt produzieren; die „Bourgeoise" der Dörfer. Proletarisierte Kleinbauern („paysans", ca. 8 Millionen), die nur kleine Landparzellen besitzen, deren Ertrag knapp das Existenzmi- 70 nimum liefert. Pächter, die gegen Ablieferungen des halben Ertrags die Ländereien des Klerus, des Adels und Bürgerlicher bewirtschaften, ohne Viehbesitz und Überschüsse. Mobile Landarbeiter auf der Schwelle zum Bettlertum und zum Vagabundentum. 75

Verfassertext, zusammengestellt nach: Karl Griewank, Die Französische Revolution 1789–1799, Graz-Köln (Böhlau) 1958, S. 10 ff.; Maurice Duverger, Institutions Politiques, Paris (Presse universitaire de France) 1963; François Furet/ Denis Richet, Die französische Revolution, Frankfurt/Main (Fischer) 1968, S. 29; Désiré Brelingard, Histoire. L'ère des Revolutions, Paris (Presse universitaire de France) 1963, S. 11 ff.*

2 ■ Versetze dich in die Situation der verschiedenen Gesellschaftsschichten und argumentiere aus ihrer Sicht, was für bzw. gegen die Beibehaltung der herrschenden Ordnung spricht.

3 ■ Erörtere, inwieweit sich die Angehörigen des 3. Standes überhaupt auf ein gemeinsames Forderungsprogramm einigen könnten.

M 4 Karikatur zum Absolutismus, „What makes the King" von William Makepeace Thackeray, 1840

4 ■ Interpretiere die Karikatur und überlege, warum sie auch noch 1840 aktuell war.

M 5 Rückblickende Kritik Dantons, eines führenden Revolutionärs, am Ancien Régime, 1793

Jacques Mallet du Pan war Genfer Publizist und während der Revolution Verteidiger der Monarchie. Er berichtet über die Haltung Georges Dantons, eines überzeugten Republikaners und führenden Revolutionärs, zum Ancien Régime:

Danton sagte eines Tages im Jahre 1793 zu einem seiner alten Kollegen, einem Rechtsanwalt: Das Ancien Régime hat einen grossen Fehler gemacht. Ich wurde von ihm in einer der Bursen [Gemeinschaftsunterkünfte] des Collège
5 du Plessis erzogen; ich war dort mit grossen Herren zusammen, sie waren meine Kameraden, wir lebten freundschaftlich zusammen. Als meine Studien beendet waren, hatte ich nichts, ich befand mich im Elend, ich suchte eine Anstellung.
10 In Paris bei Gericht unterzukommen war unmöglich, es hätte grosse Anstrengung gekostet, um dort aufgenommen zu werden. Die militärische Laufbahn konnte ich nicht einschlagen, weil ich nicht von adliger Geburt war und keine Gönner hatte. Die Kirche konnte mir keine Zuflucht bieten.
15 Ich konnte mir kein Amt kaufen, weil ich keinen Sous besass. Meine alten Kameraden aus dem Collège kehrten mir den Rücken. Ich blieb ohne Stellung, und erst nach langen Jahren brachte ich es so weit, dass ich mir eine Advokatenstelle kaufen konnte. Da brach die Revolution aus: Ich und alle,
20 denen es ähnlich ging wie mir, warfen uns hinein. Das alte System hat uns dazu gezwungen, weil es uns ausgebildet hat, ohne unseren Talenten ein Wirkungsfeld zu eröffnen.

Mémoires et Correspondence de Mallet du Pan. Bd. II, Paris (Amyot) 1851*

5 ■ Leite aus dem Bericht M 5 ab, welche Gründe Danton dazu bewegten, Revolutionär zu werden.

M 4 Auszug aus dem Haushaltsbudget Frankreichs in Mio. Livres, 1788

Einnahmen (aus direkten und indirekten Steuern)	503
Ausgaben	**629**

davon zivile Ausgaben (Auswahl)

Bildung und Fürsorge	12
Hofhaltung des Königs und der Prinzen	36
Pensionen für Adlige	28
total	145 = 23 %

Militärische Ausgaben (Auswahl)

Für 12 000 Offiziere Gehälter (Kosten höher als Bezahlung aller Soldaten)	46
total	165 = 26 %

Schuldendienst (für Zins und Tilgung der Staatsschulden)	318 = 50 %

Nach: Albert Soboul, Précis de l'histoire de la révolution française, Paris 1962, hg. u. übers. v. Joachim Heilmann/Dietfried Krause-Vilmar, Frankfurt/M. (athenäum) 1973, S. 75

6 ■ Erläutere die Problematik des Haushaltsbudgets von 1788. Kann man darin Gründe für die Revolution erkennen?
7 ■ Vergleiche dieses Budget mit demjenigen der heutigen Schweiz.

Die bürgerliche Phase der Revolution (1789–1791)

M1 Der Schwur im Ballhaus am 20. Juni 1789, Gemälde von Jacques-Louis David, um 1790

Generalstände
Seit dem Spätmittelalter in der französischen Monarchie existierende Versammlung von Vertretern der drei Stände (Klerus, Adel, Bürgertum) mit beratender Funktion.

M2 Kokarde, 1789.
Seit 1789 war die Kokarde das Abzeichen der Französischen Revolution. Im Innenkreis ist die Aufschrift „Egalité. Liberté" zu sehen. Diese beiden Tugenden wurden 1791 um „Fraternité" erweitert

Kreuzworträtsel Französische Revolution

▶️ cornelsen.de/Webcodes
+🔊 Code: ruyupe

Revolution in Versailles

Die Berater König Ludwigs XVI. (1754–1793) hatten zur Lösung der Finanzkrise empfohlen, die **Generalstände** einzuberufen. Im Februar und März 1789 wählten deshalb alle drei Stände ihre Abgeordneten. Sie kamen am 5. Mai 1789 zur feierlichen Eröffnungssitzung in Versailles zusammen. Ludwig XVI. lehnte jedoch eine grundlegende Reform des absolutistischen Systems ab. Einige Wochen verhandelten die Generalstände ohne jeden Erfolg. Schliesslich verloren die Abgeordneten des dritten Standes die Geduld und widersetzten sich den Wünschen und Forderungen des Königs. Gemeinsam mit Gleichgesinnten des ersten und zweiten Standes erklärten sie sich zur Nationalversammlung, die nach dem Prinzip der Volkssouveränität politische Mitbestimmungsrechte (Gesetzgebung, Steuerbewilligung) beanspruchte. Am 20. Juni 1789 schworen die Abgeordneten, erst nach der Verabschiedung einer Verfassung auseinanderzugehen (M 1) und erklärten sich gut zwei Wochen später zur Verfassunggebenden Versammlung.

Revolution in Paris und auf dem Land

Da es schien, dass der König die neue Entwicklung mit Gewalt stoppen wollte, bildete die Pariser Bevölkerung eine Bürgerwehr, stürmte die städtischen Waffenarsenale und bewaffnete sich. Nachrichten über Truppenbewegungen und die wachsende Existenznot der städtischen Unterschichten führten zu einer explosiven Stimmung in der Pariser Bevölkerung, die sich am 14. Juli 1789 entlud. Eine wütende Volksmenge belagerte und stürmte die Bastille, die zeitweise als Waffen- und Munitionslager sowie als Gefängnis diente und als Symbol königlicher Unterdrückung galt. Auch in vielen anderen Städten verjagten die Bürger königliche Beamte und traten der königlichen Armee mit Gewalt entgegen. Auch die Bauern wählten jetzt den Weg der Gewalt und erstürmten an vielen Orten mit Dreschflegeln, Stöcken und Mistgabeln bewaffnet die Schlösser und Klöster ihrer Grundherren. Dort verbrannten sie Urkunden über Grundbesitz, Abgaben und verhasste Frondienste. Weil die Nationalversammlung fürchtete, dass die Lage völlig ausser Kontrolle geraten könnte, beschloss sie über Nacht die Abschaffung der Frondienste, der Leibeigenschaft, des Kirchenzehnts sowie das Ende der Privilegien und Sonderrechte von Klerus und Adel. Mit diesem Schritt zerstörte sie die Wurzeln des Ancien Régime auf einen Schlag.

Erklärung der Menschen- und Bürgerrechte Am 26. August 1789 proklamierte die Nationalversammlung die Menschen- und Bürgerrechte. Wie die amerikanischen Rechtskataloge bestimmt die französische Erklärung die natürlichen Rechte des Menschen und definierte deren Schutz als Zweck der staatlichen Herrschaftsordnung. Die wichtigsten proklamierten Rechte waren: Gleichheit vor dem Gesetz; Schutz vor Verhaftung ohne richterlichen Befehl, Meinungsfreiheit, Pressefreiheit, Freiheit der Religionsausübung, das Recht auf Eigentum. Der König war nicht bereit, seinen Platz in der neuen Ordnung einzunehmen. Im Juni 1791 floh er zusammen mit seiner Familie aus Paris in Richtung Osten zur Grenze. Offenkundig suchte er Verbindung zu adligen Emigranten. Doch kurz vor der Grenze bei Varennes wurde er von einem Postmeister erkannt, und die königliche Familie wurde zurück nach Paris geholt. Dort erhielten die Kräfte Auftrieb, die den König absetzen und die Republik ausrufen wollten.

Verfassung von 1791 Im September 1791 verabschiedete die Nationalversammlung die Verfassung, mit deren Ausarbeitung sie 1789 begonnen hatte. Sie machte Frankreich politisch zu einer konstitutionellen Monarchie, in der die königliche Macht durch eine Verfassung und durch die Gewaltentrennung eingeschränkt wurde (M 3). Der König war Staatsoberhaupt und leitete die Regierung und die Verwaltung. Hauptbestandteile dieser Ordnung waren die Durchsetzung der Rechtsgleichheit mit der Garantierung der Grundrechte durch ein unabhängiges Justizsystem und die Durchsetzung eines liberalen Wirtschaftssystems mit Handels- und Gewerbefreiheit anstelle der Zunftordnung. Allerdings war nur etwa ein Fünftel der Gesamtbevölkerung wahlberechtigt, da das Wahlrecht an Steuerleistungen gebunden war (**Zensuswahlrecht**).

Zensuswahlrecht
Wahlsystem mit einem ungleichen Wahlrecht, in dem die Stimmen der Wähler nach deren Steueraufkommen oder Besitz gewichtet werden. Oft ist auch ein gewisses Vermögen Vorraussetzung, um überhaupt wählen zu dürfen.

M 3 **Die Verfassung von 1791**

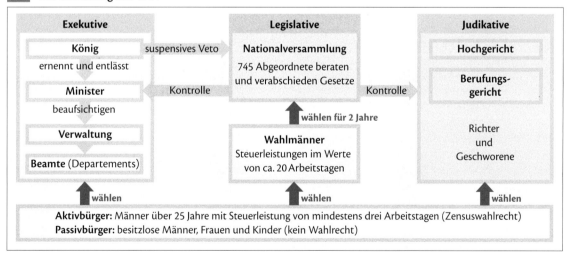

1 ■ Grenze die Begriffe „Reform" und „Revolution" voneinander ab. Erkläre, worin die revolutionären Handlungen der Abgeordneten des Dritten Standes bestanden.
2 ■ Lege die Aussageabsicht des Gemäldes von J. L. David dar (M 1).
3 ■ Erkläre, inwiefern die Verfassung von 1791 von aufklärerischem Gedankengut geprägt war.

M4 **Die Einnahme der Bastille, Zeichnung, 1789**

M5 **„Die Wut flammt auf"**

Camille Desmoulins (1760–1794), später ein Führer der Revolution und enger Freund Dantons, in einem Brief an seinen Vater über den Sturm auf die Bastille, 16.7.1789:

Mit welcher Geschwindigkeit griff das Feuer um sich! Das Gerücht von diesem Aufruhr dringt bis ins Lager vor; die Kroaten, die Schweizer, die Dragoner, das Regiment Royal-Allemand langen an. Fürst Lambese an der Spitze dieses
5 letzten Regiments zieht zu Pferd in die Tuilerien. Er säbelt selbst einen waffenlosen Mann von der Garde-française nieder und reitet über Frauen und Kinder. Die Wut flammt auf. Nun gibt es in Paris nur noch einen Schrei: Zu den Waffen! […] Am Montagmorgen [13.7.] wird Sturm geläutet. Die
10 Wahlmänner hatten sich im Stadthaus versammelt. Mit dem Vorsteher der Kaufmannschaft an der Spitze gründen sie ein Bürgerwehrkorps von 78 000 Mann in 16 Legionen. Mehr als hunderttausend waren schon schlecht und recht bewaffnet und liefen nach dem Stadthaus, um Waffen zu
15 begehren. […] Die Menge und die Verwegensten begeben sich zum Invalidenhaus; man verlangt Waffen vom Gouverneur; er gerät in Angst und öffnet sein Magazin. […] Das war am Dienstag [14.7.], der ganze Morgen verging damit, dass man sich bewaffnete. Kaum hat man Waffen, so geht's zur
20 Bastille. Der Gouverneur, der gewiss überrascht war, mit einem Schlag in Paris hunderttausend Flinten mit Bajonetten zu sehen, und nicht wusste, ob diese Waffen vom Himmel gefallen waren, muss sehr in Verwirrung gewesen sein. Man knallt ein oder zwei Stunden drauflos, man schiesst herun-
25 ter, was sich auf den Türmen sehen lässt; der Gouverneur, Graf von Launay, ergibt sich; er lässt die Zugbrücke herunter, man stürzt drauflos; aber er zieht sie sofort wieder hoch und schiesst mit Kartätschen drein. Jetzt schlägt die Kanone der Gardes-françaises eine Bresche. Ein Kupferstecher steigt als
30 Erster hinauf, man wirft ihn hinunter und bricht ihm die Beine entzwei. Ein Mann von der Garde-française ist der Nächste, er hat mehr Glück, er packt die Lunte eines Kanoniers und wehrt sich, und binnen einer halben Stunde ist der Platz im Sturm genommen. […] Die Bastille hätte sich sechs
35 Monate halten können, wenn sich irgend etwas gegen das französische Ungestüm halten könnte; die Bastille genommen von Bürgersleuten und führerlosen Soldaten, ohne einen einzigen Offizier! Derselbe Gardist, der im Sturm als Erster nach oben gekommen war, verfolgt Herrn von Lau-
40 nay, nimmt ihn bei den Haaren und macht ihn zum Gefangenen. Man führt ihn zum Stadthaus und schlägt ihn unterwegs halbtot. Er ist so geschlagen worden, dass es mit ihm zu Ende gehen will; man gibt ihm auf dem Grèveplatz den Rest, und ein Schlächter schneidet ihm den Kopf ab. Den
45 trägt man auf der Spitze einer Pike.

*Zit. nach: Briefe aus der Französischen Revolution, hg. u. übers. v. Gustav Landauer, Frankfurt/Main (Insel) 1990, S. 129 ff.***

4 ■ Leite aus dem Bericht ab, warum es zum Sturm auf die Bastille kam und wie dieser ablief.

M6 **Die Menschen- und Bürgerrechtserklärung vom 26. August 1789 (Auszug)**

I. Die Menschen werden frei und gleich an Rechten geboren und bleiben es.

II. Der Zweck jeder politischen Vereinigung ist die Erhaltung der natürlichen und unverjährbaren Rechte der Menschen.
5 Diese Rechte sind Freiheit, Eigentum, Sicherheit und Widerstand gegen Unterdrückung. [...]

IV. Die Freiheit besteht darin, alles tun zu dürfen, was anderen nicht schadet. Demzufolge wird jeder Mensch in der Wahrnehmung seiner natürlichen Rechte nur von den
10 Grenzen eingeschränkt, die den anderen Mitgliedern der Gesellschaft den Genuss der gleichen Rechte garantieren. Diese Grenzen dürfen nur von dem Gesetz festgelegt werden. [...]

VI. Das Gesetz ist der Ausdruck des allgemeinen Willens.
15 Alle Staatsbürger haben das Recht, persönlich oder durch ihre Vertreter an seiner Entstehung mitzuwirken. Es muss für alle gleich sein, ob es Schutz gewährt oder Strafe auferlegt. Da alle Staatsbürger in seinen Augen gleich sind, haben sie gleichermassen Zugang zu allen Ämtern und Würden, zu
20 allen Posten und öffentlichen Stellungen, jeder nach seiner Fähigkeit und unter alleiniger Berücksichtigung seiner Tüchtigkeit und Begabung. [...]

X. Niemand darf wegen seiner Gesinnung, auch nicht der religiösen, behelligt werden, vorausgesetzt, dass ihre Äusserung die durch das Gesetz festgelegte öffentliche Ordnung 25 nicht stört.

XI. Der freie Gedanken- und Meinungsaustausch ist eines der kostbarsten Rechte der Menschen. Jeder Staatsbürger darf daher frei reden, schreiben und drucken, unter dem Vorbehalt, dass er sich für den Missbrauch dieser Freiheit in 30 den vom Gesetz festgelegten Fällen zu verantworten hat. [...]

XVII. Das Eigentum ist ein unverletzliches und heiliges Recht, und niemand darf seiner beraubt werden, es sei denn, dass die gesetzlich festgestellte Notwendigkeit es ganz offen- 35 sichtlich erfordert, und auch dann nur unter der Bedingung einer gerechten und vorherigen Entschädigung.

Zit. nach: Walter Markow et al. (Hg.), Die Französische Revolution, Berlin (Akademie) 1989, S. 66 ff.*

5 ■ Halte die Menschen- und Bürgerrechte (M6) stichwortartig fest. Suche ihre Entsprechung in der schweizerischen Bundesverfassung.

6 ■ Interpretiere das Bild M7. Mit welchen Mitteln wird die Bedeutung der Menschen- und Bürgerrechtsbewegung hervorgehoben?

M7 **Die Erklärung der Menschen- und Bürgerrechte, Ausschnitt aus einem kolorierten Kupferstich (unbekannter Künstler), 1789**

Die radikale Phase der Revolution (1792–1794)

Girondisten
Gemässigte Republikaner während der Zeit der Französischen Revolution. Sie vertraten vor allem das liberale und wohlhabende Bürgertum aus dem Süden und Westen Frankreichs. Ihr Name geht auf das Departement Gironde zurück, aus dem die wichtigsten Figuren dieser Bewegung kamen.

Sansculotten
(Frz. wörtlich „ohne Kniebundhose") Politisierte Arbeiter und Kleinbürger, die im Gegensatz zu den von Adligen und Klerus getragenen Kniebundhosen (sog. Culottes) lange Hosen trugen, wie sie zur Arbeit geeignet waren.

Gründe für die Radikalisierung

Mit der Verabschiedung der Verfassung beruhigten sich die politischen Verhältnisse in Frankreich nicht. Innenpolitisch blieb die Situation – trotz der bisher erzielten Erfolge der Revolution – instabil und konfliktreich. Mit dem bisher Erreichten war nur eine Minderheit der Bevölkerung zufrieden. Der Wertverfall des Geldes, die Arbeitslosigkeit und die weiterhin steigenden Lebensmittelpreise verschärften die soziale Krise und damit auch die Frustration innerhalb des Kleinbürgertums und der städtischen Unterschichten, die auch politisch bisher nicht von der Revolution profitiert hatten. Daneben agierten der König und Teile der Aristokratie gegen die Umsetzung der Verfassung und hofften auf eine bewaffnete ausländische Intervention. Die europäischen Monarchen hatten die Vorgänge in Frankreich mit Sorge verfolgt, und Österreich und Preussen hatten im August 1791 eine Intervention in Aussicht gestellt, sofern die anderen Monarchien sich diesem Schritt anschliessen würden. In Frankreich wurde diese Provokation von radikalen politischen Gruppen dankbar angenommen, um die Bevölkerung und die Volksvertreter zu mobilisieren – allerdings mit unterschiedlichen Zielen: Der König hoffte, dass durch eine von ihm erwartete Niederlage Frankreichs auch die Revolution besiegt und die alten Verhältnisse wiederhergestellt werden könnten. Die Konstitutionellen wollten von den wirtschaftlichen Problemen ablenken, und die gemässigten Linken (Girondisten) beabsichtigten, in einem erfolgreichen Krieg ihre Position zu stärken und für die Ausbreitung der Revolution in Europa zu sorgen. Am 20. April 1792 erklärte Frankreich Österreich den Krieg, worauf die alliierten Monarchien in Frankreich einmarschierten.

Krieg und Ausrufung der Republik

Der Krieg vereinte durch die patriotische Begeisterung die Massen in Stadt und Land und entwickelte rasch innenpolitische Sprengkraft. Statt der erwarteten Siege auf dem Schlachtfeld erlitten die Revolutionsarmeen zu Beginn jedoch Niederlagen, was bereits im Sommer 1792 zur Einbeziehung breiterer Volksschichten in die nationale Verteidigung und zu ihrer wachsenden Politisierung führte. Die Pariser Sansculottenbewegung, die bis dahin als „Passivbürger" vom Recht der politischen Beteiligung weitgehend ausgeschlossen gewesen waren, wurde nun zu einem zentralen Machtfaktor im revolutionären Prozess. Nach Drohungen des Befehlshabers der gegen Paris vorrückenden ausländischen Truppen im Juli 1792 und der Weigerung des Königs, für die Verteidigung des Vaterlands wichtige Gesetze zu unterzeichnen, stürmten die Sansculotten das königliche Stadtschloss. Diese wurde von einem Schweizerregiment verteidigt, zu dessen Ehren später in Luzern das sogenannte Löwendenkmal errichtet wurde (s. S. 196). Die Königsfamilie wurde festgenommen, und es wurden Neuwahlen zu einem Nationalkonvent ausgerufen. Der neue Nationalkonvent, der am 21. September 1792 erstmals zusammentrat, erklärte die Abschaffung der Monarchie sowie die Errichtung der „unteilbaren Republik". Und er verurteilte den König nach Aufdeckung des geheimen Briefverkehrs mit den ausländischen Mächten wegen „Verschwörung gegen die Freiheit" zum Tode und liess ihn am 21. Januar 1793 öffentlich hinrichten (s. auch S. 154/155).

Diktatur der Jakobiner

In den Jahren 1793–94 entwickelten sich die Jakobiner zu den entscheidenden politischen Akteuren. Gemeinsam mit den Sansculotten machten sie die Girondisten für die Niederlagen in den Koalitionskriegen sowie für königstreue Bauern- und Adelsaufstände verantwortlich und entmachteten sie. Ein von den Jakobinern eingerichteter Wohlfahrtsausschuss unter der Führung Maximilien de Robespierres schränkte die Menschenrechte ein und regierte diktatorisch. Vor allem auf ihn war es zurückzuführen, dass sich Frankreich mit einer beispiellosen Kraftanstrengung militärisch zu behaupten vermochte. Mit straffer Hand und zentraler Organisation wurden kriegswichtige Beschlüsse umgesetzt, wie die allgemeine Wehrpflicht oder die Festsetzung der Todesstrafe für Wucher und Warenhortung. Zur Aburteilung konterrevolutionärer Aktivitäten tagte ein Revolutionstribunal. Angeklagte mussten sich selbst verteidigen, Berufungsmöglichkeiten bestanden keine, und Todesurteile waren an der Tagesordnung. Die Guillotine wurde zum Symbol der Gewalt, aber auch der Revolution, die alle Verurteilten unabhängig von ihrer Herkunft gleich behandelte und – im Vergleich zur mittelalterlichen Hinrichtung – „human" tötete. Nach offiziellen Angaben fielen dem Justizterror zwischen März 1793 bis August 1794 mehr als 16 000 Personen zum Opfer, in der grossen Mehrheit Angehörige des ehemaligen dritten Standes. Nach den militärischen Erfolgen des Volksheeres gegen die europäischen Monarchien liess sich die Diktatur nicht mehr rechtfertigen. Als der Terror zunehmend auch Konventsmitglieder bedrohte, formierte sich eine Opposition gegen Robespierre, der am 27. Juli 1794 verhaftet und am nächsten Tag mit 21 seiner engsten Anhänger guillotiniert wurde.

Freiheit und soziale Gleichheit

Zur Herrschaftszeit der radikalen Jakobiner gehörte auch die Ausarbeitung einer neuen Verfassung, die ein allgemeines Wahlrecht mit Elementen der direkten Mitbestimmung beinhaltete. Aufgrund des nationalen Notstands, der von Vorstössen der ausländischen Truppen und von Aufständen im Innern gekennzeichnet war, wurde sie jedoch nicht in Kraft gesetzt. Daneben verankerte man soziale Grundrechte, wie z. B. das Recht auf Arbeit, das Recht auf Bildung sowie eine Reihe sozialpolitischer Massnahmen wie die Festsetzung von Höchstpreisen für Getreide und die öffentliche Unterstützung von Armen und Kranken. Robespierre, der als kompromissloser Verfechter der Gleichheitsidee galt, berief sich dabei auf Aufklärer wie Montesquieu und Rousseau, die in der Forderung nach Gleichheit nicht nur ein rechtliches, sondern auch ein soziales Problem erkannt hatten. Sie waren der Meinung, dass der Schutz des privaten Eigentums zwar Aufgabe des Staates sein sollte, ungleiche Besitzverteilung jedoch eine Gefahr für die Demokratie darstellte. Die Diskussion über die Frage, wie soziale Gleichheit zu verwirklichen sei, reichte von der Einschränkung des Privateigentums (Jakobiner) bis zur Herstellung möglichst gleicher Besitzverhältnisse (Sansculotten).

1 ■ Fasse zusammen, welche innen- und aussenpolitischen Gründe zur Radikalisierung der Revolution führten.
2 ■ Setze dich kritisch mit folgender Behauptung auseinander: „Ohne Krieg wäre es nicht zur Herrschaft der radikalen Jakobiner gekommen."

Jakobiner
Ursprünglich Mitglieder eines politischen Klubs in Frankreich, benannt nach ihrem Versammlungsort, dem Kloster Saint Jacques in Paris. Die Bezeichnung umfasste zunächst alle Reformkräfte, auch die später als Girondisten bezeichneten, von denen sich 1792–93 eine radikalere politische Gruppierung unter Robespierre abspaltete.

M 2 Maximilien de Robespierre (1758–1794), Gemälde, um 1790.

Der Rechtsanwalt Robespierre wurde 1789 für den Dritten Stand in die Nationalversammlung gewählt

Diktatur
Auf Gewalt und Zwang beruhende unbeschränkte Herrschaft eines Einzelnen oder einer Gruppe über andere Menschen.

M3 Die Kriegsdebatte

a) Der Girondist Brissot ruft in der Nationalversammlung zum Krieg auf, 16. Dezember 1791:

Überlegungen und Tatsachen haben mich zur Überzeugung gebracht, dass ein Volk, das nach Jahrhunderten der Sklaverei die Freiheit errungen hat, des Krieges bedarf. Der Krieg ist notwendig, um die Freiheit zu befestigen; er ist not-
5 wendig, um die Freiheit von den Lastern des Despotismus zu säubern; er ist notwendig, um Männer zu entfernen, welche sie vergiften könnten. Lobt den Himmel für die Mühe, die er sich gemacht hat und dafür, dass er Euch die Zeit gegeben hat, Eure Verfassung aufzurichten. Ihr habt Rebellen
10 zu strafen und Ihr habt auch die Stärke dazu; also entschliesst Euch auch, es zu tun. […] Seit zwei Jahren hat Frankreich seine friedlichen Mittel erschöpft, um die Rebellen in seinen Schoss zurückzuführen; alle Versuche, alle Aufforderungen waren fruchtlos; sie beharren auf ihrer Rebelli-
15 on; die fremden Fürsten beharren auf ihre Unterstützung: Kann man zögern, sie anzugreifen?

Histoire Parlamentaire XII, S. 410 f., zit. nach: Walter Markov, Revolution im Zeugenstand, Bd. 2, Frankfurt/M. (Fischer) 1987, S. 138 ff.*

b) Der Jakobiner Robespierre antwortet Brissot in der Nationalversammlung, 2. Januar 1792:

Gewiss, ich liebe ebenso sehr wie Herr Brissot einen Krieg, der unternommen wird, um die Herrschaft der Freiheit auszubreiten […]. Aber in der Lage, in der ich mein Vaterland sehe, werfe ich einen unruhigen Blick um mich und frage
5 mich, ob der Krieg, den man führen wird, der sein wird, den uns die Begeisterung verheisst; ich frage mich, wer ihn vorschlägt, wie, in welchen Umständen und warum? […] Die verrückteste Idee, die in dem Kopf eines Politikers entstehen kann, ist die, zu glauben, dass es für ein Volk genüge, mit
10 bewaffneter Hand bei einem fremden Volke einzubrechen, um es zu zwingen, seine Gesetze und seine Verfassung anzunehmen. Niemand liebt die bewaffneten Missionare; der erste Rat, den die Natur und die Klugheit geben, ist der, sie als Feinde zurückzuschlagen. […] Bevor die Wirkungen un-
15 serer Revolution sich bei auswärtigen Völkern fühlbar machen können, muss sie zuerst befestigt sein. Ihnen die Freiheit geben zu wollen, bevor wir sie selbst erobert haben, heisst nur, unsere Sklaverei und zugleich die der ganzen Welt befestigen.

Robespierre, Oeuvres, Paris 1954, VIII, S. 74 f., zit. nach: Peter Fischer (Hg.), Reden der Französischen Revolution, München (dtv) 1974, S. 146 f.*

3 ■ Fasse die Argumente für bzw. gegen den Krieg zusammen und lege dar, welche bis heute bei der Argumentation für oder gegen einen Kriegseintritt Verwendung finden.

M4 Die „Marseillaise", das französische Revolutionslied.

Das Kriegslied wurde 1792 verfasst und vertont. Es wurde von einem Freiwilligenbataillon aus Marseille beim Einzug in Paris gesungen und daraufhin rasch zu einem der beliebtesten Revolutionslieder. 1795 wurde es zur bis heute gültigen französischen Nationalhymne

Übersetzung der ersten Strophe:
Auf, Kinder des Vaterlands!
Der Tag des Ruhms ist da.
Gegen uns wurde der Tyrannei
Blutiges Banner erhoben.
Hört im Land
Das Brüllen der grausamen Krieger!
Sie rücken uns auf den Leib,
Eure Söhne, Eure Ehefrauen zu köpfen!
Zu den Waffen, Bürger!
Schliesst die Reihen,
Vorwärts, marschieren wir!
Das unreine Blut
Tränke unserer Äcker Furchen.

4 ■ Organisiere eine Hörprobe der ersten Strophe der Marseillaise und erläutere, warum dieses Lied zum beliebtesten Revolutionslied wurde. Berücksichtige dabei den Text und die Musik.

M5 Forderung nach sozialer Gerechtigkeit, Eingabe der Pariser Sektion der „Sans-Culottes" an den Konvent, 2. September 1793

Eilt Euch, den Preis der Hauptnahrungsmittel unverrückbar festzusetzen, ebenso den der Rohstoffe, den Arbeitslohn, die Industrieprofite und die Handelsgewinne; Ihr habt dazu das Recht und die Macht. […] Aber wie! Werden Euch die Aristokraten, die Royalisten, die Gemässigten, die Intriganten sagen, heisst das nicht Hand an das Eigentum legen, das 5 heilig sein soll und unverletzlich? […] aber wissen sie nicht, diese Schurken, dass Eigentum nur so weit gut ist, als es den Bedarf des Einzelnen befriedigt? Wissen sie nicht, dass keiner das Recht hat, etwas zu tun, was dem anderen schaden 10 kann? Was gibt es Schändlicheres, als willkürlich einen Preis für die Lebensmittel zu verlangen, den sieben Achtel der

Bürger nicht aufbringen können? Wissen sie endlich nicht, dass jedes der Individuen, die zusammen die Republik bil-
15 den, seinen Geist und seine Armee zu ihrem Nutzen ge-
brauchen und sein Blut bis zum letzten Tropfen für sie ver-
giessen soll? Daher muss die Republik jedem von ihnen die
Mittel sichern, sich mit den notwendigsten Bedarfsgütern in
der Menge zu versorgen, die ausreicht, sein Leben zu erhal-
20 ten.

Zit. nach: Walter Grab (Hg.), Die Französische Revolution. Eine Dokumenta-
tion, München (Nymphenburger Verlagshandlung) 1973, S. 174 f.*

5 ■ Fasse die Forderungen der Sansculotten und ihre
Begründung (M 5) stichwortartig zusammen und
nimm Stellung zur Aussage, wonach diese Forderungen als radikal zu bezeichnen sind.

M6 Die Ziele der Jakobiner

Robespierre im Nationalkonvent, Februar 1794:
Was ist das Ziel, dem wir zustreben? Es ist der friedliche Genuss der Freiheit und Gleichheit; die Herrschaft jener ewigen
Gerechtigkeit. […] Wir wollen eine Ordnung […], in der alle
niedrigen und grausamen Leidenschaften durch die Gesetze
5 gezähmt sind, alle wohltätigen und grossherzigen Empfin-
dungen aber durch sie erweckt werden; in der Ehrgeiz darauf gerichtet ist, sich verdient zu machen und dem Vaterland nützlich zu sein. […] In der der Bürger der Regierung,
die Regierung dem Volk aber der Gerechtigkeit unterworfen
10 ist; in der das Vaterland das Wohlergehen jedes Einzelnen
sichert, und in der jeder Einzelne mit Stolz die Wohlfahrt
und den Ruhm des Vaterlandes mitgeniesst, […] in der der
Handel die Quelle des öffentlichen Reichtums und nicht des
unmässigen Überflusses weniger Häuser [ist].
15 Wir wollen […] den Willen der Natur und die Bestimmung
der Menschen erfüllen. […] Von aussen kreisen euch alle
Tyrannen ein, im Innern haben sich alle Freunde der Tyrannen verschworen. […] Man muss die inneren und äusseren
Feinde der Republik vernichten oder mit ihnen untergehen:
20 Der erste Grundsatz Eurer Politik muss also in der jetzigen
Lage sein, das Volk durch die Vernunft und die Feinde des
Volkes durch den Schrecken zu leiten. Wenn im Frieden die
Tugend die treibende Kraft der Volksregierung ist, so sind es
in der Revolution zugleich die Tugend und der Terror; die
25 Tugend, ohne die der Terror unheilvoll, der Terror, ohne
die Tugend ohnmächtig ist.

Zit. nach: Marc Bouloiseau/Albert Soboul, Oeuvres de M. Robespierre, Tome
X, Paris (Édition du Centenaire de la Société des études robespierristes) 1967,
S. 352*

6 ■ Erläutere auf der Grundlage von M 6 den politischen Grundsatz: „Der Zweck heiligt die Mittel."

M7 Anonymes Flugblatt, Ende 1794.

*Robespierre guillotiniert den Henker, zu seinen Füssen liegen
die Verfassungen von 1791 und 1793, die Inschrift auf dem
Grabmal lautet: Hier ruht ganz Frankreich*

7 ■ Interpretiere die Karikatur und stelle zusammen,
was für und was gegen die Kernaussage spricht.

M8 Standeszugehörigkeit der zum Tode Verurteil-
ten 1793–94

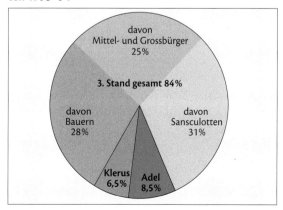

8 ■ Erläutere und interpretiere das Diagramm M 9.

Methode: Politische Reden untersuchen

M1 **Louis-Antoine-Léon de Saint-Just (1767–1794)**

Die Rede, zumeist mündlich vorgetragen, wird häufig auch zur Gattung der schriftlichen Quellen gezählt. Der Redner äussert sich aus einem konkreten Anlass über einen bestimmten Sachverhalt und versucht, die Zuhörer von seiner Position zu überzeugen. Ob er beim Adressaten eine Veränderung der Einstellung bewirkt, hängt nicht nur von der Argumentation ab, mit der er seine Position begründet, sondern auch von der Vortragsweise und vom Auftreten des Redners (Körperhaltung, Gestik, Mimik). Dies lässt sich allerdings nur bei Reden prüfen, die als Filmdokumente vorliegen.

Bei Reden, die als Ton- oder Filmquellen vorliegen, kommen noch andere Gesichtspunkte hinzu, die die Vortragsweise betreffen, z. B. die Frage, was die sprachliche Artikulation der Rede kennzeichnet (Stimmlage, Sprechtempo, Betonungen, Pausen usw.).

Arbeitsschritte zur Interpretation

Leitfrage
Welche Fragestellung bestimmt die Untersuchung der Rede?

Analyse

1. Formale Aspekte
– Wer ist der Redner (Name, ggf. Amt, Stellung, biografische Angaben)?
– Wann und wo wurde die Rede gehalten?
– Was ist das Thema der Rede?
– An wen ist die Rede gerichtet (direkte und indirekte Adressaten)?

2. Inhaltliche Aspekte
– Was sind die wesentlichen Textaussagen (z. B. anhand des gedanklichen Aufbaus bzw. einzelner Abschnitte der Rede)?
– Welche Position vertritt der Redner?
– Welche Kennzeichen weist die Textsprache auf? Welche sprachlich-stilistischen Mittel wurden eingesetzt?

3. Historischer Kontext
– Was war der Anlass der Rede?
– Auf welchen historischen Zusammenhang (Epoche, Ereignis, Person, Prozess bzw. Konflikt) bezieht sich die Rede?

4. Sachurteil
– Welchen politisch-ideologischen Standpunkt nimmt der Redner ein?
– Welche Intentionen verfolgt er?
– Ist die Argumentation der Rede einleuchtend? Lassen sich Widersprüchlichkeiten, Fehler in der Rede feststellen?

5. Werturteil
– Wie lässt sich die Rede im Hinblick auf die Leitfrage aus heutiger Sicht bewerten?

M2 **„Er muss sterben!"**

Der Nationalkonvent verurteilte am 17. Januar 1793 Ludwig XVI. wegen der „Verschwörung gegen die öffentliche Freiheit und die Sicherheit des gesamten Staates" zum Tode. Der Nationalkonvent war während der Französischen Revolution die konstitutionelle und legislative Versammlung, die vom 20. September 1792 bis zum 26. Oktober 1795 tagte. Die Abstim- *mung erfolgte öffentlich und namentlich und fiel denkbar knapp aus. Von 781 anwesenden Abgeordneten stimmten 361 für die sofort zu vollstreckende Todesstrafe, 26 stimmten ebenfalls für die Todesstrafe, aber nicht für sofortige Vollstreckung. Für eine Gefängnishaft sprachen sich 334 Abgeordnete aus. Die Befürworter einer sofortigen Exekution hatten also genau eine Stimme Mehrheit. Ludwig XVI. wurde am 21. Janu-*

ar 1793 guillotiniert. *Louis-Antoine-Léon de Saint-Just, Jakobi-*
ner und enger Vertrauter Robespierres, hielt am 13. November
1792 im Nationalkonvent folgende Rede (Ausschnitt):
Welches Verfahren, welche Untersuchungen wollten Sie
hinsichtlich der Unternehmungen und verderblichen Absichten des Königs anstellen? Nachdem Sie zuerst anerkannt
haben, dass er als Souverän nicht unverletzlich war, und so-
5 dann, dass der König alle Achtung verloren hat, da seine
Verbrechen überall mit dem Blut des Volks geschrieben
sind, da das Blut Ihrer Verteidiger sozusagen bis zu Ihren Füssen [...] geflossen ist! Er unterdrückte eine freie Nation; er
erklärte sich für ihren Feind; er missbrauchte die Gesetze; er
10 muss sterben, um die Ruhe des Volkes zu sichern, da er das
Volk niederzudrücken beabsichtigte, um seine Ruhe zu sichern! Hielt er nicht vor dem Kampf über die Truppen Re-
vue? Ergriff er nicht die Flucht, statt sie am Feuern zu hindern? Was tat er, um die Wut der Soldaten zu hindern? Man
15 schlägt Ihnen vor, ihn nach bürgerlichem Gesetz zu beurteilen, während Sie anerkennen, dass er kein Bürger war und
dass er das Volk seinetwegen opfern liess, statt es zu erhalten.
Noch mehr! Eine von einem König angenommene Konsti-
20 tution verpflichtet die Bürger nicht; sie hatten sogar vor seinem Verbrechen das Recht, ihn zu proskribieren [öffentlich
zu ächten] und zu verjagen. Den König wie einen Bürger
richten! Dies Wort wird die kaltblütige Nachwelt in Erstaunen setzen. Richten heisst das Gesetz anwenden; ein Gesetz
25 ist ein Rechtsverhältnis; welches Rechtsverhältnis herrscht
zwischen der Menschheit und dem König? Welche Gemeinschaft besteht zwischen Ludwig und dem französischen Volk, um ihn nach seinem Verrat zu schonen?
Zu einer andern Zeit wird man sagen, dass einem König der
30 Prozess gemacht werden muss, nicht wegen der Verbrechen
seiner Regierung, sondern weil er König gewesen ist. Denn
diese Usurpation kann unter keinen Umständen gesetz-
mässig werden; und mit welcher Illusion, mit was für Verträgen sich auch das Königtum umhüllen mag, es ist ein ewiges
35 Verbrechen, gegen welches jeder Mensch sich zu erheben
und zu waffnen das Recht hat; es ist eines jener Attentate,
welches selbst die Verblendung eines ganzen Volkes nicht
rechtfertigen kann, dieses Volk begeht ein Verbrechen gegen die Natur durch das Beispiel, welches es gegeben hat,
40 und alle Menschen erhalten die geheime Mission, das Herr-
schertum in jedem Lande zu zerstören. Man kann kein
schuldloser Regent sein. Dies lehrt der Augenschein. Jeder
König ist ein Rebell und Usurpator. [...] Diese Betrachtungen darf ein edles republikanisches Volk nicht vergessen,
45 wenn es über einen König zu Gericht sitzt.

Zit. u. a. nach: W. Behschnitt, Die Französische Revolution, Quellen und Dar-
stellungen, in: Politische Bildung, Materialien für den Unterricht. Stuttgart
(Klett) 1978, S. 74 f., http://www.zum.de/psm/frz_rev/frz_l16.php (Zugriff:
18. 8. 2018)*

Analyse der Rede

1. Formale Aspekte
– Wer ist der Redner (Name, ggf. Amt, Stellung, biografische Angaben)?
Louis-Antoine-Léon de Saint-Just (1767–1794), Jakobiner und enger
Vertrauter Robespierres.
– Wann und wo wurde die Rede gehalten?
13. November 1792 im Nationalkonvent.
– Was ist das Thema der Rede?
Das Thema ist die Bestrafung des abgesetzten Königs Ludwig XVI.
– An wen ist die Rede gerichtet (direkte und indirekte Adressaten)?
An den Nationalkonvent, das damalige Parlament.

2. Inhaltliche Aspekte
– Was sind die wesentlichen Textaussagen (z. B. anhand des gedanklichen Aufbaus bzw. einzelner Abschnitte der Rede)?
Der König wurde zu Recht abgesetzt, weil er ein Unterdrücker des Vol-
kes war. Er steht ausserhalb des Rechts und darf nicht nach den Prinzi-
pien dieses Rechts, sondern muss nach einem Sonderrecht vom Volk,
vertreten durch den Nationalkonvent, abgeurteilt werden.
– Welche Position vertritt der Redner?
Der Redner tritt für die sofortige Vollstreckung der Todesstrafe ein.
– Welche Kennzeichen weist die Textsprache auf? Welche sprachlich-
stilistischen Mittel wurden eingesetzt?
Die Rede ist agitatorisch und spricht die Emotionen des Publikums an.

3. Historischer Kontext
– Was war der Anlass der Rede?
Dem König wurde vor allem vorgeworfen, in Kontakt mit Emigranten
gestanden, heimlich mit Österreich verhandelt und Politiker der Revo-
lution bestochen zu haben.
– Auf welchen historischen Zusammenhang (Epoche, Ereignis, Person,
Prozess bzw. Konflikt) bezieht sich die Rede?
Die Rede ist Bestandteil der Französischen Revolution; im Mittelpunkt
steht das Schicksal des ehemaligen Königs Ludwigs XVI.; seine Hinrich-
tung leitete die Zeit der Terreur, der Terrorherrschaft der Jakobiner, ein.

4. Sachurteil
– Welchen politisch-ideologischen Standpunkt nimmt der Redner ein?
Der Redner nimmt den Standpunkt des radikalen Teils der Revolutio-
näre, der Jakobiner und Sansculotten, ein.
– Welche Intentionen verfolgt er?
Er plädiert für die – auch physische – Vernichtung des Königtums.
– Ist die Argumentation der Rede einleuchtend? Lassen sich
Widersprüchlichkeiten, Fehler in der Rede feststellen?
Das Problem ist, dass er den König nicht als Bürger ansieht, der die
gleichen Rechte wie alle anderen Bürger geniesst.

5. Werturteil
– Wie lässt sich die Rede im Hinblick auf die Leitfrage aus heutiger Sicht
bewerten?
Aus heutiger Sicht sollte bewertet werden, dass der Prozess nicht nach
den Kriterien der Rechtsstaatlichkeit ablief, wie sie in der Verfassung
von 1791 festgelegt waren. Vor allem wurde das Prinzip der Gewaltenteilung nicht beachtet. Die Legislative übernahm die Aufgaben der
Justiz.

1 ■ Analysiere nach diesem Muster Reden, die du in
der Tagespresse findest.

Die Frauen in der Französischen Revolution

M1 **Die Ständeordnung aus weiblicher Perspektive, kolorierter Druck, Ende 18. Jh.**

Die Bildunterschrift lautet übersetzt: „Es ist zu hoffen, dass dieses Spiel bald ein Ende hat"

Politisierung der Öffentlichkeit

In der politischen Kultur hat die Französische Revolution viele neue Ausdrucksformen hervorgebracht. Die Öffentlichkeit wurde – zumindest in den Städten – stark politisiert. Zahlreiche politische Clubs und Volksgesellschaften wurden gegründet, Zeitungen, Zeitschriften und Flugblätter fanden reissenden Absatz. Die Propaganda mobilisierte mithilfe einer neuen revolutionären Symbolik und des Lesens und Schreibens Unkundige und Personengruppen, die sich früher nicht mit Politik auseinandersetzten.

Politisches Engagement der Frauen

Frauen spielten in den politisch-gesellschaftlichen Auseinandersetzungen der Französischen Revolution eine zentrale Rolle. Gerade bei den Erhebungen mit stark ökonomischen Motiven, sogenannten Brotunruhen, beteiligten sich viele Frauen aus den ärmeren Bevölkerungsschichten an Ladenplünderungen und Marktkrawallen. Legendär geworden ist der erfolgreiche Marsch der Frauen der Pariser Märkte nach Versailles am 5. und 6. Oktober 1789. Die Frauen drangen in die Nationalversammlung ein und schickten eine Abordnung zum König. Der Monarch gab dem Druck der Frauen nach, liess Brot nach Paris schaffen und unterzeichnete die Menschenrechtserklärung. Das Engagement der Frauen speiste sich jedoch keineswegs ausschliesslich aus Sorge um das materielle Leben. Bereits bei der Einberufung der Generalstände beanspruchten sie in Beschwerdebriefen rechtliche Gleichstellung, bessere Bildungschancen, eine Reform der Ehegesetzgebung und politische Mitbestimmung. Sie organisierten sich in politischen Klubs und Gesellschaften, hielten öffentliche Reden, besuchten politische Versammlungen und publizierten Broschüren und Druckschriften. Neben den etwa 60 revolutionären Frauenklubs, die sich zwischen 1789 und 1793 im ganzen Land bildeten, existierten auch gemischte Vereinigungen wie die „Brüderliche Gesellschaft beider Geschlechter". Eine der bedeutendsten und für diese Zeit radikalsten dieser politisch aktiven

M2 **Der Marsch der Pariser Frauen nach Versailles, 5. Oktober 1789, Kupferstich, um 1790**

Frauen, die sich gegen die patriarchalische Ordnung auflehnten, war Olympe de Gouges. In ihrer der Menschen- und Bürgerrechtserklärung nachempfundenen Schrift „Erklärung der Rechte der Frau und Bürgerin" (1791) forderte sie für Frauen die gleichen Bürgerrechte wie für Männer sowie den Zugang zu öffentlichen Ämtern, das öffentliche Rederecht sowie gleiches Recht auf Bildung und Besitz.

Scheitern der Gleichheitsforderungen Die meisten Männer, selbst die aus den radikalen politischen Lagern, begegneten den frauenrechtlichen Forderungen mit Widerstand, den sie mit traditionellen Natur- und Weltbildern zu rechtfertigen suchten. Im April 1793 wurden Frauen vom Waffendienst ausgeschlossen und die relativ zahlreichen Frauen, die sich zu den Revolutionstruppen gemeldet hatten, entlassen. Im Frühjahr 1794 folgte das Verbot der politischen Frauenklubs. Einige bleibende rechtliche Verbesserungen für Frauen brachte die Revolution durch die Reform des Eherechts mit der Einführung der Zivilehe, mit der Festsetzung des Heiratsalters auf 21 Jahre für beide Geschlechter sowie mit dem Recht auf Ehescheidung. Die 1793 auch Frauen zugestandene Verfügungsgewalt über das Familieneigentum wurde ihnen allerdings 1804 im Code Civil wieder genommen. In der Bildung führte das 1793 erlassene „Gesetz über den öffentlichen Unterricht" auch für Mädchen den obligatorischen Besuch von Primarschulen ein.

Ein besonderes Charakteristikum der Position von Frauen während der Französischen Revolution war die enorme Bedeutung, die ihnen in der revolutionären, aber auch in der gegenrevolutionären Bildpropaganda zukam. Frauenbilder wurden als Symbole für die höchsten Werte der Revolution genutzt: für Freiheit, Nation, Verfassung, Republik, Natur. Die symbolische Verweiblichung der Nation und ihrer neuen Grundwerte stand vermutlich im Zusammenhang mit der Entmachtung und späteren Enthauptung des Königs, dessen Person und Bild zuvor als Symbole für die Nation gedient hatten. Mit der Zurückdrängung der Frauen aus der aktiven politischen Teilhabe 1793 ging auch in diesem Bereich ihre Präsenz zurück.

1 ■ Erläutere die Bedeutung der Frauen für die revolutionäre Bewegung.
2 ■ Erkläre, welche Gründe für das Scheitern der Gleichheitsforderungen der Frauen ausschlaggebend waren.

Aus der „Erklärung der Rechte der Frau und Bürgerin" von Olympe de Gouges von 1791:
MANN, bist du fähig, gerecht zu sein? Es ist eine Frau, die dich danach fragt; wenigstens dieses Recht wirst du ihr nicht nehmen. Sag mir – wer hat dir die unumschränkte Macht gegeben, mein Geschlecht zu unterdrücken? Deine Kraft? Deine Talente?

M3 Patriotischer Frauenklub, Gouache von E. P. Lesueur, um 1790

M4 **Olympe de Gouges (1748–1793), Gemälde von Alexandre Kucharski, Ende 18. Jh.**

M5 **„Wider das Patriarchat und die männliche Überheblichkeit"**

Olympe de Gouges wurde am 7. Mai 1748 als Marie Gouze in Montauban, einem Städtchen unweit von Toulouse, geboren. Gerüchten zufolge war sie das uneheliche Kind eines Adligen, der diese Vaterschaft allerdings nicht anerkannte.

5 Sie wuchs mit mehreren Geschwistern in kleinbürgerlichen Verhältnissen auf. Lesen und Schreiben brachte sie sich in ihrer Kindheit wohl selbst bei, denn gemäss der überkommenen Tradition genoss sie als Mädchen keine Schulbildung.

10 Mit 17 wurde sie verheiratet, ein Jahr darauf kam ihr Sohn Pierre auf die Welt, und im gleichen Jahr starb ihr Ehemann. 1766 zog die 18-jährige Witwe mit einem bescheidenen Erbe nach Paris zu ihrer verheirateten Schwester. Hier änderte sie ihren Namen und arbeitete in intensivem Selbststudi-

15 um an ihrer Lese- und Schreibfähigkeit sowie an ihrem schriftstellerischen Talent. Der schrittweise Zugang zu kultivierten städtischen Zirkeln ermöglichte ihr, am gesellschaftlichen Leben der Salons teilzunehmen. In ihrem ersten Theaterstück 1783 (Zamor und Mirza) thematisierte und

20 kritisierte sie die Sklaverei in den französischen Kolonien. Damit hatte sie eine doppelte Sünde begangen, als Frau überhaupt ein Drama zu schreiben und zu veröffentlichen sowie die Sklaverei abzulehnen.

Jahrelang kämpfte sie dafür, dass ihr Stück am königlichen

25 Theater gespielt wurde. Das Stück wurde erst sechs Jahre später unter einem anderen Titel aufgeführt, in den Zeitungen mit Hohn und Häme überschüttet und nach drei Vor-

stellungen wieder abgesetzt. Mit dem Beginn der Französischen Revolution war bei Olympe de Gouges die Hoffnung auf eine gesellschaftliche und gesetzliche Besserstellung der

30 Frau verbunden.

Als 1791 die neue Verfassung auf der Grundlage der Menschen- und Bürgerrechtserkl.rung verabschiedet wurde, war die Empörung bei den politisch aktiven Frauen gross: „Ihr habt erklärt, dass alle Personen gleich sind. Ihr habt bewirkt,

35 dass einfache Hüttenbewohner gleichberechtigt neben Prinzen gehen. Und doch duldet ihr alle Tage, dass 13 Millionen Sklavinnen die Ketten von 13 Millionen Tyrannen tragen." Wenige Tage später veröffentlichte Olympe de Gouges ihre zwölf Artikel zur „Erklärung der Rechte der Frau und

40 Bürgerin", in der die vollständige Gleichberechtigung von Mann und Frau gefordert wurde. Rhetorisch fragte die Autorin im Anhang der Erklärung: „Warum sollte eine Gruppe von Menschen, nur weil sie schwanger werden können und sich gelegentlich unpässlich fühlen, nicht die Rechte

45 ausüben dürfen, die man niemals denen vorenthalten würde, die jeden Winter die Gicht plagt und sich leicht erkälten?" Der unabhängige Geist von Olympe de Gouges erstreckte sich auch auf andere politische Themen. Im Zuge der verschärften revolutionären Auseinandersetzung nach

50 1791 lehnte sie die zunehmende Zentralisierung und die Gewalt in der politischen Auseinandersetzung ab, nahm Stellung gegen die Todesstrafe und kritisierte führende Revolutionäre (z. B. Robespierre) als ehrgeizige Despoten. Die Attackierten diffamierten Olympe de Gouges, die nie wie-

55 der geheiratet hatte, als Prostituierte und Wahnsinnige. Als Olympe de Gouges im Juli 1793 eine Volksabstimmung über die künftige Staatsform forderte, wurde sie verhaftet. Im November des gleichen Jahres verurteilte sie ein Revolutionstribunal wegen Hochverrats. Sie wurde geköpft und in

60 einem Massengrab verscharrt. Zwei Wochen später hiess es in einer Zeitung der radikalen Jakobiner: „Erinnert euch dieses Mannweibs, der schamlosen Olympe de Gouges, die die Pflichten ihres Haushalts vernachlässigt hat, die politisieren wollte und Verbrechen beging. Alle solch unmoralischen

65 Wesen wurden vom Rachefeuer der Gesetze vernichtet, ihr möchtet sie imitieren? Nein, ihr spürt wohl, dass ihr nun dann interessant seid und der Achtung würdig seid, wenn ihr das seid, was die Natur wollte, das ihr seid."

Verfassertext

3 ■ Zeige anhand ausgewählter Beispiele im Leben von Olympe de Gouges auf, dass sie als Frau gesellschaftlich und rechtlich diskriminiert wurde.

4 ■ Schreibe einen kurzen Nachruf auf Olympe de Gouges, in dem du auf ihr Wirken eingehst und dabei auch Eigenschaften und Charakterzüge von ihr beschreibst.

M6 Frauen an die Waffen!

Aufruf der Aktivistin Théroigne de Mericourt (1762–1817) für die Bewaffnung der Frauen, 25. März 1792:

Bewaffnen wir uns, wir haben dazu das Recht durch die Natur und sogar durch das Gesetz. Zeigen wir den Männern, dass wir ihnen nicht unterlegen sind – weder in den Tugenden noch im Mut. […]. Man wird versuchen, uns mit den
5 Waffen der Lächerlichkeit zurückzuhalten. Aber wir werden uns bewaffnen, weil es vernünftig ist, dass wir uns darauf vorbereiten, unsere Rechte zu verteidigen und unsere Häuser und weil wir ungerecht gegen uns selbst wären und verantwortlich vor dem Vaterland, wenn die Verzagtheit, die
10 uns in der Sklaverei ergriffen hat, immer noch mächtig genug wäre, uns an der Verdoppelung unserer Kräfte zu hindern […].

Es ist an der Zeit, dass die Frauen herauskommen aus ihrer schändlichen Nichtigkeit. Sollen die Männer allein das
15 Recht auf Ruhm beanspruchen? Auch wir wollen nach der Bürgerkrone streben, nach der Ehre zu streben für eine Freiheit, die uns vielleicht teurer ist als ihnen, denn die Auswirkungen des Despotismus lasten noch viel schwerer auf unseren Häuptern als auf ihren. […]
20 Bewaffnen wir uns: Lasst uns dreimal in der Woche auf den Champs-Élysées exerzieren, lasst uns eine Kompanie der Amazonen eröffnen!

Zit. nach: Maité Albistur/Daniel Armogathe (Hg.), Le grief des femmes – Anthologie des textes feministes du moyen age à la seconde république. Paris (Éditions Hier et demain) 1978, S. 188–190*

5 ■ Arbeite heraus, wie die Autorin die Bewaffnung der Frauen begründet (M6).

6 ■ Erkläre, was de Mericourt unter dem doppelten Despotismus versteht, unter dem die Frauen zu leiden hätten.

M7 Gegen die politischen Aktivitäten der Frauen

Forderung des jakobinischen Abgeordneten Jean-Baptiste-André Amar (1755–1816) nach einem Verbot der politischen Frauenklubs, 30.10.1793:

Dürfen Frauen politische Rechte ausüben und sich in Regierungsangelegenheiten einmischen? Nein. Denn den Frauen fehlt es an allen Eigenschaften und Fähigkeiten, die zur Gesetzgebung und Leistung der öffentlichen Angelegenheiten
5 nötig sind. Zweitens: Dürfen sich die Frauen in politischen Vereinigungen versammeln? […] Die Aufgaben der Frauen ergeben sich aus dem Unterschied zwischen ihr und dem Mann. Der Mann ist stark, widerstandsfähig, von Geburt an voller Energie, Kühnheit, Mut. […] Ebenso scheint nur er zu
10 tiefsinnigen, ernsthaften Reflexionen fähig zu sein, die lange Studien vorraussetzen, die zu betreiben die Frauen nicht in der Lage sind. Ihre Aufgaben sind von ihren Sitten und der Natur vorgegeben. Sie haben in den ersten Jahren für die Erziehung der Knaben zu sorgen, ihnen Herz und Verstand

für die öffentlichen Tugenden zu öffnen, sie zum Guten an- 15
zuleiten, ihre Seele erhaben zu machen und sie im politischen Kult der Freiheit zu unterweisen. Darin bestehen ihre Aufgaben […]. Die Frauen haben gemeinhin wenig Begabung für grosse Ideen und ernste Überlegungen. Wollt ihr, dass man sie in einer französischen Republik als Rechtsan- 20
wältinnen vor Gericht treten, in politischen Versammlungen wie die Männer auf die Rednerbühnen steigen sieht, dass sie sowohl ihre Zurückhaltung vergessen, in der alle Tugenden dieses Geschlechts ihren Ursprung haben, wie auch die Sorge um ihre Familien? Wir glauben deshalb, dass 25
es nicht möglich ist, dass Frauen politische Rechte ausüben. Vernichtet also diese Volksgesellschaften.

Zit. nach: Elisabeth Badinter, Die Französische Revolution und die Frauen, in: Die schwierige Geburt der Freiheit, Wien (Wangermann) 1991, S. 69 f.*

7 ■ Fasse die Argumentation für das Verbot der politischen Frauenklubs zusammen (M7) und nimm Stellung dazu.

M8 Plakat zur kantonalen Abstimmung über die Einführung des Frauenstimmrechts, 1946

8 ■ Arbeite die Aussage des Abstimmungsplakats von 1947 (M8) heraus und vergleiche sie mit der Argumentation für das Verbot der politischen Frauenklubs von 1793 (M7).

Die Epoche Napoleons

Der Aufstieg Napoleons und das Ende der Revolution

M1 **Napoleon Bonaparte (1769–1821) als Erster Konsul, um 1800.**

Napoleon schlug unter dem Direktorium als Brigadegeneral einen Aufstand von Königstreuen nieder. 1796 siegte er als Oberbefehlshaber der französischen Truppen gegen die österreichischen Heere, 1798 befehligte er den erfolgreichen Feldzug gegen Ägypten. 1799 stürzte er das Direktorium und regierte als Erster Konsul fast allein bis zu seiner Kaiserkrönung 1804. Nach der Dreikaiserschlacht von Austerlitz 1805 gegen Österreich und Russland bestimmte er bis zur Völkerschlacht von Leipzig 1813 die europäische Politik. Nach der französischen Niederlage bei Waterloo 1815 wurde er auf die Insel Elba und – nach kurzer Rückkehr auf das Schlachtfeld – endgültig von den Engländern auf die Insel St. Helena verbannt, wo er 1821 starb

Das Direktorium

Nach dem Sturz Robespierres im Juli 1794 war die Lage in Frankreich sehr instabil. Zwar gelang die Ausarbeitung und Verabschiedung einer neuen Verfassung am 22. August 1795. Sie sah ein Direktorium von fünf Männern als Exekutive und ein Wahlrecht vor, das an einen Zensus gebunden war. Die neue Regierung fand vor allem in der notleidenden Bevölkerung der Hauptstadt jedoch keine Stütze, weil sie vom Abbau der staatlichen Wirtschaftsregulierung besonders hart getroffen wurde. In Paris kam es im Mai und im Oktober 1795 zu letzten, verzweifelten Aufstandsversuchen von ehemaligen Parteigängern der Jakobiner; es drohte auch ein Staatsstreich der Royalisten (Königstreuen). Das Regime versuchte sich einerseits durch den Ausschluss von Abgeordneten der Rechten und Linken, andererseits durch permanente Kriegführung sowie durch die Ausplünderung anderer Länder über Wasser zu halten. Der Krieg war zu einer Lebensnotwendigkeit für das Direktorium geworden. Deshalb hatte es eine gewisse Logik, dass zwei Direktoren mit Napoleon Bonaparte, dem erfolgreichsten und populärsten General, der die Armee hinter sich hatte, einen Staatsstreich durchführten. Nach diesem geglückten Staatsstreich vom 9. November 1799 wurde Napoleon von der Bevölkerung begeistert empfangen. Man hoffte, dass er dem Land endlich Ruhe bringen würde. Als „Retter der Nation" gefeiert, nutzte er diese Stimmung aus, um zügig eine Alleinherrschaft aufzubauen. Sein Regime wurde umso williger ertragen, als es militärischen Ruhm einbrachte und die Kriegslasten auf andere Völker abwälzte.

Napoleon als Kaiser

Noch 1799 trat eine neue Verfassung in Kraft, die drei Konsuln an die Staatsspitze stellte, von denen der erste – Napoleon – über die meiste Macht verfügte. Er hatte die Exekutivgewalt inne und konnte allein Gesetze veranlassen. Neu in dieser Verfassung war das Plebiszit, die direkte Entscheidung des Volkes über Fragen, die ihm von Napoleon vorgelegt wurden. Napoleon benutzte es als Instrument, um seine Alleinherrschaft zu legitimieren und zu festigen. Gestützt auf seine militärischen Erfolge liess er 1802 durch eine Volksbefragung sein Konsulat auf Lebenszeit verlängern. Und 1804 hatten die Franzosen wieder einen Monarchen: In der Kirche Notre Dame in Paris krönte sich Napoleon im Beisein des Papstes selbst zum Kaiser. Welch eine Wende! 1793 noch die Hinrichtung Ludwigs XVI. – elf Jahre später eine prunkvolle Kaiserkrönung. Warum gab es jetzt keine Volkserhebung wie in den ersten Jahren der Revolution?

Napoleons Machtbasis war die Armee. Seine hohe Akzeptanz in der Bevölkerung beruhte vor allem auf seinen militärischen Leistungen. Während der Revolutionsjahre hatten die Franzosen nichts so sehr gefürchtet wie die ständig drohende Niederlage in den Kriegen gegen europäische Mächte. Diese Gefahr hatte – aus der Sicht des Volkes – Napoleon beseitigt. Ausserdem galt er als ein General, der seinen Aufstieg der Revolution verdankte. Durch die Niederschlagung des Royalistenaufstands in Paris 1795 war er ausserdem des Verdachts konterrevolutionärer Absichten enthoben. Hinzu kam, dass sich Napoleon auch in der Innenpolitik als geschickter Taktiker erwies, dem der Ausgleich von Gegensätzen gelang. Forderte er einerseits die adligen Emigranten zur Rückkehr auf, so liess er anderseits den

Grossbürgern den Gewinn, den sie als Käufer von Grundbesitz aus der Revolution gezogen hatten. Er reformierte und zentralisierte die Verwaltung. Dabei galt der Grundsatz, dass jedem Talent der Weg nach oben offen stehen müsse. Die ruinierten Staatsfinanzen wurden durch rigorose Eintreibung inländischer Steuern und hoher Abgaben aus den besiegten Ländern saniert. Napoleon gründete die Staatsbank (Banque de France) und führte als neue Währung den Franc ein. Beschäftigungsprogramme belebten die französische Wirtschaft: Strassen, Kanäle und Häfen wurden gebaut. Mit seinem bürgerlichen Gesetzbuch, dem Code Civil von 1804, bestätigte Napoleon die Prinzipien von 1789. Dazu gehörten die Abschaffung der Adelsprivilegien, die Freiheit der Person, die Gleichheit vor dem Gesetz, die freie Verfügung über Eigentum sowie die freie Wahl von Arbeit und Wohnort. Eine rigorose Pressezensur sicherte darüber hinaus dem Regime eine positive und unkritische Berichterstattung. Zu kurz kamen bei der Politik Napoleons die kleinen Lohnempfänger, denen beispielsweise das Streikrecht genommen wurde. Aber viele von ihnen waren froh, dass Napoleon Ruhe brachte.

M2 Napoleon beim Übergang über den Grossen St. Bernhard, Gemälde von Jacques-Louis David, 1800/1801

1 ▦ Fasse zusammen, welche Faktoren zum Aufstieg Napoleons beitrugen.
2 ▦ Napoleons Herrschaft wird in Abgrenzung zum Absolutismus oft als „moderne Monarchie" bezeichnet. Erkläre, was damit gemeint ist.
3 ▦ Erläutere die Bildaussage von M 2. Vergleiche dann dieses Herrscherporträt mit demjenigen von Ludwig XIV. (s. S. 64).

M3 Warum konnte sich Napoleon in Frankreich durchsetzen?

Der Historiker François Furet über die Gründe des innenpolitischen Erfolgs von Napoleon, 1996:

Die Öffentlichkeit entdeckt in dem Haupt, das sie sich gegeben hat, einen Stil sowie Gewohnheiten, die allesamt Züge republikanischer Schlichtheit und einer zivilen Regierung in sich bergen. Der erste Konsul kennt keine dummen Ange-
5 wohnheiten der Bourbonen; er isst schnell, er liebt die eintönige Bekleidung und die alten Hüte, er verschwendet seine Zeit nicht mit dem Hofzeremoniell: Er arbeitet und entscheidet. Das sind die Bilder, die er hervorragend anzufertigen versteht, aber sie korrespondieren auch mit der
10 Wirklichkeit der Epoche. Der Konsul Napoleon hat die Qualitäten eines republikanischen Helden und eines Bürgerkönigs mit dem vermischt, was seine Persönlichkeit bereits an Despotismus und Unkontrollierbarem enthält. […]
Soeben aus dem Heldengedicht der Revolution herausge-
15 treten, hätten die Franzosen kaum einen Herrscher mit weniger nationaler Ausstrahlung akzeptiert. Ermüdet vom revolutionären Spielplan und gestützt auf das Erreichte, wünschen sie, dass die dem Eigentum und der Ordnung gegebenen Garantien bekräftigt würden.

François Furet, Kritisches Wörterbuch der Revolution, Bd. 1, Frankfurt/Main (Suhrkamp) 1996, S. 348*

4 ■ Arbeite heraus, welche Gründe der Autor für die breite innenpolitische Unterstützung Napoleons nennt.

M4 Napoleon über die Franzosen

Auszug aus einem vertraulichen Gespräch Napoleons mit dem französischen Gesandten in der Toskana, Miot de Melito, in dem Napoleon sagte:

Glauben Sie vielleicht, dass ich eine Republik begründen will? Welcher Gedanke! […] Das ist eine Wahnvorstellung, in die die Franzosen vernarrt sind, die aber auch wie so manche andere vergehen wird. Was sie brauchen, das ist Ruhm,
5 die Befriedigung ihrer Eitelkeit, aber von Freiheit verstehen sie nichts. […] Die Nation braucht einen Führer, einen durch Ruhm hervorragenden Führer, aber keine Theorien über Regierung, keine grossen Worte, keine Reden von Ideologen, von denen die Franzosen nichts verstehen. Man gebe ihnen
10 Steckenpferde, das genügt ihnen, sie werden sich damit amüsieren und sich führen lassen, wenn man ihnen nur geschickt das Ziel verheimlicht, auf das man sie zumarschieren lässt.

Miot de Melito, Mémoires I, übers. v. W. A. Fleischmann, Stuttgart (Schweizerbart) 1866, S. 163*

5 ■ Fasse die politischen Ziele Napoleons um 1797 und seine Sicht auf seine eigene Person zusammen (M4).

6 ■ a) Untersuche M5 und nenne die Unterschiede zur Verfassung von 1791 (s. S. 147).
b) Analysiere auf der Grundlage der Materialien M3, M4 und M5, was Napoleon und Ludwig XVI. politisch verband bzw. trennte.

M5 Das französische Regierungs- und Verwaltungssystem unter Napoleon (Konsulatsverfassung), 1799

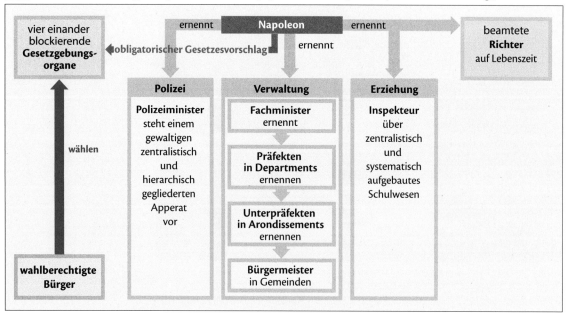

M6 „Er diktiert sich selbst den unsterblichen Code (Civil)", französische Zeichnung, um 1810

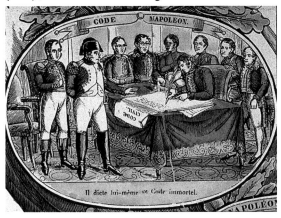

II diete lui-même ce Code immortel.

7 ■ Erläutere, welche Kritik in M6 zum Ausdruck kommt.

M7 Aus dem Code Civil, 1804

1. Die Freiheit

Der Staatsbürger hat mit seiner Grossjährigkeit die Freiheit, über seine Person zu verfügen. Er kann daher seinen Wohnsitz wählen, wo es ihm gut dünkt. […]

5 *2. Die Rechtsgleichheit*

Nachdem unsere Verfassung die Rechtsgleichheit eingeführt hat, muss jeder, der sie wieder abschwört und die abgeschafften Vorrechte der Geburt wieder einführen will, als Frevler gegen unseren Gesellschaftsvertrag gelten und kann
10 nicht Franzose bleiben.

3. Die Gewalt des Familienvaters als Vorbild

Der Ehemann schuldet seiner Frau jeglichen Schutz, die Ehefrau schuldet dem Manne Gehorsam. Die Frau kann vor Gericht erscheinen nur mit Ermächtigung ihres Mannes,
15 auch wenn sie selbst einen Beruf ausübt. In Dingen, die ihr Geschäft betreffen, ist sie selbstständig. Das Kind ist in jedem Alter verpflichtet, Vater und Mutter Ehre und Achtung zu erweisen. Das Kind verbleibt in der elterlichen Gewalt bis zur Grossjährigkeit oder bis zur Heirat.
20 *4. Von dem Eigentum*

Eigentum ist das Recht, eine Sache auf die unbeschränkte Weise zu benutzen und darüber zu verfügen, vorausgesetzt, dass man davon keinen durch die Gesetze oder Verordnungen untersagten Gebrauch mache. Niemand kann gezwun-
25 gen werden, sein Eigentum abzutreten, wenn es nicht des öffentlichen Wohls wegen und gegen eine angemessene und vorgängige Entschädigung geschieht.

Code Napoléon. Einzige offizielle Ausgabe für das Grossherzogtum Berg, Düsseldorf 1810*

8 ■ Untersuche den Code Civil (M7):

a) Erläutere, welche Bereiche des Code Civil (M7) auch heute in der Verfassung der Schweiz Gültigkeit besitzen.

b) Nimm auf der Grundlage des Regierungssystems von 1799 (M5) und des Code Civil (M7) kritisch Stellung zur Aussage, dass die Revolution gescheitert sei.

M8 Die Revolution und ihre Erfolge

Aufsatz des preussischen Reformers Neidhardt von Gneisenau (1760–1831), 1807:

Ein Grund hat Frankreich besonders auf diese Stufe von Grösse gehoben: Die Revolution hat alle Kräfte geweckt und jeder Kraft einen ihr angemessenen Wirkungskreis gegeben. Dadurch kamen an die Spitze der Armeen Helden, an die ersten Stellen der Verwaltung Staatsmänner und an die
5 Spitze seines Volks der grösste Mensch aus seiner Mitte [Anspielung auf Napoleon]. Welche unendlichen Kräfte schlafen im Schosse einer Nation unentwickelt und unbenützt! […] Währenddem ein Reich in seiner Schwäche und Schmach vergeht, folgt vielleicht in seinem elendesten
10 Dorfe ein Cäsar dem Pfluge. Warum griffen die Höfe nicht zu dem einfachen und sicheren Mittel, dem Genie, wo es sich auch immer findet, eine Laufbahn zu öffnen, die Talente und die Tugenden aufmuntert, von welchem Stande und Range sie auch sein mögen? […]
15
Die Revolution hat die ganze Nationalkraft des französischen Volkes in Tätigkeit gesetzt, dadurch die Gleichstellung der verschiedenen Stände und die gleiche Besteuerung des Vermögens, die lebendige Kraft im Menschen und die tote
20 der Güter zu einem wuchernden Kapital umgeschaffen und dadurch die ehemaligen Verhältnisse der Staaten zueinander und das darauf beruhende Gleichgewicht aufgehoben. Wollten die übrigen Staaten dieses Gleichgewicht wiederherstellen, dann mussten sie sich dieselben Hilfsquellen er-
25 öffnen und sie benützen. Sie mussten sich die Resultate der Revolution zueignen und gewannen so den doppelten Vorteil, dass sie ihre ganze Nationalkraft einer fremden entgegensetzen konnten und den Gefahren einer Revolution entgingen, die gerade darum noch nicht für sie vorüber
30 sind, weil sie durch eine freiwillige Veränderung einer gewaltsamen nicht vorbeugen wollen.

Zit. nach: Ernst Müsebeck (Hg.), Gold gab ich für Eisen, Berlin (Bong) 1913, S. 25*

9 ■ a) Erläutere, welche Haltung der Autor gegenüber der Französischen Revolution einnimmt und warum er die französische Nation bewundert (M8).

b) Lege dar, welche Schlussfolgerungen der Autor aus seinen Betrachtungen für Preussen zieht.

Europa in der Epoche Napoleons

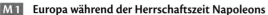

M1   Europa während der Herrschaftszeit Napoleons

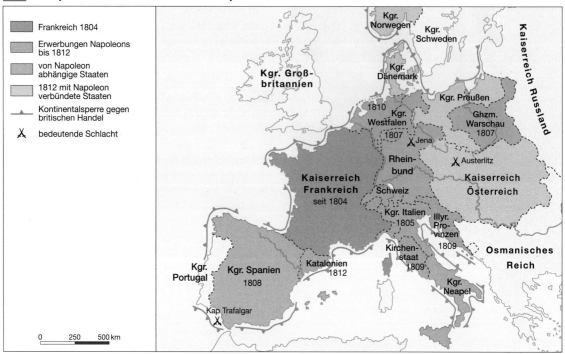

Frankreich 1804

Erwerbungen Napoleons bis 1812

von Napoleon abhängige Staaten

1812 mit Napoleon verbündete Staaten

Kontinentalsperre gegen britischen Handel

bedeutende Schlacht

Koalitionskriege
Bezeichnung für die Kriege wechselnder europäischer Bündnispartner gegen das revolutionäre Frankreich zwischen 1792 und 1815.

Kontinentalsperre
Wirtschaftliche Absperrung des europäischen Festlands gegen Grossbritannien. Napoleon I. veranlasste diese Massnahme 1806 im Rahmen des Wirtschaftskrieges, den er gegen Grossbritannien führte. Die Sperre dauerte bis 1814.

Revolutionskriege

Die Französische Revolution fand in den ersten Jahren zahlreiche Anhänger in Europa. Gebildete Bürger in vielen Ländern sahen die Französische Revolution als einen Triumph der Aufklärung. Ideen der Französischen Revolution spielten in ländlichen und städtischen Aufständen der 1790er-Jahre eine Rolle. Protestierende Handwerker und Arbeiter, Bauern und Tagelöhner machten sich einige davon zu eigen. Zu einer Revolution wie in Frankreich kam es nicht, trotzdem wirkte sich die Französische Revolution ganz entscheidend auf Europa aus. Dafür sorgten die französischen Heere. 1792 begannen die Koalitionskriege, in denen sich das revolutionäre Frankreich mit wechselnden Koalitionen europäischer Monarchien auseinandersetzte. Nach kurzer Zeit erwiesen sich die französischen Truppen als überlegen. Sie kämpften für die Revolution, und ihre Begeisterung war gross. Das Massenaufgebot des Volksheeres – ein Ergebnis der allgemeinen Wehrpflicht – erlaubte es, Schlachten zu suchen und trotz Verluste zu gewinnen. In der Revolutionsarmee zählte die Leistung, nicht die Herkunft. Besonders Napoleon war ein Mann der Soldaten: In einfacher Kleidung zeigte er sich in ihren Feldlagern, lobte ihre Leistungen, sorgte für ihre Karriere.

Innerhalb weniger Jahre machten die Siege über Österreich, Preussen und die kleineren Staaten Napoleon zum Herrscher über den europäischen Kontinent. Dies traf allerdings nicht auf England zu, das er nach einer militärischen Niederlage 1805 mit der Kontinentalsperre vergeblich versuchte, wirtschaftlich zu bezwingen. Auch Russland konnte er nicht besiegen. Unter Napoleons Herrschaft wurden Staaten zertrümmert und zusammengelegt und die europäische Landkarte neu geordnet. Auch in der Schweiz führte der Vorstoss der französischen Armeen zu radikalen innenpolitischen Veränderungen.

Widerstand gegen Frankreich Zwar hatten viele Europäer den Einfluss der Franzosen zunächst begrüsst, versprachen sie sich doch davon neue Freiheiten und die Änderung überlebter Verhältnisse. Tatsächlich wurden zahlreiche Neuerungen in den besetzten Gebieten durchgesetzt. Die Einführung des Code Civil wurde zum Inbegriff dieser Reformpolitik (s. S. 188). Damit wurden die mittelalterlichen Feudalstrukturen abgeschafft und liberale Wirtschaftsordnungen durchgesetzt, die viele Staaten auch nach dem Sturz Napoleons beibehielten. Aber bald wurden die harte Herrschaft Napoleons, seine Steuern und seine Bürokratie als Unterdrückung empfunden. Gegen Frankreich erhob sich vielfach ein „nationaler Geist", wie es Zeitgenossen formulierten. Das war neu, und viele Gebildete entwickelten daraus die Vorstellung, dass die bewegenden Kräfte der Politik die Nationen seien (s. S. 184). Der beginnende Widerstand gegen die französische Fremdbestimmung hatte allerdings zunächst wenig Erfolge. Entscheidend für das Ende der französischen Hegemonie (Vorherrschaft) war der Krieg Napoleons gegen Russland.

Das Ende der französischen Hegemonie Die „Grosse Armee", mit der Napoleon 1812 Russland angriff, umfasste 700 000 Mann, die aus Frankreichs gesamtem europäischen Einfluss- und Herrschaftsgebiet stammten. Zunächst verlief der Feldzug wie üblich in Form eines unaufhaltsamen Vordringens. Aber Napoleon hatte zu wenig mit der Weite Russlands und mit dem Patriotismus der Bevölkerung gerechnet. Der Zar lehnte Verhandlungen mit Napoleon ab, zog den Hauptteil seiner Truppen hinter Moskau zurück und liess die Stadt niederbrennen. Da kaum Nachschub eintraf, musste die französische Armee das besetzte Moskau bald wieder räumen. Die russische „Taktik der verbrannten Erde" erwies sich als erfolgreich. Weil der französische Rückzug im russischen Winter stattfand, wurde er zu einer einzigen Katastrophe. Von 700 000 ausgezogenen Soldaten kehrten nur 5 000 zurück. In der „Völkerschlacht" bei Leipzig im Oktober 1813 schlug schliesslich ein Koalitionsheer, bestehend aus russischen, englischen, preussischen, österreichischen und schwedischen Truppen, die Franzosen entscheidend. Napoleon musste abdanken und wurde nach Elba verbannt. Im März 1815 kehrte er noch einmal nach Frankreich zurück und konnte für kurze Zeit erneut die Macht ergreifen. Seine „Herrschaft der hundert Tage" endete mit einer weiteren Niederlage auf dem Schlachtfeld bei Waterloo südlich von Brüssel im Juli 1815. Er starb als Verbannter 1821 auf der im südlichen Atlantischen Ozean gelegenen Insel Sankt Helena.

Nation
Im Mittelalter und in der frühen Neuzeit Bezeichnung für Grossgruppen mit gemeinsamer Herkunft (lat. = Abstammung). Seit dem 18. Jahrhundert wird der Begriff auf ganze Völker übertragen. Er bezeichnet grosse Gruppen von Menschen mit gewissen wirklichen oder gedachten Gemeinsamkeiten (s. S. 184).

M 2 **Rückzug der geschlagenen französischen Armee über die Beresina, Gemälde, 1813**

1 ■ Erkläre die Bedeutung der Französischen Revolution und der Epoche Napoleons für Europa.
2 Nenne die zentralen Ursachen für das Scheitern der französischen Vorherrschaft in Europa.

M3 Empfang Napoleons in Aachen, 1804

Der „Rheinische Antiquarius" berichtete über den Besuch Kaiser Napoleons im inzwischen französischen Aachen, 17. 9. 1804:

Alles [ist] in freudiger Bewegung. Maien zierten die Häuser. [...] Weisser Sand bedeckt die Strassen. Geschmückte Ehrengarden besetzen die Zugänge zum Hotel des erwarteten kaiserlichen Paares. Die Trommeln wirbeln, ein staatliches
5 Schützenkorps zieht mit Fahne und Musik hinaus vor die Stadt, wo Josephine [die Frau Napoleons] [...] gegen Mittag ankommt und unter Glockengeläute und einem grossen Zulauf von Menschen [...] mit lauten Vivats bis zum Sankt Kastorplatze begleitet wird. Nachmittags gegen fünf Uhr
10 wird die Szene eine imposante erhabene.

Das Wunder der Zeit, der Held Bonaparte, jetzt Europas erster Herrscher, nähert sich der Stadt, und die ganze Bevölkerung strömt ihm entgegen. Einer Viktoria [Göttin des Sieges] gleich rollt sein Wagen schnell dahin durch die Gassen;
15 Postillione, kaiserliche Herolde und Gardisten zu Pferd, Generale und hohe Zivilbeamte vor, neben und hinter ihm. Vor der Kastorkirche stand ein Priester im prachtvollen Ornat mit dem Weihwedel, dem Wiederhersteller der Altäre huldigend. Es verhallten Glocken und Geschütze, nur ein
20 Sinn – das Auge – war geschädigt und verschlang begierig die Züge des Mannes, der das Schicksal Europas in seinen Händen trägt.

Zit. nach: Geschichte in Quellen, Bd. 4, bearb. v. Wolfgang Lautemann, München (bsv) 1981, S. 536 ff.*

M4 Napoleons Herrschaft, 1811

Am 5.12.1811 schrieb der westfälische König Jérôme Bonaparte an seinen Bruder Napoleon:

Ich weiss nicht, Sire, unter welchem Gesichtspunkt Ihre Generale und Agenten die öffentliche Meinung in Deutschland betrachten. Wenn Sie von Unterwerfung, Ruhe und Schwäche sprechen, so täuschen Sie sich und Ihre Majestät.
5 [...] Man nimmt Spanien [Aufstand in Spanien] zum Beispiel, und falls der Krieg [mit Russland] ausbrechen sollte, werden alle zwischen Rhein und Oder gelegenen Gegenden der Schauplatz einer ausgedehnten und lebhaften Erhebung werden. Der Hauptgrund dieser gefährlichen Bewe-
10 gungen [...] ist vielmehr im Unglück der Zeiten begründet, in dem völligen Ruin aller Klassen, in der Vermehrung der Steuern und Kriegsbeiträge, dem Unterhalt der Truppen, dem Durchmarsch der Soldaten und der ständigen Wiederkehr von einer Unzahl von Plackereien aller Art. [...] Aber
15 nicht nur in Westfalen und in den Frankreich einverleibten Ländern wird diese Feuersbrunst ausbrechen, sondern bei allen Herrschern des Rheinbundes. Sie selbst werden die ersten Opfer ihrer Untertanen werden, wenn sie nicht ihre Gewalttätigkeiten teilen, denn Eure Majestät weiss, dass der
20 einheitliche Charakter der Revolutionen darin besteht, alle

Grundsätze umzustossen und alle Bande und alle Beziehungen zur Gesellschaft zu zerstören.

Zit. nach: Geschichte in Quellen, Bd. 4, bearb. v. Wolfgang Lautemann, München (bsv) 1981, S. 536 ff.*

3 ■ Vergleiche die beiden Schilderungen zu Person und Herrschaft Napoleons (M3 und M4) und versuche Erklärungen für den Wandel der Wahrnehmungen zwischen 1804 und 1811 zu finden.

M5 Der französische Russlandfeldzug in Augenzeugenberichten

a) Umgang mit Verletzten

In der Regel hatten die Feldärzte wenig Zeit für den einzelnen Soldaten, sodass die einfachste Art, eine Arm- oder Beinverletzung zu behandeln, die Amputation war, die ohne Narkose stattfand. Der Mediziner Dr. La Flise berichtet:

Man kann sich nicht vorstellen, was jemand empfindet, wenn der Chirurg ihm mitteilen muss, er werde unweigerlich sterben, wenn man ihm nicht ein oder zwei Gliedmassen entfernt. Er muss sich in sein Schicksal fügen und auf entsetzliche Schmerzen gefasst sein. Unbeschreiblich ist das
5 Heulen und Zähneknirschen, das jemand von sich gibt, dem ein Körperteil von einer Kanonenkugel zertrümmert wurde, sind die Schmerzensschreie, wenn der Chirurg ihm in die Haut sticht, erst in die Muskeln, dann die Nerven durchschneidet und sodann den Knochen einmal durchsägt, wo-
10 bei die Arterien durchtrennt, aus denen das Blut auch auf den Arzt spritzt.

b) Schutz vor der Kälte

Die Mehrheit unserer armen Weggenossen sahen eher wie Gespenster auf einem Maskenball aus. Sofern sie noch etwas Militärisches am Leib trugen, war es nicht zu sehen, da sie sich mit den wärmsten Sachen vermummt hatten, deren sie habhaft werden konnten. [...] Viele hatten sich mit kost-
5 baren Pelzen gefütterte Damenumhänge über die Schultern gehängt, die noch aus Moskau stammten und ursprünglich den Schwestern oder Geliebten als Andenken zugedacht waren. Nichts erschien ungewöhnlich an der Erscheinung eines Soldaten mit verrusstem hässlichen Gesicht in einem
10 rosa oder himmelblauen Satinmäntelchen, der mit Schwanendaunen oder Silberfuchs gefüttert und vom Lagerfeuer angesengt und fleckig vor Wagenschmiere war. Die meisten hatten unter ihren Feldmützen dreckige Taschentücher um den Kopf gebunden, und als Ersatz für ausgetretenes Schuh-
15 werk verwendeten sie Stofffetzen, zerschnittene Decken- oder Lederstreifen. Und es war nicht nur der einfache Soldat, den das Elend zu solch lächerlichen Kostümierungen zwang.

c) Kälte und Tod

Schweigend setzten wir unseren Weg fort; nur der Klang von Peitschenhieben und die scharfen, aber häufigen Flüche der Wagenlenker waren zu hören, wenn sie vor einem vereisten Abhang standen, den sie nicht bewältigen konnten.

5 Die ganze Strecke ist voller verwaister *Caissons* [Kastenwagen], Kutschen und Kanonen, die zu sprengen, zu verbrennen oder zu vernageln sich niemand mehr die Mühe machte. Hier und da verendete Pferde, Waffen, Habseligkeiten aller Art; aufgebrochene Truhen, geleerte Taschen markieren

10 uns den Weg, den die anderen gegangen sind. Wir sehen auch Bäume, unter denen Leute versucht haben, ein Feuer zu entfachen, und rund um die in Grabmäler verwandelten Stämme all die Leichen derer, die erfroren, als sie sich wärmen wollten. Bei jedem Schritt stösst man auf Leichen. Die

15 Kutscher verwenden sie, um Gräben und Wagenspuren zu füllen und die Strasse zu ebnen. Anfangs machte es uns schaudern, aber bald gewöhnten wir uns daran.

Was mich aber wirklich erstaunte, war ein Kanonier, der aufrecht hinter seinem Geschütz stand, mit aufgestützter Hand

20 nach Russland blickend. Er trug noch seine Uniform. Der Feind war vorbeimarschiert und hatte ihn so gelassen, wie er war. Inmitten dieses Eismeers stand er wie ein Denkmal für unsere grösste Katastrophe.

Zit. nach: Adam Zamoyski (Hg.), 1812. Napoleons Feldzug in Russland, München (Backverlag) 2012, S. 321, 495, 506, 560**

4 ■ Lies die vorliegenden Schilderungen zum Russlandfeldzug (M 5 a–c) und halte wichtige Aspekte zu den Auswirkungen des Krieges fest.

M 7 **Napoleons Rückzug aus Russland, Lithografie von Théodore Gericault, um 1818**

5 ■ Beschreibe, was der Künstler hervorhebt (M 7). Vergleiche dieses Bild mit M 2 auf S. 165. Erkläre unter Bezug auf M 5, welche der beiden Darstellungen der historischen Wahrheit näher kommt.

6 ■ Analysiere die Absicht der Karikatur (M 6) und erkläre, inwieweit die Karriere Napoleons nur durch die Revolution erklärbar ist.

M 6 **Aufstieg und Fall Napoleons, deutsche Karikatur, 1814**

Inschrift der einzelnen Stufen von links nach rechts: „Corsischer Knabe, Militair Schüler, Glücksritter zu Paris, General, Herrscher, Grossherrscher, Abschied aus Spanien, Schlittenfahrt aus Moscau, Lebewohl aus Deutschland, Ende". Im Feuer unter der Treppe steht: „Fortdauer nach dem Tode"

Die Schweiz unter französischer Vorherrschaft

Die Gründung der Helvetischen Republik

Das französische Interesse an der Eidgenossenschaft Die französische Regierung beschloss 1798 aus ideologischen, wirtschaftlichen und strategischen Gründen, die Schweiz in ihre Abhängigkeit zu bringen. Mit den Erfolgen der französischen Revolutionsarmeen wurde die Eidgenossenschaft zu einem wichtigen Verbindungsland zwischen Frankreich und dem von ihm annektierten Oberitalien. Allerdings widersprachen die politischen Verhältnisse der Schweiz den Ideen der Französischen Revolution. Diese Verhältnisse mussten geändert werden, und schliesslich waren die Staatskassen der Schweizer Kantone gefüllt und daher interessant für Frankreich, das seine vielen Kriege finanzieren musste.

Der Untergang der Alten Eidgenossenschaft Frankreich profitierte bei seinen Eroberungsplänen von revolutionären, frankreichfreundlichen Stimmungen, die vor allem in der Führungsschicht der städtischen Untertanengebiete herrschten. Bereits im Ancien Régime hatten immer wieder Revolten die eidgenössischen Orte erschüttert, doch hatten diese auch dazu geführt, dass die regierenden Eliten aller Orte zusammenarbeiteten und Aufstände im Keim erstickten. Nun trat das missionarische und militärisch starke Frankreich auf den Plan, das die Revolution und die neuen Freiheiten verbreiten wollte. Wichtige Persönlichkeiten in den alten Orten waren auch zur Zusammenarbeit mit Frankreich bereit, zum Teil aus Sympathie mit dem revolutionären Gedankengut, teils aus politischem Opportunismus.

Im Januar 1798 kam es in der Waadt zum Aufstand gegen die Vorherrschaft Berns, diesmal mit der direkten Unterstützung Frankreichs: Die bernischen Truppen zogen ab, französische zogen ein und drangen immer weiter vor. Gleichzeitig verlangte Frankreich von allen eidgenössischen Orten die sofortige innere Demokra-

M1 Freiheitsbaum in Basel vor dem Münster, 1798.
Freiheitsbäume waren Teil der Symbolik, die im Umfeld der amerikanischen Unabhängigkeit und der Französischen Revolution entstanden war. In der Schweiz entwickelten sie sich in vielen Städten und Dörfern zu Zeichen der Helvetischen Republik

tisierung und die aussenpolitische Orientierung an Frankreich. Die Alte Eidgenossenschaft war unfähig, ihre Verteidigungsanstrengungen zu koordinieren. In der Mehrzahl der Orte dankten die herrschenden aristokratischen Regierungen kampflos ab, bevor die französischen Truppen einmarschierten. Einzig Bern versuchte, militärischen Widerstand zu leisten, musste sich aber nach kurzem Kampf im Grauholz geschlagen geben.

Die Helvetische Republik Am 12. April 1798 wurde in Aarau unter französischer Aufsicht die Helvetische Republik proklamiert, noch bevor der Widerstand in der Innerschweiz endgültig gebrochen war. Eine Verfassung lag bereits vor. Sie wurde im Auftrag des Direktoriums von Peter Ochs, dem Basler Oberzunftmeister und grossen Frankreichsympathisanten, erarbeitet und war im Wesentlichen eine Kopie der französischen Direktorialverfassung von 1795: Alle männlichen Bewohner der Schweiz wurden für frei und gleich erklärt; allen standen individuelle Freiheitsrechte wie Religionsfreiheit, Handelsfreiheit, Niederlassungs- und Pressefreiheit zu. Die Kantone – insgesamt 18 – und die Gemeinden wurden zu reinen Verwaltungseinheiten ohne Selbstbestimmungsrechte; die Schweiz wandelte sich zu einem zentralistischen Staat.

In der Innerschweiz und im Wallis musste die neue Ordnung durch französische Truppen mit Waffengewalt durchgesetzt werden. Die Staatsschätze von Bern, Zürich, Luzern und andern Orten wurden in Fässern nach Paris abtransportiert, begüterte Familien hatten Vermögensabgaben zu leisten. In einem Abkommen musste sich die Schweiz zudem verpflichten, Frankreich für Kriege Hilfstruppen zur Verfügung zu stellen.

1 ■ Vergleiche die Grundzüge des Regierungssystems der Helvetischen Republik (M 2) mit dem heutigen Regierungssystem der Schweiz.
2 ■ Halte die wichtigsten politischen und gesellschaftlichen Unterschiede zwischen der Helvetischen Republik und der Eidgenossenschaft zur Zeit des Ancien Régimes fest (s. S. 78).

M2 **Das Regierungssystem der Helvetischen Republik**

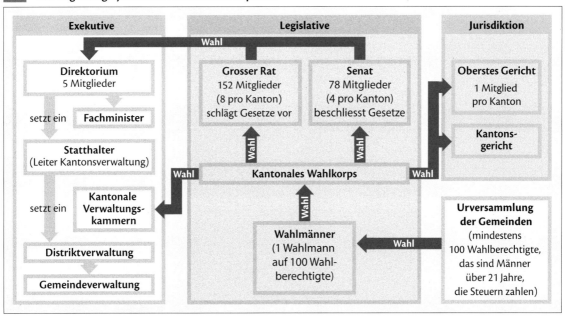

M3 Zwei Darstellungen zum Einmarsch der französischen Armee in die Eidgenossenschaft und der Gründung der Helvetischen Republik

a) „Le Réveil du Suisse", kolorierte Radierung von Laurent Louis Midart, 1798

Text unter dem Bild: Le Suisse après ses Victoires se reposa si long-temps sur ses Lauriers qu'il s'y endormit. Pendant son sommeil ses Armes se gâterent, ses Forces s'engourdirent – le Chant du Coq le reveille. Un nouveau Soleil l'éclaire, la Liberté lui donne de nouvelles Armes avec les quelles il va montrer a l'univers qu'il a encore les Vertus et la Valeur de ses ancêtres. („Nach seinen Siegen ruhte sich der Schweizer so lange auf seinen Lorbeeren aus, dass er darauf einschlief. Während seines Schlafs verdarben seine Waffen, seine Kräfte erstarrten – der Gesang des Hahns weckt ihn auf. Eine neue Sonne erleuchtet ihn, die Freiheit gibt ihm neue Waffen, mit denen er der ganzen Welt bald zeigen wird, dass er noch über die Tugenden und die Geltung seiner Vorfahren verfügt.")

b) Gemälde von Balthasar Anton Dunker, 1798

3 ■ Interpretiere die Bilder M4a, b. Erläutere die Haltung des jeweiligen Künstlers zur Helvetischen Republik.

M4 Französisches Flugblatt, 1798

Wilhelm Tell, der du bist der Stifter unserer Freiheit. Dein Name werde geheiligt in der Schweiz. Dein Wille geschehe auch jetzt bei uns wie zur Zeit, da du über die Tyrannen gesiegt hast. Gib uns heute deinen Mut und deine Tapferkeit und verzeihe uns unsere vergangene Erschrockenheit, dass wir so mutlos zugesehen haben, wie man uns unsere Freiheiten nach und nach beraubte […], und lasse uns in Zukunft nicht mehr unterdrückt werden, sondern erlöse uns auf immer von aller Art Sklaverei. Alsdann wird dein bleiben der Ruhm und die Ehre und uns Schweizern Freiheit und Gleichheit. Amen

Aus: Ulrich im Hof (Hg.), Quellenhefte zur Schweizer Geschichte, Ancien Régime, Aufklärung, Revolution und Fremdherrschaft 1618–1815 Aarau (Sauerländer) 1966, S. 51*

M5   Flagge der Helvetischen Republik, 1798

4 ■ Von Beginn des französischen Einmarsches an versuchten Frankreich und seine Unterstützer den Rückhalt der einheimischen Bevölkerung für die neue Ordnung mittels Propaganda zu stärken. Erläutere Ziel und Mittel der französischen Propaganda für den neuen Staat anhand M4 und M5.

M6   Proklamation der neuen Regierung an die Bürger Helvetiens, April 1798

Die ersten und wichtigsten Schritte in der neuen Ordnung der Dinge sind für uns gethan; die Einheit der helvetischen Republik, die ihr als Grundlage derselben angenommen habt, ist euch bereits von den gesetzgebenden Räthen öf-
5 fentlich angekündigt, und nun hat sich auch das Directorium, in dessen Händen unsere Verfassung die vollziehende Gewalt niederlegt, in Wirksamkeit gesetzt. […] Freiheit und Gleichheit sind die Grundsäulen unserer Verfassung; Worte, die euren Augen jetzt allenthalben begegnen, die ihr überall
10 hört; aber es ist nicht genug, dieselben im Munde zu führen; sie müssen richtig verstanden, ihr hoher Werth muss tief gefühlt, sie müssen zur unabänderlichen Richtschnur eures Lebens und eurer Handlungen werden.
Nur im gesellschaftlichen Zustande kann der Mensch frei
15 sein; im rohen Naturzustand ist es der Stärkste allein. Oft muss der Staatsbürger seinen besonderen Willen dem Willen der Mehrheit opfern; aber er thut es gern, weil er unendlich mehr dabei zu gewinnen als zu verlieren hat […]. Die Natur hat uns zwar ungleich an Geistes-Anlagen und kör-
20 perlichen Kräften geschaffen; noch ungleicher haben uns Erziehung, fehlerhafte Staatseinrichtungen und die vielfachen Verhältnisse des Lebens gemacht. Aber alle sind mit gleichen Rechten und Pflichten geboren, alle haben die nämlichen Ansprüche auf die Vortheile der Gesellschaft; das
25 Leben, die Ehre, das Eigenthum des einen darf nicht weniger geschützt werden als das des andern; Fähigkeiten und Tu-

genden allein berufen zu öffentlichen Ämtern, und jeder Staatsbürger soll entweder durch sich selbst oder durch Stellvertreter zur Bestellung des gemeinen Wesens mitwirken können. Die Natur kennt keine Vorrechte.   30

Actensammlung aus der Zeit der Helvetischen Republik (1798–1803), bearb. v. Johannes Strickler, 1. Bd., Bern (Schweizer Bundesrat) 1886, S.805 f.*

5 ■ Arbeite heraus, auf welchen Grundlagen der neue Staat beruhen soll, und erkläre, inwiefern diese als aufklärerisch bezeichnet werden können (M7).

M7   Die Widersprüche der neuen Ordnung, 10.5.1798

In seiner Schrift „Ein Wort eines freien Schweizers an die grosse Nation" nimmt Johann Caspar Lavater (1741–1801), ein auch ausserhalb der Schweiz bekannter Pfarrer und Schriftsteller, der 1792 zum französischen Ehrenbürger ernannt wurde, Stellung zum französischen Direktorium:

Unzählige der besten Köpfe bewundern, was diese Nation als Philosophin, Politikerin, Heldin gethan und geleistet hat. […] Es könnte der klugen, grossen Nation zuträglich seyn, zu wünschen, dass wir eine einzige untheilbare Republik aus-
machen, (die weisesten und besten Schweizer konnten diess   5 für die Schweiz selbst vorteilhaft finden – der Gedanke war schön und gross) aber fordern konnte sie dies nicht. That sie's, so handelte sie wider Völkerrecht; that sie's mit Drohungen, und den Waffen in der Hand, so that sie's als Tyrannin. […]   10
Macht gibt kein Recht. Hunderttausend Bewaffnete sind nicht ein Grund für die Vernunft, dass etwas Ungerechtes gerecht sey. Frankreich hatte kein Recht als das Tirannenrecht des Stärkern, in Helvetien einzudringen, um, wie sie es sagte, die Aristokratie zu stürzen. […] Ihr sprachet von   15 nichts als Befreyung – und unterjochtet auf alle Weise. Könnet ihr's läugnen? Eure Worte mussten uns als Gebote gelten, eure Räthe waren Despotenbefehle. […] Oben an jedem Dekrete Freyheit, auf demselben Blatte: „Der Obergeneral befiehlt, was folgt", mit solchen und solchen   20 Drohungen – Du selbst, Nation, selbst deine billigen Führer müssen beym geringsten Nachdenken in meinen Abscheu miteinstimmen; zehentausend deiner treuesten Vaterlandssöhne müssen sagen, und sagen es wirklich vor unsern Ohren: „Man geht infam mit der Schweiz um."   25
Zürich, den 10. V. 1798
Im ersten Jahr der schweizerischen Sklaverey
Johan Kaspar Lavater, Pfarrer

Zit. nach: Das Werden der modernen Schweiz, Quellen, Illustrationen und andere Materialien zur Schweizergeschichte, Bd. 1, Vom Ancien Régime zum Ersten Weltkrieg (1798–1914), Basel (Lehrmittelverlag des Kantons Basel-Stadt) 1985, S.25*

6 ■ Erläutere die Haltung des Autors zur Helvetischen Republik und nimm kritisch Stellung dazu (M8).

Das Scheitern der Helvetischen Republik

Probleme des neuen Staates

Im Zweiten Koalitionskrieg (1798–1802) wurde die Schweiz zum Kriegsschauplatz. Ein kurzfristig erfolgreicher Vorstoss österreichischer und russischer Truppen in der Ostschweiz wurde nach wenigen Monaten von der französischen Armee abgewiesen. Die Einquartierungen von Soldaten und umfangreiche Abgaben belasteten die Bevölkerung enorm. Vielerorts brach eine Hungersnot aus. Die neue helvetische Führungsschicht war politisch gespalten: Den Anhängern des helvetischen Zentralstaates standen Befürworter einer föderativen Ordnung gegenüber. Der Konflikt führte zu regelmässigen Staatsstreichen und zur kurzfristigen Machtübernahme der einen oder anderen Gruppe.

Von zentraler Bedeutung war das Problem der Staatsfinanzen. In der Verfassung der Helvetischen Republik war die Ablösung der alten Feudallasten – namentlich des Zehnten – festgehalten. Weil aber Kirche, Schule und viele Sozialeinrichtungen mit Zehnterträgen finanziert worden waren und Beamtenlöhne sowie der Aufbau eines neuartigen Schulwesens Geld kostete, musste der Staat neue Einnahmequellen erschliessen, was Zeit benötigte. In dieser Notlage wurden das Zehntablösegesetz wieder aufgehoben und die alten Abgaben wieder eingeführt, was in grossen Teilen der Bevölkerung für Wut und Unverständnis sorgte und die Opposition stärkte. Die politische Instabilität führte zur Unregierbarkeit des neuen Staates.

Zehnter
In der Eidgenossenschaft des 17./18. Jh. die Abgabe des zehnten Teils des Getreides und teilweise auch anderer landwirtschaftlicher Erträge an die staatlichen Behörden.

Die Mediationsakte

1803 setzte Napoleon eine Neuordnung der Schweiz durch, und der helvetische Einheitsstaat verschwand. Die „Schweizerische Eidgenossenschaft", wie sie nun erstmals offiziell hiess, war nun wieder ein Staatenbund von souveränen 17 Voll- und vier Halbkantonen mit eigener Verfassung. Neben die 13 „alten Kantone" traten fünf neue, deren Territorium sich ganz oder teilweise aus früheren Untertanengebieten zusammensetzte: Waadt, Aargau, Thurgau, St. Gallen und Tessin. Diese verkörperten auf kantonaler Ebene mit ihren Repräsentativverfassungen und geteilten Gewalten das Erbe der Helvetik. Indirekte Wahlverfahren und ein kräftiger Zensus sorgten aber auch hier für die Herrschaft einer Elite. Neu als Kanton aufgenommen wurde jetzt auch Graubünden. In den alten Landorten wurden die vorrevolutionären Zustände fast vollständig wiederhergestellt; von den Individualrechten blieb faktisch nichts übrig. In den ehemaligen Stadtorten waren die politischen Privilegien der Hauptstädte zwar formal weiterhin beseitigt, wurden aber durch die Wahlgesetze, die die Stadt bevorzugten, weitgehend restauriert. Da diese Ordnung auf Vermittlung des französischen Herrschers zustande kam, wurde die darauf folgende Epoche auch als „Mediationszeit" bezeichnet.

Mediationsakte
Dokument, das die verfassungsrechtliche Grundlage der Schweizerischen Eidgenossenschaft und ihrer Kantone zwischen 1803 und 1813 bildete. Sie kam durch die Vermittlung (Mediation) Napoleons zustande.

Rückkehr zum Staatenbund

Die gemeinsamen Aufgaben der Kantone bestanden in der Führung der Aussenpolitik und in der Aufstellung eines Bundesheeres im Kriegsfall. An die Stelle der helvetischen Einrichtungen trat wieder die traditionelle Tagsatzung. Diese konnte im Gegensatz zu früher nun auch Beschlüsse mit blosser Mehrheit fassen; allerdings hielten sich die Unterlegenen dann meist nicht an die Entscheide. Dieses Beschlussverfahren war im Unterschied zu heute noch ungewohnt. Der Landammann, der die Tagsatzung jeweils leitete, hatte kaum Kompetenzen und war vor allem der Verbindungsmann zur französischen Hegemonialmacht. Der Gewinn der neuen Ordnung für die

Schweiz wie auch für Frankreich war die eintretende innenpolitische Ruhe. Im Rahmen der militärischen Verpflichtungen gegenüber Frankreich hatte die Schweiz den Armeen Frankreichs 16 000 Mann zur Verfügung zu stellen. Etwa 9 000 davon nahmen am französischen Russlandfeldzug 1812 teil, wovon nur etwa 700 zurückkehrten. Die Niederlage der napoleonischen Armee führte nicht nur zum Ende der französischen Hegemonie in Europa, sondern läutete auch das Ende der Mediationszeit ein.

Mit der Unterstützung Österreichs wurden nach dem Sturz Napoleons restaurative Stimmen laut, die die vollständige Wiederherstellung der alten vorrevolutionären Zustände forderten. So wollte der Kanton Bern seine ehemaligen Untertanengebiete, also die Waadt und das Aargau, wieder zurückhaben. Allerdings wurde das Rad dann doch nicht so weit zurückgedreht. Der Bundesvertrag von 1815 änderte am Staatenbund wenig. Das Amt des Landammans wurde abgeschafft und die einzelnen Kantone konnten unter sich auch wieder einzelne Abkommen schliessen, sofern diese dem gemeinsamen Bund nicht schadeten.

M1 **Karte der Eidgenossenschaft in der Zeit der Mediation 1803–1814**

1 ■ Fasse die wichtigsten Gründe, die zum Scheitern der Helvetischen Republik führten, zusammen.

2 ■ Vergleiche die Karte zur Schweiz von 1803–1814 (M1) mit derjenigen um 1770 (s. S. 79) und halte wesentliche Unterschiede fest.

M 2   Einquartierung auf dem Lande, aquarellierte Radierung von David Hess, 1801

M 3   Die Helvetische Republik als europäischer Kriegsschauplatz

Der französische Gesandte in der Schweiz berichtet dem französischen Aussenminister vom Kampf gegen österreichische und russische Truppen, November 1799:

Man macht sich kaum einen Begriff davon, welchen Grad das Elend erreicht hat. Die kleinen Kantone sind eine Wüstenei. Werfen Sie ein Auge auf die Karte und vergegenwärtigen Sie sich, dass nach zwei aufeinanderfol-
5 genden Aufständen, die 15 000 Franzosen mit Feuer und Schwert unterdrückt haben, die Wechselfälle des Krieges dort sich rascher gefolgt und furchtbarer gewesen sind als irgendwo sonst. Die französische Armee ist allein in den letzten 6 Monaten drei- oder viermal bald im Vormarsch,
10 bald im Rückzug von Glarus bis zum Gotthard hin- und hergezogen, und die französischen Soldaten haben da Dinge getan und gelitten, die fabelhaft erscheinen. […] Stellen Sie sich vor, dass diese Märsche und Gegenmärsche nur stattfinden konnten, indem man die wenigen Mittel, welche die
15 Berggegenden liefern, beschlagnahmte. Ihr einziger Reichtum bestand in Vieh. Die Kavallerie hat alle Futtervorräte dieser winzigen Ortschaften verzehrt. Der Soldat hat von dem gelebt, womit die Familien sich hätten ernähren sollen. Da es beinahe unmöglich war, Lebensmittel mit einer den
20 Bewegungen entsprechenden Schnelligkeit an diese Punkte herzuschaffen, war man gezwungen, auf Kosten des Landes zu leben. Unsere Truppen sind meist mit Käse genährt worden, der bei diesen Bergbewohnern die Stelle des Brotes vertritt. Was das Mitleid nicht hätte geben können, das hat

man mit Gewalt nehmen müssen. Kurz, da unsere Truppen   25
keine einzige Ration aus Frankreich erhielten, war seit einem halben Jahre bereits alles aufgezehrt worden, als die russische Armee unerwartet über Airolo heranrückend, 25 000 Mann in diese verödeten Gegenden warf. […]
Man berechnet, Bürger, Minister, dass allein Urseren, ein   30
Dorf, das Sie kaum auf der Karte finden werden, seit einem Jahre gegen 700 000 Mann ernährt und beherbergt hat, was nahezu 2 000 Mann auf den Tag ausmacht. Man begreift, dass die Einwohner, die das Schwert verschont hat, ihre Weiler haben im Stich lassen müssen. Das Vieh, das ihnen   35
blieb, hat aus Mangel an Futter geschlachtet werden müssen. Die Regierung hat eine Steuer ausgeschrieben, um diese Unglücklichen zu unterstützen, und die weniger misshandelten Städte sind eingeladen worden, die Kinder, die sich in diesen Wüsteneien ohne Brot und ohne Eltern befin-   40
den, bei sich aufzunehmen. […] Die wohlhabenderen Kantone sind durchweg von Requisitionen erdrückt und erliegen der Last der Einquartierungen, des Unterhalts der Soldaten und der Pferde. Überall mangelt es an Futter, und sein Preis ist unerschwinglich. Überall schlachtet man das   45
Vieh.

Zit. nach: Ulrich im Hof (Hg.), Quellenhefte zur Schweizer Geschichte, Ancien Régime, Aufklärung, Revolution und Fremdherrschaft 1618–1815, Aarau (Sauerländer) 1966, S. 58 f.*

3   ■ Arbeite aus M 2 und M 3 heraus, was die französische Besatzung und die Koalitionskriege für das Land und die Bevölkerung bedeuteten.

M 4   Die politische Situation in der Helvetischen Republik, 1802.

„Die politische Schaukel", anonyme Karikatur von David Hess. Auf der Schaukel sitzen sich die politischen Hauptkontrahenten der Helvetischen Republik gegenüber, die aristokratisch-föderalistischen (links) und die revolutionär-unitanistischen Kräfte. Napoleon hat seinen linken Fuss auf dem Wallis und im Hintergrund links unten ist die Stadt Mailand dargestellt

4   ■ Interpretiere die Karikatur (M 4): Erläutere die Position Napoleons in Bezug auf die Helvetische Republik und die politischen Hauptkontrahenten.

M 5   Napoleons Mediation

Aus der Ansprache Bonapartes an den Ausschuss der Helvetischen Consulta, 1802:

Ihr sollt keine tätige Rolle in Europa spielen. Ihr bedürft der Ruhe, der Unabhängigkeit und einer von allen Euch umringenden Mächten anerkannten Neutralität. Seitdem Wallis von Euch getrennt und der Simplon für Frankreich offen ist,
5 steht diesen Erfordernissen nichts mehr entgegen.
Wie wollt Ihr eine Zentralregierung bilden? Dazu besitzt ihr zu wenig ausgezeichnete Männer. Schon einen richtigen Landammann zu finden, würde Euch schwer genug fallen. Glückliche Ereignisse haben mich an die Spitze der Franzö-
10 sischen Regierung berufen, und doch würde ich mich für unfähig halten, die Schweizer zu regieren. Wäre der erste Landammann von Zürich, so wären die Berner unzufrieden; wählt Ihr einen Berner, so schimpfen die Zürcher. Wählt Ihr

einen Protestanten, so widerstreben alle Katholiken, und so wieder umgekehrt. […]
15 Ich spreche zu Euch, als wäre ich selbst ein Schweizer; für kleine Staaten ist die Föderation ungemein vorteilhaft. Ich selbst bin ein geborener Bergbewohner [montagnard]; ich kenne den hieraus entspringenden Geist. Nur keine Einheit, keine Truppen, keine Zentralfinanzen, keine Zentralabga-
20 ben, keine diplomatischen Agenten bei den anderen Mächten, und damit habt Ihr schon mehrere Male hunderttausend Franken erspart. […] Um zu Eurer Unabhängigkeit und Neutralität zu gelangen, ist unerlässlich, dass Ihr schnell und vor allem […] Eure Kantone ungefähr nach der ehevorigen
25 Weise, doch mit den Abänderungen und Grundlagen organisiert, dass alle Kantone gleiche politische Rechte geniessen, und dass die Städte auf ihre Privilegien gegen ihre ehemaligen Untertanen und die Patrizierfamilien auf die ihrigen, ihren Stadtmitbürgern gegenüber, verzichten. […]
30 Die Kantonalorganisationen – ich wiederhole es – müssen auf die Sitten, die Religion, die Interessen und die Meinungen eines jeden einzelnen Kantons gegründet sein. Sorgt für Gesetzlichkeit und für passende Formen. Die Gemeinden in den kleinen Kantonen mögen ihre Alpstreitigkeiten nach
35 Belieben unter sich ausmachen, aber nie sollen sich Kantone gegen andere Kantone verbinden und mit ihnen Krieg führen. Für die Söhne Wilhelm Tells dürfen keine Fesseln geschmiedet werden.

Zit. nach: Joseph Hardegger u. a. (Hg.), Das Werden der modernen Schweiz, Bd. 1. Vom Ancien Régime zum Ersten Weltkrieg (1798–1914), Basel (Lehrmittelverlag) ²1996, S. 35*

5   ■ Fasse die Argumentation Napoleons für die Auflösung der Helvetischen Republik zusammen und lege dar, inwiefern sie berechtigt war.
6   ■ Erkläre aus französischer Sicht die Vor- und Nachteile eines schweizerischen Zentralstaates bzw. eines Staatenbundes.
7   ■ Überprüfe, inwiefern diese Sichtweise auch der schweizerischen Position entsprach.

Die Französische Revolution und die Epoche Napoleons

Die Ursachen der Revolution

Die Ursachen der Revolution waren vielfältig: Armut und Hunger breiter Bevölkerungskreise, fehlende politische Mitsprache der wirtschaftlich führenden Schicht, die staatliche Finanzkrise, die Reformunfähigkeit des absolutistischen Staates und nicht zuletzt die zunehmende Politisierung der Öffentlichkeit durch die zahlreichen Schriften der Aufklärer waren Ausdruck einer tiefen Krise des Ancien Régime.

Der Beginn der Revolution

In Versailles erklärten sich im Juni 1789 die gewählten Vertreter des Dritten Standes zur Nationalversammlung mit dem Anspruch, die Bevölkerung Frankreichs zu vertreten und eine Verfassung für Frankreich auszuarbeiten. In Paris stürmten im Juli Volksmassen die Bastille, ein Symbol des absolutistischen Systems, und auf dem Land revoltierten die Bauern. Im August 1789 proklamierte die Nationalversammlung die Menschen- und Bürgerrechte, die das Fundament der Verfassung von 1791 bildete, die eine konstitutionellen Monarchie vorsah.

Die Radikalisierung der Revolution

Der Krieg Frankreichs gegen die europäischen Staaten im Frühjahr 1792 radikalisierte die innenpolitische Auseinandersetzung. Im Sommer 1792 wurde der König gestürzt und die Republik ausgerufen. Die akute Bedrohung der Revolution durch Aufstände und das Vorrücken ausländischer Armeen führte zur Etablierung einer Notstandsdiktatur durch die radikalen Jakobiner.

Die Machtergreifung Napoleons

Politische Instabilität kennzeichnete die innenpolitische Situation in Frankreich nach dem Sturz der Jakobiner. Vier Jahre später gelang es Napoleon Bonaparte, einem ehrgeizigen General, die Macht an sich zu reissen. Er etablierte eine Alleinherrschaft, die bestimmte revolutionäre Errungenschaften, wie die Idee der Rechtsgleichheit, beibehielt.

Europa und die Eidgenossenschaft unter französischer Vorherrschaft

Nach 1792 trugen die französische Revolutionsarmee und die napoleonischen Heere die Ideen der Revolution nach Europa. In der Eidgenossenschaft wurde die alte aristokratische Ordnung durch die kurzlebige Helvetische Republik ersetzt, einem Zentralstaat, der die bürgerlichen Freiheits- und Gleichheitsrechte in der Verfassung verankerte. Die militärischen und wirtschaftlichen Belastungen durch die Besatzungsherrschaft führten – nicht nur in der Schweiz – zu einer wachsenden Ablehnung Frankreichs und zum Scheitern der französischen Vorherrschaft in Europa.

Geschichte kontrovers:
Deutungen der Französischen Revolution

M1 **Der Historiker Axel Kuhn fasst zwei Deutungsansätze der Revolution zusammen, 1999**

a) Die konservative Auseinandersetzung mit der Revolution setzte schon 1790 mit einem Werk von Edmund Burke ein, das berühmt werden sollte. Burke vertrat die These, dass die Revolution nicht notwendig gewesen sei. Vielmehr habe die alte Gesellschaft aus sich heraus noch die Kraft zu Reformen gehabt. Vor allem die Einberufung der Generalstände
5 stellte nach Burke einen vielversprechenden Schritt zu Reformen dar; Reformen, die das Ende der absoluten Monarchie bedeutet hätten. Er fand nirgends Spuren einer Regierung, die im Ganzen so pflichtvergessen, so verderbt und so drückend gewesen wäre, dass sie schlechterdings keine Verbesserung zugelassen hätte.

Auf der Grundlage dieser Analyse formulierten andere Zeitgenossen der Revolution die
10 sogenannte Verschwörungstheorie. Wenn die Revolution nicht notwendig gewesen war, wenn die Bevölkerung gar nicht so sehr litt, warum brach dann die Revolution aus? Die konservative Antwort lautet: Sie wurde künstlich herbeigeführt, und zwar nicht von den unzufriedenen Massen, sondern durch eine kleine Gruppe von Verschwörern. Als solche hatte man im 18. Jahrhundert die aufgeklärten Intellektuellen in ihren literarischen Salons
15 sowie die Freimaurer mit ihrem geheimbündlerischen Kommunikationsnetz ausgemacht. Die Verschwörungsthese wurde zum Grundbestand konservativer Kritik an der Revolution. Auch in späteren Zeiten malten Konservative ein rosiges Bild der jeweiligen alten Gesellschaft, der gegenüber der Ausbruch der Revolution als unberechtigt erschien.

b) Der Typus liberaler Revolutionsgeschichtsschreibung ist dagegen daran zu erkennen, dass seine Autoren eine ausgesprochene Vorliebe für die ersten drei Jahre der Revolution entwickeln. Seine klassischen Vertreter [...] schufen ein farbenprächtiges Gemälde von der Kampfbereitschaft und vom Opfermut des guten Volkes, das seine Ketten abwarf, und
5 vergass auch nicht die Frauen der Revolution. In neuerer Zeit hat die Darstellung von F. Furet und D. Richet viel Aufmerksamkeit erregt. In diesem Buch wird die These von den drei Revolutionen des Jahres 1789 vorgetragen und mit der Auffassung verbunden, dass die Herrschaft der Jakobiner eine „Entgleisung" gewesen sei. Von ihr, der jakobinischen Entgleisung, habe sich die Revolution erst wieder in der Zeit des Direktoriums erholt. Vor
10 allem diese negative Bewertung der radikalen Revolutionsphase rückt das Buch in die Nähe liberaler Deutungsmuster. Wenn sich der Typus konservativer Interpretation vom Kampf gegen den Ausbruch der Revolution bestimmen lässt, so lebt die liberale Analyse vom Kampf gegen die Radikalisierung der Revolution.

Axel Kuhn, Die Französische Revolution, Stuttgart (Reclam) 1999, S. 166 ff.*

1 ■ Fasse die beiden Deutungsmuster der Französischen Revolution zusammen und erkläre, inwiefern sie sich voneinander unterscheiden.
2 ■ Setze dich kritisch mit den beiden Deutungen auseinander und nimm begründet Stellung zu ihren Kernaussagen.
3 ■ Analysiere, welchem dieser beiden Deutungsmuster der Sachtext in diesem Geschichtsbuch stärker entspricht.

Zentrale Begriffe
Bürgertum
Diktatur
Koalitionskriege
Menschenrechte
Patriarchat
Republik
Verfassung
Volkssouveränität
Zensuswahlrecht
Zentralstaat

Wichtige Jahreszahlen
1789
Beginn der Französischen Revolution
1792–1797
1. Koalitionskrieg
1798–1803
Helvetische Republik
1799
Napoleon übernimmt die Macht in Frankreich
1812
Die Niederlage der französischen Armee im Russandfeldzug leitet den Untergang Napoleons ein

Zusammenfassende Aufgaben
4 ■ „Freiheit, Gleichheit, Brüderlichkeit" waren die zentralen Revolutionsparolen. Fasse zusammen was mit den einzelnen Schlagworten gemeint ist und erläutere, worin die Problematik einer Umsetzung dieser Forderungen liegt.
5 ■ Erkläre, warum man Napoleon sowohl als Anhänger der Revolution wie auch der Restauration beschreiben kann.

5 Nationalstaaten in Europa im 19. Jahrhundert (1815–1914)

M1 **Die universelle demokratische Republik, Gemälde von Frédéric Sorrieu (1807–1861), um 1849.**

Der Maler verband mit diesem Bild die Hoffnung, dass die nationalen Einigungen zu einer friedlichen Weltordnung führen würden. Wichtige Symbole sind die Statue der Freiheit, die Nationalflaggen, die zerbrochenen Symbole der europäischen Monarchien im Vordergrund und das Himmelreich mit Christus als Verkörperung der Fraternité, der Brüderlichkeit

1848
Bundesverfassung und Gründung des
Schweizer Bundesstaats

1848–49
Revolutionen
in einigen Ländern Europas

1813–14
Befreiungskrieg der deutschen
Staaten gegen Napoleon

1814–15
Wiener Kongress:
Neuordnung der europäischen
Staatenwelt,
Ende der französischen Vorherrschaft
in der Schweiz,
Anerkennung der schweizerischen
Nationalität durch die Grossmächte

1830
Julirevolution in Frankreich.
Verfassunggebung in Schweizer Kantonen.

1789
Beginn der
Französischen
Revolution

1798
Einmarsch französischer Truppen in
die Schweiz,
Gründung der Helvetischen Republik

1832
Hambacher Fest: Grossdemonstration
für liberale, nationale und demokratische
Ziele in Deutschland

1790   1800   1810   1820   1830   1840   1850

Die Begriffe Nation, Nationalismus und Nationalstaat sind heute sehr belastet. Vor allem die Politik des Nationalsozialismus in Deutschland, die nationalistische Mobilisierung in Osteuropa und auf dem Balkan, aber auch das Aufkommen rechter Bewegungen in ganz Europa haben erheblich dazu beigetragen, ihm eine negative Bedeutung zu geben. Das Nationalstreben war jedoch ursprünglich eine emanzipative Idee. Es war in der ersten Hälfte des 19. Jahrhunderts mit Demokratie, bürgerlicher Selbstbestimmung, Gleichheit aller vor dem Gesetz und mit Achtung vor anderen Nationen und deren Lebensweisen verbunden.

Vorstellungen von Nation gab es bereits im Spätmittelalter und in der Frühen Neuzeit, also etwa ab dem 15. Jahrhundert. Diese waren jedoch auf kleine Kreise beschränkt, etwa auf fahrende Studenten und Kaufleute, die sich in der Fremde nach der gemeinsamen Sprache gruppierten und so eine nationale Zugehörigkeit empfanden. Der überwiegende Teil der Menschen sah sich nicht einer Nation zugehörig, sondern eher einem Fürstentum, einer Dynastie oder einer Stadt. Zu einem Massenphänomen wurden Nation und Nationalismus erst gegen Ende des 18. Jahrhunderts – durch den Anstoss aus Frankreich. In der Revolution von 1789 befreite sich das französische Volk vom System des Absolutismus und nahm seine Geschicke selbst in die Hand. Der Rahmen hierfür war der bereits bestehende einheitliche Staat. Die Französische Revolution schuf die „demokratische Nation", in der es nur gleichberechtigte Mitglieder geben sollte, die am politischen Willensbildungsprozess teilnehmen. Diese Idee der Nation strahlte im Laufe des 19. Jahrhunderts auf ganz Europa aus und führte zur Erkämpfung und zum Aufbau von Nationalstaaten. Das links stehende Bild symbolisiert diese Entwicklung und die Hoffnung, die damit verbunden war. Träger dieser Bewegung war vor allem der Liberalismus mit den Forderungen nach einer Verfassung und nach politischer und nationaler Selbstbestimmung. Die Nationalstaatsbildungen in der Schweiz, in Deutschland und Italien waren Teil dieser europäischen Bewegung. Sie vollzogen sich teils parallel, teils unterschiedlich. An ihnen lassen sich Formen der Nationalstaatsbildungen gut erkennen und vergleichen.

Die Nationalstaatsbildung war von Anfang an begleitet von Tendenzen, die die eigene Nation überhöhten und andere Nationen herabsetzten, dem Nationalismus. Dieser wurde immer mehr zu einer weltlichen Religion, die eine hohe Massenwirksamkeit entfaltete. In der zweiten Hälfte des 19. Jahrhunderts gewannen diese Tendenzen die Oberhand. In einigen Ländern, etwa in Deutschland, wurde der Nationalismus von einer emanzipativen zu einer aggressiven, rechtsorientierten Ideologie, zum Chauvinismus. Der Erste Weltkrieg war auch ein Ergebnis dieser Entwicklung.

Die Begriffe Nation, Nationalismus und Nationalstaat sind auch heute noch aktuell. Die Kenntnis ihrer historischen Entstehung soll zum besseren Verständnis der Probleme beitragen, die damit verbunden sind.

1871
Gründung des Kaiserreichs Deutschland
und des Königreichs Italien

1914
Beginn des
Ersten Weltkriegs

1859–1870
Einigung Italiens

1874
Totalrevision der Schweizer Bundesverfassung

1830–1923 Gründung zahlreicher Nationalstaaten in Europa

1860   1870   1880   1890   1900   1910   1920

Dynastische Bindung in der Frühen Neuzeit

M1 **Wappen des Heiligen Römischen Reiches, Reichsadler mit den Wappen der Territorien, kolorierter Holzschnitt nach Hans Burgkmair dem Älteren, Augsburg, 1510.**
Im Heiligen Römischen Reich Deutscher Nation gab es viele eigenständige Staaten und viele Nationalitäten. Es war noch kein Nationalstaat

Ethnisch
Einer Volksgruppe angehörend.

Reichstagsabschied
Gesamtheit der Beschlüsse, die auf einem Reichstag des Heiligen Römischen Reiches gefasst worden waren und die der Kaiser am Ende zu verlesen hatte.

Prälat
Hoher kirchlicher Würdenträger.

Die „teutsche" Nation

Die Völker Europas verstanden sich ursprünglich nicht als Nationen. So umfasste das Heilige Römische Reich viele Völker – u. a. Niederländer, Franzosen, Italiener, Deutsche, Slowenen, Tschechen. Seine politischen Grenzen deckten sich fast nirgendwo mit den **ethnischen** Siedlungsgrenzen seiner Bevölkerung. Deshalb entwickelte sich das Reich nie zu einem Nationalstaat. Der Zusatz „Deutscher Nation" kam erst im Spätmittelalter auf, als sich das Reich im Wesentlichen auf das Gebiet des deutschen Sprachraumes erstreckte. Er wurde erstmals 1486 im Landfriedensgesetz Kaiser Friedrichs III. genannt. Offiziell verwendet wurde der Zusatz dann 1512 im **Reichstagsabschied** von Köln. Kaiser Maximilian I. hatte die Vertreter der Reichsstände unter anderem geladen, um mit ihnen die „Erhaltung des Heiligen Römischen Reiches Teutscher Nation" zu beschliessen. Die Formulierung verschwand allerdings gegen Ende des 16. Jahrhunderts wieder aus dem offiziellen Gebrauch, wurde aber noch bis zum Ende des Reiches 1806 gelegentlich in der Literatur verwendet.

Interessengeflecht führender Familien

Das Heilige Römische Reich in der Frühen Neuzeit war ein monarchisch geführtes und ständisch geprägtes Gebilde, das aus dem Kaiser, den Reichsständen und nur wenigen gemeinsamen Reichsinstitutionen (Kaiser, Reichstag, Reichsgericht) bestand. Neben dem Kaiser bestimmten geistliche und weltliche adlige Herrschaftsträger unterschiedlichen Ranges die Geschicke des Reichs – Kurfürsten, Fürsten, **Prälaten**, Grafen, Ritter und die Patrizier der Städte. Zwischen ihnen gab es ein Netz von Eiden, das sie auf allen Ebenen miteinander verband. Die Beziehungen zwischen den einzelnen Mitgliedern dieses Personenverbands waren deshalb in hohem Masse von persönlicher Nähe, Verwandtschaft und Beziehungen, also von Günstlingswirtschaft (Patronage) gekennzeichnet. Das Heilige Römische Reich deutscher Nation war ein „Interessengeflecht führender Familien" (**Dynastien**).

Das einfache Volk – vor allem Bauern, Handwerker, Tagelöhner – war fest eingebunden in die als natürlich und gottgewollt bezeichneten Ordnungen des Lebens, in Familie und Verwandtschaft, Dorf und Pfarrei, Kirche und Religion sowie in das von einem Fürsten regierte Territorium. Diese Bindungen bestimmten die unterschiedlichsten Loyalitätsgefühle der Menschen: regionales Zusammengehörigkeitsbewusstsein, Stammesstolz, Heimatgefühl oder Treue zu einem bestimmten Königs- oder Herrscherhaus. Dieses einfache Volk hatte keinerlei Mitwirkungsrechte. Es musste dem folgen, was ihm die führenden Adelsschichten vorgaben. Dies gilt für das gesamte Heilige Römische Reich deutscher Nation – mit Ausnahme der Schweiz. Dort erhielten wichtige Städte durch das Verschwinden starker Adelsgeschlechter und durch die Auseinandersetzungen zwischen Kaiser und Papst das Privileg der Reichsunmittelbarkeit. Diese Städte und Landschaften unterstanden damit unmittelbar dem Kaiser bzw. dem König und waren von der Herrschaftsgewalt der lokalen Grafen ausgenommen.

Dynastie
Geschlechterabfolge von Herrschern und ihren Familien, Herrschergeschlecht.

Ansätze eines Nationalbewusstseins

In der Frühen Neuzeit gab es jedoch in den gebildeten Schichten schon Ansätze zur Entwicklung und Verbreitung nationaler Vorstellungen. Einen wichtigen Beitrag leisteten hierfür die Humanisten. So gab der Franke Conrad Celtis die älteste Druckfassung der „Germania" heraus – eine Schrift des römischen Schriftstellers Tacitus (um 55 bis nach 116 n.Chr.), die Mitte des 15. Jahrhunderts in Italien gefunden worden war. Tacitus beschreibt darin die einfache, ehrliche und kraftvolle Lebensweise der Germanen, die er der „dekadenten" der Römer gegenüberstellte. Der Elsässer Jakob Wimpfeling (M 2) verfasste 1501 die erste deutsche Geschichte, die er ebenfalls „Germania" nannte. Auch am Beispiel des Reichsritters Ulrich von Hutten (M 6), der auf der Insel Ufenau im Zürichsee starb, zeigte sich, dass bereits ein gewisses Nationalbewusstsein vorhanden war. Dieses weitete sich bei ihm zu einer leidenschaftlichen Kampfansage gegen die römische Kurie, ihre Herrschsucht und Geldgier. Darüber hinaus wird von Historikern auch die Auseinandersetzung zwischen dem Reformator Martin Luther (1483–1546) und dem Papst (s. S. 42) als patriotischer, nationaler Kampf gegen Rom gewertet.

Dies waren jedoch Einzelfälle. Generell überwog ein Gefühl der Zugehörigkeit zum jeweiligen Herrscherhaus, also ein mehr dynastisches Bewusstsein. Mit dem Erstarken der Städte entstand auch eine gewisse Loyalität der Bürger gegenüber ihrem städtischen Gemeinwesen. Der Begriff „Nation" hatte für die Menschen, die im Heiligen Römischen Reich deutscher Nation lebten, keine grosse Bedeutung. Dieses gering ausgebildete Nationalbewusstsein und das ausgeprägte dynastische Bewusstsein prägten bis zum 18. Jahrhundert das Denken und Handeln der Menschen, besonders aber das der gebildeten Elite.

M 2 Jakob Wimpfeling (1450–1528). Kupferstich, um 1500

1 ■ Erkläre den Aufbau des Heiligen Römischen Reiches anhand des Bildes M 1.
2 ■ Beschreibe, warum es angesichts dieser Verhältnisse nur in geringem Masse zur Ausbildung eines Nationalbewusstseins kam.

M 3 **Ein frühes Urteil über die Deutschen**

Johannes von Salisbury, Bischof von Chartres, über einen Versuch des deutschen Kaisers Friedrich Barbarossa, einen Papst wählen zu lassen, der nicht die englische und französische Unterstützung besass, 1160:

Wer hat die universale Kirche dem Urteil einer partikularen unterworfen? Wer hat die Deutschen zu Richtern über die Nationen bestellt? Wer hat diesen rohen und heftigen Menschen die Vollmacht gegeben, einen Fürsten ihrer Wahl über
5 die Häupter der Menschenkinder zu setzen? Tatsächlich hat ihre blinde Raserei das immer wieder versucht, aber durch Gottes Willen ist es jedesmal gescheitert, und sie haben sich für ihr eigenes Unrecht geschämt.

Ioannis Saresberensis Opera omnia, ed. John Allen Giles, Oxford 1848, Vol. I, S. 64; zit. nach: Hagen Schulze, Kleine deutsche Geschichte, München (Beck) 2007, S. 21, übers. v. Hagen Schulze

3 ■ Arbeite heraus, welches Bild Johannes von den Deutschen zeichnet (M 3).

M 4 **Ulrich von Hutten (1488–1523), Holzstich, Anfang 16. Jh.**

M 5 **Ulrich von Hutten, Klag und Vermahnung**

Der Reichsritter Ulrich von Hutten (1488–1523) protestiert in Versform gegen die „Beschwerung" Deutschlands, 1520:

Jetzt schrei ich an das Vaterland
teutsch Nation in ihrer Sprach,
zu bringen diesen Dingen Rach.
Und will man sunst kein Bschwerung mehr
5 erkennen, oder achten sehr,
so denk doch jedes Frommen Herz
ob do nit sei zu haben Schmerz,
dass stets gen Rom man Geld hinsend,
und wieder her als Übel wend. [...]

Der welschen[1] Possen sicht man viel, 10
der ich hie keinen nennen will.
Dann lasterlich zu reden laut
das, der zu würken keinem graut.
Und haben brocht in unser Land,
das vor den Teutschen unbekannt, 15
do habens uns beflecket mit.
Wer was der erst, darzu je riet,
dass man ein römisch Weis annähm?
Je mehr ich sag, je mehr ich schäm.
Drumb lass ich von der welschen Schand, 20
die (leider) nimmt fast überhand,
und rühr das römisch Regiment,
des Geiz hat weder Ziel noch End.
Wie kommen da wir Teutschen zu,
dass wir nit mögen haben Ruh 25
bei dem, das doch ist unser Gut?
Ein ander uns das nehmen tut,
und fordert unser Eigen ab,
glich ob er uns gefangen hab.
Wo seind wir schuldig worden je 30
dem Papst tributen, oder wie? [...]
Ach Gott, wir Teutschen seind zu fromm.
Wiewohl nit Frommkeit würd genannt,
dass wir ernähren Laster, Schand.
Dann gäben wir darzu kein Geld, 35
ihr unkeusch Leben wär zerfelt [beendet].
Ihr Bosheit halten wir in Gbrauch,
drumb Gott uns billig strafet auch.
Dasselb mir in Gedanken leit,
macht meim Gewissen manchen Streit, 40
dass wir so viel ussgeben han,
und's doch geleget übel an.
Hört zu ihr Teutschen was ich sag,
aus Gottes Stiftung nimmer mag
bewiesen werd, uns schuldig sein, 45
dem Papst zu geben Geld hinein,
und umb ihn kaufen geistlich War,
Pfrund [Pfründe], Kirchen, Pfarren und Altar.

*Ulrich von Hutten, Deutsche Schriften, hg. und bearb. v. Peter Ukena, München (Winkler) 1970, S. 200 ff.***

1 Abwertend für romanische Völker, z. B. Franzosen und Italiener

4 ■ Fasse zusammen, was Hutten „Rom", also dem Papst, vorwirft (M 5).
5 ■ Arbeite heraus, was er als Gegenstrategie vorschlägt. Nimm Stellung dazu.
6 ■ Erläutere, anhand welchen Konflikts Ulrich von Hutten den Begriff der Nation entwickelte (M 5).

M6 Die frühe Bedeutung von „Nation"

Der Politikwissenschaftler Herfried Münkler, 1989:
Zunächst freilich hatte der Begriff „Nation" im Mittelalter als Ordnungsprinzip der Kaufleute und Universitäten eine eher landsmannschaftliche[1] Bedeutung besessen. So unterteilten sich die zahlreichen italienischen Kaufleute in Antwerpen in
5 zehn Nationen: die Kaufmannschaft aus Ancona, Bologna, Venedig, Neapel, Sizilien, Mailand, Florenz, Genua, Mantua und Lucca. An der Universität von Bologna standen den siebzehn Nationen der Cismontani[2], also der Italiener, vierzehn transmontane[3] Nationen gegenüber. Die vier Natio-
10 nen, in welche sich die Studentenschaft der Prager Universität untergliederte, die böhmische, sächsische, bayerische und polnische Nation, umfassten in ihrer überwiegenden Mehrheit deutsche Studenten, und nur in der böhmischen Nation waren die Deutschen in der Minderheit. Die Univer-
15 sität Paris bestand zunächst nur aus vier Nationen: der französischen, pikardischen, normannischen und englischen Nation, wobei die *natio anglica* auch deutsche, skandinavische und polnische Studenten umfasste. Mitte des 14. Jahrhunderts teilte sie sich dann in eine *natio Angliae* und eine
20 *natio Alemanniae*, und letztere spaltete sich sehr bald in eine ober- und niederdeutsche Nation auf.

Herfried Münkler, Nation als politische Idee im frühneuzeitlichen Europa, in: Klaus Garber (Hg.), Nation und Literatur im Europa der Frühen Neuzeit, Tübingen (Max Niemeyer Verlag) 1989, S. 25

1 Landsmannschaft: Vereinigung von Studenten bzw. Kaufleuten aus einem Land.
2 Cismontan: südlich der Alpen lebend.
3 Transmontan: nördlich der Alpen lebend.

7 ■ Führe aus, worin sich landsmannschaftliches Denken von Nationalbewusstsein unterscheidet. Warum bezeichneten sich viele Landsmannschaften dennoch als „Nationen" (M6, M8).

M7 Ein verbreitetes Gefühl

Der deutsche Staatswissenschaftler und Politiker Friedrich Karl von Moser (1723–1798) löste mit seiner Schrift „Von dem Deutschen national=Geist", 1765, eine breite Diskussion aus. Er schreibt darin:
Wir sind Ein Volk von Einem Namen und Sprache, unter Einem gemeinsamen Oberhaupt, an innerer Kraft und Stärke das erste Reich in Europa, dessen Königskronen auf deutschen Häuptern glänzen, doch so, wie wir sind, sind wir
5 schon Jahrhunderte hindurch ein Rätsel politischer Verfassung, ein Raub der Nachbarn, ein Gegenstand ihrer Spöttereien, uneinig unter uns selbst, unempfindlich gegen die Ehre unseres Namens, ein grosses und gleichwohl verachtetes, ein in der Möglichkeit glückliches, in der Tat selbst aber
10 sehr bedauernswürdiges Volk.

Friedrich Karl von Moser, Von dem teutschen Nationalgeist, 1765; zit. nach: Otto Dann, Nation und Nationalismus in Deutschland 1770–1790, München (Beck) 1993, S. 41

M8 Scholaren bringen ein Ständchen, Holzschnitt, 1489.

Scholaren (von lat.scola: Schule) nannte man im Mittelalter vor allem von Universität zu Universität ziehende Studenten, die zumeist landsmannschaftlich organisiert waren

M9 Friedrich Karl von Moser (1723–1798), Stich, 18. Jh.

8 ■ Erläutere, inwiefern Moser eine neue Definition von „Nation" liefert (M7). Vergleiche diese mit M6.
9 ■ Arbeite heraus, wie Moser die Lage der Deutschen beschreibt. Diskutiert, warum er mit seiner Schrift eine breite Diskussion ausgelöst hat.

„Politische" Nation oder „ethnische" Nation?

M1 Keramikteller,
Frankreich, nach 1793

Die Nation – ein Ergebnis historischer Prozesse

Nationen sind nicht natürlich entstanden, es hat sie keineswegs schon immer gegeben. Nationale Zusammengehörigkeitsgefühle entstanden stets unter bestimmten Bedingungen und konnten sich ganz unterschiedlich ausbilden. Nationen waren also das Ergebnis historischer Prozesse, in denen sich gesellschaftliche Gruppen zusammenfanden und ein Bewusstsein einer nationalen Gemeinschaft herausbildeten. Ende des 18. Jahrhunderts entstand in Europa ein neues Verständnis von „Nation", das sich vom bisherigen deutlich unterschied. Auslöser hierfür war vor allem die Französische Revolution (s. S. 140), die die Grundlagen der feudalständischen Ordnung erschütterte und der bürgerlichen Gesellschaft zum Durchbruch verhalf. Diese Revolution brachte ein Verständnis von Nation hervor, das zwei Prinzipien beinhaltete, ohne die es heute keine demokratischen Gesellschaften gäbe: die Idee der Menschenrechte und den Grundsatz der Volkssouveränität (s. S. 86).

Die „politische" Nation

Diese neue Gemeinschaft, die „politische" oder „demokratische Nation", entmachtete den Monarchen, den König, und nahm sich das Recht, selbst über ihr Schicksal zu bestimmen. Sie wählte die Organe, die die höchste Souveränität ausüben sollten, selbst. Zum ersten Mal begriffen sich die Bewohner eines Staates als eine Gemeinschaft mündiger und gleicher Staatsbürger („Citoyen"). Damit waren jedoch nur die männlichen Staatsbürger gemeint; Frauen fielen nicht darunter. Trotz dieses Mangels war die Schaffung eines solchen Typs von Nation zugleich ein Programm für die Schaffung von Demokratie. Wer sich zu Demokratie und Revolution bekannte, war Teil der französischen Nation (Staatsnation). In der Französischen Revolution hatten sich zum ersten Mal in Europa Bürgerinnen und Bürger zu einem Staatsvolk auf einer neuen Grundlage zusammengefunden. Die neue Nation wurde zur zentralen Lebensgemeinschaft.

Hinzu kam der Gedanke, dass sich die Bürger Frankreichs trotz vielfältiger sozialer, regionaler und konfessioneller Besonderheiten und Unterschiede auf einer neuen Grundlage als ein einheitliches Staatsvolk verstanden. Diese neue Lebensgemeinschaft mit dem Motto „eine Nation – ein Staat" sollte den trennenden Charakter dieser Unterschiede überwinden und allein verbindliche Instanz für das souveräne Handeln des Volkes sein. Dieser politische Nationsbegriff der Französische Revolution wurde zum Vorbild für die Nationalstaatsbildung in Europa.

Die „ethnische" Nation

Im Unterschied zum politischen Nationsbegriff versteht der ethnische Nationsbegriff die Nation als ein Kollektiv, dessen Mitglieder einige oder mehrere Merkmale wie Abstammung, Religion, Sprache, Kultur oder Geschichte teilen (Kulturnation). Die Vertreter einer solchen Auffassung gehen davon aus, dass die genannten Gemeinsamkeiten das Wesen einer Nation ausmachten, die schon vor der Bildung eines Nationalstaats existiert hätten. Damit werden bestimmte Vorstellungen von der Gegenwart in die Vergangenheit verlagert. Grundlage des ethnischen Nationsbegriffs ist, dass Nationen als ethnisch homogene Gesellschaften verstanden werden. Damit wird unterstellt, dass alle Mitglieder einer Nation biologisch gemeinsame Vorfahren hätten. Die Gesellschaft wird als starre und geschlossene Formation gedacht. Der Mensch existiert nur als Angehöriger eines biologisch einheitlichen Volkes. Eine solche Vorstellung fördert den Ausschluss gesellschaftlicher Minderheiten, die diesen biologischen Anforderungen nicht entsprechen, und führt zu Diskriminierung und Hass. So hatte das deutsche Nationalbewusstsein Anfang des 19. Jahrhunderts Züge, die aggressiv waren und alles ausgrenzten, was als „nicht deutsch" definiert wurde. Es gründete auf Ausgrenzung und Ressentiment, auf Feindseligkeit gegen Juden (Antisemitismus), Franzosen und bald auch gegen andere Nationen. Dabei bediente man sich fast immer bestimmter Stereotypen. Dies bedeutet, dass man ein eingewurzeltes Vorurteil, eine vorgefasste, schablonenhafte Sehweise bzw. Vorstellung von einer Gruppe hat (M 2). Fremdenhass und Judenfeindschaft waren Bestandteil des deutsch-nationalen Denkens der frühen Nationalbewegung.

Homogen
Gleichmässig, einheitlich aufgebaut.

M 2 „Zwei Typen aus der Frankfurter Judengasse", Zeichnung, 1. Hälfte 19. Jahrhundert

1 ▪ Untersuche den Teller M 1. Lege dar, welche Stände hier die Nation bilden.
2 ▪ Erläutere, inwiefern M 2 ein Beispiel für ausgrenzenden Nationalismus ist. Für welchen Begriff ist die Karikatur auch ein Beispiel?
3 ▪ Erkläre den Unterschied zwischen politischer und ethnischer Nation.

M 3   Wer gehört zur Nation?

Emmanuel Joseph Sieyès, einer der führenden Theoretiker der Französischen Revolution, 1789:

Was ist eine Nation? Ein Körper, dessen Mitglieder unter einem gemeinsamen Gesetz leben und durch eine und dieselbe gesetzgebende Versammlung vertreten werden.

Ist es nicht gewiss, dass der Adelsstand Privilegien, Befreiun-
5 gen und sogar Rechte besitzt, die von den Rechten der Masse der Bürger losgelöst sind? Dadurch tritt er aus der allgemeinen Ordnung, aus dem allgemeinen Gesetz heraus. Folglich machen ihn schon seine bürgerlichen Rechte zu einem Volk für sich inmitten der Nation. Das ist wirklich ein
10 *imperium in imperio* [Reich im Reich].

Auch seine politischen Rechte übt er für sich aus. Er hat seine eigenen Vertreter, die keinerlei Vollmacht des Volkes besitzen. Die Körperschaft seiner Abgeordneten hält ihre Sitzungen unter sich ab, und wenn sie sich einmal im gleichen
15 Saal mit den Abgeordneten der einfachen Bürger versammeln sollte, dann wäre ebenso sicher seine Vertretung dem Wesen nach von ihnen geschieden und getrennt. Sie [die Körperschaft des Adelsstandes] ist der Nation fremd durch ihr Prinzip, weil ihr Auftrag nicht vom Volk ausgeht, und
20 durch ihren Zweck, weil er nicht in der Verteidigung des Gemeininteresses, sondern des Standesinteresses besteht. Der Dritte Stand umfasst also alles, was zur Nation gehört. Und alles, was nicht der dritte Stand ist, kann sich nicht als Bestandteil der Nation betrachten. Was also ist der Dritte
25 Stand? Alles.

Emmanuel Joseph Sieyès, Was ist der Dritte Stand?, 1789; zit. nach: Walter Grab unter Mitarbeit von Hilde Koplenig (Hg.), Die Debatte um die Französische Revolution, München (Nymphenburger) 1975, S. 24 ff.*

4 ■ Erläutere, welche Teile der Gesellschaft Sieyès der Nation zurechnet (M 3). Wie begründet er dies? Vergleiche Sieyès' Definition mit Arbeitsauftrag 1 und benenne den Unterschied. Nimm Stellung dazu.

M 4   Emmanuel Joseph Sieyès (1748–1836)

M 5   Die Deutschen – ein „Urvolk"?

Der deutsche Philosoph Johann Gottlieb Fichte, 1807:

Es sind […] in der Geschichte nachgewiesen die Grundzüge der Deutschen, als eines Urvolks, und als eines solchen, das das Recht hat, sich das Volk schlechtweg […] zu nennen. […] Die alte Welt mit ihrer Herrlichkeit und Grösse sowie
5 mit ihren Mängeln ist versunken durch die eigene Unwürde und durch die Gewalt eurer Väter. Ist in dem, was in diesen Reden dargelegt worden, Wahrheit, so seid unter allen neueren Völkern ihr es, in denen der Keim der menschlichen Vervollkommnung am entschiedensten liegt und denen
10 der Vorschritt in der Entwicklung derselben aufgetragen ist. Gehet ihr in dieser eurer Weisheit zugrunde, so geht mit euch zugleich alle Hoffnung des gesamten Menschengeschlechts auf Rettung aus der Tiefe seiner Übel zugrunde. […] Und mit welchem Geist brachte hervor und genoss
15 dieser deutsche Stand diese Blüten? Mit dem Geiste der Frömmigkeit, der Ehrbarkeit, der Bescheidenheit, des Gemeinsinnes. Für sich selbst bedurften sie wenig, für öffentliche Unternehmungen machten sie unermesslichen Aufwand. Selten steht irgendwo ein Einzelner hervor und
20 zeichnet sich aus, weil alle gleichen Sinnes waren und gleicher Aufopferung für das Gemeinsame.

Johann Gottlieb Fichte, Reden an die deutsche Nation, Stuttgart (Insel) 1925, S. 94–96, 225*

5 ■ Untersuche, worin Fichte das Wesen der deutschen Nation sieht (M 4). Vergleiche mit M 3 und nimm Stellung dazu.

M 6   Johann Gottlieb Fichte (1762–1814)

M 7 Nation und Demokratie

Der deutsche Schriftsteller und sozialistische Politiker Ferdinand Lassalle (1825–1864), 1859:

Woher aber sollte dieses Recht auf Autonomie nach innen kommen, wie sollte es nur gedacht werden können, wenn ihm nicht zuvor das Recht auf Autonomie nach aussen, auf freie, vom Ausland unabhängige Selbstgestaltung eines
5 Volkslebens vorausginge! Das Prinzip der freien, unabhängigen Nationalitäten ist also die Basis und Quelle, die Mutter und Wurzel des Begriffs der Demokratie überhaupt. Die Demokratie kann nicht das Prinzip der Nationalitäten mit Füssen treten, ohne selbstmörderisch die Hand an die eigene
10 Existenz zu legen, ohne sich jeden Boden theoretischer Berechtigung zu entziehen, ohne sich grundsätzlich und von Grund aus zu verraten. [...] Das Prinzip der Demokratie hat seinen Boden und Lebensquell in dem Prinzip der freien Nationalitäten. Es steht ohne dasselbe in der Luft.

Zit. nach: Peter Alter (Hg.), Nationalismus. Dokumente zur Geschichte und Gegenwart eines Phänomens, München (Piper) 1994, S. 96 f.*

6 ■ Arbeite heraus, welche Rolle die Nation aus der Sicht Lassalles für die Demokratie spielt (M 7).

M 8 Nation – eine moderne Definition

Der Historiker Otto Dann, 1993:

Seit der Französischen Revolution gehört „Nation" zu den Grundbegriffen unserer politischen Sprache. Fast alle Staaten der Welt verstehen sich heute als Nationalstaat. Wir gehen davon aus, dass eine Nation die Grundlage eines
5 Staates ist. Doch das ist nicht die Regel. Es gab und gibt Nationen, die keinen eigenen Staat haben, und Staaten, die mehrere Nationen umfassen. Der Begriff Nation bedeutet also nicht einfach Staatsbevölkerung, seine Definition muss allgemeiner ansetzen: Als Nation bezeichnen wir eine Ge-
10 sellschaft, die aufgrund gemeinsamer geschichtlicher Herkunft eine politische Willensgemeinschaft bildet. Eine Nation versteht sich als Solidargemeinschaft, und sie geht aus von der Rechtsgleichheit ihrer Mitglieder. Sie ist angewiesen auf einen Grundkonsens in ihrer politischen Kultur. Natio-
15 nen sind stets auf ein bestimmtes Territorium orientiert, auf ihr Vaterland. Ihr wichtigstes Ziel ist die eigenverantwortliche Gestaltung ihrer Lebensverhältnisse, politische Selbstverwaltung (Souveränität) innerhalb ihres Territoriums, ihr eigener Nationalstaat. Eine Nation entsteht erst mit der Bil-
20 dung von Nationalbewusstsein innerhalb einer Bevölkerung. Wir verstehen darunter den Prozess einer kollektiven politischen Bewusstwerdung, in dem die Mitglieder eines Volkes bzw. die Bewohner eines Territoriums entdecken, dass sie gemeinsame Traditionen und Interessen habe, dass
25 sie eine Solidargemeinschaft sind.

Otto Dann, Nation und Nationalismus in Deutschland 1770–1990, München (Beck) 1993, S. 12

M 9 Nation ist nicht gleich Nation

Das Nationalbewusstein und die öffentliche Präsentation der Nation in Frankreich [entwickelten sich] anders als in Deutschland. [...] Die staatsbürgerliche Zugehörigkeit zur Nation wurde in Frankreich schon am Anfang des 19. Jahr-
5 hunderts festgelegt und war damals stark bestimmt vom klassischen Liberalismus [s. S. 193], wurde schon damals für Personen geöffnet, die nicht von französischen Eltern abstammten. Dieses Verständnis der französischen Nation blieb während des 19. Jahrhunderts auch deshalb erhalten,
10 weil Frankreich aufgrund seiner aussergewöhnlich niedrigen Geburtsraten ein Einwanderungsland war und Immigranten in seine nationale Kultur integrieren musste. [...] Deutschlands staatsbürgerrechtliche Definition dagegen stellte die ethnische Abstammung von Deutschen in das Zentrum.
15 [...] Darüber hinaus verbanden sich in Frankreich und Deutschland mit der Nation unterschiedliche Werte. In Frankreich war die Nation seit der Französischen Revolution in starkem Mass mit Menschen und Bürgerrechten verbunden. [...] Militärische Feiern und Paraden, Nationalfeiertage,
20 Kriegerdenkmäler und patriotische Sportveranstaltungen gab es in beiden Ländern ähnlich häufig in ähnlichen Formen. Aber sie waren in Frankreich stärker von zivilen und individualistischen Werten geprägt [...]. In Deutschland dagegen verband sich nach der kriegerischen Durchsetzung
25 des Nationalstaates 1871 [s. S. 220] die Nation im öffentlichen Raum zunehmend mit militärischen und monarchischen Werten. [...] Schliesslich waren auch die grundsätzlichen Züge der Geschichte des Nationalbewusstseins in Frankreich und Deutschland anders. Frankreich steht für ein
30 normales, ungebrochenes Nationalbewusstsein, Deutschland für eine vielfältig gebrochene Geschichte. In Frankreich blieben nationale Identität und Nationalstaat über mehr als zwei Jahrhunderte eng verbunden und ungetrennt. In Deutschland hingegen fehlte der nationalen Identität über
35 lange Zeit das Pendant [die Entsprechung] des Nationalstaats [...] im längeren Teil der letzten 200 Jahre. Deshalb verband sich in Deutschland die nationale Identität auch stärker mit regionalen und lokalen Identitäten. In Frankreich dagegen war die nationale Identität ausschliesslicher, die re-
40 gionalen Identitäten blieben mit einigen Ausnahmen eher schwach.

Deuframat: Die „normalere" Nation in Frankreich, http://www.deuframat.de (Zugriff: 7. 11. 2018)**

7 ■ Ordne zu: Welche Texte stehen für die politische, welche für die ethnische Nation?

8 ■ Arbeite heraus, was Otto Dann unter „Nation" versteht und wie er dies begründet (M 8). Geht er dabei von der „ethnischen" oder von der „politischen" Nation aus?

9 ■ Erläutere die Unterschiede zwischen dem Nationsverständnis in Frankreich und Deutschland (M 9).

Von der Nation zu Nationalismus und Chauvinismus

M1 Erstausgabe des Code Civil, 1804

Der moderne Nationalstaat — Seit der Französischen Revolution war die Nation ein Prinzip, das gegen Fürstenherrschaft, Aristokratie und feudale Privilegienordnung gerichtet war. Innerhalb eines Staates zielte sie auf die nationale Volkssouveränität und ausserhalb auf die gleichberechtigte Verbindung sich selbst regierender Völker. Auf dieser Grundlage war Frankreich der erste moderne Nationalstaat. Erstmals wurden durch den Begriff „Nation" Volk und Staat gleichgesetzt. Während der Französischen Revolution betrieben die Revolutionäre eine Politik der Nationalisierung, die alle Bereiche des gesellschaftlichen Lebens erfasste. Vor allem war es nun möglich, ein einheitliches Rechtssystem herauszubilden und damit Rechtssicherheit zu schaffen. Ein gutes Beispiel hierfür ist der französische *Code Civil* von 1804 – ein von Napoleon Bonaparte geschaffenes Gesetzbuch im Zivilrecht (M 1). Damit wurde versucht, die Errungenschaften der Französischen Revolution schriftlich festzulegen und eine allgemein verbindliche Rechtsordnung auf nationaler Ebene zu schaffen. Der Code civil wurde auch in den besetzten europäischen Staaten umgesetzt und trug dort erheblich zur Veränderung bei. Der französische Nationalstaat strahlte modellhaft auf ganz Europa aus. Er erwies sich als brauchbarer Rahmen für viele Staaten, um moderne Industrie-, Konsum- und Dienstleistungsgesellschaften herauszubilden.

Die Rolle der Sprache Bei der Nationalstaatsbildung spielte die Sprache eine wichtige Rolle. Es entstanden Hochsprachen, die nun eine unkomplizierte Verständigung möglich machten, die angesichts der vielen Dialekte in den einzelnen Ländern undenkbar gewesen wäre. Darüber hinaus trug diese Vereinheitlichung der Sprache dazu bei, Nationalliteraturen zu schaffen. Die Dichter, Philosophen und Politiker wiederum förderten und begründeten als Vordenker in starkem Masse die Ansprüche ihrer jeweiligen Nation auf Eigenständigkeit und Selbstbestimmung. Der Nationsbegriff wurde auch genutzt, um den Zusammenhalt und die Solidarität einer Gesellschaft zu stärken. Der Einzelne sollte sich zuallererst als Mitglied einer nationalen Lebensgemeinschaft verstehen. Einschränkend ist hier jedoch zu bemerken, dass die Nation als eine Gemeinschaft rechtsgleicher Staatsbürger nur die männlichen Staatsbürger umfasste; Frauen fielen nicht darunter.

Übersteigerung des Nationalen Nation und Nationalstaat galten immer mehr als höchster Wert. Politisches Handeln wurde immer häufiger mit den Interessen der Nation begründet. Die Hochschätzung des Nationalen wurde schliesslich derart übersteigert, dass die Hinwendung zur Nation gleichsam zum Religionsersatz wurde. Die Nation erhielt religiöse Weihen, sie erschien als etwas Heiliges, über den Interessen des Einzelnen Stehendes. Dies mündete oft in ein irrationales Gemeinschafts- und Solidaritätserlebnis, das Menschen häufig dazu veranlasste, für die Nation in den Tod zu gehen.

Dem Nationalismus liegt die Vorstellung zugrunde, dass die eigene Nation besser und bedeutender als andere und den anderen überlegen sei. Häufig wird dabei auch ein Sendungsbewusstsein ausgebildet, das die ganze Welt nach den eigenen Vorstellungen umformen möchte. Ein derartiges Verhalten konnte auch in Aggression und Krieg umschlagen. Der Nationalgedanke hatte sich zum Nationalismus entwickelt.

Der Chauvinismus Eine besondere, übersteigerte Form des Nationalismus ist der Chauvinismus. Der Begriff leitet sich vom Namen des Rekruten Nicolas Chauvin ab, der in der Armee von Napoleon Bonaparte diente und einen übersteigerten Idealismus und Patriotismus pflegte. Es handelt sich dabei um einen exzessiven, aggressiv überzogener Nationalismus, der oft mit Hass und Verachtung gegenüber anderen Völkern oder Nationen verbunden ist. Das führt dazu, dass die Idee der Nation häufig sehr radikal emotionalisiert und idealisiert wird. Häufig sollen dadurch die Minderwertigkeitsgefühle einer Gruppe oder eines Volkes ausgeglichen und nach aussen abgelenkt werden. Chauvinismus äussert sich vor allem in der Auffassung, dass die eigenen Interessen gegenüber anderen Ländern stärker durchgesetzt werden sollten. Bedeutung bekommt er deshalb in einer aggressiven Außenpolitik, die vorrangig die eigenen Interessen und Ziele verfolgt und sie über die Interessen anderer Länder stellt. Einige Historiker gehen davon aus, dass Nationalismus und Chauvinismus notwendige Folgen der nationalen Entwicklung sind.

1 ■ Erläutere die Bedeutung des Nationsbegriffs für die Herausbildung moderner staatlicher Strukturen (s. auch M 1).
2 ■ Nenne die Unterschiede zwischen Nationalismus und Chauvinismus.
3 ■ Diskutiert, ob der Nationalismus in der Nation angelegt ist.

M2 „Deutsche essen Sauerkraut", englische Karikatur, 1803

M3 „Frankreich – der Herd der europäischen Zivilisation"

Der französische Historiker und Politiker Guillaume Guizot, 1829:

Es ist unmöglich zu verkennen, dass Frankreich jedesmal, wenn es sich in der Bahn der Zivilisation überholt sah, eine neue Kraft gewann, aufbrach und sich bald wieder auf dem Niveau der anderen oder ihnen voraus wiederfand. Das ist
5 das besondere Schicksal Frankreichs gewesen, aber nicht nur das: Auch die Ideen und Einrichtungen der Zivilisation, die, wenn ich so sagen darf, ihren Ursprung in anderen Ländern hatten, mussten, wenn sie sich ausbreiten und fruchtbar und allgemein werden und zum allgemeinen Nutzen
10 der europäischen Zivilisation wirken wollten, in Frankreich eine neue Zubereitung erfahren; und erst aus Frankreich sind sie wie aus einem zweiten Vaterland zur Eroberung Europas aufgebrochen. [...] Das beruht darauf, dass es in dem französischen Genius etwas Verbindendes, Sympathie Er-
15 weckendes gibt, etwas, das sich mit mehr Leichtigkeit und Kraft mitteilt als der Genius aller anderen Völker; unsere Sprache, unsere Geistesrichtung, unsere Sitten, unsere Gedanken sind populärer, stellen sich den Massen klarer dar, dringen leichter ein. Mit einem Wort, die Klarheit, die Ver-
20 bindlichkeit, die Sympathie sind der besondere Charakter Frankreichs und seiner Zivilisation, und diese Eigenschaften befähigen es in besonderer Weise, an der Spitze der europäischen Zivilisation zu marschieren.

Guillaume Guizot, Histoire de la Civilisation en France, 1829–1832, zit. nach: Peter Alter (Hg.), Nationalismus. Dokumente zu Geschichte und Gegenwart eines Phänomens, München (Piper) 1994, S. 134*

M4 „Die polnische Nation – der Kopernikus der Menscheit"

Der polnische Literaturwissenschaftler Kazimierz Brodzinski, 1831:

Der Unterschied zwischen einem Volk und einem Menschen liegt darin, dass ein Mensch für sein Volk sterben kann, nicht aber das Volk für die Menschheit, solange es sich seiner selbst bewusst ist und sich als Volk fühlt. Darüber hi-
5 naus wird in einer reifen Nation jedermann bereit sein, sein Leben zu opfern, damit die Nation für die Menschheit lebe. [...] Früher hielt jedes Volk sich für Ziel und Mittelpunkt aller Dinge, so wie man die Erde als Mittelpunkt des Universums sah. [...] Kopernikus [s. S. 24] entdeckte das System des
10 materiellen Universums; nur die polnische Nation (und ich sage das frei und stolz auf mein Vaterland) ahnt die wahre Bewegung des moralischen Universums. Sie hat erkannt, dass jedes Volk nur Teil eines Ganzen ist und wie die Planeten um eine Mitte kreisen muss. [...] Nur blinder Egoismus
15 weigert sich, das zu erkennen. Ich erkläre, dass die polnische Nation durch eine Fügung des Himmels der Philosoph, der Kopernikus der moralischen Welt ist. [...] Es ist die Idee der polnischen Nation, unter der Sonne der Religion den Baum der Freiheit und Brüderlichkeit zu hegen; die Rechte von
20 Thron und Volk auf einer Waage zu wägen, die vom Himmel selber stammt; der grossen Zeit gemäss zu wachsen und am Werk der Menschheit mitzuwirken.

Kazimierz Brodzinski, Die Idee der polnischen Nation, 1831, zit. nach: Peter Alter (Hg.), Nationalismus. Dokumente zu Geschichte und Gegenwart eines Phänomens, München (Piper) 1994, S. 135 f.*

M5 „Die Deutschen – stets unbesiegt"

Der deutsche Historiker Leopold von Ranke, 1836:

Nicht bloss das ganze menschliche Geschlecht hat ein zusammenhängendes Leben, sondern auch jedes Volk einen besonderen, durch göttlichen Anhauch entstandenen Geist, durch den es ist, was es ist, den es die Pflicht hat, nicht
5 mumienhaft zu konservieren, aber aus dem Grunde nach dem Ideal zu entwickeln. [...]

Für uns die wichtigste Nation, die deutsche, ist hier Gegenstand unserer Darstellung. [...] Sie hat die ausgezeichnete Eigenschaft, dass sie in ununterbrochener Kontinuität alle
10 Jahrhunderte durchschreitet, die grossen Epochen erfüllt oder durch universelle Einwirkung berührt. Die meisten Reiche sind erst durch Einwanderung der Deutschen gebildet, namentlich England und Frankreich und ganz besonders Italien, die Slawen sind erst später und unter deutschem Ein-
15 fluss zu Staaten gebildet worden. Die Deutschen dagegen finden wir stets unbesiegt, nie ganz unterworfen, stets schnell hergestellt, in stets nachweisbarer Entwicklung begriffen. Die deutsche Sprache bildete sich eher als eine andere neue Sprache, unsere Rechtsinstitute sind auf die
20 frühesten Quellen zurückzuführen und in grossartigem Zusammenhang wahrzunehmen.

Leopold von Ranke, Vorlesungseinleitungen, 1836, zit. nach: Peter Alter (Hg.), Nationalismus. Dokumente zu Geschichte und Gegenwart eine Phänomens, München (Piper) 1994, S. 136 f.*

4 ■ Untersuche die Texte M3 bis M5:
  – Benenne, worin der jeweilige Autor die Besonderheit seines Landes sieht.
  – Beschreibe, welche Absicht er damit verfolgt.
  – Arbeite heraus, wie diese Äusserungen auf die Menschen anderer Völker gewirkt haben müssen.

M6 Nationalismus – Definitionen

a) Der Historiker Peter Alter, 1985:

Nationalismus liegt dann vor, wenn die Nation die gesellschaftliche Grossgruppe ist, der sich der Einzelne in erster Linie zugehörig fühlt, und wenn die emotionale Bindung an die Nation und die Loyalität ihr gegenüber in der Skala der
5 Bindungen und Loyalitäten oben stehen. Nicht der Stand oder die Konfession, nicht eine Dynastie oder ein partikularer Staat, nicht die Landschaft, nicht der Stamm und auch nicht die soziale Klasse bestimmen primär den überpersonalen Bezugsrahmen. Der Einzelne ist auch nicht länger, wie
10 z.B. noch die Philosophie der Aufklärung postulierte, in erster Linie Mitglied der Menschheit und damit Weltbürger, sondern fühlt sich vielmehr als Angehöriger einer bestimmten Nation. Er identifiziert sich mit ihrem historischen und kulturellen Erbe und mit der Form ihrer politischen Existenz.

Die Nation (oder der Nationalstaat) bildet für ihn den Lebensraum und vermittelt ihm ein Stück Lebenssinn in Gegenwart und Zukunft.

Peter Alter, Nationalismus, Frankfurt/Main (Suhrkamp) 1985, S. 14 f.

b) Der Historiker Otto Dann, 1993:

Geht man von dem Grundbegriff „Nation" aus, dann meint Nationalismus die Steigerung und Radikalisierung eines nationalen Verhaltens. Wir verstehen unter Nationalismus ein politisches Verhalten, das nicht von der Überzeugung einer Gleichwertigkeit aller Menschen und Nationen getragen ist,
5 das fremde Völker und Nationen als minderwertig einschätzt und behandelt. Nationalismus tritt auf als Ideologie, als soziale Verhaltensweise [...]. Nationalismus ist eine Gefährdung für jeden Patriotismus [Vaterlandsliebe] und Regionalismus [Liebe zu einer Region]. Sie ist gegeben, wenn
10 der demokratische und humane Grundkonsens, auf dem die moderne Nation beruht, nicht mehr eingehalten wird.

Otto Dann, Nation und Nationalismus in Deutschland 1770–1990, München (Beck) 1993, S. 17**

c) Der Historiker Hans-Ulrich Wehler, 2001:

Nationalismus soll heissen: das Ideensystem, die Doktrin, das Weltbild, das der Schaffung, Mobilisierung und Integration eines grösseren Solidarverbandes (Nation genannt), vor allem aber der Legitimation [Rechtfertigung] neuzeitlicher
5 politischer Herrschaft dient. Daher wird der Nationalstaat mit einer möglichst homogenen Nation zum Kardinalproblem des Nationalismus.

Nation soll heissen: jene zuerst „gedachte Ordnung", die unter Rückgriff auf die Traditionen eines ethnischen Herr-
10 schaftsverbandes entwickelt und allmählich durch den Nationalismus und seine Anhänger als souveräne Handlungseinheit geschaffen wird. Daher führt die Auffassung, dass die Nation den Nationalismus hervorbringe, in die Irre. Umgekehrt ist vielmehr der Nationalismus der Demiurg
15 [Schöpfer] der neuen Wirklichkeit.

Hans-Ulrich Wehler, Nationalismus. Geschichte, Formen, Folgen, München (Beck) 2001, S. 13

5 ■ Drei Historiker – drei Definitionen:
  – Benenne, worin in den Texten M6 a–c jeweils der Kern des Nationalismus gesehen wird.
  – Arbeite die Unterschiede heraus und nimm Stellung dazu.

6 ■ Erörtere, ob man auf Grundlage der Texte M6 a–c die Texte M3 bis M5 als nationalistisch bezeichnen kann.

7 ■ Diskutiert, ob die Karikatur M2 nationalistisch ist.

Die Bildung von Nationalbewegungen

M1 **Wiener Kongress, 1814–1815, zeitgenössischer Kupferstich.**

An der Rückseite des Tisches sind sitzend zu sehen (v. l.) Zar Alexander I. von Russland, Kaiser Franz I. von Österreich (sitzend) und stehend König Friedrich Wilhelm III. von Preussen. Rechts neben dem Globus sind zu sehen: Lord Castlereagh für England und ganz rechts am Tisch sitzend Talleyrand für Frankreich

Allianz
Hier: Wechselnde Bündnisse (Koalitionen) europäischer monarchischer Mächte gegen die Französische Republik bzw. das Kaiserreich Napoleon Bonapartes und dessen Verbündete.

M2 **Klemens Wenzel Lothar von Metternich (1773–1859), deutscher Diplomat und Staatsmann im Dienste Österreichs, Gemälde, 1820–25.**

Im Jahr 1809 wurde Metternich österreichischer Aussenminister und stieg 1813 zu einem der führenden Staatsmänner in Europa auf

Der Wiener Kongress

Nach dem Sturz Napoleons am 12. April 1814 wurde am 30. Mai 1814 in Paris der Pariser Friedensvertrag beschlossen. Er beendete und besiegelte vorläufig die Niederlage Frankreichs in den Koalitionskriegen (s. S. 150). Napoleon wurde auf die Insel Elba in die Verbannung geschickt. Er kehrte zwar am 1. März 1815 nach Frankreich zurück und marschierte mit 125 000 Soldaten erneut gegen die **Allianz**, unterlag dieser jedoch am 18. Juni 1815 bei Waterloo endgültig. Nach seiner Rückkehr nach Paris trat Napoleon am 22. Juni 1815 zurück. Da Europa nach den zahlreichen militärischen Eroberungen Napoleons neue Machtverhältnisse aufwies, entschied man sich im Pariser Frieden dazu, einen Kongress zu durchzuführen, der Europa politisch neu ordnen sollte. Dieser fand von September 1814 bis Juni 1815 in Wien statt (Wiener Kongress). Zum Kongress erschienen Staatsmänner, Fürsten und hochrangige Diplomaten aus nahezu 200 Ländern und Fürstentümern (M 1). Die Leitung übernahm der österreichische Aussenminister Fürst von Metternich (M 2). Wesentliche Ziele des Kongresses waren, sowohl die Verhältnisse vor der Französischen Revolution wiederherzustellen, also die Macht der Fürsten zu festigen, als auch erneute Revolutionen und Vormachtbestrebungen einzelner Mächte zu verhindern. Es sollte eine Art Gleichgewichtssystem hergestellt werden, in dem kein Staat zu mächtig sein sollte. Die Grundlagen dieser Friedensordnung sollten sein:

– *Restauration*, also die Wiederherstellung des politischen Zustands vor der Französischen Revolution von 1789;
– *Legitimität*, also die Rechtfertigung der alten monarchischen Herrschaftsverhältnisse;
– *Solidarität*, also die gemeinsame Interessenpolitik der Fürsten zur Abwehr revolutionärer Ideen oder Bewegungen.

Das wesentliche Ergebnis des Wiener Kongresses war eine völlige Neuordnung Europas im Sinne der Fürsten. Die Schweiz allerdings nahm auf dem Kongress eine Sonderstellung ein. Die europäischen Mächte garantierten ihr die „immerwährende Neutralität". Sie war nun eine Konföderation von 23 Staaten, Aussenpolitik und Armee waren Angelegenheit der Tagsatzung, also der Vertreter der Kantone.

Selbstbestimmung als „Schreckgespenst"

Die Heere Napoleons hatten zwar den Krieg nach Europa getragen, führten aber auch revolutionäres und liberales Gedankengut mit sich. Sie weckten damit in den von ihnen besetzten Ländern das Verlangen nach mehr Freiheit und Selbstbestimmung. Die Menschen wollten nicht mehr in die Verhältnisse zurück, die vor der Französischen Revolution herrschten. Während der französischen Besatzungszeit hatte sich in ganz Europa eine bürgerliche Bewegung formiert, die die Gründung von Nationalstaaten mit Demokratie, Freiheits- und Grundrechten forderte. Dies war bei den Adligen Europas das eigentliche „Schreckgespenst", das sie mit allen Mitteln verhindern wollten. Verstärkt wurde dieses Nationalbewusstsein dadurch, dass der Wiener Kongress keine Rücksicht auf Volkszugehörigkeit, Sprachen oder Ähnliches genommen und Grenzen teilweise willkürlich gezogen hatte. Trotz vielfältiger Unterdrückungsversuche nahmen die Proteste gegen die Fürstenherrschaft zu, und es kam gegen Mitte des 19. Jahrhunderts immer wieder zu Revolutionen und Aufständen.

Liberalismus
Weltanschauung, die die Freiheit und damit die freie Entfaltung des einzelnen Menschen in den Mittelpunkt rückt. Der Begriff kommt vom lateinischen Wort „liber" = frei.

Unterschiedliche Nationalbewegungen

Die Ausprägung der europäischen Nationalbewegungen war unterschiedlich. Frankreich war bereits vor der Revolution ein zentralistisch-einheitlicher Nationalstaat. Die Revolutionäre konnten hier an den Staat eines Königs anknüpfen, der bereits seit dem Spätmittelalter eine nationale Politik betrieben hatte. Ein Nationalstaat musste also nicht neu geschaffen werden. Das französische Modell wurde zwar zum Impulsgeber für nationale Einheitsbestrebungen in Europa, traf aber in den meisten Ländern auf unterschiedliche Voraussetzungen. Entweder lebten die Völker unter fremder Herrschaft, oder sie waren geteilt in viele Fürstenstaaten. Sie mussten also zunächst ein nationales Selbstbewusstsein entwickeln gegen die Fremdherrschaft oder gegen die Zersplitterung des eigenen Landes. Hierfür stehen vor allem Italien, Deutschland und Polen, dessen Unabhängigkeitskampf gegen Russland jedoch nicht erfolgreich war.

Gemeinsam war allen europäischen Staaten, dass Nationalbewegungen in den Oberschichten, den Eliten, entstanden. Die Sache der Nation war damit zunächst die Sache einer Minderheit. Zumeist bleib sie dies jedoch nicht, sondern wurde von den unteren Schichten aufgegriffen, durch soziale Forderungen ergänzt und häufig gegen die oberen Schichten gekehrt. Dies war vor allem der Fall in Ländern, in denen das Bürgertum schwach entwickelt war, wie etwa in Italien oder Deutschland. Teilweise wurde die Nationalbewegung auch von einer zumeist jungen Offiziers-, Beamten- und Adelsschicht getragen, die jedoch nur wenig Interesse an sozialen Fragen hatte.

Trotz dieser Gemeinsamkeit waren die Bedingungen so unterschiedlich, dass die Nationalbewegungen ihren eigenen Weg gehen mussten, und der französische Weg war nur einer von vielen.

1 ■ Charakterisiere die Teilnehmer des Wiener Kongresses und ihre Ziele. Wie sollte die politische Ordnung Europas nach ihren Vorstellungen aussehen?

2 ■ Arbeite heraus, welche Folgen Napoleons Kriege für Europa hatten. Inwiefern trugen sie zur Ausbildung eines Nationalbewusstseins und von Nationalismus in den besetzten Ländern bei (s. auch S. 188).

M3 **Politische Bewegungen und Regierungsformen in Europa 1815–1847**

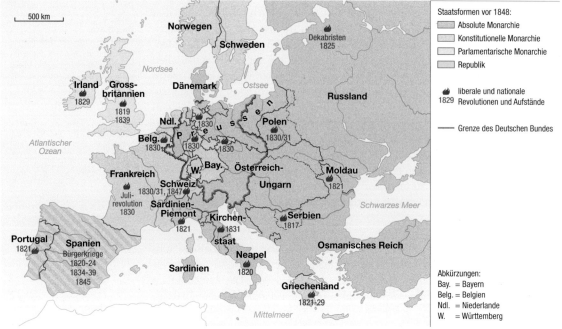

3 ■ Prüfe anhand der Karte (M 3), inwiefern die politischen Verhältnisse in Europa im Sinne des Wiener Kongresses gestaltet sind.

4 ■ Benenne die Länder, in denen nationale Aufstände und Revolutionen stattfanden. Beurteile, was dies über die Stimmung in diesen Ländern aussagte.

M4 **Etappen der Nationalstaatsgründungen**

Der Historiker Theodor Schieder, 1965:

In der *ersten Etappe* bildet sich der moderne Nationalstaat in England und Frankreich durch eine innerstaatliche Revolution, in der die Gemeinschaft der Bürger einen bereits bestehenden Staat auf bestimmte politische Werte und am
5 Ende auf den Volkswillen [...] [und] die Nation als Willensgemeinschaft neu gründet. Das subjektive Bekenntnis zu dem auf diese Weise neu geschaffenen Staat bleibt das einzige Merkmal einer politischen Nationalität, nicht etwa Sprache, Volksgeist oder Nationalcharakter. [...]
10 Die *zweite Phase* steht im Zeichen der Entstehung von Nationalstaaten aus staatlich getrennten Teilen von Nationen, die ihre politische Zerrissenheit überwinden wollen. Der nationalrevolutionäre Akt gestaltet nicht einen vorhandenen Staat um, sondern will einen neuen schaffen. Dies ist die
15 Stunde der nationalen „Einheitsbewegungen", wie z. B. in Deutschland und in Italien. Bei ihnen erscheint die Nation als eine vor dem Staat gegebene, entweder historisch oder kulturell oder als sozialer Verband begründete Grösse. [...]
In der *dritten Phase* geht es wiederum um ein anderes Problem. Mit ihr haben wir den Schwerpunkt unserer Betrach-
20 tung von Westeuropa und Mitteleuropa nach Osteuropa verlegt. Während die Grossstaatsbildungen in Westeuropa durch die nationaldemokratische Revolution national bestimmt worden sind [...], während in die Herrschaft über Mitteleuropa Kleinstaaten und Grossstaaten sich teilen, ist
25 Osteuropa das Feld der grossen imperialen Imperiums- und Reichsbildungen gewesen. [...] Die nationalitären Bewegungen in Osteuropa, in ihrer Tradition und Herrschaft sehr verschiedenen Charakters, entfalten sich im Bereich dieser Grossstaaten, die für sie als die grossen „Gefängnisse der Völ-
30 ker" erscheinen. Das politische Bewusstsein dieser Bewegungen und der sie tragenden Völker wird nicht im und am Staat entwickelt, sondern durch die Gegnerschaft gegen den bestehenden Staat geprägt.

Theodor Schieder, Typologie und Erscheinungsformen des Nationalstaats in Europa (1965), in: ders., Nationalismus und Nationalstaat. Studien zum nationalen Problem im modernen Europa, hg. v. Otto Dann und Hans-Ulrich Wehler, Göttingen (Vandenhoeck & Ruprecht) 1991, S. 69–77*

5 ■ Fasse kurz zusammen, was die drei Phasen der Nationalstaatsgründungen kennzeichnet (M 4). Nenne für jede Phase ein Beispiel.

M5 Theodoros Kolokotronis (1770–1843), griechischer Freiheitskämpfer und Partisanenführer gegen die osmanische Vorherrschaft.

Kolokotronis wird in Griechenland noch heute als Nationalheld verehrt, wie diese Abbildung auf einer 5 000-Drachmen-Banknote zeigt, die 1984 in den Vekehr kam

M6 „Kampf gegen die Ottomanen"

„Deklaration an die Völker Europas" der griechischen Nationalversammlung, 27. 1. 1822:

Wir, die Nachkommen der edlen und klugen Völker von Hellas [des antiken Griechenlands], wir, die wir Zeitgenossen der aufgeklärten und zivilisierten Völker Europas sind, wir, die wir die Vorteile, die jene unter dem Schutz der unüber-
5 windlichen Ägide [Obhut] des Rechts geniessen, von Ferne beobachten, können um unserer Selbstachtung willen nicht länger das Joch der ottomanischen[1] Macht ertragen, die uns seit mehr als 400 Jahren bedrückt. [...] Aufgrund dieser fortdauernden Sklaverei haben wir beschlossen, zu den Waffen
10 zu greifen, um uns und unser Land zu rächen für eine schreckensreiche, ihrer Natur nach frevlerische Tyrannis, für eine beispiellose Despotie, unvergleichbar jeder anderen Herrschaft. Der Krieg, den wir gegen die Türken führen, ist nicht der einer Partei oder das Resultat einer Meuterei, er wird
15 nicht geführt, um Vorteile für irgendeinen einzelnen Teil des griechischen Volkes zu gewinnen; es ist ein nationaler Krieg, ein heiliger Krieg, ein Krieg mit dem Ziel, die Rechte der persönlichen Freiheit, des Eigentums und der Ehre zurückzuerobern – Rechte, die die zivilisierten Völker Europas, unsere
20 Nachbarn, heute besitzen. Rechte, die die grausame, unerhörte Tyrannei der Ottomanen uns vorenthält – uns allein –, und noch die Erinnerung an diese Rechte wollen sie in unseren Herzen ersticken. [...] Die Natur hat jene Rechte in den Herzen aller Menschen verankert. [...] Wir bauen auf
25 das Fundament unserer natürlichen Rechte und wollen uns den übrigen Christen in Europa, unseren Brüdern anglei-

chen; darum haben wir einen Krieg gegen die Türken begonnen, oder besser gesagt, wir haben alle unsere isolierten Kräfte vereint und uns zu einem einzigen bewaffneten Kör-
30 per formiert.

Hans Kohn, Von Machiavelli zu Nehru. Zur Problemgeschichte des Nationalismus, Freiburg 1965, übers. v. Heddy Pross-Weerth, zit. nach: Peter Alter (Hg.), Nationalismus. Dokumente zur Geschichte und Gegenwart eines Phänomens, München (Piper) 1994, S. 80 f.*

1 Mit Ottomanen sind die Osmanen (Türken) gemeint, die Griechenland von 1453 bis 1830 besetzt hielten.

6 ▪ Beschreibe, wie die Griechen die türkische Herrschaft empfanden und welche Ziele der griechische Freiheitskampf hatte (M5, M6).

M7 „Bildet euch zu nützlichen Söhnen des Vaterlands"

Der polnische Historiker Ignacy Lelewel, Teilnehmer am Aufstand von 1830/31, schrieb 1847:

Polen wird nur innerhalb der Grenzen seines eigenen Gebietes wiederhergestellt werden. Wehe dem Volk, das die Hoffnung seiner Unabhängigkeit auf den Schutz einer fremden Macht setzt [gemeint ist Russland]; ein solches wird niemals
5 frei, niemals unabhängig werden; es wird stets geknechtet und unterdrückt bleiben. [...] Zum Wiederaufbau Polens findet sich das beste Material auf seinem eigenen Boden, in seinen eigenen Kräften, und jedes Volk, das sich für seine Freiheit erhebt, ist der natürliche Bundesgenosse Polens.
10 Nicht seinen Beistand, wohl aber seine Bruderliebe wird es in Anspruch nehmen; nur durch Letztere werden sich die Nationen gegenseitig dienen können. Zeit bringt Rosen. Vierzig Jahre im Leben der Nationen [...] sind nur eine kurze Spanne, auch erfordert die schmerzvolle Arbeit der Wieder-
15 geburt mehrere Jahre. Ihr wachset heran, meine Freunde, und vielleicht tretet ihr gerade in der heissesten Zeit, die eure Dienste verlangen wird, in die Reife der Jahre. Bedenket dies und bildet euch zu nützlichen Söhnen des Vaterlandes, zu Männern, die aufgeklärter und beharrlicher sind als jene,
20 die in der Vergangenheit so viele Fehler begangen haben.

Stanislaus Hafner (Hg.), Slawische Geisteswelt, Bd. 2., Baden-Baden 1959, zit. nach: Peter Alter (Hg.): Nationalismus. Dokumente zur Geschichte und Gegenwart eines Phänomens, München (Piper) 1994, S. 91 f.*

7 ▪ Arbeite heraus, wogegen sich der polnische Aufstand richtete (M7). Wie soll nach Auffassung Lelewels das Verhältnis Polens zu anderen Nationen aussehen?

8 ▪ Finde Gemeinsamkeiten der nationalen Aufstände in Griechenland und Polen heraus.

9 ▪ Recherchiere über diese Aufstände, fertige ein Referat darüber an und trage es der Klasse vor. Bewerte auf dieser Grundlage die Berechtigung dieser Aufstände.

Die Schweiz – eine Nation entsteht

Wiener Kongress und Regeneration

M1 **Löwendenkmal in Luzern, eingeweiht 1821.**
Das Denkmal verwendet das Gleichnis eines sterbenden Löwen und ist ein Symbol der Restaurationszeit. Es erinnert an die am 10. August 1792 beim Tuileriensturm in Paris gefallenen Schweizergardisten, die den König gegen die Revolutionäre verteidigt hatten. Das Motto HELVETIORUM FIDEI AC VIRTUTI bedeutet „Der Treue und Tapferkeit der Schweizer". Das Denkmal nimmt damit Partei für das vorrevolutionäre Ancien Régime in Frankreich

Föderalismus
Zusammenfassung mehrerer Staaten unter einer gemeinsamen Regierung, wobei den einzelnen Mitgliedern weitgehend die Selbstverwaltung gelassen wird (Staatenbund, Bundesstaat).

Die Schweiz und der Wiener Kongress

In allen Kantonen waren nun konservative Regierungen an der Macht. Generell wird die Epoche zwischen 1815 und 1830 als „Restaurationszeit" bezeichnet (M 1). Dennoch waren die Ideen der Französischen Revolution nicht völlig vergessen. In zahlreichen Vereinigungen und Zeitungen organisierte sich eine liberale Opposition, die eine kantonale und gesamtschweizerische „Regeneration" forderte. Mit „regenerieren" war „wiedererwecken" der Verfassungsideen der **Aufklärung** und der Helvetik gemeint (s. S. 84). Zudem setzten sich die Oppositionellen für eine starke, geschlossene Eidgenossenschaft früherer Zeiten ein, die nicht den Wünschen und Forderungen der Grossmächte ausgeliefert war. Wichtigste Ansatzpunkte der liberalen Kritik waren die fehlenden Individualrechte, die 1803 in vielen Kantonen wieder eingeführten und 1815 verstärkten Rechtsunterschiede zwischen Stadt und Land. Kritisiert wurden aber auch einengende wirtschaftliche Bestimmungen und der ausufernde „Kantönligeist", der sich auf die wirtschaftliche Entwicklung lähmend auswirkte. Zudem wurde die eben beginnende Industrialisierung durch den starken **Föderalismus** immer wieder ausgebremst.

Die Regeneration in den Kantonen

Als sich 1813 die Niederlage Napoleons abzeichnete, erklärte die Tagsatzung die Neutralität der Schweiz. Mit dem Abtreten Napoleons von der politischen Bühne hatten die liberalen Ideen keinen Vertreter mehr unter den europäischen Grossmächten. Auch die Schweizer Mediationsakte (s. S. 172) wurde damit hinfällig. Von Österreich ermuntert, forderten die restaurativen Kräfte in den „alten" Kantonen die vollständige Wiederherstellung des Ancien Régime. Die übrigen Siegermächte fürchteten indessen, eine derart restaurierte Schweiz würde in dauernde Abhängigkeit von Österreich geraten, und traten daher für die Erhaltung der „neuen" Kantone ein. Nach zähen Verhandlungen einigten sich die Kantonsvertreter an der „langen Tagsatzung" auf einen neuen Bundesvertrag (1815). Die Gewichte wurden dadurch etwas mehr auf die Selbstständigkeit der Kantone verschoben. Einen Landammann der Schweiz gab es nicht mehr, dafür bekleideten Zürich, Bern und Luzern in einem zweijährigen Turnus die Stellung eines „Vororts" und hatten dabei jeweils die Tagsatzung einzuberufen und zu leiten. Angesichts der Abschaffung der meisten vereinheitlichenden Elemente konnte nicht mehr von einem Schweizer Staat gesprochen werden. Es handelte sich vielmehr um die „Staaten der Schweiz".

Die Eidgenossenschaft verdankte ihre Existenzsicherung dem Interesse der Mächte des Wiener Kongresses an einem souveränen und neutralen Staat im Herzen Europas. Im Rahmen des zweiten Pariser Friedens (1815) erkannten sie die immerwährende Neutralität der Schweiz an und gewährleisteten die Unverletzlichkeit ihres Territoriums. Dieses hatte sich auf 20 Vollkantone und auf vier Halbkantone erweitert: Neu gehörten auch Neuenburg, das Wallis und die Stadt Genf mit einem etwas erweiterten Territorium dazu. Bern erhielt als Kompensation für seine definitiv verlorenen waadtländischen und aargauischen Untertanengebiete den grössten Teil des ehemaligen Fürstbistums Basel, den so genannten Berner Jura. Auch 1815 konnte sich also die Schweiz nicht vom starken Einfluss der europäischen Grossmächte lösen.

Neue Verfassungen 1830, zum Teil vor, zum Teil nach der Pariser Juli-Revolution (s. S. 217), kam es in einer ganzen Reihe von Kantonen zu liberalen Umstürzen. Zwar wurden dabei in gewissen Kantonen Rechtsgleichheit, Mitspracherecht des Volks, Abschaffung der Pressezensur und die Trennung von Kirche und Staat verlangt. Oft waren es aber auch rein ökonomische Bedürfnisse oder die traditionelle Problematik der unterprivilegierten Landschaft gegenüber den Städten, die zu Revolten führten.

Die Regierungen in den Kantonen gaben im Allgemeinen kampflos auf. Die daraufhin gewählten Volksvertretungen fertigten neue Kantonsverfassungen an, deren Inhalt durch die Forderungskataloge der Volksversammlungen im Wesentlichen schon vorgegeben war. Schliesslich wurde die neue Verfassung in einer Volksabstimmung angenommen. Die neuen Verfassungen beriefen sich auf die Volkssouveränität und garantierten die liberalen Grundrechte. Die bisher zurückgesetzte Landbevölkerung erhielt die Mehrheit der Sitze im Grossen Rat; mit der Zeit ging man dazu über, die Sitze auf die Stadt- und Landbezirke im Verhältnis zum Bevölkerungsanteil zu verteilen. Das Wahlrecht war zum Teil noch von einem Zensus abhängig, der allerdings gemildert war. Nicht wahlberechtigt blieben die vielen Armengenössigen, die Frauen, die Juden, häufig auch Knechte und Gesellen. Sieht man von diesen Einschränkungen ab, so waren die „regenerierten Kantone" nun repräsentative Demokratien mit Gewaltenteilung: Die Volksvertretung, Grosser Rat genannt, erliess die Gesetze und wählte ihrerseits die Exekutive, den Kleinen Rat, sowie das Kantonsgericht. Volksabstimmungen waren im Allgemeinen nur für Verfassungsänderungen vorgesehen.

In kurzer Zeit fegte die Regenerationsbewegung die alten Regierungen in elf Kantonen hinweg (Zürich, Bern, Luzern, Tessin, Thurgau, Aargau, St. Gallen, Freiburg, Waadt, Solothurn, Schaffhausen); wenig später folgten Genf, Glarus und der neue Halbkanton Basel-Landschaft. Wenig Echo fand der Liberalismus in den katholischen Bergkantonen der Innerschweiz.

Repräsentative Demokratie
Demokratische Herrschaftsform, bei der politische Entscheidungen und die Kontrolle der Regierung nicht unmittelbar vom Volk, sondern von einer Volksvertretung, z. B. dem Parlament, ausgeführt werden.

1 ■ Formuliere einen fiktiven Brief, mit dem Liberale zur Errichtung des Löwendenkmals in Luzern Stellung nehmen (M 1).

2 ■ Stelle die Veränderungen zusammen, die die Schweiz seit dem Wiener Kongress erfahren hat.

3 ■ Untersuche, wie diese Veränderungen in deinem Kanton ausgesehen haben.

M2 **Bundesvertrag zwischen souveränen Kleinstaaten**

Der Historiker Thomas Maissen über den Bundesvertrag, 2010:

Der Bundesvertrag von 1815 war, anders als vor 1798, kein Geflecht von Bündnissen, sondern ein umfassendes Abkommen. Dieses vereinte aber erneut souveräne Kleinstaaten ohne gemeinsames Exekutivorgan oder zentrale Institu-
5 tion, wenn man von der Tagsatzung absieht: ein Kongress von Gesandten mit Instruktionen [Anweisungen], ähnlich wie gleichzeitig die Bundesversammlung im Deutschen Bund [s. S. 216], geleitet im Zweijahresturnus von den Vororten Zürich, Bern und Luzern. Gegenüber dem Ancien Ré-
10 gime verfestigte sich das Bündnis, nach den leidvollen Kriegsjahrzehnten, allein im Militärbereich. Ein eidgenössischer Kriegsrat stand dem Bundesheer vor, das aus kantonalen Kontingenten bestand; sie wurden auf den Mann genau festgelegt, wie auch die Beiträge zur „Kriegscasse". Um die
15 aussenpolitischen Souveränitätskompetenzen Krieg, Frieden und Bündnisse wahrzunehmen, bedurfte es einer Dreiviertelmehrheit, ansonsten der einfachen Mehrheit. Der Bundesvertrag regelte vor allem die Kompetenzen im Hinblick auf das Völkerrechtssubjekt Schweiz, seine Handlungs-
20 fähigkeit gegen aussen; aber auch die Mittel, etwa Schiedsgerichte, um die Ordnung im Inneren aufrechtzuerhalten. Die innere Form hingegen blieb unbestimmt. […] Die Garantie individueller Freiheitsrechte und der Rechtsgleichheit wurde […] den Kantonen überlassen wie die gegenseitige Bestätigung der Verfassungen und Territorien. Sie waren
25 souverän, nicht das Schweizervolk. Gewährleistet wurde dagegen der Fortbestand der Klöster (§ 12).

*Thomas Maissen, Geschichte der Schweiz, Baden (Verlag für Kultur und Geschichte) ²2010, S. 180 f.***

Ven einem Guidam

Geiste unserer Zeit.

M3 **„Geist unserer Zeit", Karikatur von David Hess, 1831**

4 ■ Trotz eines sich ausbreitenden Nationalismus blieb die Schweiz gespalten. Interpretiere die Karikatur M 3. Wer greift damit wen an? Fasse die darin verborgene Kritik in eigene Worte.

M4 **Die politische Entwicklung der Schweiz 1815–1848.**

Der Katholisch-konservative Sonderbund war ein Zusammenschluss der konservativ regier-
ten katholischen Kantone Luzern, Schwyz, Uri, Zug, Ob- und Nidwalden, Freiburg und Wallis.
Sein Ziel waren die Abwehr der von den liberalen Ständen geduldeten Freischarenzüge gegen
konservativ regierte Kantone und die Verteidigung des katholischen Glaubens gegen die libe-
ralen, mehrheitlich reformierten Kantone

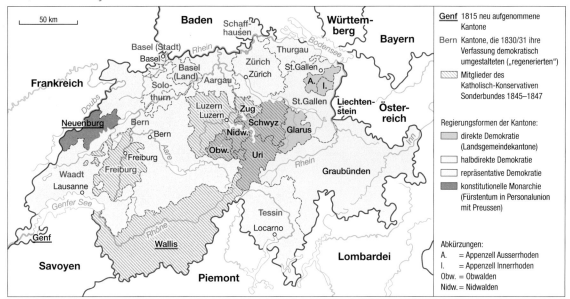

5 ■ Beschreibe, was der Bundesvertrag regelte und
was er nicht regelte (M2, M3). Beurteile, ob der
Vertrag geeignet war, die innerschweizerischen
Verhältnisse zu ordnen.

6 ■ Untersuche die Karte M4:
  – Liste auf, welche Kantone direkt-, halbdirekt- und
    repäsentativdemokratisch wurden.
  – Begründe, warum Neuenburg konstitutionell-
    monarchisch blieb.
  – Beschreibe die Rolle des Katholisch-konservativen
    Sonderbundes.
  – Beurteile die möglichen Folgen dieser politischen
    Spaltungen der Schweiz.

M5 **Die Schweiz nach dem Wiener Kongress**

Auszug aus der Neutralitätsakte vom 20. November 1815:
[…] erteilen die Mächte, welche die Wiener Erklärung vom
29. März unterzeichnet haben, durch die gegenwärtige Urkunde eine förmliche und rechtskräftige Anerkennung der
immerwährenden Neutralität der Schweiz, und sie gewähr-
5 leisten derselben auch den unverletzten und unverletzbaren
Bestand ihres Gebietes in seinen neuen Grenzen, wie solche
theils durch die Urkunde des Wienercongresses, theils

durch den Pariservertrag vom heutigen Tage festgesetzt
sind, und wie sie es immer noch sein werden, in Folge der
Verfügungen des als Beilage auszugsweise mitfolgenden 10
Protokolls vom 3. November, worin zu Gunsten der Eidgenossenschaft ein neuer Gebietszuwachs von Savoyen her
für die Ausrundung und Öffnung des Gebiets des Kantons
Genf zugesichert wird.
Die Mächte, welche die Erklärung vom 20. März unterzeich- 15
net haben, anerkennen durch die gegenwärtige rechtskräftige Urkunde, dass die Neutralität und Unverletzbarkeit der
Schweiz sowie ihre Unabhängigkeit von jedem fremden
Einfluss dem wahren Interesse aller europäischen Staaten
entspreche. 20
Zur Bekräftigung des Obstehenden ward gegenwärtige Erklärung ausgestellt und unterzeichnet zu Paris am 20. November des Gnadenjahres 1815.

Zit. nach: Joseph Hardegger u.a. (Hg.), Das Werden der modernen Schweiz,
Bd. 1. Vom Ancien Régime zum Ersten Weltkrieg (1798–1914), Basel (Lehrmit-
telverlag des Kantons Basel-Stadt) ²1996, S. 103*

7 ■ Analysiere die Neutralitätsakte (M5). Verfasse
einen kritischen Leserbrief aus der Sicht eines zentralistisch gesinnten Liberalen.

Bildungsoffensive und Nationalbewusstsein

M1 „Die Dorfschule", Gemälde des Schweizers Albert Anker (1831–1910), um 1848

Die liberale Bildungsoffensive

Die Beteiligung aller Bürger an der Politik, wie sie die Idee der Volkssouveränität forderte, liess sich nur verwirklichen, wenn alle über eine gleiche elementare Schulbildung verfügten. Die liberalen Regierungen in den Regenerationskantonen betrachteten diese als Aufgabe des Staates, die dem Einfluss der Kirche entzogen werden müsse. Daraus leitete man die allgemeine Schulpflicht und die Unentgeltlichkeit des Unterrichts ab. Dieser sollte aus den Kindern nützliche Glieder der Gesellschaft formen, die ihre Aufgaben im Staat und im Berufsleben erfüllen konnten. Durch die Gründung von Lehrerbildungsanstalten erhielten die angehenden Lehrer eine professionelle Ausbildung. Das lokale Bildungsmonopol des Dorfpfarrers wurde durch die neue Generation von jungen Lehrern infrage gestellt. Dem Repräsentanten des Glaubens stand mit dem Lehrer ein Verfechter der modernen wissenschaftlichen Erkenntnis gegenüber, der viele Glaubenswahrheiten anzweifelte.

In den grösseren Gemeinden wurden Sekundär- und Bezirksschulen eröffnet, die höhere Bildung vermittelten. Gymnasien befanden sich hingegen zumeist nur in Kantonshauptorten. Auch in der Bildung wurden Mädchen und Frauen benachteiligt: Sie wurden weder an Mittel- noch an Hochschulen zugelassen, und die wenigen Töchterschulen in den grösseren Städten waren Standesschulen für Bürgertöchter. Während für Knaben zumindest formell die Gleichberechtigung aller sozialen Schichten bezüglich der möglichen Ausbildungen erlangt worden war, galt dies nicht für die Mädchen. Aus geschlechtsspezifischer Perspektive waren die liberalen Errungenschaften keineswegs allgemein.

1833 bzw. 1834 wurden die Universitäten Zürich (M2) und Bern gegründet. Der Grossteil der Professoren wurde aus Deutschland berufen. Viele von ihnen waren liberal gesinnte Gelehrte von Rang, denen in den konservativen deutschen Fürstentümern eine Karriere verwehrt war. Der konservativen Opposition, die sich in den liberalen Kantonen nach und nach formierte, waren diese Anstellungen ein Dorn im Auge.

M2 Hauptgebäude der Universität Zürich, gegründet 1833

Ein schweizerisches Nationalbewusstsein entsteht

Träger der politischen Auseinandersetzungen waren nicht Parteien, die es in organisierter Form noch gar nicht gab, sondern Vereinigungen aller Art. Schon in der Restaurationszeit hatte sich das Vereinswesen derart eingebürgert, dass die konservativen Regierungen die Gesellschaften gewähren liessen, sofern diese nicht direkt politisch agierten. Eine wichtige Rolle spielten Wohltätigkeitsvereine, die viele Aufgaben übernahmen, die heute zu den Pflichten des Staates gehören. Im Bildungsbürgertum erfreuten sich wissenschaftliche und kulturelle Gesellschaften grosser Beliebtheit. Entscheidend war nun, dass sich immer mehr dieser Vereinigungen auf gesamtschweizerischer Ebene organisierten. An den Jahresversammlungen der traditionsreichen „Helvetischen Gesellschaft", die nach einem zehnjährigen Unterbruch 1807 wieder aufgenommen wurden, traf sich die liberale Prominenz zum Gedankenaustausch. Eine breitere Öffentlichkeit wurde in den Schützenvereinen organisiert. Der 1824 gegründete „Schweizerische Schützenverein" liess die alte Tradition der Schützenfeste wieder aufleben. Mit ihrem grossen Publikumsaufmarsch boten die Feiern eine ideale Plattform für die Propagierung liberaler und nationaler Ideen. Die künftigen Akademiker schlossen sich in ebenfalls national gesinnten Studentenverbindungen wie der „Zofingia" oder der „Helvetia" zusammen. Manche noch existierende Vereine mögen aus heutiger Sicht eher reaktionär und konservativ wirken, damals aber galten sie als Orte, wo gleichgesinnte Bürger aus verschiedenen Landesteilen „moderne" Ideen debattierten. Entsprechend bereiteten die Gesellschaftsgründungen das Terrain für die Regeneration und den künftigen Bundesstaat vor. Bedeutsamer noch als die direkte politische Propaganda war ihr Beitrag zur Entstehung einer nationalen Öffentlichkeit.

Eine zunehmend wichtigere Rolle in der öffentlichen Diskussion spielte die Presse. Zwischen 1815 und 1848 vervierfachte sich die Zahl der Zeitungs- und Zeitschriftentitel. Zu den renommierten liberalen Zeitungen gehörte etwa die „Neue Zürcher Zeitung".

Helvetische Gesellschaft
Ein 1761 gegründeter Verein, der aufklärerisch gesinnte Männer aus der ganzen Schweiz zu Diskussionen und Meinungsaustausch sammelte. Der Verein löste sich 1858 auf.

Beziehungen zum Ausland

Der Erfolg der Regenerationsbewegung in der Schweiz führte zu einem Gegensatz zu den Nachbarstaaten, wo die liberalen Strömungen entweder – wie in Deutschland und Italien – von Anfang an unterdrückt wurden oder aber – wie in Frankreich – allmählich versandeten. Viele politische Flüchtlinge aus Deutschland, Italien und Polen fanden nach dem Scheitern der Aufstände von 1830/31 in den liberalen Kantonen Zuflucht. Mit einer Flut von Beschwerden versuchten die konservativen Grossmächte, die Emigranten wieder aus der Schweiz zu treiben. Diese waren bei einem Grossteil der Bevölkerung jedoch populär. Die öffentliche Meinung sah in ihnen Freiheitskämpfer, die es zu schützen galt. Einige von ihnen nahmen politisch Einfluss und trieben die Demokratisierung der Schweiz voran, indem sie an Universitäten und Lehrerseminaren lehrten und damit die neue Bildungselite prägten.

Durch die ständigen Interventionen der Grossmächte, die sich als Hüterinnen der schweizerischen Neutralität und des Bundesvertrags verstanden, wurde man sich der eigenen politisch-militärischen Schwäche bewusst. Man sehnte sich nach einer stärkeren Schweiz, die ihre Unabhängigkeit und Würde selbstbewusst verteidigen konnte. Bereits in der ersten Hälfte des 19. Jahrhunderts konnte sich trotz des föderalistischen Regierungssystems ein Nationalbewusstsein, entwickeln.

Nationalbewusstsein in der Schweiz

🔖▶ cornelsen.de/Webcodes
➕◀) Code: hudobu

1 ■ Beschreibe die Rolle der allgemeinen Schulbildung auf dem Land (s. auch M 1).
2 ■ Erläutere die Rolle der politischen Presse und der öffentlichen Meinung beim Entstehen eines schweizerischen Nationalbewusstseins.

M3 Liebe zu Freiheit und Unabhängigkeit

Der Dichter Gottfried Keller (1819–1890) in einem Aufsatz für die jungen Schweizer, 1841:

Die Deutschen glauben uns dadurch hauptsächlich zum Schweigen zu bringen, dass sie behaupten, das schweizerische Volk gehöre seiner Abstammung nach gar nicht zusammen, sondern die deutsche Schweiz gehöre eigentlich
5 zu Deutschland, die französische zu Frankreich usf., kurz jeder Teil unsres Landes gehöre zu dem seiner Abstammung entsprechenden Teil der angrenzenden Staaten, und das ist vorsätzliche Nichtbeachtung unseres Nationalcharakters. Denn, zugegeben, dass wir den nämlichen Völkerstämmen
10 entsprossen sind wie unsere Nachbarn, so tut das durchaus nichts zur Sache. Der Geist der Generationen verändert sich unendlich […]. Die jetzige Bevölkerung Englands ist entstanden aus Britanniern, Römern, Angelsachsen, Normannen, Kelten usf., die alle einander wechselweise besiegt, verdrängt
15 oder unterdrückt haben, und doch ist die englische Nation jetzt eine ganze, unteilbare, originell in ihrem Charakter und weder mit den jetzigen Franzosen noch Deutschen noch irgendeinem Volke ähnlich. So ist's auch mit den Schweizern gegangen. Die Urkantone waren von jeher frei in ihren Ber-
20 gen, man weiss von keinem Herren, der sie gesetzlich jemals regiert hätte. Albrecht suchte sie mit Gewalt zu zwingen, und von da an schufen sie sich ihr eigenes Geschick[1], und an dieses knüpfte sich nach und nach, bis auf unsere Zeiten, die ganze gegenwärtige Schweiz teils aus innerem Drange und
25 Neigung, teils aus äusserlichem Bedürfnis an; und durch die Verfassungen, die sie sich selbst gaben, sind sie eben so verschieden geworden von denen, mit denen sie gemeinschaftliche Abstammung hatten. Der Nationalcharakter der Schweiz besteht nicht in den ältesten Ahnen, noch in der
30 Sage des Landes, noch sonst in irgend etwas Materiellem; sondern er besteht in ihrer Liebe zur Freiheit, zur Unabhängigkeit. […] Wenn ein Ausländer die schweizerische Staatseinrichtung liebt, wenn er sich glücklicher fühlt bei uns als in einem monarchischen Staate, wenn er unsere Sitten und
35 Gebräuche freudig eingeht und überhaupt sich einbürgert, so ist er ein so guter Schweizer als einer, dessen Väter schon bei Sempach[2] gekämpft haben.

Gottfried Keller, Sämtliche Werke, Bd. 21, hg. von Carl Helbing, Bern (Benteli) 1947, S. 102 f.*

1 Keller spielt hier auf den Ursprung der Eidgenossenschaft an, den Bund der drei Urkantone Uri, Schwyz und Unterwalden gegen Albrecht von Habsburg Ende des 13. Jh.
2 Schlacht bei Sempach zwischen der sich entwickelnden Eidgenossenschaft und Österreich (1386).

3 ■ Erläutere, wie Keller die schweizerische Nationalität begründet (M3). Welche Begründungen für einen Nationalstaat lehnt er ab?

M4 „In der Schulstube. Das neue Verhältnis des Herrn Schullehrers zum Pfarrer", Karikatur von David Hess, um 1835.

An der Tafel wird auf folgenden Vers aus der Bibel verwiesen: „Denn es wird eine Zeit sein, da sie die heilsame Lehre nicht leiden werden; sondern nach eigenen Lüsten werden sie sich selbst den Lehrer aufladen, nach dem ihnen die Ohren jucken"'

4 ■ Interpretiere das Bild M4. Aus welcher Sicht ist es angefertigt – aus der eines Liberalen oder aus der eines Konservativen? Begründe deine Meinung.

M5 Warnung aus Österreich

Der österreichische Gesandte Schraut zum Bernischen Amtschultheissen Niklaus Rudolf von Wattenwyl, 1823:

Die Schweiz sollte niemals vergessen, dass es hauptsächlich das Wohlwollen der hohen verbündeten Mächte ist, dem sie den Genuss ihres dermaligen Friedens und Glücks, so wie die feierliche Gewährleistung ihrer Unabhängigkeit und
5 Neutralität zu verdanken hat. Indessen muss das österreichische Ministerium wahrnehmen, dass ihre Erkenntlichkeit und ihre Sorge für die Erhaltung so wichtiger Interessen sehr schwach ist; dass sie vielmehr seit einigen Jahren eine entschiedene Hinneigung zu solchen revolutionären Grundsät-
10 zen zeigt, deren Unterdrückung sie sich, gleich wie um ihrer innern Ruhe willen, so auch in Hinsicht auf ihre Stellung zum europäischen Staatenbund, zum angelegentsten Bestreben hätte machen sollen; dass sie einen solchen verdorbenen öffentlichen Geist hat überhandnehmen lassen, der
15 bereits als den Absichten derjenigen hohen Mächte widerstrebend erscheint, deren ungeteilte Sorge auf die Aufrecht-

erhaltung der gesetzlichen Ordnung, der öffentlichen Ruhe, der rechtmässigen Gewalten und der wahren Wohlfahrt in allen Staaten gerichtet ist. […]

20 Die Menschen [ausländische Flüchtlinge, z. B. aus Italien und Deutschland] haben Aufnahme, Duldung, ja nicht selten offenbaren Schutz gefunden. Vergeblich ist ihre Wegweisung und die Verhaftung einiger Hauptschuldiger begehrt worden. Die freundschaftlichsten und dringendsten Vorstel-

25 lungen sind durch leere Versicherungen erwidert worden und ganz ohne Erfolg geblieben.

Zit. nach: Max Mittler, Die Schweiz im Aufbruch. Das 19. Jahrhundert in zeitgenössischen Berichten, Zürich (Neue Zürcher Zeitung) 1982, S. 117 f.*

5 ■ Arbeite die Aussage von M 5 heraus und schreibe eine mögliche Antwort des Amtschultheissen. Berücksichtige dabei auch die Biografie Wilhelm Snells.

M 6 Das Restaurationsregime zerfällt

Der Historiker Volker Reinhardt, 2008:
Bestätigungsort und Reservoir liberaler Gesinnungen im Zeitalter der Restauration wurden Vereine und Verbände: Schützen, Sänger, Studenten und Turner organisierten darin eine spezifische Form von Geselligkeit, die im Zeichen einer

5 von oben erzwungenen Politikferne Formen eines neuen sozialen Zusammenlebens erprobte und dadurch politische Gegenwelten aufzeigte. Speziell die grossen Schützenfeste wurden zu nationalen Schmelztiegeln bürgerlicher Prägung. So welkte die Ära Metternich [s. S. 192] in der Schweiz relativ

10 früh. Die französische Julirevolution des Jahres 1830 [s. S. 217] lieferte den Anstoss für den Sturz des Restaurationsregimes in zehn Kantonen, darunter Zürich, Bern und Luzern. Die in diesen „regenierten", d. h. neu erstandenen, Kantonen in Kraft getretenen Verfassungen waren Misch-

15 produkte aus liberalen und demokratischen Zutaten; in der Regel wurde das allgemeine männliche Wahlrecht durch einen relativ niedrigen Zensus[1] beschränkt. Allerdings gelang dieser gleitende Übergang keineswegs überall. Im Wallis, in Neuenburg und Schwyz wurde die liberale Bewegung

20 mit Gewalt zurückgedrängt, in Basel kam es nach blutigen Auseinandersetzungen zwischen Stadt und Land 1833 zur Trennung in die zwei Halbkantone Basel-Stadt und Basel-Landschaft.

Volker Reinhardt, Geschichte der Schweiz, München (Beck) ³2008, S. 97

1 Bindung des Wahlrechts an ein Mindesteinkommen.

6 ■ Erläutere und begründe, warum Volker Reinhardt von einem „gleitenden Übergang" spricht (M 6).
7 ■ Recherchiere zur Rolle der Schützenfeste in der Schweiz im 19. Jahrhundert (M 7).

Wilhelm Snell (1789–1851) – der internationale Radikale

Wilhelm Snell wurde 1789 in Idstein/Taunus (Fürstentum Nassau, Deutschland) geboren. Er wurde trotz seines hohen Ansehens als Untersuchungsrichter beim Kriminalgericht in Dillenburg aus Deutschland verjagt, weil er sich an der Gründung von deutsch-nationalen Vereinen beteiligt hatte. Um sich zu beschäftigen, veröffentlichte er viele kriminalistische Schriften, sodass man ihm an einer estnischen Universität eine Stelle anbot. Doch auch dort wurde er bald wieder entlassen, weil man ihm die Mitschuld an

Wilhelm Snell (1789–1851)

einem politischen Attentat vorwarf. Snell kehrte mit seiner Familie nach Deutschland zurück und floh in die Schweiz, wo er an der Universität Basel zu lehren begann. Als 1830 der Konflikt zwischen Basel-Stadt und Basel-Landschaft entbrannte, ergriff Snell für die demokratischen Forderungen von Basel-Landschaft Partei. Dadurch wurde er aber für die Universitätsleitung in Basel-Stadt untragbar; er liess sich schliesslich in Bern nieder. Auch hier beteiligte er sich als radikaler Liberaler an der kantonalen und eidgenössischen Politik. Zusammen mit seinem Bruder, der auch nach Bern gezogen war, wurde er zum Mittelpunkt der so genannten Nationalpartei und kritisierte die Berner Regierung im Rat, gegenüber Forderungen ausländischer konservativer Mächte zu nachgiebig zu sein. Wilhelm Snell machte sich zudem als herausragender Professor einen Namen. Er nahm am antijesuitischen Freischarenzug nach Luzern 1845 teil, dessen Misslingen aber auf ihn zurückfiel. Er wurde erneut aus dem Kanton Bern verwiesen. Ein Jahr lang fand Snell Asyl in Basel-Land, kehrte aber nach der Machtübernahme der Radikalen in Bern dorthin zurück und nahm auch seine Lehrtätigkeit wieder auf. Er blieb in Bern bis zu seinem Tod 1851.

M 7 Schützenfest in Schwyz, 1867

Vom Bürgerkrieg zum Bundesstaat

M1 Allegorie auf die Bundesverfassung der Schweizerischen Eidgenossenschaft, 1848.
Zu erkennen sind der Bundesstaat mit Flagge, eine Frau, die die Bundesverfassung symbolisiert, Soldaten, Bürger und Arbeiter sowie die Wappen der Kantone

Allegorie
Bildliche Darstellung eines abstrakten Begriffs.

Polarisierung

Die Regenerationsbewegung drohte um 1840 in eine Stagnation zu geraten. Dies führte im Lager der Liberalen zu einer Spaltung zwischen „Radikalen" und „gemässigten Liberalen". Die Radikalen wollten das Prinzip der Volkssouveränität und der Demokratie vollumfänglich und auf allen politischen Ebenen durchsetzen. Sie bekämpften die noch bestehenden Beschränkungen des Wahlrechts und traten für die Förderung der sozialen Wohlfahrt ein. Sie dachten aber nie über die Ausdehnung des Wahlrechts auf die Frauen nach. Die Abneigung der Radikalen gegenüber kirchlichen Einflüssen war noch grösser als jene der „Gemässigten". Vor allem waren sie bereit, die angestrebte Bundesreform auch gegen den Willen der konservativen Kantone durchzusetzen. Diese Absicht bestärkte wiederum den nun von Luzern angeführten konservativen Block, auf dem Bundesvertrag zu beharren und alle Kräfte zur Verteidigung der kantonalen Souveränität zusammenzufassen. Um ihre Anhänger zu mobilisieren, verlagerten beide Seiten den Konflikt ins Konfessionelle: Die Befürworter der Bundesreform wurden als Feinde des Glaubens und der katholischen Kantone diffamiert, die Gegner als Feinde des Fortschritts und romhörige Verräter an der freien Schweiz.

Eskalation und Sonderbundskrieg 1847

1841 beschloss die Mehrheit der Stimmbürger des konfessionell gemischten Kantons Aargau, die konfessionelle Gleichbehandlung im Grossen Rat (Kantonsparlament) abzuschaffen, die der katholischen Minderheit die Hälfte der Sitze einräumte. Daraufhin brach im katholischen Freiamt ein Aufstand aus, der von Regierungstruppen niedergeschlagen wurde. Die Regierung warf den Klöstern vor, die Bevölkerung aufgehetzt zu haben, und hob sie alle auf. Auf der katholischen Seite beschloss die Luzerner Regierung 1844, Mitglieder des Jesuitenordens für die Ausbildung der Priester nach Luzern zu berufen. Die **Jesuiten** galten den Radikalen als Finsterlinge, als Todfeinde des Liberalismus und als willfährige Werkzeuge des Papstes. Die Luzerner Liberalen versuchten daraufhin, ihre konservative Regierung durch einen Putsch, den „ersten Freischarenzug", zu stürzen. Dieser scheiterte, die Führer wurden gefasst und zu langjährigen Gefängnisstrafen verurteilt. Die Auseinandersetzung um die Jesuiten wurde zur Entscheidungsfrage zwischen Fortschritt

Jesuiten
Katholischer Orden, 1534 von Ignatius von Loyola gegründet und 1540 von Papst Paul III. bestätigt. Der Orden breitete sich im 16. Jahrhundert in ganz Europa aus und war ein entscheidendes Instrument der Gegenreformation.

und Rückständigkeit hochstilisiert und mit der Frage nach der Revision des Bundesvertrags verknüpft. In einem zweiten „Freischarenzug" gegen die Luzerner Regierung erlitten 3 000 Freiwillige jedoch vor Luzern erneut eine blutige Niederlage. Zur Abwehr weiterer Anschläge und zur gegenseitigen Verteidigung gründeten die katholisch-konservativen Kantone Luzern, Uri, Schwyz, Ob- und Nidwalden, Zug, Freiburg und Wallis noch 1845 eine „Schutzvereinigung". Die Vertreter der radikal-liberalen Kantone warfen den Konservativen in der Tagsatzung – der Versammlung der Kantonsgesandten – vor, dieser „Sonderbund" verletze den Bundesvertrag. Sie verlangten, er sei aufzulösen, was 1846 auch geschah. Ausserdem wurden die Jesuiten ausgewiesen und die Bundesvertragsrevision wieder aufgenommen. Die Sonderbundskantone wiederum weigerten sich, ihr Bündnis aufzulösen, worauf die Tagsatzung beschloss, militärische Gewalt anzuwenden. Es kam zu einem Bürgerkrieg, in dem die Radikalen siegten. Die Tagsatzungstruppe unter ihrem Kommandanten General Guillaume Henri Dufour (M 2), besiegte am 24. November 1847 mit der Einnahme Luzerns die Sonderbundstruppen nach nur einem Monat Krieg. Dies war die letzte militärische Auseinandersetzung zwischen Schweizern.

Die Bundesverfassung von 1848

Im Februar 1848 begann eine Kommission der Tagsatzung mit der Ausarbeitung einer Bundesverfassung. Die kurz darauf ausbrechende Welle von Revolutionen, welche die Throne der Monarchen in fast ganz Europa erschütterten, verunmöglichte eine Intervention der konservativen Mächte, die nach wie vor daran interessiert waren, die konservativen Kräfte in der Schweiz zu unterstützen, um das europäische Gleichgewicht zu erhalten. Obwohl sechs Ganzkantone und ein Halbkanton die Verfassung ablehnten, wurde sie am 12. September 1848 in Kraft gesetzt und damit der Bundesstaat gegründet. Die Schweiz behielt ihren föderativen Charakter. Die Kantone blieben souverän, soweit die Verfassung ihre Souveränitätsrechte nicht ausdrücklich den Bundesorganen übertrug. Indessen war es möglich, dem Bund durch den Beschluss des Volkes und der Mehrheit der Kantone durch Verfassungsrevisionen neue Kompetenzen zu übertragen.

Die Kantone ihrerseits behielten ihre eigenen Verfassungen. Um die notwendige Anerkennung des Bundes zu erhalten, mussten diese jedoch demokratisch sein und durften die durch die Bundesverfassung gewährleisteten individuellen Rechte nicht einschränken. Politische Bündnisse unter den Kantonen wurden untersagt. Die Aussenpolitik und die Verfügungsgewalt über die Truppen wurden den Bundesorganen übertragen. Die Erhebung von Aussenzöllen wurde Hoheitsrecht und wichtigste Einnahmequelle des Bundes. An ihn fielen auch das Post- und das Münzregal sowie die Befugnis, Mass und Gewicht festzulegen. An die Stelle der vielen kantonalen Währungen trat der Schweizer Franken. Bundeshauptstadt wurde Bern, und die Schweizer Fahne, die auch heute noch gültig ist, wurde zur gemeinsamen Flagge erkoren. Aus den Kantonsverfassungen der Regenerationszeit (s. S. 196) wurden die zentralen Individualrechte übernommen. Die Kultusfreiheit gestattete es den Katholiken und Protestanten, überall Gottesdienste abzuhalten. Den Angehörigen der nichtchristlichen Religionen, von denen nur den Juden Bedeutung zukam, wurden allerdings Niederlassungs- und Kultusfreiheit verweigert; die Frauen blieben politisch rechtlos und waren auch zivilrechtlich schlechter gestellt als die Männer.

1 ▪ Interpretiere die Bildaussage von M 1.
2 ▪ Erkläre die Rolle religiöser Unterschiede beim Kampf um den Bundesstaat.

Sonderbundskantone
Der Sonderbund war ein Bündnis der sieben katholischen Kantone Luzern, Uri, Schwyz, Unterwalden, Zug, Freiburg und Wallis. Er bestand von 1845 bis 1847 und paktierte mit Österreich.

M 2 General Guillaume Henri Dufour (1787–1875), Foto, um 1860

Münzregal
Recht, Münzen zu prägen.

M3 **Die Bundesverfassung von 1848**

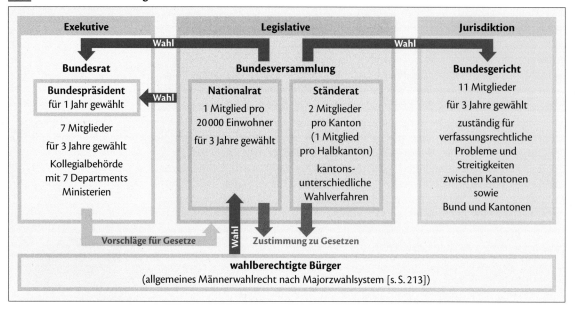

3 ■ Untersuche M3 und fertige ein Referat an zu den Begriffen „wahlberechtigte Bürger", „Bundesrat", „Bundesversammlung", „Bundesgericht". Erkläre, warum der Staat nach diesen Institutionen aufgegliedert ist.

4 ■ Kläre, um welche Art von Demokratie es sich hier handelt – um eine direkte oder eine repräsentative Demokratie.

M4 **Verbot des Sonderbunds**

Ausschnitt aus der Erklärung der eidgenössischen Tagsatzung an das Schweizer Volk vom 4. November 1847:
Inzwischen hatte der Jesuitenorden es nicht verschmäht, über den Leichen der Gefallenen und auf die Gefahr der tiefsten Zersplitterung unseres Vaterlandes in den Vorort Luzern einzuziehen. [...] Lange bevor die Tagsatzung dieses
5 Jahres zusammentrat, betrieb der Sonderbund aufs eifrigste militärische Rüstungen, setzte seinen Kriegsrath in Thätigkeit, bestellte einen Generalstab, machte Anschaffungen von Waffen und Munition im Inland und Ausland und stand gewaffnet der Eidgenossenschaft gegenüber, welche
10 sich aller derartigen Massregeln enthielt. Unter solchen Umständen [...] fasste die Bundesbehörde [...] den Beschluss vom 20. Juli, der folgendermassen lautet:
1) Es ist das Separationsbündnis der sieben Stände Luzern, Uri, Schwyz, Unterwalden, Zug, Freyburg und Wallis mit den
15 Bestimmungen des Bundesvertrages unverträglich und demgemäss als aufgelöst erklärt.
2) Die benannten Kantone sind für die Beachtung dieses Beschlusses verantwortlich, und die Tagsatzung behält sich vor, wenn die Umstände es erfordern, die weiteren Massre-

geln zu treffen, um denselben Nachachtung zu verschaffen. 20 Da die Stände des Sonderbundes fortwährend die Behauptung aufstellten, dass die Tagsatzung zu einer solchen Schlussnahme nicht berechtigt sey, ja dass dieselbe einen rechtswidrigen Eingriff in ihre Souveränität bilde, so macht die Tagsatzung es sich zur Pflicht, Euch, getreue, liebe Eidge- 25 nossen, mit kurzen Worten die rechtliche Grundlage des Beschlusses vorzulegen. Sie beruht auf dem klaren Wortlaut des Artikels VI der Bundesakte, welcher beschreibt:
„Es sollen unter den einzelnen Kantonen keine dem allgemeinen Bunde oder den Rechten anderer Kantone nach- 30 theilige Verbindungen geschlossen werden."
Über den rechtlichen Inhalt dieser Bundesbestimmung waltet durchaus kein Streit, und allseitig wird derselbe anerkannt. Aber die Frage ist streitig, ob der Sonderbund zu den „nachtheiligen" und daher unzulässigen und bundeswidri- 35 gen Verbindungen gehöre, oder nicht. Welche Behörde nun ist kompetent und berechtigt, diese Frage zu entscheiden? Es kann keine andere geben als die Tagsatzung; sie ist die Behörde, welcher die Wahrung der Bundesrechte in jeder Richtung zur Pflicht gemacht ist; ihr müssen die Verfassun- 40 gen der Kantone sowie die Militärkapitulationen vorgelegt werden, damit sie beurtheilen könne, ob nichts den allgemeinen Bund Gefährdendes darin enthalten sey.
Zit. nach: Edgar Bonjour (Hg.), Die Gründung des schweizerischen Bundesstaates, Basel (B. Schwabe) 1948, S. 271–278*

5 ■ Stellt mithilfe von M4 die Debatte in der Tagsatzung nach, indem ihr Rollen verteilt: Sonderbundangehörige versus Abgeordnete der liberalen Kantone. Diskutiert, ob der Sonderbund rechtswidrig ist und gegen ihn vorgegangen werden muss.

M5 **Sonderbundskrieg, Gefecht bei Gisikon, November 1847, Lithografie, um 1850.**

Eidgenössische Truppen greifen Truppen des Sonderbunds an

M6 **„Eine neue Epoche beginnt"**

Aus der Rede des Luzerner Politikers Kasimir Pfyffer, 1848:

Im Jahre 1798 wurde von Frankreich her die Verfassung der ein- und unteilbaren Helvetischen Republik, mit all' ihren Vorzügen und Mängeln, fertig und bis auf den letzten Federzug vollendet, in die Schweiz eingebracht.

5 Im Jahre 1803 diktierte der allgewaltige erste Konsul Frankreichs, Napoleon Bonaparte, zu Paris die Akte der Mediation sowohl für die Eidgenossenschaft als auch für die einzelnen Kantone. Nach dem Sturze Napoleons bildete sich 1815 unter dem Einflusse fremder Diplomaten und des Kongresses
10 der Könige und Fürsten, welche in Wien die Geschicke der Völker Europas ordneten, eine schweizerische Bundesverfassung und neue Kantonal-Konstitutionen. In denselben wurde überall das aristokratische Element auf Kosten des demokratischen gefördert, und die Zustände der alten Zeit
15 vielmöglichst restauriert. Auch anderwärts geschah beinahe überall das Gleiche. Als 1830 die Französische Nation sich erhob, das Joch der Restauration abzuschütteln, da war es vorzüglich die Schweiz, in welcher die grossartige Erhebung Nachklang fand. In den meisten Kantonen wurden die Ver-
20 fassungen in freisinnigem Geiste reformiert und von den aristokratischen Zutaten, welche seit 1815 wieder üppig gewuchert hatten, abermals gereinigt. Allein siebzehn Jahre lang mühte man sich umsonst ab, auch die Bundesverfassung in gleicher Weise zu reformieren.
25 Es stand dieselbe im Widerspruch mit den neuen Verfassungen, dieweil sie auf ganz anderen Prinzipien ruhte. Der Hauptcharakter der Bundesakte von 1815 war ein starres Stillestehen in jeder politischen Entwicklung; ihr Zweck ging auf Zurückführung und unabänderliche Beibehaltung aller
30 jener Verhältnisse, wie sie vor dem Jahr 1798 waren. Alle Freunde des Alten klammerten darum an dieselbe sich an. Gleich einem alten Kastell, um welches ringsherum die Stadt niedergerissen ist, und in das sich, hartnäckig kämpfend, die Feinde zurückgezogen haben, um das letzte zu

versuchen und fremden Endsatz abzuwarten, stund die 35 Bundesakte von 1815 da als eine Freistätte der alten Aristokratie und ihr Rettungsort im Sturme der Zeit; aufgebaut unter den Waffenblitzen der heiligen Allianz. Darum wurde auch diese Bundesakte so sorgsam gehegt und gepflegt von den fremden Potentaten, und von ihnen noch vor wenigen 40 Monaten Einsprache gegen jede Veränderung derselben getan.

Doch als unlängst ein Wetterleuchten flammend ganz Europa durchzuckte und gewaltige Donnerschläge die europäische Welt aus den Fugen rissen, wurde der Schweiz ver- 45 gönnt, ungestört und ungehemmt eine Verfassung sich zu geben. Jenes alte Kastell wurde erobert, und nur vier kleine Erkertürmchen hält die alte Besatzung noch inne, wird sich aber notgedrungen ergeben. Einem Phönix gleich steigt die Eidgenossenschaft verjüngt aus der Asche empor. 50

Zit. nach: Joseph Hardegger u.a. (Hg.): Das Werden der modernen Schweiz. Bd. 1: Vom Ancien Régime zum Ersten Weltkrieg (1798–1914), Basel (Lehrmittelverlag des Kanons Basel-Stadt) ²1996, S. 99

M7 **Kasimir Pfyffer (1794–1875)**

6 ■ Untersuche M6:

a) Zeige auf, welchem politischen Lager Pfyffer angehört.

b) Erläutere, in welche europäischen Ereignisse er die Vorgänge in der Schweiz einordnet.

c) Schreibe eine Rede zur Bundesverfassung von 1848 aus der Sicht eines Vertreters des anderen politischen Lagers.

Politische Kräfte und Bundesverfassung von 1874

Freisinn
Politische Richtung innerhalb des Liberalismus, die sich im 19. Jahrhundert entwickelt hat. Liberalismus ist eine Bewegung, die eine freiheitliche politische, ökonomische und soziale Ordnung anstrebt.

Radikalismus
Politische Einstellung, die die Dinge von Grund auf, von der Wurzel (lat. radix) her ändern und nicht nur oberflächlich behandeln will. Hier ist eine besonders prinzipielle Form von Liberalismus gemeint.

M1 Adrien Lachenal (1849–1918), freisinniger Politiker.
Lachenal gehörte von 1880 bis 1892 dem Parlament des Kantons Genf an, von 1881 bis 1884 dem Ständerat. Anschliessend war er Nationalrat und zweimal Nationalratspräsident. Im Dezember 1892 wurde er in den Bundesrat gewählt, dem er bis 1899 angehörte

Freisinn und Konservative Die überwiegende Mehrheit der Parlamentarier sowie alle Bundesräte bis zum Jahr 1891 können als freisinnig bezeichnet werden. Was hatten sie gemeinsam? Sie bejahten den 1848 geschaffenen Nationalstaat als ihr Vaterland. Sie stellten ihn grundsätzlich über die Selbstbestimmung der Kantone, aber auch über jede übernationale Organisation oder Beziehung. Sie bejahten die liberalen Grundrechte sowie den wirtschaftlichen und technischen Fortschritt. Sie standen in kritischer Distanz zu den Kirchen, besonders zur katholischen, die für sie nicht nur fortschrittsfeindlich, sondern infolge ihrer Bindung an Rom letztlich auch unschweizerisch war. Innerhalb des freisinnigen Lagers bestanden markante Unterschiede. Die Liberalen betonten vor allem die Notwendigkeit der freien Entfaltung des Individuums und traten deshalb für eine schwache Staatsgewalt ein, die primär die Freiheit zu schützen habe. Volksrechten, die über die Wahl der Legislative hinausgingen, standen sie skeptisch gegenüber. Zusammen mit konservativen Protestanten bildeten sie in den Räten eine stark fluktuierende „Zentrumsgruppe", aus der bedeutende Wirtschaftsführer hervorgingen. Die Radikalen stützten sich auf die Gleichheitsidee im Sinne Rousseaus (s. S. 85) und vertrauten auf den gesunden Sinn des Volkes für das Richtige und Gute. Der Staat habe die Aufgabe, gegenüber den Ansprüchen herausragender Individuen, gerade auch der Wirtschaftsführer, das Interesse des „Ganzen" und des „kleinen Mannes" durchzusetzen. Dementsprechend waren sie auch für sozialpolitische Massnahmen offen. 1894 kam es zum Zusammenschluss der kantonalen radikalen wie auch der meisten liberalen Gruppierungen auf eidgenössischer Ebene in der *Freisinnig-Demokratischen Partei* der Schweiz, der heutigen FDP, die bis 1919 politisch tonangebend war. Dies bedeutete allerdings kein ödes Einparteienregime. Die Innenpolitik war vielmehr kampferfüllt. Neuwahlen in den Bundesrat waren umstritten, Wiederwahlen keineswegs gesichert. In den Räten erfolgreiche Gesetzesvorlagen scheiterten seit 1874 häufig in der Volksabstimmung.

Gegenüber der zentralistischen Nationalstaatsideologie des Freisinns beriefen sich die *Katholisch-Konservativen* auf die althergebrachte Selbstständigkeit der Kantone und widersetzten sich Bestrebungen zur Verstärkung der bundesstaatlichen Gewalt. Dem wirtschaftlich-technischen Fortschritt stellten sie die bäuerliche Tradition entgegen, dem liberalen Prinzip der Freiheit das Prinzip der katholischen Glaubensgewissheit. Eine Chance, sich mit diesem Programm auf gesamtschweizerischer Ebene durchzusetzen, hatten sie angesichts der Mehrheitsverhältnisse allerdings nicht. Immerhin beherrschten sie bald wieder die ehemaligen Sonderbundskantone und bildeten dort erneut ein katholisch-traditionalistisch-bäuerliches Bollwerk. Die Proklamation des Dogmas von der Unfehlbarkeit des Papstes in allen Fragen der kirchlichen Lehrmeinung durch das Erste Vatikanische Konzil (1870) war aus der Sicht des Freisinns eine Provokation für alle fortschrittlich denkenden Menschen. Einige radikale Kantonsregierungen reagierten darauf mit Repressionsmassnahmen gegen römisch-katholische Priester. Vor allem die Katholiken in den konfessionell gemischten Gebieten wie etwa Solothurn, Genf, Aargau, Graubünden oder dem Berner Jura fühlten sich dadurch existenziell bedroht und wandten sich dem katholisch-konservativen Lager zu. Damit wurde der politische Katholizismus zu einer gesamtschweizerischen Bewegung, die sich gegenüber dem herrschenden Freisinn in der Opposition befand. Während sich in der Bundesversammlung bereits 1882 eine katholisch-konservative Fraktion organisiert hatte, kam die Gründung einer gesamtschweizerischen Organisation, der Schweizerischen Konservativen Volkspartei (heute: *Christlich-Demokratische Volkspartei*, CVF), erst 1912 nach mehreren gescheiterten Anläufen zustande.

Sozialdemokratie Die besonderen sozialen Probleme, welche die Industrialisierung aufwarf (s. S. 252), wurden in der Schweiz schon in der Jahrhundertmitte bemerkt und führten zu lebhaften Diskussionen. Es entstanden schliesslich zahlreiche Arbeitervereine, die die Fabrikarbeiter, aber auch die Handwerksgesellen bewegen wollten, für die Verbesserung ihrer Lage einzutreten. Aus einem Teil von ihnen entwickelten sich berufsbezogene Gewerkschaften, andere bemühten sich um die Bildung und die politische Integration der Arbeiter. Sie stellten die Struktur des schweizerischen Bundesstaates nicht infrage. Ihre politische Verankerung sahen sie im Linksflügel des freisinnigen Lagers, bei den Radikalen und Demokraten. Erst in den 1880er-Jahren reifte der Gedanke, eine eigene Partei zu gründen. 1888 genehmigte ein Kongress verschiedener Arbeitervereinigungen die Gründung der *Sozialdemokratischen Partei der Schweiz*. Die Formierung der breit gefächerten Arbeiterbewegung zu einer politischen Partei hatte verschiedene Ursachen. Der wichtigste Grund war die fortschreitende Industrialisierung, die die Bildung einer Partei erforderlich machte, die auf die daraus folgenden sozialen Probleme einging. Schliesslich litten gerade die Arbeiter unter den Auswirkungen der langwierigen Wirtschaftskrise seit der Mitte der 1870er-Jahre, deren Ende sich erst langsam abzuzeichnen begann. Ein weiterer Grund war das Vorbild der deutschen Sozialdemokraten, die vor allem aufgrund ihrer straffen Organisation der Unterdrückung im Kaiserreich erfolgreich widerstanden.

Die revidierte Bundesverfassung von 1874 Die Radikalen und die Demokraten standen sich politisch sehr nahe. Ab den 1870er-Jahren widerspiegelten die Begriffe „radikal" und „demokratisch" fast nur noch den unterschiedlichen Sprachgebrauch in den einzelnen Kantonen, bezeichneten aber die gleiche politische Tendenz. Die Demokraten setzten in vielen Kantonen die Revision bestehender Kantonsverfassungen im Wesentlichen durch. Dieser Erfolg der demokratischen Bewegungen warf die Frage auf, ob Elemente der direkten Demokratie auch auf Bundesebene eingeführt werden sollten. Das war allerdings nur über eine Totalrevision der Bundesverfassung möglich, für die auch andere Gründe sprachen. Ein erster neuer Verfassungsentwurf scheiterte in der Volksabstimmung 1872, weil er nicht nur den Katholisch-Konservativen, sondern auch den französischsprachigen Kantonen zu zentralistisch erschien. Dem zweiten, etwas gemilderten Entwurf war zwei Jahre später mehr Glück beschieden. Die darin vorgesehenen neuen direktdemokratischen Mittel führten zu einer Annäherung zwischen dem Freisinn und seinem traditionellen „Erbfeind", den Katholisch-Konservativen. Mit der Wahl des konservativen Luzerners Josef Zemp in den Bundesrat (1891, M 2) wurde der erste Schritt zur Konkordanzdemokratie getan.

M 2 Josef Zemp (1834–1908), konservativer schweizerischer Politiker (CVP)

Konkordanzdemokratie
Demokratieform, in der nicht das Mehrheitsprinzip, sondern das Einvernehmen (Konkordanz) und breit abgestützte Kompromisslösungen den politischen Prozess steuern sollen. Zudem werden alle wichtigen Parteien in die Entscheidungsfindung einbezogen und bei der Vergabe von öffentlichen Ämtern im Verhältnis zu ihrer Stärke berücksichtigt.

1 ◼ Fasse die wesentlichen Unterschiede zwischen Freisinnigen, Konservativen und Sozialdemokraten kurz zusammen.
2 ◼ Erläutere, von wem die Revision der Bundesverfassung von 1848 ausging.
3 ◼ Lege dar, aus welchen Gründen es zu einer Konkordanzdemokratie kam.

M3 Die Freisinnigen

Aus dem Statut der Freisinnig-Demokratischen Partei der Schweiz, 1894:

Die freisinnig-demokratische Partei der Schweiz bezweckt die Pflege und Förderung des eidgenössischen Staatsgedankens und die demokratisch fortschrittliche Entwicklung der Institutionen des Bundes. Sie widmet darum ihre Tätigkeit insbesondere auch den sozialen Reformen und nimmt entschieden Stellung gegen jene Bestrebungen, die auf die Zerstörung der Grundlagen unseres staatlichen und gesellschaftlichen Lebens abzielen. Ebenso bekämpft sie die Übergriffe des Ultramontanismus[1] und die reaktionären Tendenzen jeder Art.

Zit. nach: Joseph Hardegger (Hg.), Das Werden der modernen Schweiz, Bd. 1, Luzern (Interkantonale Lehrmittelzentrale) 1986, S. 277

1 Schlagwort für die wirkliche oder vermeintliche Fernsteuerung des Katholizismus durch die römische Kurie.

M4 Die Sozialdemokraten

Aus dem Parteiprogramm der Sozialdemokratischen Partei (SP) der Schweiz, 1888:

[…] 3. Die politischen Bedingungen einer sozialdemokratischen Organisation unseres Gemeinwesens sind:

a) die rein demokratische Staatsform,

b) die Beseitigung des kantonalen Partikularismus, resp. die Vollendung des schweizerischen Einheitsstaates unter demokratischen Garantien;

c) eine den modernen Anschauungen und den Resultaten der heutigen Wissenschaft entsprechende Volksbildung, sowie die definitive Verweisung aller religiösen Kulte in das Gebiet des Privatlebens;

4. in wirthschaftlicher Beziehung ist die den heutigen Verhältnissen am besten anzupassende Form der Verwirklichung des sozialistischen Zieles die Organisation aller wirthschaftlichen Thätigkeit durch das Volk, die Verstaatlichung;

5. der monopolistische Staats- (resp. Gemeinde-) Betrieb, der den Übergang aller Arbeitsmittel in den Gemeinbesitz von selber mit sich bringt, muss aber nicht zugunsten einzelner herrschender Klassen, sondern zu gleichem Vortheil aller Bürger organisirt und ausgeführt werden; […]

7. das allgemeine Recht auf Arbeit muss als Grundlage einer menschenwürdigen Existenz aller Bürger anerkannt werden, wenn eine richtige sozialistische Gesamtorganisation der nationalen Arbeit stattfinden soll, von der keiner ausgeschlossen werden kann;

8. die sozialdemokratischen Bestrebungen gelten nicht irgendwelchen Vorrechten eines Standes oder einer Klasse, sondern vielmehr der Abschaffung der heutigen Standesprivilegien und Klassenherrschaft […].

Zit. nach: https://www.sp-ps.ch/sites/default/files/documents/1888_parteiprogramm_d_0.pdf (Zugriff: 26.7.2018)*

M5 Die Konservativen

Aus dem Programm der Schweizerischen Konservativen Volkspartei, 1912:

1. Oberstes Ziel der Schweizerischen Konservativen Volkspartei ist die Förderung der allgemeinen Volkswohlfahrt des schweizerischen Gesamtvaterlandes unter dem Banner der christlichen Weltanschauung.

2. […] Sie will die christlichen Grundlagen des Volkslebens sowie der staatlichen und gesellschaftlichen Institutionen, vor allem des öffentlichen Erziehungswesens erhalten wissen und wird sie schützen und fördern. Sie will die Rechte und die Freiheit der katholischen Kirche, wie die Gleichberechtigung der Konfessionen gewahrt wissen und bekämpft alle Ausnahmebestimmungen gegen konfessionelle Minderheiten in Land und Kantonen.

3. Die Schweizerische Konservative Volkspartei will die bundesstaatlichen Grundlagen der Eidgenossenschaft aufrechterhalten wissen. Sie lehnt eine zu weit gehende Zentralisation des staatlichen Lebens ab und verlangt, dass den Kantonen jene Gesetzgebungsgebiete und Verwaltungsfunktionen zugeteilt bleiben, bei denen sie den Anforderungen der Zeit zu genügen vermögen, so besonders das Schulwesen. […]

Die Schweizerische Konservative Volkspartei tritt jederzeit für die Wahrung und Stärkung der vollen politischen und wirtschaftlichen Unabhängigkeit der schweizerischen Eidgenossenschaft ein. […]

4. Die Schweizerische Konservative Volkspartei steht auf dem Boden der christlichen Sozialreform. Sie bekämpft den Klassenhass und tritt aufgrund der Solidarität der Volksgesamtheit für die Aussöhnung der sozialen Gegensätze ein.

Zit. nach: Joseph Hardegger (Hg.), Das Werden der modernen Schweiz, Bd. 1, Luzern (Interkantonale Lehrmittelzentrale) 1986, S. 277 f.*

4 ■ Erläutere Unterschiede und Gemeinsamkeiten zwischen den programmatischen Vorstellungen der Freisinnigen, Liberalen und Konservativen (M3–M6).

M6 Aussöhnung von Konservativen und Liberalen mit der Bundesverfassung von 1874

Die Bundesverfassung von 1848 war die erste Verfassung der Eidgenossenschaft, die sich das Schweizer Volk selbst gab; sie machte, weil die Revolutionen in den Nachbarländern scheiterten, die Schweiz für die 2. Hälfte des 19. Jh. zur demokratisch-republikanischen Insel inmitten der Monarchien Europas. Da die Bundesverfassung in einem Bürgerkrieg wurzelte [s. S. 205, Sonderbundskrieg], stand ihr das in diesem unterlegene katholisch-konservative Lager anfänglich ablehnend gegenüber. Erst die Verfassungsrevision von 1874, welche den Übergang von einer repräsentativen zu einer halbdirekten Demokratie einleitete, ermöglichte die

Aussöhnung der Katholischen-Konservativen mit dem liberalen Bundesstaat.

Historisches Lexikon der Schweiz, http://www.hls-dhs-dss.ch/textes/d/D9811.php (Zugriff: 9.11.2018)

5 ■ Arbeite heraus, welchen gesellschaftlichen Gruppen diese Vorstellungen jeweils gerecht wurden. Wieso konnte man sich auf die Verfassung von 1874 einigen?

M7 Politische Postkarte zu einer Volksinitiative, 1922.

Die Volksinitiative erfolgte auf Bestreben der Schweizer Sozialdemokratischen Partei; die Abstimmung war am 3.12.1922. Die Vermögensabgabe wurde damals mit 87 Prozent der Stimmen abgelehnt. Hauptargument gegen die Abgabe: Bei einer Zustimmung wäre das Schweizer Bankgeheimnis gelockert worden

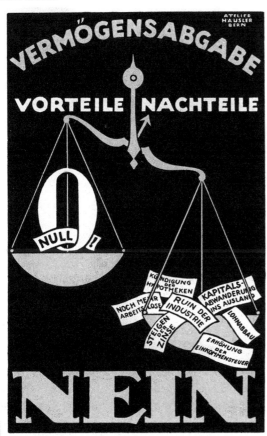

M8 Die Entwicklung direktdemokratischer Elemente in der Bundesverfassung

a) Die Bundesverfassung von 1848

Mehrheit der Kantone bzw. Mehrheit der Stände bedeutet, dass sich in mehr als der Hälfte der Kantone die Volksmehrheit bejahend äussern muss.

Art.113 […] Wenn fünfzigtausend stimmberechtigte Schweizerbürger die Revision der Bundesverfassung verlangen, so muss in einem wie im anderen Fall die Frage, ob eine Revision stattfinden soll oder nicht, dem schweizerischen Volke zur Abstimmung vorgelegt werden. Sofern […] die Mehrheit der stimmenden Schweizerbürger über die Frage sich bejahend ausspricht, so sind beide Räte neu zu wählen, um die Revision zur Hand zu nehmen.

Art.114 Die revidierte Bundesverfassung tritt in Kraft, wenn sie von der Mehrheit der stimmenden Schweizerbürger und von der Mehrheit der Kantone angenommen worden ist.

b) Die Bundesverfassung von 1874

Art.89 Für Bundesgesetz und Bundesbeschlüsse ist die Zustimmung beider Räte erforderlich [d.h. National- und Ständerat]. Bundesgesetze sowie allgemein verbindliche Bundesbeschlüsse, die nicht dringlicher Natur sind, sollen überdies dem Volke zur Annahme oder Verwerfung vorgelegt werden, wenn es von dreissigtausend stimmberechtigten Schweizerbürgern oder von acht Kantonen verlangt wird.

c) Teilrevision von 1891

Art.121 Die Partialrevision [der Verfassung] kann sowohl auf dem Weg der Volksanregung (Initiative) als der Bundesgesetzgebung vorgenommen werden. Die Volksanregung umfasst das von fünfzigtausend stimmberechtigten Schweizerbürgern gestellte Begehren auf Erlass, Aufhebung oder Abänderung bestimmter Artikel der Bundesverfassung. […] Art.123 Die revidierte Bundesverfassung, beziehungsweise der revidierte Teil derselben, tritt in Kraft, wenn sie von der Mehrheit der stimmenden Schweizerbürger und von der Mehrheit der Kantone angenommen worden ist.

6 ■ Erkläre den Unterschied zwischen einem fakultativen und einem obligatorischen Referendum. Recherchiere hierzu im Internet.

7 ■ Suche historische Beispiele, worüber die Schweizerbürger nach der Verfassung von 1848 und nach der von 1874 abstimmen konnten (M7). Was bedeutet dieser Unterschied?

8 ■ Nenne Gründe für die Neuerung, die in Art.121 der Verfassung von 1891 genannt wird. Wäge Vor- und Nachteile gegenüber einer Totalrevision ab.

Bürgertum und Arbeiterschaft

M1 **Arbeiter beim Bau des Simplontunnels, 1898**

Die Lager werden bezogen

Hatten die ersten 40 Jahre des Bundesstaates im Zeichen des freisinnig-konservativen Gegensatzes gestanden, so entwickelten sich zumindest die nächsten 50 Jahre im Zeichen der Kluft zwischen Bürgertum und Arbeiterschaft. Entscheidend war hierfür die sich abzeichnende Radikalisierung und Internationalisierung der Arbeiterbewegung. Sozialdemokratische Partei und Schweizerischer Gewerkschaftsbund empfanden sich als Glieder einer internationalen Bewegung. Seit 1890 feierten sie den 1. Mai als Kampftag der Arbeiterschaft, seit 1891 unter einer roten Fahne – ohne Schweizerkreuz! Der wirtschaftliche Aufschwung lockte vor allem deutsche und italienische Arbeitskräfte in die Schweiz. Von den Mitgliedern des Schweizerischen Gewerkschaftsbundes waren zeitweise die Hälfte Ausländer. Auch die Sozialdemokratische Partei nahm solche auf. Die Zahl der Streiks stieg deutlich.

Aus der Sicht des Freisinns wie auch der Katholisch-Konservativen stellten die Sozialdemokraten das höchste Gut, nämlich den 1848 geschaffenen Nationalstaat, infrage; die Interessen einer international verbundenen sozialen **Klasse** – so der Freisinn – galten für die Sozialdemokraten mehr als das Interesse der Nation. Nur wenige Jahre früher mussten die Katholisch-Konservativen einen sehr ähnlichen Vorwurf entgegennehmen, als die Liberalen ihnen vorhielten, mit ihrer Orientierung an Rom und an der internationalen Institution der katholischen Kirche den Nationalstaat zu verraten.

Klasse
Bevölkerungsteil mit gemeinsamen Merkmalen, vor allem wirtschaftlicher Art.

Arbeiterschaft und Bürgertum

Zum gemeinsamen Nenner aller Gegner der Sozialdemokraten wurde das Bekenntnis zum Vaterland. Auf die Einführung des 1. Mai antwortete man mit der glanzvollen Feier der 600-jährigen Existenz der Eidgenossenschaft, deren Gründungsdatum nun auf den 1. August 1291 gelegt wurde. Das Datum bürgerte sich wenige Jahre später als jährlich begangener Nationalfeiertag ein. Hier wird deutlich, dass der Gründungsmoment der Schweiz einem Mythos entspricht, der nur mit Vorbehalten historisch haltbar ist. Doch waren solche nationalen „Geschichten" gerade in den Anfängen des Bundesstaates sehr wichtig, um ein Nationalgefühl aufbauen zu können.

Über das Vaterland hinaus gefährdet schienen im Sozialismus spezifisch liberale Grundwerte wie das Privateigentum, aber auch spezifisch konservative Werte wie die Religion, die nach Karl Marx „Opium für das Volk" war. Mit ihrem Parteiprogramm von 1904 verschärften die Sozialdemokraten die Distanz zum Bürgertum. Sie stellten sich nun auf den Boden des Marxismus, bezeichneten sich als Klassenpartei und proklamierten den Klassenkampf, an dessen Ende die klassenlose Gesellschaft und die Enteignung der Besitzenden stehen sollten. Allerdings wollte man dieses Ziel auf demokratischem Weg, über Wahlsiege und erfolgreiche Volksinitiativen, erreichen. Die Proklamation des Klassenkampfes hatte eine innere und äussere Wirkung. Nach innen diente sie der Sammlung und der Integration der Arbeiterschaft in die Sozialdemokratische Partei, in die Gewerkschaften und in die nun wie Pilze aus dem Boden spriessenden kulturellen und sportlichen Arbeitervereinigungen. Nach aussen war sie eine Kampfansage, die das Bürgertum ernst nehmen musste, zumal sich die Sozialdemokratie regen Wachstums erfreute. 1911 kam sie bei den Nationalratswahlen auf 17 Sitze (von 189).

| Streiks und Wahlrechtsfrage | Im Zentrum der Auseinandersetzung zwischen Arbeiterschaft und Bürgertum standen die Streiks und das Wahlrecht. Obwohl das beginnende 20. Jahrhundert von wirtschaftlichem Wachstum gekennzeichnet war, waren die Unternehmer nicht von sich aus bereit, die Arbeiter daran teilnehmen zu lassen, also die Löhne zu erhöhen oder die Arbeitszeit zu senken. Zu Streiks kam es vor allem im gewerblich-handwerklichen Bereich, wo die Streikenden höhere Löhne und kürzere Arbeitszeiten, jedoch keine politischen Veränderungen forderten. Die Arbeitgeber setzten Streikbrecher ein, die z. T. aus dem Ausland kamen. Streikposten versuchten diese an der Arbeit zu hindern, was oft zu Gewaltakten führte. Die letzte Möglichkeit für die Gewerkschaften, ihre Forderungen durchzusetzen, war der Generalstreik – die Arbeitsniederlegung aller Gewerkschaften innerhalb einer Region. Weil der Staat darauf häufig mit dem Einsatz von Truppen reagierte, entstand bei den Arbeitern der Eindruck, dass die Armee das Instrument des Unternehmertums sei. Das zunächst überall vorherrschende Majorzwahlrecht benachteiligte die Sozialdemokraten. Ihr jeweiliger Kandidat in einem Wahlkreis verlor zumeist gegen einflussreichere bürgerliche Kandidaten. Sie forderten daher den Übergang zum Proporzwahlrecht für die Nationalratswahlen, was jedoch abgelehnt wurde. Einzelne Kantone und Stadtgemeinden hingegen gingen bei der Wahl ihrer Parlamente zum Proporzwahlrecht über. Das bewirkte, dass in den kantonalen und kommunalen Räten und Gerichten immer mehr Sozialdemokraten ihren Einzug hielten und dort pragmatische Arbeit leisteten. Darüber ergaben sich Ansatzpunkte zur Zusammenarbeit mit dem Freisinn und dem politischen Katholizismus.

1 ▪ Untersuche M 1. Beschreibe, welche Stimmung sich darin ausdrückt. Recherchiere, aus welchen Nationalitäten sich die Arbeiter zusammensetzten.

2 ▪ Erläutere die Funktionsweise des Majorz- und des Proporzwahlsystems. Erkläre, warum vor allem die SP zu Beginn des 20. Jahrhunderts vom neu eingeführten Proporzsystem profitierte.

1. August 1291
Der Überlieferung nach schlossen Uri, Schwyz und Unterwalden an diesem Tag einen Bund und gelobten sich im Bundesbrief Zusammenhalt im Inneren und gegenseitige Hilfe im Kampf gegen Feinde von aussen („Rütlischwur"). Dieser Bundesbrief gilt heute als Gründungsdokument der Schweizer Eidgenossenschaft. Ihm zu Ehren wird jedes Jahr am 1. August der Schweizer Nationalfeiertag begangen.

Majorzwahlrecht
Mehrheitswahlrecht. Beim Majorzwahlsystem (von lat. *maior* = mehr) ist pro Wahlkreis nur ein Abgeordneter bzw. eine Abgeordnete zu wählen.

Proporzwahlrecht
Verhältniswahlrecht. Beim Proporzwahlrecht (von lat. *proportio* = Verhältnis) werden die Sitze proportional (also im Verhältnis) zur Anzahl der für eine bestimmte Partei abgegebenen Stimmen unter den Parteien verteilt.

M2 Kampf um den Normalarbeitstag

Am 21. Oktober 1877 wurde das Bundesgesetz betreffend die Fabrikarbeit („Fabrikgesetz") in einer Referendumsabstimmung mit 181 000 Ja-Stimmen gegen 170 000 Nein-Stimmen knapp gutgeheissen und trat 1878 in Kraft. Nicht nur die Abstimmung war knapp, sondern auch der Kampf dagegen war heftig.

a) Aus dem Fabrikgesetz von 1877:

Art. 11. Die Dauer der regelmässigen Arbeit eines Tages darf nicht mehr als 11 Stunden, an den Vorabenden von Sonn- und Festtagen nicht mehr als 10 Stunden betragen und muss in die Zeit zwischen 6 Uhr, beziehungsweise in den
5 Sommermonaten Juni, Juli und August 5 Uhr morgens und 8 Uhr abends verlegt werden. […]

Art. 14. Die Arbeit an den Sonntagen ist, Nothfälle vorbehalten, untersagt. […]

Art. 15. Frauenspersonen sollen unter keinen Umständen
10 zur Sonntags- oder Nachtarbeit verwendet werden.
Wenn dieselben ein Hauswesen zu besorgen haben, so sind sie eine halbe Stunde vor der Mittagspause zu entlassen, sofern diese nicht mindestens 1 ½ Stunden beträgt. Vor und nach ihrer Niederkunft dürfen Wöchnerinnen im ganzen
15 während 8 Wochen nicht in der Fabrik beschäftigt werden. Ihr Wiedereintritt in dieselbe ist an den Ausweis geknüpft, dass seit ihrer Niederkunft wenigstens 6 Wochen verflossen sind.
Der Bundesrat wird diejenigen Fabrikationszweige benen-
20 nen, in welchen schwangere Frauen überhaupt nicht arbeiten dürfen. […]

Art. 16. Kinder, welche das 14. Altersjahr noch nicht zurückgelegt haben, dürfen nicht zur Arbeit in Fabriken verwendet werden.
25 Für Kinder zwischen dem angetretenen 15. bis und mit dem vollendeten 16. Jahre sollen der Schul- und Religionsunterricht und die Arbeit in der Fabrik zusammen elf Stunden per Tag nicht übersteigen. Der Schul- und Religionsunterricht darf durch die Fabrikarbeit nicht beeinträchtigt werden.
30 Sonntags- und Nachtarbeit von Leuten unter 18 Jahren ist untersagt.

b) Die Gründe der Gegner:

Das Gesetz ist verwerflich, weil es den Normalarbeitstag von 11 Stunden festsetzt, wodurch der Grundsatz der persönlichen Freiheit verletzt und die Konkurrenzfähigkeit verschiedener Industriezweige schwer beeinträchtigt, ja vielleicht
5 vernichtet wird. […]
Das Gesetz ist schlecht, weil es Alles unter den gleichen Hut bringen will, indem es allgemein bindende Vorschriften für alle Industriezweige der Schweiz aufstellt. Aber Eines schickt sich nicht für Alle.
10 Wer hat uns dieses Gesetz gebracht? Es ist im Kreise der Internationalen und der Sozialisten entstanden, welche laut proklamieren, dass sie das Fabrikgesetz nur als eine Abschlagzahlung ansehen! […]
Ist das Gesetz eine Nothwendigkeit? Das Wahrzeichen einer guten Republik ist der Mangel jener Polizeigesetze, wie sie in
15 monarchischen Staaten in Hülle und Fülle vorhanden sind. Bei uns sollen Sitte und Brauch ersetzen, was man anderswo durch Gesetze erzwingen will.
Mitbürger! Der Erlass eines solchen Fabrikgesetzes im gegenwärtigen Moment klingt wie Hohn auf die dermalige
20 Nothlage unserer Industrie und auf deren trübe Aussichten in die Zukunft. In einer Zeit der Bedrängnis, wo Millionen verloren gehen, wo der Verdienst früherer Jahre durch tägliche Verluste aufgezehrt wird, in einer Zeit, wo rings um unser kleines Ländchen die Absatzgebiete uns durch grössere
25 Zollschranken gesperrt werden, in einer Zeit, wo die amerikanische und englische Konkurrenz uns zu erdrücken droht, in einer solchen Zeit will man unserer Industrie, unserer Haupternährerin, durch die eherne Zwangsjacke des im Wurfe liegenden Fabrikgesetzes Hände und Füsse binden.
30 Und als Heilmittel bietet man uns – den Normalarbeitstag!

Zit. nach: Joseph Hardegger (Hg.), Das Werden der modernen Schweiz, Bd. 1, Luzern (Interkantonale Lehrmittelzentrale) 1986, S. 212 f.*

M3 Belegschaft der Firma Brown-Boveri, Baden 1899

3 ■ **Stelle Gründe zusammen, die zur Einführung des Fabrikgesetzes und zu Arbeitsverträgen geführt haben (M1, M2a, M3).**

4 ■ Nenne die politischen Kräfte, die die Einführung solcher Regelungen betrieben (Darstellungstext, M 2 a).

5 ■ Erläutere, welcher gesellschaftlichen Gruppe die Gegner des Fabrikgesetzes angehörten (M 2 a). Fasse deren Argumentation (M 2 b) zusammen und nimm Stellung dazu.

M 4   Für und wider den Proporz

Volk und Stände der Schweiz stimmten am 13. Oktober 1918 der dritten Initiative (nach 1900 und 1910) über die Proporz-wahl des Nationalrates mit 66,8 Prozent Ja-Stimmen deutlich zu. Hier die Pro- und Kontra-Argumente am Beispiel einer Auseinandersetzung aus Jahr 1896:

a) Aufruf des Vorstands der Freisinnigen Partei Bern, 28./29. 4. 1896:

Was will der Proporz?

Das proportionale Wahlrecht soll dafür sorgen, dass in Zukunft nicht mehr, wie es die Praxis der Demokratie bisher stets durchgeführt hat, die Mehrheit der stimmenden Bür-
5 ger bei den Wahlen den Ausschlag gebe, sondern dass alle vorhandenen Partei- und Interessengruppen ihre Vertretung in den Behörden nach dem Verhältnis ihrer Stärke, bzw. der Anzahl ihrer Anhänger finden. […] Der Proporz wird gepriesen als dasjenige Wahlsystem, welches Gerech-
10 tigkeit, Frieden, Wohlfahrt gewähre. […] Sicher ist, dass, sobald die Parteien als solche massgebend sind, eine jede im Interesse ihre Bestandes und ihres Einflusses Anhänger zu gewinnen suchen, die andern Parteien bekämpfen und damit der Vermehrung angeblich berechtigter Interessen und
15 Gruppe direkt und indirekt Vorschub leisten wird und muss. […]
Der Proporz will und wird die bisherige Einheit und Zusammengehörigkeit des Volkes auflösen und zersplittern in so viele einzelne, ihre eigenen Ziele verfolgende Parteigruppen,
20 als je und je solche entstehen mögen, sei es mit politischen, sei es mit religiösen, wirtschaftlichen, professionellen oder anderen Sonderinteressen.

b) Aus der „Tagwacht", 18. 4. 1896:

Alle im Volk vorhandenen Ansichten und Parteien sollen aber im Grossen Rat[1] (und Nationalrat[2]) je nach ihrer Anzahl verhältnismässig – und das bedeutet der Ausdruck „proportional" – vertreten sein. Sonst ist der Grosse Rat
5 nicht das Spiegelbild der im Volk bestehenden Anschauungen, und das soll er als „Vertretung des Volkes" ja doch sein. Sonst können sich die durch veränderte ökonomische Verhältnisse neu entstandenen Bedürfnisse des Volkes nicht auf gesetzlichen Wegen oder in nachdrücklicher Weise äus-
10 sern und zur Geltung bringen. […] Alle Teile des Volkes, das ganze Volk, soll in der öffentlichen Vertretung des Landes,

im Grossen Rate, gehört werden. Nicht nur einzelne, wenig zahlreiche Kreise, die schon ohnedies durch Reichtum, Macht und Ansehen ein gesellschaftliches Übergewicht besitzen. Weg mit der Oligarchie, der Herrschaft der wenigen; 15 weg mit der Plutokratie, der Herrschaft der Reichen! Die wenigen und Reichen haben ihre Herrschaft bisher mit einem demokratischen Mäntelchen vor dem Volke zu verhüllen verstanden.

Zit: nach: Joseph Hardegger (Hg.), Das Werden der modernen Schweiz, Bd. 1, Luzern (Interkantonale Lehrmittelzentrale) 1986, S. 268 f.*

1 Kantonsparlament
2 Parlament der Schweizer Eidgenossenschaft

6 ■ Erläutere, wieso nach Auffassung der Freisinnigen (M 4 a) das Proporzwahlrecht die Entstehung von Sonderinteressen begünstigt. Wieso tut es dies nach Auffassung der „Tagwacht" genau nicht (M 4 b)?

M 5   Nationalratswahl 1919, erste Wahl nach dem Proporzwahlrecht („Gesamterneuerungswahlen")

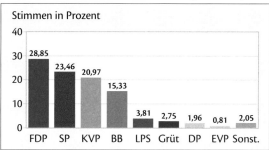

Stimmen in Prozent

FDP 28,85 · SP 23,46 · KVP 20,97 · BB 15,33 · LPS 3,81 · Grüt 2,75 · DP 1,96 · EVP 0,81 · Sonst. 2,05

(Nach: https://de.wikipedia.org/wiki/Schweizer_Parlamentswahlen_1919)

Wahlbeteiligung: 80,4 %.

Parlamentssitze im Vergleich zur Wahl von 1917 (Majorzwahlrecht):
Freisinnige: – 43; SP + 19;
Konservative: ± 0:

FDP = Freisinnige Partei   LPS = Liberale Partei
SP = Sozialdemokraten   Grüt = Grütlianer
KVP = Konservative Partei   DP = Demokratische Partei
BB = Bauern- und Bürgerpartei   EVP = Evangelische Partei

7 ■ Beschreibe, welche Veränderungen das Proporzwahlrecht brachte und wer davon profitierte (M 5). Recherchiere hierzu auch im Internet.

8 ■ Untersuche, welches Wahlrecht in den Nachbarländern der Schweiz jeweils angewendet wird. Nenne Gründe für die Sonderform, die in Deutschland auf Bundesebene und in den meisten Bundesländern praktiziert wird.

Das Beispiel Deutschland

Die Nationalbewegung „von unten"

M1 Hambacher Fest, zeitgenössische Farblithografie, 1832.
Das Hambacher Fest gilt als Höhepunkt der bürgerlichen Opposition im Vormärz und als „Wiege der deutschen Demokratie"

Vormärz
Bezeichnung für die Zeit, die in Deutschland der Märzrevolution von 1848 vorausging. Ihr Beginn wird allgemein auf 1815 datiert, vor allem ist jedoch die Zeit ab 1830 (Julirevolution in Frankreich) gemeint.

Vorbild Frankreich

cornelsen.de/Webcodes
Code: wevake

Völkerschlacht von Leipzig
Entscheidungsschlacht der Befreiungskriege im Oktober 1813 bei Leipzig. In dieser Schlacht schlugen die verbündeten Preussen, Österreicher und Russen die Franzosen unter Napoleon I. und zwangen diesen zur Räumung Deutschlands. An ihr nahmen rd. 530 000 Soldaten teil, von denen rd. 92 000 getötet oder verwundet wurden.

Der Vormärz

Für Deutschland rief der Wiener Kongress den „Deutschen Bund" ins Leben. Dies war ein lockerer Staatenbund der deutschen Klein- und Mittelstaaten, ein Bündnis von 41 souveränen Landesherren, kein Nationalstaat. Ein solches Gebilde schien den europäischen Grossmächten gut kontrollierbar zu sein, und mit ihm schien es möglich zu sein, ein Gleichgewichtssystem zu schaffen und den Frieden in Europa zu bewahren. Mit der sogenannten Bundesakte wurde eine Art Verfassung für den Deutschen Bund geschaffen. Sie sollte die Verhältnisse vor den Napoleonischen Kriegen wiederherstellen.

Die nationalliberale Bewegung war mit der Konstruktion des Deutschen Bundes nicht einverstanden. Er hatte keine bundesstaatliche Verfassung, kein bundesstaatliches Parlament, keinen Grundrechtekatalog, keine Pressefreiheit und – in wirtschaftlicher Hinsicht wichtig – keine Zollfreiheit. Hauptkraft der Bewegung wurden nun die Studenten, besonders diejenigen, die gegen Napoleon freiwillig gekämpft hatten. Am 17. Oktober 1817 fand das Wartburgfest statt. Etwa 800 Burschenschaftler trafen sich auf der Wartburg bei Eisenach in Erinnerung an den Beginn der Reformation 1517 und die Leipziger Völkerschlacht, aber auch, um das nationalpolitische Programm der Burschenschaft voranzubringen. Das Fest hatte aber auch nationalistische Begleiterscheinungen, die für den Dichter Heinrich Heine „Teutomanismus" (Deutschtümelei) und Fremdenhass waren.

Einen Rückschlag brachte die Ermordung des reaktionären Schriftstellers August von Kotzebue durch den Burschenschaftler Karl Ludwig Sand im März 1819. Als Reaktion darauf einigten sich die deutschen Regierungen im September 1819 auf die „Karlsbader Beschlüsse". Mit ihnen wurden die Burschenschaften verboten, die Universitäten unter Polizeiaufsicht gestellt und viele Menschen eingesperrt und aus dem Land vertrieben. Darüber hinaus wurde die Vorzensur für Bücher, Zeitungen und Zeitschriften wieder eingeführt.

Die Restaurationszeit

Einen neuen Aufschwung nahm die Oppositionsbewegung nach der französischen Julirevolution von 1830, bei der König Karl X. gestürzt wurde und der von den Bürgern gewählte König Louis-Philippe den Thron bestieg. In einigen deutschen Staaten gab es daraufhin Unruhen und Aufstände. Ein Meilenstein für die nationalliberale Bewegung war das Hambacher Fest, das Ende Mai 1832 auf dem Hambacher Schloss in der Nähe von Neustadt an der Haardt veranstaltet wurde (M 1). Dabei handelte es sich um eine Massenkundgebung von 30 000 Liberalen und Demokraten, an der auch Delegationen aus Frankreich und Freiheitskämpfer aus Polen teilnahmen. Die Teilnehmer und Redner des Festes wie Philipp Jakob Siebenpfeiffer, Johann Georg August Wirth und Ludwig Börne (M 2) forderten die nationale Einheit Deutschlands, ein „conföderiertes republikanisches Europa", Presse-, Meinungs-, Versammlungsfreiheit und die Gleichberechtigung der Frauen. Die Forderungen nach Freiheit und nationaler Einheit wurden immer lauter. Wirtschaftskrisen und soziale Not verliehen der Bewegung zusätzliche Brisanz.

Die Revolution von 1848/49

Der Anstoss kam erneut aus Frankreich. Die Februarrevolution 1848 in Frankreich traf im März desselben Jahres im Deutschen Bund auf eine hoch politisierte Bevölkerung. Missernten, steigende Arbeitslosigkeit, sinkende Löhne und Hungersnöte waren an der Tagesordnung. Vor allem aber waren die seit Jahrzehnten erhobenen Forderungen nach Demokratie und Einheit unerfüllt geblieben. Ihren Anfang nahm die Revolution in Süddeutschland, wo sich in Baden, Hessen und Württemberg im Februar und März 1848 die Bauern gegen die Gutsbesitzer erhoben. In den Städten demonstrierten Bürger zur Einsetzung von bürgerlichen Ministerien („Märzministerien"). In Wien wurde am 13. März der österreichische Staatskanzler Metternich (s. S. 192) gestürzt. In Berlin begannen die Unruhen am 18. März, wo es zu blutigen Barrikadenkämpfen kam, bei denen mehr als 250 Menschen umkamen. Der preussische König Friedrich Wilhelm IV. ging auf die Forderungen der Revolutionäre ein und berief ein liberales „Märzministerium".

Ab dem 18. Mai 1848 tagte die Nationalversammlung, die erste frei gewählte deutsche Volksvertretung, in der Frankfurter Paulskirche. Sie bestand aus etwa 600 Abgeordneten aus allen Staaten des Deutschen Bundes. Der im Dezember 1848 von der Nationalversammlung verabschiedete Grundrechtekatalog beinhaltete Gleichheit vor dem Gesetz, Presse-, Meinungs-, Versammlungs- und Glaubensfreiheit, Unverletzlichkeit der Person und des Eigentums sowie Schutz vor staatlicher Willkür. Diese Grundrechte wurden Bestandteil der am 27. März 1849 von der Nationalversammlung verabschiedeten „Verfassung des Deutschen Reiches". An der Spitze sollte ein erblicher Monarch stehen. Deshalb wählten die Abgeordneten am 28. März 1849 mit knapper Mehrheit den preussischen König Friedrich Wilhelm IV. zum „Kaiser der Deutschen". Dieser lehnte die Kaiserkrone jedoch ab, weil ihr nach seinen Worten noch der „Ludergeruch der Revolution" anhaftete. Eine Folge davon war die sogenannte Reichsverfassungskampagne. Sie war der Versuch radikaldemokratischer Kräfte, die Reichsverfassung gewaltsam durchzusetzen. Den Regierungen gelang es jedoch rasch, die Bewegung militärisch niederzuschlagen. Mit der Kapitulation der badischen Revolutionäre vor preussischen Truppen am 23. Juli 1849 in der Festung Rastatt in Baden war die Revolution in Deutschland beendet. Die Paulskirchenverfassung wurde nie umgesetzt.

Polnischer Freiheitskampf
Aufstand der Polen im November 1830, der die Unabhängigkeit Polens von Russland zum Ziel hatte. Er wurde im September 1831 von der russischen Armee niedergeschlagen

M 2 Ludwig Börne (1786–1837), Journalist, Literatur- und Theaterkritiker

Februarrevolution in Frankreich
Im Februar 1848 wurden in Frankreich in Folge dieser Revolution König Louis-Philippe gestürzt und die zweite französische Republik gegründet.

1 ▪ Erläutere die Bedeutung des Hambacher Festes für die deutsche Demokratie.

2 ▪ Erkläre, warum die Paulskirchenversammlung einen Nationalstaat repräsentierte.

M 3 „Der Denkerclub", Karikatur zu den Karlsbader Beschlüssen, Kupferstich, um 1825

3 ■ Formuliere die Kritik, die der Zeichner in M 3 übt.

M 4 „Es lebe das freie, das einige Deutschland!"

Aus der Rede des Juristen und Publizisten Philipp Jakob Siebenpfeiffer auf dem Hambacher Fest, 27.5.1832:

Noch ist's dasselbe Volk, um welches als den natürlichen und politischen Mittelpunkt einst alle Völker Europas sich reiheten, noch ist's dasselbe Volk, das in der Zeit tiefster Erniedrigung mit heiliger Begeisterung die Ketten des Fremd-
5 lings [Napoleons] zerbrach und auf blutigen Siegesfeldern den Altar des Vaterlandes erhob. [...] Und es wird kommen der Tag, der Tag des edelsten Siegsstolzes, wo der Deutsche vom Alpengebirg und der Nordsee, vom Rhein, der Donau und Elbe den Bruder im Bruder umarmt, wo die Zollstöcke
10 und die Schlagbäume, wo alle Hoheitszeichen der Trennung und Hemmung und Bedrückung verschwinden [...], wo freie Strassen und freie Ströme den freien Umschwung aller Nationalkräfte und Säfte bezeugen; wo die Fürsten die bunten Hermeline feudalistischer Gottstatthalterschaft mit der
15 männlichen Toga deutscher Nationalwürde vertauschen, und der Beamte, der Krieger, statt mit der Bedientenjacke des Herrn und Meisters, mit der Volksbinde sich schmückt. [...]
Es lebe das freie, das einige Deutschland!
20 Hoch leben die Polen, der Deutschen Verbündete!
Hoch leben die Franken [Franzosen], der Deutschen Brüder, die unsere Nationalität und Selbstständigkeit achten!
Hoch lebe jedes Volk, das seine Ketten bricht und mit uns den Bund der Freiheit schwört!
25 Vaterland – Volkshoheit – Völkerbund hoch!

J. G. A. Wirtli: Das Nationalfest der Deutschen zu Hambach, Neustadt a. H. 1832, zit. nach: Peter Alter (Hg.): Nationalismus. Dokumente zur Geschichte und Gegenwart eines Phänomens, München (Piper) 1994, S. 88 f.*

4 ■ Beurteile, ob Siebenpfeiffers Forderungen (M 4) nationalistisches Denken zugrunde liegt.

M 5 Wartburg und Hambach

Der Schriftsteller Heinrich Heine (1797–1856) verglich das Wartburgfest 1817 mit dem Hambacher Fest 1832, 1840:

Dort, auf Hambach, jubelte die moderne Zeit ihre Sonnenaufgangslieder, und mit der ganzen Menschheit ward Brüderschaft getrunken; hier aber, auf der Wartburg, krächzte die Vergangenheit ihren obskuren [dunklen] Rabengesang, und bei Fackellicht wurden Dummheiten gesagt und getan, 5 die des blödsinnigsten Mittelalters würdig waren! [...]
Mit welchem kleinseligen Silbenstechen und Auspünkteln diskutierten sie über die Kennzeichen deutscher Nationalität! Wo fängt der Germane an? Wo hört er auf? Darf ein Deutscher Tabak rauchen? Nein, behauptete die Mehrheit. 10 Darf ein Deutscher Handschuhe tragen? Ja, jedoch von Büffelhaut. [...] Aber Biertrinken darf ein Deutscher, und er soll es als echter Sohn Germanias. [...] Wer nur im siebenten Glied von einem Franzosen, Juden oder Slawen abstammte, ward zum Exil verurteilt [...]. Sind diese dunklen Narren, die 15 sogenannten Deutschtümler, ganz vom Schauplatz verschwunden? Nein. Sie haben bloss ihre schwarzen Röcke, die Livree [Dienerkleidung] ihres Wahnsinns, abgelegt. [...] Welche von beiden [Liberale oder Deutschtümler] schien die überwiegende? [...] In der Tat, jene regenerierten 20 Deutschtümler bildeten zwar die Minorität, aber ihr Fanatismus, welcher mehr religiöser Art, überflügelte leicht einen Fanatismus, den nur die Vernunft ausgebrütet hat; ferner stehen ihnen jene mächtigen Formeln zu Gebot, womit man den rohen Pöbel beschwört, die Worte „Vaterland, 25 Deutschland, Glauben der Väter" usw. elektrisieren die unklaren Volksmassen noch immer weit sicherer als die Worte „Menschheit, Weltbürgertum, Vernunft der Söhne, Wahrheit ... !"

Heinrich Heine, Ludwig Börne. Eine Denkschrift, 1840, zit. nach: Heinrich Heine, Werke und Briefe in zehn Bänden, Bd. 6, Berlin und Weimar (Aufbau) ²1972, S. 141–170, 170–206*

5 ■ Erläutere, zu welchem Ergebnis Heine bei seinem Vergleich kommt (M 5).

M6 „Frei und einig. Erinnerung an den 18. und 19. März 1848. Allen freien Deutschen gewidmet", Lithografie von F. Hübner, 1848

6 ■ Lege anhand M6 dar, welche gesellschaftlichen Gruppen die treibenden Kräfte der Revolution waren.

M7 „Das deutsche Volk verlangt eine Verbesserung an Haupt und Gliedern" – die „Märzforderungen"

Beschlüsse der Freiburger Volksversammlung, 26. 3. 1848:
Das deutsche Volk verlangt eine Verbesserung an Haupt und Gliedern, daher vor allen Dingen, dass das zu erwartende deutsche Parlament:
I. Die von demselben zu entwerfende neue Verfassung
5 Deutschlands auf den Grundlagen der föderativen Republik (des republikanischen Bundesstaats) feststelle und durch eine Reihe von Gesetzen, welche ganz Deutschland gemeinsam umfassen, allen gerechten Forderungen des Volkes Genüge leisten.
10 II. Dass dasselbe unter den vielen Gegenständen, welche neu zu gestalten sein werden, vor allen Dingen
1) die Verschmelzung der Bürgerwehr und des stehenden Heeres zum Behufe der Bildung einer wahren, alle waffenfähigen Männer umfassenden Volkswehr;
15 2) die Pressfreiheit;
3) das Schwurgericht;

4) gleiche Berechtigung alle Bürger ohne Unterschied des Glaubens – anordne, überwache und leite.
III. Zu den mannigfaltigen Forderungen, welche aller Orten aufgestellt werden, fügt das deutsche Volk hinzu:
20 1) Sicherstellung der persönlichen Freiheit des Bürgers durch ein besonderes Gesetz […];
2) vollständige Trennung von Kirche und Staat und insbesondere Übertragung und Führung der bürgerlichen Standesbücher an die weltlichen Behörden;
25 3) Freigebung der Wahl der Geistlichen und Bürgermeister;
4) augenblickliche Aufhebung aller, auf der Benutzung von Flüssen und Strassen ruhenden Abgaben, sowie Aufhebung sämmtlicher, die verschiedenen Theile Deutschlands trennender Zollschranken. […]
30

Beschlüsse der Freiburger Volksversammlung vom 26. März 1848, zit. nach: Quellen zur Geschichte der deutschen Revolution 1848/49, hg. von Hans Fenske, Darmstadt (WBG) 1996, S. 83 f.*

7 ■ Charakterisiere, was man unter den „Märzforderungen" versteht (M7). Ordne den Forderungskatalog nach Gesichtspunkten.

M8 Wie stehen wir mit Österreich?

Aus dem Sitzungsprotokoll des Verfassungsausschusses der Frankfurter Nationalversammlung (Stellungnahme des Historikers Johann Gustav Droysen), 26. 9. 1848:
Auch in Betreff Preussens gibt es mancherlei Zweifel. Aber Preussen war [fast] ganz deutsches Gebiet, während zwei Drittel Oesterreichs ausserhalb Deutschlands lagen; […].
Preussen war nicht erst seit heut und gestern „im innigsten
5 Anschluss an Deutschland"; alle geistigen, fast alle materiellen Interessen waren beiden seit langem gemein; wie auch die Zukunft werden mochte, Preussens und Deutschlands Schicksal war unauflöslich vereint. Nicht so mit Oesterreich; die Erfahrung, namentlich seit 1815, hatte gelehrt, dass sich
10 Oesterreich ganz von Deutschland abschliessen, sich auf sich zurückziehen könne […], es nur negativ, aber umso stärker und hemmender bestimme. Oesterreich gehörte thatsächlich noch nicht zu Deutschland, es sollte erst gewonnen werden. Auf Aller Lippe war die Frage: Wie stehen wir mit Oesterreich?
15

Protokoll des Verfassungsausschusses der Nationalversammlung, zit. nach: Quellen zur Geschichte der deutschen Revolution 1848/49, hg. von Hans Fenske, Darmstadt (WBG) 1996, S. 169*

8 ■ Beschreibe, warum das „Österreich-Problem" eine der zentralen Fragen in der Nationalversammlung war (M8). Welche Vorstellungen von „Nation" liegen jeweils zugrunde?

Die Einigung „von oben"

Hohenzollern
Dynastie des deutschen Hochadels. Die Hohenzollern wurden erstmals 1061 in einer Chronik genannt. In Preussen stellten sie zwischen 1701 und 1918 alle Könige, mit Wilhelm I. 1871 auch den ersten Kaiser im neu geschaffenen Deutschen Kaiserreich. Die Hohenzollernherrschaft endete am 9. November 1918 mit der Abdankung Kaiser Wilhelms II.

Die Einigungskriege

Nach der misslungenen Revolution von 1848/49 war die nationale Frage immer noch offen. Ein neuer Anstoss für die nationalliberale Bewegung kam nun aus Italien: Im Frühjahr 1959 brach dort der nationale Einigungskrieg aus (s. S. 229), der in Deutschland auf grosse Sympathien stiess und die eigene nationale Frage wieder auf die Tagesordnung setzte. Hauptproblem war hier der „deutsche Dualismus": Preussen und Österreich kämpften als Grossmächte um die Vormachtstellung im Deutschen Bund. Österreich wollte sein gesamtes Gebiet, also auch die nichtdeutschen Teile, unter Habsburgischer Führung in ein Gesamtdeutschland integrieren, also eine „grossdeutsche" Lösung. Preussen hingegen strebte eine „kleindeutsche" Lösung an – ein Gesamtdeutschland unter Führung der Hohenzollern, das alle deutschsprachigen Gebiete umfassen sollte, ausser Österreich.

Die grössten Schwierigkeiten bei der Nationalstaatsbildung machte Preussen. Im Jahr 1862 berief der neue König Wilhelm I. den konservativen Politiker Otto von Bismarck (1815–1898) zum preussischen Ministerpräsidenten. Dessen Ziel war es, die Souveränität der preussischen Monarchie gegen jede Form der Volksherrschaft zu sichern und die „kleindeutsche" Lösung durchzusetzen. Von ihm ist das Zitat überliefert: „Nicht durch Reden und Mehrheitsbeschlüsse werden die grossen Fragen der Zeit entschieden [...], sondern durch Blut und Eisen." Diese Gewaltstrategie war allerdings mit einer Forderung verbunden, mit der die bürgerlichen Liberalen gewonnen werden sollten: eine nach gleichem (Männer-)Wahlrecht gewählte gesamtdeutsche Nationalversammlung. Mittel für Bismarcks Strategie waren drei Kriege, mit denen er hoffte, die nationale Stimmung aufzuheizen und die Staaten für seine Taktik zu gewinnen („Einigungskriege").

Der „deutsche Dualismus"

Mit dem Schleswig-Holsteinischen bzw. Deutsch-Dänischen Krieg (1864) sollte entschieden werden, welchem Staatsgebiet die schleswig-holsteinischen Herzogtümer zugeschlagen werden – Dänemark oder Deutschland. Bismarck gelang es, Österreich zu einer gemeinsamen Kriegserklärung gegen Dänemark zu bewegen. Die preussisch-österreichischen Truppen konnten den Krieg siegreich beenden (Februar bis Oktober 1864), ohne dass es zu einer Intervention ausländischer Mächte kam. Im Frieden von Wien (30.10.1864) trat Dänemark die Herzogtümer Schleswig, Holstein und Lauenburg an die Herrscher von Preussen und Österreich ab. Bismarck hatte damit in wenigen Monaten ein Ziel der nationalen Bewegung erreicht, für das diese jahrzehntelang vergeblich gekämpft hatte. Auch die preussisch-österreichische Rivalität wollte Bismarck mit Krieg lösen. Im *Preussisch-Österreichischen* Krieg (1866) verteilten sich die deutschen Mittelstaaten als Verbündete auf beide Lager. Aus dem Krieg gingen Preussen und seine Verbündeten als Sieger hervor, nachdem Österreich im Juli 1866 in der Schlacht von Königgrätz (im heutigen Tschechien) bezwungen wurde. Preussen annektierte Schleswig-Holstein, Hannover, Kurhessen, Nassau und Frankfurt am Main. Der Deutsche Bund wurde aufgelöst und an seiner Stelle der Norddeutsche Bund gegründet, der aus Preussen, Sachsen und deren Bundesgenossen von 1866 bestand. Die Verfassung des Norddeutschen Bundes war in vielem Vorläuferin der Reichsverfassung von 1871. Durch die Ausschaltung Österreichs und Sammlung vieler kleindeutscher Staaten hinter Preussen für das nationale Ziel war der wichtigste Schritt in Richtung auf eine nationale Einigung unter preussischer Vorherrschaft getan.

Das „Dritte Deutschland" Die süddeutschen Staaten waren aber noch nicht gewonnen. Deshalb wollte Bismarck den Konflikt mit Frankreich kriegerisch lösen, das einen deutschen Grossstaat an seiner Ostgrenze nicht hinnehmen wollte *(Deutsch-Französischer Krieg)*. Ein Anlass hierfür ergab sich auf einem Nebenschauplatz: Ein preussischer Hohenzollernprinz kandidierte im Juni 1870 für den frei gewordenen spanischen Königsthron. Frankreich lehnte dies ab, weil es eine Umklammerung von Osten und nun von Süden her befürchtete. Es erzwang eine Rücknahme der Kandidatur, der sich Preussen beugte. Als es aber noch weitere Zusicherungen verlangte, lehnte dies Wilhelm I. ab. Er befand sich in dieser Zeit zur Kur in Bad Ems an der Lahn und teilte Bismarck den Vorgang mit. Dieser griff zu einer Manipulation, um zum Krieg mit Frankreich zu kommen. Er kürzte für die Presse eine Depesche (Telegramm) Wilhelms an Napoleon („Emser Depesche") vom 13. Juli 1870 so geschickt, dass dieser darin eine Provokation sah und mit einer Kriegserklärung antwortete (19. Juli 1870). Nun traten die süddeutschen Staaten Bayern, Württemberg, Baden und Hessen-Darmstadt unter Führung Preussens in den Krieg ein, die Bismarck für seine Pläne gewonnen hatte. Die französische Armee wurde aufgrund der preussisch-deutschen Übermacht innerhalb weniger Wochen geschlagen. Bayern, Württemberg, Baden und Hessen Darmstadt traten am 1. Januar 1871 offiziell dem Norddeutschen Bund bei, der sich in der Folge Deutsches Reich nannte. Wilhelm I. wurde am 18. Januar 1871 in Versailles zum Deutschen Kaiser proklamiert (M 1), und Otto von Bismarck erhielt den Titel des Reichskanzlers. Der Deutsch-Französische Krieg endete offiziell erst am 10. Mai 1871. In Deutschland gab es nun einen Nationalstaat. Er war allerdings nicht durch eine Volksbewegung „von unten", sondern unter Führung des preussischen Königs „von oben" zustande gekommen.

M 2 **Der preussische König Wilhelm I. (1797–1888, Reg. 1861–1888, Deutscher Kaiser 1871–1888, links) und Reichskanzler Otto von Bismarck (1815–1898), Aquarell von Konrad Siemenroth, 1887**

Wilhelm I. und Bismarck waren die Hauptbetreiber der kriegerischen deutschen Einigungspolitik

1 ■ Fasse zusammen, welche Probleme sich für Bismarck bei der Reichseinigung ergaben und wie er diese löste.

2 ■ Erkläre den Unterschied zwischen der Reichseinigung „von unten" und der Reichseinigung „von oben".

3 ■ Besprecht, welchen Eindruck das Bild M 1 vermittelt. Lassen sich daraus Rückschlüsse auf den Charakter des Reiches ziehen?

M3 **Deutschland von 1834–1871.**

Elsass-Lothringen wurde 1871 von Deutschland annektiert und wurde zum Reichsland – zu einem
Verwaltungsgebiet des Reiches bis 1918, das unmittelbar dem Deutschen Kaiser unterstand.
Der Deutsche Zollverein war ein wirtschaftspolitischer Zusammenschluss deutscher Staaten,
der 1834 gegründet wurde mit dem Ziel, die zahlreichen Binnenzölle zu beseitigen

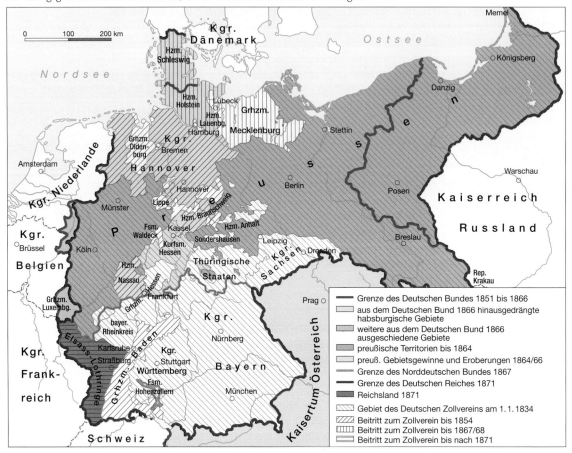

4 ■ Beschreibe und charakterisiere mithilfe der Karte M3 den Wandel vom Deutschen Bund zum Deutschen Reich. Stelle Vermutungen über die Rolle Preussens in diesem Reich an.

5 ■ Beurteile die Rolle des Zollvereins bei der Reichseinigung.

M4 **„Unsere Hoffnung richten wir auf Preussen"**

Der Deutsche Nationalverein war ein parteiähnlicher Zusammenschluss von Liberalen und gemässigten Demokraten, der von 1859–1867 bestand. Aus einer Erklärung des Deutschen Nationalvereins vom 19. Juli 1859:

Solange das deutsche Volk an einer Reform seiner Verfassung noch nicht verzweifelt und nicht allein von einer revolutionären Erhebung Rettung vor inneren und äusseren Gefahren sucht, ist der natürlichste Weg, dass eine der beiden
5 grossen deutschen Regierungen die Reform unserer Bundesverfassung ins Leben zu führen unternimmt. Österreich

ist dazu ausserstande. Seine Interessen sind keine rein deutschen, können es auch niemals werden. […]

Unsere Hoffnung richten wir daher auf Preussens Regierung, welche durch den im vorigen Jahre aus freiem Antriebe eingeführten Systemwechsel ihrem Volke und ganz Deutschland gezeigt hat, dass sie als ihre Aufgabe erkannt hat, ihre Interessen und die ihres Landes in Übereinstimmung zu bringen […]. Die Ziele der preussischen Politik fallen mit denen Deutschlands im Wesentlichen zusammen. […] Und das deutsche Volk hat in den letzten Wochen in den meisten Teilen unseres Vaterlandes mit Einmütigkeit zu erkennen gegeben, dass für die Zeiten der Gefahr und des Krieges die Vertretung unserer Interessen und die Leitung unserer militärischen Kräfte vertrauensvoll in Preussens Hände gelegt werden solle, sobald nur klare Ziele, eine feste Leitung und ein entschiedenes Handeln von Preussen zu erwarten ist.

Zit. nach: Hagen Schulze, Der Weg zum Nationalstaat, München (dtv) 1985, S. 165–167*

M 5 „Beide Grossmächte sind gleichberechtigt"

Der Frankfurter Abgeordnetentag v. 21./22. August 1863 war eine Versammlung von ca. 300 Abgeordneten aus einer Reihe deutscher Staaten. Sie verabschiedeten folgende Resolution:

[…] 2. Der Abgeordnetentag kann nur von einer bundesstaatlichen Einheit, wie sie in der Reichsverfassung von 1849 rechtlichen Ausdruck gefunden hat, die volle Befriedigung des Freiheits-, Einheits-, Sicherheits- und Machtbedürfnisses
5 der Nation erhoffen; indessen ist der inneren Krisis und den äusseren Fragen gegenüber der Abgeordnetentag nicht in der Lage, zu Österreichs Entwurf sich lediglich verneinend zu verhalten. […]

4. Der Abgeordnetentag betrachtet die Anerkennung der
10 Gleichberechtigung beider Grossmächte im Staatenbund als ein Gebot der Gerechtigkeit und der Politik, ebenso den Eintritt der nichtdeutschen preussischen Provinzen.

5. Unter allen Umständen erklärt der Abgeordnetentag: dass von einem einseitigen Vorgehen der Regierungen eine
15 gedeihliche Lösung der Nationalreform nicht zu erwarten ist, sondern nur von der Zustimmung einer nach Norm der Bundesbeschlüsse vom 30. März und 7. April 1848 zu berufenden Nationalversammlung.

Zit. nach: Ernst Rudolf Huber (Hg.), Dokumente zur Deutschen Verfassungsgeschichte, Bd. 2, S. 141 f.; zit. nach: Peter Longerich (Hg.), „Was ist des Deutschen Vaterland?" Dokumente zur Frage der deutschen Einheit 1800–1990, München (Piper) 1990, S. 87 f.*

6 ■ Arbeite heraus, welche Gestalt der deutsche Nationalstaat nach Ansicht des Deutschen Nationalvereins (M 4) und des Frankfurter Abgeordnetentags (M 5) annehmen sollte.

7 ■ Beschreibe, welche Lösung die Frankfurter Volksversammlung vorschlägt (M 6).

M 6 Gegen die preussische Gewaltpolitik

Aufruf einer Frankfurter Volksversammlung, 1. Juli 1866, kurz nach Beginn des Deutsch-Österreichischen Krieges im Juni:
An das deutsche Volk!

Der deutsche Bruderkrieg ist entbrannt. In die Zeit des rohen Faustrechts ist Deutschland zurückgeworfen. Dies schwerste Verbrechen an der Nation fällt jener Partei in
5 Preussen zur Last, die ruchlos genug ist, den Bruch des preussischen Volksrechtes und des schleswig-holsteinischen Landesrechts mit der Vergewaltigung von ganz Deutschland krönen zu wollen. In dem Augenblick, wo die staatliche Zukunft Schleswig-Holsteins endlich auf friedlichem Wege
10 deutschen Rechts und deutscher Ehre entschieden werden sollte, ist diese Partei zum Äussersten geschritten, den ewigen Bund deutscher Stämme zu sprengen und an die Stelle des öffentlichen Rechtes und des Willens der Gesamtheit das Machtgebot des Einzelnen zu setzen. […]

Wie sie mit richtigem vaterländischen Gefühl die ihr ange- 15
sonnene Neutralität im Bruderkrieg von sich gewiesen hat, so ist es jetzt ihre Pflicht, mit voller Kraft und einmütiger Entschlossenheit sich die Mitwirkung an der Entscheidung ihrer Geschicke zu sichern durch allgemeine Volksbewaffnung und gemeinsame Volksvertretung. 20

Proklamation des Ausschusses der Frankfurter Volksversammlung, 1. Juli 1866, zit. nach: August Bebel, Aus meinem Leben, Ostberlin (Dietz) 1964, S. 152 f.*

M 7 Bismarck im Norddeutschen Landtag, Holzstich nach einer Zeichnung aus „Figaro" vom 5. 3. 1870

Im norddeutschen Parlament.
„Entschieden ist er, und ein gewaltiger Redner, das muß man ihm lassen."

8 ■ Interpretiere die Karikatur M 7 und stelle einen Bezug zu Bismarcks Politik her.

M 8 Von Bismarck bearbeitete Pressefassung der „Emser Depesche", 13. Juli 1870

Nachdem die Nachrichten von der Entsagung des Erbprinzen von Hohenzollern der Kaiserlich-Französischen Regierung von der Königlich-Spanischen amtlich mitgeteilt worden sind, hat der französische Botschafter in Ems an Seine Majestät den König noch die Forderung gestellt, ihn zu au- 5
torisieren, dass er nach Paris telegraphiere, dass Seine Majestät der König sich für alle Zukunft verpflichte, niemals wieder seine Zustimmung zu geben, wenn die Hohenzollern auf ihre Kandidatur wieder zurückkommen sollten. Seine Majestät der König hat es darauf abgelehnt, den französi- 10
schen Botschafter nochmals zu empfangen, und demselben durch den Adjutanten vom Dienst sagen lassen, dass Seine Majestät dem Botschafter nichts weiter mitzuteilen habe.

Zit. nach: Bismarck. Die gesammelten Werke, Bd. 6 b (1869 bis 1871), Berlin [2]1931, S. 369, 371; http://www.documentarchiv.de (Zugriff: 30. 6. 2018)

9 ■ Erkläre, woran erkennbar ist, dass es sich bei M 8 um eine Provokation handelt. Besprecht, ob dies ein Kriegsgrund sein kann.

Das Deutsche Reich 1871–1914

Das Deutsche Kaiserreich – ein „Grosspreussen"

Der deutsche Nationalstaat war ein Kaiserreich, eine föderale Erbmonarchie, die als konstitutionelle Monarchie der Verfassung verpflichtet war. Die neue *Deutsche Reichsverfassung* stellte den *Kaiser*, also den preussischen König, an die Spitze der nationalen Machtpyramide. Er hatte die Entscheidungsgewalt über die gesamte Aussenpolitik sowie das Recht, den Krieg zu erklären und Frieden zu schliessen. Ihm stand die Befehlsgewalt über die Truppen aller deutschen Staaten im Kriegsfall und der meisten auch in Friedenszeiten zu. Zudem verfügte der Kaiser über weitreichende innenpolitische Befugnisse. Schliesslich hatte er das Recht, den Kanzler und die Reichsregierung zu ernennen, den Reichstag einzuberufen und zu schliessen, alle Bundesgesetze zu veröffentlichen und ihre Ausführung zu überwachen.

M1 **Das Niederwalddenkmal, Foto, 2010.**

Das Niederwalddenkmal liegt oberhalb der Stadt Rüdesheim am Rhein und wurde 1883 von Kaiser Wilhelm I. eingeweiht. Es gehört zu den überwiegend in der Zeit des Deutschen Kaiserreichs entstandenen monumentalen Gedenkbauwerken Deutschlands. Das Denkmal hat eine Gesamthöhe von 38 Metern und wiegt 75 Tonnen. Die Figur auf der Spitze stellt die Germania dar, die das Deutsche Kaiserreich symbolisiert. Sie blickt nach Westen, wo Frankreich liegt. Das Denkmal sollte an den Sieg über Frankreich und an die Einigung Deutschlands 1871 erinnern

Das Deutsche Reich war aber auch ein Bund von 22 Fürstenstaaten (Monarchien), drei Stadtrepubliken und dem Reichsland Elsass-Lothringen, das von einem Reichsstatthalter regiert wurde. Es war ein föderaler Nationalstaat, in dem jedoch die Dominanz Preussens unübersehbar war. Das Königreich Preussen umfasste 1871 etwa zwei Drittel der Fläche des Reiches und seiner Bevölkerung (25 zu 41 Mio., s. Karte S. 222). Der preussische König war zugleich deutscher Kaiser, der Reichskanzler war zumeist auch preussischer Ministerpräsident. Deutschland war gewissermassen ein Grosspreussen. Die Interessen des von Preussen dominierten Staates standen im Vordergrund, die der Bürger waren nachgeordnet. Dies wird vor allem daran deutlich, dass die Verfassung im Unterschied zu denen anderer Nationen oder zur deutschen Verfassung von 1849 keine Garantie von Grundrechten für den Einzelnen enthielt. In Preussen selbst gab es gar kein allgemeines und gleiches Wahlrecht, sondern ein Dreiklassenwahlrecht.

Dreiklassenwahlrecht
Wahlrecht, nach dem die Wähler ein abgestuftes Stimmengewicht besassen, das je nach Steuerleistung in drei Abteilungen („Klassen") eingeteilt war.

Bundesrat und Reichstag

Die in der Verfassung festgelegte föderale Struktur des Reiches fand sich auch im *Bundesrat* wieder. Er bestand aus Bevollmächtigten der Einzelstaaten, deren Vorsitzender der Reichskanzler war. Die Bedeutung des Bundesrats bestand vor allem darin, dass nationale Gesetze seiner Zustimmung bedurften, damit sie in Kraft treten konnten. Im Jahr 1871 hatten alle Bundesstaaten zusammen 58 Stimmen im Bundesrat, die preussischen Bevollmächtigten hatten allein 17 Stimmen, die mit Abstand höchste Stimmenzahl. Die 17 preussischen Stimmen reichten aus für ein Veto bei Verfassungsänderungen (14 Stimmen).

Der *Reichstag* war das Gremium, das die nationale Einheit ausdrücken sollte. Mit ihm war – so die Auffassung Bismarcks und der Konservativen – ein wichtiges Ziel der liberalen Nationalbewegung erfüllt. Der Reichstag wurde nach allgemeinem und gleichem Männerwahlrecht gewählt und besass wichtige Kompetenzen in Finanzwesen und Gesetzgebung. Er hatte jedoch nicht das Recht zur Wahl und Abberufung der Exekutive. Die Regierung ging nicht aus dem Vertrauen der Parlamentsmehrheit hervor. Zudem war das Militär der parlamentarischen Aufsicht vollkommen entzogen. Im Grunde war das Kaiserreich eine von autoritärem Geist durchdrungene Militärmonarchie, die auf einem scharfen Gegensatz zwischen Reichstag und Reichskanzler beruhte.

Die Nationalitätenfrage Im Deutschen Reich gab es 1880 neben den damals ca. 41 Mio. Deutschsprachigen rund 3,25 Mio. Nichtdeutschsprachige. Darunter waren 2,5 Mio. Menschen mit polnischer oder tschechischer Sprache, etwa eine halbe Mio. Angehörige anderer slawischer Nationalitäten, 140 000 Dänen und 280 000 Französischsprechende. Die Politik des Reiches gegenüber diesen Minderheiten wird an zwei Beispielen deutlich:
– In den *polnischsprachigen Gebieten* verfolgte die preussische Verwaltung eine Politik der Germanisierung. So wurde 1872 der Religionsunterricht in den oberen Klassen der höheren Schulen durchgehend in deutscher Sprache erteilt. Im folgenden Jahr wurde der deutsche Sprachunterricht sogar in den polnischen Dorfschulen eingeführt. Im Jahr 1886 liess Bismarck zudem ca. 30 000 polnische Einwohner, die keine preussischen Staatsangehörigen waren, aus Preussen vertreiben.
– Im annektierten *Elsass-Lothringen* war die Bevölkerung zwar berechtigt, Reichstagsabgeordnete zu wählen, hatte aber keine Staatsregierung und durfte deshalb keine Vertreter in den Bundesrat entsenden. Elsass-Lothringen war damit ein zum Reich gehörendes Land ohne die Rechte eines Bundesstaates. Wichtig war auch die Einführung des Deutschen als Amts- und Gerichtssprache. Die arrogante Haltung der deutschen Offiziere, die die Elsässer und Lothringer diffamierend als „Wackes" bezeichneten, tat ihr Übriges.

Der neue Nationalismus In den Siebziger- und Achtzigerjahren des 19. Jahrhunderts wandelte sich der Nationsbegriff in vielen europäischen Staaten, auch in Deutschland. Der wirtschaftliche Einbruch Anfang der 1870er-Jahre hatte in fast allen europäischen Staaten zu einem Ende des Fortschrittsglaubens und zu grundlegenden pessimistischen Lebensanschauungen geführt. Die Schuld hierfür wurde nun angeblichen Feinden der Nation zugeschrieben: vor allem den Sozialisten und dem internationalen Kapital mit seinen vermeintlichen Hauptvertretern, den Juden. Im Zuge dieser Entwicklung verschärfte sich auch der Antisemitismus, der immer mehr die Züge eines aggressiven Rassismus annahm. Der Begriff der Nation wurde nun zu einem Kampfbegriff der Rechten und richtete sich auch nach aussen. Er bestimmte zunehmend die Aussenpolitik, in der nun ein neuer, auf Expansion gerichteter Nationalismus festzustellen war. Der Nationalismus in Deutschland trat nun zunehmend organisiert auf: Kyffhäuserbund, Alldeutscher Verband und andere Organisationen arbeiteten mit nationalistischen Parolen, die dem emanzipatorischen Grundanliegen moderner Nationen direkt widersprachen. Sie spielten eine wichtige Rolle dabei, das Volk für eine aggressive Aussenpolitik und für Kriegsparolen empfänglich zu machen.

M2 Französische Propagandapostkarte zu Elsass-Lothringen, 1914

Rassismus
Gesinnung oder Ideologie, nach der Menschen aufgrund vor allem biologischer Merkmale als sogenannte „Rasse" eingeteilt und beurteilt werden.

Kyffhäuserbund
1896 als Dachverband deutscher Kriegervereine gegründeter Deutscher Soldatenbund. Er ging aus dem Ständigen Ausschuss der vereinten deutschen Kriegerverbände für die Verwaltung des Kaiser-Wilhelm-Denkmals auf dem Kyffhäuser, einem Berg in Thüringen, hervor.

Alldeutscher Verband
Der 1891 gegründete „Alldeutsche Verband" propagierte ein deutsches Volkstum, das als Rassen- und Kulturgemeinschaft verstanden und im gesamten Mitteleuropa als Grossdeutschland verwirklicht werden sollte.

1 ▪ Untersuche M1 nach der Methode auf S. 232/233. Erläutere, inwiefern das Denkmal ein politisches Programm ausdrückt.
2 ▪ Interpretiere die Bildaussage von M2. Was kommt zum Ausdruck?
3 ▪ Lege dar, wie es in Deutschland zu einem aggressiven Nationalismus kam.

M3 „Europas Zukunftskarte" des „Alldeutschen Verbandes" vor dem Ersten Weltkrieg.

Der „Landwehrmann Kutschke" gilt als Symbolfigur des einfachen deutschen Soldaten

4 ■ Untersuche die Karte M 3:
- Nenne die Staaten, auf die die „Alldeutschen" Anspruch erhoben.
- Untersuche, in welcher Form die Deutschen in diesen Gebieten herrschen sollten.
- Beurteile, inwiefern diese Karte Ausdruck eines übersteigerten Nationalismus (Chauvinismus) ist.

M4 „Unser Volk hat grosse Weltaufgaben"

Aus dem Gründungsaufruf des Allgemeinen Deutschen Verbandes (später: Alldeutscher Verband), April 1891:

In die Mitte von Europa gestellt und an seinen Grenzen bedroht von fremden und feindlichen Nationalitäten, bedarf das deutsche Volk mehr als alle anderen Völker der vollen und einheitlichen Zusammenfassung seiner Kräfte, um sei-
5 ne Unabhängigkeit nach aussen und die Entfaltung seiner Eigenart im Innern zu sichern. Durch eig'ne Fehler und eine Reihe von weltgeschichtlichen äusseren Umständen ist Deutschland in dieser Zusammenfassung seiner nationalen Kraft um Jahrhunderte zurückgehalten und von fremden
10 Völkern im Westen und Osten weit überholt worden. Erst die grossen Kämpfe von 1866 und 1870 errangen die Schaffung des deutschen Einheitsstaates und damit die Grundlage, auf welcher unser Volk den Wettbewerb mit anderen Nationen aufzunehmen vermag.
15 Auf dieser Grundlage weiter zu bauen und unserm Volk die Weltstellung zu gewinnen, wie sie seinem Rang als europäischer Grossmacht entspricht, das ist sowohl Aufgabe der Regierungen wie der Nation als solcher. Es würde falsch sein, anzunehmen, dass durch die Errungenschaften der letzten Kriege die politische Entwicklung Deutschlands bereits ih-
20 ren endgültigen Abschluss erreicht hätte. Noch ist der Ausbau des nationalen deutschen Reiches nicht beendet, und über See geniesst unsere Flagge noch nicht das Ansehen, wie es der ersten Kriegsmacht Europas zukommt. [...] Ein
25 unter allen Umständen sicheres Absatzgebiet für unsere Industrie fehlt uns, weil uns eig'ne aufnahmefähige Kolonien in angemessenem Umfang fehlen. [...]

Der Zweck des Allgemeinen Deutschen Verbandes ist:

1. Belebung des vaterländischen Bewusstseins in der Heimat
30 und Bekämpfung aller der nationalen Entwicklung entgegengesetzten Richtungen.

2. Pflege und Unterstützung deutsch-nationaler Bestrebungen in allen Ländern, wo Angehörige unseres Volkes um die Behauptung ihrer Eigenart zu kämpfen haben, und Zusam-
35 menfassung aller deutschen Elemente auf der Erde für diese Ziele.

3. Förderung einer tatkräftigen deutschen Interessenpolitik in Europa und über See. Insbesondere auch Fortführung der deutschen Kolonial-Bewegung zu praktischen Ergebnissen.

Otto Bernhard: Geschichte des Alldeutschen Verbandes. Leipzig/Berlin 1920, S. 248 f., zit. nach: Peter Alter (Hg.): Nationalismus. Dokumente zur Geschichte und Gegenwart eines Phänomens, München (Piper) 1994, S. 238 f.*

5 ■ Erarbeite am Text M 4,
- wie der Alldeutsche Verband seine Ziele begründete;
- inwiefern diese Ziele über die in M 3 dargestellten hinausgingen.

M5 Wilhelm Liebknecht gegen den Flottenbau, 1900.

Nach dem Willen der Reichsregierung und der Marineführung sollte Deutschland eine starke Flotte bauen, um England zur See Paroli bieten zu können. In der Reichstagsdebatte vom 12.6.1900 über den Bau dieser Flotte ergriff der sozialdemokratische Abgeordnete Wilhelm Liebknecht das Wort:

Man hat […] gesagt, die deutschen Arbeiter werden unzufrieden sein, dass wir [die Sozialdemokraten] ihnen das Brot, welches durch die Flottenvorlage mindestens 36 000 Arbeitern gewährt werden soll, entziehen, indem wir gegen die
5 Flotte stimmen. […]

Die deutschen Arbeiter verlieren gar nichts, wenn diese Flottenvorlage beiseitegeworfen wird; sie weinen ihr wahrlich keine Träne nach. Im Gegenteil, sie würden uns für Verräter halten, wenn wir für die Flotte stimmten. […] Wir hat-
10 ten gestern eine denkwürdige Sitzung, und es wird wohl mancher sich tief geschämt haben, als wir jene entsetzlichen Schilderungen der Hospitalzustände in Berlin, der Hauptstadt des Reiches, dem „Wasserkopf" anhörten, als wir erfuhren, wie es hier in einem Hospital aussieht und hergeht.
15 So ist es nicht bloss hier, sondern überall, und vielfach noch schlimmer. Und woran fehlt es? „Wir haben kein Geld." 5 000 Millionen werfen wir ins Wasser für die Flotte, nach diesem Gespenst der Weltmarktpolitik und der Weltherrschaft, aber für das Elend vor unseren Türen haben wir kein
20 Geld! […] All diese Krankheiten [z.B. Tuberkulose] können nur bekämpft werden durch vernünftige Ernährung und Lebenshaltung des Volkes, durch vernünftige Hygiene, durch Errichtung von Heilstationen und Genesungsheimen. Was war die Antwort der Reichsregierung? Dafür haben wir
25 kein Geld.

Zit. nach: Eberhard Jäckel u.a. (Hg.), Deutsche Parlamentsdebatten, Bd.1 1871–1918, Frankfurt/Main (Fischer) 1970, S.198*

6 ■ Formuliere aus M3 und M4 eine kurze „Erklärung der deutschen Regierung". Beurteile, wie die Nachbarstaaten darauf reagieren würden.

7 ■ Stelle die Auffassung Liebknechts (M5) derjenigen des Alldeutschen Verbandes (M4) gegenüber und nimm Stellung dazu.

M6 Die Grenzen des Nationalstaatsprinzips

Der liberale deutsche Publizist Friedrich Naumann, 1915:

Als […] die Völkerkarte von Europa in den Wanderungen und Schiebungen des Mittelalters entstand, nahm die damalige Entwicklung keinerlei Rücksichten auf zukünftige abgerundete, verteidigungsfähige Nationalstaaten. Die Vor-
5 sehung arbeitete, wenn ich mich so ausdrücken darf, nicht mit dem Ziel der Nationalstaaten […].

Die Weltgeschichte war unsystematisch und hinterliess eine vielfarbige, marmorierte Bevölkerungsfläche. Diese nun nachträglich in Normalquadrate umzuschneiden, wird un-
10 möglich sein. Das bedeutet, dass es kein unbedingtes Naturrecht oder Geschichtsrecht auf reine Nationalstaaten geben kann. Auch wir Deutschen haben anerkennen müssen, dass es in der wirklichen Welt verwickelter zugeht als in unserer nationalen Theorie, so herrlich und kräftig diese auch war
15 und ist. Und was hat es für einen Zweck, Nationalstaaten erzwingen zu wollen, die dann doch, sobald sie entstanden sind, wieder die Zwietracht in sich tragen und nach aussen abhängig werden, weil sie zu klein sind für eigene Sicherheit? Der Friede Europas beruht nicht auf möglichster Zerstücke-
20 lung, sondern auf Herstellung eines grossen duldsamen und tragkräftigen mitteleuropäischen Staatengebildes.

Friedrich Naumann, Die Nationalitäten Mitteleuropas, in: Friedrich Naumann, Werke, hg. von Theodor Schieder, Bd.4. Köln/Opladen (Westdeutscher Verlag) 1964, S. 466f.*

8 ■ Fasse zusammen, was Naumann dem Nationalstaatsprinzip entgegenhält (M6). Welche Alternative schlägt er vor?

M7 Karikatur von Eduard Thöny, um 1900

Originale Bildunterschrift: „Aus Kiautschau (China): Es freut einen doch, wenn man sieht, wie sich dank unserer starken Marine die deutsche Kultur über die ganze Erde verbreitet. Jetzt tragen in Kiautschau die Hunde schon Maulkörbe"

9 ■ Stelle den Zielen der Alldeutschen diejenigen Liebknechts und Naumanns gegenüber. Beurteile ihre jeweiligen Folgen für die weitere Entwicklung Europas (s. auch M7).

Das Beispiel Italien

Das Risorgimento – Italiens Weg zur Einheit

M1 Graffitischreiber im Zweiten Unabhängigkeitskrieg 1859, Zeichnung, 1859.

Unterstützer des Risorgimento schreiben auf eine Mauer „Viva VERDI", eine Abkürzung für „Vittorio Emanuele Re d'Italia". Gemeint ist Viktor Emanuel, der König werden sollte. Die Abkürzung ist auch angelehnt an den Komponisten Guiseppe Verdi (1813–1901), der die Nationalbewegung ebenfalls unterstützte

Bourbonen
Französisches Adelsgeschlecht, das sieben französische Könige sowie weitere Monarchen anderer europäischer Staaten stellte.

Haus Savoyen
Dynastie, die seit dem Hochmittelalter über die Territorien Savoyen und Piemont herrschte und von 1861 bis 1946 die Könige Italiens stellte.

Risorgimento („Wiedererhebung")
Die italienischen Einheitsbestrebungen seit Beginn des 19. Jh., besonders in der Zeit von 1815–1870. Das Risorgimento berief sich auf die Ideen der Französischen Revolution.

Die Nationalbewegung

Der Wiener Kongress (s. S. 192) ordnete 1815 die Verhältnisse auf der italienischen Halbinsel neu. Wie in den anderen Staaten und Regionen Europas sollte auch in Italien die vornapoleonische monarchische Ordnung wiederhergestellt werden. Politisch gesehen gab es nun nach wie vor kein Italien, sondern – ähnlich wie in Deutschland – eine verwirrende Vielfalt vieler Einzelstaaten: im Süden das Bourbonenkönigreich Neapel und Sizilien, in der Mitte der Kirchenstaat, der unter der Herrschaft des Papstes stand, im Norden das Grossherzogtum Toskana und im Nordwesten der Staat Piemont unter der Herrschaft des Hauses Savoyen, das auch die Insel Sardinien beanspruchte. Die österreichischen Habsburger mit ihren Nebenlinien hatten die Vorherrschaft über die meisten mittel- und oberitalienischen Fürstentümer, darunter die Herzogtümer Modena und Parma und das als Königreich proklamierte Lombardo-Venetien als Zusammenschluss der Lombardei und Venetiens. Das kleine Herzogtum Lucca ging vorerst an das Haus Bourbon-Parma und stand damit bis zu seinem Anschluss an die Toskana 1847 unter dem Einfluss Spaniens und Frankreichs.

Das wenig entwickelte Transportsystem zwischen diesen Staaten erlaubte nur geringen wirtschaftlichen Austausch unter ihnen. Hinzu kamen erhebliche Sprachunterschiede, die die Verständigung erschwerten. So war es nicht verwunderlich, dass nach 1815 unter den Gebildeten, dem fortschrittlich gesinnten Mittelstand und danach auch in der Bevölkerung ein wachsendes Interesse für eine nationale Vereinigung (Risorgimento) entstand (M 1).

Zersplitterung und Restauration

Nachdem zunächst die Schaffung revolutionärer Vereinigungen gescheitert war, gründete im Jahr 1831 der junge Genueser Guiseppe Mazzini (M 2) eine neue Gruppe, die die Fehler der alten vermeiden wollte. Sie nannte sich „Junges Italien" (La Giovine Italia) und stand in loser Verbindung mit gesinnungsverwandten Kreisen anderer Länder (Junges Deutschland, Junges Polen, Junges Europa). Ihr klar definiertes Ziel war ein freies, einiges, republikanisches Italien, das von einer Volksbewegung unter Führung Mazzinis erkämpft werden sollte.

Eine weitere herausragende Persönlichkeit des Risorgimento war Guiseppe Garibaldi. 1833 wurde er Mitglied im „Jungen Italien", wurde aber nach dem Scheitern des ersten Aufstandes 1834 zum Tode verurteilt. Er konnte der Urteilsvollstreckung durch die Flucht ins Exil nach Südamerika entgehen. In den Jahren 1848 und 1854 kämpfte er erneut für die Einheit Italiens, begab sich nach dem Scheitern aber stets ins Exil. Nach seiner erneuten Rückkehr 1854 wandte er sich von Mazzini ab und setzte sich für die italienische Einigung unter König Viktor Emanuel II. ein. Sein grösster Erfolg war schliesslich der „Zug der Tausend" 1860.

Nationale Einigung und Nationalkrieg

Im zersplitterten und unter Fremdherrschaft stehenden Italien wurde nur das Königreich Sardinien-Piemont durch eine einheimische Dynastie regiert – und von hier aus sollte auch die endgültige Einigung Italiens ausgehen. Sie wurde in Gang gesetzt durch einen liberalen Realpolitiker, den Ministerpräsidenten von Sardinien-Piemont, Camillo Benso Graf von Cavour (M 3). Er war der Repräsentant einer schmalen Schicht von Adligen und Bürgerlichen, die eine nationale Einigung Italiens befürworteten. Cavour wusste aber nur zu gut, dass ein Herausdrängen der Österreicher aus Italien nur mit dem Einverständnis Frankreichs und Englands gelingen würde. So begann er ein gewagtes diplomatisches Spiel. 1855/56 unterstützte Sardinien-Piemont England und Frankreich im **Krimkrieg** gegen Russland. Das war der Preis, den Cavour zahlte, um das Wohlwollen der Westmächte für seine Pläne zur italienischen Einigung zu erringen. Im Sommer 1858 folgte der zweite Schritt – eine geheime Verabredung mit dem französischen Kaiser Napoleon III. Frankreich sicherte Sardinien-Piemont die Unterstützung in einem Krieg gegen Österreich zu, wenn dieses Savoyen und Nizza an Frankreich abtreten würde. Dafür sollte Italien bis zur Adria frei werden. Im Frühjahr 1859 begann der von Frankreich unterstützte „Nationalkrieg" gegen Österreich. Nach zwei österreichischen Niederlagen bei Magenta und Solferino schloss Frankreich allerdings vorzeitig Frieden mit Österreich am 11. Juli 1859 – völlig unerwartet für Graf Cavour, denn die mit Napoleon III. verabredeten Kriegsziele waren noch nicht erreicht.

Die Gründung des Nationalstaats

Die diplomatisch-militärischen Aktionen waren nur der erste Teil der nationalen Revolution in Italien. Nach dem Krieg gegen Österreich wurde überall in Norditalien der Anschluss an Sardinien-Piemont ausgerufen. 1860 schifften sich in Quarto bei Genua 1000 Freischärler unter Führung Garibaldis ein und landeten auf Sizilien. Der „Zug der Tausend" durch Sizilien und Kalabrien führte zum Sturz der bourbonischen Monarchie, weil die Bevölkerung Garibaldi begeistert unterstützte. Frankreich hielt still und wurde dafür mit Savoyen und Nizza belohnt. 1861 vereinigten sich der Norden und der Süden zum Königreich Italien. Vollendet wurde die politische Einigung jedoch erst mit der Eingliederung Venetiens und Roms. Nach dem Tod Cavours 1861 gelang dies seinen Nachfolgern: Mit der Unterstützung Preussens im Zusammenhang mit dem Krieg 1866 erreichten sie den Rückzug Österreichs aus Venetien, und während des Deutsch-Französischen Kriegs 1870/71 besetzten sie Rom und riefen es zur Hauptstadt des Königreichs Italien aus. Nach der faktischen Vollendung der politischen Einigung Italiens kam es immer wieder zu Bestrebungen, die Gebiete, die ganz oder teilweise italienischsprachig waren (Dalmatien, Tessin, Istrien), dem italienischen Staat einzugliedern („Irredentismus").

M2 Guiseppe Mazzini (1805–1872), nachkolorierte Aufnahme, um 1865

M3 Camillo Benso di Cavour (1810–1861), Foto, 1859

Krimkrieg
Krieg zwischen Russland und der Türkei 1853–1856, an deren Seite 1854 England und Frankreich, später (1855) auch Sardinien-Piemont in den Krieg eintraten. Ursache war das Expansionsstreben Russlands auf dem Balkan, das weder England noch Frankreich zulassen wollten.

Das Risorgimento

cornelsen.de/Webcodes
Code: ruyaxu

1 ■ Erkläre, was unter „Risorgimento" zu verstehen ist.
2 ■ Erläutere, ob die Einigung Italiens den Vorstellungen Mazzinis entsprach.

M 4 Die Einigung Italiens 1859–1870

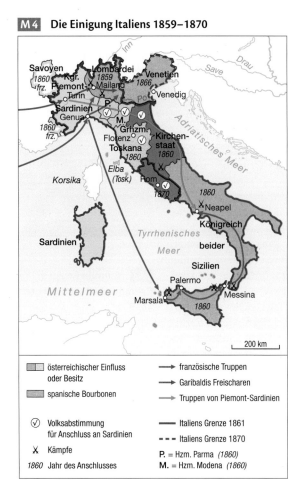

österreichischer Einfluss oder Besitz

spanische Bourbonen

Ⓥ Volksabstimmung für Anschluss an Sardinien

✗ Kämpfe

1860 Jahr des Anschlusses

→ französische Truppen

→ Garibaldis Freischaren

→ Truppen von Piemont-Sardinien

— Italiens Grenze 1861

--- Italiens Grenze 1870

P. = Hzm. Parma *(1860)*
M. = Hzm. Modena *(1860)*

3 ■ Stelle die Einigung Italiens (M 4) in einer Zeitleiste dar.

M 5 „Krieg den Österreichern"

Guiseppe Mazzini, 1831:

Es gibt kein wahres Hindernis für 26 Millionen Menschen, welche für das Vaterland aufstehen und kämpfen wollen. [...] Deutschland ausgenommen haben wir allein unter den Völkern uns Einheit, Unabhängigkeit und Freiheit erst noch
5 zu erkämpfen. [...] Sagt dem Volke: Für dich gibt es kein Recht – keine Vertretung – kein Amt – keine besondere Würde – keine Liebe – keine Sympathie; für dich gibt es Tränen und Elend, bürgerliche, politische und kirchliche Unterdrückung. [...] Streckt nach dem lombardischen Boden
10 die Hand aus: Da sind Männer, die eure Knechtschaft verewigen; streckt sie nach den Alpen aus: Da sind eure Grenzen – und stosst den Ruf aus: „Hinaus, Barbar! Krieg den Österreichern!" – Das Volk wird euch folgen. [...] Und es gibt ein Wort, welches das Volk überall versteht. [...] Dieses
15 Wort heisst Republik.

Guiseppe Mazzinis Schriften, Bd. 1, übers. u. eingel. v. Ludmilla Assnig, Hamburg (Hoffmann und Campe) 1868, S. 101 ff. *

4 ■ Erläutere die Forderungen Mazzinis (M 5) vor dem Hintergrund der Lage Italiens nach dem Wiener Kongress.

M 6 „Was bekommt Frankreich?"

Aus einem Bericht Cavours an König Viktor Emanuel über eine Besprechung, die er mit Kaiser Napoleon III. von Frankreich hatte, 24. 7. 1858:

Der Kaiser schnitt die Frage an, welches der Grund meiner Reise war. [...] Er sei entschlossen, Sardinien mit allen Kräften in einem Kriege gegen Österreich zu unterstützen, vorausgesetzt, dass sich dieser Krieg [vor der] öffentlichen Meinung Frankreichs und Europas rechtfertigen liesse. Da die
5 Suche nach einer solchen Sache die grösste Schwierigkeit [...] darstellte [...], schlug ich zuerst vor, die Beschwerden wegen des mit uns geschlossenen Handelsvertrages [geltend zu machen]. [...] Darauf erwiderte der Kaiser, eine Handelsfrage [...] könne nicht einen Krieg veranlassen, der
10 bestimmt sei, die Landkarte Europas zu verändern. [...] Meine Stellung wurde ungemütlich, weil ich nichts Bestimmtes mehr vorzuschlagen hatte. Der Kaiser kam mir zuhilfe, und wir machten uns zusammen daran und durchliefen alle italienischen Staaten, um diesen so schwer zu findenden
15 Kriegsgrund zu suchen. Nachdem wir die ganze Halbinsel erfolglos durchreist hatten, kamen wir beinahe unerwartet in Massa und Carrara[1] an, und dort entdeckten wir, was wir so eifrig suchten. [...] Wir kamen überein, dass ein Appell der Bevölkerung an Eure Majestät provoziert werden sollte,
20 der ihren Schutz erbitten und sogar die Annexion [Besetzung] dieser Herzogtümer durch Sardinien verlangen würde. Eure Majestät würden [...] eine [...] drohende Note an den Herzog von Modena[2] richten. Der Herzog würde, im Vertrauen auf die Unterstützung Österreichs, eine freche
25 Antwort erteilen. Daraufhin würde Eure Majestät Massa besetzen, und der Krieg könnte beginnen. [...] Wir gingen darauf zu der grossen Frage über: Wie soll das Kriegsziel aussehen? Der Kaiser gab ohne weiteres zu, dass es notwendig sei, die Österreicher aus Italien hinauszuwerfen. [...] Aber wie
30 sollte Italien dann organisiert werden?
Die Poebene, die Romagna [...] würden das Königreich Oberitalien werden, über die das Haus Savoyen herrschen würde. Rom [...] würde dem Papst belassen. [...] Der Rest des Kirchenstaates würde mit der Toskana Mittelitalien bil-
35 den. Die Grenzen des Königreiches Neapel erführen keine Veränderungen. Diese vier italienischen Staaten würden einen Staatenbund nach Art des Deutschen Bundes [s. S. 216] bilden, dessen Vorsitz dem Papst gegeben würde, um ihn über den Verlust des grössten Teils seiner Staaten hinwegzu-
40 trösten. [...] Nachdem das künftige Schicksal Italiens festgelegt war, fragte mich der Kaiser, was Frankreich bekommen würde und ob Eure Majestät [Viktor Emanuel] Savoyen und die Grafschaft Nizza abtreten würden. Ich erwiderte [...], Sie

45 seien bereit, Savoyen zu opfern, obwohl es Sie hart ankomme, auf ein Land Verzicht zu leisten, das die Wiege Ihrer Familie gewesen sei.

Zit. nach: Wolfgang Kleinknecht/Herbert Krieger (Hg.), Handbuch für den Geschichtsunterricht, Bd. 5, Frankfurt/Main (Diesterweg) 1970, S. 55*

1 Das Herzogtum Massa-Carrara in der Toskana wurde in dieser Zeit von Österreich regiert.
2 Auch das Herzogtum Modena in der Emilia Romagna war zu dieser Zeit habsburgisch.

5 ■ Suche die in M 6 genannten Staaten und Gebiete auf der Karte M 4. Ziehe ggf. einen Geschichtsatlas hinzu.
6 ■ Erläutere, wie der Krieg vorbereitet und gerechtfertigt wird, und beurteile dies.
7 ■ Vergleiche den Vorgang mit der Emser Depesche in Deutschland (s. S. 223). Kann man Gemeinsamkeiten erkennen?

M 7   Guiseppe Garibaldi (1807–1882), Foto, um 1875

M 8   Garibaldis „Zug der Tausend"

Der Historiker Gerhard Feldbauer, 2008:
Als sich im April 1860 auf Sizilien die Bauern erhoben, kaperte Garibaldi in Genua zwei Dampfschiffe, um den Rebellen mit 1 000 seiner Rothemden zu Hilfe zu eilen. Am 11. Mai ging der „Zug der Tausend" bei Marsala an Land. Am nächs-
5 ten Tag wurden die bourbonischen Truppen bei Calatafimi geschlagen. Aus der Bevölkerung strömten dem Korps nun

in grosser Zahl Freiwillige zu. Ohne dass es dazu eine Übereinkunft gab, erklärte Garibaldi in seinem Dekret vom 14. Mai 1860: „Ich übernehme in Sizilien die Diktatur im Namen Viktor Emanuels, des Königs von Italien". […] Der von 10 Garibaldi gebildeten Regierung gehörten Mazzinisten und gemässigte Liberale an. Sie erliess als Erstes ein Dekret [Verordnung], das alle Männer zwischen 18 und 50 Jahren zum Militärdienst rief. Die bourbonische Verwaltung wurde auf allen Ebenen abgesetzt, ihre Gesetze und Verordnungen 15 wurden aufgehoben. Die wichtigste soziale Massnahme war ein Dekret, welches das Gemeindeland den Bauern übereignete. Die eingeleiteten Massnahmen verdeutlichten den Charakter der Regierung als einer kleinbürgerlichen revolutionär-demokratischen Diktatur. 20

Gerhard Feldbauer: Geschichte Italiens. Vom Risorgimento bis heute, Köln (PapyRossa) 2008, S. 37*

M 9   Garibaldi und Viktor Emanuel, Karikatur der britischen Satirezeitschrift „Punch", 1860

8 ■ Interpretiere die Karikatur M 9 mithilfe des Textes M 8. Welche Kritik wird geübt?
9 Fasse das Kapitel zusammen, indem du die Nationalbewegungen in der Schweiz, in Deutschland und Italien vergleichst:
 – Wie sind sie entstanden?
 – Was waren ihre Ziele?
 – Wer waren die jeweiligen Gegner?
 – Was waren die Ergebnisse?

Methode: Denkmäler als Erinnerungsorte

Kollektives Gedächtnis und „Erinnerungsorte"

Was von einer Gemeinschaft als wichtig erachtet wird, wird kulturell fixiert und verankert, z. B. in Denkmälern, Redensarten, Bildern, Spielfilmen, Romanen, Schulbüchern oder in Comics. Es entstehen „Erinnerungsorte". Dieser Begriff lehnt sich an die *lieux de mémoire* (frz. „Orte der Erinnerung") des französischen Historikers Pierre Nora an. Mit ihm ist die Vorstellung verbunden, dass die gemeinsamen Erinnerungen der Menschen, die Identität als Nation oder das kollektive Gedächtnis einzelner „Erinnerungsgemeinschaften" sich an „Orten" ausdrücken. Das bedeutet, dass sich das kollektive Gedächtnis einer Gemeinschaft in „Erinnerungsorten" materiell verankert hat, die nicht nur räumlich als „Orte" gedacht werden, sondern auch Personen, Ereignisse, Gebäude, Denkmäler und Filme umfassen können. Die Vorstellung der „Erinnerungsorte" geht davon aus, dass sich Erinnerung dann vollzieht, wenn man Fixpunkte in Raum und Zeit markiert, im Gedächtnis verankert und bei Bedarf ins Bewusstsein zurückruft. Dies gilt für jeden einzelnen Menschen, kann aber auch auf eine Gruppe von Menschen, eine bestimmte Kultur oder eine Gemeinschaft übertragen werden. Die Begründung dieser „Orte" – d. h. die Frage danach, warum daran erinnert werden soll bzw. warum man sich daran erinnern muss – wird erst dann wichtig, wenn das mit ihnen Erinnerte aus dem lebendigen Gedächtnis (man spricht hier vom „kommunikativen Gedächtnis") verloren zu gehen droht.

Das 19. Jahrhundert war die Hochphase der Denkmalssetzungen. Gerade die neu entstandenen Nationalstaaten nutzten diese zur Legitimation und Repräsentation der eigenen Nation und ihrer – um Teil eben auch erfundenen – Traditionen (*invented traditions*). Die entstandenen Nationaldenkmäler spielten in allen europäischen Staaten bei der nationalen Identitätsentwicklung eine grosse Rolle.

M1 Das Winkelried-Denkmal in Stans.

Arnold Winkelried ist eine Figur der Schweizer Geschichte. Er soll am 9. Juli 1386 bei der Schlacht von Sempach ein Bündel Lanzen der habsburgischen Ritter gepackt und, sich selbst aufspiessend, den Eidgenossen eine Bresche geöffnet haben. Sein Opfer soll der Schlüssel zum eidgenössischen Sieg gegen die Habsburger unter Herzog Leopold III. gewesen sein

Analyse

Denkmäler sind künstlerisch gestaltete, im öffentlichen Raum errichtete und auf Dauer angelegte Werke, die an bestimmte Personen oder Ereignisse erinnern. Diese Darstellungen sind niemals zweckfrei und absichtslos, sondern Teil der (vergangenen) öffentlichen Geschichtskultur und der (vergangenen) Geschichtspolitik. An ihnen erkennt man, wie eine Gesellschaft mit ihrer Geschichte umgeht.

Will man Denkmäler in ihrer Funktion als „Erinnerungsorte" untersuchen, dann reicht es nicht aus, die einzelnen Denkmäler zu beschreiben und sie auf das Dargestellte hin zu befragen (Material, Symbole, Zeichen, Formen). Vielmehr müssen auch die Absichten, Wirkungen und Nutzungen des jeweiligen Denkmals in die Analyse einbezogen werden. Dies sollte unter vier Aspekten erfolgen: Denkmalsplanung, Denkmalssetzung, Denkmalsnutzung, Denkmalsperspektive.

1. Denkmalsplanung: Frage nach den Absichten und dem Thema

– Wer hat das Denkmal geplant und konzipiert?
– Wer hat das Denkmal künstlerisch gestaltet?
– Woran sollte erinnert werden?
– Aus welchem Anlass wurde es konzipiert?
– ...

2. Denkmalssetzung: Frage nach den Umständen der Errichtung

– Wann wurde das Denkmal errichtet?
– Wie wurde die Denkmalssetzung gefeiert?
– Wo wurde das Denkmal errichtet?
– Warum gerade an diesem Ort?
– Durch wen wurde das Denkmal aufgestellt?
– Wer waren die Gegner der Denkmalssetzung?
– ...

3. Denkmalsnutzung: Frage nach der Gebrauchsgeschichte

– Wie wurde das Denkmal seit seiner Setzung gebraucht?
– Wer hat das Denkmal bekämpft?
– Wurde das Denkmal verändert oder versetzt?
– Wurde das Denkmal restauriert?
– ...

4. Denkmalsperspektive: Frage nach der gegenwärtigen Funktion

– Welche Rolle spielt das Denkmal im Bewusstsein der Bürgerinnen und Bürger?
– Welche Rolle spielt das Denkmal für den Tourismus?
– ...

1 ■ Analysiere das Winkelried-Denkmal nach diesen Vorgaben. Recherchiere hierzu auch im Internet.
2 ■ Analysiere auch das Löwendenkmal in Luzern (s. S. 196), das Schützendenkmal in Aarau und die Freiheitsstatue in New York (s. S. 94).

Geschichte vor Ort – auf Spurensuche gehen

Beim Thema „Denkmal" bietet sich eine Spurensuche vor Ort besonders an. Macht einen Gang durch eure Stadt und sucht nach Denkmälern, fragt Passanten nach deren Bedeutung und findet heraus, wann diese gebaut wurden und woran sie erinnern sollen. Haltet eure Ergebnisse schriftlich (möglichst auch visuell: Foto/Film) fest und stellt die Ergebnisse dem Plenum vor.

3 ■ Erstelle zur „Erinnerungsgeschichte" dieses Denkmals einen Zeitstrahl, der die unterschiedlichen Nutzungen für politische, wirtschaftliche und kulturelle Zwecke zeigt. Verwende unterschiedliche Quellenmaterialien.
4 ■ Erkläre die einzelnen Nutzungszwecke zu den verschiedenen Zeitpunkten.
5 ■ Suche in Zeitschriften, in Werbeprospekten, Reisekatalogen und im Internet nach weiteren Beispielen der Nutzung und ergänze den Zeitstrahl mit den neuen Ergebnissen.
6 ■ Stelle dem Plenum deine Ergebnisse vor.
7 ■ Diskutiert die unterschiedlichen Nutzungen des Denkmals.

Nationalstaaten in Europa im 19. Jahrhundert (1815–1914)

Nation in der Frühen Neuzeit

In der Frühen Neuzeit gab es in den gebildeten Schichten schon Ansätze zur Entwicklung und Verbreitung nationaler Vorstellungen. Dies waren jedoch Einzelfälle. Generell überwog ein Gefühl der Zugehörigkeit zum jeweiligen Herrscherhaus, also ein mehr dynastisches Bewusstsein. Mit dem Erstarken der Städte entstand auch eine gewisse Loyalität der Bürger gegenüber ihrem städtischen Gemeinwesen.

Ethnische oder politische Nation

Die moderne Nationalstaatsbildung ging von der Französischen Revolution aus. In der wissenschaftlichen Diskussion wird im Wesentlichen unterschieden zwischen der ethnischen oder Volksnation und der Staatsnation, die keine spezifischen Kriterien für die Nationsvorstellung angibt. Sie definiert sich allein über die Zugehörigkeit zu einer staatlichen Verbandsordnung, die sich durch individuelle staatsbürgerliche Gleichheitsrechte und durch demokratische Legitimation der Herrschaft auszeichnet.

Nationalismus

Die Überbewertung der Nation führte zum Nationalismus. Ihm liegt die Vorstellung zugrunde, dass die eigene Nation besser und bedeutender als andere und den anderen überlegen sei, was zur Herabsetzung anderer Nationen führte. Zumeist wird dabei auch ein Sendungsbewusstsein ausgebildet, das die ganze Welt – auch mit Gewalt – nach den eigenen Vorstellungen umformen möchte. Deutlichstes Beispiel hierfür war das Deutsche Kaiserreich.

Nationalstaatsformen

Die europäische Nationalbewegung im 19. Jahrhundert hat unterschiedliche Formen des Nationalstaats hervorgebracht.

Frankreich, Italien und die Schweiz galten als Nationen, die im Wesentlichen durch Volksbewegungen, also „von unten" entstanden sind. Das bedeutendste Beispiel für die Nationalstaatsbildung „von oben", also durch die Herrscher selbst, ist Deutschland.

Die Schweiz durchlief eine Entwicklung, in der sie sowohl revolutionäre Elemente aus Frankreich aufnahm als auch eigene, vor allem föderale Prinzipien schuf, die dann in die Nationalstaatsgründung 1848 mündeten und in der Folge weiterentwickelt wurden. Zu dieser Zeit nahm die Schweiz in Europa als einzige Republik unter Monarchien eine Sonderstellung ein. Sie zog sich auch deren Anfeindungen vor allem deshalb zu, weil sie verfolgte Revolutionäre aus anderen Ländern aufnahm.

Geschichte kontrovers:
Müssen die Nationalstaaten weg?

M1 Es lebe die Europäische Republik!

Die Politikwissenschaftlerin Ulrike Guérot, 29. 4. 2017:

Die europäische Aufgabe von heute ist es, [...] den Nationalstaat als bisher einzige Guss-
form für Demokratie und Sozialstaatlichkeit zu sprengen. Wenn uns das gelingt, kann auch
die Neugründung Europas gelingen. [...] Der Schlüssel ist ein allgemeines, gleiches und
direktes Wahlrecht, diesmal nicht jenseits von Ständen, sondern jenseits von Nationen.
5 [...] Anders formuliert: Wir müssen das Erbe der Französischen Revolution europäisieren
und die damals genommene Abbiegung in Richtung Nationalstaaten überwinden. Die
Republik muss europäisch werden! Aus der Bundesrepublik, der République Française, der
Repubblica Italiana muss eine Europäische Republik werden, dezentral getragen von den
Regionen. [...] Es ist der Kern des europäischen Bürgerkriegs, dass wir als nationale Staats-
10 bürger sozial und ökonomisch zueinander in Konkurrenz gesetzt werden. Mit der Gleich-
setzung der Bürger vor dem Recht entfernen wir genau jenen Stachel aus dem europäischen Fleisch. Wahlrechtsgleichheit, steuerliche Gleichheit und gleicher Zugang zu
sozialen Rechten hiesse die Formel, um aus einem Markt und einer Währung endlich eine
Demokratie zu machen. Die Nationalstaaten müssen weg! [...] Eigentlich stehen wir kurz
15 davor, wir haben alle Möglichkeiten, die nationale Abzweigung diesmal nicht zu nehmen
und den einen Markt und die eine Währung um eine Demokratie zu ergänzen. Gleiche
Rechte für gleiche Bürger! Es lebe die Europäische Republik!

Ulrike Guérot, Es lebe die Europäische Republik, Spiegel Nr. 18/2017, in: http://www.spiegel.de (Zugriff: 2. 8. 2018)*

M2 Europa und Region gut – Nation schlecht?

Der Politologe Michael Bröning zu Guérots Beitrag, 26. 5. 2017:

Guérot hofft, dass im Anschluss an das Zertrümmern der Nationalstaaten im Auftrag der
Eurorettung „eine Neugründung Europas gelingen kann". Diese Tabula-Rasa-Politik aber
ignoriert den ausdrücklichen Willen der Menschen in Europa. Denn diese fühlen sich auf
absehbare Zeit eben nicht einer ominösen [verdächtigen] Kontinentalrepublik, sondern
5 ihren Nationalstaaten verbunden. Aus progressiver Perspektive mag man das bedauern,
schlicht ignorieren sollte man es jedoch nicht. [...] Schliesslich ist es der Nationalstaat, der
direkte politische Partizipation, Rechtssicherheit und soziale Absicherung garantiert – und
zwar in einer national organisierten und legitimierten historisch gewachsenen Solidargemeinschaft.
10 „Die Nationalstaaten müssen weg!" Mit welcher Befugnis wird hier den Bürgerinnen und
Bürgern ihr Recht auf eine frei gewählte Identität verweigert? [...] Warum ausgerechnet
ein Europa der Regionen? Für die Freunde einer Europäischen Republik à la Guérot sind
Regionen offenbar moralisch integre [makellose] Alternativen zur verrufenen Nation.
Doch tatsächlich war auch das vornationale Europa der regionalen Feudalstaaten – mit-
15 hin die Keimzelle der Regionen – alles, aber kein Ort des Friedens. [...] Anstatt den Euro-
päern das verbreitete Bekenntnis zur Nation auszutreiben, sollten gerade progressive Pro-
Europäer endlich Frieden schliessen mit der Alltagswirklichkeit der Menschen dieses
Kontinents und ein pro-europäisches und weltoffenes Bekenntnis auch zur Nation akzeptieren.

*Michael Bröning, Europa muss an nationalen Identitäten festhalten, Tagesspiegel causa, 26. 5. 2017, in: https://causa.
tagesspiegel.de (Zugriff: 2. 8. 2018)**

1 ■ Fasse die Gründe, die für und gegen die Abschaffung des Nationalstaats genannt werden, kurz zusammen. Nimm begründet selbst Stellung.

Zentrale Begriffe

Nation
Nationalstaat
Nationalbewusstsein
Nationalismus
Staatsbürger
Liberalismus
Konservativismus
Sozialismus

Wichtige Jahreszahlen

1789
Französische Revolution
1798
Helvetische Republik
1814/15
Wiener Kongress
1848
Revolutionen in Europa,
Gründung des Bundesstaats
in der Schweiz
1871
Nationalstaaten in Italien
und Deutschland
1874
Totalrevision der Schweizer
Bundesverfassung
1914
Beginn des Ersten Weltkriegs

Zusammenfassende Aufgabe

1 ■ Fasse die Entwicklung
des politischen Systems
in der Schweiz ab 1798 in
einer Tabelle zusammen,
die folgende Spalten
enthält:
Senkrecht: Vor 1798,
1798–1803, 1803–1815,
1815–1830, 1830–1848,
nach 1848.
Waagerecht: Zeit, Name
der Epoche, Staaten-
bund/Bundesstaat?, Grad
an Föderalismus, Zusam-
mensetzung (wie viele
Orte, Kantone?), oberste
Instanz, Organisation/
Behörden, gegensätzliche
Kräfte.

6 Industrialisierung und Soziale Frage

M1 **Borsigs Maschinenbau-Anstalt zu Berlin, Gemälde von Carl Eduard Biermann, 1847.**

*1837 hatte August Borsig (1804–1854) seine Eisengiesserei und Maschinenbau-Anstalt errich-
tet. 1847 waren hier etwa 1 200 Personen beschäftigt. 1854 wurde die fünfhundertste Dampf-
lokomotive ausgeliefert. Im Zentrum des Geländes steht die Giesshalle mit ihren beiden
Schornsteinen, davor der Wasserturm, das Wahrzeichen der Fabrik. Das Gebäude links dient
der Aufbewahrung von Baumaterialien und als Kontrollstelle für die Materialausgaben. Vor
dem Uhrturm legen Arbeiter gerade das Fundament für eine grosse Waage, die der Überprüfung von angeliefertem Material dienen soll. Rechts im Vordergrund ist ein Pferdegespann zu
sehen mit einer Lokomotive im Schlepptau, die aus der Montagehalle rechts im Hintergrund
vom Gelände gezogen wird*

Der Begriff „Industrialisierung" bezeichnet eine wirtschaftliche Entwicklung, die sich von allen vorherigen radikal unterschied und um 1770 in Grossbritannien begann. Arbeitete vor der Industrialisierung der grösste Teil der Bevölkerung in der Landwirtschaft, wurden nun Industrie und Gewerbe schrittweise zu den wichtigsten Wirtschaftssektoren – sowohl in Bezug auf die volkswirtschaftliche Bedeutung (Wertschöpfung) als auch auf die Anzahl der Arbeitsplätze. Gleichzeitig wuchs die Bevölkerung. Deshalb wird diese erste Phase der Industrialisierung in Grossbritannien auch als „Industrielle Revolution" bezeichnet – als eine sehr rasche und gründliche Veränderung von Wirtschaft und Gesellschaft.

Die Kraft des Menschen und der Tiere wurde durch Wasserkraft und fossile Brennstoffe ersetzt, und statt in Handwerksbetrieben, Manufakturen oder in Heimarbeit wurde zunehmend in Fabriken mit immer komplizierteren Maschinen produziert. Das Bild der Borsigschen Werke in Berlin zeigt die Geschäftigkeit und die imposante Architektur der neuen Industrieanlagen auf dem europäischen Kontinent Mitte des 19. Jahrhunderts. Die Industrialisierung ermöglichte es den Menschen, immer rascher immer mehr Waren herzustellen und Dienstleistungen bereitzustellen. Transport und Kommunikation beschleunigten sich durch technische Neuerungen wie beispielsweise die Eisenbahn, das Dampfschiff und den Telegrafen.

Die Industrialisierung leitete auch einen radikalen Wandel von Gesellschaft und Kultur ein. Ab ca. 1840 haben Politiker, Journalisten und Schriftsteller die sozialen Folgen der Industrialisierung diskutiert: Kinderarbeit, lange Arbeitszeiten, ungesunde Arbeitsverhältnisse, enge Wohnungen und fehlende finanzielle Absicherung bei Krankheit, Unfall oder Arbeitslosigkeit. Sie sprachen von der „sozialen Frage" bzw. von der Arbeiterfrage. Der wohl bekannteste, aber auch umstrittenste Theoretiker der Epoche der Industrialisierung und des Kapitalismus war Karl Marx. Um die Folgen der Industrialisierung zu bekämpfen, wurden Gewerkschaften, Parteien und andere Organisationen gegründet, die zusammen mit reformfreudigen Unternehmern Verbesserungen erreichten.

In diesem Kapitel sollen folgende Fragen untersucht werden: Warum wurde Grossbritannien zum ersten industrialisierten Land der Welt? Wie und wo verbreitete sich die Industrie in Europa. Welche Voraussetzungen hatte die Industrialisierung in der Schweiz. Welche Folgen hatte sie wirtschaftlich, gesellschaftlich und politisch?

1769
Verbesserung der Dampfmaschine
durch James Watt

Ab ca. 1770
Beginn der Industriellen Revolution
in Grossbritannien

1784
Erfindung des ersten
mechanischen
Webstuhls mit
Dampfkraft als
Antrieb

1814
George
Stephenson
baut die erste
leistungsfähige
Dampf-
lokomotive

1820
Beginn der
Industrialisierung
in Frankreich
und Belgien

um 1840
Beginn der
Industrialisierung in
der Schweiz

Ab 1850
Beginn der
Industrialisierung
in Deutschland
und den USA

1885
Langfristiger
Wirtschaftsaufschwung
in der Schweiz

1800

1850

Wissenschaft, Erfindungen und Technik in Grossbritannien

M1 Kohlebergwerk, das mit Thomas Newcomens Dampfmaschine arbeitet, Gemälde, 18. Jh.

M2 Isaac Newton (1643–1727), englischer Naturforscher, Porträtgemälde, undatiert.

Aufgrund seiner Leistungen, vor allem auf den Gebieten der Physik und Mathematik, gilt Newton als einer der bedeutendsten Wissenschaftler aller Zeiten

Wissenschaft und Technik

Eine der ersten in Europa gegründeten Gesellschaften zur Erforschung der Natur und der Technik in der Frühen Neuzeit war die 1660 gegründete *Royal Society* in England. Ihr Patron war der englische König. Sie war ein Kind der Aufklärung und ihre Mitglieder sollten ihre Erkentnisse nicht auf Autoritäten zurückführen, sondern eine experimentell bewiesene Wissenschaft pflegen. Diese königliche Gesellschaft war eine der ersten in Europa im 17. und 18. Jahrhundert gegründeten Gesellschaften, die das Ziel hatten, die Lebensbedingungen der Menschen zu verbessern. Beobachtung und Berechnung waren die Methoden, die etwa David Hume (1711–1776) und Isaac Newton (M 2) zur wissenschaftlichen Erforschung der Naturgesetze anwendeten. Zentral für die Entwicklung von Maschinen und Apparaten war die Zusammenarbeit von Wissenschaft, Handwerk und Technik. Der englische Ingenieur Thomas Savery (1650–1715) konnte die erste von ihm erfundene Dampfpumpe 1699 der *Royal Society* vorführen. Der englische Schmied, Eisenwarenhändler und Erfinder Thomas Newcomen (1663–1729) setzte eine Weiterentwicklung dieser Dampfmaschine zum ersten Mal 1712 in einem Kohlebergwerk in England ein (M 1). Mit dieser Maschine wurde das in die Bergwerke eindringende Grundwasser herausgepumpt. Die 1769 von James Watt patentierte neue Dampfmaschine verbesserte den Wirkungsgrad der Maschine von Thomas Newcomen enorm und verbrauchte somit auch viel weniger Energie. Der Erfindungsreichtum von Handwerkern und Ingenieuren war eine der wichtigsten Antriebskräfte der Industrialisierung.

Agrarreform, Bevölkerungswachstum und Verstädterung

In England wuchs zwischen 1800 und 1850 die Bevölkerung von rund acht Mio. Einwohner auf rund 17 Mio. und wuchs damit fast doppelt so schnell wie der Durchschnitt der europäischen Bevölkerung. Wichtigste Gründe hierfür waren das seit Mitte des 18. Jahrhunderts weitgehende Ausbleiben von Missernten, verbesserte Anbaumethoden (Dreifelderwirtschaft zu Fruchtwechselwirtschaft) und Düngung. Zudem gab es einen Rückgang von ansteckenden Infektionskrankheiten wie Tuberkulose, Cholera und Pocken. Neben London wuchsen auch viele Landstädte und Dörfer zu städtischen Zentren. 1801 gab es bereits zehn Städte mit mehr als 60 000 Einwohnern. Obwohl die Masse der Bevölkerung bettelarm war, musste sie mit einem Mindestmass an Gütern versorgt werden. Dieser Bedarf konnte mehrheitlich durch englische Waren befriedigt werden. Dies lag u. a. daran, dass sich die Grundbesitzer, um die hohen Transportkosten zu senken, um einen Ausbau des Verkehrswesens bemühten – zunächst der Strassen und Wasserwege. Damit konnten nicht nur Lebensmittel besser verteilt werden, sondern auch die für den Export bestimmten Güter, vor allem Eisenwaren und Wolltuche, besser transportiert werden. Hergestellt wurden diese Güter um 1750 entweder in Manufakturen oder in Heimarbeit. Ein wichtiger Unterschied zwischen der Heimarbeit in England und den meisten früh industrialisierten europäischen Regionen und Staaten bestand darin, dass es beim gesamten städtischen Handwerk in England die für ein Wachstum hinderlichen Zunftschranken nicht mehr gab. Wer immer ein Handwerk betreiben wollte, konnte dies tun; handwerkliches Können musste sich in freier Konkurrenz entfalten.

Zunftschranken
Zünfte waren Verbände der städtischen Handwerker und Kleinhändler, deren Hauptzwecke die Wahrung der wirtschaftlichen Rechte und Interessen ihrer Mitglieder, aber auch die Regulierung ihrer Produktion waren. Jeder Handwerkszweig unterlag dieser strengen Kontrolle, was auch eine Einschränkung der Gewerbefreiheit bedeutete.

Kapitalbildung und Wirtschaftsliberalismus

Im Gegensatz zu Frankreich hatten sich in England der hohe Adel, Gutsbesitzer und reiche Kaufleute ein Mitwirkungsrecht bei staatlichen Entscheidungen (Steuern, Religion, Wirtschaftspolitik usw.) gegenüber dem König erkämpft. Damit war ab dem 17. Jahrhundert nicht mehr der König, sondern das Parlament die entscheidende politische Instanz des Königreiches. Hinzu kam, dass die gesellschaftlichen Schichten durchlässig waren, u. a. auch deshalb, weil nur der älteste Sohn Titel und Besitz des Vaters erbte. Alle anderen Kinder waren auf eine bürgerliche Erwerbstätigkeit angewiesen. Das Kapital für die Gründung von grösseren Unternehmen erwirtschafteten die Kaufleute und Unternehmer oft im Handel mit den Kolonien in Übersee. Zudem erzielten auch die Besitzer grosser landwirtschaftlicher Betriebe Überschüsse, die wieder investiert wurden.

Die Organisation der Handwerker in städtischen Zünften verlor in England schon seit dem 17. Jahrhundert an Bedeutung. Auch der staatlich gelenkte Merkantilismus (s. S. 70) war in England unter den Wirtschaftsexperten kaum ein Thema. Diese Haltung wurde zu Beginn der Industriellen Revolution in England durch den britischen Ökonomen Adam Smith (M 3) systematisiert, indem er den Nutzen des Wirtschaftsliberalismus darlegte. Er wandte sich dagegen, dass der Staat regulierend in Produktion und Verkauf von Gütern und Dienstleistungen eingreift und versuchte darzulegen, wie sich der Markt aufgrund von Angebot und Nachfrage selbst steuert.

M3 **Adam Smith (1723–1790), Porträt, undatiert**

Wirtschaftsliberalismus
Ökonomische Theorie, die die strikte Nichteinmischung des Staates in die Wirtschaft fordert; sie geht davon aus, dass ein freier Markt ausreichend selbstregulierend wirkt, um sich selbst zu erhalten

1 ▪ Interpretiere das Bild der Industrieanlage auf der Auftaktseite nach der auf S. 136 aufgezeigten Methode.

2 ▪ Definiere die Begriffe „Industrielle Revolution" und „Industrialisierung" und unterscheide sie.

3 ▪ Vergleiche die Ziele des Wirtschaftsliberalismus mit dem Merkantilismus und nenne die Unterschiede.

M4 **Dreschmaschine von Andrew Melkle, einem schottischen Erfinder und Mühlenbauer, 1811**

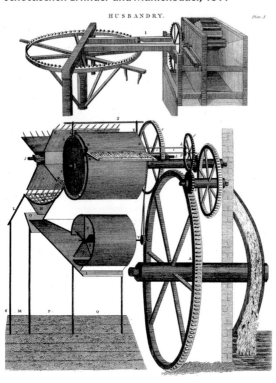

M5 **Weizensämaschine von Jethro Tull, 18. Jh.**

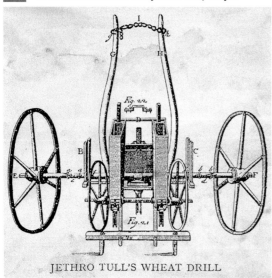

4 ■ Erkläre anhand von M4, M5 und M6, warum Neuerungen in der Landwirtschaft zusammen mit der Düngung zu höheren Erträgen führten. Stelle einen Zusammenhang zu M7 her.

M6 **Einhegungen und Fruchtwechselwirtschaft**

Der deutsche Arzt und Agrarfachmann Albrecht Thaer (1752–1828) über die Neuerungen in der englischen Landwirtschaft, 1801:

Im vorigen Jahrhundert lag fast alles Land noch offen und in dem barbarischen Zustande, worin es leider jetzt noch in dem grössten Theile Deutschlands liegt. Der damals bessere, trocken liegende Theil war Ackerland; der niedrige Boden ward als Wiesen, und auch diese häufig gemeinschaftlich, benutzt; das übrige war gemeine Weide. Das Ackerland ward in drey Feldern bestellt: Winterfeld, Sommerfeld und Brache. Letztere ward im Sommer als gemeine Weide mit benutzt, und es war nicht erlaubt, sie zu bestellen. Auch wurde die Stoppel der Kornfelder behütet. […] Da man aber um die Mitte dieses Jahrhunderts einsah, dass dieses Ueberbleibsel des Nomadenlebens höchstens nur beym ersten rohen Anfange der Cultur erträglich bleiben könne; so fingen viele an, Acker-, Weide- und Wiesenland einzuschliessen und bald eine sogenannte Wechsel-Wirthschaft[1] einzuführen. Der Nutzen fiel in die Augen, und die Pacht stieg schnell auf das Doppelte. Da in den meisten Gegenden der Boden […] einem Grossen gehörte, so machte dies wenig Schwierigkeiten. Man setzte sich leicht auseinander, wo gemeinschaftlicher Besitz gewesen war, und bald lagen ganze Provinzen in Koppeln [in umzäuntem Weideland]. In anderen ging es langsamer, und man folgte erst in der Mitte dieses Jahrhunderts dem Beyspiele.

Albrecht Thaer, Einleitung zur Kenntniss der englischen Landwirtschaft, zit. nach: Gerhard Henke-Bockschatz (Hg.), Industrialisierung, Schwalbach/Ts. (Wochenschau) ³2012, S. 35*

1 Wechselweise Nutzung einer Fläche als Acker (Ackerbau), Grünland (Wiese) oder Wald.

M7 **Bevölkerungsentwicklung Grossbritanniens**

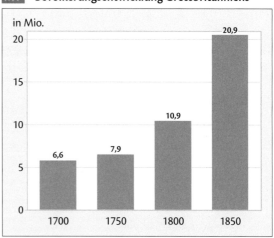

5 ■ Vergleiche die Bevölkerungsentwicklung in England (M7) mit anderen europäischen Ländern in der selben Zeitspanne. Recherchiere hierzu im Internet.

M8 Wirtschaftsliberalismus

Im 18. Jahrhundert entwickelte der schottische Ökonom Adam Smith (s. M3) eine neue Wirtschaftstheorie, die den freien Handel begründete und damit zur Grundlage für die Entwicklung der freien Marktwirtschaft wurde. 1776 setzte er sich in seinem Werk „Wohlstand der Nationen" mit der Idee der freiheitlichen Wirtschaftsordnung auseinander:

Der Einzelne ist stets darauf bedacht, herauszufinden, wo er sein Kapital, über das er verfügen kann, so vorteilhaft wie nur irgend möglich einsetzen kann. Und tatsächlich hat er dabei den eigenen Vorteil im Auge und nicht etwa den der

5 Volkswirtschaft. Aber gerade das Streben nach seinem eigenen Vorteil ist es, das ihn ganz von selbst oder vielmehr notwendigerweise dazu führt, sein Kapital dort einzusetzen, wo es auch dem ganzen Land den grössten Nutzen bringt. Erstens ist ein jeder bestrebt, viel von seinem Kapital möglichst

10 in der nächsten Umgebung und folglich zur Unterstützung des heimischen Gewerbes zu investieren, natürlich immer vorausgesetzt, er kann damit die übliche Kapitalverzinsung, zumindest nicht sehr viel weniger als diese, erzielen […]. Zweitens wird jeder, der sein Kapital zur Unterstützung der

15 eigenen Volkswirtschaft investiert, notwendigerweise bestrebt sein, die wirtschaftliche Aktivität so zu lenken, dass ihr Ertrag den grösstmöglichen Wert erzielen kann. Der Ertrag einer jeden Erwerbstätigkeit ist der zusätzliche Wert, den ein Gegenstand oder ein Rohstoff durch sie erlangt. Je nach-

20 dem, ob nun der Wert dieses Ertrages grösser oder kleiner ausfällt, ist auch der Gewinn des Unternehmers höher oder niedriger. Da aber jeder Mensch Kapital zur Unterstützung eines Erwerbsstrebens nur mit Aussicht auf Gewinn einsetzt, wird er stets bestrebt sein, es zur Hilfe für solche Ge-

25 werbe anzulegen, deren Ertrag voraussichtlich den höchsten Wert haben wird oder für den er das meiste Geld oder die meisten anderen Waren bekommen kann. Nun ist aber das Volkseinkommen eines Landes immer genauso gross wie der Tauschwert[1] des gesamten Jahresertrages oder, besser, es

30 ist genau dasselbe, nur anders ausgedrückt. Wenn daher jeder Einzelne so viel wie nur möglich danach trachtet, sein Kapital zur Unterstützung der einheimischen Erwerbstätigkeit einzusetzen und dadurch diese so lenkt, dass ihr Ertrag den höchsten Wertzuwachs erwarten lässt, dann bemüht

35 sich auch jeder Einzelne ganz zwangsläufig, dass das Volkseinkommen im Jahr so gross wie möglich werden wird. Tatsächlich fördert er in der Regel nicht bewusst das Allgemeinwohl, noch weiss er, wie hoch der eigene Betrag ist. Wenn er es vorzieht, die nationale Wirtschaft anstatt die

40 ausländische zu unterstützen, denkt er eigentlich nur an die eigene Sicherheit, und wenn er dadurch die Erwerbstätigkeit so fördert, dass ihr Ertrag den höchsten Wert erzielen kann, strebt er lediglich nach eigenem Gewinn. […] Gibt man daher alle Systeme der Begünstigung und Beschränkung (von

45 staatlicher Seite) auf, so stellt sich ganz von selbst das einsichtige und einfache System der natürlichen Freiheit her.

Solange der Einzelne nicht die Gesetze verletzt, lässt man ihm völlige Freiheit, damit er das eigene Interesse auf seine Weise verfolgen kann und seinen Erwerbsfleiss und sein Kapital im Wettbewerb mit jedem anderen oder einem anderen Stand entwickeln oder einsetzen kann […]. 50

In dem System der natürlichen Freiheit hat der Souverän lediglich drei Aufgaben zu erfüllen, die sicherlich von höchster Wichtigkeit sind, aber einfach und dem normalen Verstand zugänglich: Erstens die Pflicht, das Land gegen Gewalttätigkeit und Angriff anderer unabhängiger Staaten zu 55 schützen, zweitens die Aufgabe, jedes Mitglied der Gesellschaft soweit wie möglich vor Ungerechtigkeit oder Unterdrückung durch einen Mitbürger in Schutz zu nehmen oder ein zuverlässiges Justizwesen einzurichten, und drittens die Pflicht, bestimmte öffentliche Anstalten und Einrichtungen 60 zu gründen und zu unterhalten, die ein Einzelner oder eine kleine Gruppe aus eigenem Interesse nicht betreiben kann, weil der Gewinn ihre Kosten niemals decken könnte, obwohl er häufig höher sein mag als die Kosten für das Gemeinwesen. 65

Adam Smith, Der Wohlstand der Nationen. Eine Untersuchung seiner Natur und seiner Ursachen, 1776, München (dtv) 1978, S. 369–371, 582, übers. v. Horst Claus Recktenwald*

1 Einschätzung eines Gutes im Vergleich zu einem anderen oder der Gesamtheit aller Güter. Der Tauschwert in Geld ausgedrückt ist der Preis.

6 ■ Untersuche die Theorie des Wirtschaftsliberalismus von Adam Smith (M8):
- Stelle einen Bezug der Theorie Smiths zur Aufklärung her (s. S. 84).
- Welche Akteure des Wirtschaftslebens werden genannt?
- Welche Bedeutung wird ihnen zugemessen?
- Wie ist das Verhältnis von Einzel- und Gesamtinteresse?
- In Bezug auf den Wirtschaftsliberalismus wird der Staat häufig als „Nachtwächterstaat" definiert. Erläutere, was damit gemeint ist.
- Führe aus, welche Anstalten und Einrichtungen der Staat nach Smith einrichten soll.
- Diskutiert, welche Kritikpunkte an der Theorie Adam Smiths vorgebracht werden können.

Die Industrialisierung in Grossbritannien

M1 Die „Spinning Jenny" von James Hargreaves (1767), nachkolorierter Kupferstich, 18. Jh.

Textilindustrie

Die erste Phase der Industrialisierung, die in England um 1770 begann, wurde von der Baumwollindustrie geprägt. Dies lag vor allem daran, dass das Bevölkerungswachstum die Nachfrage nach Baumwollstoffen erhöhte, die gegenüber Woll- oder Seidenstoffen aufgrund ihrer angenehmen Beschaffenheit immer beliebter wurden. Weil die Herstellung reiner Baumwollstoffe kompliziert war, gelang es den europäischen Webern jedoch zunächst kaum, selbst preiswerte Stoffe herzustellen. Baumwollstoffe wurden so zu Englands wichtigsten Importwaren. Die europäischen Handelsgesellschaften bezogen diese Stoffe aus Asien, meistens aus Indien, und aus den Südstaaten Nordamerikas, das bis 1776 britische Kolonie war (s. S. 100). Die englischen Kaufleute verkauften die fertigen Tuche gewinnbringend in den britischen Kolonien, im Inland und in Europa. Sie investierten die Gewinne in neue Industrieanlagen, sodass in Verbindung mit technischen Erfindungen ab Mitte des 18. Jahrhunderts die fabrikmässige Herstellung qualitativ hochstehender und zugleich preiswerter Baumwollstoffe in England möglich wurde.

Schlüsselerfindungen

Da mit den herkömmlichen Spinnrädern und Webstühlen nicht mehr genügend Garn und Tücher hergestellt werden konnten, suchten Handwerker und Ingenieure nach Verbesserungen. 1767 konstruierte James Hargreaves (1720–1777), ein Zimmermann und Weber, eine Maschine mit bis zu 100 Spindeln (*Spinning Jenny*, M1). 1769 erfand Richard Arkwright, Barbier und Perückenmacher, zusammen mit einem befreundeten Uhrmacher eine Spinnmaschine mit Wasserantrieb (genannt *Waterframe*). Bereits zwei Jahre nach der Erfindung der Waterframe-Spinnmaschine, konnte Richard Arkwright mithilfe seiner Kapitalgeber eine grosse Spinnerei in Cromford bei Derby errichten. Der Antrieb der Spinnmaschinen erfolgte über Wasserräder. 1778 verband der Techniker Samuel Crompton beide Maschinen zu einem Modell, das nun 20–50 Spindeln hatte (genannt *Mule*). Jetzt wurde so viel Garn produziert, dass die Weber nicht mehr mithalten konnten. Die Erfindung des mechanischen Webstuhls 1784 durch den Pfarrer und Unternehmer Edmund Cartwright löste das Problem. Die Aufstellung dieser Spinn- und Webmaschinen in grossen Hallen bedeutete den Übergang zur Fabrik im Textilgewerbe.
All diese Maschinen wurden mit Wasserkraft angetrieben. Dem Mechaniker und Unternehmer James Watt war jedoch bereits 1769 eine wesentliche Verbesserung

der bisher nur im Bergbau eingesetzten Dampfmaschine gelungen. Sie konnte gegen Ende des 18. Jahrhunderts nun auch in der Textilindustrie verwendet werden und ersetzte in England zum grossen Teil die Wasserkraft. Garn wurde bereits gegen Ende des 18. Jahrhunderts zumeist maschinell in Fabriken gesponnen. Gewoben wurde in England und in anderen früh industrialisierten Regionen Europas jedoch erst nach vielen Verbesserungen an den mechanischen Webstühlen ab den 1820er-Jahren. Während viele Arbeitskräfte in der Landwirtschaft und beim Spinnen von Garn daheim ihre Arbeit verloren, vergrösserte sich die Anzahl der Handweber zu Beginn der Industrialisierung sehr stark.

Schwerindustrie Die erhöhte Nachfrage nach Kohle zwang dazu, die Kohlegruben tiefer zu graben. Hierfür wurden nun maschinelle Pumpen konstruiert und eingesetzt, um das einfliessende Wasser abpumpen zu können. Die Nachfrage nach Kohle ergab sich aus dem wachsenden Bedarf an Heizmaterial für die Städte und aus dem Mangel an Holz, aber auch daraus, dass aufgrund technischer Neuerungen Eisenerz nicht mehr mit Holzkohle, sondern mit Steinkohle verhüttet werden konnte.

Die Schwerindustrie (Eisen, Stahl und Maschinen) läutete die zweite Phase der Industrialisierung in England ein. Der Staat war bis ins 18. Jahrhundert der grösste Abnehmer von Eisen für die Produktion von Kanonen und für den Schiffsbau. Das änderte sich mit der Entwicklung des sogenannten Puddelverfahrens 1784, bei dem das brüchige Roheisen zu biegsamem Stahl verarbeitet wurde. Die Maschinen wurden nun aus Stahl hergestellt und mussten weniger repariert werden. So griff eines ins andere. Die Erfindungen in der Baumwollindustrie wirkten sich auf die anderen Textilzweige (Wolle, Leinen, Seide) aus. Jetzt entstanden auch Fabriken für Metallwaren und für die Herstellung von Textilmaschinen und Dampfeisenbahnen.

Schienenbahnen wurden schon im frühen 18. Jahrhundert für den Transport von Eisenerz und Kohle verwendet. Die erste Personeneisenbahn verkehrte aber erst 1825 von den Städten Stockton nach Darlington (40 km), die beide im Industriegebiet im Nordosten Englands liegen. Bereits 1850 waren die wichtigsten Linien des englischen Eisenbahnnetzes fertiggestellt. Der Bau des Bahnnetzes beschäftigte rund 200 000 Menschen. Mit dem Bau des Netzes, der Lokomotiven und der Wagen stieg der Bedarf an Eisen und Kohle massiv. Aufgrund des grossen Entwicklungsvorsprungs der englischen Bahnindustrie konnten Eisenbahnen mit englischem Kapital und von englischen Unternehmern auf der ganzen Welt gebaut und mit englischen Lokomotiven betrieben werden. Die Eisenbahn wurde nun zum Symbol für Fortschritt und Modernität (M 2).

M 2 „Puffing Billy" von William Hedley (1779–1843), die erste erfolgreiche Lokomotive mit Adhäsionsantrieb, also mit einem Antrieb, der alleine über die Haftreibung der Räder erfolgt, 1813

1 ■ Lege eine Liste an mit den Berufen der britischen Erfinder, die die wichtigsten Maschinen für die ersten Phasen der Industrialisierung in England entwickelt haben.

2 ■ Zeichne eine Grafik, in der du die wichtigsten Antriebskräfte der Industriellen Revolution in Grossbritannien darstellst.

M 3 Die britische Wirtschaftsproduktion im 18. Jahrhundert, Index-Zahlen (1700 = 100)

	Export-indus-trien	Heimi-sche Indus-trien	Gesam-te Indus-trie und Handel	Land-wirt-schaft	Pacht und Dienst-leistun-gen	Gesam-te reale Pro-duktion
1700	100	100	100	100	100	100
1710	108	98	104	104	103	104
1720	125	108	118	105	103	109
1730	142	105	127	103	102	111
1740	148	105	131	104	102	113
1750	176	107	148	111	105	123
1760	222	114	179	115	113	137
1770	256	114	199	117	121	147
1780	246	123	197	126	129	151
1790	383	137	285	135	142	189
1800	544	152	387	143	157	231

Nach: Hermann de Buhr/Michael Regenbrecht (Hg.), Industrielle Revolution und Industriegesellschaft, Berlin (Cornelsen) 1983, S. 17

3 ■ Untersuche die Tabelle M 3:
a) Was sagt sie über die wirtschaftliche Entwicklung Grossbritanniens im 18. Jh. aus?
b) Welche Wirtschaftszweige heben sich von den anderen ab? Wie lässt sich das begründen?

M 4 Eine frühe Industriestadt in England

Charles Hatchett (1765–847), ein englischer Chemiker und Mineraloge, besuchte die Stadt Coalbrookdale und hielt seine Eindrücke in einem Tagebuch fest, 1796:
Am Morgen [...] besichtigten wir die Dale Works, die wichtigste Eisengiesserei [...]. Die Fabrik gehört der Quäkerfamilie[1] Darby, welche durch Heirat mit der Quäkerfamilie Reynolds verbunden ist. Der wiederum gehören die meisten
5 anderen grossen Fabriken. Von dem alten Quäker, der uns die Fabriken zeigte, erfuhr ich, dass in dem Gebiet, das diesen beiden Familien gehört, ca. 30–40 000 Menschen von der Arbeit in den Giessereien oder in den Eisenerz- und Kohleminen leben. Die Öfen in diesen Fabriken sind über 30
10 Fuss [ca. 10 m] hoch, und die Luftzufuhr wird von grossen Zylindern statt von Blasebalgen erzeugt. Der Ofen wird von oben mit Erz (das geröstet wurde) gefüllt, das mit Kalkstein als Flussmittel vermengt ist. Geheizt wird mit Koks. Er wird vor Ort durch das teilweise Verkohlen oder Verbrennen von
15 Steinkohle gewonnen, die mit Erde und Asche bedeckt wird. Zweimal am Tag wird der Ofen angestochen, und jedes Mal werden 3–4 Tonnen Eisen geschmolzen. Durch einen Sandkanal wird das Metall in eine Art Trog geleitet, der als Behälter dient, von dem aus es in verschiedene Formen

geleitet wird. Wenn die alle gefüllt sind, wird das hintere 20 Ende des Trogs mit einem Kran und Haken angehoben, sodass das restliche Eisen in einen anderen Sandkanal fliesst, von dem seitlich kürzere Kanäle abzweigen.

*Charles Hatchett, Diary, zit. nach: Gerhard Henke-Bockschatz (Hg.), Industrialisierung, Schwalbach/Ts. (Wochenschau) ³2012, S. 40, übers. v. Gerhard Henke-Bockschatz***

1 Christliche Gemeinschaft, die ihren Namen von *to quake* (= erbeben, vor Gott erzittern) herleitet.

4 ■ Beschreibe die Verhältnisse, in denen die frühkapitalistische Produktion stattgefunden hat (M 4, M 6). Welche Vorteile und welche Nachteile lagen vor? Denke dabei auch an Mensch und Umwelt.

M 5 Wirtschaftszentren in England im 18. Jh.

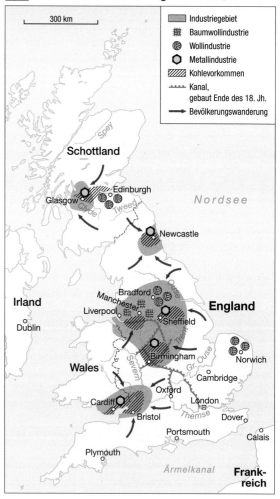

5 ■ Betrachte M 5 und stell dir vor, du berätst einen Fabrikbesitzer, der einen attraktiven Standort für seine neue Fabrik sucht. Worauf weist du hin? Was könnte für den Fabrikanten besonders wichtig sein?

M6 Textilindustrie – Leitindustrie der Industrialisierung

Aus einem Reisebericht über Manchester, in dem die ersten Textilfabriken erwähnt werden, 1814:

Bei einiger Empfehlung fällt es nicht schwer, zu Manchester in den Fabriken Zutritt zu finden. Baumwollenspinnereien sieht man von aller Gattung und Art. Um Arbeitslohn zu ersparen, hat man die Anlagen der Mules[1] so weit getrieben,

5 dass 600 Spinnspillen von einer erwachsenen Person und von zwei Kindern versehen werden. Zwei Mules, welche diese Anzahl Spillen enthalten, stehen sich gegenüber. Die Wagen werden durch die Kraft der Dampfmaschine wechselseitig ausgezogen; das Zurückschieben derselben besorgt

10 die erwachsene Person, welche ihren Platz in der Mitte hat. Die Kinder sind zu beiden Seiten zum Anknüpfen der gerissenen Fäden in Bereitschaft. […] Ein Kind verdient des Tages ½ bis 1 Schilling; ein erwachsenes Mädchen oder eine Frau 1 bis 2 Schillinge; ein Mann die Woche 1 bis 2 Pfund Sterling.

15 In den grossen Spinnereien sind die verschiedenen Arten von Maschinen wie die Bataillone in einer Armee aufgestellt. Die Maschinenteile werden so viel wie möglich von Eisen, die Gestelle jetzt ganz aus Gusseisen verfertigt. Ausser dass das Gusseisen in mehreren Gegenden wohlfeiler als

20 Nutzholz ist, wird durch die Anwendung desselben an Raum sowie an Versicherungskosten gespart.

Zit. nach: Gerhard Henke-Bockschatz (Hg.), Indsutrialisierung, Fundus – Quellen für den Geschichtsunterricht, Schwalbach/Ts. (Wochenschau), S. 48*

1 *Mule* englisch = Maultier; Spinnmaschine zum Ausspinnen von Baumwolle.

M7 Höhere Produktivität dank Arbeitsteilung

Adam Smith (s. S. 239) über die Bedeutung der Arbeitsteilung, 1778:

Ein Arbeiter, der noch niemals Stecknadeln gemacht hat und auch nicht dazu angelernt ist […], könnte, selbst wenn er sehr fleissig ist, täglich höchstens eine, sicherlich aber keine zwanzig Nadeln herstellen. Aber so, wie die Herstellung

5 von Stecknadeln heute betrieben wird, ist sie nicht nur als Ganzes ein selbstständiges Gewerbe. Sie zerfällt vielmehr in eine Reihe getrennter Arbeitsgänge, die zumeist zur fachlichen Spezialisierung geführt haben. Der eine Arbeiter zieht den Draht, der andere streckt ihn, ein dritter schneidet ihn,

10 ein vierter spitzt ihn zu, ein fünfter schleift das obere Ende, damit der Kopf aufgesetzt werden kann. Auch die Herstellung des Kopfes erfordert zwei oder drei getrennte Arbeitsgänge. Das Ansetzen des Kopfes ist eine eigene Tätigkeit, ebenso das Weissglühen der Nadel, ja, selbst das Verpacken

15 der Nadeln ist eine Arbeit für sich. Um eine Stecknadel anzufertigen, sind somit etwa 18 verschiedene Arbeitsgänge notwendig, die in einigen Fabriken jeweils verschiedene Arbeiter besorgen, während in anderen ein einzelner zwei oder drei davon ausführt. Ich selbst habe eine kleine Manufaktur

20 dieser Art gesehen, in der nur 10 Leute beschäftigt waren, sodass einige von ihnen zwei oder drei solcher Arbeiten übernehmen mussten. Obwohl sie nur sehr arm und nur recht und schlecht mit dem nötigen Werkzeug ausgerüstet waren, konnten sie zusammen am Tage doch etwa 12 Pfund

25 Stecknadeln anfertigen, wenn sie sich einigermassen anstrengten. Rechnet man für ein Pfund über 4 000 Stecknadeln mittlerer Grösse, so waren die 10 Arbeiter imstande, täglich etwa 48 000 Nadeln herzustellen, jeder also ungefähr 4 800 Stück. Hätten sie indes alle einzeln und unabhängig

30 voneinander gearbeitet, noch dazu ohne besondere Ausbildung, so hätte der Einzelne gewiss nicht einmal 20, vielleicht sogar keine einzige Nadel am Tag zustande gebracht.

Adam Smith, Der Wohlstand der Nationen (1776), München (dtv), ¹⁰2003, S. 9 f.*

6 ■ Erläutere die Vor- und Nachteile, die bei der von Smith geschilderten Arbeitsteilung entstehen können (M7).

7 ■ Erläutere, inwiefern in den Spinnereien (M6) die in M7 dargestellte Arbeitsteilung angewendet wird.

M8 Englische Karikatur, 1840.
Die Eisenbahn macht den Postkutschern lange Nasen

8 ■ Interpretiere die Karikatur M8 nach den auf S. 58/59 aufgezeigten Schritten.

Ausbreitung der Industrialisierung

M1 Die *Teutonic,* das erste britische Dampfschiff, das 1889 ohne Segel nach Übersee fuhr

White Star Line. R. M. S. Teutonic.

Englische Industrieprodukte erobern die Welt

Bis 1813 hatte die napoleonische Kontinentalsperre (s. S. 164) die Waren aus England vom europäischen Festland ferngehalten oder die Einfuhr zumindest stark behindert. Nach dem Ende des Importverbotes für englische Waren wurde die Konkurrenz der englischen Fabrikindustrie in Europa deutlich spürbar. Alte europäische Gewerberegionen waren nun in ihrer Existenz bedroht. Die Importe von Waren und Technologien aus England gaben jedoch auch viele Impulse für die weitere Entwicklung des europäischen Festlands. Hier hatten sich nämlich bereits in einer Reihe von Regionen viele spezialisierte Handwerksbetriebe herausgebildet (Protoindustrialisierung, s. S. 239), die nun dazu übergingen, die gleichen Produkte in Fabriken herzustellen. Aus einzelnen dieser Gewerberegionen entstanden Industriegebiete, die es bis heute gibt.

Weltweite Industrialisierung

In Frankreich, Belgien, den Niederlanden und in Luxemburg setzte die industrielle Revolution um 1820 ein. In der Schweiz begann sie in der Regenerationszeit 1830–1848. Die USA folgten etwa zeitgleich mit Deutschland um 1850, die skandinavischen Länder wenig später. Japan und Russland begannen mit der Industrialisierung erst nach 1880. Daneben gab und gibt es in Europa noch immer Regionen, die kaum oder gar nicht industrialisiert wurden – bis heute Randgebiete der wirtschaftlichen Entwicklung. Im 19. Jahrhundert war dieses Gefälle jedoch viel grösser, weil Ver-

Industrialisierung Deutschland
cornelsen.de/Webcodes
Code: hapego

kehrs- und Kommunikationsverbindungen oder ein Binnenmarkt fehlten und weil es noch keine staatlichen Entwicklungsprojekte für Randregionen gab.

Die Frage war, wie die einzelnen Staaten oder Regionen sich der Konkurrenz und den Impulsen aus England anpassten. Die einen entwickelten langfristig einen wachsenden Industriesektor, wie etwa Deutschland, das zu Beginn des 20. Jahrhunderts (1913) sogar die englische Industrie bei den Exporten überflügelte. Neben englischen Waren flossen englisches Kapital und das Wissen der englischen Ingenieure nach Europa und Übersee. Beides konnte dort für die eigene Industrialisierung genutzt werden, so etwa in den USA. In den meisten Regionen und Ländern, vor allem im Süden und Osten Europas, in Britisch-Indien und später in den afrikanischen Kolonien, zerstörte der Import von günstigen Industrieprodukten jedoch ganze Handwerkszweige. Diese Regionen spezialisierten sich, längerfristig zu ihrem Nachteil, auf die Gewinnung und den Export von landwirtschaftlichen Gütern und Rohstoffen. Sie wurden zum grossen Teil zu Randgebieten der weltweiten wirtschaftlichen Entwicklung und werden heute oft als Entwicklungsländer bezeichnet (s. S. 319). So bildete sich global eine internationale Arbeitsteilung heraus.

Wirtschaftssektoren
Das Modell der Wirtschaftssektoren teilt die Wirtschaft in folgende drei Sektoren ein:
Agrarsektor/Primärer Sektor: Land- und Forstwirtschaft, Fischerei
Industriesektor/Sekundärer Sektor: Produzierendes Gewerbe (Bergbau, Industrie, Handwerk etc.)
Dienstleistungssektor/Tertiärer Sektor: Dienstleistungen (Handel, Verkehr, Kommunikation, Finanzwirtschaft)

Internationale Arbeitsteilung
Spezialisierung einzelner Länder auf die Produktion unterschiedlicher Güter.

Handel, Industrie und Weltwirtschaft

Der Transport auf Flüssen, künstlichen Kanalnetzen und Eisenbahnen war Voraussetzung und Folge des Handels mit Massengütern. Die Waren aus den Industrieregionen konnten auf diesen Wegen in die grossen Häfen der Weltmeere transportiert werden. Grosskaufleute in England, den Niederlanden, Frankreich und anderen Ländern hatten im 17. und im 18. Jahrhundert Handelsgesellschaften gegründet, die sich auf den Transport nach Amerika und nach Asien konzentrierten. Diese Gesellschaften wurden teilweise von Kolonialstaaten gefördert, und der Import von Rohstoffen in die Mutterländer für die eigenen Kaufleute reserviert. Grossbritannien wurde im 18. Jahrhundert zur wichtigsten Handelsmacht und verdrängte zudem die asiatische Konkurrenz. Grosse Bedeutung erlangte der Handel über den Atlantik jedoch erst ab Mitte des 19. Jahrhunderts. Von 1850–1913 verzehnfachte sich der Wert des Welthandels, wobei allerdings sein überwiegender Teil innerhalb Europas oder zwischen europäischen Ländern und den europäischen Siedlungskolonien in Nordamerika verlief.

Dampfschiffe

Ein wichtiger Faktor für die Intensivierung des Welthandels waren Dampfschiffe. Die ersten davon, ausgestattet mit Segeln, gab es bereits zu Beginn des 19. Jahrhunderts. Die *Teutonic* (M 1) war das erste Dampfschiff, das 1889 eine Jungfernfahrt ohne Segel zwischen Liverpool und New York unternahm. Das Schiff gehörte einer britischen Linie, die regelmässig Häfen in den USA, Kanada, Australien und Neuseeland anfuhr. Es schaffte eine Geschwindigkeit von ca. 40 km pro Stunde und konnte innert 24 Stunden zum Kriegsschiff umgebaut werden. Erst die technische Weiterentwicklung dieser Schiffe bewirkte eine spürbare Verbilligung der Transportkosten. Das erhöhte die Konkurrenz zwischen industrialisierten Regionen in Übersee und in Europa. Es bewirkte auch die massenhafte Verschiffung von landwirtschaftlichen Gütern wie Weizen, Zucker, Kakao, Kaffee usw. Die Schiffe wurden vor allem von reichen Privatleuten, die das Risiko nicht scheuten und einen hohen Gewinn anstrebten, oder von grossen Banken finanziert, die das internationale Geschäft wagten.

1 ■ Erkläre, warum es bis heute in Europa und Übersee wirtschaftlich schwach entwickelte Regionen und Länder gibt.
2 ■ Erläutere die Rolle der Technik bei der Ausweitung des Welthandels.

M2 Die Industrialisierung in Europa bis 1850

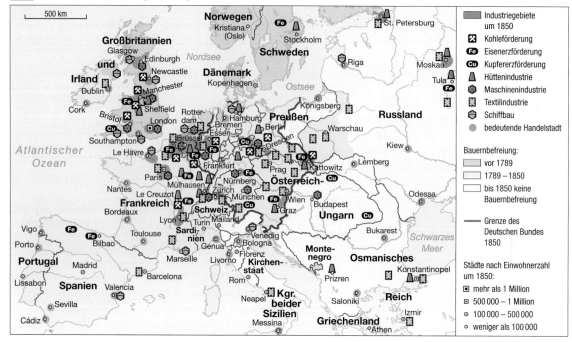

3 ■ Erläutere die Entstehung von Industriezentren in Europa in der ersten Hälfte des 19. Jahrhunderts (M2). Benenne, welche Produkte dabei im Mittelpunkt standen.

4 ■ Erkläre, inwiefern die in M3 geschilderten Verhältnisse die Industrialisierung in Deutschland hemmten.

M3 Eine Bremse der Industrialisierung in Deutschland

Aus einer Bittschrift der deutschen Kaufleute und Fabrikanten an die Bundesversammlung des Deutschen Bundes, 14. 4. 1819:
Achtunddreissig Zoll- und Mautlinien in Deutschland lähmen den Verkehr im Innern und bringen ungefähr dieselbe Wirkung hervor, wie wenn jedes Glied des menschlichen Körpers unterbunden wird, damit das Blut ja nicht in ein
5 anderes überfliesse. Um von Hamburg nach Österreich, von Berlin in die Schweiz zu handeln, hat man zehn Staaten zu durchschneiden, zehn Zoll- und Mautordnungen zu studieren, zehnmal Durchgangszoll zu bezahlen. Wer aber das Unglück hat, auf einer Grenze zu wohnen, wo drei oder vier
10 Staaten zusammenstossen, der verlebt sein ganzes Leben mitten unter feindlich gesinnten Zöllnern und Mautnern, der hat kein Vaterland. Trostlos ist dieser Zustand für Männer, welche wirken und handeln möchten; mit neidischen Blicken sehen sie hinüber über den Rhein, wo ein grosses
15 Volk vom Kanal bis an das Mittelländische Meer, vom Rhein bis an die Pyrenäen, von der Grenze Hollands bis Italien auf freien Flüssen und offenen Landstrassen Handel treibt, ohne einem Mautner zu begegnen.

Zit. nach: Harry Pross (Hg.), Dokumente zur deutschen Politik 1806–1870, Frankfurt/M. (Fischer) 1963, S. 27f.

M4 Industrielle Produktion europäischer Länder 1860–1913 (Index Vereinigtes Königreich 1900 = 100)

	Insgesamt		
	1860	1880	1913
Vereinigtes Königreich	45,0	73,3	127,0
Belgien	3,0	5,8	16,0
Schweiz	2,0	2,6	8,0
Deutschland	11,0	27,2	138,0
Schweden	1,0	2,6	9,0
Frankreich	18,0	25,0	57,0
Dänemark	0,4	0,6	2,3
Österreich-Ungarn	10,0	14,0	41,0
Norwegen	0,4	0,7	1,9
Niederlande	0,9	1,4	4,1
Italien	6,0	8,0	23,0
Spanien	4,0	5,8	11,2
Finnland	0,5	0,7	1,7
Russland	16,0	24,3	77,0
Portugal	0,8	1,1	2,1
Rumänien	0,6	0,9	2,3
Serbien	0,2	0,3	0,8
Bulgarien	0,3	0,4	1,1
Griechenland	0,2	0,3	1,2
Europa	120,0	196,0	528,0

Nach: Wolfram Fischer (Hg.), Handbuch der europäischen Wirtschafts- und Sozialgeschichte, Bd. 5, Stuttgart (Klett-Cotta) 1985, S. 149

5 ■ Beschreibe anhand von M 4 die unterschiedlichen Industrialisierungsgeschwindigkeiten in Europa. Stelle eine Rangfolge der Staaten in dieser Hinsicht auf.

M5 Die Rolle der Banken bei der Industrialisierung

Der Berliner Bankier Carl Fürstenberg (1850–1933) beschreibt rückblickend das Engagement der Banken:

Im Laufe meines Lebens sind gerade die schwerindustriellen Geschäfte zu den klassischen Transaktionen geworden. Dann habe ich es noch erlebt, wie zum mindesten im Aus-
5 lande und besonders in Amerika eine neue Schule auch diese Richtung überwand, wie nicht nur die Fabrikation von Automobilen, Chemikalien oder Zündhölzern, sondern auch die Herstellung von Grammophonen, Radioapparaten oder kinematographischen Filmen gewaltige Unternehmungen ins Leben rief, deren Organisation und Abwicklung
10 in den Mittelpunkt des geschäftlichen Interesses zu treten schienen. So wie der Bankdirektor der alten Schule dem ei-
nen oder anderen derartigen Unternehmen heute noch in Deutschland mit Zweifeln gegenüberstehen mag, so urteilte man damals ganz allgemein über die Anfänge der elektri-
15 schen Industrie. [...]
Es liegt mir gewiss fern, das Lob meines Instituts singen zu wollen. Ich darf [...] feststellen, dass es die deutschen Banken gewesen sind, die durch ein wohlverstandenes Unter-
nehmertum den grandiosen Aufbau der deutschen Indus-
20 trie in finanzieller Hinsicht überhaupt erst ermöglicht haben.

*Hans Fürstenberg, Carl Fürstenberg. Die Lebensgeschichte eines deutschen Bankiers, Wiesbaden 1961, zit. nach: Gerhard Henke-Bockschatz (Hg.), Indus-
trialisierung, Fundus – Quellen für den Geschichtsunterricht, Schwalbach/Ts. (Wochenschau) ³2012, S. 100**

M6 Fortschritts- und Kulturkritik

*Seit Ende des 19. Jahrhunderts entstand in Deutschland eine Jugendbewegung, die der Industrialisierung gegenüber skep-
tisch eingestellt war. Ein Anhänger dieser Bewegung war der Philosoph und Psychologe Ludwig Klages (1872–1956), der sich 1913 so äusserte:*

Schrecklicher noch, als was wir bisher gehört [...], sind die Wirkungen des Fortschritts auf das Bild besiedelter Gegenden. Zerrissen ist der Zusammenhang zwischen Menschen-
schöpfung und Erde, vernichtet für Jahrhunderte, wenn
5 nicht für immer, das Urlied der Landschaft. Dieselben Schie-
nenstränge, Telegraphendrähte, Starkstromleitungen durch-
schneiden mit roher Geradlinigkeit Wald und Bergprofile, sei es hier, sei es in Indien, Australien, Amerika; die gleichen grauen vielstöckigen Mietskasernen reihen sich aneinander,
10 wo immer der Bildungsmensch seine „segenbringende" Tä-
tigkeit entfaltet; bei uns wie anderswo werden die Gefilde „verkoppelt", d. h. in rechteckige und quadratische Stücke zerschnitten, Gräben zugeschüttet, blühende Hecken ra-
siert, schilfumstandene Weiher ausgetrocknet; die blühende

Wildnis der Forste von ehedem hat ungemischten Bestän- 15
den zu weichen, soldatisch in Reihen gestellt und ohne das Dickicht des „schädlichen" Unterholzes; aus den Flussläufen, welche einst in labyrinthischen Krümmungen zwischen üp-
pigen Hängen glitten, macht man schnurgerade Kanäle; die Stromschnellen und Wasserfälle, und wäre es selbst der 20
Niagara, haben elektrische Sammelstellen zu speisen; Wäl-
der voll Schloten steigen an ihren Ufern empor, und die gif-
tigen Abwässer der Fabriken verjauchen das lautere Nass der Erde – kurz, das Antlitz der Festländer verwandelt sich allgemach in ein mit Landwirtschaft durchsetztes Chicago! 25
[...]
Die meisten [Menschen] leben nicht, sondern existieren nur mehr, sei es als Sklaven des „Berufs", die sich maschinenhaft im Dienste grosser Betriebe verbrauchen, sei es als Sklaven des Geldes, besinnungslos anheimgegeben dem Zahlende- 30
lirium der Aktien und Gründungen, sei es endlich als Skla-
ven grossstädtischen Zerstreuungstaumels.

Ludwig Klages, Mensch und Erde (1913), Neuauflage Bonn (Bouvier) 1980, S. 22 f.*

6 ■ Fasse die Kritik von Klages zusammen (M 6). Diskutiert, ob sie heute noch aktuell ist.

M7 Anteile der wichtigsten Länder an der Weltin-
dustrieproduktion 1830–1913 (in Prozent)

	1830	1860	1880	1900	1913
Deutschland	3,5	4,9	8,5	13,2	14,8
Vereinigtes Königreich	9,5	19,9	22,9	18,5	13,6
Russland	5,6	7,0	7,6	8,8	8,2
Frankreich	5,2	7,9	7,8	6,8	6,1
Österreich-Ungarn	3,2	4,2	4,4	4,7	4,4
Italien	2,3	2,5	2,5	2,5	2,4
Belgien	0,7	1,4	1,8	1,7	1,8
Spanien	1,5	1,8	1,8	1,6	1,2
Schweden	0,4	0,6	0,8	0,9	1,0
Schweiz	0,4	0,7	0,8	1,0	0,9
USA	2,4	7,2	14,7	23,6	32,0
Japan	2,8	2,6	2,4	2,4	2,7
Kanada	0,1	0,3	0,4	0,6	0,9
China	29,8	19,7	12,5	6,2	3,6
Indien	17,6	8,6	2,8	1,7	1,4
Brasilien	–	0,4	0,3	0,4	0,5
Mexiko	–	0,4	0,3	0,3	0,3

Nach: Wolfram Fischer (Hg.), Handbuch der europäischen Wirtschafts- und Sozialgeschichte, Bd. 5, Stuttgart (Klett-Cotta) 1985, S. 150

7 ■ Erläutere anhand von M 7 die Verteilung der Weltindustrieproduktion. Schätze die Rolle der Banken dabei ein (M 5). Diskutiert, ob sich daraus Schlüsse für die heutige Zeit ziehen lassen.

Methode: Eine Statistik auswerten

Statistiken erzählen Geschichte

Wenn Historiker wirtschaftliche und soziale Entwicklungen untersuchen, nutzen sie dafür statistisches Datenmaterial als Quellen. Langfristige Entwicklungen lassen sich oft besser in Zahlen beschreiben als in Worten, z. B. die Produktion von Waren, die Menge der Beschäftigten und Arbeitslosen, die Angaben über Einkommenshöhen und wirtschaftliche Verhältnisse. Historiker sammeln deshalb Zahlenmaterial, das sie nach Frage- oder Problemstellungen ordnen. Sie werten es aus, um es als Tabellen oder grafisch als Diagramme zu präsentieren. Die so erstellten Statistiken gelten in der Geschichtswissenschaft als eigenständige Form der historischen Darstellung. Beim Thema „Industrialisierung" ist allerdings zu berücksichtigen, dass das Zahlenmaterial für deren Anfangsphase unvollständig ist und oft allenfalls Tendenzen und keine realen Vorgänge aufzeigt.

Vorsicht bei Diagrammen

Diagramme vereinfachen und erlauben nur eine grobe Einschätzung des Sachverhalts. Die grafische Darstellung benötigt in der Regel Unterstützung durch konkretes Zahlenmaterial. Diagramme werden deshalb häufig durch Tabellen oder Zahlenangaben, die in sie eingebaut werden, ergänzt. Ohne Zusatzinformationen bergen Diagramme die Gefahr, falsch interpretiert zu werden.

M 1

a) **Industrielle Produktion (in Mio. englische Pfund)**

Jahr	Deutschland	England	Frankreich	Russland
1800	60	230	190	15
1840	150	387	264	40
1888	583	820	485	363

Quelle: Heinrich Lutz, Zwischen Habsburg und Preußen, Deutschland 1815–1866, Berlin/München (Siedler/Goldmann TB) 1998, S. 89.

b)

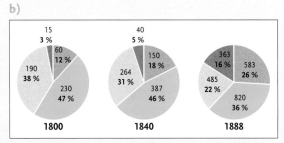

c)

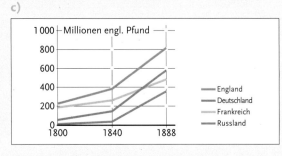

d)

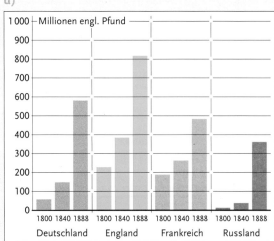

M 2 **Produktion ausgewählter industrieller Erzeugnisse in Deutschland (Kohle, Eisen, Stahl in Mio. t, Bier in 1000 hl)**

Jahr	Steinkohle	Braunkohle	Roheisen	Rohstahl	Bier
1886	58,1	15,6	3,5	2,7	45,1
1895	79,2	24,8	5,5	5,0	60,7
1913	190,1	87,2	19,3	17,7	69,2
2009	13,8	174,7	20,1	32,7	88,0

Zusammengestellt nach Thomas Rahlf (Hg.), Deutschland in Daten, Bonn (bpb), 2015, S. 257. Online unter https://www.econstor.eu/bitstream/10419/124185/1/4938_zb_dtindaten_150714_online.pdf (Stand: 18. 5. 2017).

Arbeitsschritte bei der Auswertung einer Statistik

Ersten Eindruck festhalten
1. Welcher Gegenstand/Zeitabschnitt/historisches Ereignis wird dargestellt?
2. Welche Kurvenverläufe oder Sprünge fallen auf den ersten Blick auf?

Äussere Merkmale untersuchen
3. Wer ist Urheber der Daten (Institution/Person)?
4. Adressatenbezug: Wer wird angesprochen?
5. Wie wird das Zahlenmaterial präsentiert? (Tabelle oder Diagramm? Art des Diagramms?)

Zahlenwerte einordnen
6. Welche Strukturhilfen, Jahreszahlen, Spalten- oder Achsenbezeichnungen gibt es? In welchen Masseinheiten sind die Zahlenwerte angegeben?
7. Legende: Wie sind z. B. Farben bestimmten Staaten zugeordnet?
8. Aussagen der Tabelle/des Diagramms: Wird ein Vergleich angestrebt oder eine Entwicklung aufgezeigt?

Aussage beurteilen und deuten
9. Fasse die Kernaussagen kurz zusammen und erläutere sie.
10. Setze die Aussagen in ihren historischen Zusammenhang.
11. Bewerte die Aussagekraft der statistischen Daten: Ist die grafische Darstellung angemessen, oder wird der Sachverhalt zu sehr vereinfacht?

1 ■ Setze die Tabellen M 1a und M 2 in ein Säulen- oder in ein Liniendiagramm um. Trage die Jahreszahlen auf der x-Achse und Zahlenwerte auf der y-Achse ein.
2 ■ Analysiere die Statistik M 1 mithilfe der Arbeitsschritte und Bearbeitungshinweise. An einigen Stellen musst du noch eine Antwort ergänzen.
3 ■ Analysiere die Statistik M 2 ebenso.

Bearbeitungshinweise für M 1

Zu 1: Diagramme, die die Entwicklung der Industrieproduktion 1880–1888 für die genannten Länder dokumentieren.

Zu 2: Die Kurve Deutschlands kreuzt die Frankreichs um 1860; die Säulen für 1840 und 1888 unterscheiden sich in allen Staaten am stärksten.

Zu 3: Die Zahlen wurden 1998 von dem Historiker Heinrich Lutz vorgestellt.

Zu 4: Historiker und Personen, die sich für die Wirtschaftsgeschichte des 19. Jahrhunderts interessieren.

Zu 5: Als Tabelle, Kreisdiagramm, Liniendiagramm, Säulendiagramm.

Zu 6: Die Werte in den Kreisdiagrammen (M 1 b) geben die Prozentanteile der einzelnen Länder an der gesamten Produktion von 1880–1888 an. Bei den Diagrammen c und d geben die Werte auf der x-Achse die Zeitabschnitte, auf der y-Achse den Wert der Produktion in Mio. Pfund an. Bei den Tabellen M 1a und M 2 werden in der Senkrechten die Zeitabschnitte, in der Waagerechten die Produktion dargestellt.

Zu 7: Die Farblegende bezieht sich auf alle Diagramme und verweist auf vier Länder.

Zu 8: Die Tabelle und die Diagramme bieten jeweils in unterschiedlicher Form einen Vergleich und eine Entwicklung der Industrieproduktion der vier Länder an.

Zu 9: Obwohl Deutschland innerhalb von fast 100 Jahren den Umfang an industrieller Produktion vervielfachen kann, bleibt England absoluter Spitzenreiter.

Zu 10: Der Zusammenhang (Kontext) ist die Zeit der Industrialisierung in Europa im 19. Jahrhundert.

Zu 11: Auch wenn der Sachverhalt vereinfacht dargestellt wird, lässt er weitreichende Rückschlüsse zu, die erklärt werden müssen. Zu berücksichtigen sind die wirtschaftlichen Anstrengungen und die gesellschaftlichen Veränderungen, die mit einer solchen Entwicklung einhergehen.

4 ■ Analysiere die Statistiken auf den Seiten 130 und 153 nach den vorgegebenen Arbeitsschritten.

Soziale Folgen der Industrialisierung

M1 Berlin, Friedrich-strasse, 1899

Urbanisierung

In der zweiten Hälfte des 19. Jahrhunderts wuchsen die europäischen Grossstädte sehr rasch. Viele Städte waren im Spätmittelalter an Flüssen gebaut worden, sodass die sich entwickelnde Industrie zunächst die Wasserkraft als Energiequelle nutzen konnte. Mit dem Einsatz von Dampfmaschinen und dem Ausbau von Stromübertragungsnetzen wurden die Fabriken unabhängig von dieser Energieform, und Städte entstanden auch an anderen Standorten. Fabrikanlagen, Bahnhöfe, öffentliche Bibliotheken, grosse Verwaltungsgebäude, Banken, Versicherungen und prächtige Warenhäuser wurden zu den modernen Kennzeichen einer Stadt (M 1). Neben der Industrie begann der Dienstleistungssektor die Städte zu prägen. Die Entdeckung und Nutzung der Elektrizität brachte Strom und Licht in die Städte. Die Kommunikation zwischen Städten, Ländern und Kontinenten wurde durch die Entwicklung der Telegrafie ab den 1850er-Jahren immer einfacher.

In den schnell wachsenden amerikanischen Städten bauten die Architekten und Ingenieure Zentren mit den höchsten Häusern der Welt – den Wolkenkratzern. Weil die europäischen Industrien und Konsumenten immer mehr Rohstoffe und Nahrungsmittel aus den USA importierten, entstand nun auch in der amerikanischen Industrie und Landwirtschaft ein Arbeitskräftebedarf, der durch europäische Auswanderer gedeckt werden konnte (s. S. 128).

Pauperismus

Die Frühphase der Industrialisierung war von grosser Massenarmut geprägt. Neben dem Bevölkerungswachstum kommen hier unterschiedliche Ursachen infrage. So gab es schon vor der Industrialisierung eine grosse Zahl von Armen, die kein Land besassen, in der Landwirtschaft keine Anstellung fanden und in der schlecht bezahlten Heimindustrie arbeiten mussten. Vor allem die Heimarbeit des Spinnens und Webens geriet durch die ersten Fabriken unter enormen Preisdruck. Viele ländliche Heimarbeiterinnen und Heimarbeiter zogen deshalb in die Städte, fanden aber dort in Industriebetrieben nur eine ebenfalls schlecht bezahlte oder gar keine Anstellung. Die daraus entstehende Massenarmut wurde schon von Zeitgenossen um 1800 in Grossbritannien als Pauperismus bezeichnet.

Pauperismus
Von lat. *pauper* = arm; Armut grosser Bevölkerungsteile unmittelbar vor und zu Beginn der Industrialisierung. Als *pauper* galt, wer sich durch seine Arbeit kein ausreichendes Einkommen verschaffen konnte.

Ab ca. 1840 diskutierte man im Bürgertum über dieses Problem, das als „Soziale Frage" oder als „Arbeiterfrage" bezeichnet wurde. Anlass hierfür war die Erkenntnis, dass ein grosser Teil der Arbeiterschaft am Rande des Existenzminimums lebte. Hinzu kamen die ungesunden Arbeitsbedingungen in den staubigen oder heissen Fabriken und die langen Arbeitszeiten, die gesundheitsgefährdend waren, weil sie nur wenig Erholung ermöglichten. Zu Beginn der Industrialisierung fehlte jeder Schutz vor Krankheit, Unfall, Arbeitslosigkeit und im Alter. Zur sozialen Frage gehörten auch fehlende Schulbildung der arbeitenden Kinder, schlechte Ernährung und enge Wohnverhältnisse. Eine Folge davon war sicher der Alkoholismus vieler Männer aus der Arbeiterschicht. Neben das materielle Elend trat der Umstand, dass die Arbeiter gesellschaftlich diskriminiert und politisch ohnmächtig waren.

Bürgerliche und Arbeiterquartiere In den Industriestädten entstand eine deutliche Trennung zwischen Arbeiterquartieren und bürgerlichen Quartieren. Die Wohngebiete der Arbeiter lagen meist nahe bei den Fabriken, da die Arbeitszeiten in der ersten Phase der industriellen Entwicklung lang waren und deshalb die Arbeitswege kurz sein mussten. Die bürgerlichen Viertel, zumindest die der Oberschicht, befanden sich möglichst erhöht und weit weg von den Fabriken, da diese viel Lärm und Rauch produzierten. Die Wohnungen der Arbeiterschichten waren oft in einem schlechten Zustand und relativ teuer, da die Nachfrage wegen der Zuwanderung hoch war. Sie waren für heutige Verhältnisse überbelegt, häufig mit mehr als drei Personen pro Zimmer. Feuchtigkeit und verschmutzte Luft begünstigten Tuberkulose und Asthma. Ungenügende Abwasser- und Kanalisationssysteme sowie verschmutztes Trinkwasser führten zu Cholera- und Typhusepidemien.

Sozialreformer Aufgrund der zunehmenden Verarmung der Arbeiter wurden von Politikern, Ärzten, Juristen, Lehrern, Pfarrern und sogar Unternehmern verschiedene Lösungsansätze zur Sozialen Frage formuliert. Etwa ab 1860 wurden Arbeitervereine und Gewerkschaften gegründet, die sich für die Interessen der lohnabhängigen Arbeiter einsetzten. In Deutschland wurde ab 1881 eine vom Staat unterstützte Sozialgesetzgebung eingeführt. Darunter fielen Kranken-, Unfall- und Rentenversicherung. Die Soziale Frage wurde auch 1891 von Papst Leo XIII. in seiner *Enzyklica Rerum Novarum* thematisiert, in der die katholische Kirche als Vermittlerin zwischen Unternehmern und Arbeitern hervorgehoben wird. Bedeutende Einzelpersonen waren u. a. der Waliser Robert Owen (1771–1858, M 2), der die Kinderarbeit einschränkte und Schulen für die Kinder der Arbeiter baute. Der katholische Pfarrer Adolph Kolping (1813–1865) veranlasste in deutschen Städten die Gründung von Vereinen, um die katholischen Gesellen und Arbeiter vor Verwahrlosung zu schützen. Ein weiterer Ansatz wurde von den Philosophen Karl Marx und Friedrich Engels formuliert: der Sozialismus und Kommunismus. Er entwickelte sich zum zentralen Lösungsansatz der Sozialen Frage im 19. Jahrhundert.

1 ▪ Betrachte M 1 und beschreibe die Kennzeichen der modernen Stadt im 19. Jahrhundert.

2 ▪ Erkläre in einem kurzen Aufsatz, welche Probleme Mitte des 19. Jahrhunderts eine arme Familie von zwei Erwachsenen und zwei Kindern beim Umzug vom Land in die Stadt zu bewältigen hatte.

3 ▪ Informiere dich über die Lage der Arbeiter in den ersten Fabriken und den Wohnvierteln der Arbeiterschaft in einer Schweizer Grossstadt.

M 2 **Robert Owen (1771–1858), englischer Sozialreformer, Zeichnung, undatiert**

Sozialismus
Idealbild einer solidarischen Gesellschaft, in der die Grundwerte der Freiheit, der Gleichheit und der persönlichen und gesellschaftlichen Emanzipation verwirklicht sind und in denen genossenschaftliche, gesellschaftliche oder staatliche Eigentumsverhältnisse vorherrschen.

Kommunismus
Auf den Sozialismus folgende Entwicklungsstufe, in der alle Produktionsmittel und Erzeugnisse in das gemeinsame Eigentum der Staatsbürger übergehen und alle Klassengegensätze überwunden sind.

Kinderarbeit
 cornelsen.de/Webcodes
Code: coface

M3 Wachstum der Industriestadt Winterthur vom 15. Jahrhundert bis 2000

15. Jh.	2 200 Einwohner ca.
1672	2 572 Einwohner
1729	3 280 Einwohner
1799	3 000 Einwohner ca.
1850	13 651 Einwohner
1870	19 496 Einwohner
1888	29 508 Einwohner
1910	46 384 Einwohner
1930	53 925 Einwohner
2000	90 483 Einwohner

Nach: Historisches Lexikon der Schweiz, www.hls.ch (Zugriff: 17. 11. 2018)

4 ■ Berechne die Wachstumsrate der Stadt Winterthur pro Jahr und erkläre die Phasen des beschleunigten Wachstums (M 3).

M4 Die Eisenbahn – Ungeheuer oder Wunderding?

a) Aus dem Gutachten eines bayerischen Ärzterates, 1838:

Die schnelle Bewegung muss bei den Reisenden unfehlbar eine Gehirnkrankheit […] erzeugen. Wollen sich aber dennoch Reisende freiwillig dieser Gefahr aussetzen, so muss der Staat wenigstens die Zuschauer schützen, denn sonst verfallen diese beim Anblick des schnell dahinfahrenden Dampfwagens genau derselben Gehirnkrankheit. Es ist daher notwendig, die Bahnstrecke auf beiden Seiten mit einem hohen Bretterzaun einzufassen.

Zit. nach: Wilhelm Treue, Quellen zur Geschichte der industriellen Revolution, Göttingen/Frankfurt/Zürich (Musterschmidt) 1966, S. 84 f.*

b) Aus der „Magdeburger Zeitung" vom 3. Juli 1833:

Der Eisenbahnbau muss die Landwirtschaft völlig ruinieren. Der Landwirt wird höhere Zinsen zahlen müssen; er wird, wenn die Pferde ausser Kurs kommen [nicht mehr gebraucht werden], weil wir mit Dampf fahren, keinen Hafer mehr anbauen können.

Zit. nach: Wilhelm Treue, Quellen zur Geschichte der industriellen Revolution, Göttingen/Frankfurt/Zürich (Musterschmidt) 1966, S. 84 f.*

c) Der Schriftsteller Heinrich Heine über die Eisenbahn, 1843. Heine lebte in Paris im Exil:

Welche Veränderungen müssen jetzt eintreten in unsrer Anschauungsweise und in unsern Vorstellungen! Sogar die Elementarbegriffe von Zeit und Raum sind schwankend geworden. Durch die Eisenbahnen wird der Raum getötet, und es bleibt uns nur noch die Zeit übrig. Hätten wir nur Geld genug, um auch Letztere anständig zu töten! In vierthalb Stunden reist man jetzt [von Paris] nach Orléans, in ebensoviel Stunden nach Rouen. Was wird das erst geben, wenn die Linien nach Belgien und Deutschland ausgeführt und mit den dortigen Bahnen verbunden sein werden! Mir ist, als kämen die Berge und Wälder auf Paris angerückt. Ich rieche schon den Duft der deutschen Linden, vor meiner Tür brandet die Nordsee.

Heinrich Heine, Lutetia – Zweiter Teil, LVII, zit. nach: Heinrich Heine, Sämtliche Schriften, hg. von Klaus Briegleb, Bd. 5, München (dtv) 1997, S. 448 f.*

M5 Wirtschaftliche Auswirkungen des Eisenbahnbaus 1860–1900

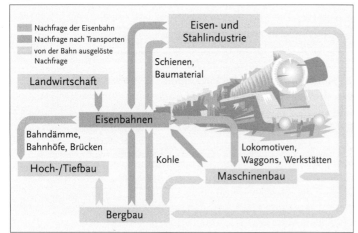

Nachfrage der Eisenbahn
Nachfrage nach Transporten
von der Bahn ausgelöste Nachfrage

Eisen- und Stahlindustrie
Schienen, Baumaterial
Landwirtschaft
Eisenbahnen
Bahndämme, Bahnhöfe, Brücken
Hoch-/Tiefbau
Kohle
Lokomotiven, Waggons, Werkstätten
Maschinenbau
Bergbau

5 ■ Bearbeite die Quellen M 4 a–c:
 – Erarbeite aus a und b die Argumente gegen die Eisenbahn. Erkläre die Gründe für die Ablehnung.
 – Schreibe einen Zeitungskommentar, in dem du die Argumente gegen die Eisenbahn entkräftest. Ziehe dabei M 5 hinzu.
 – Benenne aus c Heines Hoffnungen und Vorbehalte gegenüber dem Eisenbahnbau.
 – Schreibe einen ähnlichen Zeitungskommentar über die Anfänge des Flugzeugbaus.

M6 Kochkunstausstellung in Berlin – die Elektrizität in der Küche, 1894

6 ■ Erläutere anhand des Bildes M6 die Bedeutung der Elektrizität für die Industrialisierung.

7 ■ Beschreibe das Bild der Suppenküche (M7) und erkläre die Gründe für die Notwendigkeit dieser Einrichtung.

M7 Suppenküche in London, 1869

M8 „Sie weinen vor Frost und Hunger"

Wilhelm Wolff, ein späterer Freund von Karl Marx, über soziale Missstände in Breslau (Schlesien), 1843:

Wenn Ihr über die Sand und die beiden Oderbrücken hinüber seid, so wendet einmal, ich bitte Euch, Eure Schritte gleich rechts ab in die Sterngasse hinein. Ihr geht nicht weit, und ein Haus steht vor Euren Augen, das sich sogleich als zu 5 militärischen Zwecken erbaut ankündigt. Es sind Kasematten[1]. Fasst Euch ein Herz und tretet ein! Ihr findet hier keine Soldaten, und dennoch wohnen Krieger darin, aber überwundene; Ihr Feind, dem sie unterlagen und bei jeder neuen Anstrengung täglich aufs Neue unterliegen – der Feind ist die Armut. Auf seiner Seite streiten als treue Alliierte der 10 Hunger, die Blösse, der Frost. Wie sollten waffen-, d.h. mittellose Männer, Frauen und Kinder den ungleichen Kampf bestehen können? Seht Euch den Aufenthalt der Armut genau an! […] Und – Ihr werdet begreifen, dass die Bewohner frieren. Da steht ein Ofen mit ganzer Röhre; es ist Feuer 15 darin: aber der Rauch in der Stube erstickt Euch: öffnet, öffnet: und Ihr werdet begreifen, dass sie frieren. Der Rauch lockt Euch Tränen aus den Augen; Ihr blickt die Insassen an, sie weinen – vor Rauch? O nein! Sie weinen vor Frost und Hunger. 20

Breslauer Zeitung, 18.11.1843, zit. nach Ursula Schulz (Hg.), Die deutsche Arbeiterbewegung 1848–1919 in Augenzeugenberichten, München (dtv) 1976, S. 30*

1 Vor Artilleriebeschuss geschütztes Gewölbe im Festungsbau.

8 ■ Nenne Ursachen für die in M8 und M9 dargestellten Verhältnisse.

M9 Die Altstadt von Manchester

Friedrich Engels (s. S. 260) beschrieb die Verhältnisse in dieser Stadt, 1845:

Wenn man sehen will, wie wenig Raum der Mensch zum Bewegen, wie wenig Luft – und welche Luft! – er zum Atmen im Notfall zu haben braucht, mit wie wenig Zivilisation er existieren kann, dann hat man nur hierher zu kommen. Es ist freilich die Altstadt – und darauf berufen sich die Leute 5 hier, wenn man ihnen von dem scheusslichen Zustande dieser Hölle auf Erden spricht –, aber was will das sagen? Alles, was unsren Abscheu und unsre Indignation [Entrüstung] hier am heftigsten erregt, ist neueren Ursprungs, gehört der industriellen Epoche an. […] Nur die Industrie gestattet es 10 den Besitzern dieser Viehställe, sie an Menschen für hohe Miete zur Wohnung zu überlassen, die Armut der Arbeiter auszubeuten, die Gesundheit von Tausenden zu untergraben, damit nur sie sich bereichern; nur die Industrie hat es möglich gemacht, dass der kaum aus der Leibeigenschaft 15 befreite Arbeiter wieder als ein blosses Material, als Sache gebraucht werden konnte, dass er sich in eine Wohnung sperren lassen muss, die jedem andern zu schlecht, und die er nun für sein teures Geld das Recht hat vollends verfallen zu lassen. Das hat nur die Industrie getan, die ohne diese 20 Arbeiter, ohne die Armut und Knechtschaft dieser Arbeiter nicht hätte leben können.

Friedrich Engels, Die Lage der arbeitenden Klasse in England (1845), zit. nach: Karl Marx/Friedrich Engels, Werke, Bd. 2, Berlin (Dietz) 1972, S. 225–506, 285 f.*

Arbeiterbewegung und Frauenbewegung

M1 Keir Hardie (1856–1915), Vorsitzender der Labour Party, spricht auf einer Kundgebung von Frauenrechtlerinnen (Souffragetten) in London, 1906

Gewerkschaften

Die Produktion in der Zeit der Industrialisierung beruhte darauf, freie Lohnarbeiter nur dann und nur so lange zu benutzen, wie sich ihre Anwendung lohnte. Dieses Prinzip hatte für die Arbeiterinnen und Arbeiter Folgen, die im Pauperismus gipfelten (s. S. 252). Es war deshalb nur eine Frage der Zeit, wann sich diese organisierten, um ihre Löhne zu steigern und ihre Arbeitsbedingungen zu verbessern. Am Anfang der organisierten Arbeiterbewegung standen zumeist Arbeiterbildungsvereine, die Bildungsarbeit mit kulturellen Angeboten und politischen Zielen verbanden. Die ersten Arbeiterbildungsvereine entstanden um die Mitte des 19. Jahrhunderts. Sie hatten sich zunächst die Aufgabe gestellt, ganz grundlegende Dinge wie Rechnen, Schreiben und Lesen zu lehren, weil öffentliche Schulen keine gute Ausbildung boten. Hinzu kam, dass im Arbeitsleben immer mehr Maschinen eingesetzt wurden, sodass in den Arbeitervereinen auch technische und naturwissenschaftliche Fortbildung betrieben wurde. Darüber hinaus wurden in den Vereinen auch gesellschaftliche, wirtschaftliche und politische Fragen diskutiert.

Arbeiterbildungsvereine

Neben dem Kampf für höhere Löhne standen Themen wie Krankheit, Unfall oder Arbeitslosigkeit im Mittelpunkt, gegen die Arbeiter nicht abgesichert waren. Zur Durchsetzung ihrer Forderungen schlossen sich die Arbeiter organisatorisch zusammen, um mit der Drohung gemeinsamer Aktionen bis hin zur Arbeitsniederlegung auf die Unternehmer Druck ausüben zu können. Es entstanden Gewerkschaften. Sie waren von Anfang an immer sowohl Selbsthilfeverband als auch Kampforganisation. Die Selbsthilfe bestand vor allem darin, dass aus den Mitgliedsbeiträgen Krankengeld, später auch Arbeitslosenunterstützung und Sterbegeld ausgezahlt wurde. Bei Arbeitskämpfen wurde Streikgeld gezahlt. Gewerkschaften wurden von den Unternehmern und den meisten bürgerlichen Politikern in der Regel als inakzeptable Einschränkung der betrieblichen Entscheidungsvollmacht betrachtet und dementsprechend bekämpft. Dennoch konnten durch die Gewerkschaften die Arbeits- und Lebensbedingungen der lohnabhängig Beschäftigten nachhaltig verbessert werden.

Gewerkschaften
Freiwillige Vereinigungen von Arbeitnehmern zur Vertretung ihrer sozialen und wirtschaftlichen Interessen.

Arbeiterparteien

Neben ökonomischen erhob die Arbeiterbewegung zunehmend auch politische Forderungen. In England waren es zunächst vor allem die Chartisten. Sie verlangten eine Parlamentsreform und jährliche Unterhauswahlen mit gleichem und geheimem Wahlrecht für alle volljährigen Männer. Dazu forderten sie die Zulassung von Gewerkschaften, Arbeiterschutzgesetze, gerechte Einkommensteuern und andere soziale Massnahmen. Ihre Bedeutung ging jedoch in der zweiten Hälfte des 19. Jahrhunderts zurück. Führende Arbeiterpartei wurde später die *Labour Party*, die 1900 als *Labour Representation Committee* (LRC) gegründet wurde.

In Deutschland forderte zunächst vor allem Ferdinand Lassalle demokratische und sozialökonomische Reformen zum Wohl der Arbeiterklasse. Er gründete 1863 in Leipzig den Allgemeinen Deutschen Arbeiterverein (ADAV), der als Hauptziel die Durchsetzung des allgemeinen und gleichen Wahlrechts hatte. Die 1869 unter Führung von August Bebel und Wilhelm Liebknecht in Eisenach gegründete Sozialdemokratische Arbeiterpartei (SDAP) orientierte sich hingegen an den von Marx propagierten revolutionären Grundsätzen (s. S. 260). Im Jahr 1875 kam es in Gotha zum Zusammenschluss beider Organisationen zur Sozialistischen Arbeiterpartei (SAP), der Vorläuferin der Sozialdemokratischen Partei Deutschlands (SPD). International organisierten sich die Arbeiterparteien gemeinsam mit sozialistischen Parteien und einigen Gewerkschaften im Jahre 1889 in der sozialistischen Internationale.

Frauenbewegung

In England entstanden Anfang der 1870er-Jahre die ersten reinen Frauengewerkschaften, 1874 die *National Union of Working Women* in Bristol. Im Jahr 1897 gründete sich die *National Union of Women's Suffrage Societies* (NUWSS). Sie nannten sich Suffragisten und arbeiteten eng mit Arbeiterinnenverbänden und Gewerkschaften zusammen, die sich vor allem für Mindestlöhne und bessere Arbeitsbedingungen einsetzten. Die bürgerliche und die proletarische Frauenbewegung arbeiteten eng zusammen, weil ihre Forderungen nach Gleichstellung der Frau und nach besseren Arbeitsbedingungen Hand in Hand gingen. Obwohl die Frauenbewegung in England stark war, war ihre Wirkung lange Zeit relativ gering. Frauenorganisationen entstanden auch in anderen europäischen Ländern und in den USA.

In Deutschland entstand 1865 in Leipzig der erste Frauenbildungsverein. Daraufhin wuchs in den nächsten Jahrzehnten die Frauenbewegung stark an. Ihre Themen waren – wie in England – vor allem der Kampf um Bildung und um das Frauenwahlrecht. In den 1880er-Jahren schliesslich bildete sich in Deutschland – wie in allen industrialisierten Staaten Europas – eine proletarische Frauenbewegung heraus, die eng mit der Sozialdemokratie und den Gewerkschaften zusammenarbeitete. Auch für die proletarische Frauenbewegung in Deutschland stand neben Mutter- und Arbeitsschutz sowie Arbeitszeitverkürzung die Verbesserung der Lohnsituation im Mittelpunkt ihrer Forderungen. Aber auch die rechtliche Gleichstellung sowie das im Kaiserreich nicht vorhandene Frauenwahlrecht waren Hauptforderungen der proletarischen Frauenbewegung. Ebenso wie in England war ihr Kampf jedoch lange Zeit ohne grosse Wirkung.

Chartisten
Anhänger einer revolutionärdemokratischen und sozialistischen Arbeiterbewegung in England zwischen 1838 und 1850. Sie benannten sich nach der *People's Charter* (Urkunde des Volkes), einer Protestschrift aus dem Jahr 1838.

Sozialistische Internationale
Zusammenschluss sozialistischer und sozialdemokratischer Parteien und Organisationen. Ihr gehörten insgesamt 145 Parteien und Vereinigungen an.

Suffragetten/Suffragisten
(von englisch/französisch *suffrage* = Wahlrecht) Organisierte Frauenrechtlerinnen Ende des 19. Jahrhunderts in Grossbritannien und den Vereinigten Staaten, die sich später als Suffragisten bezeichneten. Sie traten vor allem mit passivem Widerstand, Störungen offizieller Veranstaltungen und Hungerstreiks für ein allgemeines Frauenwahlrecht ein. Die Suffragettenbewegung wurde überwiegend von Frauen aus dem Bürgertum getragen.

1 ▪ Arbeite aus dem Bild M 1 eine Verbindung zwischen Arbeiter- und Frauenbewegung heraus.

2 ▪ Nimm Stellung zur Rolle der Gewerkschaften in der damaligen und in der heutigen Zeit.

3 ▪ Diskutiert die Bedeutung der Frauenbewegung für das Ziel geschlechtlicher Gleichberechtigung in der Gesellschaft.

M 2   Ein Vorschlag zur Beseitigung der Armut

Robert Owen (1771–1858, s. S. 253) war ein britischer Unternehmer und Frühsozialist. In einem Bericht an das Parlamentarische Komitee für Armengesetzgebung schrieb er, 1817:

Die Einführung der Maschinerie ist es, die die menschliche Arbeit, die Quelle des Reichtums der Völker, entwertet und sie zum grossen Teil verdrängt. […] Eines der folgenden drei Resultate muss also eintreten: 1. Einschränkung der Maschi-
5 nerie; 2. Verhungern von Millionen Menschen; 3. Gewährung von nützlicher Beschäftigung für die armen und beschäftigungslosen Arbeiter, denen die Maschinerie dienen und nicht das Brot wegnehmen soll. Unter den obwaltenden Umständen kann aber die Maschinerie nicht einge-
10 schränkt werden, denn andere Völker werden uns nicht folgen. […] Nicht minder barbarisch und tyrannisch würde eine Regierung handeln, wenn sie einen grossen Teil der Bevölkerung dem Hungertod anheimfallen liesse. Es bleibt also nichts anderes übrig, als den Arbeitslosen nützliche und
15 produktive Beschäftigung zu verschaffen. […] Soll diese unabweisbare Reform unter Leitung gemässigter und weiser Männer langsam und stufenweise vollzogen werden, oder soll man sie […] unter dem Einfluss heftiger und blinder Leidenschaften sich durchsetzen lassen? Es ist kein Zweifel, dass
20 die erstere Methode die richtigere ist.

Zit. nach: Wolfgang Kleinknecht/Herbert Krieger (Hg.), Die Neueste Zeit 1850–1945. Materialien für den Geschichtsunterricht, Frankfurt/Main (Diesterweg) ³1973, S. 15*

M 3   Das Hauptziel des Allgemeinen Deutschen Arbeitervereins (ADAV)

Der sozialistische Politiker Ferdinand Lassalle (1825–1864) schrieb an das „Central Comité zur Berufung eines Allgemeinen Deutschen Arbeiter-Congresses", 1863:

Organisieren Sie sich als ein allgemeiner deutscher Arbeiterverein zu dem Zweck einer gesetzlichen und friedlichen, aber unermüdlichen, unablässigen Agitation für die Einführung des allgemeinen und direkten Wahlrechts in allen
5 deutschen Ländern. Von dem Augenblicke an, wo dieser Verein auch nur 100 000 deutsche Arbeiter umfasst, wird er bereits eine Macht sein, mit welcher jeder rechnen muss. Pflanzen Sie diesen Ruf fort in jede Werkstatt, in jedes Dorf, in jede Hütte. […] Debattieren Sie, diskutieren Sie überall
10 täglich, unablässig, unaufhörlich […] in friedlichen, öffentlichen Versammlungen wie in privaten Zusammenkünften die Notwendigkeit des allgemeinen und direkten Wahlrechts.

Zit. nach: Hans Magnus Enzensberger u. a. (Hg.), Klassenbuch 2. Ein Lesebuch zu den Klassenkämpfen in Deutschland 1850–1919, Darmstadt/Neuwied (Luchterhand) 1972, S. 29*

4 ■ Vergleiche die Vorschläge in M 2 und M 3 mit den Zielen, die im Kommunistischen Manifest genannt werden (s. S. 262) und nenne die Unterschiede.

M 4   Die Notwendigkeit eigener Arbeiterparteien

Wilhelm Liebknecht (1826–1900), einer der Gründerväter der Sozialdemokratischen Partei Deutschlands (SPD), in einer Rede auf dem Nürnberger Vereinstag der deutschen Arbeitervereine, in der er sich an die bürgerlichen Nationalliberalen wandte, 1868:

Sie, meine Herren, haben den Zusammenhang der politischen und ökonomischen Fragen längst begriffen und demgemäss Ihre politische Parteistellung genommen. […] Sie haben sich Bismarck [s. S. 220/21] in die Arme geworfen, um sich und Ihre Klasse seiner Hilfe gegen die Arbeiter zu versi-
5 chern. […] Und während Sie, meine Herren, Ihre politische Parteistellung wesentlich als Feinde der Arbeiter gewählt haben, muten Sie diesen zu, die politische Frage von der sozialen zu trennen! Die Arbeiter sollen sich mit Politik beschäftigen, Sie sind so gnädig, Ihnen das zu erlauben, aber sie
10 sollen in ihren Arbeitervereinen keine bestimmte Parteipolitik treiben. Mit anderen Worten, sie sollen fortfahren, Ihre Politik zu treiben: die Politik der Bourgeoisie, der Feindin der Arbeiter. Von Ihrem Standpunkt haben Sie recht; solange die Arbeiter Ihrem Wunsch gemäss handeln, sind sie an Ih-
15 rem Gängelbande. Und das muss nun enden. Weil die soziale und politische Frage untrennbar sind, erheischt das Interesse der Arbeiter, dass sie sich von ihren sozialen Gegner auch politisch trennen.

Zit. nach: Hans Magnus Enzensberger u. a. (Hg.), Klassenbuch 2. Ein Lesebuch zu den Klassenkämpfen in Deutschland 1850–1919, Darmstadt/Neuwied (Luchterhand) 1972, S. 55 f.*

5 ■ Erläutere, wie Liebknecht die Notwendigkeit unabhängiger Arbeiterparteien begründet (M 4).

M 5   Aufruf zur Teilnahme an einer Massenversammlung der Eisen-Metall-Arbeiter, 1874

Maſſen-Verſammlung
der
Eiſen- und Metall-Arbeiter Berlins
(Bau- und Maſchinenſchloſſer, Schmiede, Dreher u. ſ. w.)
Donnerſtag, den 26. Februar, Abends 8 Uhr,
im großen Saale Sophien-Straße 15.

Tages-Ordnung:

1. Die von Seiten des Berliner Magiſtrats verbotene General-Verſammlung der General-Krankenkaſſe und unſer Verhalten dem gegenüber. 2. Der Aufruf zum Kongreß und die Vereinigung ſämmtlicher Eiſen-Arbeiter Deutſchlands.

Sind denn die Eiſenarbeiter Berlins ſo tief geſunken, daß Sie nicht mehr ihr eigenes Intereſſe zu wahren ſuchen? Nun, dieſe Verſammlung wird es beweiſen, deßhalb Alle alle Plätze.

Jedermann hat freien Zutritt.

J. A.: Wätßke. Meyer.

M6 Ein Lohnkonflikt

Die Arbeiterin Ottilie Baader (1847–1925) berichtete über einen Lohnkonflikt in einer Berliner Nähfabrik, um 1870:

Den ersten Anstoss, eine Änderung der ganzen Verhältnisse selbst in die Hand zu nehmen, brachte uns erst der Deutsch-Französische Krieg [s. S. 221]. Unmittelbar nach seinem Aus-bruch gab es auch in der Wäscheindustrie einen Stillstand
5 des Absatzes. Arbeiterinnen wurden entlassen und standen mittellos da, denn von dem Verdienst konnte niemand etwas erübrigen. Unsere Firma wollte das „Risiko" auf sich nehmen, uns auch bei dem eingeschränkten Absatz voll zu beschäftigen, wenn wir für den „halben" Lohn arbeiten wollten.
10 Von Organisation hatten wir keine Ahnung, und wir waren in einer Notlage, denn die meisten Arbeiterinnen waren auf sich selbst angewiesen. […] So sagten wir zu, es eine Woche zu versuchen. […] Das Resultat war aber kläglich; von dem um die Hälfte gekürzten Lohn wurden uns die vollen Kosten
15 für Garn und Nadeln zum Abzug gebracht. […] Wir beschlossen einmütig, lieber zu feiern [zu streiken], als für einen solchen Schundlohn zu arbeiten. Drei Arbeiterinnen, zu denen auch ich gehörte, wurden bestimmt, dies dem Chef mitzuteilen. […] Als der Chef merkte, dass wir uns nicht so
20 leicht unterkriegen liessen, wurde er so wütend, dass er uns rot vor Ärger anschrie: „Na, dann werde ich euch den vollen Preis wieder zahlen!" Wollt ihr nun wieder arbeiten?" Da antworteten wir ihm kurz: „Jawohl, nun werden wir wieder arbeiten."

Ottilie Baader, Ein steiniger Weg. Lebenserinnerungen, Stuttgart 1921, zit. nach: Gerhard Henke-Bockschatz (Hg.), Industrialisierung. Fundus – Quellen für den Geschichtsunterricht, Schwalbach/Ts. (Wochenschau) ³2012, S. 187 f.*

6 ■ Erläutere, welche Erfahrungen die Arbeiterinnen im Konflikt M6 machen und welche Schlüsse sie daraus ziehen konnten (s. auch M5).

M7 Für die Befreiung der Frau!

Rede von Clara Zetkin auf dem Internationalen Arbeiterkongress zu Paris, 19.7.1889:

Die Frauenarbeit war von vornherein billiger als die männliche Arbeit. Der Lohn des Mannes war ursprünglich darauf berechnet, den Unterhalt einer ganzen Familie zu decken; der Lohn der Frau stellte von Anfang an nur die Kosten für
5 den Unterhalt einer einzigen Person dar, und selbst diese nur zum Teil, weil man darauf rechnete, dass die Frau auch zu Hause weiterarbeite ausser ihrer Arbeit in der Fabrik. Ferner entsprachen die von der Frau im Hause mit primitiven Arbeitsinstrumenten hergestellten Produkte, verglichen
10 mit den Produkten der Grossindustrie, nur einem kleinen Quantum mittlerer gesellschaftlicher Arbeit. Man ward also darauf geführt, eine geringere Arbeitsfähigkeit bei der Frau zu folgern, und diese Erwägung liess der Frau eine geringere Bezahlung zuteilwerden für ihre Arbeitskraft. Zu diesen
15 Gründen für billige Bezahlung kam noch der Umstand, dass

im ganzen die Frau weniger Bedürfnisse hat als der Mann. Was aber dem Kapitalisten die weibliche Arbeitskraft ganz besonders wertvoll machte, das war nicht nur der geringe Preis, sondern auch die grössere Unterwürfigkeit der Frau. Der Kapitalist spekulierte auf diese beiden Momente: die 20 Arbeiterin so schlecht wie möglich zu entlohnen und den Lohn der Männer durch diese Konkurrenz so stark wie möglich herabzudrücken. In gleicher Weise machte er sich die Kinderarbeit zunutze, um die Löhne der Frauen herabzudrücken; und die Arbeit der Maschinen, um die mensch- 25 liche Arbeitskraft überhaupt herabzudrücken. Das kapitalistische System allein ist die Ursache, dass die Frauenarbeit die ihrer natürlichen Tendenz gerade entgegengesetzten Resultate hat; dass sie zu einer längeren Dauer des Arbeitstages führt, anstatt eine wesentliche Verkürzung zu bewirken; 30 dass sie nicht gleichbedeutend ist mit einer Vermehrung der Reichtümer der Gesellschaft, das heisst mit einem grösseren Wohlstand jedes einzelnen Mitgliedes der Gesellschaft, sondern nur mit einer Erhöhung des Profites einer Handvoll Kapitalisten und zugleich mit einer immer grösseren Mas- 35 senverarmung. Die unheilvollen Folgen der Frauenarbeit, die sich heute so schmerzlich bemerkbar machen, werden erst mit dem kapitalistischen Produktionssystem verschwinden.

Protokoll des Internationalen Arbeiter-Congresses zu Paris, 14. bis 20. Juli 1889, zit. nach: Clara Zetkin, Ausgewählte Reden und Schriften, Bd. I, Berlin (Dietz) 1957, S. 3–11

7 ■ Untersuche die Rede von Clara Zetkin (M7) und erkläre,
   – was in ihren Augen die Frauenarbeit besonders attraktiv für den Unternehmer macht (s. auch M8);
   – wie sie die Verbindung von Sozialismus und Frauenemanzipation sieht.

M8 In einer französischen Spinnerei, 19. Jahrhundert

Der Marxismus

M1 Marx und Engels (links) im Gespräch mit den deutschen Sozialistenführern August Bebel (rechts) und Wilhelm Liebknecht (links von Bebel), Gemälde, um 1880

Die Überwindung der Klassengesellschaft

Der Marxismus war eine Antwort auf die sich im 19. Jahrhundert ausbreitende kapitalistische Industriegesellschaft und die soziale Frage. Karl Marx und Friedrich Engels untersuchten die wirtschaftlichen, politischen und sozialen Verhältnisse ihrer Zeit und sahen als Lösung eine gesellschaftliche Revolution mit dem Ziel, eine klassenlose Gesellschaft zu schaffen, in der alle die gleichen Möglichkeiten zur Selbstverwirklichung haben (Kommunismus). Entscheidender Faktor hierfür – so die marxistische Theorie – sei die menschliche Arbeit: Solange der Mensch nur arbeite, um seinen Lebensunterhalt zu verdienen, sei der Unterschied zum Tier nicht gross. Erst kreative Arbeit, die frei von jedem äusseren Zwang ausgeführt wird und nur der Selbstverwirklichung dient, mache den Menschen zum Menschen. In der industrialisierten Welt könne aber der Arbeiter das von ihm geschaffene Produkt nicht mehr als Ausdruck seiner selbst empfinden (Entfremdung). Das liege daran, dass es in Arbeitsteilung erstellt wurde und der einzelne Arbeiter nur einen Teil beigetragen habe, aber auch daran, dass das Endprodukt nicht den Arbeitern, sondern dem Unternehmer gehöre. Marx sah die Industrialisierung aber auch als Chance: Da dank der Rationalisierung für den Lebensunterhalt immer kürzere Arbeitszeiten genügten, stünde den Menschen immer mehr Zeit für die Selbstverwirklichung zur Verfügung. Bedingung sei aber, dass das System der Lohnarbeit und das Privateigentum an Produktionsmitteln aufgehoben würden.

Entfremdung
Vorgang, durch den etwas fremd bzw. unbekannt oder anders geworden ist.

Produktionsmittel
Arbeits- und Betriebsmittel, die zur Produktion von Gütern erforderlich sind, z.B. Betriebsanlagen und Vorräte (Sachkapital) sowie menschliche Fähigkeiten und Kenntnisse (Humankapital).

Das Menschenbild des Marxismus

Der Marxismus geht im Gegensatz zu Konservatismus und Liberalismus davon aus, dass erst die Veränderung der materiellen und sozialen Verhältnisse wesentliche Verbesserung für die Menschen bringen wird. Die Theorie ist: Die materiellen Verhältnisse bilden die Basis (Ökonomie), und die daraus abgeleiteten gesellschaftlichen Verhältnisse prägen das Bewusstsein, den sogenannten Überbau (Politik und Kultur). Von Zeit zu Zeit wirkt das Bewusstsein auf die materiellen Verhältnisse zurück. Das führt häufig zu einer Revolution, weil sich die Menschen ihrer Ausbeutung und Unterdrückung bewusst werden. Nach Marx und Engels wirken Klassenkämpfe der herrschenden Klasse gegen die unterdrückte Klasse als Antriebskräfte in der Geschichte und prägen die jeweiligen gesellschaftlichen Verhältnisse. Marx analysierte in der Geschichte Europas seit der Urgeschichte drei solche Revolutionen und prognostizierte eine vierte Revolution zur Überwindung des Kapitalismus hin zu Sozialismus und Kommunismus.

Kapitalismus
Wirtschafts- und Gesellschaftsordnung, die auf der Grundlage des freien Wettbewerbs und des Strebens nach Gewinn und Kapitalbesitz beruht.

Politische Ökonomie Marx ging davon aus, dass durch den technischen Fortschritt und den Einsatz von Maschinen jeder arbeitende Mensch mehr materielle Werte schaffen könne, als er selber verbraucht (Mehrwert). Die Ungerechtigkeit seiner Zeit sah er darin, dass dieser Mehrwert von den Kapitalisten abgeschöpft werde. Nach diesem Modell spielt die Arbeitskraft mit zunehmender Technisierung und Rationalisierung eine immer geringere Rolle. Weil dadurch weniger Löhne bezahlt werden, kann weniger Mehrwert abgeschöpft werden. Um diesem systeminternen Problem beizukommen und dennoch seine Arbeiter immer mehr ausnutzen zu können, ist der Unternehmer nach Marx gezwungen, ständig mehr zu produzieren. Dies wiederum – so Marx – führt zu einer Überproduktion von Waren, die keinen Abnehmer mehr finden, zu Arbeitslosigkeit und zum Ruin kleiner Unternehmen, die mit der rationellen Produktion von Grossunternehmen nicht mehr mithalten können. Es kommt zu einer Konzentration des Kapitals auf wenige Grosskapitalisten. Die Zahl der ausgebeuteten Proletarier steigt, es kommt zu periodisch wiederkehrender Arbeitslosigkeit und damit zur Verelendung der Arbeiterklasse (Verelendungstheorie). Die Proletarier nehmen dies jedoch nicht hin, lehnen sich gegen Ausbeutung und Verelendung auf und entmachten mit ihrer Revolution schliesslich die Kapitalisten.

Die aktuelle Diskussion um den Marxismus In den 1990er-Jahren, nach dem Ende der kommunistischen Regierungen in der Sowjetunion und in Osteuropa, war das Interesse an Marxismus und Sozialismus sehr gering. Die marxistische Idee der Verelendung des Proletariates hatte sich als Irrtum erwiesen. Die Löhne der Arbeiterinnen und Arbeiter sind in den Industriestaaten im 20. Jahrhundert gestiegen, und die sozialen Netze wurden hier spätestens ab dem Zweiten Weltkrieg ausgebaut. Der historische Materialismus mit seiner Idee der Klassenkämpfe galt als überholt. Wir befänden uns nun in einer „postindustriellen" (nachindustriellen) Welt, in einer „Wissens-", oder in einer „digitalen Gesellschaft", in der die soziale Stellung nicht mehr durch Eigentum und Einkommen definiert werde. Heute ist die Frage nach sozialer Gerechtigkeit jedoch wieder in die öffentliche Diskussion zurückgekehrt. Ein erster Grund dafür ist die Angst der Unter- und Mittelschichten der Industrieländer vor sozialem Abstieg und Stellenverlust, die mit der Digitalisierung und besonders seit der Weltfinanzkrise ab 2008 zugenommen hat. Ein zweiter Grund ist die veränderte Wahrnehmung der wirtschaftlichen und sozialen Entwicklung in den Ländern des armen Südens durch die Menschen in den Ländern im reichen Norden. Sie führte schon in den 1960er-Jahren dazu, dass die sozialen Verhältnisse in Politik und Öffentlichkeit vermehrt thematisiert wurden.

1 ▪ Interpretiere das Bild M 1. Um welche Aussage geht es dem Maler?
2 ▪ Nenne Entwicklungen, die Marx zu seiner Verelendungstheorie geführt haben.
3 ▪ Diskutiere die Bedeutung des Marxismus für die heutige Zeit.

M2 Das Marx'sche Geschichtsverständnis (Historischer Materialismus)

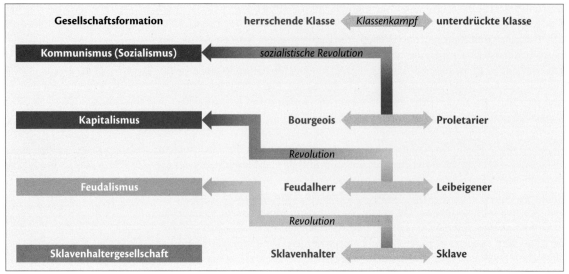

M3 Das Kommunistische Manifest

Auszug aus dem „Manifest der kommunistischen Partei" von Karl Marx und Friedrich Engels, 1848:

Ein Gespenst geht um in Europa – das Gespenst des Kommunismus. Alle Mächte des alten Europa haben sich zu einer heiligen Hetzjagd gegen dieses Gespenst verbündet […]. Alle bisherigen Bewegungen waren Bewegungen von Mino-
5 ritäten [Minderheiten] oder im Interesse von Minoritäten. Die proletarische Bewegung ist die selbstständige Bewegung der ungeheuren Mehrzahl im Interesse der ungeheuren Mehrzahl. Das Proletariat, die unterste Schicht der jetzigen Gesellschaft, kann sich nicht erheben, nicht aufrichten,
10 ohne dass der ganze Überbau der Schichten, die die offizielle Gesellschaft bilden, in die Luft gesprengt wird. […]

Das Proletariat wird seine politische Herrschaft dazu benutzen, der Bourgeoisie nach und nach alles Kapital zu entreissen, alle Produktionsinstrumente in den Händen des Staats,
15 d. h. des als herrschende Klasse organisierten Proletariats, zu zentralisieren und die Masse der Produktionskräfte möglichst rasch zu vermehren. […]

Für die fortgeschrittensten Länder werden […] die folgenden [Massregeln] ziemlich allgemein in Anwendung kom-
20 men können:

1. Expropriation [Enteignung] des Grundeigentums und Verwendung der Grundrente zu Staatsausgaben.
2. Starke Progressivsteuer.
3. Abschaffung des Erbrechts. […]
25 5. Zentralisation des Kredits in den Händen des Staats durch eine Nationalbank mit Staatskapital und ausschliesslichem Monopol.
6. Zentralisation des Transportwesens in den Händen des Staats.
30 7. Vermehrung der Nationalfabriken, Produktionsinstru-

mente, Urbarmachung und Verbesserung aller Ländereien nach einem gemeinschaftlichen Plan.
8. Gleicher Arbeitszwang für alle, Errichtung industrieller Armeen, besonders für den Ackerbau.
9. Vereinigung des Betriebs von Ackerbau und Industrie, 35 Hinwirken auf die allmähliche Beseitigung des Unterschieds von Stadt und Land.
10. Öffentliche und unentgeltliche Erziehung aller Kinder. Beseitigung der Fabrikarbeit der Kinder in ihrer heutigen Form. Vereinigung der Erziehung mit der materiellen Pro- 40 duktion usw.

Sind im Laufe der Entwicklung die Klassenunterschiede verschwunden und ist alle Produktion in den Händen der assoziierten Individuen konzentriert, so verliert die öffentliche Gewalt den politischen Charakter. […] An die Stelle der al- 45 ten bürgerlichen Gesellschaft mit ihren Klassen und Klassengegensätzen tritt eine Assoziation [Vereinigung], worin die freie Entwicklung eines jeden die freie Entwicklung aller ist. […]

Die Proletarier haben nichts in ihr zu verlieren als ihre Ket- 50 ten. Sie haben eine Welt zu gewinnen.

Proletarier aller Länder, vereinigt euch!

Zit. nach: Marx-Engels-Werke, Bd. 4, Ost-Berlin (Dietz) 1964, S. 462–482**

---

4 ■ Erkläre das Schema M2. Warum ist für Marx die Geschichte eine „Geschichte von Klassenkämpfen"?

5 ■ Analysiere das Kommunistische Manifest (M3):
– Erläutere, warum Marx das „Proletariat" zum revolutionären Subjekt erklärt. Betrachte diese Frage auch aus heutiger Sicht.
– Nimm Stellung zu den Forderungen und suche nach solchen, die heute umgesetzt sind.

M4 Die Mehrwerttheorie – Grundlage der Ausbeutung?

Karl Marx hat seine These von der Ausbeutung der Arbeiter durch die Kapitalisten vor allem mit der Mehrwerttheorie begründet. Diese Theorie ist heute umstritten.

a) Aus einem Lexikon: Die Marx'sche Mehrwerttheorie

Von Marx entwickelte Lehre, mit der er den Ursprung des Unternehmergewinns (Profit) aus der Ausbeutung der lohnabhängigen Arbeiter nachzuweisen versucht. […] Der Preis (Tauschwert) der Arbeit entspricht demjenigen Auf-
5 wand, der zu ihrer Wiederherstellung (Reproduktion) gesellschaftlich durchschnittlich notwendig ist. Entlohnt der Unternehmer die Arbeiter so, dass diese ihre notwendigen Ausgaben (u.a. für Ernährung, Kleidung, Miete, für Erziehung und Ausbildung der Kinder) bestreiten können, be-
10 zahlt er sie definitionsgemäss zum Wert der Arbeitskraft. Sie müssen jedoch während ihres Arbeitstags länger arbeiten und damit entsprechend der Arbeitswertlehre mehr Tauschwerte produzieren, als ihrem eigenen Wert und damit Lohn entspricht. Die Differenz zwischen Tauschwert der
15 Arbeit und Tauschwert der von den Arbeitern produzierten Güter wird als *Mehrwert* bezeichnet. Ihn kann sich der Unternehmer als Eigentümer der Produktionsmittel aneignen. Das Verhältnis von Mehrwert zu Lohnkosten (variables Kapital) wird als *Mehrwertrate* bezeichnet (Ausbeutung).

Gabler Wirtschaftslexikon, Mehrwerttheorie, Verfasser: Dirk Sauerland, https://wirtschaftslexikon.gabler.de/definition/mehrwerttheorie-37832 (Zugriff: 27.11.2018)*

b) Kritik an der Mehrwerttheorie

Karl Marx definiert den Mehrwert als das, was der Kapitalist sich an zusätzlichem Gewinn an den Produkten seiner Arbeiter einstreicht, von dem diese nichts haben. Er sagt also schlicht, der Arbeiter arbeitet x Stunden, bekommt aber nur
5 eine Bezahlung, die kleiner ist als der tatsächliche Wert, der während dieser x Stunden geschaffen wurde. Das, was der Kapitalist also nicht an Lohn an den Arbeiter abgeben muss, streicht er sich selbst ein.

Darüber, inwieweit dies nun „Ausbeutung" ist, wie Karl Marx
10 sagt, kann man gerne Abende lang streiten. Darüber, dass es tatsächlich zu einer Wertgenerierung Wertschöpfung] aus der Arbeit kommt, nicht. […]

Laut [dem liberalen Ökonomieprofessor Gerhard] Willke würden auf dem Arbeitsmarkt „Äquivalente" [Gleichwerti-
15 ges] getauscht. Der Wert der zu leistenden Arbeit entspricht also dem Warenwert, der durch seine Arbeit geschaffen wurde. Willke erklärt nun, dass der „Tauschwert" des Arbeiters gleich dem „Gebrauchswert" sei, also dem Wert, den der Arbeiter für den Kapitalisten hat. Zweitens müsse der
20 Arbeiter nun genau so viele Stunden arbeiten, wie nötig seien, um sich selbst zu „reproduzieren". Für Willke ist der

Mensch also offenbar ein „Reservoir" an Arbeitskraft, das Abends vor dem Fernseher und am Esstisch aufgefüllt wird, um dann am Fliessband wieder abzunehmen. Unverhohlen fragt Willke daraufhin: „Wie soll er mehr leisten, wenn mate- 25
riell im Arbeiter nicht mehr Arbeitskraft vorhanden ist?"
Damit ist für Willke das gesamte Marx'sche Konstrukt vom Mehrwert ein „okkultes" [verborgenes], das etwas Mystisches habe.

Die Sache mit der Mehrwerttheorie, Souciousness 11.11.2013, in: https://sociousness.wordpress.com/2013/11/11/die-sache-mit-der-mehrwerttheorie (Zugriff: 27.11.2018)**

6 ■ Fasse den Kern der Mehrwerttheorie kurz zusammen (M4a).

7 ■ Stelle die Kritik an dieser Theorie dar, die in M4b geübt wird. Recherchiere im Internet weitere kritische Stimmen und nimm abschliessend Stellung.

M5 Streetart-Porträt von Karl Marx, London, um 2015

8 ■ Interpretiere das Bild M5. Welche Absicht wird damit verfolgt? Nimm Stellung dazu.

Folgen der Industrialisierung für die Umwelt

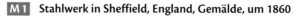

M1 Stahlwerk in Sheffield, England, Gemälde, um 1860

Umweltverschmutzung

Mit der fortschreitenden Industrialisierung traten immer grössere Umweltprobleme auf, die sich auf die Gesundheit der Menschen und auf den Zustand der Natur auswirkten. In der ersten Hälfte des 19. Jahrhunderts war es vor allem der Wandel in der Landwirtschaft, der die Umwelt veränderte. Die vorhandenen Flächen wurden intensiver genutzt. Man legte Sümpfe trocken und begradigte Flüsse, um Land zu gewinnen und die wachsende Bevölkerung ernähren zu können.

Luftverschmutzung, Verunreinigung von Flüssen und Abwässer, Probleme der Abfallbeseitigung, die Dampflokomotiven und der zunehmende Autoverkehr traten ab etwa 1900 hinzu. Die Sorge um die beschränkte Kapazität der Erde beschäftigte bereits damals die davon betroffenen Menschen, auch wenn man die Begriffe „Umwelt", „Ökologie" und „Treibhauseffekt" noch nicht verwendete. Die Klagen über Umweltschäden nahmen vor allem ab der Mitte des 19. Jahrhunderts stark zu. Fabrikanwohnerinnen und -anwohner sowie die Arbeiterschaft selber waren stark betroffen, wobei sich die Arbeiterinnen und Arbeiter kaum beklagten, um ihre Stelle nicht zu gefährden. Mitte des 19. Jahrhunderts waren die Beschwerden und Eingaben oft radikal und dramatisch, zeugten aber noch von wenigen chemischen und medizinischen Kenntnissen. Dies änderte sich im weiteren Verlauf des Jahrhunderts: Die Forschung machte Fortschritte, und dieses Wissen fand auch in der Bevölkerung Verbreitung.

Rauch und Russ

Die schwerwiegendsten und augenfälligsten Probleme waren der Rauch und der Russ, die im 19. Jahrhundert aus den Kaminen der Privathäuser und vor allem aus den Fabriken kamen. Neben der verstärkten Verbrennung von Kohle waren es chemische Fabrikationsprozesse, die den Ausstoss schädlicher Substanzen verursachten. Die verheerenden Auswirkungen dieser Emissionen wurden immer sichtbarer. An manchen Orten verschwand die Vegetation vollständig. Die vielen Klagen über diese Zustände führten dazu, dass die Politiker und Fabrikanten über mögliche Abhilfen nachdachten: Die Idee, dank hoher Kamine die Schadstoffe zu „verdünnen" oder „ins Meer der Lüfte" entweichen zu lassen, erwies sich in den meisten Fällen als zu teuer. Eine andere Idee war, die Fabriken an einigen wenigen Orten zu konzentrieren, wo die Umweltverschmutzung als „ortsüblich" hingenommen werden müsste. Der Versuch, die Fabriken möglichst von Wohnorten zu entfernen, schlug allerdings fehl, weil die Arbeiterschaft in der Nähe ihres Arbeitsortes leben musste.

In den Industriestaaten waren vorwiegend ärmere Menschen in den Industriestädten von der Umweltverschmutzung betroffen. In London wurde der Begriff *smog* bereits um 1900 erfunden. Er ist zusammengesetzt aus den beiden englischen Wörtern für Rauch (smoke) und Nebel (fog) und wird bis heute weltweit für verschmutzte Luft in Städten mit viel Industrie, Kohlenheizungen und Autoverkehr verwendet.

Rauchende Schornsteine galten aber auch als Symbol des industriellen Fortschritts und des wirtschaftlichen Aufschwungs. Lokalpolitiker verwiesen stolz auf die Fabrikanlagen als Zeichen des Reichtums ihrer Stadt, Industrielle warben mit Fotos ihrer Fabrik für ihre Produkte, Maler verewigten Schornsteine auf Bildern (M 1). In Deutschland gab es eine Bewegung, die empfahl, mit den Schäden zu leben. Sie trat für die Erforschung möglichst resistenter Pflanzen ein, um eine „Industrienatur" heranzuzüchten.

Ökologiebewegung und Treibhauseffekt

Im Laufe der Zeit wagten es immer mehr Menschen aus allen sozialen Schichten, sich zu organisieren und für sauberes Wasser, saubere Luft und eine intakte Landschaft einzusetzen. Um 1900 in den USA und etwas später in Europa entstanden Naturschutzorganisationen. Die heute aktiven, oft auch international tätigen ökologischen Bewegungen wurden erst nach dem Zweiten Weltkrieg gegründet – etwa der WWF (1961) oder Greenpeace (1971). Sie konzentrierten sich nun nicht mehr nur auf die Umweltverschmutzung, sondern auf die gesamte Verbesserung des Verhältnisses von Mensch und Natur. Aus unterschiedlichen sozialen und Umweltschutzorganisationen entstanden in Europa ab den 1970er-Jahren die Grünen Parteien, die sich oft auch um soziale Anliegen kümmerten. Im Zentrum ihrer Politik steht der von den Menschen verursachte (anthropogene) Treibhauseffekt. Dieser wurde zwar bereits im 19. Jahrhundert entdeckt, aber erst ab den 1960er-Jahren systematisch erforscht. Obwohl sich die mit der Sache vertrauten Forscher auf eine grosse Menge von Daten stützen können, gibt es immer noch viele Zweifler an der durch den Menschen verursachten Klimaerwärmung.

M 2 **Sonnenmaschine des US-amerikanischen Ingenieurs John Ericsson, 1883.**

Bereits im 19. Jahrhundert experimentierten Wissenschaftler mit der Nutzung von Sonnenenergie

Treibhauseffekt
Einfluss der Erdatmosphäre auf den Wärmehaushalt der Erde, der der Wirkung des Daches eines Treibhauses ähnelt.

1 ▦ Erläutere die Bildaussage von M 1.

2 ▦ Auch heute noch gibt es einen Konflikt zwischen den Zielen der Wirtschaft und denen des Umweltschutzes. Erkläre diesen Konflikt anhand von Beispielen.

3 ▦ Erläutere, inwiefern wir heute mehr Möglichkeiten haben, um die Umwelt zu schützen, als die Menschen im 19. Jahrhundert (s. auch M 2).

M3 „Pfui Deifel", Karikatur von Heinrich Kley (1863–1945), ca. 1905

M4 Alfred Krupp und der „Dampf"

Alfred Krupp (1812–1887), Industrieller und Erfinder, war Begründer der Krupp-Werke in Essen. Aus einem Brief vom 12. Januar 1867:

Für die Pariser Ausstellung und für einzelne Geschenke an hochstehende Personen müssen wir neue Fotografien im Mai, wenn alles grünt und der Wind still ist, ausführen. [...]
Ich denke nämlich, dass die kleinen Fotografien vollkommen im Allgemeinen ausreichen, daneben wünsch ich aber im grössten Massstabe eine oder zwei Ansichten mit Staffage [Ausschmückung] und Leben auf den Plätzen, Höfen und Eisenbahnen. Ich würde vorschlagen, dass man dazu Sonntage nehme, weil die Werktage zu viel Rauch, Dampf und Unruhe mit sich führen, auch der Verlust zu gross wäre. [...]
Es ist nachteilig, wenn zu viel Dampf die Umgebung unklar macht, es wird aber sehr hübsch sein, wenn an möglichst vielen Stellen etwas weniger Dampf ausströmt. Die Lokomotiven sind auch sehr imponierend so wie die grossen Transportwagen für Güsse.

Zit. nach: Wilhelm Berdrow (Hg.), Alfred Krupps Briefe 1826–1887, Berlin (Verlag Reimar Hobbing) 1928, S. 180 f.*

4 ■ Erkläre die Motive Alfred Krupps für seinen Brief (M4). Beziehe dabei M3 ein.

M5 Wohin mit den Fabriken?

Ein Verantwortlicher für die öffentliche Gesundheit dachte über mögliche Standorte nach, 1900:

Ein jeder moderner Städteregelungsplan hat mit der wichtigen Aufgabe zu rechnen, wohin die Fabriken und industriellen Werkstätten zu versetzen seien. Insbesondere kommen da diejenigen dieser Etablissements in Betracht, deren Betrieb die Luft mit Rauch, stinkenden Gasen oder staubartigen Stoffen inficirt, die ein intensives Geräusch verursachen, oder gefährliche Producte erzeugen oder solche verarbeiten. Alle diese gefährlichen oder lästigen Etablissements sollen in eigene Stadtteile zusammengebracht werden. Wir sind aber gezwungen, die rechtlichen und finanziellen Hindernisse, welche der raschen Durchführung solch gesunder Regelungspläne im Wege stehen, in Rechnung zu ziehen und die Verzögerung geduldig hinzunehmen. Und sooft der Schlot einer grossen Druckerei, die in der Mitte bewohnter Stadttheile stehen geblieben, mit seinem dichten Rauch die Vorhänge der Nachbarwohnungen schwärzt, oder der Lärm einer Schmiedewerkstätte die Nerven der Einwohner des rasch aufgeblühten neuen Stadttheiles auf die Folter spannt – immer denken wir schweren Herzens der Unachtsamkeit unserer Vorfahren, die uns solche Unannehmlichkeiten bescheert hat. [...] Denn das lässt sich doch gar nicht bezweifeln, dass die Anhäufung dieser der Gesundheit nachtheiligen Factoren nicht nur verhältnismässig, sondern geradezu in der Potenz schädlich wirkt. [...] Es steht fest, dass die Fabriken und Industriewerkstätten aus dem Bereiche der bewohnten Stadttheile fort müssen. [...] Aber wenn auch unsere Behörden so viel Sinn für die Erfordernisse der allgemeinen Gesundheit haben sollten, dass sie in den Fabrikstadttheilen für grosse freie Plätze sorgen, so haben doch die wenigsten Städte über solche finanziellen Mittel zu verfügen, welche das Freilassen grösserer Territorien erlauben würden. [...] Die Frage liesse sich am besten lösen, wenn die Friedhöfe in die Fabrikstadttheile, oder umgekehrt die Fabrikstadttheile in Friedhöfe verlegt würden. Fabriken und Friedhöfe geniren sich gegenseitig nicht. Im Gegentheil, beide haben aus dieser Nachbarschaft gewisse Vortheile. Den Friedhöfen ist so der gute und billige Verkehr gesichert, den Fabrikstadttheilen sichert aber nichts so wie der Friedhof grosse freie Plätze. Vom Standpunkt der Pietät lässt sich nichts dagegen einwenden, dass die Friedhöfe von Fabriken umgeben seien. Erhebender als die trostreichen Aufschriften, welche die Auferstehung verheissen, ist es, wenn in die Stille der Friedhöfe nicht das entfernte Geräusch des eitlen Treibens der Städte, sondern die belebende, die Welt aufs Neue erschaffende Arbeit hineinströmt.

Eugen Farkas: Das Problem der Fabrikstadttheile, in: Deutsche Vierteljahrschrift für öffentliche Gesundheitspflege 32 (1900), S. 459 f., zit. nach: Franz Brüggemeyer/Michael Toyka-Seid (Hg.): Industrie-Natur. Lesebuch zur Geschichte der Umwelt im 19. Jahrhundert, Frankfurt a. M./New York (Campus) 1995, S. 81 f.*

5 ■ Untersuche M 5:
- – Nenne die Probleme, die durch die Industrialisierung für Stadtplaner entstanden waren.
- – Antworte auf die Überlegungen, die in M 5 angestellt werden, aus der Sicht einer Arbeiterin, eines Fabrikanten, eines Pfarrers und einer umweltbewussten Person. Beziehe dabei die Karikatur M 3 ein.

M 6 „Ein widerlicher Anblick"

Zeitungsbericht zu einem Fischsterben in der Nahe, 1905:
Ein widerlicher Anblick bot sich am Himmelfahrtstage den zahlreichen Spaziergängern dar, die ihre Schritte nach den jenseits der Nahe gelegenen Waldanlagen gelenkt hatten, um dort Ruhe und Erholung zu suchen. In kalkmilchartiger

5 Färbung floss das Wasser der Nahe langsam dahin – die lange Dürre hat das Nahebett an manchen Stellen nahezu trocken gelegt – und Tausende und Abertausende toter und sterbender Fische, darunter Hechte und Forellen bis zu 3 Pfund bzw. 1 Pfund Schwere trieben in der Flut. Viele Leute

10 machten sich diesen Umstand zunutze und holten die Tiere heraus, um sie zum Verspeisen mit nach Hause zu nehmen – ein nicht unbedenkliches Unterfangen, war es doch dem Urteilsfähigen sofort klar, dass die armen Tiere nur einer Vergiftung zum Opfer gefallen sein konnten. Eine nähere

15 Besichtigung ergab noch die betrübende Tatsache, dass neben den vielen anderen Fischarten die unter Aufwand von 100 Mk. Kosten vor längerer Zeit hier eingesetzte Forellenbrut, welche in ihrer Entwicklung schönste Erfolge versprach, grösstenteils – wenn nicht ganz – vernichtet ist. […]

20 Die Angelegenheit ist der Staatsanwaltschaft zur näheren Untersuchung übergeben. Hoffentlich gelingt es dieser, hier endlich einmal Wandel zu schaffen. Ist doch der Gedanke nicht abzuweisen, dass auch die nicht eingegangenen Fische infolge des Kalkwassers krank und der menschlichen Ge-

25 sundheit leicht von Schaden sein können.

Sobernheimer Intelligenzblatt v. 7. und 10. 6. 1905, zit. nach: Gerhard Henke-Bockschatz (Hg.), Industrialisierung. Fundus – Quellen für den Geschichtsunterricht, Schwalbach/Ts. (Wochenschau) ³2012, S. 225 f.*

6 ■ Erörtere, welche Schwierigkeiten die Staatsanwaltschaft in M 6 hat, wenn sie den Verursacher der Verschmutzung feststellen will.

M 7 Flussfischerei kontra chemische Industrie

In den Zeiten vor der Industrialisierung wurden in fast jedem Fluss Fische gefangen und aufgezogen. Als immer mehr Fabriken ihre Abwässer in die Flüsse einleiteten, war neben der Landwirtschaft die Flussfischerei besonders betroffen. Eine Stellungnahme eines industriellen Unternehmers, 1890:
Wie weit hat die Fischerei eine Berechtigung gegenüber den Interessen der chemischen Industrie in der Abwässerfrage?

Es hat sich herausgestellt, dass für ganz Deutschland der wirtschaftliche Werth der Industrien, welche Abwässer liefern, ca. 1 000 mal grösser ist als der Werth der Binnenfischerei in Seen und Flüssen, also sicher mehr als tausendmal 5 grösser als der Werth der Flussfischerei. […] Haben sich an einem kleinen Flusse, wie z. B. Wupper, Emscher, Bode und anderen, so viele Fabriken angesiedelt, dass die Fischzucht in denselben gestört wird, so muss man dieselbe preisgeben. 10 Die Flüsse dienen dann als die wohlthätigen, natürlichen Ableiter der Industriewässer nach dem Meere. […]

Die Fischerei hat auf ein Flussgebiet, an dem gewerbliche und industrielle Anlagen errichtet worden sind oder werden, keinen Anspruch auf alleinige Berechtigung, und wenn 15 die besten Einrichtungen für Reinigung der Abwässer getroffen und diese vom Staat durch seine technischen Beamten gutgeheissen worden sind, so hat die Fischerei kein weiteres Vorrecht zu beanspruchen. In solchen Fällen muss das geringfügige Interesse der Fischzucht dem überwältigenden 20 Interesse der Industrie weichen. […]

Dieser Grundsatz entspricht nicht nur den Anforderungen des Nationalwohlstandes, sondern auch den wirtschaftlichen Interessen der örtlichen Bevölkerung. Denn wo ein Landstrich vor dem Entstehen der Industrie nur eine spärli- 25 che und ärmliche Bevölkerung trug, welche zwar ungehinderten und reichlichen Fischfang trieb, aber nur geringen Absatz und geringen Verdienst fand und an die Scholle gebunden an den Fortschritten der Civilisation nur geringen Antheil nehmen konnte – da verdichtet sich die Bevölke- 30 rung durch das Aufblühen der Industrie, Arbeiterscharen strömen herbei; Verkehrswege werden geschaffen; ein fortwährendes Kommen und Gehen Fremder bringt die ortsansässige Bevölkerung in lebendige Berührung mit dem kräftig pulsirenden Leben der Nation; neuer Absatz, vermehrter 35 Verdienst öffnen sich; Bildungsanstalten entstehen und gestatten der Bevölkerung, sich auf eine höhere Stufe der Kultur zu heben.

Es liegt daher im wohlverstandenen Interesse eines jeden armen Landstriches, das Aufblühen der Industrie zu fordern, 40 selbst auf Kosten der Fischerei.

K. W. Jurisch, Die Verunreinigung der Gewässer, Berlin 1890, zit. nach: Gerhard Henke-Bockschatz (Hg.), Industrialisierung. Fundus – Quellen für den Geschichtsunterricht, Schwalbach/Ts. (Wochenschau) ³2012, S. 224 f.*

7 ■ Erläutere, welche Abwägung der Verfasser von M 7 trifft und aus welchen Gründen er wie entscheidet. Nimm Stellung zu dieser Entscheidung.

Der Ursprung der Industrialisierung in der Schweiz

M1 Eisenbahnbau, Bau der Rigi-Bahn, 1850

Ökonomische Gesellschaft
Zusammmenschlüsse von Gelehrten aller Wissenschaften und Vermögenden aus dem städtischen Bürgertum in der 2. Hälfte des 18. Jahrhunderts. Sie hatten die Verbesserung der Wirtschaft zum Ziel.

Dreizelgenwirtschaft
Bodennutzungssysteme, bei denen die Ackerflur einer Siedlung in grosse Bezirke (Zelgen) eingeteilt war. Jede Zelge setzte sich aus Parzellen zahlreicher Besitzer zusammen und wurde mit derselben Frucht bebaut.

Agrarreform und Bevölkerungswachstum

Grosse Erfolge im Hinblick auf die Modernisierung von Landwirtschaft und Handwerk hatten in der ersten Hälfte des 19. Jahrhunderts in der Schweiz die Ökonomischen Gesellschaften. Sie schufen damit Voraussetzungen für die Industrialisierung. Die Schweiz zählte um 1800 ca. 1,7 Mio. Einwohner. Im Jahr 2017 waren es fast fünfmal so viele. Von den 1,7 Mio. lebten ca. 90 Prozent auf dem Lande, mehr als 70 Prozent arbeiteten in irgendeiner Form als Bauern (3,7 Prozent im Jahre 2013). Trotzdem konnte der Bedarf an landwirtschaftlichen Gütern nur etwa zu zwei Dritteln aus dem eigenen Land gedeckt werden; der Rest – vor allem Getreide – musste importiert werden, obwohl im schweizerischen Mittelland Getreideanbau dominierte. Die Nutzung jeder Landparzelle war in einem Urbar (Besitzverzeichnis) festgeschrieben. Es galt die traditionelle Dreizelgenwirtschaft. Diese sicherte zwar das ökonomische und soziale Gleichgewicht, ein Wachstum der Produktion war aber unter diesen Bedingungen kaum möglich. Im 18. Jahrhundert setzte nach britischem Vorbild allmählich eine Modernisierung der Landwirtschaft ein (s. S. 240). Einzelne Bauern entzogen sich so weit wie möglich der bestehenden Ordnung der Gemeinde und versuchten auf eigene Rechnung zu wirtschaften. Der erste Reformschritt war die Aufteilung der Allmende, die den Gemeindebürgern im Verhältnis zum Viehbestand zugeteilt wurde. Das heisst, die grossen Bauern erhielten mehr Land. Der zweite Schritt bestand darin, dass der Grundeigentümer durch eine Hecke oder einen Zaun (in England enclosures genannt) seine Parzelle der kollektiven Nutzung entzog. Der Bauer baute dann auf Wiese und Brachland Futterpflanzen an und konnte dadurch seinen Viehbestand vergrössern. Die Sömmerung des Viehs auf den knapper werdenden Alpen sparte zudem Futter für den Winter. Wenn der Grundeigentümer gleichzeitig noch zur Stallfütterung überging, erhielt er mehr verwertbaren Dünger. Er konnte so die Erträge aus dem Ackerbau steigern. Diese Massnahmen trugen zu einem starken Bevölkerungswachstum in der Schweiz bei, das seinen Höhepunkt in der Phase der Hochindustrialisierung zwischen 1890 und 1910 erreichte.

Protoindustrialisierung Etwa drei Viertel der Bevölkerung konnten sich aus ihrem Ackerland und ihrem Viehbestand nicht selbst versorgen. Sie waren auf einen Nebenverdienst angewiesen, die Männer etwa als Tagelöhner, Schneider, Schuster oder Bauhandwerker und die Frauen als Dienstmägde. Die Kombination von handwerklicher Tätigkeit und Landwirtschaft war in Landgebieten der eidgenössischen Orte häufig. Auf vielen Höfen mit wenig Land oder mit der Konzentration auf Viehwirtschaft wurde eine handwerkliche Tätigkeit als Heimarbeit betrieben. Besonders in Gebieten der Nordschweiz, wo relativ viel Getreide aus dem süddeutschen Raum und aus dem Elsass importiert wurde, entwickelte sich seit dem 15. Jahrhundert die marktorientierte Heimarbeit. In den Orten der Innerschweiz und der Westschweiz waren bis ins 18. Jahrhundert die Solddienste als Alternative zur Landwirtschaft dominant. Arme Bauersfrauen verarbeiteten in Heimarbeit bis ins 17. Jahrhundert einheimische Rohstoffe wie Flachs und Wolle. Mit zunehmender Protoindustrialisierung und Kolonialisierung im 18. Jahrhundert wurden Garne und Stoffe aus importierter Seide und Baumwolle hergestellt. Die Protoindustrialisierung entwickelte sich bevorzugt in der Nähe der Städte Genf, Zürich, Basel und St. Gallen, da hier die Kaufleute (städtische Elite) über das benötigte Kapital und die Kenntnisse der Märkte verfügten. Die Zünfte des städtischen Gewerbes (s. S. 239) beschränkten die Möglichkeiten der Produktion in der Stadt. Deshalb wichen die städtischen Unternehmer auf das sogenannte Verlagssystem aus, bei dem der städtische Unternehmer die Verarbeitung der Rohstoffe an ländliche Spinnerinnen und Weber vergab. Am Ende des 18. Jahrhunderts stürzte der Einsatz der ersten Spinnmaschinen in Grossbritannien die schweizerische Textilindustrie in eine tiefe Krise. Das billigere und bessere britische Garn überflutete den Markt, die 70 000 einheimischen Spinnerinnen und Spinner waren auch mit Arbeitszeiten von 16 Stunden nicht mehr konkurrenzfähig. Die Heimarbeit hatte sich aber auch auf bestimmte Waren spezialisiert, die noch nicht in den englischen Fabriken produziert wurden. Dazu gehörte die Produktion von bedruckten Baumwolltüchern, den sogenannten Indiennes. Ihr Zentrum war Genf, wo dieser Industriezweig in der Mitte des 18. Jahrhunderts bereits 3 000 Menschen in sieben Manufakturen beschäftigte. Die Westschweiz war auch das Zentrum der Uhrenindustrie (M 2). Im Jahr 1784 wurden etwas 80 000 Uhren hergestellt. Die schweizerischen Städte wuchsen erst ab den 1850er-Jahren stark und wurden zu Grossstädten. Erst mit der Gründung des Schweizer Bundesstaates 1848 entstanden ein einheitliches Zollgebiet und eine starke Dynamik der industriellen Produktion und des Austausches auf dem schweizerischen Binnenmarkt.

M 2 Harfenuhr, Genf, 19. Jh.

1 ■ Erläutere, welche Rolle die Nachfrage innerhalb und ausserhalb der Eidgenossenschaft für die Heimindustrie und den Beginn der Industrialisierung in der Schweiz vor der Bundesstaatsgründung spielte.

2 ■ Analysiere die Protoindustrialisierung in der Schweiz und in England und erkläre ihre Bedeutung für den Beginn der Industrialisierung.

Gründung des Bundesstaates
🔗▶ cornelsen.de/Webcodes
+🔊 Code: gineda

M 3 Heimarbeit in der Schweiz am Ende des 18. Jahrhunderts

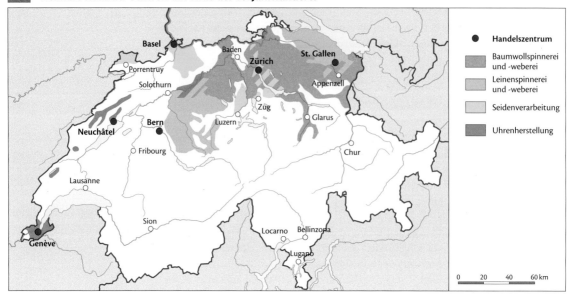

● Handelszentrum

Baumwollspinnerei und -weberei

Leinenspinnerei und -weberei

Seidenverarbeitung

Uhrenherstellung

0 20 40 60 km

M 4 Beschäftigungszweige in der Schweiz 1800–1910

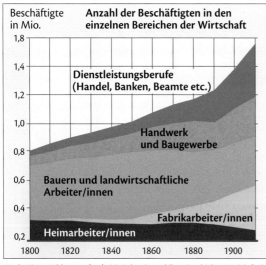

M 5 Heimarbeit und Fabrikarbeit in der Schweiz 1800–1910

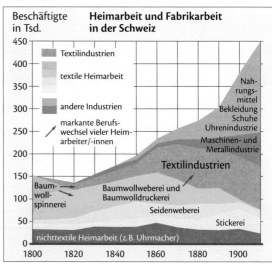

Nach: Pierre Felder u. a. (Hg.), Die Schweiz und ihre Geschichte, Zürich (Lehrmittelverlag des Kantons Zürich) 1998, S. 279 f.

3 ■ Untersuche die Karte M 3:
- Notiere die Gewerberegionen der Eidgenossenschaft und ihre Hauptprodukte.
- Erläutere den Begriff „Protoindustrialisierung" (s. auch S. 269).

4 ■ Untersuche die Grafiken M 4 und M 5.
- Erstelle einen Zeitstrahl mit den wichtigsten Wirtschaftssektoren um 1830, um 1850 und um 1910 und begründe die Veränderungen.
- Errechne den ungefähren prozentualen Anteil der verschiedenen Tätigkeitszweige an der Gesamtzahl der Arbeitenden zu bestimmten Zeitpunkten.

5 ■ Ermittle, inwiefern und wo die Spezialitätenindustrien von damals noch heute existieren. Welche würdest du heute als Spezialitätenindustrien bezeichnen?

6 ■ Von einigen Historikern wird die Meinung vertreten, die Industrialisierung in der Schweiz habe zwar früh begonnen, doch sei der eigentliche Durchbruch zum Industriestaat erst etwa ab 1880 erfolgt. Begründe diese Auffassung anhand der beiden Grafiken M 4 und M 5.

M6 Ein Unternehmer der Frühindustrialisierung

Caspar Honegger (1804–1883) errichtete 1834 in Siebnen (Kt. Schwyz) die erste erfolgreiche mechanische Weberei in der Schweiz. Sie wurde 1847 nach Rüti verlegt und entwickelte sich zur Maschinenfabrik Rüti. Weil ihn die aus England bezogenen Webstühle nicht zufriedenstellten, machte er sich an die Konstruktion eines eigenen „Honegger-Webstuhls". Darüber berichtete er:

Kaum hatte ich mich in den Jahren 1834 und 1835 in das mir ganz neue Gebiet der mechanischen Weberei eingearbeitet, sah ich sofort die Unzulänglichkeiten dieser Art Webstühle; allein, teils die Fabrik- und Kanalbauten, teils
5 meine damals noch mangelhafte Fertigkeit im Umgang mit Maschinen [...] hinderten mich wesentlich an einer gründlichen Verbesserung. Ich musste erst selbst studieren, pröbeln [probieren], verwerfen und wieder neu beginnen, zerstören und wieder konstruieren, eine endlos lange,
10 mühselige Arbeit. [...] Oft überkam mich Missmut, Ungeduld, wenn die Idee meines Kopfes die Ausführung durch die Hände nicht fand. Es war mein unschätzbares Glück, dass mir von Jugend an keine Arbeit zu viel und zu andauernd war. Oft sass und stand und lag ich über und unter und
15 neben meinem Modell eines Webstuhls, zwölf, vierundzwanzig, ja sechsunddreissig Stunden lang, ohne etwas Wesentliches an Nahrung zu mir zu nehmen oder mir Ruhe zu gönnen. [...] Doch wurde die anfänglich unsichere Gestalt [des geplanten Webstuhls] immer deutlicher, und endlich
20 rief ich in frohem Jubel aus [...] „Ich hab's gefunden!", und eine Seligkeit, ein Freudengefühl kam über mich, das ich niemandem schildern kann.

Zit. nach: Rudolf Braun, Sozialer und kultureller Wandel in einem ländlichen Industriegebiet, Erlenbach-Zürich (Rentsch) 1965, S. 77 f.*

7 ■ Erarbeite M6:
 – Erörtere, warum man Honegger als einen typischen Unternehmer der Frühindustrialisierung bezeichnen kann. Recherchiere hierzu auch im Internet. Vergleiche Honegger mit dem Typus des modernen Unternehmers.
 – Honeggers Weberei entwickelte sich später zu einer Maschinenfabrik, während die Weberei aufgegeben wurde. Erläutere, ob sich aus dem Text Anhaltspunkte für diese künftige Entwicklung ergeben.

M7 Die Bundesstaatsgründung als Impuls

Der Historiker Helmut Meyer über die Bedeutung eines einheitlichen Wirtschaftsgebietes in der Schweiz, 2002:
Durch die Bundesverfassung von 1848 [s. S. 206] wurde die Schweiz zu einem einheitlichen Wirtschaftsgebiet. Der Prozess der Industrialisierung wurde dadurch wesentlich begünstigt. Die bereits bestehenden Industriezweige – Textili-

en und Uhren – dehnten ihre Produktion aus, fast oder 5
ganz neue – Maschinen, Chemie – entwickelten sich. Innerhalb der industriellen Tätigkeit ging die Verschiebung von der Heimarbeit zur Fabrikindustrie weiter: 1850 gab es noch dreimal mehr Heimarbeiter als Fabrikarbeiter, 1910 hatten die „Fabrikler" dagegen ein fast siebenfaches Übergewicht. 10
Damit verbunden war eine Konzentration der Industriebetriebe: Während sich die Textilindustrie entlang der Wasserläufe dezentral entwickelt hatte, wurden die neuen Industriezweige im Umkreis der Städte angelegt, die dann zugleich Verkehrsknotenpunkte waren. Damit kam auch die Schweiz 15
– im Vergleich zu anderen Staaten eher spät – zu Grossstädten. In diesen liess sich auch der moderne Dienstleistungssektor – Banken, Versicherungen – vorzugsweise nieder. 1850 lebten nur 6 Prozent der Schweizer in Gemeinden mit über 10 000 Einwohnern, 1910 waren es 26 Prozent. 20
Die mechanische Nutzung der Wasserkraft und die Dampfmaschine wurden gegen Ende des Jahrhunderts zunehmend durch den Elektromotor abgelöst; Elektrizitätsproduktion und Elektroindustrie errangen in dem kohlearmen, aber wasserreichen Land eine wichtige Rolle. [...] Hauptmo- 25
tor der wirtschaftlichen Entwicklung war eine leistungsfähige, auf Spezialisierung ausgerichtete Exportwirtschaft, die das Wachstum des Binnenmarktes, etwa der Bauwirtschaft, nach sich zog. Das bedeutete freilich auch, dass die schweizerische Wirtschaft mehr als früher von der internationalen 30
Konjunkturlage abhängig war.

Helmut Meyer, Die Geschichte der Schweiz, Berlin (Cornelsen) 2002, S. 63*

M8 Frühindustrialisierung: Arbeiter in einer Uhrenfabrik, Schweiz, 19. Jh.

8 ■ Begründe, warum die Gründung des Bundesstaats die Industrialisierung gefördert hat (M7).
9 ■ Recherchiere mit M8 als Grundlage zu den Arbeitsbedingungen in der Zeit der Frühindustrialisierung und bereite ein Referat für die Klasse vor.

Der Verlauf der Industrialisierung in der Schweiz

M1 Wasserkraftwerk in Genf, 1906

Die Textilindustrie

Erste fabrikähnliche Betriebe gab es schon seit 1720 in der Uhrenindustrie in Genf. Diese benötigten aber noch keine Antriebskräfte, die auf Wasser- oder Dampfkraft basierten. Die ersten mechanischen Spinnereien in der Schweiz entstanden bei Winterthur und bei St. Gallen zwischen 1802 und 1805 und gehörten zu den ersten auf dem europäischen Kontinent. Erst nach 1830 entwickelte sich auch die mechanische Weberei. Anspruchsvolle Stoffe wurden noch lange mit den Handwebstühlen der Heimarbeiterinnen und Heimarbeiter gewoben. Beschäftigungswirksam war die Industrialisierung zunächst nur bedingt: Bis zur Jahrhundertmitte war die Zahl der neu geschaffenen Arbeitsplätze in den Fabriken geringer als die Zahl der neu geschaffenen Arbeitsplätze in der Heimindustrie. Die Textilindustrie wurde zum führenden Sektor in den Kantonen Zürich, St. Gallen, Schwyz, Aargau, Glarus und Thurgau. Noch 1850 machten die Fabrikarbeiter jedoch nur etwa 4 Prozent der erwerbstätigen Bevölkerung aus. 1880 stieg diese Zahl auf immerhin 11 Prozent. Da die Binnennachfrage in der Schweiz nicht ausreichte, wurde der Export von Industrieprodukten schon früh ein zentrales Merkmal der schweizerischen Wirtschaft.

Wasserkraft und Maschinenbau

In der Zeit von 1810–1812 beschlossen einige Unternehmer in der Schweiz, selber Maschinen in ihren Fabriken zu bauen. Zuvor mussten die Spinn- und Webmaschinen aus England importiert und durch englische Mechaniker in der Schweiz zusammengebaut werden. Erste Fabriken zur Herstellung von Textilmaschinen gab es in Zürich ab den 1830er-Jahren. Der Turbinenbau für die Herstellung elektrischer Energie wurde schon bald wichtigster Zweig der entstehenden Maschinenindustrie, da der Antrieb der Maschinen in der Regel auf der Wasserkraft beruhte. Der Bau von grossen Wasserkraftwerken zur Energiegewinnung für Maschinen, Licht und Bahnen begann jedoch erst in den 1880er-Jahren (M 1). Der Bau von Wasserkraftwerken verlieh der Industrie in der Schweiz einen enormen Schub, da hier auch die ganze Vielfalt von Produkten aus der Maschinen- und Elektroindustrie benötigt wurde. Der Betrieb von grossen Wasserkraftwerken erlaubte auch die Versorgung der Städte und Dörfer mit Strom für Licht und für die Trams, dann ab dem Ersten Weltkrieg und den 1920er-Jahren die Elektrifizierung der SBB.

M2 **Bau der Pilatusbahn bei Luzern, 1888**

Eisenbahn und Stadtentwicklung Um 1830 wurde der Bau von Dampfmaschinen wichtig für den Schiffsverkehr auf Flüssen und Seen. Auch für die Herstellung von Uhren in der Westschweiz und im Jura brauchte es zunehmend Apparate und Maschinen. Der Durchbruch der Maschinenindustrie gelang aber erst nach der Bundesstaatsgründung von 1848 und dem Beginn des Eisenbahnbaus in der Schweiz. Relativ spät im europäischen Vergleich, 1847, konnte die erste Eisenbahnlinie, die Spanischbrötlibahn von Zürich nach Baden, eingeweiht werden. Gleichzeitig gab es den Anschluss Basels an die französische Linie von St. Louis nach Strassburg. Bald nach 1848 begann das schweizerische „Eisenbahnfieber". Die ersten Linien wurden im Mittelland angelegt und verbanden die grossen Städte miteinander. Erbauer und Betreiber waren private Gesellschaften, die miteinander rivalisierten und deren Fahrpläne an den Anschlusspunkten nicht immer gute Verbindungen ermöglichten. Als Frankreich und Österreich mit dem Bau des Mont-Cenis-Tunnel bzw. der Brennerbahn begannen, zeichnete sich die Gefahr einer Umfahrung der Schweiz ab. Dieser begegnete die Schweiz mit dem Bau der Gotthardlinie. Die finanzielle Grundlage bildete ein Vertrag des Bundes mit dem Deutschen Reich und Italien, der der neu geschaffenen Gotthardbahngesellschaft die notwendigen Mittel verschaffte. Der Bahnbau dauerte von 1872–1882 und forderte aufgrund fehlender Sicherheitsvorkehrungen und katastrophaler hygienischer Verhältnisse über 300 Menschenleben. Der Bau weiterer Tunnel folgte, wie der des Simplontunnels 1906 und des Lötschbergtunnels 1913. Der Tunnelbau brachte wegen der Kosten in den 1880er-Jahren einige Eisenbahngesellschaften an den Rand des Ruins, der jeweils durch öffentliche Gelder von Kantonen und Bund vermieden werden konnte. Die ständigen finanziellen Schwierigkeiten führten dazu, dass 1898 eine Gesetzesvorlage vom Volk angenommen wurde, die die Übernahme der fünf grossen Eisenbahngesellschaften durch den Bund vorsah. Damit waren die „Schweizerischen Bundesbahnen" (SBB) gegründet.

Die Entstehung eines Schweizer Binnenmarktes und der Bau der Eisenbahnen ab Mitte des 19. Jahrhunderts gab auch der Urbanisierung wichtige Anstösse. Die chemische Industrie, die Maschinen-und Elektroindustrie bebauten nun ganze Stadtquartiere mit ihren Anlagen. Es entwickelten sich einzelne Industriestädte wie Winterthur, Rorschach oder Biel. Die grossen Städte wurden zu Zentren der Industrie, der Verwaltung und des Dienstleistungssektors.

1 ■ Erläutere den Gegensatz und die Verbindung zwischen der Herstellung von Kleidung in Heimarbeit und in der Fabrik zu Beginn der Industrialisierung.

2 ■ Erkläre die Ursachen für den im europäischen Vergleich späten Bau eines Eisenbahnnetzes in der Schweiz (M 2).

3 ■ Arbeite die Bedeutung des Eisenbahnbaus für die Industrialisierung in der Schweiz heraus.

M3 Die Entwicklung des Schweizer Eisenbahnnetzes bis 1914

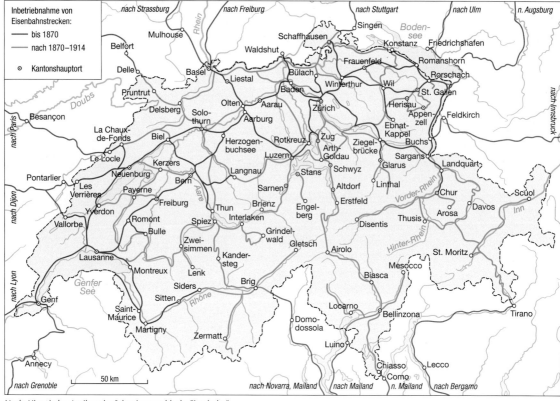

Nach: Historisches Lexikon der Schweiz; www.hls.ch „Eisenbahn"

4 ■ Stelle anhand der Karte M3 die Entwicklung des Eisenbahnnetzes dar. Erkläre, warum die roten Linien zunächst vorherrschten.

M4 Der Anschluss ans Eisenbahnnetz

Der Eisenbahnexperte Andreas Merian, 1845:

Das Herannahen der Eisenbahnen unserer Nachbarländer an und gegen unsere Grenzen muss notwendig uns veranlassen, nun einmal ernstlich daran zu denken und thatkräftig einzuwirken, dass dieses Verkehrsmittel auch bei uns ins
5 Leben träte. Bleiben wir unthätig, so verlieren wir Vieles, und erleiden wahrscheinlich für eine lange Zukunft einen mittel- und unmittelbaren nicht zu berechnenden Schaden. Beim Vorrücken der ausländischen Eisenbahnen gegen die Schweiz dürfen wir uns nicht überflügeln lassen; wodurch
10 nicht allein der Transit auf andere Strassen übergeht, sondern auch auf die schweizerische Industrie durch den leichtern Bezug der Urstoffe, den die Fabriken des Auslandes mittelst der Eisenbahnen geniessen, nachteilig wirkt. [...] Die Eisenbahnen werden keine Kantonal-Grenzen kennen
15 und so die lästigen hohen inneren Zölle und Weggelder, die vermöge unserer fehlerhaften Bundes-Einrichtung sich eher vermehren als vermindern, von selbst fallen machen, was wohl in volkswirtschaftlicher Hinsicht niemand als ein

Unglück betrachten, sondern der Schweiz vielmehr zur Ehre gereichen wird, wenn sich deren Völkerschaften einmal be-
20 wogen finden und einig werden, dieselben an die Schweizer Grenzen zu verlegen.

Zit. nach: Joseph Hardegger u.a. (Hg.), Das Werden der modernen Schweiz. Quellen, Illustrationen und andere Materialien zur Schweizergeschichte, Luzern (Interkantonale Lehrmittelzentrale) 1986, S. 232 f.*

5 ■ Erkläre die Vorschläge des Eisenbahnexperten (M4) im Kontext der politischen und wirtschaftlichen Entwicklung.

M5 „Durch!"

Die „Neue Zürcher Zeitung" über den Durchbruch des Gotthardtunnels, 1880:

Durch!

Das freudige Ereignis der Durchschlagung des Firststollens im Gotthardtunnel hat gestern uns alle überrascht. Niemand konnte, nach den bis Samstag erzielten Fortschritten, den Durchschlag vor der Nacht von Sonntag auf Montag
5 erwarten: [Der –] entschuldbarste – Fehler, welchen die Technik bei dem grossen Werke gemacht hat, nämlich die kleinen Irrungen, welche die durchbrochenen Strecken um einige Meter kürzer als sie in Wahrheit sind, annehmen lies-

10 sen, haben dem Ereignis auch dadurch den Stempel des Aussergewöhnlichen aufgedrückt, dass es an einem fünften Sonntag im Februar eingetroffen ist.

Früher als berechnet war, ist man zusammengetroffen: Möge das ein gutes Vorzeichen auch für die Vollendung des 15 grossen Tunnels und der Zufahrtslinien zum Gotthard sein. Ein frischer Luftzug, sagen uns die Telegramme, strömt durch den Tunnel, seit das Loch durchgebrochen ist: Heute seelt dieser frische Luftzug alle, die berufen sind, zur Vollendung des Werks zusammenzuwirken; sie alle sind gestärkt 20 und gehoben durch neues Vertrauen auf einen glücklichen schliesslichen Erfolg, und neue Lust und Freudigkeit ist in jedem Arbeiter geweckt, der seine harte und oft gefahrvolle Arbeit mit Erfolg gekrönt sieht und stolz darauf ist, an dem grössten Werke der Technik unseres Jahrhunderts mitge- 25 wirkt zu haben. Sie feiert jetzt einen Triumph, aber sie weiss auch, dass alle ihre Kunst und Wissenschaft nichts ver- möchte ohne die schwieligen Hände, welche die langwieri- ge mühsame Arbeit tief im Innern der Erde auszuführen hatte.

Durch! Neue Zürcher Zeitung v. 1. 3. 1880, in: https://static.nzz.ch/files/2/9/6/ NZZ1880_1.8008296.pdf (Zugriff: 2. 12. 2018)**

6 ■ Arbeite an M 5 heraus, welche Stimmung in der Schweiz anlässlich des Baus des Gotthardtunnels herrschte. Welche Hoffnungen verband man damit?

M 6 Industrialisierung – Ursache des Elends?

a) Christoph Bernoulli, 1828:

Der allergrösste Teil der niederen Fabrikarbeiter […], deren Existenz bloss von ihrer Hände Arbeit abhängt, würde auch ohne Fabriken existieren. Die Fabriken ziehen sie nur an und sammeln sie oft aus einem ganzen Kanton in eine Gegend. 5 Ohne Fabriken wären sie noch hilfloser und würden […] grossenteils dem eigentlichen Bettelstand angehören. Sie su- chen die Fabrik auf, weil ihnen diese doch noch mehr Lohn gibt, als sie sonst fänden. […] Ihr Anblick ist deshalb empö- render, weil sich die Armen nun angehäuft an einem Ort 10 finden.

Christoph Bernoulli, Untersuchungen über die angeblichen Nachtheile des zunehmenden Fabrik- und Maschinenwesens, Basel 1828, S. 63 f.*

b) Johann Jakob Treichler, 1846:

Wenn der menschliche Geist sich im einen Augenblick freu- en mag an den Eisenbahnen, den Dampfschiffen, den un- endlichen Fabrikationen aller Art, so muss er auf der ande- ren Seite wieder trauern, sobald er auf die Millionen […] 5 hinsieht, die zum blossen Instrument geworden sind, um das alles hervorzubringen. Die Sklaverei des Altertums ist […] in einer viel drückenderen Form zurückgekehrt. […] In jenem hatte wenigstens in der Regel der Herr ein Interesse

daran, den Sklaven stark und tüchtig zu sehen. […] In der Neuzeit aber ist dem Fabrikherrn und dem Fabrikarbeiter 10 beinahe kein einziges Interesse mehr gemeinsam. Gewinnt jener, so hat dieser nichts davon. Verliert jener, so wird der Arbeiter entlassen oder muss in seinem Lohn herunter. […] Für ihn scheint die Sonne höchstens am Sonntag. […] Ge- boren werden, leiden, sterben, das scheint sein Schicksal zu 15 sein.

Zit. nach: Frühschriften, hg. von Adolf Streuli, 1. Bd., Zürich (Schulthess & Co.) 1943, S. 298*

7 ■ Analysiere 6:
– Erläutere, wie Bernoulli die Lage der Fabrikarbeiter darstellt. Womit vergleicht er sie?
– Arbeite heraus, wie Treichler die Lage der Fabrikar- beiter im Vergleich zu den unteren sozialen Schichten früherer Zeiten beurteilt. Wie begründet er seine Auffassung?
– Vergleiche beide Auffassungen und nimm Stellung zur Frage, ob die Industrialisierung Ursache des Elends sei.

M 7 Einwohnerzahl grosser und mittlerer Städte 1800–1980

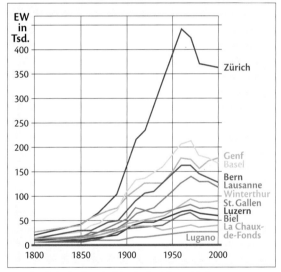

Aus: Historisches Lexikon der Schweiz, „Stadt"/www.hls.ch

8 ■ Untersuche M 7:
– Interpretiere das Städtewachstum im Kontext der industriellen Entwicklung.
– Suche in einer der grossen Schweizer Städte nach der Entstehung von neuen Quartieren zwischen 1850 und 1914.
– Recherchiere nach den sozialen Schichten, die in diesen Quartieren um 1914 wohnten.

Soziale Frage und Vereinigungen der Arbeiter

M 1 **Zerstörung der Weberei Corrodi und Pfister in Oberuster, Kanton Zürich, 22. 11. 1832, Holzschnitt, 19. Jahrhundert**

Maschinenstürmer
Arbeitergruppen zu Beginn des 19. Jahrhunderts, die aus Protest gegen die Mechanisierung der Textilindustrie die Maschinen zerstören wollten, weil diese mit Massenentlassungen verbunden waren.

Armut und Auswanderung

1850 war die Gesellschaft der Eidgenossenschaft weithin bäuerlich geprägt wie in allen Ländern Mitteleuropas. Jede Missernte führte meist zu Hunger und Massenverarmung. Die industriellen Erfindungen und die Fortschritte in der Produktion wirkten sich noch kaum auf die Gesamtwirtschaft aus. Die Heimarbeiter und Tagelöhner auf dem Lande litten besonders unter diesen Verhältnissen: Sie waren der Konkurrenz der neu aufkommenden Textilindustrie ausgesetzt, die ihnen noch nicht genügend Arbeitsplätze anbieten konnte. Wirtschaftskrisen 1816/17, 1845/46 und 1850–53 führten in den ländlichen Gebieten regelmässig zu Auswanderungswellen, die die Behörden der Gemeinden oder Kantone finanziell unterstützten. In Ausnahmefällen führten die Krisen auch zu Maschinenstürmen wie in Uster 1832 (M 1). Ab der Jahrhundertmitte profitierte die Landwirtschaft vom Konsum der wachsenden Bevölkerung und stellte auf Vieh- und Milchwirtschaft um. Ein wachsender Arbeitsmarkt in der Industrie und im Dienstleistungssektor der Städte schuf nun mehr Arbeitsplätze für landlose Bauern und für die Armen in der Stadt.

Gewerkschaften und Sozialdemokratie

Die ersten Arbeitervereinigungen umfassten nur die Arbeiter in Berufsrichtungen in der Stadt oder im Kanton. 1833 streikten erstmals in der Schweiz die Schreiner in Genf und gründeten „Widerstandskassen". Aus einem Teil der Arbeitervereine wurden allmählich Gewerkschaften. Voran gingen die Facharbeiter, die meistens in kleinen Betrieben arbeiteten und dank ihrer guten Ausbildung nicht so leicht zu ersetzen waren:

Typographen, Schreiner, Uhrmacher und andere. Mit der Zeit schlossen sich die lokalen und kantonalen Fachgewerkschaften auf nationaler Ebene zusammen, etwa zum Schweizerischen Typographenbund (1858) oder zum Schweizer Holzarbeiterverband (1873). Hauptziel war es nun, für die Mitglieder einen gemeinsamen, möglichst günstigen Gesamtarbeitsvertrag (heute oft GAV genannt) mit den Arbeitgebern einer Branche abzuschliessen. 1880 entstand als Dachorganisation der Schweizerische Gewerkschaftsbund. Das wachsende Interesse der katholischen Kirche an der Arbeiterschaft führte dazu, dass gegen Ende des 19. Jahrhunderts die christlichen Gewerkschaften gegründet wurden. Konsumgenossenschaften der Arbeiterinnen und Arbeiter bildeten eine preiswerte Konkurrenz zum Einzelhandel, während zu Beginn des 20. Jahrhunderts Wohnbaugenossenschaften zum Kampf gegen die als Spekulanten angesehenen privaten Hausbesitzer antraten.

Die Arbeiter schlossen sich nicht nur gewerkschaftlich, sondern auch politisch zusammen. So gab es im 19. Jahrhundert verschiedene Arbeiterorganisationen, z. B. den Grütliverein und mehrere sozialdemokratische Zusammenschlüsse, die aber meist nur kurzen Bestand hatten. Am 21. Oktober 1888 erfolgte dann die Gründung der Sozialdemokratischen Partei der Schweiz. Ihr Parteiprogramm war der Demokratie verpflichtet, lehnte revolutionäre Bestrebungen ab und verschrieb sich vor allem der demokratischen Lösung der Sozialen Frage.

Der Arbeiterschaft geht es besser

Die allmähliche Besserstellung der Arbeiterschaft ergab sich aus dem Steigen der Reallöhne, aus der Sozialgesetzgebung und aus der Selbstorganisation. Zwischen 1840 und 1900 verdoppelte sich das reale Einkommen eines Arbeiters. Zwischen 1900 und dem Ersten Weltkrieg wurden die Lohnsteigerungen im Durchschnitt durch die Teuerung allerdings vollkommen kompensiert; es stieg also nur der Nominallohn. Dies war einer der Gründe für die in dieser Zeit geführten Arbeitskämpfe und Streiks. Zudem zeigten sich nun Unterschiede zwischen den einzelnen Branchen: Während die Maschinenbauindustrie und die chemische Industrie relativ gute Löhne bezahlten, traf dies in der Textilindustrie und in den handwerklichen Berufen nicht zu. Noch niedriger waren die Löhne der Heimarbeiterinnen und Heimarbeiter sowie der Knechte und Mägde auf dem Lande. Die Sozialgesetzgebung entwickelte sich zunächst in den früh industrialisierten Kantonen. Sie versuchte durch das Verbot der Kinderarbeit, durch die Festsetzung von Maximalarbeitszeiten und durch Vorschriften über Sicherheit und Hygiene die negativen Auswirkungen der Industrialisierung, vor allem den Alkoholismus und den Zerfall der Familie, zu reduzieren. Es wurden aber nie Minimallöhne festgelegt. Zu einem Markstein wurde das eidgenössische Fabrikgesetz mit dem Verbot von Nacht- und Sonntagsarbeit für Frauen und Jugendliche. Wöchnerinnen durften sechs Wochen vor und sechs Wochen nach der Geburt nicht arbeiten. Ein Fabrikinspektorat hatte die Betriebe auf ihre Sicherheitsmassnahmen hin zu kontrollieren. Auf die Bereiche der Landwirtschaft, der Heimarbeit und des Handwerks fand das Gesetz freilich keine Anwendung. Die Forderung nach bezahlten Ferien tauchte erst nach 1900 auf und wurde vor dem Ersten Weltkrieg kaum verwirklicht.

Gesamtarbeitsvertrag
In der Schweiz die vertragliche Grundlage für jeden Arbeitsvertrag eines bestimmten Berufes bzw. für sämtliche Arbeitsverhältnisse in einer bestimmten Branche. Im Gesamtarbeitsvertrag werden in der Regel Arbeitszeiten, Ferien, Kündigungsfristen und Mindestlöhne festgelegt.

Schweizerischer Gewerkschaftsbund
Grösste und politisch bedeutendste Dachorganisation schweizerischer Arbeitnehmerverbände.

Reallohn/Nominallohn
Reallohn: Entgelt für geleistete Arbeit unter Berücksichtung der Inflationsrate und damit ein Massstab für die Kaufkraft der Löhne und Gehälter.
Nominallohn: Tatsächlich gezahltes Entgelt für geleistete Arbeit. Der Nominallohn lässt keine Aussagen über die Kaufkraft zu, da die Preisentwicklung nicht berücksichtigt wird.

1 ■ Erkläre die wichtigsten Gründe für die Besserstellung der Fabrikarbeiterinnen und Fabrikarbeiter in der Schweiz ab der Mitte des 19. Jahrhunderts.
2 ■ Recherchiere nach den politischen und wirtschaftlichen Entwicklungen vor 1832, die zum Fabrikbrand von Uster geführt haben (M 1).
3 ■ Ermittle heutige Gewerkschaften in der Schweiz und zeige, wie diese auf nationaler Ebene organisiert sind.

M2   Reglementierung in der Fabrik

Aus dem Fabrikreglement der Spinnerei Trümpler und Gysi aus Oberuster, 1838:

Die Arbeiter sollen alle genau nach bestimmter Zeit bei der ihnen durch den Aufseher zugewiesenen Arbeit sich einfinden, treu, fleissig und gehorsam sein und die einem jeden anvertrauten Maschinen und Arbeitsplätze äusserst reinlich
5 halten und dafür Sorge tragen. [...] Jeder Arbeiter, wenn er aus der Fabrik weg will, muss 14 Tage vor seinem Austritt die Arbeit dem Chef der Fabrik [...] aufgekündigt haben. [...] Die gleiche Verpflichtung soll auch gegen die Arbeiter erfüllt werden, jedoch [...] mit dem Vorbehalt, an diese Zeit nicht
10 gebunden zu sein, wenn einer sich gegen einen der wichtigsten Punkte des Reglements verfehlt.
Sämtliche Arbeiter sind verpflichtet, sich sowohl in als ausserhalb der Fabrik eines [...] wohlanständigen Betragens zu befleissen und [...] bei Strafe zu vermeiden: a) das Tabakrau-
15 chen in der Fabrik; b) allen Gesang von unsittlichen Liedern; c) sitten- und ordnungswidriges Geschwätz und Gebärden; d) Fluchen, Schimpf- und Scheltworte; e) Lärmmachen auf dem Weg zu und von der Fabrik; f) Schädigung an Häusern, Gärten, Wiesen und anderen Gütern, an Bäumen, Zäunen,
20 Brunnen und dergleichen; g) Zänkereien unter sich selbst und Reiz zu Ärgernis.
Es soll sich jeder Arbeiter angelegen sein lassen, gute untadelige Arbeit zu liefern. [...] Wer durch übertriebene Gewalt, Unvorsichtigkeit und Ungeschicklichkeit etwas zerbricht
25 oder fehlerhafte Arbeit liefert, kann [...] um Schadensersatz belangt werden.
Sämtliche Arbeiter [...] sind den ihnen zugegebenen Aufsehern untergeordnet und daher verpflichtet, ihnen bei allen Vorschriften ohne Widerrede Folge zu leisten. [...]
30 Diejenigen, welche sich gegen dieses Reglement verfehlen [...], haben die Strafe eines dem Umstand angemessenen Abzugs an ihrem Lohn zu gewärtigen.

Arbeitsalltag und Betriebsleben, hg. vom Schweizerischen Sozialarchiv, Diessenhofen (Rüegger) 1981, S. 154f.*

4   ■ Beurteile das Verhältnis zwischen Arbeitgeber und Arbeitnehmer aufgrund des Textes M 2. Vergleiche es mit Regelungen in heutigen Betrieben.

M3   Arbeitszeiten

Heinrich Wilhelm Clos über die Lage der Fabrikbevölkerung, 1855:

Die Arbeitszeit ist in [...] den Spinnereien, Webereien etc. ziemlich gleich und beträgt durchschnittlich 14 Stunden pro Tag, von morgens 5 bis abends 8 Uhr mit Unterbrechung von 1 Stunde mittags von 12 bis 1 Uhr. In den Ma-
5 schinenbaufabriken, Giessereien etc. beträgt die Arbeitszeit 12 Stunden von morgens 5 bis abends 7 Uhr mit Unterbrechung von ½ Stunde morgens, 1 Stunde mittags und

½ Stunde abends. Der Hin- und Herweg zur Fabrik beträgt bei Erwachsenen oft 4 Stunden täglich.

Heinrich Clos, Die Lage der Schweizerischen Fabrikbevölkerung, Winterthur (Steiner) 1855, S. 10f.*

5   ■ Schreibe nach M 3 ein Kurzreferat über den Tagesverlauf einer Arbeiterin, die täglich zur Arbeit geht.

M4   Inspektoren besichtigen ein Arbeiterquartier am Rande der Basler Altstadt, 1884

6   ■ Stelle Vermutungen über die Tätigkeiten der Fabrikinspektoren in M 4 an.

M5   Die Besserstellung der Arbeiterschaft

Der Historiker Jean-Claude Wacker über die allmähliche Verbesserung der Lage der Arbeiter, 1998:

Die allmähliche Besserstellung der Arbeiterschaft ergab sich aus dem Steigen der Reallöhne, aus der Sozialgesetzgebung und aus der Selbstorganisation. Zwischen 1840 und 1900 verdoppelte sich das reale Einkommen eines Arbeiters. Hatte eine Arbeiterfamilie um 1870 noch 58 Prozent ihres Ein-
5 kommens für Nahrungsmittel und 16 Prozent für die Miete aufgewendet, so waren es 1910 noch 49 Prozent und 14 Pro-

zent, während nun immerhin 5 Prozent für „Bildung und Unterhaltung" erübrigt werden konnten. Zwischen 1900
10 und dem Ersten Weltkrieg wurden allerdings die Lohnsteigerungen im Durchschnitt durch die Teuerung völlig kompensiert – einer der Gründe für die in dieser Zeit intensiv geführten Arbeitskämpfe. Vor allem zeigten sich nun Unterschiede In den einzelnen Branchen: Während die Maschi-
15 nenindustrie und die chemische Industrie relativ gute Löhne bezahlten, war dies in der Textilindustrie und in den handwerklichen Berufen weniger der Fall. Noch weiter zurück lagen die Löhne der Heimarbeiter und der Knechte und Mägde auf dem Land.
20 Die Sozialgesetzgebung entwickelte sich zunächst in den früh industrialisierten Kantonen wie Glarus. Sie versuchte, durch das Verbot der Kinderarbeit, durch die Festsetzung von Maximalarbeitszeiten und durch Vorschriften über Sicherheit und Hygiene die negativen Auswirkungen der In-
25 dustrialisierung, vor allem den Zerfall der Familie, zu reduzieren, griff jedoch nicht in das Lohngefüge ein. Zu einem Markstein wurde das Eidgenössische Fabrikgesetz von 1877 [s. S. 214]: Es setzte die maximale tägliche Arbeitszeit auf elf, die wöchentliche auf 66 Stunden fest, untersagte die Kin-
30 derarbeit (unter 14 Jahren) ganz und verbot die Nacht- und Sonntagsarbeit für Frauen und Jugendliche. Wöchnerinnen durften sechs Wochen vor und sechs Wochen nach der Niederkunft nicht arbeiten. Ein Fabrikinspektorat hatte die Betriebe auf ihre Sicherheitsmassnahmen hin zu kontrollie-
35 ren. Auf die Bereiche der Landwirtschaft, der Heimarbeit und des Handwerks fand das Gesetz freilich keine Anwendung. Die Einführung einer obligatorischen Kranken- und Unfallversicherung, wie sie das Deutsche Reich 1881 einführte, liess auf sich warten. Nachdem ein erstes entspre-
40 chendes Gesetz 1900 vom Volk abgelehnt worden war, beschränkte man sich in einem zweiten 1912 auf eine obligatorische Unfallversicherung, während die Krankenkassen privat blieben und vom Bund lediglich Subventionen erhielten. Bezahlte Ferien blieben dagegen bis ins zwanzigste
45 Jahrhundert für die meisten unselbstständig Erwerbstätigen ein Fremdwort. Selbst als sozialpolitische Forderung tauchten sie erst nach 1900 auf.

Jean-Claude Wacker, Die Schweiz von 1848 bis zur Gegenwart, in: Pierre Felder u. a. (Hg.), Die Schweiz und ihre Geschichte, Zürich (Lehrmittelverlag des Kantons Zürich) 1998, S. 288 f.

7 ■ Lege dar, in welchen Bereichen es soziale Fortschritte gab und in welchen eher nicht (M 5). Versuche Begründungen dafür zu finden.

8 ■ Vergleiche die soziale Lage der Arbeiter damals mit der heute und nenne Unterschiede.

M6 **Munitionsherstellung durch Frauen in der Nähe von Fluelen, Illustration in einer englischen Zeitung, 1893**

M7 **Kampf um das Frauenwahlrecht**

Gerüttelt wird an den etablierten Machtbastionen in der Schweiz aber genauso wie anderswo. Im Land gibt es zu Beginn des 20. Jahrhunderts eine Frauenbewegung, die [...] zu den bestorganisierten Europas gehört – wenn auch sicher nicht zu den spektakulärsten. Während in England militante 5 Suffragetten mit Brand-, Gift- und Bombenanschlägen von sich reden machen, wählen die Schweizerinnen den Weg übers Milizsystem, bringen sich in fürsorgerische Ämter ein, gründen Vereine, halten Tagungen ab, reichen Petitionen ein und veranstalten Ausstellungen. Für weltweiten Aufruhr wie 10 die Britinnen sorgen sie damit nicht, etwas Bewegung in die Politik bringen sie aber doch: Völlig synchron mit der Demokratisierungswelle, die rund um den Ersten Weltkrieg über Europa schwappt, wird auf kantonaler Ebene zwischen 1919 und 1921 sechsmal über die Einführung des Frauen- 15 wahlrechts abgestimmt – selbstredend, ohne dass sich irgendwo eine Männermehrheit dafür finden liesse.

Claudia Mäder, Platz der Frau, Neue Züricher Zeitung 8.1.2016, https://www.nzz.ch/geschichte/der-platz-der-frau-1.18673312 (Zugriff: 30.11.2018)*

9 ■ Beschreibe, was das Bild M 6 über Frauenarbeit in der Schweiz Ende des 19. Jahrhunderts aussagt. Diskutiert, ob es einen Zusammenhang zwischen dem Bild und dem in M 7 geschilderten Sachverhalt gibt.

Industrialisierung und Soziale Frage

England als Vorreiter der Industrialisierung

Da in England kein Zunftzwang herrschte, konnten Handwerker ihre Berufe ohne Zugehörigkeit zu einer bestimmten Zunft frei ausüben. Zusätzlich wurde das Unternehmertum durch eine weitgehende Gewerbefreiheit gefördert. Hinzu kam, dass England reich an Rohstoffen war, wie beispielsweise Kohle. Günstig für den wirtschaftlichen Aufschwung waren auch die Transportwege auf dem Wasser und das bereits früh ausgebaute Kanalsystem. Der wichtigste Grund für die Vorreiterrolle Englands waren jedoch die Erfindungen, die dort gemacht wurden.

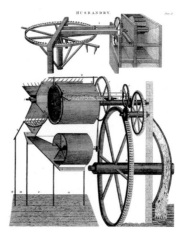

Die Ausbreitung der Industrialisierung

Von England aus griff die Industrialisierung zuerst auf Deutschland und Frankreich, dann auf den gesamten europäischen Kontinent über. Vor allem die Industrie in West- und Mitteleuropa profitierte vom Import britischer Industrieprodukte und den damit verbundenen wissenschaftlichen Erkenntnissen. Ein Auslöser hierfür war vor allem das starke Bevölkerungswachstum ab der Mitte des 18. Jahrhunderts. So entstanden ein grosses Reservoir an Arbeitskräften und der Bedarf an neuen, effizienteren Produktionsverfahren für die Versorgung der vielen Menschen.

Die Folgen der Industrialisierung

Die Industrialisierung hatte eine ganze Reihe gesellschaftlicher Konsequenzen, die das Zusammenleben der Menschen langfristig veränderten und sich auf die Lebensqualität auswirkten. Hierzu zählten vor allem der wachsende Wohlstand, die Urbanisierung und die Ausbreitung städtischer Lebensformen. Von Bedeutung waren aber auch Geburtenrückgänge, Verarmung vor allem der Arbeiterbevölkerung, Kinderarbeit und die zunehmende Umweltverschmutzung, verbunden mit dem Klimawandel.

Die Industrialisierung in der Schweiz

Die Schweiz gehört zu den am frühesten industrialisierten Ländern. Die Industrialisierung begann hier wie in England bei der Textilherstellung und setzte sich im Aufbau der Maschinen- und der chemischen Industrie fort. Auch hier half die industrielle Verarbeitung von Lebensmitteln bei der Versorgung der stark wachsenden Bevölkerung. Zudem konnten nun in den Fabriken auch Frauen als Arbeitskräfte eingesetzt werden. Weil der Aufbau der Industrie und der Eisenbahnen grosse Geldmittel erforderte, bekamen Banken und Versicherungen grosse Bedeutung. Die Kehrseite der enormen wirtschaftlichen und gesellschaftlichen Veränderungen waren im 19. Jahrhundert verbreitete Massenarmut, Hungersnöte und Auswanderung.

Geschichte kontrovers:
Der Industriekapitalismus – ein Erfolgsmodell?

M1 Unternehmerische Freiheit – Grundlage für Massenwohlstand

Als es noch keinen Staat im heutigen Sinne gab, der diese Instrumente von oben her mit Zwangsgewalt der Gesellschaft überzustülpen vermochte, waren die wirtschaftlich erfolgreichsten Regionen genau jene, in denen der Staat nicht […] jede wirtschaftliche Initiative und Innovation durch Dirigismus von oben abwürgte, sondern jene – wie England und

5 Holland –, in denen die Gesellschaft, d. h. initiative Unternehmer, die Organisation der Wirtschaft selbst in die Hand nahmen. England und Holland konnten gerade deshalb zu Handelsgrossmächten werden, weil ihnen der Staat die Freiheit liess, Strukturen für Handel und Gewerbe zu entwickeln, die sich nach den Bedürfnissen des Marktes und nicht nach jenen der Politik richteten. […]

10 Sicher ist […], dass der immense Erfolg des Industriekapitalismus des 19. Jahrhunderts der grossen unternehmerischen Freiheit zu verdanken ist, die zu Innovation und Kapitalakkumulation führte und damit die Grundlagen für den modernen Massenwohlstand legte. Auch wenn es durch die Einwirkung der Politik – und von Politikern bewusst intendiert – gegen Ende des 19. Jahrhunderts sowohl in Europa wie auch in den USA zu mächtigen

15 Konzentrationsprozessen und Kartellbildungen kam, blieb der eigentliche Motor der Entwicklung das freie und innovative Unternehmertum, das sich auf dem Boden staatlich gesicherter Eigentumsrechte entwickeln konnte.

Martin Rhonheimer, Wirtschaftliche Freiheit als Königsweg zum Wohlstand des Massen, 22.11.2018, in: http://austrian-institute.org/ (Zugriff: 19.12.2018)*

M2 Zukunftsprobleme des Industriekapitalismus

Durch den Triumph des Industriekapitalismus [1989/90 über den Kommunismus] sahen sich dessen Anhänger eindrucksvoll bestätigt. Die marktwirtschaftlich organisierten Industriegesellschaften hätten in der Vergangenheit ihre Überlegenheit bei der Lösung schwieriger Strukturprobleme bewiesen. […] Nach wie vor gibt es aber auch skeptische

5 Stimmen, die auf die Schattenseiten und ungelösten Aufgaben der modernen Industriegesellschaft aufmerksam machen. Dabei werden vor allem die Zerstörung ökologischer Ressourcen und die Krisenanfälligkeit kapitalistischer Wirtschaftssysteme genannt. Die Auseinandersetzung über die Stärken und Schwächen der privatwirtschaftlichen Industriegesellschaft hatte sich seit den 1970er-Jahren verschärft. Ausgelöst wurde diese Debat-

10 te durch die steigende Arbeitslosigkeit in allen westlichen Industrienationen. Die Massenarbeitslosigkeit war zum einen das Ergebnis des technologischen Fortschritts, der die menschliche Arbeitskraft immer mehr aus der Produktion von Waren und Dienstleistungen verdrängte. Das Wirtschaftswachstum reichte nicht aus, um die verloren gegangenen Arbeitsplätze zu ersetzen. Zum anderen verlagerten viele Unternehmen Arbeitsplätze aus

15 ihren alten Zentren in den reichen Ländern mit hohen Lohnkosten in solche Länder, die billiger produzierten. Für die Lösung dieser tief greifenden Strukturkrise der industriellen Arbeitsgesellschaft gibt es kein Patentrezept. Während die einen auf die heilende Wirkung des freien Marktes vertrauen, fordern andere eine stärkere Regulierung der Wirtschaft durch den Staat.

Wolfgang Jäger, Industrielle Revolution und Moderne um 1900, Berlin (Cornelsen) 2001, S. 5*

1 ■ Fasse die Argumentationen der beiden Autoren zusammen und prüfe sie anhand der Erkenntnisse, die du aus dem vorliegenden Kapitel gewonnen hast. Nimm selbst Stellung dazu.

2 ■ Prüfe die Aussagen der beiden Autoren am Beispiel der Digitalisierung.

Zentrale Begriffe

Frühindustrialisierung
Industrielle Revolution
Soziale Frage
Arbeiterbewegung
Frauenbewegung
Arbeiterparteien
Marxismus
Kinderarbeit
Agrarreform
Bevölkerungswachstum
Urbanisierung
Wirtschaftsliberalismus
Schlüsselerfindungen
Auswanderung
Pauperismus
Sozialismus
Kommunismus
Umweltverschmutzung

Wichtige Jahreszahlen
1770
Die Industrielle Revolution setzt in England ein
Ab 1830
Die Industrielle Revolution setzt in der Schweiz ein
1848
Karl Marx und Friedrich Engels schreiben das „Kommunistische Manifest"
1870
Industrielle Revolution in Deutschland und in den USA
1877
Schweizer Fabrikgesetz

Zusammenfassende Aufgaben

3 ■ Vergleiche die wirtschaftliche Situation der Schweiz um 1900 mit der um 1800. Nenne die Unterschiede.

4 ■ Diskutiert, ob man bei der Industrialisierung von einer „Revolution" sprechen kann.

7 Der Imperialismus

M1 Französische Karikatur über den englischen Imperialismus, 1899.
Übersetzung der Schrift auf dem Band: „Ein Schuft, wer Schlechtes dabei denkt"

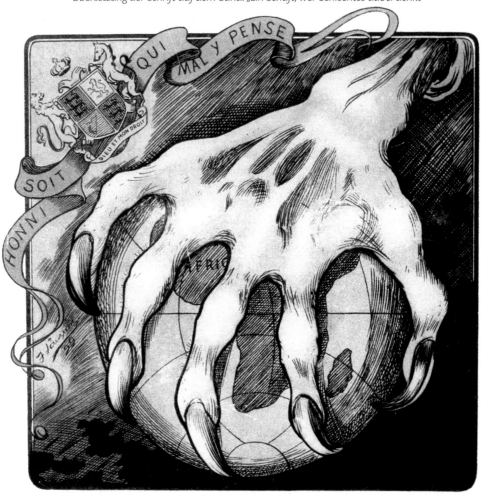

1884
Gründung der englischen
„Imperial Federation League"

1884/85
Kongo-Konferenz

| 1859 Charles Darwin veröffentlicht sein Hauptwerk | 1866 Erstes Tiefseekabel zwischen Amerika und Europa | 1871 Gründung des Deutschen Kaiserreiches | 1874 Erste Völkerschau in Deutschland | 1877 Englische Königin wird „Kaiserin von Indien" | 1882 Gründung des „Deutschen Kolonialvereins" Dreibund (Deutschland, Österreich-Ungarn, Italien) |

1860   1870   1880

Als Christoph Kolumbus 1492 Amerika entdeckte, begannen Spanien und Portugal die neuen Gebiete für sich als Kolonien in Anspruch zu nehmen, um sich zu bereichern. Im Verlaufe der nächsten Jahrhunderte folgten ihrem Beispiel auch andere europäische Staaten wie England, Holland oder auch Frankreich und streckten ihre Fühler in die ganze Welt aus. Es entstand ein langsamer, aber stetiger Prozess der europäischen Landnahme, der sich mit verschiedenen Gesichtern und an vielen Orten auf der Welt zeigte.

Ab Mitte des 19. Jahrhunderts veränderten sich die Rahmenbedingungen dieser Expansion massiv: Nun strebten junge Nationalstaaten nach Ansehen und sogar Weltgeltung; Industrialisierung und Bevölkerungswachstum verlangten nach immer mehr Rohstoffen, brachten aber auch neue technische Errungenschaften hervor. Schnellere, grössere Schiffe und bessere Fernkommunikation liessen die Welt kleiner werden. Der Fernhandel und der Fernverkehr nahmen massiv zu. Die Kontinente wuchsen zusammen, und die Globalisierung eröffnete den grossen Industrienationen neue Märkte, die sie möglichst schnell erobern und beherrschen wollten.

Unter diesen Vorzeichen erlebte die Welt zwischen 1870 und 1914 eine Zeit, die die Epoche des Imperialismus genannt wird. Sie war geprägt durch das Weltmachtstreben und die Gier der Imperialmächte, so schnell wie möglich und überall auf dem Erdball Gebiete zu erobern und sie als Kolonien dem eigenen Staat anzugliedern. An diesem Wettlauf beteiligten sich neben den europäischen Hauptakteuren England, Frankreich, Belgien und Deutschland auch Russland, die USA und Japan. Diese Imperien steigerten sich in gefährliche Rivalitäten und Machtkämpfe, die in politische Krisen mündeten und schliesslich zum Ersten Weltkrieg führten. Die Kolonien ihrerseits erfuhren durch Ausbeutung, Zwangsarbeit und Entrechtung tiefe Wunden, die oftmals erst Mitte des 20. Jahrhunderts zu heilen begannen und bis heute nicht geheilt sind.

Doch welche Mechanismen haben dazu geführt, dass sich die Imperien in ihrer Expansionswut gegenseitig anheizten und sich wie Getriebene verhielten? Wie konnten die Staatsmänner ihre aggressive Aussenpolitik auch innenpolitisch rechtfertigen? Haben die Wirtschaftsführer und Politiker dieser Zeit die Risiken ihrer Machtpolitik richtig eingeschätzt? Und: War die imperialistische Expansion finanziell überhaupt lohnend, oder war sie doch nur teures Imponiergehabe? Diesen und ähnlichen Fragen möchte das folgende Kapitel nachgehen.

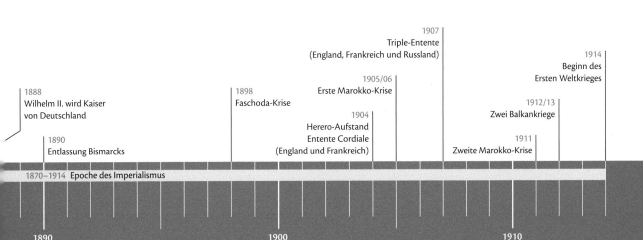

1907
Triple-Entente
(England, Frankreich und Russland)

1914
Beginn des
Ersten Weltkrieges

1905/06
Erste Marokko-Krise

1888
Wilhelm II. wird Kaiser
von Deutschland

1898
Faschoda-Krise

1912/13
Zwei Balkankriege

1904
Herero-Aufstand
Entente Cordiale
(England und Frankreich)

1890
Entlassung Bismarcks

1911
Zweite Marokko-Krise

1870–1914 Epoche des Imperialismus

1890   1900   1910

Die Welt rückt zusammen

Globalisierung
Vorgang, bei dem es zu einer vielseitigen und internationalen Verflechtung zwischen Regionen, Gesellschaften und Staaten kommt.

Neue Errungenschaften

Bis ins 19. Jahrhundert waren Forschungs- oder Handelsreisen zu Randregionen oder gar zu anderen Kontinenten mit viel Mühe und erheblichen Risiken verbunden. Neben dem unerforschten Terrain und dem unwegsamen Gelände waren es vor allem unberechenbare Naturgewalten, die das Vorwärtskommen behinderten. Zwar hatten die Kartografen ab dem 16. Jahrhundert viel dazu beigetragen, dass die Kenntnisse über die Welt zunahmen, doch das Reisen und der Fernhandel blieben gefährlich. Mit dem Beginn der Industrialisierung erfuhr dies jedoch einen enormen Wandel: Die neuen technischen Errungenschaften dieser Zeit revolutionierten auch die Verkehrs-, Transport- und Kommunikationssysteme. Auf dem Land war es das immer dichter werdende Eisenbahnnetz, das für einen schnellen, zuverlässigen Warentransport sorgte und die Reisequalität ansteigen liess. Bei Überseefahrten bewirkten Dampfschiffe Ähnliches: Sie erreichten deutlich höhere Geschwindigkeiten als die Segelschiffe, die Fahrten waren weniger vom Wind abhängig, wurden sicherer, und die Transportlast oder die Passagierzahl war deutlich höher. Somit wurden die Distanzen zwischen den Kontinenten scheinbar kleiner: Um 1880 dauerte die Überfahrt von England nach New York weniger als sieben Tage. Diese Verkehrsmittel waren wichtige treibende Kräfte der Globalisierung, denn dank ihnen sanken die Transportkosten, was den globalen Güterverkehr wirtschaftlich noch interessanter machte.

Telegrafennetz Die Erreichbarkeit war aber nicht nur durch die neuen Verkehrsmittel besser geworden. Erst die Einführung der Telegrafie konnte den Globalisierungsprozess beschleunigen. Die Telegrafie ermöglicht den Austausch geschriebener Informationen zwischen Partnern, die weit voneinander entfernt sind, mit den Mitteln der elektrischen Nachrichtentechnik. Die Übertragung der Informationen erfolgte in Form elektrischer Signale und war zunächst drahtgebunden, später auch drahtlos. Bei der zunächst verwendeten drahtgebundenen Form wurden die Informationen der Sendeseite codiert und manuell mit dem Morseapparat übertragen. Der Erfinder dieses nach ihm benannten Apparats war Samuel Finley Breese Morse (1791–1872), ein US-amerikanischer Professor für Malerei, Plastik und Zeichenkunst.

M1 „Der Koloss von Rhodes", aus einer englischen Satirezeitschrift von 1892.
Dargestellt ist der englische Politiker Cecile Rhodes. Seiner Meinung nach sollte England die Gebiete zwischen Kapstadt und Kairo zu englischen Kolonien machen

Morses erster brauchbarer Schreibtelegraf kam 1844 zum Einsatz und schuf damit die praktischen Voraussetzungen für eine zuverlässige elektrische Nachrichtenübermittlung. Mit der Nutzung dieser Technologie liessen sich Nachrichten in Höchstgeschwindigkeit über einen ganzen Kontinent senden. Als man um 1866 die ersten unterseeischen Telegrafenkabel zwischen Amerika und Europa verlegte, war auch die interkontinentale Nachrichtenübermittlung kein Hindernis mehr. Profitieren vom globalen Austausch konnten das Nachrichtenwesen sowie die Finanz- und Börsenplätze. Die Kommunikation zu entferntesten Gebieten war nun gewährleistet, und entsprechend zeitnah konnten in den Schaltzentralen der Macht Informationen zusammengetragen und auf politische Ereignisse rasch reagiert werden. Allerdings wurde die Telegrafie bereits von vielen Zeitgenossen kritisch bewertet, denn die rasche Nachrichtenübermittlung hinterliess ein Gefühl der Fremdbestimmtheit. Die Angst vor den Kontrollmöglichkeiten, die durch das neue Medium gegeben war, rief in den Kolonien heftigen Widerstand hervor. Teilweise kam es zu Zerstörungen der Leitungen.

Weltweite Post

Seit jeher war der Austausch von schriftlichen Nachrichten ein Bedürfnis der Menschen, sei er nun geschäftlicher oder persönlicher Art. Noch im Mittelalter gab es kein ausgereiftes Postwesen: Teure und nicht immer zuverlässige Boten- und Kurierdienste ermöglichten der reichen Oberschicht den brieflichen Austausch. Dabei nahmen mit zunehmender Distanz der Preis zu und die Zustellungsgarantie ab. Zwar gab es immer mehr Postverbindungen zwischen einzelnen Städten, aber bis ins 19. Jahrhundert scheiterten viele Versuche, ein grenzübergreifendes und flächendeckendes Postwesen aufzubauen. Zu viele Grenzen, Währungen und Zölle machten eine einheitliche Organisation unmöglich. Die Nationalstaatenbildung und der verstärkte Güter- und Personenverkehr zwischen den Ländern und Kontinenten machten im 19. Jahrhundert eine internationale Regelung des Postverkehrs notwendig und möglich. Auf Anregung der USA fanden bereits 1863 erste Gespräche statt, die Gründungskonferenz des internationalen Postvereins erfolgte 1874 in Bern. In einem Abkommen legten die Vertragsstaaten das Postgebiet mit Transitfreiheit und einem einheitlichen Porto fest. Der Weltpostverein war gegründet und gewährte fortan die grenzüberschreitende Kommunikation.

Weltpostverein
Zweitälteste internationale Organisation der Welt. Sie gehört heute der UNO an und regelt den internationalen Postverkehr. Der Hauptsitz ist bis heute Bern.

M2 **Alexander Graham Bell (1847–1922) eröffnet die erste Fernsprechverbindung von New York nach Chicago, 1892.**

Graham Bell war Konstrukteur und gilt als einer der Väter des heutigen Telefons

1 ▪ Analysiere die Karikatur M 1 und formuliere die wichtigsten Kernaussagen.

2 ▪ Erläutere den Zusammenhang zwischen Fernkommunikation und Globalisierung. Nenne die wichtigsten Voraussetzungen für die Globalisierung.

3 ▪ Lege dar, warum ausgerechnet die Schweiz zum Sitz des Weltpostvereins wurde.

4 ▪ Diskutiert, wie sich die heutigen Kommunikationstechnologien auf die Globalisierung auswirken.

M3 Das Weltkabelnetz, 1905.

Über Kontinente führende Kabel sind nur in Auswahl verzeichnet; Ortsnamen bezeichnen Ausgangs- und Zielorte von Telegrammen bzw. Plätze, an denen Nachrichtensignale technisch verstärkt wurden

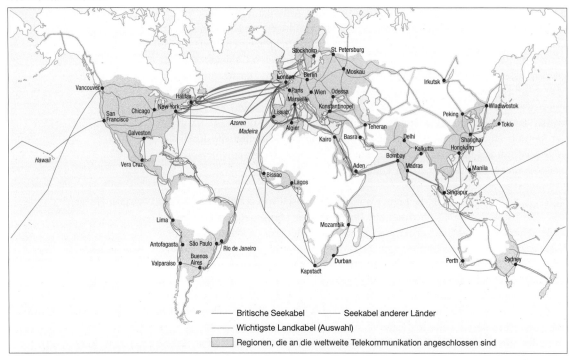

5 ■ Erörtere anhand des Weltkabelnetzes (M3), welche Orte für wen von welcher Bedeutung waren.

M4 Einige Neuerungen in der Kommunikationstechnik im 19. Jahrhundert (Auswahl)

1837 Schreib-Telegraf (Samuel Morse, USA)

1852 Erstes staatliches Telegrafennetz in der Schweiz

1865 Gründung der Internat. Union der Telegrafenverwaltung (Sitz in Bern)

1866 Erste Telegrafie-Verbindung über den Atlantik

1876 Telefon (Alexander Graham Bell/Elisha Gray, USA)

1881 Erstes öffentliches Fernsprechamt in Berlin

1887 Grammofon (Emil Berliner, USA)

1888 Elektromagnetische Funk- und Radiowellen (Heinrich Hertz, Deutschland)

1891 Kinematograf (Thomas Alva Edison, USA); Telefonkabel zwischen England und Frankreich

1896 Drahtlose Telegrafie (Guglielmo Marconi, Italien) Empfänger für Funksignale (Alexander Stepanowitsch Popow, Russland)

1901 Telegrafie-Übertragung per Funk über den Atlantik (Guglielmo Marconi, Italien)

1902 Bild-Telegrafie (Arthur Korn, Deutschland)

1906 Vakuumrohre zur Verstärkung schwacher Radiowellen (Lee de Forest, USA)

M5 Das „Blaue Band" – die schnellsten Schiffe auf dem Atlantik

Das „Blaue Band" war eine Ehrung, die das schnellste Schiff für bezahlende Passagiere auf der Transatlantik-Route England– New York erhalten hat. Hier sind einige Jahressieger:

Schiffsname	Jahr	Geschwindigkeit[1]	Tonnage in BRT[2]
Sirius	1838	8,03	703
Columbia	1841	9,78	1 135
Asia	1850	12,25	2 226
Persia	1856	13,11	3 300
Scotia	1863	14,46	3 871
Germanic	1875	14,65	5 008
Oregon	1884	18,56	7 375
City of Paris	1889	19,95	10 499
Lucania	1894	21,65	12 952
Deutschland	1900	22,42	16 002

1 Geschwindigkeit in Knoten (1 kn = 1,852 km/h)

2 Masseinheit für die Ladekapazität (BRT = Bruttoregistertonnen)

6 ■ Studiere die Tabelle M5. Wie verändert sich der Warenverkehr unter Berücksichtigung von Geschwindigkeit und Tonnage zwischen 1838, 1875 und 1900? Stelle deine Ergebnisse grafisch dar.

M6 Zeitgenössische Stimmen zur Bedeutung des Telegrafen

a) Aus einem Brief des US-amerikanischen Hauptfinanziers des Transatlantikkabels Cyrus Fields an seinen Bruder, 1866:

[Der Telegraf] bringt die Länder der Welt zusammen. Er verbindet die getrennten Hemisphären. Er vereint entfernte Nationen […]. Ein Meereskabel ist keine Eisenkette, die kalt und tot in den eisigen Tiefen des Atlantiks begraben ist. Es
5 ist eine lebendige Verbindung aus Fleisch und Blut, die getrennte Teile der menschlichen Familie vereint, und die stets von Liebe und Zärtlichkeit durchpulst ist. Diese starken Bande tragen dazu bei, die menschliche Rasse in Frieden und Einmütigkeit zu einen […]. Es scheint, als wäre diese Meeres-
10 nymphe, die sich aus den Wellen erhebt, geboren worden, um vom Frieden zu künden.

b) Aus einer Rede des New Yorker Geschäftsmanns W. E. Dodge, 1868:

Wenn Armee und Marine, Diplomatie, Wissenschaft, Literatur und Presse ihr spezielles Interesse an der Telegrafie bekunden, dann muss das der Handel mindestens im selben Mass tun, aber ich kann nicht behaupten, dass die neue
5 Technik nur Gutes gebracht hat. […] Es werden Zweifel laut, ob der Telegraf tatsächlich ein so guter Freund der Händler ist, wie dies weithin angenommen wird. Heute werden Berichte über die wichtigsten Weltmärkte täglich veröffentlicht, und unsere Kunden werden ständig telegrafisch kon-
10 taktiert. Statt einiger weniger Lieferungen pro Jahr muss der Händler nun permanent auf Trab sein und sein Geschäft kontinuierlich steigern. Er muss ständig mit seinen entfernten Partnern in Kontakt bleiben, erfährt innerhalb von Wochen die Ergebnisse von Lieferungen, die er vor einigen 15
15 Jahren monatelang nicht erfahren hätte, und lässt die Erträge in Waren investieren, deren Wert wohlbekannt ist, und die schon vor ihrer Ankunft weiterverkauft werden. So wird er ständig auf Trab gehalten und findet keine Zeit für Ruhe und Entspannung.

c) Sir John Pender, dessen Firma den Auftrag erhielt, ein Seekabel zwischen Frankreich und England mit Kautschuk zu isolieren, 1894:

Die Telegrafie hat oftmals den Abbruch der diplomatischen Beziehungen und damit Dauerkriege verhindert. Sie stellt ihre Bedeutung für Frieden und Glück auf der Welt immer wieder unter Beweis […]. Es besteht kein Anlass für böse
5 Gefühle oder auch nur den kleinsten Grund zur Klage. Das Kabel hat das Übel der Missverständnisse, die zum Krieg führen, bereits im Keim erstickt.

Zit. nach: Tom Standage, Das Viktorianische Internet, St. Gallen/Zürich (Midas) 1999, S. 100, 182 f. und 176**

7 ◼ Lest die Quellen M 6 a–c und diskutiert, wie die unterschiedlichen Meinungen zu den Telegrafen zustande gekommen sind (s. auch M 7). Schreibe den drei Verfassern eine Antwort.

M7 Verlegung des Transatlantikkabels 1866, Holzstich von 1877

M8 Das Weltpostdenkmal in Bern von René de Saint-Marceaux, eingeweiht 1909

8 ◼ Das Denkmal M 8 war der Sieger eines Wettbewerbs, den der Schweizer Bundesrat ausgeschrieben hatte. Diskutiert, warum Saint-Marceaux mit seinem Werk überzeugen konnte.

Kolonialmächte und Imperien

Erweiterter Lebensraum – Formen der Expansion

In der Menschheitsgeschichte war es den Menschen immer wieder ein wichtiges Bedürfnis, den angestammten Lebensraum auszuweiten oder zu verlassen. Zentrales Ziel war es, die eigene Existenz zu sichern. Obwohl dabei wirtschaftliche oder militärische Aspekte im Vordergrund standen, waren die Formen der Expansion und ihre Konsequenzen für alle Beteiligten sehr vielfältig, da sie hauptsächlich von drei sich beeinflussenden Faktoren bestimmt wurden:

- *Initiatoren:* Sowohl der Staat als auch Volksgruppen, Handelsgesellschaften oder gar Individuen konnten die Expansion in Gang setzen.
- *Ziele:* Hauptziele der Expansion waren neben Landgewinn, natürlichen Ressourcen und wirtschaftlichem Profit oft militärische Erfolge.
- *Herrschaftsverhältnis:* Obwohl es bei jeder Landnahme zu einer Unterwerfung oder Unterordnung der eroberten Gebiete kommt, gab es einen grossen Spielraum in der Ausübung der Herrschaft. Die Konsequenzen für die Eroberten bewegten sich zwischen den beiden Hauptformen direkter und indirekter Herrschaft und waren entsprechend vielfältig.

Die klassische Form der Landnahme bildeten die Eroberungskriege, wie sie z. B. die Römer betrieben: Der Staat hat klare Interessen, organisiert die militärische Expansion und unterwirft mit seinem Heer ein anderes Volk. Die Eroberer entscheiden, in welcher Weise die Unterordnung zu geschehen hat.

Eine spezielle Form von unterworfenen Gebieten waren die „Kolonien". Sie bestanden aus eroberten Territorien, die räumlich getrennt vom Mutterland lagen, von diesem aber abhängig waren und als dessen „Besitz" betrachtet wurden. Selbstverwaltung konnten die Menschen in den Kolonien nur in geringem Masse ausüben.

Mutterland

Als Mutterland versteht man denjenigen Staat, von dem aus die Kolonien gelenkt wurden. Da die rechtlichen Beziehungen zwischen Mutterland und Kolonie sehr unterschiedlich gestaltet waren und die Kolonien teilweise scheinunabhängig waren, sprechen Historiker oftmals auch von Zentrum und Peripherie.

M1 **Haupttypen von Kolonien und ihre Beispiele**

Typen	Hauptzweck	Beispiele
Beherr-schungs-kolonie	– Wirtschaftliche Ausbeutung – Strategische Absicherung des Imperiums – Prestige	– Britisch-Indien und Indochina (frz.) – Togo (dt.) – Philippinen (amerik.) – Taiwan (jap.)
Stützpunkt-kolonie	– Direkte Erschliessung eines anderen Gebietes – Machtentfaltung auf dem Meer	– Malakka (port.) – Batavia (holl.) – Hongkong (brit.)
Siedlungs-kolonie	– Für Auswanderer (Farmer) aus dem Mutterland – Ausbeutung der einheimischen Arbeitskräfte	– Neuenglandkolonien und Kanada (frz./brit.) – Algerien (frz.) – Brasilien (port.) – Südafrika (holl./brit.)

Tabelle: Patrick Grob

Kolonien

cornelsen.de/Webcodes
Code: zoxina

Europäische Kolonisation

Mit den Entdeckungsfahrten der Spanier und Portugiesen im 15. Jahrhundert nahm die europäische Expansion ihren Anfang und veränderte die Welt massiv (s. S. 28). Vorerst galt das Interesse den Edelmetallen Gold und Silber. Im Laufe der Zeit dehnte es sich auf andere Rohstoffe wie Tabak, Zucker oder Baumwolle aus. Die Nachfrage nach überseeischen Gütern wuchs, und der daraus resultierende Gewinn war enorm. Bald reichte es nicht mehr, die Waren abzutransportieren: Man musste vor Ort die Güterproduktion selbst planen, steuern, antreiben und auch überwachen, notfalls sogar vor Übergriffen schützen. Um den europäischen Bedarf zu stillen, traten die Europäer als Kolonialherren auf und griffen massiv in die kulturellen und wirtschaftlichen Strukturen der Bevölkerung ein. Zunächst wurde nach der gewaltsamen Landeroberung durch die Europäer die ortsansässige Bevölkerung unterjocht und rücksichtslos als billige Arbeitskräfte ausgebeutet. Ab dem 16. Jahrhundert gründeten die Spanier, Portugiesen, später auch Engländer, Holländer und Franzosen riesige Kolonien auf allen Kontinenten, und es kam zur ersten Vernetzung des globalen Handels. Wenn sich die Kolonien auch in ihrer Form stark voneinander unterschieden, so blieben sie immer fremdgesteuert und wurden auf die Bedürfnisse der Kolonialherren hin umgebaut. Da die neuen Herren kaum Interesse an Lebensweise und Kultur ihrer Untertanen zeigten, kam es kaum zu einer Annäherung mit diesen. Der Graben vertiefte sich, was das Verhältnis zueinander nachhaltig belastete.

M 2 Kolonialwarengeschäft in Deutschland, um 1910

Seit dem Ende des 18. Jahrhunderts brachen einige Kolonialreiche wie Spanien, Portugal oder die Niederlande zusammen. Widerstand und Unabhängigkeitsbestrebungen vor allem in Nord- und Südamerika führten zum Wegfall grosser Kolonien. Zudem behielten einige Kolonien wie Südafrika zwar ihren Status, wechselten aber den Besitzer. Auch England musste seit der Unabhängigkeitserklärung der USA von 1776 grosse Gebiete einbüssen, konnte dafür aber in Indien seinen Machtbereich ausdehnen und war Anfang des 19. Jahrhunderts die grösste Kolonialmacht der Welt. Trotz der Machtverschiebungen innerhalb Europas riss der Drang nach Kolonien nicht ab.

Imperialismus als historische Epoche

Der Begriff „Imperialismus" bezeichnet das Bestreben von Staaten, ein Imperium zu errichten. Imperialistische Grossreiche gab es seit der Antike. Seien es Römer und Athener in Europa oder Mongolen, Chinesen und Russen in Asien: Imperien entstanden zu allen Zeitaltern und verschwanden wieder.

Die Historiker sprechen darüber hinaus vom „Zeitalter des Imperialismus". Darunter verstehen sie die Jahrzehnte zwischen 1870 und 1914, in denen die Grossmächte mit imperialen Gelüsten und rigoroser Expansionspolitik einen Wettlauf um die attraktivsten Territorien auslösten. Jede dieser Mächte glaubte in diesem Wettkampf entweder siegen zu müssen oder unterzugehen. Diese gefährliche Dynamik gipfelte schliesslich im Ersten Weltkrieg.

Imperium
Das lateinische Wort *imperare* bedeutet „herrschen" oder „gebieten". Unter Imperium versteht man ein weit ausgedehntes Herrschaftsgebiet oder gar Weltherrschaft.

1 ▪ Erläutere, warum Kolonien zentrale Merkmale sowohl des Kolonialismus als auch des Imperialismus sind.

2 ▪ Diskutiert, inwieweit der Imperialismus eine Fortsetzung des Kolonialismus darstellt und wodurch er sich von diesem abgrenzen lässt (s. auch S. 28–39).

3 ▪ Beschreibe Vorteile, die die Menschen im Mutterland von den Kolonien hatten (M 2).

M3 Der Handel zwischen Europa, Afrika und Amerika im 17. Jahrhundert

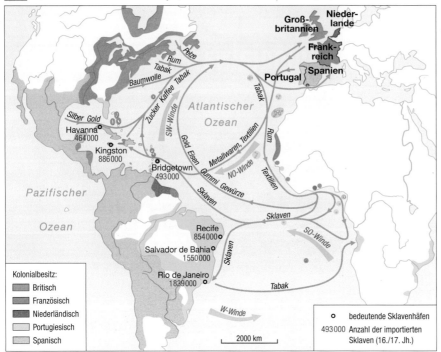

M4 Europäische Kolonialreiche um 1830

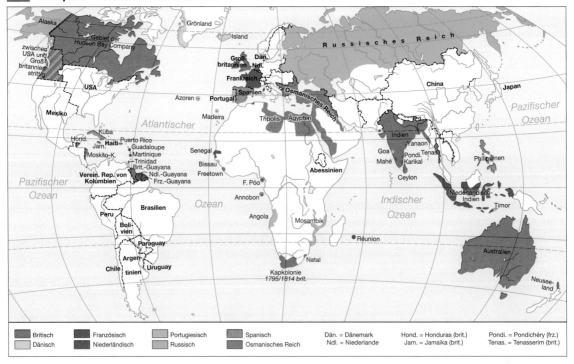

4 ▪ Erläutere den Dreieckshandel zwischen Europa, Afrika und Amerika (M 3) und nenne Gewinner und Verlierer dieses Handels.

5 ▪ Vergleiche die Karten M 3 und M 4. Erstelle eine Rangliste derjenigen Staaten, die bis 1830 am meisten Kolonialgebiete verloren haben.

M5 Der Begriff „Imperialismus"

Der Historiker Jürgen Osterhammel charakterisiert den Imperialismus wie folgt, 2003:

„Imperialismus" ist der Begriff, unter dem alle Kräfte und Aktivitäten zusammengefasst werden, die zum Aufbau und zur Erhaltung [...] transkolonialer Imperien beitrugen. Zum Imperialismus gehören auch der Wille und das Vermögen
5 eines imperialen Zentrums, die eigenen nationalstaatlichen Interessen immer wieder als imperiale zu definieren und sie in der Anarchie des internationalen Systems weltweit geltend zu machen. Imperialismus impliziert [beinhaltet] also nicht bloss Kolonialpolitik, sondern „Weltpolitik", für welche
10 Kolonien nicht allein Zwecke in sich selbst, sondern auch Pfänder in globalen Machtspielen sind. [...] Imperialismus wird von den Staatskanzleien, Aussen- und Kriegsministerien geplant und ausgeführt, Kolonialismus von Kolonialbehörden und „men on the spot" [„Männern an Ort und Stel-
15 le"].

Jürgen Osterhammel, Kolonialismus – Geschichte, Formen, Folgen, München (Beck) 2003, S. 27 f.**

M6 Die Epoche des „Hochimperialismus"

Der Historiker Wolfgang J. Mommsen über den Ausbau der Kolonialreiche, 1989:

Seit dem Ende der 1870er-Jahre trat die imperialistische Expansion in eine qualitativ neue Phase ein, die man gemeinhin als „Zeitalter des Imperialismus" oder genauer als „Epoche des Hochimperialismus" bezeichnet. Die Okkupation
5 Tunesiens und Indochinas durch Frankreich 1881 und mehr noch die Besetzung Ägyptens durch Grossbritannien im Jahre 1882 gaben gleichsam die Initialzündung für einen Wettlauf um die Inbesitznahme von noch „freien" bzw. noch nicht definitiv besetzten Gebieten in Übersee, der zur
10 Aufteilung Afrikas und eines grossen Teils der bislang noch nicht direkt von den europäischen Mächten kontrollierten Territorien der unentwickelten Welt führen sollte. [...] Die europäischen Grossstaaten, und am Ende auch die USA, die als antikolonialistische Macht anfangs beiseitegestanden
15 hatten, wurden im Zeichen der „Weltpolitik" immer stärker in den Strudel der imperialistischen Rivalitäten hineingezogen, und dies, obschon die Dynamik des imperialistischen Expansionsprozesses keineswegs in erster Linie von den Regierungen ausging. Gleichzeitig kam es zu einer stürmischen
20 Entfaltung des industriellen Systems in den europäischen Metropolen, die zu einer historisch einmaligen Steigerung der ökonomischen, technologischen und militärischen Kräfte der Industriestaaten führte und demgemäss das bestehende Ungleichgewicht gegenüber den Ländern der unentwickelten Welt ausserordentlich vergrösserte. Diese wurden,
25 sofern die Europäer dies nur wollten, nunmehr eine leichte Beute imperialistischer Aktionen. Parallel zu – aber

durchaus nicht immer gleichläufig mit – der Begründung und dem Ausbau grosser Kolonialreiche entwickelte sich ein multilaterales System der Weltwirtschaft, in die übersee-
30 ische Regionen einbezogen wurden – gleichviel ob es sich dabei nun um formelle Kolonien oder um „Halbkolonien" handelte, das heisst Länder, die zwar völkerrechtlich selbstständig, jedoch tatsächlich von den europäischen Industriestaaten abhängig waren.
35

Wolfgang J. Mommsen, Das Zeitalter des Hochimperialismus. Funkkolleg Jahrhundertwende". Die Entstehung der modernen Gesellschaft 1880–1930, Tübingen (DIFF) 1989, S. 11 f.*

6 ▪ Liste auf, welche Akteure Wolfgang J. Mommsen in M6 nennt, und erörtere, welche Rolle er ihnen im Zeitalter des Imperialismus zuweist.

7 ▪ Erläutere die beiden Ausführungen M5 und M6. Wodurch unterscheiden sich ihre Ansichten?

8 ▪ Recherchiere zur Entstehungsgeschichte der schweizerischen Schokoladenindustrie (M7). Diskutiert die Zusammenhänge zum Kolonialismus.

M7 Schweizer Schokoladenwerbung, 1912

Voraussetzungen des Imperialismus

Imperien: Der Wille zur Weltmacht

Die Trennung zwischen Kolonialreich und Imperium ist nicht ganz einfach zu ziehen. Während die alten Kolonialmächte vor allem an einem weltumspannenden Handel interessiert waren, veränderten und erweiterten sich ihre Motive zur Zeit des Imperialismus. Imperien sind getrieben vom unbedingten Willen nach Weltmacht und entwickeln dabei ganz eigene, nicht nur ökonomische Handlungslogiken. Im Gegensatz zu Staaten besitzen Imperien kaum definierte Grenzen, zeigen wenig Interesse an der Integration der Bevölkerung der unterworfenen Gebiete und respektieren keine gleichberechtigten Akteure. Die Rivalität der imperialen Mächte um die Vorherrschaft führte im 19. Jahrhundert zu einer ungebremsten Expansion. Eine neue Phase der „Europäisierung" der Welt begann und zwang einen Grossteil der Welt als Kolonien in direkte oder indirekte Abhängigkeit von europäischen Grossmächten. Es entstand ein regelrechter Wettlauf um die Aufteilung der Welt, an dem sich auch aussereuropäische Mächte wie Japan, die USA und Russland beteiligten.

Kein Imperialismus ohne Industrialisierung

Zum Imperialismus führte ein Bündel von verschiedenartigen Triebkräften. Insbesondere die Industrialisierung mit ihren technischen Errungenschaften und der Wunsch nach wirtschaftlicher Expansion veränderten das Verhältnis zwischen Kolonie und Mutterland. Die Kolonien blieben Rohstofflieferanten, wurden aber gleichzeitig zu gefragten Absatzmärkten. Geltungsdrang und ein übersteigertes Selbstbewusstsein der Staaten heizten die Grossmachtpolitik zusätzlich an. Ohne die Industrialisierung und eine entsprechende Aufrüstung wäre dies allerdings kaum durchzusetzen gewesen.

Um die Imperien, wie sie im letzten Drittel des 19. Jahrhunderts entstanden waren, überhaupt errichten und schliesslich dauerhaft verwalten zu können, waren gewisse technologische Errungenschaften notwendig, wie sie nur die Industrialisierung hervorbringen konnte. Erst die Dampfschiffe und die Eisenbahn ermöglichten einen so sicheren, schnellen und vor allem umfangreichen Güter- und Personentransport, wie er benötigt wurde (M 1). Gleichzeitig wuchsen Mutterstaat und Kolonie durch Telegrafen, Telefon und Tiefseekabel zusammen (s. S. 284). Nachrichten und Befehle konnten fortan schneller transportiert werden und sicherten so eine direkte Einflussnahme. Aber auch die Entwicklung in der Medizin

M 1 Das deutsche Dampfschiff „Imperator" von 1912 im Grössenvergleich mit der Hamburger Michaeliskirche; es bot rund 4 200 Passagieren Platz

war gerade in der Kolonialisierung Afrikas bedeutsam, denn Impfstoffe und Medikamente z. B. gegen Malaria ermöglichten den Europäern eine dauerhafte Niederlassung. Schliesslich waren es auch die neuen Stahl- und Artilleriegeschütze, Handfeuerwaffen und Maschinengewehre, die für die waffentechnische Überlegenheit und damit oft für den Sieg der Europäer sorgten.

Ökonomische und militärische Erwartungen In einigen Ländern gab es einflussreiche nichtstaatliche Organisationen, die in der Öffentlichkeit mit Erfolg für eine imperialistische Politik eintraten. Für sie hatte der Erwerb von Kolonien hauptsächlich folgende Hintergründe:

– *Wirtschaftsinteresse:* Die Industrie brauchte für die immer stärker wachsende Produktion mehr Rohstoffe und Absatzmärkte. Man glaubte, dass dies nur gesichert sei, wenn man von anderen Staaten unabhängig ist. Zudem versuchte man dies durch eine Schutzzollpolitik zu sichern. Auch sahen Kapitalbesitzer in den Kolonien Gewinn versprechende Investitionsmöglichkeiten, die vor allem dem Mutterland Vorteile bringen sollten. Die Verfechter einer expansiven Kolonialpolitik wiesen auch darauf hin, dass der ökonomische Nutzen schliesslich allen, auch der Arbeiterschaft, zugutekomme.

– *Schutz vor Abwanderung:* Die Eroberung von Kolonien sollte ein Ventil bilden, um den angeblichen Bevölkerungsüberschuss in Europa zu dämpfen. Eine Emigration in andere Länder würde nur Konkurrenzstaaten stärken und einen Kapitalabfluss bewirken. Auswanderer und ihre Wirtschaftsleistungen in den eigenen Kolonien hingegen blieben dem Staat erhalten.

– *Sicherheitspolitik:* Die Warentransporte zwischen Kolonien und Mutterland mussten militärisch gewährleistet werden. Ein umfangreiches Netz an Stützpunktkolonien sollte dies garantieren. Ebenso sollte grosser Kolonialbesitz eine abschreckende Wirkung auf andere imperialistische Staaten haben.

Prestigestreben und Nationalismus Im Unterschied zu vorangegangenen Epochen strebten die Nationalstaaten während der imperialen Expansion verstärkt nach Ansehen und Prestige und nahmen daher auch enorme Verwaltungs- und Militärkosten in Kauf. Insbesondere die erst in der zweiten Hälfte des 19. Jahrhunderts entstandenen „jungen" Nationalstaaten Deutschland und Italien, aber auch die aufsteigenden Industriestaaten USA, Japan oder Russland wollten ihre Weltmachtgeltung mittels Kolonialbesitz nach innen und aussen demonstrieren. Der aufkeimende Nationalismus (s. S. 189) bot hierfür innenpolitisch eine gute Grundlage: Kaufleute, Militärs, einflussreiche Verbände und bald auch eine breite Öffentlichkeit forderten eine Ausweitung der Macht- und Einflusszonen ihrer Staaten. Diese sollten dem eigenen Land mehr Ansehen bringen und die eigene Überlegenheit demonstrieren. Um von innenpolitischen Missständen abzulenken, nahmen die Regierenden diese Ziele gerne an: Der Sozialimperialismus war entstanden. Die Industrialisierung hatte die Gesellschaft rapide verändert und zu politischen und sozialen Konflikten geführt. Mit Versprechungen auf wirtschaftlichen Gewinn aus der Kolonialpolitik sollten die Arbeiterschaft in Krisenzeiten beruhigt, revolutionäre Tendenzen im Keim erstickt und die bestehende Ordnung erhalten werden. Der Nationalismus wurde innenpolitisch aufgeheizt und bot Nährboden für Rassismus und Chauvinismus (s. S. 189).
Die Ziele und die Methoden des Imperialismus waren allerdings selbst in den Mutterländern umstritten und wurden heftig kritisiert – vor allem von der Arbeiterbewegung.

Schutzzollpolitik
Durch Erhebung von Zöllen erhöht der Staat die Preise ausländischer Güter. Diese werden gegenüber den einheimischen Gütern teurer, und der Konsument kauft verstärkt inländische Produkte. Der Staat schützt so die eigene Wirtschaft.

Investition
langfristige Anlage von Kapital und Vermögen z. B. in Firmen oder Güter. Der Investor erhofft sich dabei, dass sein investiertes Geld eine hohe Rendite abwirft.

Sozialimperialismus
Imperialistische Ideologie zur Ablenkung von inneren sozialen Problemen, die durch den Erwerb von Kolonien Folgendes verspricht: Erwerb billiger Rohstoffe und von Absatzmärkten, eine dadurch verbesserte Beschäftigungslage in der Heimat, Aufnahme von überschüssiger Bevölkerung.

1 ■ Halte in einem Schaubild alle Voraussetzungen für den Imperialismus fest und zeige auf, wie sich die einzelnen Faktoren gegenseitig beeinflussten.

M 2 **Die Aufteilung der Welt im Zeitalter des Imperialismus, 1914**

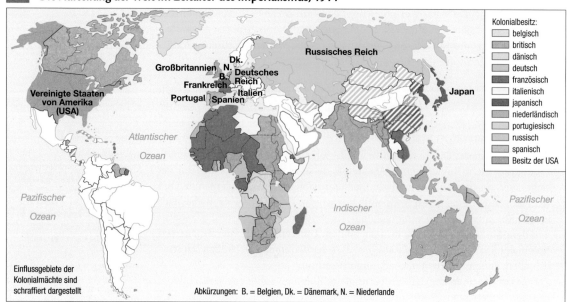

2 ■ Erstelle anhand von M 2 eine Rangfolge der kolonialbesitzenden Staaten.

M 3 **Anspruch auf ein „neues Frankreich"**

Der französische Schriftsteller und Journalist Lucien-Anatole Prévost-Paradol (1829–1870), 1868:

Möge bald der Tag kommen, wo unsere Mitbürger aus der Enge unseres afrikanischen Frankreich nach Marokko und Tunis hinübergehen und endlich jenes Mittelmeerreich gründen, das nicht nur unseren Stolz befriedigen, sondern
5 auch im künftigen Zustand der Welt die letzte Quelle unserer Grösse sein wird. [...] Denn es gibt nur zwei Arten, das Schicksal Frankreichs aufzufassen: Entweder bleiben wir, was wir sind, indem wir uns inmitten einer sich rasch ändernden Welt zu Hause in einer zeitweiligen und ohnmächtigen Er-
10 regung verzehren; in diesem Fall versinken wir auf diesem Erdball, der von den Nachkommen unserer alten Rivalen besetzt sein wird, in eine schmähliche Bedeutungslosigkeit [...]. Oder 80 bis 100 Millionen Franzosen, die auf beiden Ufern des Mittelmeeres, im Herzen des alten Weltteils fest
15 angesiedelt sind, werden den Namen, die Sprache und das wohlerworbene Ansehen Frankreichs durch die Zeiten aufrechterhalten.

Zit. nach: Günter Schönbrunn (Hg.), Das bürgerliche Zeitalter 1815–1914, Geschichte in Quellen, München (bsv) 1980, S. 581*

3 ■ Nenne die Forderungen von Prévost-Paradol in M 3. Beschreibe die Alternativen, die er für Frankreich sieht. Vergleiche seine Aussagen mit der Karte.

M 4 **Der Nutzen von Kolonien**

Der französische Ökonom Paul Leroy-Beaulieu (1843–1916), 1874:

Die grosse Nützlichkeit der Kolonien liegt nicht allein darin, dass sie als Auffangbecken für den Bevölkerungsüberschuss der Metropole dienen, und auch nicht darin, dass sie für deren überschüssige Kapitalien ein Betätigungsfeld unter besonders rentablen Bedingungen eröffnen. Darüber hinaus
5 wird durch sie der Handel des Mutterlandes zu dynamischer Entfaltung angeregt, wird die Industrie aktiviert und in Gang gehalten; die Bevölkerung des Vaterlandes, Industrielle, Arbeiter und Verbraucher, erlangen durch sie wachsende Profite, Löhne und Annehmlichkeiten. [...] Die Vorteile, von
10 denen wir bislang gesprochen haben, sind allgemein und für alle vorhanden, nicht nur für die Mutterländer, sondern für alle zivilisierten Länder. [...] Aber gibt es nicht für die Metropolen besondere Vorteile, welche aus ihrem besonderen Verhältnis zu den von ihnen gegründeten und unterhalte-
15 nen Kolonien resultieren? Es scheint uns unbezweifelbar zu sein, dass die Metropolen einen besonderen Nutzen aus ihren Kolonien ziehen; erstens sind es Kapitalien der Metropole, die dort arbeiten; auf diesem produktiveren Feld erzielen sie eine höhere Verzinsung. Die Lage ihrer Besitzer, von
20 denen zweifellos eine grosse Anzahl im Mutterland geblieben ist, wird auf diese Weise verbessert.

Die Menge neuer Ressourcen, neuer Erzeugnisse, bislang unbekannter Tauschwerte, welche einen Anreiz für die Industrie des Mutterlandes darstellen, ist unermesslich. Das Betä-
25 tigungsfeld für die Kapitalien der Metropole und der Raum,

der sich der Aktivität ihrer Bürger eröffnet, sind unendlich. […] Welchen Blickwinkel man auch einnehmen mag, ob man sich der Sphäre der Wohlfahrt und der materiellen
30 Kräfte oder der Sphäre politischen Ansehens und Einflusses zuwendet, oder aber ob man höher zielt und die geistige Grösse eines Volkes ins Auge fasst, so ist doch in jedem Fall eines unzweifelhaft wahr: Das Volk, welches am meisten kolonisiert, nimmt den ersten Platz ein, und wenn dies heute
35 noch nicht so ist, so wird dies mit Sicherheit morgen der Fall sein.

Paul Leroy-Beaulieu, De la Colonisation chez les Peuples Modernes, Paris (Guillaumin) 1886, S. 644, S. 648 f., S. 748 f.; zit. nach: Peter Alter, Der Imperialismus, Stuttgart (Klett) 2004, S. 25*

4 ■ Beschreibe, für wen Paul Leroy-Beaulieu in M 4 einen Nutzen sieht.

M 5   Über die Ursachen des Imperialismus
Der englische Ökonom John A. Hobson (1858–1940), 1902:
Der amerikanische Imperialismus ist das natürliche Produkt des wirtschaftlichen Druckes eines plötzlich vorrückenden Kapitalismus, der zu Hause nicht mehr genug Beschäftigung findet und für seine Erzeugnisse und Investitionsmittel
5 fremde Absatzgebiete braucht. Dasselbe Bedürfnis besteht in europäischen Ländern und treibt dort Regierungen zugegebenermassen auf den gleichen Pfad. Überproduktion, d. h. exzessive Fabrikation von Waren und überschüssigem Kapital, für das im Inland keine einträgliche Anlagemöglichkeit
10 zu finden ist, zwingen Grossbritannien, Deutschland, Holland und Frankreich, immer grössere Teile ihrer wirtschaftlichen Mittel ausserhalb ihres dermaligen politischen Herrschaftsbereichs zu platzieren, und simulieren dann eine Politik der politischen Expansion mit dem Ziel, die neu be-
15 tretenen Räume zu annektieren [gewaltsam in Besitz zu bringen]. Die wirtschaftlichen Triebkräfte dieses Vorganges werden durch die periodischen Handelskrisen blossgelegt, die darauf zurückgehen, dass Produzenten für ihre Erzeugnisse keine ausreichenden und profitablen Absatzgebiete
20 mehr finden können. […] Überall erscheinen übergrosse Produktionskräfte, übergrosse Kapitalien, die nach Investitionen verlangen. Sämtliche Geschäftsleute geben zu, dass der Zuwachs an Produktionsmitteln in ihrem Lande die Zunahme der Konsumtion übertrifft, dass mehr Güter hervor-
25 gebracht als mit Gewinn abgesetzt werden können, dass mehr Kapital vorhanden ist, als lohnend angelegt werden kann. Diese ökonomische Sachlage bildet die Hauptwurzel des Imperialismus. […] Die Grundfragen, die hinter diesen Phänomenen liegen, sind offensichtlich diese: Warum hält
30 die Konsumtion in einer Gemeinschaft nicht automatisch Schritt mit der Produktionskraft? Warum kommt es zu Unterkonsumtion oder Übersparsamkeit? […] Man kann die Frage auch so formulieren: Warum sollte der Druck der gegenwärtigen Bedürfnisse nicht mit jeder Möglichkeit, sie zu

befriedigen, Schritt halten? […] Die Antwort auf diese zum 35 Thema gehörenden Fragen bringt uns zu der allgemeinen Problematik der Verteilung des Reichtums. Herrschte die Tendenz, Einkommen oder Konsumkraft nach Bedürfnissen zu verteilen, so würde zweifellos die Konsumtion mit jedem Wachstum der Produktionskraft ansteigen. Die menschli- 40 chen Bedürfnisse sind nun einmal unbegrenzt, und es könnte demnach kein Übermass an Sparen geben. Aber es verhält sich anders in einem wirtschaftlich-gesellschaftlichen Zustand, wo die Verteilung in keinem fixen Verhältnis zu den Bedürfnissen steht, sondern von anderen Bedingungen 45 bestimmt wird. Diese verleihen einigen Leuten eine Konsumkraft, die weit über ihre Bedürfnisse oder Verwendungsmöglichkeiten hinausgeht; andere hingegen haben nicht einmal genügend Konsumkraft, um sich ihre volle körperliche Leistungsfähigkeit zu erhalten. 50

John A. Hobson, Der Imperialismus, Köln (Kiepenheuer & Witsch) 2018 (Erstausgabe 1902), S. 25, übers. v. Helmut Hirsch*

M 6   „Eine grosse Fehlkalkulaton"
Der Politikwissenschaftler Herfried Münkler über den wirtschaftlichen Nutzen der Kolonien, 2016:
Die Phase wilder, hektischer Konkurrenz kann im Nachhinein kaum als eine Abfolge rationaler, wohlbedachter Entscheidungen begriffen werden, und letztlich hat der Kolonialismus den Europäern keineswegs das eingebracht, was sie von ihm erhofften. Im Hinblick auf die ökonomischen Im- 5 perialismustheorien widerspricht das dem zu erwartenden Ergebnis: Der Imperialismus wird in ihnen als eine der brutalsten Formen von Ausbeutung und Unterdrückung beschrieben, die es in der Geschichte gegeben hat. Das ist der Kolonialimperialismus zweifellos gewesen, aber trotz seiner 10 gewalttätig-exploitiven [ausbeuterischen] Methoden hat er tendenziell so viel gekostet, wie er eingebracht hat. Volkswirtschaftlich betrachtet, war er eine grosse politisch-ökonomische Fehlkalkulation.

Herfried Münkler, Imperien. Die Logik der Weltherrschaft, Hamburg (Rowohlt), 2016, S. 36

5 ■ Vergleiche M 4 und M 5 und erläutere, warum der Imperialismus auch unter Zeitgenossen umstritten war.
6 ■ Erörtere, wie es nach Herfried Münkler in M 6 zum Kolonialismus kam und welche Konsequenzen dies hatte. Wie beurteilt er den Nutzen der Kolonien?

Rechtfertigungen des Imperialismus

Kulturelle Überlegenheit?

Die rasche und aggressive Inbesitznahme der Welt durch den Westen hatte zu einer Hierarchie der Grossmächte über ihre Kolonien geführt. Viele Zeitgenossen nahmen wahr, dass sich die Welt in industriell-kapitalistische „Herren" und Handelswaren produzierende „Diener" geteilt hatte. Dafür suchte man nach Gründen und fand sie scheinbar auch. Die Kolonialmächte sahen in ihrer offensichtlichen Dominanz einen Beweis für die Überlegenheit ihrer eigenen Zivilisation und Kultur, die schliesslich auch bespiellosen technologischen Fortschritt und Wohlstand hervorgebracht hatte. Mit pseudowissenschaftlichen Methoden wurde diese Gliederung in hochwertige und minderwertigen Kulturen zementiert. Dadurch verstärkte der Westen seine Arroganz und Ignoranz den unterworfenen Völkern gegenüber.

Evolutionstheorie
Beschreibung der Entstehung und Veränderung der Lebewesen im Laufe der Erdgeschichte.

Sozialdarwinismus
Theorie, die davon ausgeht, dass sich die stärkeren Menschen gegenüber den schwächeren durchsetzen.

Biologische Erklärungsversuche

In der zweiten Hälfte des 19. Jahrhunderts formulierte der britische Naturforscher Charles Darwin die Evolutionstheorie, mit der er die Entwicklung von Tier- und Pflanzenarten erklärte. Die Welt war für ihn ein „Kampf um das Dasein", in dem die anpassungsfähigeren Lebewesen dominieren und sich fortpflanzen. Er nannte dies „natürliche Auslese" (Selektion). Um 1870 übertrug man diese Theorie auf die menschliche Gesellschaft, es entstand der Sozialdarwinismus. Die Vertreter dieser Theorie behaupteten nun, dass sich wie in der Natur auch in der Gesellschaft der Stärkere durchsetze. Die Europäer und Amerikaner sahen sich als starke Völker, denen es nicht nur erlaubt, sondern biologisch sogar bestimmt sei, schwache zu unterdrücken. Eine weitere Rechtfertigung für die Unterwerfung und Ausbeutung angeblich rückständiger Kulturen war geschaffen.

Hinzu kam, dass die Unterschiedlichkeit der Kulturen rassistisch begründet wurde: Aufgrund äusserer Merkmale wie Hautfarbe, Körperbau oder auch Sprache wurde auf innere Merkmale oder Charakteristika geschlossen. Diverse Forscher stützten mittels physiologischer Untersuchungen (z. B. „Schädelkunde") diesen Rassismus. Obwohl inhaltlich falsch und ohne innere Logik, verstärkte der Rassismus das Überlegenheitsgefühl der Kolonialmächte gegenüber den „verwilderten" Eingeborenen in den Kolonien (M 1).

Die Idee der „Rasse" war nicht auf den europäischen oder amerikanischen Kontinent beschränkt. Sie fand auch in anderen Imperien wie Russland, China oder Japan Verbreitung. Teilweise fand sich diese Idee sogar in den Kolonien selbst, wie Beispiele aus Afrika zeigen, wo Wortführer die Rassenverschmelzung mit Weissen zu verhindern versuchten.

Die moderne Genetik hat bereits vor Jahrzehnten bewiesen, dass eine Einteilung von Menschen in biologische Gruppen („Rassen") nicht möglich ist. Es gibt nur eine einzige Spezies Mensch, den Homo sapiens.

M 1 Evolutionstheorie des Biologen E. Haeckel, 1868.
Hier soll die Entstehungsgeschichte vom Affen (7–9) bis zum Menschen (1–6) in Form seiner Entwicklungsstufen dargestellt werden. Haeckels Meinung nach entstanden aus den Affen zwei heute noch lebende Menschenarten: wollhaarige (4–6) und schlichthaarige Völker (1–3). Die oberste Stufe hat nach Haeckel der Weisse erreicht (1).

Herrschaft als humanitäre Verpflichtung

Mit der ethnischen Hierarchisierung entstand bei vielen Europäern ein Verantwortungsbewusstsein für die „unzivilisierten" Völker. Deren Unmündigkeit sollte mit zivilisatorischen Massnahmen begegnet werden. So entstanden in den imperialen Staaten ein **Sendungsbewusstsein** und eine Vormundschaftshaltung gegenüber den kolonisierten Völkern. Die Argumentation war einfach: Eine überlegene Kultur habe den Auftrag, den „unterentwickelten" Kulturen innere Ordnung, Frieden und damit die Chance auf Entwicklung zu bringen. Dazu sei die Ausübung von Herrschaft durch den Kolonialstaat ebenso wichtig wie eine umfassende Erziehung, die die Kolonisierten aus der geistigen Finsternis führen sollte. Man sah sich nicht als Tyrannen, sondern als Befreier. Wenn auch bei vielen gut gemeinte Absichten vorhanden gewesen sein mochten, eigneten sich solche Argumente, um die Profitgier der Kolonialmächte zu verschleiern.

Entsprechend dem biblischen Missionsbefehl waren schon seit Anbeginn der kolonialen Ausdehnung christliche Missionare in fremden Weltteilen unterwegs, um ihren Glauben zu verbreiten oder die Glaubensfestigkeit der Kolonialisten zu stärken. Zumeist unterstützten die Missionare die koloniale Annexion, teilten die Vorstellung von der Andersartigkeit der Koloniebewohner und verhielten sich meistens im Sinne der Unterdrücker. Vor allem sollten „Götzendienst", Polytheismus oder „unzivilisierte" Auffassungen von Sexualität bekämpft werden. Die Missionare traten somit nicht nur als Bekehrer auf, sondern waren durch ihre Wohlfahrts- und Erziehungstätigkeit auch Vermittler westlicher Kulturwerte. Viele Missionare kritisierten aber auch die imperialistische Politik und Herrenwillkür und sprachen sich schon früh gegen die Sklaverei aus.

Menschenzoos

Mit dem Imperialismus begann die Blütezeit der Völkerschauen, wie die Menschenzoos auch genannt wurden. Männer, Frauen, Familien und zuweilen auch ganze Dorfgemeinschaften möglichst fremdartiger Kulturen aus Afrika, Indien oder Südamerika wurden nach Europa und Amerika gebracht und öffentlich zur Schau gestellt (M 2). Im Zirkus, auf Jahrmärkten, Volksfesten oder in Kolonialausstellungen konnte man die Fremden und ihre angebliche Lebensweise einem interessierten Millionenpublikum in inszenierten Spektakeln vorstellen. Der Voyeurismus wurde vom Publikum mit wissenschaftlich-anthropologischem Interesse begründet. Dabei ging es nicht um Authentizität, und das reale Leben der Menschen interessierte wenig. Ob diese in erdachten Kostümen einen wilden Kriegstanz aufführten oder Kunststücke mit Pfeil und Bogen vorzeigten: Meist wurden exotische Fantasien oder Klischees bedient. Menschenzoos entsprachen dem damaligen Zeitgeist und waren innenpolitisch sehr nützlich: Wer die ausgestellten Menschen hinter dem Zaun sah, sollte die kulturelle Überlegenheit der eigenen über die minderwertigen Rassen erfahren und damit die Notwendigkeit der Kolonialpolitik erkennen.

Sendungsbewusstsein
Die Überzeugung, auserwählt zu sein, um die eigenen religiösen oder ideologischen Wertvorstellungen auf andere Personen oder Völker zu übertragen.

M 2 Ausstellung afrikanischer Pygmäen in Stuttgart, 19. Jh.

1 ■ Erläutere, welche Menschen mit M 1 diskriminiert werden. Stelle einen Zusammenhang zur Rechtfertigung des Imperialismus her.

2 ■ Erkläre, warum Darwins Evolutionstheorie nicht als Begründung für die Unterdrückung von Völkern dienen kann.

3 ■ Nenne die wichtigsten Argumente der Kolonialmächte für ihr imperialistisches Vorgehen. Diskutiert, wer sich damit überzeugen liess.

M3 Menschenzoo: Im Hamburger Zoo werden Samoaner in einer traditionellen Hütte gezeigt. Links besuchen deutsche Schulkinder die „Ausstellung", 1910

4 ■ Beurteile die Völkerschauen (M2, M3).

5 ■ Beschreibe, mit welcher Absicht der Lehrer mit seinen Schülern das Dorf der Samoaner besuchte (M3). Erfinde einen Dialog unter den Schülern.

6 ■ Vergleiche die Quellen M1, M2 und M3 und erläutere, inwieweit mithilfe der Völkerschauen die Evolutionslehre von Haeckel scheinbar bewiesen wird. Beurteile diese „Beweisführung".

M4 Die imperialen Mächte rechtfertigen ihr Vorgehen

a) Cecil Rhodes (1853–1902), britischer Kolonialpolitiker, 1877:

Ich behaupte, dass wir die erste Rasse der Welt sind, dass es umso besser ist für die menschliche Rasse, je mehr von der Welt wir bewohnen. [...] Darüber hinaus bedeutet es einfach das Ende aller Kriege, wenn der grössere Teil der Welt
5 in unserer Herrschaft aufgeht. [...] Da [Gott] offenkundig die englisch sprechende Rasse zu seinem auserwählten Werkzeug formt, durch welches er einen Zustand der Gesellschaft hervorbringen will, der auf Gerechtigkeit, Freiheit und Frieden gegründet ist, muss er offensichtlich wünschen,
10 dass ich tue, was ich kann, um jener Rasse so viel Spielraum und Macht wie möglich zu geben. Daher, wenn es einen Gott gibt, denke ich, er möchte gern von mir, dass ich so viel von der Karte von Afrika britisch rot anmale als möglich und anderswo tue, was ich kann, um die Einheit zu fördern
15 und den Einfluss der englisch sprechenden Rasse auszudehnen.

*Zit. nach: „Draft of Ideas". The Last Will and Testament of Cecil Rhodes. Hg. v. W. T. Stead, London (Random) 1902, S. 58 und 97 f.**

b) Der französische Unterstaatssekretär Eugène Etienne (1844–1921), 1899:

Es [gibt] eine Rechtfertigung für die finanziellen Ausgaben und Opfer an Menschen, die wir leisten, um unser Kolonialreich zu errichten. Es ist der Gedanke, die Hoffnung, dass der französische Industrielle, der französische Kaufmann die Möglichkeit haben wird, in die Kolonien den Überschuss
5 der französischen Produktion abzustossen.

*Zit. nach: Henri Brunschwig, Vom Kolonialimperialismus zur Kolonialpolitik der Gegenwart, Wiesbaden (Steiner) 1957, S. 24**

c) Carl Peters (1856–1918), deutscher Kaufmann und Gründer des „Schutzgebietes" Deutsch-Ostafrika:

Ich erkannte [in England], was die Wechselwirkung zwischen Mutterland und Kolonien handelspolitisch und volkswirtschaftlich bedeute[t] und was Deutschland jährlich verlier[t] dadurch, dass es seinen Kaffee, seinen Tee, seinen Reis, seinen Tabak, seine Gewürze, kurz, alle seine Kolo-
5 nialartikel von fremden Völkern sich kaufen [muss]; welchen Wert es für die einzelnen Persönlichkeiten in England hat, dass ein jeder in den Kolonien Gelegenheit finden [kann], seinen Unterhalt zu verdienen und sich ein unabhängiges Vermögen zu machen, im Staatsdienst oder ausserhalb des-
10 selben.

*Carl Peters, Wie Deutsch-Ostafrika entstand, Leipzig (Koehler & Voigtländer) 1940, S. 8**

d) Der russische Dichter Fjodor M. Dostojewski (1821–1881):

Jedes grosse Volk, das lange leben will, glaubt, muss glauben, dass in ihm und nur in ihm allein das Heil der Welt ruhe, dass es nur dazu lebe, um an der Spitze anderer Völker zu stehen. [Ein grosses Volk] kann sich niemals mit einer Rolle
5 zweiten Ranges in der Menschheit begnügen, nicht einmal mit einer solchen ersten Ranges, sondern es verlangt unbedingt und ausschliesslich den ersten Platz einzunehmen, und zwar entspringt dieser Glaube in Russland dem Lebensgefühl, nicht der theoretischen Erkenntnis wie bei den Völkern Europas.
10

*Zit. nach: Josef Bohatec, Der Imperialismusgedanke und die Lebensphilosophie Dostojewskis, Graz/Köln (Böhlau) 1951, S. 138**

7 ■ Untersuche in M4, inwieweit sich die Rechtfertigungen der Staaten gleichen. Stelle tabellarisch dar.

M5 Vom Kap bis Kairo. Zivilisation und Barbarismus, Karikatur aus dem Puck-Magazin (USA), 1902.

Britannia trägt eine weisse Fahne mit der Bezeichnung „Zivilisation". Hinter ihr stehen ein britischer Soldat und einige Kolonisten. Die Ureinwohner tragen eine Flagge mit der Aufschrift „Barbarei"

8 ■ Untersuche die Bilder M5 und M6:
  a) Beschreibe, wie und mit welchen Symbolen sich die Kolonialmächte selber darstellen. Analysiere, wie die Einheimischen dargestellt sind.
  b) Arbeite heraus, worin sich Darstellungsformen und Absichten der Zeichner ähneln.

M6 Frankreich als Heilsbringer, erschienen als Titelblatt des „Le Petit Journal", 1911

M7 Die „Anziehungskraft des Imperialismus"
Der US-amerikanische Historiker Gordon A. Craig, 1983:
Die Geschichte Europas war innerhalb der Arbeiterschicht ebenso populär wie unter den wirtschaftlichen Gruppen, die auf jeden Fall einen direkteren Gewinn aus ihr zogen.

Man mag daraus schliessen, dass die Theorie über die atavistische [primitive] Kraft des Imperialismus, die die versteckte Kampfeslust und Herrschsucht anspricht, zutrifft. Einfacher lässt sich diese Massenpopularität vielleicht damit erklären, dass etwas Aufregendes und emotional Befriedigendes in das Leben der Menschen eindrang, die auf die düsteren, hässlichen Industriestädte beschränkt waren. Die Entdeckung, dass die Massen für die Anziehungskraft des Imperialismus emotional empfänglich waren und davon überzeugt werden konnten, dass der Imperialismus ihnen wirtschaftliche Vorteile brachte, bildete für bestimmte Regierungen ein weiteres Motiv, sich auf den Kurs der Expansionspolitik zu begeben. In den Ländern, in denen die Möglichkeit einer sozialistischen Revolution gegeben war, tendierte die herrschende Schicht dahin, eine dynamische Kolonialpolitik als möglicherweise wirksame Ablenkungstaktik zu betrachten.

War es abgesehen davon wirklich zutreffend, wie Kritiker des Imperialismus behaupteten, dass die Arbeiterschicht durch den Imperialismus nichts zu gewinnen hatte und dass das Geld, das für Kolonialexpeditionen ausgewendet wurde, besser in Sozialreformen im Mutterland angelegt gewesen wäre? Die Gewerkschaften glaubten dies offensichtlich nicht, sondern neigten eher zu der Ansicht, dass der Imperialismus der gesamten Wirtschaft und den darin Beschäftigten zugutekomme.

Gordon A. Craig, Geschichte Europas 1815–1980, München (Beck) 1983, S. 331, übers. v. Marianne Hopmann*

9 ■ Erläutere, welche weitere Begründung für Kolonialismus und Imperialismus in M7 vorgebracht wird. Ziehe das Bild M2 auf S. 289 hinzu und nimm Stellung zu dieser Auffassung.

Alte und neue Kolonialmächte Europas

M 1 Englische Kolonisation, Karikatur im deutschen Satireblatt „Simplicissimus", 1904

Pax Britannica (Britischer Frieden) In Anlehnung an die „Pax Romana" der Römer sah sich das Empire als eine Art „Weltpolizei", die die Freiheit der Meere und des Handels, sowie den weltweiten Frieden zu schützen hatte. Die Pax Britannica war aber auch Rechtfertigung der eigenen Interessenpolitik.

Great Britain – Greater Britain

Das Inselreich Grossbritannien wurde dank einer expansiven Kolonialpolitik ab dem 17. Jahrhundert zu einem Weltreich und behielt diesen Status bis ins 20. Jahrhundert. Im 18. Jahrhundert hatte es sich gegen Frankreich in Amerika und Indien durchgesetzt. Der Schlüssel lag dabei bei der Flotte, die Britannien zur weltweit grössten ausgebaut hatte. Sie schützte das Land einerseits vor der Bedrohung durch europäische Festlandstaaten, andererseits konnte es damit die Verbindungen zu den Kolonien in Nordamerika und Ostasien aufrechterhalten. Im Sinn einer „Pax Britannica" wurden die Seewege für alle offen gehalten. Zusammen mit überseeischen Besitzungen und dem industriellen Vorsprung hatte Grossbritannien die unangefochtene Vormachtstellung in der Welt errungen. Als Grossbritannien ab 1870 durch die erstarkenden Industriestaaten USA, Deutschland und Frankreich zunehmend unter Druck kam, hiess die neue Losung „Greater Britain" (Grösseres Britannien). Systematisch und selbstbewusst trieb das britische Empire nun seine Machtposition in der Welt voran: 1875 eignete es sich einen entscheidenden Teil Ägyptens am Suez-Kanal an, 1877 gab sich Königin Victoria den Titel „Kaiserin von Indien", und in den folgenden Jahren dehnte es seine Besitzungen im Fernen Osten und in Afrika aus.

République Française – Empire Français

Frankreich hatte es im 17. Jahrhundert geschafft, in Nordamerika, in der Karibik, im Indischen Ozean und an der Küste Indiens Handelsstützpunkte zu errichten. Mit der Niederlage gegen Hauptkonkurrent England im Siebenjährigen Krieg musste es 1763 seine Kolonien aber aufgeben. Hinzu kam, dass sich die Öffentlichkeit seit der Französischen Revolution gegen die Eroberung von Kolonialgebieten stellte. Damit war eine Zwischenphase „kolonialer Abstinenz" eingeleitet. Im Laufe des 19. Jahrhunderts fühlten sich die Franzosen zunehmend dazu berufen, ihre Kultur in die Welt hinauszutragen, und mit der Niederlage im Deutsch-Französischen Krieg von 1870/71 strebten viele danach, das gedemütigte nationale Selbstvertrauen durch eine expansive Aussenpolitik wiederherzustellen.

Wegen der Niederlagen in den Konflikten mit den europäischen Gegnern und aus wirtschaftlichen Gründen sollte der Erwerb von Kolonien verstärkt werden. Eine breite Öffentlichkeit blieb aber kritisch, und die kolonialen Bestrebungen verliefen nicht vorbehaltlos: Unablässige Propaganda von Kolonialvereinen und

-komitees war nötig, um den Ausbau des „Empire Français" anzuheizen. Dabei spielten die Militärs eine zentrale Rolle. Sie trieben die kolonialen Eroberungen voran, so im Faschoda-Konflikt (s. S. 322). Schliesslich konnte sich Frankreich grosse Kolonialgebiete in Nordafrika und Indochina sichern.

Belgien: Kleinstaat mit Imperialpolitik

Belgien erhielt seine nationale Unabhängigkeit erst nach der Revolution von 1830, als es sich von den Niederlanden löste und eine parlamentarische Monarchie wurde. Auf der Suche nach nationaler Identität und zur Überwindung von kulturellen Spannungen sah König Leopold II. (1835–1909, Reg. 1865–1909) in den 1870er-Jahren im Erwerb von Kolonien eine Möglichkeit, diese Probleme zu entschärfen oder zumindest davon abzulenken. Da das neutrale Belgien weder über eine schlagkräftige Armee noch über eine grosse Kriegsmarine verfügte und sich die Öffentlichkeit gegen koloniale Eroberungen aussprach, suchte Leopold nach anderen Lösungen. Er gründete eine private Forschungsgesellschaft und beauftragte sie, den Kongo zu kaufen. Durch Tricks und Betrug konnte er 450 Stammesfürsten vertraglich dazu bringen, dass sie ihm das Land und die darauf lebenden Menschen als Arbeitskräfte überliessen. Unbemerkt von den grossen Kolonialmächten Grossbritannien und Frankreich brachte Leopold II. auf diese Weise weite Teile des Kongogebietes in seinen persönlichen Besitz und errichtete eine brutale Schreckensherrschaft, der acht bis zehn Millionen Menschen zum Opfer fielen.

Auf der Berliner Kongo-Konferenz von 1884/85 wurde das Gebiet zur Freihandelszone erklärt, blieb aber Eigentum der Internationalen Kongo-Gesellschaft. Tatsächlich ging das Land in Privatbesitz des belgischen Königs über, der es 1885 zum Freistaat Kongo machte und sich zu einem „souveränen König" ernennen liess. Nach aussen gab sich Leopold als Menschenfreund und liess Missionen und Schulen bauen. Im Innern trieb er die Plünderung der Region voran: Die Einheimischen wurden von Söldnerarmeen unterdrückt und mussten in Minen und auf Kautschukplantagen Zwangsarbeit leisten. Als die schlimmen Zustände unter dem Begriff **Kongogräuel** (M 2) bekannt wurden, regte sich internationaler Protest, und schliesslich annektierte der belgische Staat 1908 den Kongo.

Schweiz: Im Schatten der Kolonialmächte

Die Schweiz hegte nie koloniale Ambitionen und distanzierte sich klar vom Imperialismus. Dennoch zeigten Privatleute und Firmen ein grosses wirtschaftliches Interesse an der Zusammenarbeit mit den Kolonialmächten oder am direkten Agieren in den Kolonien selbst. Dieses wirtschaftliche und komplizenhafte Trittbrettfahren wird von Historikern auch als „Sekundärimperialismus" bezeichnet. Trotz Behinderungen durch die Kolonialmächte konnten die Schweizer Firmen Gewinne aus dem Kolonialhandel einstreichen. Insbesondere der Finanzplatz Schweiz nahm im 19. Jahrhundert eine Drehscheibenfunktion ein. Schweizer Geldverleiher beteiligten sich auch an Investitionen in Kolonialgebieten, z. B. am Bau der Bagdad-Bahn und am Bau des Suez-Kanals. Der Gewinn Schweizer Investoren aus den Geschäften mit Kolonien oder autonom gewordenen ehemaligen Kolonialgebieten war enorm: Um 1850 gingen etwa 65 Prozent der Schweizer Exporte nach Nord- und Lateinamerika oder nach Asien. Dies ist eine Quote, die die meisten grossen Kolonialmächte nie erreichten. Die Schweiz war mit den Kolonialmächten Europas wirtschaftlich und ideologisch eng verbunden. Deren Sendungsbewusstsein und sozialdarwinistisches Gedankengut teilte sie weitgehend.

1 ▪ Erläutere den Begriff „Sekundärimperialismus".
2 ▪ Diskutiert, welche Formen und Ausdrucksweisen der Imperialismus angenommen hat. Stellt die Ergebnisse tabellarisch dar.

M 2 Karikatur zu König Leopolds Verbrechen im Kongo. Unterschrift: „H.M. Leopold, König von Kongo, in seiner Nationaltracht" (England, 1904)

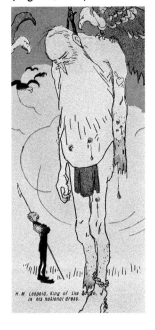

H.M. Leopold, King of the Congo, in his national dress.

Kongogräuel
Der Begriff beschreibt die im Auftrag der Kolonialherren begangenen brutalen Verbrechen an der einheimischen Bevölkerung im Kongo. Engagierte Missionare deckten das Geschehen auf.

M3 **Das Britische Empire, 1886.**

Die „Imperial federation Map of the World" zeigt Grösse und Entwicklung des britischen Welt-
reiches seit 1786 (kleine Karte) und die wichtigsten Schifffahrtslinien. Neben den Kolonien
finden sich statistische Angaben über Bevölkerung, Handel, Geografie und Grösse der Territorien. Die Karte fand als Zeitungsbeilage eine grosse Verbreitung

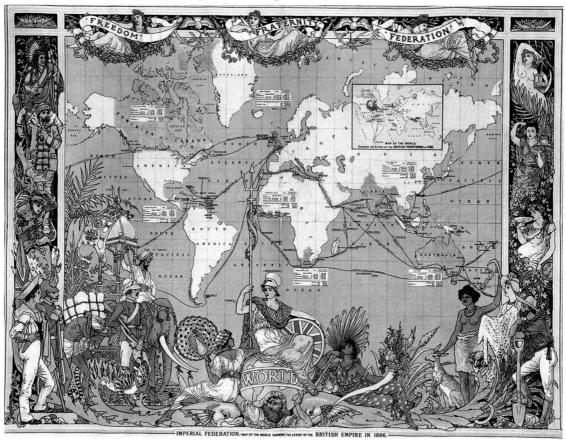

IMPERIAL FEDERATION.·MAP OF THE WORLD SHOWING THE EXTENT OF THE BRITISH EMPIRE IN 1886.·

3 ■ Stelle die Absichten dar, die der Zeichner der Karte
M3 verfolgte. Beurteile, wie Britannien gegenüber
den anderen Völkern dargestellt wird.

M4 **Gründe und Methoden britischer und französischer Kolonialpolitik**

a) **Der konservative Publizist John Walton schrieb in
einer Zeitschrift zur Aufgabe des Imperialismus, 1899:**
Wir sind eine industrielle Gesellschaft, die hauptsächlich
von unserem Handel mit der Welt lebt. Wo unser Kapital
und unsere Unternehmungen Wege für unseren Handel geschaffen haben, dürfen diese nicht durch feindliche Zölle
5 geschlossen werden. Wo wir Märkte für unsere Güter erschlossen haben, müssen wir den Zugang [...] erhalten. Die
Besetzung von herrenlosen Gebieten auf dem Erdball ist in
der Regel moralisch gerechtfertigt und darüber hinaus ökonomisch ratsam, [...] um die Errichtung von Handelsmetro-

polen [anderer Nationen] abzuwenden. [...] Kein grösserer 10
Fluch kann abhängige Rassen befallen, als das Opfer von
Handelsfreibeutern zu werden, keine grössere Wohltat kann
ihnen in ihrem unvermeidlichen Kampf mit der eindringen-
den westlichen Zivilisation zuteilwerden als die starke, aber
humane Autorität britischer Herrschaft. 15

Zit. nach: Wolfgang Mommsen, Imperialismus, Hamburg (Hoffmann und
Campe) 1977, S. 70 und S. 47 ff.*

b) **Gabriel Hanotaux, französischer Aussenminister
(1853–1944), zur französischen Kolonialpolitik, um
1894:**
Bei der Ausdehnung Frankreichs handelt es sich nicht um
Eroberungs- oder Machtpolitik, sondern darum, jenseits der
Meere in Landstrichen, die gestern barbarisch waren, die
Prinzipien einer Zivilisation zu verbreiten, deren sich zu rüh-
men eine der ältesten Nationen des Globus wohl das Recht 5
besitzt. Es handelt sich darum, in der Nähe und in der Ferne
ebenso viele neue Frankreiche zu schaffen. Es handelt sich

darum, unsere Sprache, unsere Sitten, unser Ideal, den französischen und lateinischen Namen inmitten der stürmi-
10 schen Konkurrenz der anderen Rassen, die alle auf demselben Weg marschieren, zu schützen. Die französische
Ausdehnung hatte zu allen Zeiten zivilisatorischen und reli-
giös-missionarischen Charakter.

*Zit. nach: Karl Epting, Das französische Sendungsbewusstsein im 19. und
20. Jh., Heidelberg (Vowinckel) 1952, S. 90*

c) Der britische Aussenminister Lord Robert Salisbury (1830–1903) an den Generalkonsul von Ägypten, 1879:

Das Hauptziel unserer ägyptischen Politik ist die Erhaltung
der Neutralität dieses Landes, d. h. die Erhaltung einer Situation, in der dort keine Grossmacht mächtiger sein kann als
Grossbritannien. [...] Es hat sich bereits zur Genüge gezeigt,
5 dass die Muselmanen nicht bereit sind, einer Regierung zu
gehorchen, die nominell europäisch ist bzw. deren massge-
bende und herausragende Elemente europäisch sind. [...] Es
ist daher von besonderer Bedeutung, der einheimischen
Regierung zum Erfolg zu verhelfen. Aus diesem Grund sollte
10 sie in ihrem eigenen Interesse weitgehend Europäer beschäftigen bzw. dazu gezwungen werden. [...] Allerdings sollten
die Europäer so weit wie möglich im Hintergrund bleiben.
[...] Um die Stellungen, die den grössten Finfluss ausüben
und den geringsten Neid erwecken, sollten sich die Europä-
15 er bemühen.

*Zit. nach: Wolfgang Mommsen, Imperialismus, Hamburg (Hoffmann und
Campe) 1977, S. 47 ff. und S. 70**

d) Der französische Ministerpräsident Jules Ferry (1832–1893) über die Kolonialpolitik, 1885:

Man muss eine Wahl treffen, einerseits die Nützlichkeit neuer Erwerbungen und andererseits den Stand unserer Hilfs-
mittel [zu] erwägen. Diese kluge und massvolle Kolonialpolitik ist für Frankreich einfach lebensnotwendig zu einer Zeit,
in der alle Länder sich gegen ausländische Erzeugnisse sper- 5
ren, was jedes Land nötigt, sich die für seine Landwirtschaft
und seine Industrie unentbehrlichen Absatzmärkte zu sichern. [...] Die überlegenen Rassen haben ausserdem ein
Recht gegenüber den unterlegenen Rassen, und in dieser
Hinsicht sollte Frankreich sich nicht der Pflicht entziehen, 10
die Völker zu zivilisieren, die mehr oder minder barbarisch
geblieben sind. [...] Wenn Frankreich verzichtet, wenn es
seine Rechte verfallen lässt, werden andere seinen Platz einnehmen.

*Zit. nach: Ludwig Zimmermann, Der Imperialismus, Stuttgart (Klett) 1971,
S. 27**

4 ■ Betrachte die Karikaturen M 1 und M 5. Arbeite
heraus, wie die Zeichner die britischen, französischen
und belgischen Absichten der Kolonialisierung
darstellen. Beurteile diese Darstellungen.

5 ■ Charakterisiere das Wesen der französischen und
britischen Kolonialpolitik mithilfe von M 4. Vergleiche
die Ansichten und nenne Gemeinsamkeiten und
Unterschiede. Nimm Stellung dazu.

M 5 **Französische (links) und belgische Kolonisation, Karikaturen im deutschen Satireblatt „Simplicissimus", 1904**

Deutschland fordert den „Platz an der Sonne"

Bismarcks defensive Aussenpolitik

Mit der Gründung des Deutschen Kaiserreichs 1871 (s. S. 224) war nun eine politische und wirtschaftliche Grossmacht mitten in Europa entstanden, die das bis dahin bestehende Gleichgewicht empfindlich störte und als Bedrohung wahrgenommen wurde. Bismarck war sich dessen durchaus bewusst und fürchtete sich vor einem Zweifrontenkrieg mit Frankreich und Russland. Er erklärte daher beschwichtigend, dass Deutschland „saturiert" (gesättigt) sei und auch keine Kolonien anstrebe. Daneben betrieb er eine systematische Bündnispolitik, die vorsah, ein vielfältiges Netz an internationalen Verträgen und Abkommen zum Schutz Deutschlands zu schliessen. Da er die Feindschaft mit Frankreich als unüberwindbar und bedrohlich betrachtete, strebte er gleichzeitig die Isolation des westlichen Nachbarn an. Alle Bündnisse waren zeitlich befristet und geheim. Die in Friedenszeiten abgeschlossenen defensiven Militärbündnisse orientierten sich jedoch ständig am Ernstfall und trugen damit zu einer wachsenden Militarisierung der Gesellschaft und zur konkreten Aufrüstung der Streitkräfte bei.

Europäische Gleichgewichtspolitik

Bismarcks Bündnispolitik liess sich aber nicht immer verwirklichen: Zum einen gab es durch Schutzzölle Spannungen mit Russland, zum anderen wurde die Nationalitätenfrage auf dem Balkan zu einem Konfliktherd zwischen Österreich-Ungarn und Russland, wobei Russland schliesslich die Nähe zu Frankreich suchte. Dennoch gilt die europäische Aussenpolitik zur Zeit Bismarcks als erfolgreich, denn es herrschte Frieden aufgrund eines Gleichgewichts der Mächte. Deutschland hatte mit Österreich-Ungarn und Italien direkte Bündnispartner und war mit Grossbritannien und Russland indirekt verbunden. Frankreich blieb trotz einer Annäherung an Russland isoliert. Nach der Entlassung Bismarcks 1890 und unter dem Regiment Kaiser Wilhelms II. änderte sich das Bündnisgeflecht massiv, denn der junge Kaiser hatte aussenpolitisch ehrgeizige Ambitionen und zeigte wenig Gespür für das fein austarierte Mächtegleichgewicht in Europa.

M1 Deutschlands Zukunft: „Kommt es unter einen Hut? Ich glaube, 's kommt eher unter eine Pickelhaube", österreichische Karikatur, 1870.
Die Pickelhaube gilt als Symbol für das preussische Militär

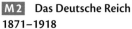

M2 Das Deutsche Reich 1871–1918

Grenze des Deutschen Reichs 1871

1 Großherzogtum Mecklenburg-Strelitz

2 Fürstentum Schaumburg-Lippe

3 Fürstentum Hohenzollern

Kgr. = Königreich
Grhzm. = Großherzogtum
Hzm. = Herzogtum
Fsm. = Fürstentum

Eine „verspätete Nation" will Weltmacht werden

Deutschland wurde später als andere Nationen zu einem Nationalstaat, aber umso heftiger schien es diesen Rückstand durch einen ausgeprägten Nationalismus ausgleichen zu wollen, der im Alltag des Kaiserreiches allgegenwärtig war: Mit Militärparaden und Flaggenschmuck feierte man seine eigene Grösse. Eine Flut von nationalen Liedern und Gedichten und zahlreiche Denkmäler betonten die Vorrangstellung des Deutschen Reichs, und es entstand ein Anspruch auf die eigene Weltmachtstellung.

Wie aber sollte man diese Stellung erreichen und nach aussen signalisieren, obwohl man keine Kolonien hatte? Bismarck hatte sich aus Angst vor Konflikten gegen Kolonien ausgesprochen, aber private Geschäftsleute gründeten ab 1882 Kolonialgesellschaften. Diese erwarben Kolonialbesitz in Übersee und trieben Handel. Sie begannen auch in Deutschland selbst, die öffentliche Meinung im Sinne einer aktiven Kolonialpolitik zu beeinflussen. Als sich die aussenpolitische Lage 1884 entspannt hatte, war Bismarck bereit, dem „Handel die Flagge" folgen zu lassen, und unterstellte die privaten Kolonialgebiete der Schutzherrschaft des Reiches. So sicherte sich Deutschland beinahe seine gesamten Besitzungen in Afrika und in der pazifischen Südsee.

Als 1888 der 29-jährige Wilhelm II. den Kaiserthron bestieg, kam es bald zu Konflikten zwischen dem impulsiven jungen Monarchen und dem vorsichtigen alten Reichskanzler. Der Kaiser wollte die Regierungsgeschäfte selber leiten und Deutschland zur Weltmacht führen. Den Leitsatz formulierte der spätere Reichskanzler von Bülow: „Wir wollen niemanden in den Schatten stellen, aber wir verlangen auch unseren Platz an der Sonne." Deutschland schwenkte endgültig auf den Kurs der imperialistischen Expansion ein und annektierte Territorien in China und im Pazifik. Diese Agitation führte in Deutschland selbst zu einer imperialistischen Hochstimmung. Die damit verbundenen weit gesteckten Ziele waren aber nicht zu erreichen – die Welt war bereits so gut wie verteilt. Weitere Expansionsbestrebungen mussten auf den Widerstand der anderen Mächte stossen. In Europa betrachtete man Deutschlands forderndes und waffenklirrendes Auftreten mit zunehmender Skepsis. Auch in Deutschland selbst stiess es in der Arbeiterschaft auf Kritik.

M3 **Kaiser Wilhelm II, Gemälde, 1890**

Schutzherrschaft
Gebietliche und personale Herrschaft eines Staats über Territorien, die in besonderer Weise dem Mutterland angegliedert sind.

1 ■ Betrachte die Karikatur M1 und erläutere, was der Zeichner zum Ausdruck bringen wollte.

2 ■ Schätze anhand der Karte M2 die Rolle Preussens im Deutschen Kaiserreich ein (s. auch S. 224).

3 ■ Zum Gemälde M3 äusserte sich ein französischer General mit folgenden Worten: „Das ist kein Porträt, sondern eine Kriegserklärung." Nimm Stellung zu dieser Aussage.

M4 Titelseite des Notendrucks „Deutscher Schutz-truppen-Marsch", Lithografie, um 1900

4 ■ Lege dar, warum in den deutschen Kolonien der Begriff „Schutztruppen" verwendet wurde (M4).

M5 Aufruf der „Gesellschaft für Deutsche Kolonisa-tion", verfasst von Carl Peters, 3. April 1884

Die 1884 gegründete Privatgesellschaft setzte es sich zum Ziel den deutschen Kolonialismus voranzutreiben.

Die deutsche Nation ist bei der Verteilung der Erde, wie sie vom Ausgang des 15. Jahrhunderts bis auf unsere Tage hin stattgefunden hat, leer ausgegangen. Alle übrigen Kulturvöl-ker Europas besitzen auch ausserhalb unseres Erdteils Stät-
5 ten, wo ihre Sprache und Art feste Wurzeln fassen und sich entfalten kann. Der deutsche Auswanderer, sobald er die Grenzen des Reiches hinter sich gelassen hat, ist ein Fremd-ling auf ausländischem Grund und Boden. Das Deutsche Reich, gross und stark durch die mit Blut errungene Einheit,
10 steht da als die führende Macht auf dem Kontinent von Eu-ropa; seine Söhne in der Fremde müssen sich überall Natio-nen einfügen, welche der unsrigen entweder gleichgültig oder geradezu feindlich gegenüberstehen. Der grosse Strom deutscher Auswanderung taucht seit Jahrhunderten in
15 fremde Rassen ein, um in ihnen zu verschwinden. Das Deutschtum ausserhalb Europas verfällt fortdauernd natio-nalem Untergang. In dieser für den Nationalstolz so schmerzlichen Tatsache liegt ein ungeheurer wirtschaftli-

cher Nachteil für unser Volk! Alljährlich geht die Kraft von 200 000 Deutschen unserem Vaterland verloren! Diese
20 Kraftmasse strömt meistens unmittelbar in das Lager unse-rer wirtschaftlichen Konkurrenten ab und vermehrt die Stärke unserer Gegner. Der deutsche Import von Produkten tropischer Zonen geht von ausländischen Niederlassungen aus, wodurch alljährlich viele Millionen deutschen Kapitals
25 an fremde Nationen verloren gehen! Der deutsche Export ist abhängig von der Willkür fremdländischer Zollpolitik. Ein unter allen Umständen sicherer Absatzmarkt fehlt unserer Industrie, weil eigene Kolonien unserem Volke fehlen. Um diesem nationalen Missstand abzuhelfen, dazu bedarf es
30 praktischen und tatkräftigen Handelns.

Zit. nach: Rüdiger vom Bruch/Björn Hofmeister, Deutsche Geschichte in Quel-len und Darstellung, Bd. 8: Kaiserreich und Erster Weltkrieg 1871–1918, Stutt-gart (Reclam) 2000, S. 258 f.

5 ■ Stelle die Argumente von Carl Peters in M5 systematisch dar. Inwieweit gleichen Peters' Aussagen der Argumentation anderer Staaten?

M6 Keine „künstlichen" Kolonialprojekte!

Rede des Reichskanzlers Bismarck im Reichstag, 26. 6. 1884:
Ich wiederhole, dass ich gegen Kolonien […] bin, die als Unterlage ein Stück Land schaffen und dann Auswanderer herbeizuziehen suchen, Beamte anstellen und Garnisonen errichten, dass ich meine frühere Abneigung gegen diese Art Kolonisation, die für andere Länder nützlich sein mag, für
5 uns aber nicht ausführbar ist, heute noch nicht aufgegeben habe. Ich glaube, dass man Kolonialprojekte nicht künstlich schaffen kann […].
Womit könnte ich es rechtfertigen, wenn ich Ihnen sagen wollte: Das ist alles sehr schön, aber das Deutsche Reich ist
10 dazu nicht stark genug, es würde das Übelwollen anderer Staaten auf sich ziehen […]. Ich habe nicht den Mut gehabt, diese Bankrotterklärung der deutschen Nation auf übersee-ische Unternehmungen den Unternehmern gegenüber als Reichskanzler auszusprechen. Wohl aber habe ich mich sehr
15 sorgfältig bemüht, ausfindig zu machen, ob wir nicht in un-berechtigter Weise in wohlerworbene ältere Rechte anderer Nationen eingriffen […].
Unsere Absicht ist nicht, Provinzen zu gründen, sondern kaufmännische Unternehmungen, aber in der höchsten
20 Entwicklung, auch solche, die sich eine Souveränität, eine schliesslich dem Deutschen Reich lehnbar bleibende, unter seiner Protektion stehende kaufmännische Souveränität er-werben, zu schützen in ihrer freien Entwicklung sowohl ge-gen die Angriffe aus der unmittelbaren Nachbarschaft als
25 auch gegen Bedrückung und Schädigung vonseiten anderer europäischer Mächte. Im Übrigen hoffen wir, dass der Baum durch die Tätigkeit der Gärtner, die ihn pflanzen, auch im Ganzen gedeihen wird, und wenn er es nicht tut, so ist die Pflanze eine verfehlte, und es trifft der Schlag weniger das
30

Reich, denn die Kosten sind nicht bedeutend, die wir verlangen, sondern die Unternehmer, die sich in ihren Unternehmungen vergriffen haben.

Otto von Bismarck, Die gesammelten Werke (Friedrichsruher Ausgabe), Bd. XII, Reden 1878–1885, hg. von Wilhelm Schüler, Berlin 1929, S. 479–482*

M7 Der Platz an der Sonne

Der konservative Politiker Bernhard von Bülow (1849–1929), war von 1887–1900 Aussenminister und von 1900–1909 Reichskanzler. Er sagte in der Reichstagsdebatte vom 6. Dezember 1897:

Die Zeiten, wo der Deutsche dem einen seiner Nachbarn die Erde überliess, dem anderen das Meer und sich selbst den Himmel reservierte [...], diese Zeiten sind vorüber. Wir betrachten es als eine unserer vornehmsten Aufgaben, gera-
5 de in Ostasien die Interessen unserer Schifffahrt, unseres Handels und unserer Industrie zu fördern und zu pflegen. [...] Wir müssen verlangen, dass der deutsche Missionar und der deutsche Unternehmer, die deutschen Waren, die deutsche Flagge und das deutsche Schiff in China geradeso
10 geachtet werden wie diejenigen anderer Mächte. Wir sind endlich gern bereit, in Ostasien den Interessen anderer Grossmächte Rechnung zu tragen, in der sicheren Voraussicht, dass unsere eigenen Interessen gleichfalls die ihnen gebührende Würdigung finden. Mit einem Worte: Wir wol-
15 len niemand in den Schatten stellen, aber wir verlangen auch unseren Platz an der Sonne.

Zit. nach: Johannes Penzler (Hg.), Fürst Bülows Reden nebst urkundlichen Beiträgen zu seiner Politik, Bd. 1, Berlin (Verlag Georg Reimer) 1907, S. 6–8*

6 ■ Erläutere, was von Bülow mit „ein Platz an der Sonne" meinte.

7 ■ Beurteile, wie sich die unterschiedlichen Haltungen M6 und M7 auf die Aussenpolitik auswirkten.

M8 Eine „gute" Kolonialpolitik?

Der nationalliberale Abgeordnete Ludwig Bamberger (1823–1899) im Deutschen Reichstag, 26. 1. 1889:

Was aber die anderen Kolonien betrifft, die Pflanzerkolonien, die Faktoreien, so könnte man unter Umständen dafür sein, wenn der Beweis geliefert wäre, dass sie nützlich wären, dass die Vorteile, die sie bringen, im Gleichgewicht wenigstens ständen, wenn nicht im Überschuss, gegen die Opfer,
5 die sie verlangen; und hier, meine Herren, bin ich ganz entschieden der Ansicht, dass die Opfer, die heutzutage bei Kolonisationsversuchen in diesen tropischen Gegenden, in diesen grossen Entfernungen, bei den Schwierigkeiten, die wir zur Genüge doch jetzt schon in den Anfängen kennen-
10 gelernt haben, – dass die Opfer, die dabei verlangt werden an Geld und Menschen, nicht entfernt die Vorteile aufwiegen, die hier zu erringen sind. Das ist der Grundgedanke, meine Herren, der immer festzuhalten ist bei dieser Kolonialdebatte und der leider [...] immer vergessen wird. Diese
15 meine Ansicht war in Deutschland gewissermaßen unbestritten die aller Gebildeten während einer ganz langen Periode.

Stenographische Berichte über die Verhandlungen des Reichstags, Bd. 105, Session 1888/89, 1. Band, S. 603 ff.; zit. nach: Axel Kuhn (Hg.), Deutsche Parlamentsdebatten, Bd. 1, Frankfurt/M. (Fischer) 1970, S. 143 f.*

8 ■ Erläutere, warum Ludwig Bamberger gegen Kolonien war (M8). Vergleiche dies mit der Position von August Bebel (s. S. 329).

9 ■ Interpretiere die Postkarte M9 und erörtere, wie man in Deutschland den Imperialismus sah. Benenne die Akteure und ihre Interessen. Erkläre, welche Früchte das deutsche Nationalbewusstsein im 19. Jahrhundert hervorgebracht hatte.

M9 Werbepostkarte der Zentrumspartei zur Reichstagswahl, Deutschland 1912.

Die Politiker Karl Liebknecht und Georg Ledebour von der SPD hindern Deutschland daran, ein Stück des Kuchens zu erlangen

Aussereuropäischer Imperialismus

Russland unterschied sich von den europäischen Imperialstaaten Grossbritannien, Frankreich, Deutschland oder Belgien vor allem dadurch, dass es seine Einflussgebiete nicht in Übersee, sondern auf dem asiatischen Kontinent suchte. Zudem war es ein Agrarstaat, dessen Industrialisierung sich nur schleppend und vor allem im Westen des Landes entwickelte. Dennoch beteiligte sich Russland an der imperialistischen Expansion. Seine Ausdehnungsbestrebungen hatten sich im 16. Jahrhundert nach Sibirien gerichtet. Ab der Mitte des 19. Jahrhunderts nahm man sich nun Ziele im Süden und Südwesten vor. Die territorialen Interessen des Zarenreiches galten dort der Beherrschung des Schwarzen Meeres mit dem Bosporus und den Balkanländern. Zudem sah sich Russland als Beschützer aller slawischen Völker. Im Rahmen der Süd-West-Expansion kam es im Krimkrieg (1853–56) zu einer militärischen Auseinandersetzung mit dem Osmanischen Reich. Briten, Franzosen und später Österreicher mischten sich zugunsten der Türkei ein und fügten Russland eine schwere Niederlage zu. Der Zar musste seine Ansprüche auf dem Balkan zurückstellen.

M1 **Die Aufteilung Chinas, Karikatur, 1899**

Die russische Expansion nach Osten war vor allem ökonomisch motiviert: Es ging um die Erschliessung von Rohstoffquellen und Bodenschätzen, um Anbaugebiete, Absatzmärkte und Land, das russische Emigranten aufnehmen konnte. Zudem sollte mit dem Eisenbahnbau (z. B. Transsibirische Eisenbahn) die Industrialisierung vorangetrieben und die Abhängigkeit der Kolonien zementiert werden. Im Fokus der Ostasienpolitik stand China, das Ende des 19. Jahrhunderts durch japanische Angriffe bereits geschwächt war und schliesslich grosse Gebiete an Russland abtreten musste. Russlands ostasiatische Expansionspolitik endete 1904/05, als es mit der ebenfalls expandierenden Kolonialmacht Japan zusammenstiess und eine empfindliche Niederlage hinnehmen musste. Insgesamt betrachtet dehnte sich das Russische Reich unkoordiniert aus. Die Regierung in St. Petersburg gab meistens nur einen ersten Impuls für die Expansion. Danach trieben örtliche Zivil- und Militärgouverneure in den Grenzprovinzen die Ausweitung des Reiches weitgehend selbstständig und ohne direkten Befehl aus Moskau voran. Das verlieh den Bestrebungen Russlands eine grosse Eigendynamik.

Als in den ersten beiden Jahrzehnten des 19. Jahrhunderts viele süd- und mittelamerikanische Staaten ihr Unabhängigkeit erlangt hatten, befürchtete man in Amerika eine erneute Kolonialisierung dieser Staaten. Deshalb verkündete Präsident James Monroe 1823 seine „Monroe-Doktrin", in der er erklärte, dass der amerikanische Doppelkontinent nicht erneut zum Ziel europäischer Kolonialpolitik werden dürfe. Gleichzeitig erhoben die USA territoriale Ansprüche auf den Nordkontinent, trieben den Ausbau des eigenen Staates voran und konnten dies bis zur Jahrhundertmitte weitgehend abschliessen. Mit zunehmender Ausdehnung verstärkte sich das amerikanische Sendungsbewusstsein, die Vorstellung vom „Manifest Destiny" (s. S. 116). Sie richtete sich zuerst gegen die indianischen Völker in den USA, wurde aber ab den 1850er-Jahren auch auf Mittelamerika und die karibische See ausgeweitet und als „New Frontier" (s. auch S. 116) umschrieben. Zusammen mit hohen Investitionen amerikanischer Firmen verstärkte sich der wirtschaftliche und schliesslich politische Einfluss auf dem ganzen Kontinent. Dazu eröffneten die USA ein zweites Betätigungsfeld im pazifischen Raum: Ab 1840 wurden Handelsverträge mit China abgeschlossen, mittels Kriegsschiffen wurde 1853 in Japan die Öffnung des Marktes erzwungen, und 1867 erwarb man die Midway-Inseln, um durch Flottenstützpunkte den Weg nach Osten zu sichern.

Die USA sahen sich selbst nicht als Kolonialmacht, auch wenn sie ab den 1880er-Jahren mit militärischer Gewalt im Ausland agierten. Der direkte Kolonialbesitz widersprach der eigenen Doktrin, und man fürchtete die hohen Kosten einer solchen Politik. Es ging ihnen mehr um die wirtschaftliche Durchdringung fremder Gebiete, um indirekte Kolonialherrschaft. Beispiele hierfür waren die US-Interventionen in Kuba (1895) und Panama (1903), wo man durch gezielte, auch militärische Agitation USA-freundliche Kräfte zugunsten der eigenen Wirtschaft an die Macht brachte. Diese Politik wurde auch *Big Stick Policy* oder „Kanonenbootpolitik" genannt (M 2). Im Namen der amerikanischen Wirtschaft forderten die USA die *Open Door Policy*, wonach man den USA uneingeschränkte Handelsmöglichkeiten in Asien oder Südamerika einräumen sollte. Ihren eigenen Markt schützten die USA durch hohe Einfuhrzölle. Amerikanischen Handelsgesellschaften wurde so der Weg frei gemacht, um insbesondere in Mittelamerika durch skrupellose wirtschaftliche Ausbeutung den eigenen Gewinn zu maximieren. Diese Form der indirekten Einflussnahme wird auch „Dollarimperialismus" genannt.

M 2 *Big-Stick-Policy:* **Theodore Roosevelt schwingt den Knüppel in der Karibik, Cartoon von W. A. Rogers, 1904**

Japan: Eine neue imperialistische Macht entsteht

Die seit dem 17. Jahrhundert isolierte japanische Inselwelt zog im 19. Jahrhundert die Industriestaaten an, die Stützpunkte zur Kontrolle des ostasiatischen und pazifischen Raumes gewinnen wollten. Es waren die USA, die die Isolation Japans 1854 durch eine militärische Machtdemonstration beenden und wirtschaftliche Öffnung erzwingen konnten. Als Folge davon kam es in Japan zu politischen Reformen und einer gesellschaftlichen Modernisierung, die einen rasanten Industrialisierungsprozess auslösten. Man wollte insbesondere von Europa lernen und entsandte Wissenschaftler, Regierungsmitglieder und Militärs in die führenden Industriestaaten. Jetzt ging Japan auf der Suche nach Rohstoffen und Absatzmärkten selbst dazu über, imperialistische Expansion zu betreiben. In siegreichen Kriegen gegen China (1894/95) und Russland (1904/05) konnte es den Führungsanspruch über ganz Ostasien und damit seine Weltmachtstellung behaupten.

1 ■ Nenne die Wesensmerkmale des russischen, amerikanischen und japanischen Imperialismus. Stelle sie einander gegenüber.
2 ■ Vergleiche die Karikaturen M 1 bis M 3 und arbeite heraus, wie die Kolonialmächte dargestellt sind.

M 3 **Japans Traum von der Weltmacht, Karikatur von Georges Ferdinand Bigot, um 1905**

M4 **Die Ausdehnung des Zarenreichs bis 1914**

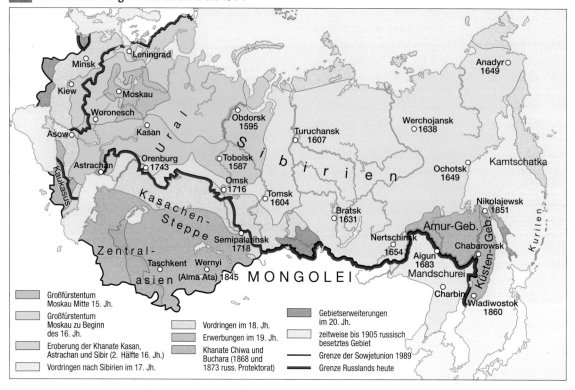

3 ■ Beschreibe die Ausdehnung des Zarenreiches (M4).

M5 **„Der Staat ist verpflichtet zu züchtigen"**

Der russische Aussenminister Alexander M. Gortschakow über Russlands imperiale Absichten, 1864:

Die Situation Russlands in Zentralasien ist die aller zivilisierten Staaten, welche sich in Kontakt mit nomadisierenden, halbwilden Völkerscharen ohne feste Organisation befinden. Die Sicherheit der Grenzen und des Handels verlangt in
5 solchem Falle, dass der zivilisierte Staat ein gewisses Übergewicht über seine Nachbarn ausübe. Zunächst sind ihre Einfälle und Plünderungen zurückzuweisen. Um denselben ein Ende zu machen, ist man genötigt, die Grenzbevölkerung zu einer mehr oder minder direkten Unterwerfung zu zwingen.
10 Ist dies Resultat erreicht, so nehmen die Grenzbewohner ruhigere und sesshaftere Gewohnheiten an, dafür werden sie […] von ferner lebenden Stämmen beunruhigt. Der Staat ist verpflichtet, jene zu schützen, diese zu züchtigen.

Zit. nach: Peter Alter (Hg.), Der Imperialismus, Stuttgart (Klett) 1989, S. 40 ff.*

M6 **Die Monroe-Doktrin**

Aus der Botschaft Präsident James Monroes (Präsident der USA 1817–1825) an den Kongress, Dezember 1823:

Die Bürger der Vereinigten Staaten hegen die freundlichsten Gefühle für die Freiheit und das Glück ihrer Mitmenschen auf der anderen Seite des Atlantiks. An den Kriegen der europäischen Mächte in nur sie selbst angehenden Angelegenheiten haben wir nie irgendwelchen Anteil genommen
5 […]. Es ist nur, wenn unsere Rechte geschmälert oder ernstlich bedroht werden, dass wir Schädigungen übel nehmen oder Verteidigungsmassnahmen treffen. […] Wir sind es deshalb […] den freundschaftlichen Beziehungen, die zwischen den Vereinigten Staaten und jenen Mächten beste-
10 hen, schuldig zu erklären, dass wir jeden Versuch ihrerseits, ihr System auf irgendeinen Teil dieser Hemisphäre auszudehnen, als gefährlich für unseren Frieden und unsere Sicherheit betrachten würden. In den vorhandenen Kolonien und Besitzungen irgendeiner europäischen Macht haben
15 wir uns nicht eingemischt und werden uns nicht einmischen. Aber bei den Regierungen, die ihre Unabhängigkeit erklärt und aufrechterhalten haben und deren Unabhängigkeit wir nach reiflicher Erwägung und aufgrund gerechter Prinzipien anerkannt haben, könnten wir irgendein Eingrei-
20 fen einer europäischen Macht mit dem Zweck, sie zu unterdrücken oder auf andere Weise ihr Schicksal zu bestimmen, in keinem anderen Licht sehen denn als Manifestation einer unfreundlichen Gesinnung gegen die Vereinigten Staaten.

Botschaften der Präsidenten der Vereinigten Staaten von Amerika zur Aussenpolitik 1793–1947, bearb. v. Herbert Strauss, Bern (Lang) 1957, S. 26 ff.*

4 ■ Erläutere, wie die Monroe-Doktrin (M6) auf Europa und auf Mittelamerika gewirkt hat.

M 7 Das „Amerikanische Empire" von 1917

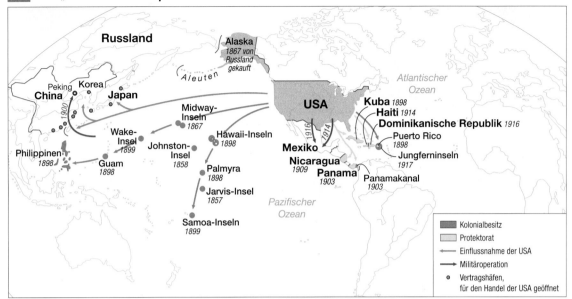

M 8 Der „Roosevelt-Zusatz" zur Monroe-Doktrin

Aus der Botschaft des Präsidenten Theodore Roosevelt (Präsident der USA 1901–1909), Dezember 1904 („Roosevelt-Zusatz"; wurde 1928 widerrufen):

Wenn eine Nation zeigt, dass sie vernünftig und mit Kraft und Anstand in sozialen und politischen Fragen zu handeln versteht, dass sie Ordnung hält und ihre Schulden bezahlt, dann braucht sie keine Einmischung vonseiten der Vereinig-
5 ten Staaten zu befürchten. Ständiges Unrechttun oder ein Unvermögen, welches hinausläuft auf eine Lockerung der Bande der zivilisierten Gesellschaft, mag in Amerika wie anderswo schliesslich die Intervention durch irgendeine zivilisierte Nation fordern und in der westlichen Hemisphäre
10 mag das Festhalten der Vereinigten Staaten an der Monroe-Doktrin sie in flagranten Fällen solchen Unrechttuns oder Unvermögens, wenn auch wider ihren Willen, zur Ausübung einer internationalen Polizeigewalt zwingen. […] Wir würden nur im äussersten Falle bei ihnen [den lateinamerikani-
15 schen Staaten] eingreifen, und nur dann, wenn es offenkundig würde, dass ihre Unfähigkeit oder ihre Abneigung, im Innern und nach aussen Recht zu üben, die Rechte der Vereinigten Staaten verletzt hätte oder eine fremde Aggression zum Schaden der Gesamtheit der amerikanischen Nationen
20 herausgefordert hätte. Es ist nichts als eine Binsenwahrheit zu sagen, dass jede Nation, in Amerika und anderswo, die ihre Freiheit, ihre Unabhängigkeit aufrechtzuerhalten wünscht, sich am Ende darüber ganz klar sein muss, dass das Recht solcher Unabhängigkeit nicht getrennt sein kann von
25 der Verantwortung, einen guten Gebrauch von ihr zu machen.

Botschaften der Präsidenten der Vereinigten Staaten von Amerika zur Aussenpolitik 1793–1947, bearb. v. Herbert Strauss, Bern (Lang) 1957, S. 76 f.*

5 ■ Erkläre, in welcher Weise Roosevelt die Monroe-Doktrin verändert hat (M 8).

M 9 Die Zukunft der USA

Der US-Politiker Albert J. Beveridge bei einer politischen Veranstaltung in Boston, 1889:

Amerikanische Fabriken stellen mehr her, als für die Versorgung des amerikanischen Volkes notwendig ist. Die amerikanische Erde erzeugt mehr, als es [das Volk] verzehren kann. Das Schicksal hat uns unsere Politik vorgeschrieben. Der Handel der Welt muss und wird unser sein. […] Wir 5 werden in der ganzen Welt Handelsniederlassungen als Umschlagplätze für amerikanische Waren gründen. Unsere Handelsflotte wird bald über den ganzen Ozean fahren. Wir werden eine Kriegsmarine aufbauen, die unserer Grösse entspricht. Aus unseren Handelsniederlassungen werden Kolo- 10 nien erwachsen, die sich selbst regieren, unsere Flagge führen und mit uns Handel treiben … Und das amerikanische Recht, die amerikanische Ordnung, die amerikanische Zivilisation und die amerikanische Flagge werden an bis dahin blutigen unkultivierten Ufern Fuss fassen, Ufern, die […] von 15 nun an schöner und zivilisierter werden.

Zit. nach: Wolfgang Mommsen, Imperialismus, Hamburg (Hoffmann & Campe) 1977, S. 211 f.*

6 ■ Beschreibe anhand der Karte M 7 den Verlauf der imperialistischen Politik der USA.

7 ■ Beurteile das amerikanische Sendungsbewusstsein anhand von M 7, M 8 und M 9.

8 ■ Vermute, bei welchen Konflikten sich die USA einmischen würden.

Wettlauf um Afrika

Afrika – ein weisser Fleck auf dem Globus

In der Antike hatten die Römer zwar Nordafrika in ihrem Besitz, aber keine genaue Vorstellung vom gesamten afrikanischen Kontinent. Die Kenntnisse über Afrika wurden im Mittelalter zwar durch arabische, italienische und portugiesische Berichte erweitert, aber das Wissen der Europäer blieb gering, sodass bei ihnen afrikanische Karten viele „weisse Flecken" aufwiesen. Afrika war aber keineswegs unbevölkert. Schon arabische und spanische Karten zeigten eine Vielzahl von Städten und Reichen mit weit verzweigten Handelswegen. Nur an der Mittelmeerküste und in Äthiopien gab es einige Staaten mit festen Grenzen, einer Hauptstadt und einer Verwaltung. In allen Regionen südlich der Sahara hatten sich eigene Formen des Zusammenlebens gebildet. Meist waren dies einzelne Stämme oder Stammesverbände unter einer Häuptlingsherrschaft. Dabei waren die kulturellen Unterschiede ebenso vielfältig wie die Lebensformen. Während z. B. im Kongo Erzgewinnung und Schmiedehandwerk eine lange Tradition hatten, lebten die Buschmänner im südlichen Afrika als Jäger und Sammler.

„Weisse Flecken"
Bis ins 19. Jahrhundert hatte man in der Kartografie unerforschte Gebiete oft mit Fabelwesen und imaginären Gebirgen ausgefüllt. Dann ging man dazu über, wissenschaftlich zu arbeiten, und stellte das „Nichtwissen" in Weiss dar. Insbesondere das Innere Afrikas blieb eine weisse Fläche.

Europäische Interessen am Schwarzen Kontinent

Ab dem 15. Jahrhundert erregte die Westküste Afrikas bei den Europäern grosses Interesse. Portugiesische Entdecker unter Heinrich dem Seefahrer suchten dort einen Seeweg nach Indien. Sie vertieften auf ihren Fahrten bis zum Kap der Guten Hoffnung die Erkenntnisse über den Kontinent und errichteten Stützpunkte. Bald folgten holländische, französische und britische Niederlassungen. Die europäische Präsenz beschränkte sich vor allem auf Handelsniederlassungen an den Küsten, von denen aus hauptsächlich Kakaobohnen, Kautschuk, Elfenbein, Gold und Diamanten verschifft wurden.

M1 Reisen im „Kolonialstil", Togo, 1885

Sklaven waren schon seit Jahrhunderten über die Sahara-Handelsrouten transportiert und arabischen, osmanischen und europäischen Herrschern verkauft worden, aber mit der Entdeckung Amerikas erreichte die Sklaverei in Afrika eine neue Stufe. Sie wurde zur Bedrohung für die Existenz der afrikanischen Völker. Der Abtransport der arbeitsfähigen Menschen nach Amerika durch die Europäer und die Ermordung von Alten und Kindern vernichteten ganze Stämme und entvölkerten weite Landstriche. Etwa 15–20 Millionen Menschen hat Afrika auf diese Weise verloren.

Europäische Forschungsreisen nach Afrika

Das Innere des afrikanischen Kontinents war für die Europäer lange Zeit unzugänglich. Zahlreiche unbekannte Krankheiten, das oft unwegsame Gelände und viele andere Gefahren hatten sie daran gehindert. Erst als die medizinischen Kenntnisse fortgeschritten waren, konnten sie darangehen, die noch unbekannten Teile zu entdecken. 1788 wurde mit der African Association eine erste wissenschaftliche Gesellschaft in

London gegründet, die die Erforschung Afrikas vorantreiben wollte. Bald schon entstanden in vielen europäischen Staaten ähnliche Vereine, die neben wissenschaftlichen auch ökonomische Interessen hegten. Ab den 1870er-Jahren gab es immer mehr Forschungsreisende – wie etwa David Livingston (M 2). Der Wissensstand über Afrika wuchs, ebenso das öffentliche und mediale Interesse an den Reiseberichten. Zudem konnte das Reisen in Afrika ein guter Einstieg in eine Erfolg versprechende Karriere sein: Oftmals waren es Journalisten und Offiziere, die den Kontinent durchquerten, dadurch einen hohen Popularitätsgrad erreichten und später sogar zu leitenden Kolonialbeamten wurden. Die Berichte dieses neuen Typus des „Afrikaforschers" waren zumeist rassistisch gefärbt (s. auch M 1) und legten den Fokus auf den wirtschaftlichen Wert der Länder. Damit wurde in der Öffentlichkeit das Begehren auf afrikanische Besitztümer geweckt.

M 2 **David Livingston (1813–1873).**
Als Missionar begab er sich Mitte des 19. Jahrhunderts auf mehrere Afrikareisen, suchte u. a. nach den Nilquellen und erkrankte schliesslich an einer Form der Ruhr und starb daran. Mit christlichem Sendungsbewusstsein ausgestattet, aber auch mit grossem Interesse und Verständnis für die Lebens- und Denkweise der Menschen, gehört er zur frühen Generation der Afrikaforscher

Berliner Kongo-Konferenz Hatte sich die europäische Präsenz auf dem afrikanischen Kontinent bis in die 1870er-Jahre vorwiegend auf Küstenbereiche und Südafrika beschränkt, veränderte sich danach die Situation grundlegend: Einem hektischen Wettlauf ähnlich, versuchten europäische Staaten riesige Territorien für sich zu erobern und vor dem Zugriff der anderen zu schützen. Innerhalb von zwei Jahrzehnten war der Kontinent verteilt. Diese „Landgrapscherei" wird auch als „Scramble for Africa" (Gerangel um Afrika) bezeichnet. Bis zum Beginn des 20. Jahrhunderts schliesslich stand der ganze Kontinent mit Ausnahme Äthiopiens und Liberias unter Fremdherrschaft.

Grossbritannien war bis ins späte 19. Jahrhundert konkurrenzlos die dominierende Seemacht der Welt. In den 1880er-Jahren verlangten nun auch Belgien, Italien und Deutschland nach Kolonien. Gleichzeitig schwächte eine europäische Depression die Wirtschaft, sodass sich eine Expansion in Afrika anzubieten schien: viel „freies" Land, ein grosser Absatzmarkt bei gleichzeitigem Rohstoffreichtum. Dazu rechnete man mit wenig effektiver Gegenwehr durch die Einheimischen.

So unterwarf Italien zwischen 1870 und 1882 Eritrea; Belgien kaufte von einigen Häuptlingen mittels fragwürdiger Verträge zwischen 1879 und 1884 grosse Gebiete im Kongo; Frankreich besetzte 1881 Tunesien und Teile des Kongos, 1884 eroberte es Guinea; Grossbritannien unternahm 1882 eine Militärexpedition nach Ägypten und unterstellte es seiner Protektion; Deutschland stellte 1884 Teile Togos und Kameruns unter seine „Schutzherrschaft" (s. S. 306, 317).

Die Kolonialmächte hatten schnell erkannt, dass dieser Wettlauf in geordnete Bahnen gelenkt werden musste. Deutschland lud daher 13 europäische Staaten 1884 nach Berlin zur Kongo-Konferenz ein. Ohne Anwesenheit eines Afrikaners wurde das völkerrechtliche Verfahren für den Erwerb von Kolonialgebieten definiert: Fortan sollte derjenige seinen Besitzanspruch gelten machen können, der die politische und militärische Kontrolle über ein Territorium innehatte. Waren Gebiete also einmal „besetzt", galten sie als gesichert und für andere verloren.

1 ■ Fasse zusammen, wodurch sich die Kolonisation Afrikas von derjenigen anderer Regionen unterscheidet.

2 ■ Erläutere, welche Begehrlichkeiten Afrika bei den Kolonialmächten weckte.

M3 „Scramble for Africa" (Gerangel um Afrika)

a) Afrika um 1880

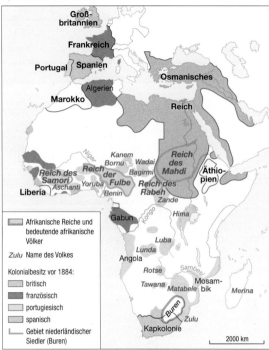

b) Afrika um 1914

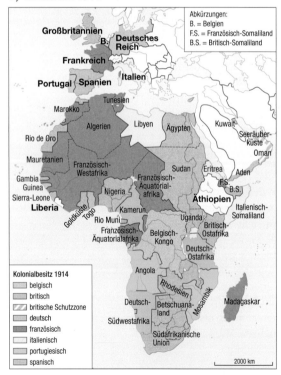

3 ■ Beschreibe die Veränderungen und erstelle eine Rangliste der europäischen Besitztümer (M3).

M4 Alle stürzen sich auf Afrika

Eugène Etienne, Vorsitzender der französischen „Kolonialpartei", 1889:

Frankreich kann stolz sein, dass es in der Vergangenheit seine Tore weit geöffnet hat. [...] Heute aber darf es nicht ignorieren, was in seinem Umkreis geschieht. [...] Amerika, das seine Industrien hinter sorgsam verschlossenen Toren aufgebaut hat, plant nunmehr die Errichtung eines „Zollvereins", der allein für amerikanische Erzeugnisse geöffnet ist. Heute also muss Frankreich darum besorgt sein, sich seinen eigenen Markt zu bewahren. [...] Es gibt ein Land, das wir als Erste erforscht und kolonisiert haben, nämlich Afrika. Alle europäischen Nationen stürzen sich auf dieses Land. [...] Frankreich muss nach Afrika und nach Indien gehen. [...] Wir müssen von dort aus nach China vorstossen und verhindern, dass uns ein Volk zuvorkommt, das niemals zögert und niemals pausiert, nämlich die Engländer, welche mit Siam [Thailand] und Burma [Myanmar] über zwei Zugänge nach China verfügen.

Zit. nach: Karl Epting, Das französische Sendungsbewusstsein im 19. und 20. Jahrhundert, Heidelberg (Vowinckel) 1952, S. 90*

4 ■ Erläutere anhand von M4, wie es zu einem Gerangel um Afrika kommen konnte.

M5 Aus der Schlusserklärung der Kongo-Konferenz, der sogenannten Kongo-Akte, 1885:

Artikel 6: Alle Mächte, welche in den gedachten Gebieten Souveränitätsrechte oder einen Einfluss ausüben, verpflichten sich, die Erhaltung der eingeborenen Bevölkerung und die Verbesserung ihrer sittlichen und materiellen Lebenslage zu überwachen und an der Unterdrückung der Sklaverei und insbesondere des Negerhandels mitzuwirken; sie werden ohne Unterschied der Nationalität oder des Kultus alle religiösen, wissenschaftlichen und wohlthätigen Einrichtungen und Unternehmungen schützen und begünstigen, welche zu jenem Zweck geschaffen und organisirt sind oder dahin zielen, die Eingeborenen zu unterrichten und ihnen die Vortheile der Civilisation verständlich und werth zu machen. [...]

Artikel 34: Diejenige Macht, welche in Zukunft von einem Gebiete an der Küste des afrikanischen Festlandes, welches ausserhalb ihrer gegenwärtigen Besitzungen liegt, Besitz ergreift, oder welche, bisher ohne dergleichen Besitzungen, solche erwerben sollte, desgleichen auch die Macht, welche dort eine Schutzherrschaft übernimmt, wird den betreffenden Akt mit einer an die übrigen Signatarmächte[1] der gegenwärtigen Akte gerichteten Anzeige begleiten, um dieselben in den Stand zu setzen, gegebenenfalls ihre Reklamationen geltend zu machen.

Artikel 35: Die Signatarmächte der gegenwärtigen Akte anerkennen die Verpflichtung, in den von ihnen an den Küsten des afrikanischen Kontinents besetzten Gebieten das Vor-

handensein einer Obrigkeit zu sichern, welche hinreicht, um erworbene Rechte und, gegebenenfalls, die Handels- und Durchgangsfreiheit unter den Bedingungen, welche für
30 Letztere vereinbart worden, zu schützen.

Zit. nach: https://de.wikisource.org/wiki/General-Akte_der_Berliner_Konferenz_(Kongokonferenz) (Zugriff: 12.9.2018)*

1 Staaten, die den Vertrag unterzeichnet haben

5 ▪ Untersuche M 5 auf Interessen und Befürchtungen der Kolonialmächte. Liste sie auf und gib an, welche Lösungen jeweils gefunden wurden.

M6 **Ein Schweizer Afrikaforscher wird Generalkonsul in Ägypten**

Aus dem Leben Werner Munzingers (1832–1875):
Als junger Mann studierte der Oltner Werner Munzinger in München und Paris orientalische Sprachen. Bereits mit 20 Jahren zog es ihn nach Kairo, wo er sich für eine französische Handelsgesellschaft an einer Forschungsreisen ans
5 Rote Meer beteiligte. Vor allem die Völker im heutigen Eritrea interessierten ihn, und er publizierte erste Studien zu ihrer Sprache und ihren Sitten. 1855 plante er dort den Aufbau einer Schweizer Kolonie. Auf verschiedenen Expeditionen erweiterte er sein Wissen. Seine Kenntnisse über Afrika
10 waren auch bei den Kolonialstaaten gefragt, und so verwaltete er ab 1864 vertretungsweise das britische, anschliessend das französische Konsulat und wurde formell zum Vizekonsul ernannt. In englischem Auftrag nahm er an Äthiopienexpeditionen teil. 1871 trat Werner Munzinger in den ägypti-
15 schen Dienst ein. Als Folge seiner Erhebung zum Generalgouverneur wurde ihm der Pascha-Titel verliehen. Als hoher Verwaltungsbeamter leitete er einerseits den Bau von Dämmen und Wasserversorgungen, andererseits führte er für Ägypten auch Eroberungszüge durch. Auf seinem
20 letzten fand er 1875 den Tod.
Verfassertext

6 ▪ Diskutiert, inwieweit Werner Munzinger (M 6) ein typischer Afrikaforscher war.

M7 **Denkmal für Hermann Wilhelm Wissmann in Daressalam, Tansania.**
Wissmann war Afrikaforscher, Gouverneur und Reichskommissar von Deutsch-Ostafrika 1895/96. Auf dem Fels posiert Wissmann, zu seinen Füssen steht ein afrikanischer Soldat mit der gesenkten deutschen Reichsflagge, daneben ein erlegter Löwe. In Arabisch und in Swahili findet sich unter dem Denkmal folgender Satz: „Unser Herr von früher, er hat die Küste beruhigt und uns auf den richtigen Weg gewiesen"

7 ▪ Untersuche M 7:
a) Recherchiere den Werdegang des Denkmals von seiner Errichtung bis in die Gegenwart.
b) Erarbeite die Symbolik des Denkmals. Erläutere, was der Künstler zum Ausdruck bringen wollte.
c) Entwirf ein Streitgespräch über den Erhaltungswert des Denkmals. Definiere selbst zwei kontroverse Positionen.

Leben unter kolonialer Herrschaft

Konflikte mit Einheimischen

Die Kolonienbildung und die Herrschaft über die eroberten Gebiete durch die Kolonialherren hatten sehr unterschiedliche Folgen in den Kolonien ausgelöst. Beim Rohstoffabbau waren billige Arbeitskräfte gefragt. Der Rohstoffhunger richtete sich auf Bodenschätze und landwirtschaftliche Produkte, deren Anbau auch Enteignungen und Zwangsarbeit bedeuten konnte. Besiedelten aber weisse Farmer die Kolonie, mussten die Einheimischen dem Landhunger der Weissen weichen und wurden enteignet oder vertrieben. Dies erfolgte zumeist mit Gewalt, die sowohl von staatlichen, militärischen Truppen als auch von Siedlern ausging. Die einheimische Bevölkerung hatte den technisch deutlich überlegenen Eroberern meist wenig entgegenzusetzen. Das Ziel der Kolonialkriege war ähnlich: totaler Sieg und dauerhafte Unterjochung oder Vertreibung. Wenn sich einheimische Völker Vorteile von ihren Gegnern versprachen, konnte es auch zu einer zeitweiligen und brüchigen Kooperationsbereitschaft mit den Europäern kommen. Waren die Kolonialkriege beendet und das Land erobert, sahen sich die Kolonialmächte dann mit zahlreichen, meist lokal begrenzten Aufständen oder Guerillakriegen konfrontiert. Die Einheimischen kämpften gegen Enteignungen, Steuerforderungen, Ausbeutung und Unterdrückung. Alleine in Britisch-Ostafrika gab es zwischen 1894 und 1914 über 50 solcher bewaffneten Konfliktherde (M 1).

Kolonialkriege
Kriege der Kolonialmächte mit den Ureinwohnern zum Erwerb oder zur Sicherung der Kolonien.

Staaten als Rohstofflieferanten

Der Imperialismus war die Periode der weltweiten Dominanz der Europäer und brachte grosse Teile der Welt in deren Abhängigkeit. Diese blieb bis weit in das 20. Jahrhundert hinein bestehen, und erst nach dem Zweiten Weltkrieg kam es zu Ablöseprozessen. Während in Europa und Nordamerika der Industrialisierungsprozess durch die Verarbeitung der Rohstoffe aus den Kolonien rasant fortschritt, wurden die Kolonien zu Zulieferern reduziert, und es kam dort nur in Ansätzen zu industrieller Entwicklung. Zugleich finanzierten die Einheimischen als Steuerzahler die Fremdherrschaft mit. In der Landwirtschaft gab es viele selbstständige Kleinbauern, die auf lokalen Märkten verkauften. Sie waren mit ihren Produkten jedoch direkt vom Weltmarkt abhängig geworden und sahen sich den globalen Wirtschaftskrisen ausgesetzt. Andere Kleinbauern wurden Plantagenarbeiter auf den Farmen der Weissen. Diese arbeiteten immer mehr mit Monokulturen, die mit einem starken Raubbau an der Natur verbunden waren. Massive ökologische Schäden und Hungersnöte waren die Folge, während gleichzeitig landwirtschaftliche Güter exportiert wurden. Obwohl die Mutterstaaten auch in die Infrastruktur der Kolonien investierten und Eisenbahnlinien oder Telegrafenleitungen bauten, gingen davon selten Industrialisierungsimpulse aus, denn Teile wie Lokomotiven, Schienen und Brückenelemente wurden im Mutterland hergestellt. Die kolonialen Investitionen kurbelten also vor allem die Wirtschaft im Mutterland an.

Trotz der generellen Ausbeutung von Land und Leuten in den Kolonien gab der Imperialismus unbeabsichtigt auch positive Anstösse für die einheimische Wirtschaft. Im Schatten der auf Export angelegten Infrastruktur konnten sich Erwerbsmöglichkeiten für Einheimische entwickeln. Weil etwa der Bedarf der Kolonialherren an ausgebildeten Fachkräften stieg, entstanden vor allem für die einheimische Elite Chancen auf Ausbildung und Aufstieg.

Monokulturen
Anbau nur einer Pflanzenart auf einer grossen Fläche.

M 1 „In the rubber coils", Belgiens König Leopold II. wütet in seinen Kolonien, englische Karikatur, 1906

Aufstand der Herero und Nama

Für die Menschen auf dem afrikanischen Kontinent war der Kolonialismus eine Tragödie, denn Besatzung und gewaltsame Unterdrückung forderten Millionen Menschenleben durch Krieg, Hunger, Ermordung und Zwangsarbeit. In den deutschen Kolonien brachen in den letzten drei Jahrzehnten vor dem Ersten Weltkrieg etwa alle zwei Monate kriegerische Konflikte aus. Vor allem in Deutsch-Südwestafrika (heute Namibia) waren sie besonders folgenschwer. Die beiden Völker der Herero und Nama hatten sich dort gegen die rassistische Diskriminierung und Ausbeutung durch die weissen „Herrenmenschen" erhoben. Die deutschen Siedler hatten das Land den einheimischen Viehzüchtern geraubt und sich schwerer Vergehen schuldig gemacht: Prügelstrafen und Misshandlungen waren legitim, Mord und Vergewaltigung wurden meist nicht geahndet. Als es 1897 zu einer Rinderpest kam, war die Existenzgrundlage der Stämme endgültig bedroht, und die Bereitschaft zum Widerstand gegen die Weissen nahm zu. Im Januar 1904 kam es schliesslich zu einem bewaffneten Aufstand der Herero. 3000 Krieger überfielen Bauernhöfe und töteten rund 150 deutsche Bauern und Händler. Deutschland befehligte eine Strafaktion gegen das ganze Volk der Herero. General Lothar von Trotha (M 2), der Oberbefehlshaber der deutschen Truppen, fasste seinen Auftrag so zusammen: „Ich vernichte die aufständischen Stämme mit Strömen von Blut und Strömen von Geld." Im August 1904 schlug er den Aufstand nieder und trieb die Überlebenden in die Wüste, um sie verdursten zu lassen. Rückkehrer sollten erschossen werden. Die Flucht durch die Wüste gelang nur wenigen der Vertriebenen, viele kamen in Sklaverei. Wahrscheinlich waren binnen eines Jahres rund 60–80 Prozent der Herero umgebracht worden. Aus Furcht vor einem ähnlichen Schicksal erhob sich das Volk der Nama im Oktober 1904 und führte bis 1908 einen Guerillakrieg. Bis 1911 starb rund die Hälfte der Nama, und ihr Land wurde zum Eigentum der Kolonialregierung erklärt. Die deutschen Unterdrückungsmassnahmen forderten insgesamt rund 80 000 Tote in Südwestafrika, demgegenüber standen etwa 700 tote Deutsche. Das Vorgehen gegen diese Völker wird von vielen Historikern als Völkermord (Genozid) bezeichnet.

M 2 **General Lothar von Trotha (1848–1920)**

M 3 **Gefangen genommene Herero, bewacht von Soldaten der Schutztruppe, Foto, 1904**

1 ■ Betrachte die Karikatur M 1 und diskutiert, was der Zeichner kritisiert. Erkläre, was mit der Bildunterschrift „In the rubber coils" gemeint sein könnte.
2 ■ Fasse zusammen, welche Auswirkungen der Imperialismus auf die Einwohner der kolonisierten Länder haben konnte. Unterscheide zwischen wirtschaftlichen, politischen, ökologischen und sozialen Folgen. Stelle diese schematisch dar.
3 ■ Recherchiere mithilfe des Internets, mit welchen Forderungen die Herero heute an die deutsche Regierung herantreten und wie sie diese begründen.

M4 „Sie müssen im Sandfeld untergehen"

General von Trotha sandte am 4. Oktober 1904 einen Bericht über den „Herero-Aufstand" nach Berlin:

Es fragte sich nun für mich nur, wie ist der Krieg mit den Herero zu beenden. Die Ansichten darüber bei dem Gouverneur [Theodor Leutwein] und einigen „alten Afrikanern" [d. h. erfahrene deutsche Soldaten in Afrika] einerseits und

5 mir andererseits gehen gänzlich auseinander. Erstere wollten schon lange verhandeln und bezeichnen die Nation der Herero als notwendiges Arbeitsmaterial für die zukünftige Verwendung des Landes. Ich bin gänzlich anderer Ansicht. Ich glaube, dass die Nation als solche vernichtet werden muss,

10 oder, wenn dies durch taktische Schläge nicht möglich war, operativ und durch weitere Detail-Behandlung aus dem Lande gewiesen wird. Es wird möglich sein, durch die erfolgte Besetzung der Wasserstellen von Grootfontein bis Gobabis und durch eine rege Bewegung der Kolonnen die kleinen

15 von Westen zurückströmenden Teile des Volkes zu finden und sie allmählich aufzureiben. [...] Da ich mit den Leuten weder paktieren kann noch ohne ausdrückliche Weisung seiner Majestät des Kaisers und Königs will, so ist eine gewisse rigorose Behandlung aller Teile der Nation unbedingt

20 notwendig, eine Behandlung, die ich zunächst auf meine eigene Verantwortung übernommen und durchgeführt habe, von der ich auch, solange ich das Kommando habe, ohne direkte Weisung nicht abgehe. Meine genaue Kenntnis so vieler zentralafrikanischer Stämme, Bantu und ande-

25 rer, hat mir überall die überzeugende Notwendigkeit vorgeführt, dass sich der Neger keinem Vertrag, sondern nur der rohen Gewalt beugt. Ich habe gestern, vor meinem Abmarsch, die in den letzten Tagen ergriffenen Orlog-Leute [aufständische Herero], kriegsgerichtlich verurteilt, aufhän-

30 gen lassen, und habe alle zugelaufenen Weiber und Kinder wieder in das Sandfeld unter Mitgabe der in Othiherero abgefassten Proklamation an das Volk zurückgejagt. [...] Andererseits ist die Aufnahme der Weiber und Kinder, die beide zum grössten Teil krank sind, eine eminente Gefahr für die Truppe, sie jedoch zu verpflegen eine Unmöglichkeit.

35 Deshalb halte ich es für richtiger, dass die Nation in sich untergeht, und nicht noch unsere Soldaten infiziert und an Wasser und Nahrungsmitteln beeinträchtigt. Sie müssen jetzt im Sandfeld untergehen oder über die Betschuana-grenze [östlich gelegene britische Kolonie] zu gehen trach-

40 ten. Dieser Aufstand ist und bleibt der Anfang eines Rassenkampfes, den ich schon 1897 in meinem Bericht an den Reichskanzler für Ostafrika vorausgesagt habe.

Zit. nach: Michael Behnen (Hg.), Quellen zur deutschen Aussenpolitik im Zeitalter des Imperialismus 1890–1911, Darmstadt (WBG) 1977, S. 292 f.*

M5 Die Kolonialstaaten und die antikolonialen Aufstände

4 ■ Beschreibe anhand der Karte M5 die Aufteilung der Welt am Beispiel Afrikas.

5 ■ Nimm anhand von M4 und M5 Stellung zur Frage, ob die Kolonisierung Afrikas widerstandslos hingenommen wurde.

6 ■ Erörtere die Denk- und Handlungsweise General Trothas (M4). Wie begründet er seine Taten? Inwiefern sind sie Ausdruck imperialistischen Denkens?

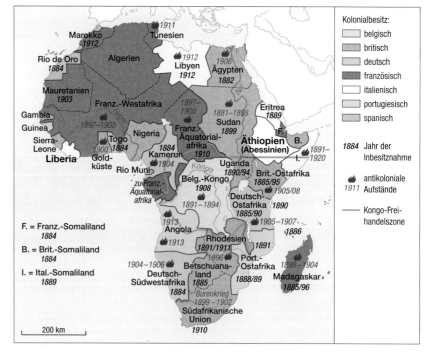

M6 Lebensbedingungen der Welt

Der Index der menschlichen Entwicklung (HDI) gibt Auskunft über den Wohlstand der Staaten im Jahr 2015

Der Index der menschlichen Entwicklung (HDI) 2015 bewertet den durchschnittlichen Stand von 188 Ländern in grundlegenden Bereichen der menschlichen Entwicklung. Dazu zählen unter anderem die Lebenserwartung bei der Geburt, die durchschnittliche Schuldauer und das Pro-Kopf-Einkommen.

Hier ist die menschliche Entwicklung ... ■ sehr hoch ■ hoch ■ mittel ■ niedrig ■ keine Angaben

Die Länder mit der höchsten bzw. niedrigsten menschlichen Entwicklung

sehr hoch	niedrig
1 Norwegen	184 Burundi
2 Australien	185 Tschad
3 Schweiz	186 Eritrea
4 Dänemark	187 Zentralafr. Rep.
5 Niederlande	188 Niger
6 Deutschland	

Quelle: UNDP 2015   © Globus   10767

M7 Genozide in den Kolonien

Der Historiker Ben Kiernan, 2009:

Die kolonialen Genozide [Völkermorde] der vor- und frühmodernen Zeit waren zumeist das Produkt expandierender Imperien und ihrer Kolonien. […] Die europäischen Grossmächte teilten nach 1870 den grössten Teil Afrikas unterei-
5 nander auf. 1910 war die Welt kleiner, die Grossmächte waren grösser geworden, und die Auseinandersetzungen um Territorien wurden heftiger. Ein neues Phänomen trat auf: Genozide, verübt von nationalchauvinistischen Diktaturen, die sich mit dem Ziel, reale oder vermeintliche territoriale
10 Verluste wettzumachen oder neue Regionen etablierter Mächte zu erobern, der Herrschaft über wankende, schrumpfende oder neue Reiche bemächtigten. […]
Der wachsende Bevölkerungsdruck auf den Boden erhöhte ebenfalls die Zahl potenzieller Opfer. Die geschätzte Welt-
15 bevölkerung, die sich in den vergangenen drei Jahrhunderten von 1500 bis 1800 auf eine knappe Milliarde verdoppelt hatte, erlebte allein im 19. Jahrhundert einen exponenziellen Anstieg auf 1,75 Milliarden Erdbewohner 1910. Die beträchtlich erhöhten Bevölkerungszahlen der einzelnen Län-
20 der und die erhöhte Zahl der Anbieter von Arbeitskraft hatten eine deutliche Verknappung des Bodens und eine

Verringerung der Nachfrage nach Arbeitskräften zur Folge. Für expansionistische Regime versprachen somit Massenmorde wesentlich höhere Vorteile und weniger Risiken für den Arbeitsmarkt. 25

Ben Kiernan, Erde und Blut. Völkermord und Vernichtung von der Antike bis heute, München (DVA) 2009, S. 513 f.*

7 ■ Erläutere die Aussage der Karte M6. Vergleiche sie mit M2 S. 294. Erarbeite Zusammenhänge und nenne ihre Ursachen.

8 ■ Lege die Ursachen dar, die Ben Kiernan in M7 für die Genozide während des Imperialismus nennt.

9 ■ Diskutiert, ob man einen Zusammenhang der in M6 aufgezeigten Verhältnisse mit Kolonialismus und Imperialismus erkennen kann.

Konkurrenzkampf europäischer Mächte

Britisch-deutsche Konkurrenz in Vorderasien

In der Kongo-Konferenz von 1884 war es vorerst gelungen, sich friedlich über die „Spielregeln" der Aufteilung Afrikas zu einigen; dennoch verschärfte sich die Situation zunehmend. Das Osmanische Reich war im 19. Jahrhundert gegenüber den europäischen Grossmächten in Rückstand geraten: Es hatte Gebiete auf dem Balkan und in Nordafrika verloren und war mit der Industrialisierung nur stockend vorangekommen. Mit dem Bau der Bagdad-Bahn (M 1) wollte der Sultan den wirtschaftlichen Fortschritt seines Landes vorantreiben und das ganze Land ökonomisch erschliessen. Als Geldgeber fand er deutsche Banken und die deutsche Schwerindustrie, die die Finanzierung und den Bau übernahmen. Es entstand eine politische Nähe zwischen den beiden Staaten, die auch dazu führte, dass das Osmanische Reiche an der Seite Deutschlands in den Ersten Weltkrieg eintrat (s. S. 340). Grossbritannien, Frankreich und Russland sahen durch den Bahnbau ihre Interessen im Nahen Osten bedroht. Insbesondere England war misstrauisch: Es befürchtete, dass sich Deutschland im arabischen Raum festsetzt, wenn die Bahnverbindung bis zum Persischen Golf geführt würde. Zudem wäre dies die schnellste Verbindung zwischen Indien und Europa, was die Bedeutung des Suez-Kanals schwächte. Noch im Juli 1914 – unmittelbar vor Ausbruch des Ersten Weltkrieges – schlossen beide Staaten ein Abkommen: Grossbritannien stimmte dem Bau zu, und Deutschland verzichtete dafür auf eine Verbindung von der Stadt Basra bis zum Persischen Golf. Der Konflikt konnte gelöst werden. Russland hingegen sah in der Anwesenheit Deutschlands in der Türkei weiterhin eine Bedrohung der freien Durchfahrt durch die Dardanellen und damit seiner Interessen. Da es hier nicht zu einer Verständigung kam, behielt die Situation ihr Konfliktpotenzial.

M 1 Bagdad-Bahn, Ausbaustand von 1914

— Bagdadbahn
--- Bagdadbahn im Bau
— Grenzen von 1915

Dardanellen
Strategisch wichtige Meeresstrasse, die eine Verbindung zwischen dem Mittelmeer, dem Marmarameer und dem Schwarzen Meer bildet.

Faschoda-Krise

Die Kolonialmächte waren stets daran interessiert, ihre Besitztümer grossflächig und einheitlich halten zu können. In Afrika bedeutete dies, dass Franzosen ein geschlossenes Imperium von Westen nach Osten und die Engländer eines von Norden nach Süden (Kap-Kairo-Linie) errichten wollten. Ein Zusammenstoss der beiden grössten Kolonialmächte war fast unvermeidlich und nur eine Frage der Zeit. In Faschoda, einem kleinen Ort im Sudan, trafen die beiden 1898 schliesslich aufeinander. Die durch Pressekampagnen aufgeheizte Situation drohte zu eskalieren, bis das schwächere Frankreich einlenkte und einem Interessenausgleich zustimmte. Dieser machte eine Verständigung über die kolonialen Interessengebiete möglich und führte zur „Entente cordiale", dem „herzlichen Einvernehmen" von 1904. Ein kolonialer Konfliktpunkt hatte schliesslich zur Annäherung zweier Erzrivalen geführt, die dann gemeinsam in den Weltkrieg zogen.

Britisch-deutscher Flottenwettstreit

Im 19. Jahrhundert waren die Machtverhältnisse auf See geklärt: England dominierte unangefochten die Weltmeere. Um seinem eigenen Weltmachtanspruch Geltung zu verleihen, leitete Kaiser Wilhelm II. 1898 ein Flottenbauprogramm ein mit der Parole „Unsere Zukunft liegt auf dem Wasser." Die deutsche Flotte sollte zwei Drittel der englischen Stärke erreichen, um so die Chancen eines erfolgreichen britischen Angriffes inakzeptabel gering zu halten. Die treibende Kraft hinter der Umsetzung des Plans war Admiral Alfred von Tirpitz (M 2), der geschickt die öffentliche Meinung mit einer breiten Propagandakampagne beeinflusste und die Marinebegeisterung schürte. Grossbritannien verfolgte dagegen den „Two Power Standard": Seine Kriegsmarine sollte mindestens so stark sein wie diejenige der beiden nächstgrösseren zusammengenommen. Der Ausbau der deutschen Flotte war eine Herausforderung für England und wurde als Bedrohung der englischen Monopolstellung auf See gedeutet (M 3). Grossbritannien begann seinerseits, den Bau von Schlachtschiffen zu intensivieren. Die Flottenrivalität hatte aussenpolitisch zwei Konsequenzen: Einerseits kam es zu einem offenen Rüstungswettkampf, in dem die britische Überlegenheit stets unangefochten blieb und eine deutsche Invasion zunehmend als unwahrscheinlich erachtet wurde. Andererseits nahm der Argwohn gegenüber Deutschland zu und gab England Anlass, die Streitigkeiten mit den alten Kontrahenten Russland und Frankreich beizulegen. Das Kaiserreich hatte sich selbst in eine Isolation manövriert.

M 2 **Admiral Alfred von Tirpitz (1849–1930)**

M 3 **Das deutsche Schlachtschiff „SMS Rheinland", um 1910**

1 ■ Vergleiche die beiden Begegnungen der Imperien in Faschoda und im Vorderen Orient. Wie sahen die Kompromisse und Konzessionen aus?

2 ■ Beurteile, wie die Staaten ihre eigene Kompromissbereitschaft und diejenige der anderen sahen.

3 ■ Analysiere die Bedeutung der Eisenbahn für die imperialen Mächte anhand der Bagdad-Bahn (M 1). Erkläre, welche Bedeutung sie für den englischen Warenstrom haben konnte.

M 4 **Die Faschoda-Krise in der britischen und französischen Presse, 1898**

Evening News (13. Sept.): „Da gibt es nichts zu überzeugen. Wenn ein Hausbesitzer einen Mann in seinem Hintergarten entdeckt, dann wird er nicht nach den Gründen dafür fragen oder mit wortgewandten Argumenten zeigen, dass er,
5 der Hausbesitzer, der Besitzer des Gartens ist. Er wird einfach den Eindringling hinausweisen, und wenn dieser nicht freiwillig hinausgehen wird, dann wird er auf andere Weise zu verschwinden haben."

Spectator (1. Okt.): „Es ist ganz klar, dass Faschoda gehalten
10 werden muss, sogar für den Preis eines Krieges!"

Le Matin (5. Okt.): „Nein! Das ist die einzige Antwort zur Erhaltung der Würde Frankreichs."

Manchester Guardian (12. Okt.): „Weder die französische Regierung noch das französische Volk ist, wie es uns scheint, so
15 ängstlich auf den Besitz Faschodas bedacht wie England, und der stärkere Wille ist üblicherweise derjenige, der sich durchsetzt."

Temps (20. Okt.): „Wenn die englische Regierung sich den Anschein gibt, als ob sie die Brücke hinter sich verbrennen
20 würde, muss sie wissen, dass ihre Haltung auf die öffentliche Meinung in Frankreich eine Wirkung ausüben und die ohnehin schwierige Aufgabe der Diplomatie immer schwieriger gestalten wird."

Morning Post (25. Okt.): „Die britische Nation hat ihr Herz auf
25 das Niltal gesetzt von einem Ende bis zum anderen."

Journal des Debats (4. Nov.): „Es würde uns unendlich demütigen, wenn wir heute für die Räumung Faschodas eine Entschädigung verlangen wollten. Man hat uns eine Erniedrigung aufzudrängen versucht; das einzige Mittel, ihr zu
30 entgehen, ist das, sie nicht durch ein späteres Schachern zu bestätigen. Die Blätter, die den Augenblick für eine Erledigung aller Streitfragen zwischen London und Paris gekommen halten, täuschen sich, denn wir haben soeben Gefühle Englands uns gegenüber feststellen müssen, die nichts weni-
35 ger als geeignet sind, uns dazu zu ermutigen."

Zusammengestellt nach: T. W. Riker, A Survey of British Policy in the Fashoda Crisis, in: Political Science Quarterly, 44, 1929, S. 66 ff.

4 ■ Analysiere die Zeitungsmeldungen zur Faschoda-Krise (M 4). Welche Rolle spielt die Presse im Meinungsbildungsprozess? Inwiefern gleichen sich britische und französische Argumentationen?

M 5 **Die Bedeutung der Flotte**

a) **Der deutsche Admiral Tirpitz über den Bau der Flotte, 1900:**

Unter den gegebenen Umständen gibt es nur ein Mittel, Deutschlands Handel und Kolonien zu schützen. Deutschland muss eine Flotte von solcher Stärke haben, dass selbst für die grösste Flotte ein Krieg ein solches Risiko in sich schliessen würde, dass ihre eigene Überlegenheit gefährdet
5 wäre. Für diesen Zweck ist es nicht absolut notwendig, dass die deutsche Flotte ebenso gross ist wie die der grössten Seemacht, weil in der Regel eine grosse Seemacht nicht in der Lage sein wird, ihre ganze Kraft gegen uns zu konzentrieren.
10

Zit. nach: Walther Hubatsch, Die Ära Tirpitz, Göttingen (Musterschmidt) 1955, S. 72 f.

b) **Tirpitz an den Reichskanzler Fürst von Bülow, 1908:**

Euer Durchlaucht richten die Frage an mich, […] ob Deutschland und das deutsche Volk einem englischen Angriff mit Ruhe und Vertrauen entgegensehen können. Bei der grossen Überlegenheit der englischen Flotte muss ich
5 diese Frage verneinen. […] Der Botschafter in England zieht aus der zurzeit noch stark gefährdeten militärischen Situation […] die Folgerung, dass wir unser Flottenbautempo einschränken müssen, ich ziehe daraus die Folgerung, dass wir dasselbe so, wie es zur Zeit gesetzlich festgelegt ist, mit eiserner Energie durchführen müssen. […] Was im Übrigen
10 die Kriegsgefahr anbetrifft, so haben wir derselben vom ersten Flottengesetz an ins Auge gesehen. Sie ist durch den fortschreitenden Ausbau unserer Flotte nicht grösser, sondern kleiner geworden. Als Beweis führe ich an, dass sich grosse Kreise des englischen Volkes bereits heute vor unse-
15 rer Flotte fürchten. In wenigen Jahren wird unsere Flotte so stark sein, dass ein Angriff auf dieselbe auch für England ein grosses militärisches Risiko bedeutet. Damit ist der Zweck der Flottenpolitik des letzten Jahrzehnts erreicht.

Zit. nach: Herbert Krieger (Hg.), Handbuch des Geschichtsunterrichts, Bd. 5, Die Neueste Zeit 1850–1945, Materialien für den Geschichtsunterricht, Verlag Diesterweg, Frankfurt/Main (Diesterweg) 1980, S. 25*

c) **Der englische Aussenminister Edward Grey, 1911:**

Nun lassen Sie mich dies sagen: Die deutsche Stärke ist an sich schon eine Gewähr dafür, dass kein anderes Land einen Streit mit Deutschland wünschen oder suchen wird. Das ist die eine Seite der Sache, auf die die Deutschen mit Recht
5 stolz sein können, aber ich meine, die deutsche öffentliche Meinung sollte bedenken, dass die Sache ihre Kehrseite hat, und zwar: Wenn eine Nation die grösste Armee in der Welt besitzt und wenn sie eine sehr grosse Flotte hat und fortfährt, eine noch grössere Flotte zu bauen, dann muss sie alles, was in ihren Kräften steht, tun, um den natürlichen Be-
10 fürchtungen vorzubeugen, die sonst bei anderen, die keine aggressiven Absichten gegen jene Macht haben, dahin entstehen würden, dass jene Macht mit ihrer Armee und Flotte aggressive Absichten gegen sie hege.

Zit. nach: Die Britischen Amtlichen Dokumente, Bd. 7/2, S. 1199, in: Hans-Jürgen Pandel u. a. (Hg.): Historisch-Politische Weltkunde. Die europäische Expansion, Stuttgart (Klett) 2002, S. 76 f.

d) Winston Churchill, Erster Lord der britischen Admiralität, 1912:

Die Flotte ist für Grossbritannien eine Notwendigkeit, während sie für Deutschland in vieler Hinsicht nur einen Luxus bedeutet. Unsere Flotte ist für das Dasein Grossbritanniens von grösster Wichtigkeit, ja sie bedeutet unsere Existenz
5 selbst; für Deutschland ist sie ein überflüssiger Machtzuwachs.

Winston Churchill, Weltkrisis, Bd. 1, 1911–1914, Leipzig (Amalthea) 1924, S. 83, übers. v. H. von Schulz

M6 Englische und französische Interessen in Afrika

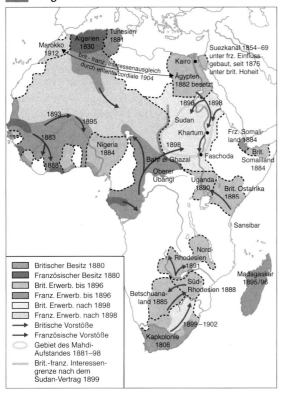

M7 Flottenstärke und Flottenbau im Vergleich

Großbritannien 38 Kampfschiffe		Deutschland 26 Kampfschiffe
5		
5	1913	
5	1912	3
5	1911	2
	1910	4
10		4
	1909	4
2	1908	4
3	1907	3
3	1906	2

M8 „Deutschland und England – wie sollen wir uns da die Hand geben?", Karikatur aus der deutschen Zeitschrift „Simplicissimus", 1912

5 ■ Beschreibe den Verlauf des britisch-französischen Konflikts in Afrika (M6).

6 ■ Erläutere anhand von M5 und M7 die Bedeutung der Flotte für die deutsch-britische Beziehung:
– Stelle die Haltung der britischen und deutschen Seite schematisch dar.
– Entwirf ein Streitgespräch zwischen zwei Diplomaten der beiden Länder.
– Betrachte M8 und beurteile die beiden Haltungen.

M9 Deutsche Karikatur, 1909

7 ■ Erläutere die innenpolitischen Folgen der deutschen Flottenpolitik anhand der Karikatur M9.

Imperiale Mächte auf Kollisionskurs

Die Marokkokrisen 1905/06 und 1911

Dass die Spannungen zwischen den Staaten zunahmen und sich in territorialen Ansprüchen entladen konnten, zeigten die beiden Marokko-Krisen. Bis Ende des 19. Jahrhunderts war Marokko vor kolonialen Zugriffen weitgehend verschont geblieben, wenn auch Interessen an diesem strategisch bedeutenden Gebiet vorhanden waren. Als Folge der Faschoda-Krise (s. S. 322) hatten sich Britannien und Frankreich geeinigt und Marokko Frankreich zugesprochen. Deutschland sah dabei seine Handelsinteressen gefährdet, erklärte Marokko 1905 als unabhängig und forderte damit die Entente cordiale heraus. Man hegte in Deutschland die Hoffnung, einen Spaltpilz zwischen die beiden zu treiben. Der Plan scheiterte: Marokko wurde zwar vorerst souverän, aber Frankreich und England wuchsen enger zusammen.

1911 kam es erneut zu einer Krise, als französische Truppen die Hauptstadt des formal unabhängigen Marokkos besetzten. Deutschland entsandte Kanonenboote, um Frankreich unter Druck zu setzen und aus der Krise Kapital schlagen zu können. Es wollte Frankreich als Kolonialmacht in Marokko nur dann akzeptieren, wenn es dafür Gebiete in Äquatorialafrika erhielt. Dies wurde Deutschland notgedrungen gewährt, führte aber wiederum zu dessen weiterer Selbstisolation und zur Festigung des französisch-britischen Bündnisses.

Osmanisches Reich oder Türkei?
Das Osmanische Reich ist begründet durch die Dynastie der Osmanen (1299–1922). Ab 1923 heisst der Nachfolgestaat Türkei. In Westeuropa bezeichnete man das Osmanische Reich bereits im Mittelalter als „Türkisches Reich" oder „Türkei", benannt nach dem Volk der Türken.

Krisenherd Balkan

Der gefährlichste Krisenherd zur Zeit des Imperialismus war das „Pulverfass Balkan", wo ein unheilvolles Gemisch entstand. Hier trafen die konkurrierenden Grossmächte auf die Balkanvölker, die sich vom schwächer werdenden Osmanischen Reich zu lösen begannen und ein starkes Streben nach Eigenstaatlichkeit entwickelten. Die daraus entstehende Spannung entlud sich in mehreren Kriegen im 19. und 20. Jahrhundert. Bis zum Wiener Kongress von 1815 umfasste das Osmanische Reich den ganzen Balkan und grenzte im Norden an Österreich-Ungarn. Der Zerfall des Osmanischen Reiches rief die Grossmächte auf den Plan, und die Nachbarn Österreich-Ungarn und Russland begannen sich für die Region zu interessieren. England und Frankreich aber wollten Russland vom Mittelmeer fernhalten. Im 19. Jahrhundert waren nationale Freiheit und Einheit überall in Europa zentrale Forderungen, so auch bei den Völkern auf dem Balkan. Das Freiheitsstreben der Balkanvölker bedrohte jedoch die Existenz Österreich-Ungarns und des Osmanischen Reiches. 1821 bis 1829 konnte Griechenland die Instabilität der Osmanen ausnutzen und in einem Unabhängigkeitskrieg die staatliche Souveränität erringen (s. S. 195). Dies hatte Signalwirkung, und im Laufe des Jahrhunderts konnten Bosnien-Herzegowina, Serbien, Bulgarien und Rumänien ebenfalls ihre Eigenständigkeit erreichen. In die Streitigkeiten um deren Grenzziehungen wurden jedoch auch die Grossmächte hineingezogen, da sie ökonomische und politische Interessen auf dem Balkan hatten. Das Grossmachtinteresse Russlands war seit dem verlorenen Russisch-Japanischen Krieg (1905) nach Westen gerichtet. Über den Balkan sollte ein Zugang zum Mittelmeer eröffnet und damit die eigene Bedeutung in Europa gestärkt werden. Russland rechtfertigte dieses Vorgehen mit dem

M1 „Bosnien-Krise", Karikatur aus einer französischen Zeitschrift, 1908

Panslawismus. Österreich-Ungarn sah sich durch die slawischen Nationalstaatsbewegungen, vor allem durch Serbien, bedroht und fürchtete den eigenen Zerfall. 1908 sah es deshalb die Chance für einen Befreiungsschlag gekommen, nutzte die Schwäche der Osmanen aus und annektierte die Provinzen Bosnien und Herzegowina. Die Balkanvölker befürchteten weitere Expansionsabsichten seitens Österreich-Ungarns. So schlossen sich 1912 Serbien, Bulgarien, Griechenland und Montenegro unter der Schirmherrschaft Russlands im Balkanbund zusammen und entrissen im Ersten Balkankrieg den Türken fast deren gesamten europäischen Besitz. Das Bündnis zerbrach aber bei der Aufteilung der eroberten Gebiete. Österreich-Ungarn wollte das Erstarken Serbiens mit der Gründung des Staates Albanien verhindern. Damit war auch der serbische und russische Zugang zum Meer geschlossen.

Im Zweiten Balkankrieg von 1913 kämpften die alten Bundesgenossen nun gegeneinander um die Vorherrschaft auf dem Balkan: Bulgarien kämpfte gegen Serbien und Griechenland um Mazedonien. Bald schon mischten sich die Türkei und Rumänien ein, da auch sie auf Gebietszugewinne hofften. Unter der Vermittlung der europäischen Mächte konnte ein brüchiger Frieden ausgehandelt werden: Das mit Russland eng verbundene Serbien wurde zur stärksten Macht auf dem Balkan. Seine Feindschaft zu Österreich-Ungarn und zur Türkei hatte sich vertieft.

Neue Bündnissysteme in Europa Um Deutschland aus internationalen Konflikten herauszuhalten, hatte Bismarck ein sorgfältiges Geflecht an Bündnissen erstellt. Kaiser Wilhelm II. beurteilte die aussenpolitische Lage jedoch anders und glaubte, die Interessengegensätze zwischen Russland, Frankreich und England seien unüberwindbar und würden Deutschland ein expansives Auftreten gestatten. Er wurde gegenüber den anderen Staaten immer dominanter und fordernder, wie die Marokko-Krisen, die Kündigung des Rückversicherungsvertrags mit Russland oder auch das deutsche Flottenbauprogramm zeigten (s. S. 321). Deutschlands folgenschwere Fehleinschätzung führte aber zu neuen Bündnissystemen:

– *Russland-Frankreich:* Russland fand den gesuchten Bündnispartner im ebenfalls isolierten Frankreich. 1892 sicherten sie sich in einem geheimen Militärabkommen gegenseitige Hilfe bei einem deutschen Angriff zu.

– *England-Frankreich-Russland:* Die 1904 gegründete *Entente cordiale* zwischen Grossbritannien und Frankreich wurde 1907 durch ein Bündnis mit Russland erweitert (Triple-Entente).

– *Deutschland-Österreich-Italien:* Das 1882 unterzeichnete Militärbündnis der Mittelmächte (Dreibund) verlor zunehmend an Bedeutung. Italien suchte eine Annäherung an Russland und Frankreich. Somit wurde der Dreibund faktisch zu einem Zweibund.

Die Deutschen sahen in diesem Ergebnis eine hinterhältige „Einkreisung" durch die Entente-Mächte, allen voran Grossbritannien, das Deutschland keinen angemessenen Platz als führende Weltmacht gönne.

Panslawismus
Allslawische Bewegung; eine ideologische Bewegung, die versucht, eine politische und kulturelle Vereinigung aller slawischen Völker Europas zu erreichen.

Rückversicherungsvertrag
1887 abgeschlossenes geheimes Neutralitätsabkommen zwischen dem Deutschen Reich und dem Russischen Reich.

M2 **Englische Darstellung der Entente cordiale, 1904**

1 ■ Lege anhand von M 1 dar, wer welche Interessen auf dem Balkan vertrat.

2 ■ Betrachte die Karikatur M 2. Erstelle Denk- und Sprechblasen, die zu diesen drei Figuren und ihrer Mimik passen würden.

3 ■ Begründe, warum viele Historiker in der Politik Deutschlands eine „Selbstisolierung" sahen (s. auch M 2).

M 3 **Veränderung der Bündnissysteme**

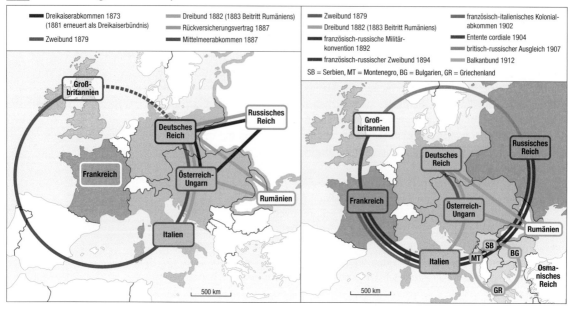

Dreikaiserabkommen 1873 (1881 erneuert als Dreikaiserbündnis)
Zweibund 1879
Dreibund 1882 (1883 Beitritt Rumäniens)
Rückversicherungsvertrag 1887
Mittelmeerabkommen 1887

Zweibund 1879
Dreibund 1882 (1883 Beitritt Rumäniens)
französisch-russische Militärkonvention 1892
französisch-russischer Zweibund 1894
französisch-italienisches Kolonialabkommen 1902
Entente cordiale 1904
britisch-russischer Ausgleich 1907
Balkanbund 1912

SB = Serbien, MT = Montenegro, BG = Bulgarien, GR = Griechenland

4 ■ Erläutere, wie sich die Bündnissysteme in Europa geändert haben (M 3 und M 6). Nenne die wichtigsten Ursachen und formuliere Gefahren.

M 4 **Serbischer Gedächtnistag, 1913**

Die serbische Zeitung „Piemont" gedachte am 8. 10. 1913 der im Jahre 1908 erfolgten Annexion Bosniens und der Herzegowina durch Österreich-Ungarn:

Heute sind es fünf Jahre, dass mittels eines kaiserlichen Dekrets die Souveränität des Habsburger Zepters über Bosnien und die Herzegowina ausgebreitet wurde. Den Schmerz, der an diesem Tage dem serbischen Volke zugefügt wurde, wird
5 das serbische Volk noch durch Jahrzehnte fühlen. [...] Das Volk legt das Gelübde ab, Rache zu üben, um durch einen heroischen Schritt zur Freiheit zu gelangen. Dieser Tag hat die bereits eingeschlafene Energie geweckt, und der wiederbelebte Held wird eines Tages die Freiheit suchen. Heute, wo
10 serbische Gräber die alten serbischen Länder zieren, wo die serbische Kavallerie die Schlachtfelder von Mazedonien und Altserbien betreten hat, wendet sich das serbische Volk, nachdem es seine Aufgabe im Süden beendet hat, der entgegengesetzten Seite zu, von wo das Stöhnen und Wei-
15 nen des serbischen Bruders gehört wird, wo der Galgen haust. Serbische Soldaten legen heute das Gelübde ab, dass sie gegen die „zweite Türkei" ebenso vorgehen werden, wie sie mit Gottes Hilfe gegen die Balkan-Türkei vorgegangen sind. Sie legen dieses Gelübde ab und hoffen, dass der Tag
20 der Rache naht. Eine Türkei verschwand. Der gute serbische Gott wird geben, dass auch die „zweite Türkei" verschwindet.

Zit. nach: Wolfgang Kleinknecht (Hg.), Handbuch des Geschichtsunterrichts, Bd. 5, Frankfurt/Main (Diesterweg) 1980, S. 133*

5 ■ Erkläre anhand M 4, wie die Serben ihre Lage sahen und wie sie sich ihre geopolitische Zukunft wünschten.

M 5 **„Balkan Troubles", Karikatur aus der englischen Zeitschrift „Punch", 1912**

M6 Gestörtes Gleichgewicht

Der Schriftsteller Sebastian Haffner über das gestörte Gleichgewicht in Europa, 1964:

Das Friedenssystem des 19. Jahrhunderts kann man in einem Satz zusammenfassen: In Europa herrschte Gleichgewicht, und ausserhalb Europas herrschte England. Bismarck hatte dieses System nie umstürzen wollen, er hatte nur ein
5 einiges und mächtiges Deutsches Reich in dieses System einfügen wollen, und das war ihm geglückt. Seine Nachfolger wollten das System umstürzen und durch ein anderes ersetzen. In Zukunft sollte es heissen: Ausserhalb Europas herrscht Gleichgewicht, und in Europa herrscht Deutsch-
10 land.

Sebastian Haffner, Die sieben Todsünden des Deutschen Reiches im Ersten Weltkrieg, Köln (Lübbe) 2011, S. 15

M7 Die Rolle Österreich-Ungarns

Der Historiker Golo Mann über das Verhältnis zwischen Deutschland und Österreich-Ungarn, 1991:

Die Monarchie [Österreich-Ungarn] war [...] seit 1871 ein Gefangener Deutschlands. Sie wurde es noch mehr in dem Masse, in dem die russische Macht wuchs, England aber seine alten Interessen im Nahen Osten preisgab, sodass die
5 ganze Last der Verteidigung Südosteuropas gegenüber Russland den Österreichern zufiel. Sie konnten das nie leisten ohne deutsche Hilfe. Seinerseits brauchte Deutschland Österreich, weil durch Österreich der Weg nach dem Balkan und nach Kleinasien ging, Gegenden, welche der deutsche
10 Imperialismus zu seinem Hinterland zu machen den Ehrgeiz hatte. Seit 1904, 1907 brauchte Deutschland Österreich auch aus einem böseren Grunde: weil es nun sein einziger Bundesgenosse war. Kein sehr starker, kein sehr zuverlässiger, aber der einzige. Das gab den österreichischen Diplomaten
15 eine Chance für dreistes Spiel, wie ja der Schwächere in einer Partnerschaft oft die Oberhand hat. Sie konnten sich nicht von Deutschland trennen, wohl aber es gelegentlich in unerwünschte Abenteuer ziehen, da Deutschland sich jetzt auch nicht mehr von ihnen trennen konnte. Sie dachten in
20 den alten Begriffen: nicht Völker, sondern Grossmächte, Kaisermächte, Prestige, diplomatische Triumphe. Etwas anderes hatten sie nicht gelernt und durfte man von Menschen ihres Typs wohl nicht verlangen. Die russischen Diplomaten dachten nicht anders; kaum auch nur die französischen.

Golo Mann, Deutsche Geschichte des 19. und 20. Jahrhunderts, Frankfurt/M. (Fischer) 1997, S. 559 f.*

6 ■ Erkläre, warum die Verbindung zwischen Deutschland und Österreich-Ungarn so stark war und welche Gefahren dies bedeutete (M7).

M8 Ausgewählte Kriege auf dem Balkan

Zeitraum	Ereignis
1828/29	Russisch-Türkischer Krieg
1853–55	Krimkrieg
1876–77	Serbisch-Osmanischer Krieg
1877–78	Russisch-Osmanischer Krieg
1885–86	Serbisch-Bulgarischer Krieg
1897	Türkisch-Griechischer Krieg
1911–12	Italienisch-Türkischer Krieg
1912	Erster Balkankrieg
1913	Zweiter Balkankrieg

7 ■ Begründe anhand von M8 und M9, warum man damals vom „Pulverfass Balkan" sprach (s. auch M5).

M9 Balkanländer 1878–1915

- Grenze des Osmanischen Reiches 1815
- Grenze des Osmanischen Reiches 1912
- Osmanisches Reich 1914
- Bosnien-Herzegowina, 1908 von Österreich-Ungarn annektiert

Gebietserwerbungen der Balkanstaaten nach 1912 sind in helleren Farbtönen dargestellt

8 ■ Betrachte die Karte M9 und ermittle mithilfe des Internets, wann die Balkanstaaten jeweils unabhängig wurden. Zeige auf, von wem ihr Bestreben dabei unterstützt wurde.

Zusammenfassung: Der Imperialismus

Ursachen

Unter Imperialismus versteht man die Epoche zwischen 1870 und 1914, in der neben den europäischen Staaten England, Frankreich, Deutschland und Belgien auch Russland, Japan und die USA versuchten, zur Weltmacht aufzusteigen. Sie alle glaubten, mithilfe der Kolonien die eigene Wirtschaft schützen zu müssen oder zum Untergang verurteilt zu sein. Zum Ausbau ihrer Kolonialherrschaft nutzten sie die technischen Errungenschaften der Industrialisierung: Dampfschiffe, Eisenbahn und Fernkommunikation waren wichtige Wegbereiter des Imperialismus.

Ideologische Rechtfertigung

Um die Expansionsbestrebungen zu rechtfertigen, entwickelten sich in allen imperialistischen Staaten ähnliche Theorien. Sie basierten hauptsächlich auf dem Glauben, das eigene Volk sei den anderen zivilisatorisch überlegen und hätte dadurch Aufgabe und Pflicht, zu herrschen und andersartige Völker aus ihrer Rückständigkeit herauszuführen.

Alte und neue Kolonialmächte

Die Kolonialmächte der ersten Stunde – Spanien und Portugal – reihten sich bald hinter das erstarkende England ein. Die Gewichtung verschob sich aber mehrmals, vor allem als im 19. Jahrhundert neue Staaten wie die USA oder Japan ihren Anspruch auf Kolonialgebiete anmeldeten. Insbesondere das erst 1871 gegründete Deutsche Kaiserreich sah sich bei der Verteilung der Welt übervorteilt und betrieb eine äusserst aggressive Expansionspolitik.

Der Wettlauf um Afrika und seine Folgen

Der afrikanische Kontinent hatte bei den europäischen Imperialmächten bis etwa 1870 wenig Begehrlichkeiten geweckt. Dann aber brach zwischen ihnen ein Wettlauf um Afrika aus, der keine Rücksicht auf die Einheimischen nahm. Binnen zweier Jahrzehnte war der Kontinent verteilt, entmündigt und zum Rohstofflieferanten Europas degradiert. Die Bevölkerung wurde unterworfen, ausgebeutet und zu Menschen zweiter Klasse im eigenen Land.

Imperiale Mächte werden zu Gegnern

Gegensätzliche Interessen und gleiche Gebietsansprüche lösten politische Krisen und Kriege unter den imperialen Mächten aus. Konnte vorerst meist Einigkeit erzielt werden, nahmen die Spannungen nach 1900 zu. Es bildeten sich neue Bündnissysteme in Europa, wobei sich Deutschland zunehmend isolierte. Zum Prüfstein für die imperialistischen Mächte wurden die Forderungen der Balkanstaaten nach Selbstbestimmung.

Geschichte kontrovers:
Zeitgenössische Beurteilung des Imperialismus

M1 **Postkarte aus der Zeit des Deutschen Kaiserreichs**

Kamerun

Viktoria am Kleinen Kamerunberg

M2 **„Eine solche Kolonialpolitik lehnen wir ab"**
Der SPD-Abgeordnete August Bebel (1840–1913) im Deutschen Reichstag, 26. 1. 1889:
Nun, wer ist denn diese Ostafrikanische Gesellschaft? Ein kleiner Kreis von Grosskapitalisten, Bankiers, Kaufleuten und Fabrikanten, d.h. ein kleiner Kreis von sehr reichen Leuten,
deren Interessen mit den Interessen des deutschen Volkes gar nichts zu tun haben, die bei
dieser Kolonialpolitik nichts als ihr eigenes persönliches Interesse im Auge haben, die […]
5 nur den Zweck hatten, aufgrund grösserer Mittel gegenüber einer schwächeren Bevölkerung sich auf alle mögliche Weise zu bereichern. Einer solchen Kolonialpolitik werden wir
nie unsere Zustimmung geben. Im Grunde genommen ist die Kolonialpolitik die Ausbeutung einer fremden Bevölkerung in der höchsten Potenz. Wo immer wir die Geschichte
der Kolonialpolitik in den letzten drei Jahrhunderten aufschlagen, überall begegnen wir
10 Gewalttätigkeiten und der Unterdrückung der betreffenden Völkerschaften, die nicht selten schliesslich mit deren vollständiger Ausrottung endet. Und das treibende Motiv ist
immer, Gold, Gold und wieder nur Gold zu erwerben. Und um die Ausbeutung der afrikanischen Bevölkerung im vollen Umfange und möglichst ungestört betreiben zu können,
sollen aus den Taschen des Reiches, aus den Taschen der Steuerzahler Millionen verwen-
15 det werden, soll die Ostafrikanische Gesellschaft mit den Mitteln des Reiches unterstützt
werden, damit ihr das Ausbeutungsgeschäft gesichert wird. Dass wir von unserem Standpunkt aus als Gegner jeder Unterdrückung nicht die Hand dazu bieten, werden Sie begreifen.
Zit. nach: Axel Kuhn (Hg.), Deutsche Parlamentsdebatten, Bd. 1 1871–1918, Frankfurt/M. (Fischer) 1970, S. 170f.*

1 ▪ Erläutere, welcher Eindruck mit Bild M1 vermittelt werden soll.
2 ▪ Beurteile die beiden in M1 und M2 dargestellten Blickwinkel auf die Kolonien
und erkläre, wie diese zustande gekommen sind.
3 ▪ Schreibe im Namen August Bebels (M2) einen Kommentar zum Bild M1.

Zentrale Begriffe
Bündnissysteme
Direkte und indirekte Herr-
schaft
Flottenwettstreit
Imperialismus
Kolonie
Krisenherd Balkan
Nationalismus
Sendungsbewusstsein
Sozialdarwinismus
Sozialimperialismus

Wichtige Jahreszahlen
1870–1914
Epoche des Imperialismus
1884/185
Kongokonferenz
1898
Faschoda-Krise
1904
Herero-Aufstand
1904
Entente Cordiale (England
und Frankreich)
1907
Triple-Entente (England,
Frankreich und Russland)
1912/13
Zwei Balkankriege
1914
Beginn des Ersten Weltkrieges

**Zusammenfassende
Aufgaben**
1 ▪ Nenne alle Faktoren,
die zum Imperialismus
geführt haben, und zeige
auf, wie diese gegenseitig
aufeinander gewirkt
haben.
2 ▪ Lege die unterschied-
lichen Formen des
Imperialismus anhand
einiger Beispiele dar.
3 ▪ Diskutiert, inwieweit
die imperialistischen
Bestrebungen einzelner
Länder verantwortlich
für den Ausbruch des
Ersten Weltkrieges
waren.

8 Der Erste Weltkrieg

M1 Beinhaus und Soldatenfriedhof von Douaumont zum Gedenken an die Schlacht von Verdun 1916

1914, 28.6.
Ermordung des österreichisch-ungarischen Thronfolgers Franz Ferdinand in Sarajevo

1914, 3.8.
Kriegserklärung Deutschlands an Frankreich

1914, 4.8.
Deutsche Soldaten marschieren in Belgien ein

1914, 5.–12.9.
Deutscher Vormarsch in Frankreich wird an der Marne gestoppt

1914, Oktober
Das Osmanische Reich und Bulgarien treten auf der Seite der Mittelmächte in den Krieg ein

1916, Februar
Beginn der deutschen Offensive bei Verdun

1916, Juli
Beginn der französisch-britischen Offensive an der Somme

| 5 | 6 | 7 | 8 | 9 | 10 | 11 | 12 | 1 | 2 | 3 | 4 | 5 | 6 | 7 | 8 | 9 | 10 | 11 | 12 | 1 | 2 | 3 | 4 | 5 | 6 | 7 | 8 | 9 | 10 |

1915 **1916**

The lamps are going out all over Europe, we shall not see them lit again in our life-time.
Mit diesen Worten kommentierte der englische Aussenminister Sir Edward Grey 1914 den Beginn des Ersten Weltkrieges. Sie sollten sich als klarsichtig erweisen. Die Welt nach 1918 war eine andere: Die Auswirkungen des Krieges auf die Politik, die Wirtschaft und die Mentalität der Menschen waren so gewaltig, dass in der Geschichtswissenschaft im Zusammenhang mit dem Ersten Weltkrieg vielfach von der Urkatastrophe des 20. Jahrhunderts gesprochen wird. Der Verlauf des 20. Jahrhunderts nach 1918 wurde in entscheidender Weise von den Ergebnissen des Ersten Weltkriegs beeinflusst.

Es standen sich Millionenheere gegenüber, die eine gewaltige Kriegsmaschinerie in Gang setzten und sämtliche wirtschaftliche und gesellschaftliche Ressourcen mobilisierten, um den Krieg siegreich zu gestalten. Die Verwendung von Artillerie, Maschinengewehren, Giftgas, Handgranaten und Panzern sowie der rücksichtslose Einsatz des „Menschenmaterials" an der Front konfrontierte den Soldaten mit dem Massensterben und dem anonymen Massentod. Das 1927 eingeweihte Beinhaus von Douaumont zum Gedenken an die Toten der Schlacht von Verdun 1916 ist dafür zum Symbol geworden. Hier werden die nicht identifizierbaren Gebeine von ca. 130 000 Gefallenen aufbewahrt. Daneben befinden sich die Gräber von mehr als 16 000 französischen Soldaten. Der Krieg führte zum Zusammenbruch des Osmanischen Reiches und Österreich-Ungarns. Anstelle dieser Vielvölkerstaaten entstanden neue, zumeist instabile Nationalstaaten. Revolutionen lösten in verschiedenen Staaten die politischen Systeme ab, die auf monarchischer Legitimität beruhten. Alle Staaten ausser den USA verschuldeten sich enorm, was die wirtschaftliche Erholung Europas nach 1918 stark erschwerte.

Mit dem Eintritt der USA 1917 in den Krieg veränderte sich nicht nur das militärische Kräfteverhältnis; fortan waren die USA mit ihrer Wirtschaftskraft, aber auch mit ihren Idealen von Demokratie, Wohlstand und nationaler Selbstbestimmung die führende Weltmacht des 20. Jahrhunderts. In Osteuropa erwuchs aus dem Zusammenbruch des russischen Zarenreiches in der kommunistischen Oktoberrevolution der künftige weltpolitische Konkurrent der USA: die Sowjetunion. In diesem Kapitel werden folgende Fragen thematisiert: Wie konnte aus einem Konflikt zwischen Serbien und Österreich-Ungarn ein Weltkrieg entstehen? Wie wurde der Krieg gerechtfertigt und warum dauerte er trotz der immensen Opfer, die er allen Kriegsbeteiligten abverlangte, vier Jahre? Inwiefern unterschied er sich von früheren Kriegen, und welche Bedeutung hatte er für die Schweiz?

1917, Februar
Deutschland erklärt den unbeschränkten U-Boot-Krieg, Februarrevolution in Russland

1917, Oktober
Oktoberrevolution in Russland

1917, April
Die USA treten aufseiten der Entente in den Ersten Weltkrieg ein

1917, Dezember
Waffenstillstand zwischen den Mittelmächten und Russland

1918, März
Friede von Brest-Litowsk zwischen Russland und den Mittelmächten, deutsche Offensive im Westen

1918, Juli
Alliierte Gegenoffensive

1919, Juni
Deutschland unterzeichnet den Versailler Friedensvertrag

1918, September
Oberste Heeresleitung Deutschlands fordert Waffenstillstandsverhandlungen

1918, November
Revolution in Deutschland, Waffenstillstand bei Compiègne zwischen dem Deutschen Reich und den Alliierten

2 3 4 5 6 7 8 9 10 11 12 1 2 3 4 5 6 7 8 9 10 11 12 1 2 3 4 5 6 7

1918   **1919**

Bemühungen um Frieden

Frieden
Hier: Innerstaatliche und zwischenstaatliche Beziehungen, die auf Gewaltfreiheit und auf das Wohl und die Entfaltungsmöglichkeiten ihrer Bürger ausgerichtet sind.

Pazifismus
Ethische Haltung, die Krieg ablehnt und sich dafür einsetzt, Bedingungen zu schaffen, die den Frieden dauerhaft sichern.

Haager Konventionen
Dreizehn Übereinkünfte (Konventionen), die auf den Haager Friedenskonferenzen 1899 und 1907 zwischen den wichtigsten damaligen Mächten abgeschlossen wurden.

Anfänge der bürgerlichen Friedensbewegung

1889 erschien der Roman „Die Waffen nieder!", ein Roman der Österreicherin Bertha von Suttner (M 1). Bis zum Ersten Weltkrieg erreichte die deutsche Auflage 200 000 Exemplare. Die Popularität des Werkes zeigt, dass sich viele Menschen im Vorfeld des Ersten Weltkrieges mit der Thematik von Krieg und Frieden auseinandersetzten. Seit dem Ende der Napoleonischen Kriege nahm das öffentliche Interesse an Fragen der Friedenssicherung zu, und in verschiedenen europäischen Ländern entstanden Friedensgesellschaften. Die Pazifisten stammten überwiegend aus dem Bürgertum. Sie waren in kleinen Gruppen locker organisiert und versuchten durch Schriften und Vorträge das militaristische Denken und Handeln der Menschen zu ändern sowie durch Eingaben im Parlament Einfluss auf die Regierungspolitik zu nehmen. Ihr Ziel war es, durch gegenseitige Abrüstung, internationale Verträge und Schiedsgerichte die Kriegsgefahr zu verringern und Kriege langfristig überflüssig zu machen. Auf Initiative einzelner europäischer Friedensgesellschaften fanden ab 1890 jährlich Weltfriedenskongresse statt, auf denen auch über strittige Fragen der Friedensbewegung – beispielsweise über die Frage nach der Legitimität von Verteidigungskriegen – debattiert wurde.

Haager Konventionen

Der Genfer Henry Dunant beschrieb 1862 die elenden Bedingungen der Verwundeten nach der Schlacht von Solferino („Un souvenir à Solferino"), bei der sich das Königreich Sardinien und sein Verbündeter Frankreich dem Kaisertum Österreich-Ungarn gegenüberstanden. Tausende von Soldaten verloren ihr Leben wegen fehlender medizinischer Einrichtungen und katastrophaler hygienischer Bedingungen. Bereits ein Jahr später gründete Dunant das *Comité international de secours aux militaires blessés* (das spätere IKRK, Internationales Komitee vom Roten Kreuz). Auf seine Initiative hin wurde eine internationale Konferenz einberufen, die sich dem humanitären Problem der verwundeten Soldaten annehmen sollte. 1864 verabschiedeten die Teilnehmer der Konferenz (15 europäische Staaten und die USA) in Genf die erste Genfer Konvention. Diese schützte die Verwundeten und die Sanitäter im Krieg und fand Eingang in die Haager Konventionen der Haager Friedenskonferenzen zwischen 1899 und 1907. Diese bildeten einen weiteren Schritt zur „Humanisierung" und Eingrenzung des Krieges. Dabei ging es den beteiligten Regierungen darum, die Regeln des Völkerrechts rechtlich zu verankern. Das nun verabschiedete Kriegsrecht gründete auf dem Prinzip, dass Kriegführende kein unbeschränktes Recht auf die Wahl der Mittel zur Schädigung des Feindes haben und dass Zivilisten und entwaffnete Militärpersonen zu verschonen sind (Haager Landkriegsordnung). Mit der Errichtung des „Ständigen Schiedsgerichts" für internationale Streitigkeiten in Den Haag (Niederlande) sollte auch die Möglichkeit geschaffen werden, Konflikte friedlich zu lösen. Dieses konnte aber nur angerufen werden, wenn sich beide streitenden Parteien dazu bereit erklärten.

Sozialistische Friedensbemühungen

Die zweite gesellschaftliche Kraft, die sich neben der bürgerlichen Friedensbewegung für die Vermeidung von Kriegen einsetzte, war die Arbeiterbewegung. Sie war international ausgerichtet und konnte angesichts ihrer Wählerstärke und ihres Organisationsgrads deutlich mehr Menschen für ihre Ideen mobilisieren. Die imperialistische Politik der Grossmächte war für sie Ausdruck der zunehmenden Spannungen zwischen den kapitalistischen Industriestaaten. Falls diese nicht abgebaut würden, müssten sie in einen Krieg münden, der unbedingt verhindert werden müsse. Die Arbeiterparteien kämpften deshalb lange vehement gegen einen drohenden Krieg, in dem sich die europäischen Arbeiter gegenseitig totschiessen würden. Bis unmittelbar vor Ausbruch des Ersten Weltkrieges jedenfalls waren die sozialistischen Parteien die grösste und eindruckvollste gesellschaftliche Kraft, die sich vehement für die Erhaltung des Friedens einsetzte. So fand in Basel Ende November 1912 ein internationaler Sozialistenkongress statt, dessen unmittelbarer Anlass die zunehmende Kriegsgefahr durch die Krise im Balkanraum war. Namhafte sozialistische Politiker aus ganz Europa, wie etwa der französische Sozialistenführer Jean Jaurès (M 2), nahmen an dieser Friedenskonferenz teil, die auch in bürgerlichen Kreisen auf Resonanz und Zustimmung stiess. An einem Demonstrationszug zu Beginn des Kongresses nahmen etwa 10 000 Personen teil. In Deutschland mobilisierte die Sozialdemokratische Partei (SPD) noch im Juli 1914 Hunderttausende von Menschen, die gegen „das verbrecherische Treiben der Kriegshetzer", wie der SPD-Parteivorstand am 25. 7. 1914 formulierte, demonstrierten.

Scheitern der Friedensbewegung   Letztlich scheiterten sowohl der pazifistische als auch der sozialistische Weg, den Ersten Weltkrieg zu verhindern. Die nationalistischen und militaristischen Kräfte waren zu stark in der Gesellschaft verankert. Zudem galt in den Regierungskreisen aller imperialen Mächte der Grundsatz, dass Krieg ein legitimes Mittel staatlicher Politik zur Durchsetzung nationaler Interessen sei. Der Stuttgarter Pfarrer Otto Unfried verglich deshalb die Bemühungen, einen Krieg in Europa zu verhindern, mit der Absicht, „einen Richtung Abgrund rollenden Lastwagen mit einem Seidenfaden aufzuhalten". In diesem Umfeld wurden Pazifisten und Sozialisten vielfach als Staatsfeinde, schlechte Patrioten und Vaterlandsverräter diffamiert. Als der Erste Weltkrieg begann, rechtfertigten allerdings auch viele Repräsentanten der pazifistischen und sozialistischen Friedensbewegung den Kriegseintritt ihres Landes als legitimen Verteidigungskrieg, so die Mehrheit der Sozialisten in Frankreich und Deutschland.

M 2 Der französische Sozialistenführer Jean Jaurès (1859–1914, ermordet) ruft auf dem Baseler Kongress zum Kampf gegen die imperialisischen Kriegsvorbereitungen auf, November 1912

1 ■ Unterscheide Ziele und Mittel der bürgerlichen und sozialistischen Friedensbewegung.
2 ■ Nenne zentrale Gründe für das Scheitern der Friedensbewegungen und überlege, welche politischen und gesellschaftlichen Voraussetzungen erfüllt sein müssen, damit diese erfolgreich sein können.

M3 Krieg – eine biologische Notwendigkeit?

Der deutsche General im Ruhestand Friedrich von Bernardi über die Notwendigkeit von Kriegen, 1912:

Innerhalb gewisser Grenzen wird niemand die Bestrebungen die Kriegsgefahr zu verringern und die Leiden, die der Krieg mit sich bringt, abzuschwächen, einige Berechtigung ab-
5 sprechen. [...] Ganz etwas anderes aber ist es, wenn die Absicht dahin geht, den Krieg überhaupt zu beseitigen und seine entwicklungsgeschichtliche Notwendigkeit zu leugnen. Dieses Streben setzt sich in unmittelbaren Widerspruch mit den grossen allgemeinen Gesetzen, die alles Leben beherrschen, denn der Krieg ist in erster Linie eine biologische
10 Notwendigkeit, ein Regulator im Leben der Menschheit, der gar nicht zu entbehren ist, weil sich ohne ihn eine ungesunde, jede Förderung der Gattung und daher auch jede wirkliche Kultur ausschliessende Entwicklung ergeben müsste. [...] So ist auch im Leben der Menschen der Kampf nicht
15 nur das zerstörende, sondern auch das lebensspendende Prinzip. „Verdrängen oder sich verdrängen lassen, ist der Kern des Lebens", sagt Goethe, und der Lebensstarke behält die Oberhand. Überall gilt das Gesetz des Stärkeren.

Friedrich von Bernardi, Deutschland und der nächste Krieg, Stuttgart/Berlin (Cottasche Buchhandlung) 1912, S. 11 f.*

3 ■ Lege die Haltung des Autors gegenüber der pazifistischen Friedensbewegung dar (M3).

M4 Das Übergewicht der „Minderwertigen"

Der deutsche Mediziner Georg Friedrich Nicolai zur Biologie des Krieges, 1917:

In Deutschland leben etwa 33 Millionen Männer, davon ist die Hälfte zu jung oder zu alt, um mit in den Krieg zu ziehen. Von den übrig bleibenden 16 Millionen wird wiederum die Hälfte wegen körperlicher oder geistiger Minderwertigkeit
5 ausgemustert. Es bleiben also etwa 8 Millionen übrig, die kräftig, gesund und intelligent genug sind, um ins Feld zu dürfen. Staatlich geschützt bleiben die Kinder und Greise; ausserdem aber die Blinden, die Taubstummen, die Idioten, die Buckligen [...]. All dieser Rückstand und Abhub der
10 menschlichen Rasse kann ruhig sein, gegen ihn pfeifen keine Kugeln, und während die jungen, tapferen, starken Männer auf dem Schlachtfeld vermodern, kann er zu Hause sitzen und seine Geschwüre pflegen. Auch die moralisch Minderwertigen bleiben am Leben. Erstens einmal die Zuchthäus-
15 ler; dann aber auch die Feiglinge [...]. Der Krieg bildet also für sie geradezu eine Lebensversicherung, denn diese körperliche und geistige „Krüppelgarde", die sich im freien Konkurrenzkampf des Friedens gegen ihre tüchtigeren Mitbewerber kaum behaupten konnte, bekommt nun die
20 fettesten Stellen und wird hoch bezahlt. Man kann diesen Einfluss gar nicht hoch genug anschlagen. Es ist anzunehmen, dass – vor allem in diesem unabsehbaren Krieg – von der gesunden Hälfte des Volkes mindestens 25 Prozent – das sind etwa zwei Millionen – sterben oder als schwer ge-
25 schädigte Krüppel bleiben. Da diese letzteren (etwa die Hälfte) von nun an zu den Minderwertigen zuzurechnen sind, erhöht sich deren Übergewicht über die Tüchtigen dadurch allein um 30 Prozent.

Georg Friedrich Nicolai, Die Biologie des Krieges, Zürich 1917, zit. nach: Pazifismus in Deutschland, Dokumente zur Friedensbewegung 1890–1939, hg. von Wolfgang Benz, Frankfurt/Main (Fischer) 1988, S. 25 f.*

4 ■ Fasse die Argumentation des Autors zusammen und erläutere, inwiefern seine Schrift als Gegenposition zu v. Bernardi (M3) gelten kann.

M5 Titel der Erstausgabe des Romans von Bertha von Suttner, 1889

M6 Auszug aus dem Roman „Die Waffen nieder!" von Bertha von Suttner, 1889

Das war nun eine aufgeregte Zeit. Der Krieg ist „ausgebrochen". Man vergisst, dass es zwei Haufen Menschen sind, die miteinander raufen gehen, und fasst das Ereignis so auf, als wäre es ein erhabenes, waltendes Drittes, dessen „Ausbruch" die beiden Haufen zum Raufen zwingt. Die ganze Verant-
5 wortung fällt auf diese ausserhalb des Einzelwillens liegende Macht, welche ihrerseits nur die Erfüllung der bestimmten

Völkerschicksale herbeigeführt. [...] Schlechte Eigenschaften, als da sind: Eroberungsgier, Rauflust, Hass, Grausamkeit,
10 Tücke – werden wohl auch als vorhanden und als im Kriege sich offenbarend zugegeben, aber allemal nur beim „Feind". Dessen Schlechtigkeit liegt am Tage. Ganz abgesehen von der politischen Unvermeidlichkeit des eben unternommenen Feldzuges, sowie abgesehen von den daraus unzweifel-
15 haft erwachsenden patriotischen Vorteilen, ist die Besiegung des Gegners ein moralisches Werk, eine vom Genius der Kultur ausgeführte Züchtigung. [...] Diese Italiener – welches faule, falsche, sinnliche, leichtsinnige, eitle Volk! Und dieser Louis Napoleon [Kaiser Napoleon III.] – welcher
20 Ausbund von Ehrsucht und Intriguengeist. [...] Noch ein leiser Zweifel stieg in mir auf. In allen geschichtlichen Kriegsberichten hatte ich die Sympathie und Bewunderung der Erzähler immer für diejenige Partei ausgedrückt gefunden, welche einem fremden Joche sich entringen wollte und wel-
25 che für die Freiheit kämpfte. Zwar wusste ich mir weder für den Begriff „Joch" noch über den so überschwänglich besungenen Begriff „Freiheit" einen rechten Bescheid zu geben, aber so viel schien mir doch klar: Die Jochabschüttelungs- und Freiheitsbestrebung lag diesmal nicht auf österreichi-
30 scher, sondern auf italienischer Seite. Aber auch für diese schüchtern gedachten und noch schüchterner ausgedrückten Skrupel wurde ich niedergedonnert.

Bertha von Suttner, Die Waffen nieder! Eine Lebensgeschichte, Dresden/Leipzig (E. Piersons Verlag) 1907, S. 32 ff.*

5 ■ Arbeite heraus, welche Mentalitäten und Verhaltensweisen den Krieg aus der Sicht der Autorin möglich machten und nimm kritisch Stellung dazu.

M 7 Eine sozialistische Stimme

Eduard Bernstein (1850–1932), ein Parteiführer der deutschen Sozialisten, zur Friedenspolitik der Arbeiterpartei, 1899:

Hat [...] die Sozialdemokratie als Partei der Arbeiterklasse und des Friedens ein Interesse an der Erhaltung der nationalen Wehrhaftigkeit? Unter verschiedenen Gesichtspunkten liegt die Versuchung nahe, die Frage zu verneinen, zumal
5 wenn man von dem Satz des Kommunistischen Manifests ausgeht: „Der Proletarier hat kein Vaterland". Indes konnte dieser Satz allenfalls für den rechtlosen, aus dem öffentlichen Leben ausgeschlossenen Arbeiter der vierziger Jahre zutreffen, hat aber heute, trotz des enorm gestiegenen Ver-
10 kehrs der Nationen miteinander, seine Wahrheit zum grossen Teile schon eingebüsst und wird sie immer mehr einbüssen, je mehr durch den Einfluss der Sozialdemokratie aus einem Proletarier ein – Bürger wird. [...] Auch ohne den berühmten Generalstreik kann die Sozialdemokratie so ein
15 sehr gewichtiges, wenn nicht entscheidendes Wort für den Frieden sprechen und wird dies gemäss der alten Devise der Internationale so oft und so energisch tun, als dies nur immer nötig und möglich ist. Sie wird auch, gemäss ihrem Pro-

gramm, in solchen Fällen, wo sich Konflikte mit anderen Nationen ergeben und direkte Verständigung nicht möglich 20 ist, für Erledigung der Differenz auf schiedsrichterlichem Wege eintreten. Aber nichts gebietet ihr, dem Verzicht auf Wahrung deutscher Interessen der Gegenwart oder Zukunft das Wort zu reden, wenn oder weil englische, französische oder russische Chauvinisten an den entsprechenden 25 Massnahmen Anstoss nehmen. Wo [...] auf deutscher Seite [...] in der Tat wichtige Interessen der Nation in Frage stehen, kann die Internationalität kein Grund schwächlicher Nachgiebigkeit gegenüber den Prätentionen [Ansprüchen] ausländischer Interessenten sein. 30

Eduard Bernstein, Die Voraussetzungen des Sozialismus und die Aufgaben der Sozialdemokratie, Stuttgart/Berlin (Dietz) ²1921, S. 204, 206, Nachdruck Hannover 1964, hg. von Georg Eckert*

6 ■ Analysiere die in M 7 propagierte Friedenspolitik der deutschen Arbeiterpartei und vergleiche sie mit der bürgerlich-pazifistischen Position.

M 8 Aus dem Programm der Deutschen Friedensgesellschaft, 1898

Die Deutsche Friedensgesellschaft wurde 1892 gegründet und war mit 10 000 Mitgliedern bis 1914 die grösste pazifistische Organisation mit bürgerlichen Wurzeln in Deutschland.

I. Der Krieg steht im Widerspruch mit der Kulturstufe zivilisierter Nationen. Seine Beseitigung ist vom Standpunkt der Religion, der Sittlichkeit und der Volkswohlfahrt gleichmässig geboten. [...]

II. Eine seiner Hauptwurzeln hat der Krieg in den von dem 5 altbarbarischen Fremdenhass stammenden Vorurteilen und Leidenschaften. In Wahrheit aber bilden die verschiedenen Nationen nicht feindliche Gegensätze, sondern einander ergänzende und fördernde Glieder der gesamten Menschheit, ihre wirklichen und dauernden Interessen sind dem- 10 nach solidarisch. [...]

III. Mit der friedlichen Gesinnung zugleich sind Friedensinstitutionen anzubahnen, deren Ziel es ist, auch in dem Verhältnis zwischen den Nationen anstelle der Gewalt das Recht zu setzen. [...] 15

IV. Eine bittere Frucht des bisherigen Zustandes ist der sogenannte *bewaffnete Friede*, in Wahrheit ein schleichender Krieg, der durch fortwährendes gegenseitiges und daher nutzloses Wettrüsten am Mark der Völker zehrt und die Beseitigung sozialer Missstände und die Erfüllung der not- 20 wendigsten Kulturaufgaben in hohem Grade erschwert.

Zit. nach: Pazifismus in Deutschland, Dokumente zur Friedensbewegung 1890–1939, hg. von Wolfgang Benz, Frankfurt/Main (Fischer) 1988, S. 91 f.*

7 ■ Halte die zentralen Forderungen des Textes M 8 und ihre Begründungen stichwortartig fest und überprüfe, inwieweit sie für die europäische Politik der Gegenwart Gültigkeit besitzen.

Der Weg in den Krieg

M1 Verhaftung des Attentäters Gavrilo Princip nach den tödlichen Schüssen auf Erzherzog Franz Ferdinand und seine Frau, Sarajevo, 28. Juni 1914

Krisenherd Balkan

Am 28. Juni 1914 wurden der österreichisch-ungarische Thronfolger Erzherzog Franz Ferdinand und seine Frau bei einem Besuch in der bosnischen Stadt Sarajevo Opfer eines Attentats. Der Täter gehörte einer ultranationalistischen Geheimorganisation an, die den Traum eines grossserbischen Reiches verwirklichen wollte (M 1). Das Attentat sorgte in europäischen Regierungskreisen und in der europäischen Öffentlichkeit für Empörung. Niemand konnte sich jedoch vorstellen, dass der Anschlag zum Auslöser des Ersten Weltkrieges werden würde. Allerdings scheint es rückblickend nicht überraschend zu sein, dass der Balkanraum zum geografischen Ausgangspunkt des Krieges wurde. Die Schwäche der osmanischen Herrschaft in Südosteuropa hatte seit dem 19. Jahrhundert zu einem Machtvakuum geführt, das die verschiedenen Nationalbewegungen der hier lebenden Völker für die Realisierung und auch für die Ausweitung ihrer Nationalstaaten ausnutzten. Diese Entwicklung sah der Vielvölkerstaat Österreich-Ungarn als existenzielle Herausforderung an, umso mehr, als sich Russland als Schutzmacht der Slawen sah und im Rahmen seiner imperialistischen Ambitionen seine strategischen Interessen am Bosporus durchsetzen wollte. Diese sich überlagernden Konflikte hatten bereits in den Jahren 1911 und 1913 zu zwei grösseren Kriegen im Balkanraum geführt, die gerade Serbiens Position deutlich gestärkt hatten.

Deutscher „Blankoscheck"

Die Regierung in Wien wollte den Mord zum Anlass nehmen, um den in den letzten Jahren bereits mehrfach erwogenen Plan umzusetzen, Serbien mit kriegerischen Mitteln auszuschalten. Allerdings fürchtete sie eine Konfrontation mit Russland, der Schutzmacht Serbiens. Nur mit der Rückendeckung des Bündnispartners Deutschland (Zweibund, s. S. 326) konnte man eine Konfrontation wagen. Die deutsche Führung unterstützte Österreichs Bestreben, Serbien in die Schranken zu weisen, und sicherte uneingeschränkt zu, auch im Falle eines russischen Angriffs hinter Österreich zu stehen. Das Denken der Verantwortlichen in Berlin war dabei von zwei Sichtweisen geprägt: Einerseits glaubte man, dass sich der Konflikt lokal begrenzen liesse und sich Russland angesichts der deutschen Unterstützung Österreich-Ungarns zurückhalten werde. Andererseits war man auch bereit, eine militärische Eskalation in Kauf zu nehmen und einen Krieg gegen Russland und seinen Bündnispartner Frankreich (Entente) zu führen. Dabei spielte die Überzeugung eine Rolle, wonach ein zukünftiger Krieg unausweichlich sei, um sich aus der Umklammerung des gegnerischen Bündnisses zu befreien. Je schneller diese militärische Konfrontation erfolge, desto höher seien die Siegeschancen, wie führende deutsche Militärs versicherten.

Strategische Pläne des deutschen Militärs

Zur Vermeidung eines Zweifrontenkriegs orientierte sich die deutsche Oberste Heeresleitung (OHL) strategisch am Schlieffenplan, den der ehemalige Chef des deutschen Generalstabes Alfred Schlieffen (1833–1913) bereits im Jahr 1905 erarbeitet hatte. Seine Grundidee bestand darin, zunächst Frankreich durch einen blitzartigen Krieg im Westen auszuschalten, um dann die gesamte militärische Kraft nach Osten gegen Russland richten zu können, das nach deutschen Schätzungen ungefähr drei Wochen für die Mobilmachung seiner Armee benötigte. Bis dahin sollte im Westen die Entscheidung gefallen sein. Ermutigt durch die deutsche Zusage stellte Österreich-Ungarn Serbien am 23. Juli 1914 ein auf 48 Stunden befristetes und kaum annehmbares Ultimatum zur Bestrafung der Verantwortlichen des Attentats und zur Beendigung aller serbisch-nationalistischen Aktivitäten auf österreichischem Boden. In Kenntnis des Ultimatums und der Zusicherung der französischen Bündnistreue diskutierte die russische Regierung über eine Teilmobilmachung der Armee und machte klar, dass sie Serbien beistehen werde. Bemühungen der englischen Regierung, auf diplomatischem Wege für einen Ausweg aus der Krise zu sorgen, verpufften, da keine Grossmacht bereit war, durch eine Verhandlungslösung an Prestige einzubüssen und Wien und Berlin auf einer Bestrafung Serbiens bestanden.

Kriegsausbruch Nachdem Belgrad das Ultimatum nicht vollständig akzeptiert hatte, erklärte Österreich-Ungarn Serbien am 28. Juli 1914 den Krieg und eröffnete diesen mit Angriffen von Kanonenbooten auf die serbische Hauptstadt Belgrad. Zwei Tage darauf folgte die russische Generalmobilmachung. Deutschland reagierte mit einem Ultimatum an Russland, diese zurückzunehmen, und stellte an Frankreich ein Ultimatum, in einem deutsch-russischen Konflikt neutral zu bleiben. Als beides zurückgewiesen wurden, erklärte Deutschland am 1. August Russland und am 3. August Frankreich den Krieg. Mit der Entscheidung Berlins, die militärische Planung am Schlieffenplan auszurichten, nahm die Regierung den Kriegseintritt Englands auf der Seite Frankreichs und Russlands bewusst in Kauf. London hatte deutlich gemacht, dass es eine Verletzung der belgischen Neutralität als Kriegsgrund ansah. Nach dem Angriff Deutschlands auf Belgien, um die französischen Verteidigungsstellungen an der direkten Grenze zu umgehen und rasch in den Rücken der französischen Armee zu gelangen, erfolgte folgerichtig auch der Kriegseintritt Grossbritanniens.

M2 **Postkarte zur deutsch-österreichischen Waffenbrüderschaft, 1914**

M3 **Europa vor dem Ersten Weltkrieg**

And. = Andorra
L. = Liechtenstein
Lux. = Luxemburg
Mc. = Monaco
Mn. = Montenegro
S.M. = San Marino

1 ■ Erläutere, wie sich aus einem lokalen Konflikt zwischen Serbien und Österreich-Ungarn ein europäischer Krieg entwickeln konnte, an dem alle Grossmächte beteiligt waren. Wo befanden sich die wichtigsten Frontlinien (M3)?

M4 Rechtfertigungen für den Kriegseintritt

a) Der britische Aussenminister Edward Grey vor dem Unterhaus, 3.8.1914:

Wenn wir uns aber in einer Krise wie der gegenwärtigen allen Verpflichtungen entzögen, die unsere Ehre und unser Interesse uns bezüglich der belgischen Vertrages auferlegen, dann zweifle ich, dass alle materielle Macht, die wir zu Ende
5 noch besässen, aufwiegen könnte, was wir an Achtung eingebüsst hätten. Und glauben Sie nicht, dass eine Grossmacht zu Ende dieses Krieges noch imstande sein wird, ihre Übermacht geltend zu machen, ob sie an diesem teilnimmt oder nicht. [...] Wir werden in diesem Krieg jedenfalls fürch-
10 terlich leiden zu haben, ob wir daran teilnehmen oder nicht. Der auswärtige Handel wird brachgelegt werden, nicht weil die Handelswege gesperrt sein werden, sondern weil es am andern Ende derselben keinen Handel geben wird. [...] Ich kann nicht einen Augenblick lang glauben, dass wir zu Ende
15 dieses Krieges, wenn wir auch beiseite stünden und nicht hineingezogen würden, in der Lage, nämlich in der materiellen Lage wären, unsere Macht entscheidend zu gebrauchen, um ungeschehen zumachen, was der Krieg bewirkt hat, und, im Falle die Entscheidung so gefallen wäre, zu verhin-
20 dern, dass das ganze uns gegenüberliegende Westeuropa unter die Herrschaft einer einzigen Macht geriete.

Die Kriegsschuldfrage, in: Berliner Monatshefte, Jg. 8, August 1930, S. 749, nach: Karl Heinrich Peter (Hg.), Reden, die die Welt bewegten, Stuttgart (Cotta) 1959, S. 205 ff.*

b) Der deutsche Kaiser Wilhelm II. vor den Abgeordneten des Reichstags, 4.8.1914:

Geehrte Herren!
In schicksalsschwerer Stunde habe Ich die gewählten Vertreter des deutschen Volkes um Mich versammelt. Fast ein halbes Jahrhundert lang konnten wir auf dem Weg des Frie-
5 dens verharren. Versuche, Deutschland kriegerische Neigungen anzudichten und seine Stellung in der Welt einzuengen, haben unseres Volkes Geduld oft auf harte Proben gestellt. [...] An die Seite Österreich-Ungarns ruft uns nicht nur unsere Bündnispflicht. Uns fällt zugleich die gewaltige Aufgabe
10 zu, mit der alten Kulturgemeinschaft der beiden Reiche unsere eigene Stellung gegen den Ansturm feindlicher Kräfte zu schirmen. [...] Die kaiserlich-russische Regierung hat sich, dem Drängen eines unersättlichen Nationalismus nachgebend, für einen Staat eingesetzt, der durch Begünstigung
15 verbrecherischer Anschläge das Unheil dieses Krieges veranlasste. Dass auch Frankreich sich auf die Seite unserer Gegner gestellt hat, konnte uns nicht überraschen. [...] Die gegenwärtige Lage ging nicht aus vorübergehenden Interessenkonflikten oder diplomatischen Konstellationen hervor,
20 sie ist das Ergebnis eines seit langen Jahren tätigen Übelwollens gegen Macht und Gedeihen des Deutschen Reichs. Uns treibt nicht Eroberungslust, uns beseelt der unbeugsame Wille, den Platz zu bewahren, auf den Gott uns gestellt hat, für uns und alle kommenden Geschlechter. [...] In aufgedrungener Notwehr mit reinem Gewissen und reiner Hand 25 ergreifen wir das Schwert.
An die Völker und Stämme des Deutschen Reichs ergeht Mein Ruf, mit gesamter Kraft, in brüderlichem Zusammenstehen mit unseren Bundesgenossen, zu verteidigen, was wir in friedlicher Arbeit geschaffen haben. [...] Sie haben gele- 30 sen, meine Herren, was Ich an Mein Volk vom Balkon des Schlosses aus gesagt habe. Hier wiederhole Ich: Ich kenne keine Parteien mehr, Ich kenne nur Deutsche.

Verhandlungen des Reichstags. Dreizehnte Legislaturperiode, 4.8.1914, in: Verhandlungen des Reichstags, Stenographische Berichte, 1914/16, Bd. 306, S. 1 f.*

c) Der französische Ministerpräsident René Viviani vor der Deputiertenkammer, 4.8.1914:

Wir haben dem Frieden ein Opfer ohnegleichen gebracht, in dem wir die uns von Deutschland geschlagene Wunde [Deutsch-Französischer Krieg 1870/71] während eines halben Jahrhunderts stillschweigend von unserer Seite erduldeten. Wir haben noch in andere Opfer eingewilligt, bei all den 5 Verhandlungen, welche die kaiserliche Diplomatie seit 1904 systematisch heraufbeschwor, sei es in Marokko, sei es anderswo, 1905 wie 1906, 1908 wie 1911. Auch Russland hat anlässlich der Ereignisse von 1908, wie in der gegenwärtigen Krise, eine grosse Mässigung bewiesen. [...] Das ungerecht 10 herausgeforderte Frankreich hat den Krieg nicht gewollt, es hat alles getan, um ihn abzuwenden. Nachdem er ihm aber aufgedrängt wurde, wird es sich gegen Deutschland und gegen jede andere Macht verteidigen, die ihre Gesinnung noch nicht kundgetan hat, und die sich an der Seite der 15 letztgenannten Macht am Kriege zwischen den beiden Mächten beteiligen sollte. [...] Frankreich hat schon wiederholt unter weniger günstigen Verhältnissen bewiesen, dass es der gefürchtetste Gegner ist, wenn es, wie es heute der Fall ist, für Recht und Freiheit kämft. 20

Die Kriegsschuldfrage, in: Berliner Monatshefte, Jg. 8, August 1930, S. 749, zit. nach: Karl Heinrich Peter (Hg.), Reden, die die Welt bewegten, Stuttgart (Cotta) 1959, S. 219 ff.*

d) Der russische Aussenminister Sergej Dimitrijewitsch Sasonow vor dem Parlament, 8.8.1914:

In den schwierigen Stunden verantwortungsvoller Entscheidungen schöpfte die Regierung ihre Kraft aus dem Gefühl ihrer vollkommenen Übereinstimmung mit der Meinung des Volkes. Ich habe die feste Überzeugung, dass das unparteiische Urteil der Weltgeschichte einst zu unseren Gunsten 5 ausfallen wird. Russland musste die freche Herausforderung seiner Feinde annehmen. [...] Im Bewusstsein der gewaltigen Aufgabe, die ihm bevorsteht, und durch die Arbeit seiner inneren Ausgestaltung in Anspruch genommen, hat

10 Russland seit langem zahlreiche Beweise aufrichtiger Frie-
denswünsche gegeben. Diesem Umstand allein ist es zu verdanken, dass Europa in den Jahren 1912–1913, zur Zeit des
Balkankriegs, den Gefahren einer allgemeinen Verwicklung
entgangen ist. […] Sie kennen die Umstände, unter welchen
15 das Ultimatum an Serbien gerichtet wurde. Hätte sich Serbi-
en diesen Bedingungen unterzogen, so wäre es Österreichs
Vasall geworden. Ein gleichgültiges Verhalten unsererseits
hätte die Aufgabe unserer Jahrhunderte alten Rolle als Beschützer der Balkanstaaten bedeutet. Gleichzeitig hätten
20 wir damit zugegeben, dass der Wille Österreichs und des
hinter ihm stehenden Deutschland für Europa Gesetz wäre;
weder wir noch Frankreich, noch England konnte es geschehen lassen.

*Die Kriegsschuldfrage, in: Berliner Monatshefte, Jg. 8, August 1930, S. 749,
nach: Karl Heinrich Peter (Hg), Reden, die die Welt bewegten, Stuttgart (Cotta) 1959, S. 229 ff.**

2 ■ Analysiere die Rechtfertigungen zum Kriegseintritt
und halte Gemeinsamkeiten und Unterschiede fest.

3 ■ Untersuche die Materialien quellenkritisch.

M7 Wirtschaftsleistung der europäischen Grossmächte 1871–1914

	Jahr	Gross-britan-nien	Russ-land	Frank-reich	Deutsch-land	Öster-reich-Ungarn
Einwoh-ner in Mio.	1870	31	75	36	40	37
	1900	42	126	39	56	45
	1914	45	157	41	68	53
Stein-kohle in Mio. t	1870	117	9	16	33	7
	1900	227	18	33	109	119
	1914	292	29	41	190	120
Roh-eisen in Mio. t	1870	6 059	300	1 178	1 381	403
	1900	8 700	2 900	2 700	7 900	1 000
	1914	10 400	4 200	5 200	17 600	2 400
Eisen-bahn in 1 000 km	1870	25 000	11 243	17 931	19 575	9 589
	1900	35 600	49 000	36 400	49 900	20 400
	1914	37 650	61 000	50 250	62 400	45 000

Nach: Berthold Wiegand (Hg.), Der Erste Weltkrieg und der ihm folgende Friede, Frankfurt/M. (Cornelsen) 1982, S. 23

5 ■ Erläutere, welche Aussagen zum Kriegsverlauf die
Daten in M7 zulassen.

M5 In London feiern Menschen den Kriegsausbruch, August 1914

M6 Mobilmachung deutscher Soldaten, August 1914

4 ■ Versetze dich in die
dargestellten Personen
und beschreibe ihre
Einstellung zum Krieg.

Der Kriegsverlauf

M1 **Deutscher Angriff auf Frankreich 1914 nach dem Schlieffenplan**

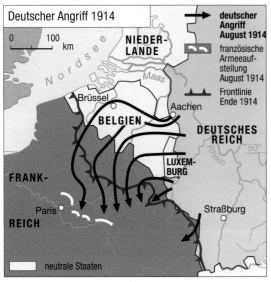

Deutscher Angriff 1914

0 — 100 km

NIEDERLANDE

deutscher Angriff August 1914

französische Armeeaufstellung August 1914

Frontlinie Ende 1914

Nordsee

Maas

Brüssel

Aachen

BELGIEN

DEUTSCHES REICH

Rhein

50°

LUXEMBURG

FRANK-REICH

Paris

Straßburg

Seine

neutrale Staaten

M2 **Paul von Hindenburg und Erich Ludendorff, die „Helden" von Tannenberg.**

Seit August 1916 bildeten Generalfeldmarschall von Hindenburg (links) und Stabschef Ludendorff die Oberste Heeresleitung (OHL). Ausgestattet mit umfassenden Vollmachten trug Deutschland von 1917 bis 1918 Züge einer Militärdiktatur

Vom Bewegungs- zum Stellungskrieg im Westen

Am Morgen des 4. August 1914 marschierten deutsche Truppen in Belgien ein. Sieben deutsche Armeen mit insgesamt 1.6 Mio. Soldaten sollten gemäss Schlieffenplan (M 1) mit einem grossen und raschen Umfassungsmanöver die französischen Truppen einkesseln und Paris zur Kapitulation zwingen. Jedes Tagesziel des Heeres war genau festgelegt. Gegenzüge des Feindes und Zeit für unvorgesehene Schwierigkeiten waren nicht eingeplant. Belgiens Versuch, seine Neutralität zu verteidigen, wurde rücksichtslos niedergeschlagen. Anfang September war die Marne überschritten und Paris war nur noch 50 Kilometer entfernt. Der am 4. September beginnende französisch-britische Gegenangriff beendete die deutsche Offensive. Da beiden Seiten die Kräfte zu einem entscheidenden Durchbruch fehlten, gruben sich die Heere in festen Stellungen entlang einer ca. 700 Kilometer langen Front ein, die von der Schweizer Grenze bis zum Ärmelkanal reichte. Zwischen 1915 und 1917 blieb der Stellungskrieg das wesentliche Merkmal der Westfront, wobei beide Seiten in grösseren Offensivaktionen den Durchbruch an der Front zu erzwingen versuchten (Verdun, Frühling 1916; Somme, Sommer 1916). Die erfolglosen Offensiven bezahlten weit über eine Million Soldaten mit dem Leben.

Krieg im Osten und im Nahen Osten

Entgegen der deutschen Annahme marschierten russische Truppen bereits Mitte August in Ostpreussen ein und schwächten den deutschen Vormarsch im Westen, da sich die Oberste Heeresleitung (OHL) gezwungen sah, Soldaten von der Westfront abzuziehen, um den russischen Vormarsch zu stoppen. Dies gelang Ende August 1914 bei Tannenberg. Mit diesem Sieg begann der innenpolitische Aufstieg von Hindenburg und Ludendorff, den militärischen Befehlshabern an der Ostfront, die von der deutschen Propaganda als „Helden" gefeiert wurden (M 2). Erfolgreicher gestaltete sich die russische Offensive gegen Österreich-Ungarn. Ihr Vorstoss nach Galizien führte zu grossen Verlusten des Gegners. Nur mit Unterstützung deutscher Truppen konnte die Front stabilisiert werden. Auch der von manchen Beteiligten als „Spaziergang" vorgestellte Feldzug Wiens gegen Belgrad wurde zum Fiasko. Erst die Entscheidung der OHL in Berlin, deutsche Armeen aus der Westfront zu lösen, um den Bündnispartner auf dem Balkan zu unterstützen, führte im Herbst 1915 zur Wende.

Im Mai 1915 erklärte Italien Österreich-Ungarn den Krieg. Die Aussicht auf grössere Gebietsgewinne bei einem Sieg der Entente gaben dabei den Ausschlag. Gekämpft wurde an diesem Frontabschnitt in den Alpen. Schnee, Eis und Kälte dominierten den Stellungskrieg. Im Herbst 1914 trat das Osmanische Reich auf der Seite der Mittelmächte in den Krieg ein. Russland erhielt damit einen neuen Gegner, der auch den Zugang zum Schwarzen Meer kontrollierte. Der osmanische

Vorstoss im Kaukasus und zum Suezkanal wurde zwar abgewehrt, das britische Landungsunternehmen mit neuseeländischen und australischen Truppen zur Einnahme der Dardanellen scheiterte im Herbst 1915 bei Gallipoli jedoch ebenfalls. Erfolgreich war hingegen der von britischer Seite initiierte und militärisch unterstützte arabische Aufstand.

Kriegseintritt der USA 1917 Die Vereinigten Staaten von Amerika hatten sich bei Kriegsbeginn für militärisch neutral erklärt, lieferten aber wegen der britischen Wirtschaftsblockade und der bereits bestehenden Handelsbeziehungen vor allem an die Entente-Mächte kriegswichtige Güter. Ein grosser Teil dieser Produkte wurde mithilfe amerikanischer Kredite gekauft. Um den amerikanischen Nachschub zu unterbinden, setzte die deutsche Militärführung U-Boote ein. Seit Februar 1917 wurden von diesen auch unbewaffnete Handels- und Passagierschiffe der USA angegriffen, weil angenommen wurde, dass sie Kriegsgüter für die Entente transportierten. Die amerikanische Regierung sah darin einen Bruch des Völkerrechts und erklärte Deutschland im April 1917 den Krieg.

Revolution in Russland 1917 Seit 1915 bestimmten die Mittelmächte das militärische Geschehen an der Ostfront. Ende 1916 schien Russland geschlagen: Tausende von hungernden, demoralisierten russischen Soldaten verliessen die Armee. Gleichzeitig streikten Arbeiter in den Rüstungsfabriken und demonstrierten Frauen in den Städten gegen die schlechte Lebensmittelversorgung. Aus der Forderung nach Frieden und Brot entwickelte sich rasch eine politische Bewegung, die stark genug war, im Februar 1917 das Zarenregime zu stürzen. Die deutsche Hoffnung auf einen Separatfrieden mit Russland erfüllte sich jedoch erst mit der Machtergreifung der Bolschewiki im Oktober 1917. Der Friedensvertrag von Brest-Litowsk mit Deutschland im März 1918 legte dem sozialistischen Russland harte Bedingungen auf. Es verlor im Westen weite Gebiete einschliesslich des polnischen Teilungsgebiets; Finnland und die Ukraine wurden zu selbstständigen Staaten erhoben.

Zusammenbruch der Mittelmächte 1918 Die Entlastung an der Ostfront führte im Frühling zu einer letzten deutschen Offensive im Westen, die zu grösseren Geländegewinnen führte, den entscheidenden Durchbruch jedoch nicht erzwingen konnte. Die alliierte Gegenoffensive im Sommer hingegen führte schrittweise zum Rückzug der deutschen Armee, die im Gegensatz zu den Alliierten ihre materiellen und personellen Verluste nicht mehr ersetzen konnten. Angesichts des bevorstehenden militärischen Zusammenbruchs forderte die OHL am 29. September sofortige Waffenstillstandsverhandlungen. Am 11. November 1918 wurde in Compiègne der Waffenstillstand unterschrieben. Das Waffenstillstandsabkommen verpflichtete die Verlierer, die besetzten Gebiete zu räumen, die Kriegswaffen und die gesamten Hochseeflotten zu übergeben sowie Reparationen als Wiedergutmachung für die Kriegsschäden zu zahlen.

1 ■ Nenne und begründe drei zentrale Ereignisse, welche für den Fortgang des Krieges zwischen 1914 und 1918 von entscheidender Bedeutung waren.
2 ■ Erkläre aus der Sicht des britischen oder französischen Kriegsministers, worin die Notwendigkeit und die Gefahr eines Einsatzes von Kolonialtruppen bestand.

M3 Senegalesischer Soldat in Marschausrüstung.

Der Erste Weltkrieg fand auch in den Kolonien statt. Es kämpften aber auch zahlreiche Soldaten aus den Kolonien auf den europäischen Kriegsschauplätzen. Grossbritannien und Frankreich als traditionelle Kolonialmächte rekrutierten Hunderttausende Menschen aus ihren Kolonialgebieten, die als Armeekräfte ihrer Kolonialmacht dienten und für sie starben

M 4 **Zur Verantwortung Deutschlands für den Kriegsausbruch**

a) Der deutsche Historiker Fritz Fischer, 1961:

Bei der angespannten Weltlage des Jahres 1914, nicht zuletzt als Folge der deutschen Weltpolitik – die 1905, 1909 und 1911 bereits drei gefährliche Krisen ausgelöst hatte –, muss-te jeder lokale Krieg in Europa, an dem eine Grossmacht
5 unmittelbar beteiligt war, die Gefahr eines allgemeinen Krie-ges unvermeidbar nahe heranrücken. Da Deutschland den österreichisch-serbischen Krieg gewollt und gedeckt hat und, im Vertrauen auf die deutsche militärische Überlegen-heit, es im Juli 1914 bewusst auf einen Konflikt mit Russland
10 und Frankreich ankommen liess, trägt die deutsche Reichsführung den entscheidenden Teil der historischen Verantwortung für den Ausbruch des allgemeinen Krieges. […]
Die deutsche Politik im Juli 1914 darf nicht isoliert gesehen
15 werden. Sie erscheint erst dann im rechten Licht, wenn man sie als Bindeglied zwischen der deutschen „Weltpolitik" seit Mitte der 90er-Jahre und der deutschen Kriegszielpolitik seit dem August 1914 betrachtet.

Fritz Fischer, Der Griff nach der Weltmacht. Die Kriegszielpolitik des kaiserli-chen Deutschland 1914/18, Düsseldorf (Droste) 1967, S. 82 und 85*

b) Der deutsche Historiker Gerd Krumeich, 2010:

Am 5. Juli traf der österreichische Sondergesandte Alexan-der Graf von Hoyos in Berlin ein, um die Zielsetzungen und Verhaltensweisen der beiden Bündnispartner miteinander abzustimmen. Kaiser Wilhelm II. sicherte Hoyos die deut-
5 sche Unterstützung für alle eventuellen österreichischen Massnahmen gegen Serbien zu, machte allerdings deren sofortige militärische Umsetzung zur Bedingung. Diese un-kritische und unbedingte Unterstützung wird gemeinhin als „Blanko-Scheck" bezeichnet. Nach Abschluss der „Mission
10 Hoyos" verabschiedeten sich der Kaiser und wichtige militä-rische Führer vorerst in den Sommerurlaub. Das war natür-lich keine reine Naivität, sondern ein durchdachtes Manö-ver mit zwei Zielsetzungen: Zum einen sollte dem europäischen Ausland ein ruhiges Deutschland präsentiert
15 werden, welches keine Zuspitzung der Krise erwartete. Zum anderen glaubte man, dass ein schnelles, entschlossenes Handeln Österreich-Ungarns die anderen Mächte daran hindern würde, in den Konflikt mit Serbien einzugreifen. So vertraute Kanzler Bethmann-Hollweg seinem Sekretär Kurt
20 Riezler an: „Ein schnelles *fait accompli* [vollendete Tatsache] und dann freundlich gegen die Entente – so kann der Choc vermieden werden."[1]
Dies war eine Taktik, die Gottlieb von Jagow, [deutscher] Staatssekretär des Äusseren, die „Lokalisierung" des Konflik-
25 tes nannte. Jagow erläuterte seine Sicht der Dinge in einem umfänglichen Memorandum vom 15. Juli 1914: Lokalisie-rung bedeutete demnach die deutsche Forderung an die

europäischen Mächte, sich nicht in einen Konflikt zwischen Österreich-Ungarn und Serbien einzumischen. Denn das europäische Bündnissystem sei so angespannt und starr ge-
30 worden, dass bei Einhaltung aller gegenseitigen Verpflich-tungen ein Krieg kaum noch vermieden werden könne. Als sich die englische Regierung, den seit Jahrhunderten etab-lierten Regeln des Konzerts der Mächte folgend, für eine Konferenz aller im Konflikt „nicht interessierten" Mächte
35 einsetzte, um eine freundschaftliche Lösung herbeizuführen, reagierten Jagow und seine Mitarbeiter recht engstirnig mit Ablehnung. Eine solche Botschafterkonferenz gefährde – so ihr Argument – die erforderliche „Lokalisierung" des Serbi-en-Problems und führe somit womöglich zu einem allge-
40 meinen Krieg. Jagow erklärte unter anderem (und diese Meinung wird von Riezler, der in seinem Tagebuch den Standpunkt des Kanzlers deutlich macht, eindeutig geteilt), die deutsche Forderung nach einer solchen „Lokalisierung" des Serbien-Konflikts sei auch ein Test auf die Haltung Russ-
45 lands. Die Aufmerksamkeit galt also Russland, nicht Frank-reich, das Nachbarland war aus deutscher Sicht nur ein auf-geregter Helfer des Zarenreichs. Die deutsche Regierung glaubte, für den Fall, dass Russland Serbien politische oder gar militärische Hilfe zukommen liesse, dass dies den kriegs-
50 treiberischen Geist und die panslawistischen Ambitionen der Russen endgültig beweisen würde. In diesem Falle wäre es aber sinnvoll – so das alte, inzwischen schon recht abge-droschene Argument – sofort den Krieg gegen Russland zu eröffnen. Nur so könne man der für 1916 erwarteten nu-
55 merischen Überlegenheit der russischen Armee begegnen, da diese dann die geplanten Eisenbahntrassen fertiggestellt habe, was einen zügigen Angriff auf Deutschland ermög-lichen würde. Es galt also, mit anderen Worten, den durch die russischen Massnahmen gefährdeten deutschen
60 Aufmarschplan, den Schlieffenplan, zu retten.

Jean-Jacques Becker/Gerd Krumeich, Der grosse Krieg. Deutschland und Frankreich im Ersten Weltkrieg 1914–1918, Essen (Klartext) 2010, S. 67 f.*

1 Kurt Riezler: Tagebücher, Aufsätze, Dokumente, Göttingen 1972, S. 185.

3 ■ Vergleiche die beiden Argumentationen zur Verantwortung der deutschen Regierung für den Kriegsausbruch.
4 ■ Wähle eine der beiden Stellungnahmen aus und skizziere eine begründete Gegenposition.
5 ■ Beschreibe den Kriegsverlauf bis Ende 1916 aus der Sicht der Mittelmächte (M 5, obere Karte).
6 ■ Halte die Änderungen auf dem europäischen Kriegsschauplatz zwischen 1916 und 1918 fest (M 5, untere Karte). Nimm auf dieser Grundlage Stellung zur Haltung Deutschlands, an einem „Siegfrieden" festzuhalten, also an einem Frieden, der den Sieg Deutschlands zur Voraussetzung hatte.

M5 **Der Erste Weltkrieg in Europa**

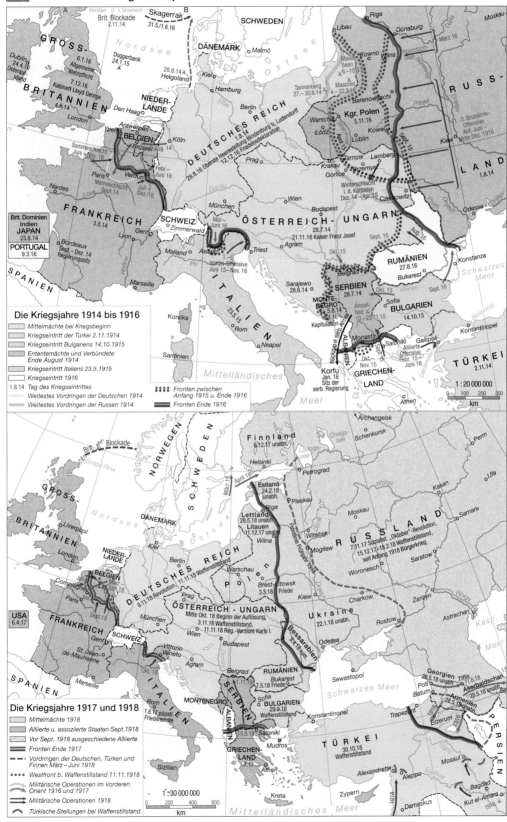

Die Kriegsjahre 1914 bis 1916

- Mittelmächte bei Kriegsbeginn
- Kriegseintritt der Türkei 2.11.1914
- Kriegseintritt Bulgariens 14.10.1915
- Ententemächte und Verbündete Ende August 1914
- Kriegseintritt Italiens 23.5.1915
- Kriegseintritt 1916

1.8.14 Tag des Kriegseintrittes

- Weitestes Vordringen der Deutschen 1914
- Weitestes Vordringen der Russen 1914
- Fronten zwischen Anfang 1915 u. Ende 1916
- Fronten Ende 1916

1 : 20 000 000
100   200   300
km

Die Kriegsjahre 1917 und 1918

- Mittelmächte 1918
- Alliierte u. assoziierte Staaten Sept. 1918
- Vor Sept. 1918 ausgeschiedene Alliierte
- Fronten Ende 1917
- Vordringen der Deutschen, Türken und Finnen März – Juni 1918
- Westfront b. Waffenstillstand 11.11.1918
- Militärische Operationen im Vorderen Orient 1916 und 1917
- Militärische Operationen 1918
- Türkische Stellungen bei Waffenstillstand

1 : 30 000 000
200   400   600
km

343

Der Krieg an der Front

M1 Französischer Sturmangriff mit getroffenem Soldaten bei Verdun, 1916

Kriegserwartungen

Zuversichtlich und begeistert waren viele Männer in den Krieg gezogen. Auch meldeten sich in den ersten Kriegsmonaten viele Freiwillige, deren Beweggründe einer Mischung aus nationalem Überschwang, sozialem Anpassungsdruck und zeitspezifischen Rollenbildern entsprach. Ob Wehrpflichtiger oder Kriegsfreiwilliger – die Soldaten rechneten zumeist mit einem kurzen Waffengang und nicht mit einem jahrelangen zähen und blutigen Ringen mit Millionen von Toten und Verstümmelten. Nach der Anfangseuphorie setzte jedoch bei den Soldaten angesichts der dann eintretenden Realität rasch eine distanzierte Haltung zum Krieg und seiner angeblichen Sinnhaftigkeit ein. Das militärische Ordnungs- und Rechtsprinzip von Befehl und Gehorsam sorgte allerdings für die Disziplinierung und die nötige Bereitschaft, den Krieg fortzuführen, in dem es für die meisten Soldaten bald nur noch darum ging, ihn zu überleben.

Überblick Erster Weltkrieg
cornelsen.de/Webcodes
Code: xocuxa

Krieg im Industriezeitalter

Vorstellungen vor 1914 über die Realitäten eines künftigen Krieges zwischen modernen Industriestaaten existierten nur vereinzelt. Dementsprechend brutal wurden Militär und Politik mit der Wirklichkeit konfrontiert, stellten sich jedoch rasch auf die veränderten Rahmenbedingungen ein. So kämpfte die französische Infanterie beispielsweise in den Augusttagen noch in ihren farbenfrohen Felduniformen in der Tradition der Kriege im 19. Jahrhundert, bestehend aus roten Hosen und blauen Mänteln, womit sie den feindlichen Schützen ideale Zielscheiben boten. Auch die bis anhin vom Militär bevorzugte Offensive konnte, sofern sie in einen auf breiter Front vorgetragenen Sturmangriff mündete, durch Maschinengewehrfeuer wirksam bekämpft werden (M 1). Neben dieser Waffe wurden Handgranate und die Artillerie zur wirksamsten Waffe im Stellungskrieg. Daneben entwickelte und „verbesserte" die Kriegsindustrie weitere Waffen und Waffensysteme, die im Ersten Weltkrieg zum Einsatz kamen: Flammenwerfer, Giftgas, Panzer (Tank), Flugzeuge, U-Boote und Minen.

Grabenkrieg und Frontalltag

Nach dem Scheitern des deutschen Vorstosses im Westen änderte sich die Form des Krieges. Die Armeen gruben sich in Verteidigungsstellungen ein. Aus anfangs provisorischen Gräben entstand ein ausgeklügeltes tief gestaffeltes Grabensystem mit Unterständen, Maschinengewehrstellungen, Stacheldrahtverhauen und Fallen, die einen Durchbruch in die Stellung unmöglich machen sollten. Das Leben in den Schützengräben prägte das Soldatenleben auch an der Balkan- und Italienfront, selbst im Osten, wo der Bewegungskrieg stärker ausgeprägt war. Zahlreiche Erinnerungen zeugen von einem monotonen, entbehrungsreichen Leben, geprägt von Angst und der Alltäglichkeit des Todes. Die hygienischen Zustände waren katastrophal. Sanitäre Einrichtungen gab es nur in den rückwärtigen Stellungen, Ratten und Läuse waren stetige Begleiter. Der Hitze, Kälte und Feuchtigkeit war man weitgehend schutzlos ausgeliefert. Bei grösseren Regenfällen standen die Gräben unter Wasser. Ruhr, Cholera und Typhus forderten immer wieder ihre Opfer. Der Grabenkrieg offenbarte den Soldaten das moderne und zugleich archaische Gesicht des Ersten Weltkrieges. Das moderne Gesicht zeigte sich im unpersönlichen „Töten auf Distanz" durch die Artillerie, die bis zu zehn Kilometer entfernt von den gegnerischen Linien positioniert war. Das archaische, altertümliche Gesicht hingegen zeigte sich im Kampf Mann gegen Mann bei Sturmangriffen zur Überwindung der gegnerischen Verteidigungsstellungen, in dem mit Spaten, Bajonett und selbst gebastelten Keulen Aug in Aug gerungen und getötet wurde.

Verdun

Im Februar 1916 entschied die militärische Führung Deutschlands, wieder die Initiative an der Westfront zu ergreifen. Nach den Plänen des obersten Chefs der Heeresleitung von Falkenhayn sollte die Entscheidung nicht in einem grossen Durchbruch, sondern durch eine Ermattungsstrategie erreicht werden. Im Dauerfeuer der deutschen Artillerie und mit Vorstössen der Infanterie sollten die französischen Kräfte so hohe Verluste hinnehmen, dass ihr Wille, den Krieg fortzuführen, gebrochen werden sollte. Die „Hölle von Verdun" sollte zum Symbol für die Sinnlosigkeit des Krieges und den menschenverachtenden Zynismus der Kriegsführung werden.

Der deutsche Angriff begann in Verdun am 21. Februar mit einem mehrtägigen Artilleriebeschuss aus rund 1200 Kanonen, dessen Donner bis nach Deutschland zu hören war. Auf das Trommelfeuer erfolgte der Sturmangriff, der erstmals mit Flammenwerfern, dem neuen Stahlhelm und mit Giftgas erfolgte, das durch Artillerie verschossen wurde. In den ersten Tagen kam der deutsche Angriff zügig voran, die französische Militärführung verzichtete jedoch nach anfänglichem Zögern darauf, das Festungswerk von Verdun aufzugeben, und es gelang unter grossen Anstrengungen, die Front zu stabilisieren. Ab Mai folgten französische und deutsche Angriffe aufeinander, und bis Ende 1916 hatte die französische Armee weitgehend alle verlorenen Positionen wieder zurückerobert. Allein bis Juni 1916 zählte man eine halbe Million gefallene, vermisste und verletzte Soldaten. Die Gesamtverluste am Ende der Schlacht am 19. Dezember 1916 betrugen etwa 800000 Gefallene und Verwundete.

1 ■ Versetze dich in einen Soldaten kurz vor dem Sturmangriff und beschreibe, was in ihm vorgeht (M1).

2 ■ Fasse den Frontalltag der Soldaten zusammen und erkläre, wie diese Erfahrungen ihn wohl prägten.

M2 Leben im Schützengraben, deutsche Soldaten an der Westfront, Januar 1915

M3 Französischer Soldat auf Rattenjagd, Januar 1915

M4 Britische Granaten an der Westfront, undatiert

M5 **Der Krieg aus der Perspektive der Soldaten**

a) Der 24-jährige Jurastudent Walter Limmer aus Leipzig, 1914:

Leipzig (leider immer noch!), 3. August 1914

Hurra! Endlich habe ich meine Beorderung: morgen vormittag 11 Uhr in einem hiesigen Lokal. Stunde um Stunde habe ich auf meinen Befehl gewartet. Heute vormittag traf ich
5 eine junge bekannte Dame; ich schämte mich fast, mich in Zivilkleidern vor ihr sehen zu lassen. – Auch Ihr, meine guten Eltern, werdet mir recht geben: Ich gehöre nicht mehr ins friedliche Leipzig. Liebe Mutter, halte Dir bitte, bitte immer vor Augen, was ich seit gestern im Wechsel der Stim-
10 mungen gelernt: Wenn wir in diesen Zeiten an uns und unsere Angehörigen denken, werden wir klein, schwach. Denken wir an unser Volk, ans Vaterland, an Gott, an alles Umfassende, so werden wir mutig und stark.

Leipzig, 7. August 1914

15 Ich bin doch froh, dass wir noch einige Tage hiergeblieben sind. So habe ich Zeit gewonnen, meine Gedanken zu ordnen und aus den schwankenden Stimmungen wieder in die Gewalt zu bekommen. Die ersten Vorstellungen vor nun acht Tagen über die nicht mehr nur möglichen, sondern
20 wirklich und leibhaftig herannahenden Schrecken haben gewiss jeden Soldaten etwas beklemmt, und am ersten Schlachttag wird sicherlich das Grauen im Herzen wieder Posto fassen wollen. Aber jetzt kommt es nicht mehr in unvorbereitete, unsichere Gemüter. Ich persönlich habe meine
25 volle Ruhe wiedergewonnen. Ich habe mir meine Situation so zurechtgelegt, als müsste ich schon jetzt mit dieser Welt abschliessen, als käme ich bestimmt nicht wieder heim. Und das gibt mir Ruhe und Sicherheit. Lieber Vater, gute Mutter, herzliche Geschwister, nehmt es bitte, bitte nicht für Grau-
30 samkeit, aber es wird gut sein, wenn auch Ihr Euch schon jetzt voll tapferen Mutes und fester Selbstbeherrschung mit dem Gedanken vertraut macht, dass Ihr mich oder einen meiner Brüder nicht wiederseht. Kommt dann eine wirkliche Unglücksnachricht, so werdet Ihr sie viel gefasster auf-
35 nehmen. Kehren wir aber alle wieder heim, so dürfen wir das dann als ein unerwartetes, um so gütigeres und herrliches Geschenk Gottes hinnehmen. Ihr werdet mir glauben, dass mir die Sache in ihrem Ernst viel zu heilig ist, als dass ich etwas Phrasenhaftes ausgesprochen hätte. Jedenfalls habe ich
40 die Absicht, draufzugehen „wie Blücher". [...] Und die Stimmung ist allgemein so unter den Soldaten, besonders seit Englands Kriegserklärung die Nacht in der Kaserne bekannt wurde. Damals haben wir vor Aufregung, Wut und Begeisterung bis früh 3 Uhr nicht geschlafen. Es ist eine Lust, mit
45 solchen Kameraden zu ziehen. Wir werden siegen! Das ist bei solch kraftvollem Willen zum Sieg gar nicht anders möglich. Meine Teuren, seid stolz, dass Ihr in solcher Zeit und solchem Volke lebt und dass Ihr auch mehrere Eurer Lieben in diesem stolzen Kampf mitsenden dürft.

Im Eisenbahnzug
50 Erhebend und packend war unser Abmarsch. Die Bedeutung und zugleich die Gefahren, die den Hintergrund eines solchen Ausmarsches bilden, gaben ihm eine wunderbare Weihe. [...] Es ist, als erlebte man in einer Stunde so viel als sonst in Monaten und Jahren – diese Begeisterung! Das
55 ganze Bataillon hatte Uniform und Helm mit Blumen geschmückt. Unermüdlich Tücherschwenken aus allen Fenstern und Strassen, tausend Hurras! Hüben und drüben, und dazu die immer wiederholte, ewig neue und wunderbare Versicherung der Soldaten: „Fest steht und treu die
60 Wacht am Rhein!" Diese Stunde, die selten schlägt im Leben der Völker, ist so gewaltig und ergreifend, dass sie allein viele Anstrengungen und Entbehrungen aufwiegt.

Südlich von Châlons, 9. September 1914

Immer noch wütet diese fürchterliche Schlacht, nun schon
65 den vierten Tag! Bis jetzt bestand sie, wie fast jedes Gefecht in diesem Krieg, beinahe nur in furchtbaren Artilleriekämpfen. – Diesen Brief schreibe ich in einem grabartigen, etwa 40 cm tiefen, selbst geschaufelten Lager der Schützenlinie. Die Granaten schlugen heute vor und hinter uns so häufig
70 ein, dass man es als ein Geschenk Gottes betrachten muss, wenn man heil davonkam.

Attigny, 20. September 1914

Meine lieben, guten Eltern, teure Geschwister! Ja, ich kann es selbst noch nicht recht fassen, aber es ist wahr, ich bin (ver-
75 wundet) auf dem Wege zu Euch und zur Heimat. Oh, was ich glücklich bin, wieder eine lichtere Welt zu sehen als diese Welt des Schreckens! Endlich bin ich von dem dumpfen Gedanken erlöst, der mich stets umgarnte, dass ich Euch und Eure Welt nie wiedersehen würde. Wenn nicht ein besonde-
80 res, widerwärtiges Ereignis dazwischen tritt, habe ich vom Schicksal die Hoffnung wiedergeschenkt erhalten, Euch noch einmal in die lieben Augen schauen zu dürfen.

Vier Tage darauf starb Walter Limmer im Lazarett zu Luxemburg am Wundstarrkrampf.
85

Zit. nach: Philipp Witkop (Hg.), Kriegsbriefe gefallener Studenten, München (Langen/Müller) 1928, S. 241 f.*

3 ■ Beschreibe und erkläre, wie sich die Haltung von Walter Limmer gegenüber dem Krieg in den Monaten August und September 1914 entwickelte.

b) Brief des französischen Bäckers René Jacob bei der Rückkehr in die Grabenstellung bei Soissons in Nord-West-Frankreich, September 1915:

Wie soll man es beschreiben? Mit welchen Worten? Gerade sind wir durch Meaux gezogen, die Stadt ist ausgestorben und still. Meaux mit seinen auf der Marne versenkten Schiffen und seiner zerstörten Brücke. Danach haben wir die Landstrasse nach Soissons genommen und die Stelle er-
5 klommen, die uns auf die nördliche Hochebene führt. Und auf einmal, als würde man einen Theatervorhang vor uns

lüften, erschien vor uns das Schlachtfeld mit all seinem Grauen. Leichname von Deutschen am Rand der Landstras-
10 se. In den Senken und Feldern schwärzliche, grünliche zerfallene Leichname, um die herum unter der Septembersonne Mückenschwärme schwirren: Menschliche Leichname in merkwürdiger Haltung, die Knie in die Luft gestreckt oder einen Arm an die Böschung des Laufgrabens gelehnt; Pfer-
15 dekadaver, was noch schmerzlicher als menschliche Leichname ist, mit auf dem Boden verstreuten Gedärmen; Leichname, die man mit Kalk oder Stroh, Erde oder Sand bedeckt, die man verbrennt oder begräbt. Ein schrecklicher Geruch, ein Beinhausgeruch steigt aus dieser Verwesung hervor. Er
20 packt uns an der Kehle, und für viele Stunden wird er nicht ablassen. Gerade als ich diese Zeilen schreibe, fühle ich ihn

noch um mich, was mir das Herz zuschnürt. Vergeblich bemüht sich der in Böen über die Ebene wehende Wind all dies wegzufegen; es gelang ihm, die Rauchwirbel zu vertreiben, die von diesen brennenden Stapeln aufstiegen; aber er 25 vermochte nicht den Geruch des Todes zu vertreiben: Schlachtfeld habe ich vorher gesagt. Nein, nicht Schlachtfeld, sondern Gemetzelfeld. Denn die Leichname, das hat nichts zu bedeuten. Bis jetzt habe ich Hunderte ihrer verzerrten Gesichter und ihre verrenkten Haltungen gesehen 30 und vergessen. Aber, was ich niemals vergessen werde, ist die Verschandelung der Dinge, die grässliche Verwüstung der Hütten, das Plündern der Häuser.

Zit. nach: Michael Epkenhans, Der Erste Weltkrieg, Paderborn (Schöningh) 2015, S. 91 f.

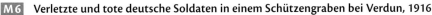
M 6 ■ **Verletzte und tote deutsche Soldaten in einem Schützengraben bei Verdun, 1916**

4 ■ Beschreibe den Alltag der Soldaten (M 5 a und b). Erkläre, warum die Situation in den Schützengräben besonders belastend war.

5 ■ Setze dich kritisch mit den beiden unterschiedlichen Quellen auseinander und erkläre, welche Kernaussagen zum Ersten Weltkrieg sie enthalten. Ziehe M 6 hinzu.

6 ■ Nimm aus der Sicht der französischen Zensurbehörde Stellung zu den beiden Quellen und erkläre, was für bzw. gegen ihre Veröffentlichung spricht.

7 ■ Erläutere die Folgen des Krieges für die überlebenden Soldaten. Bedenke dabei die körperlichen und seelischen Folgen.

Der Krieg an der Heimatfront

M1 Plakate, die zur Zeichnung von Kriegsanleihen aufriefen

a) Grossbritannien, 1915

b) Deutschland, 1916

Mobilisierung der Bevölkerung

In der Überzeugung, das Deutsche Reich führe einen Verteidigungskrieg, billigten auch die Sozialdemokraten – die stärkste parlamentarische Kraft – am 4. August 1914 die von der Regierung beantragten Kriegskredite. Eine solche Entscheidung, zugunsten der Verteidigung des Vaterlandes die Gegensätze mit den innenpolitischen Gegnern bis zum Sieg zurückzustellen (Burgfrieden), traf auch die Mehrheit der Sozialisten in anderen europäischen Staaten. Sie gewichteten die Interessen ihrer Nation höher als die im Vorfeld des Krieges propagierte internationale Solidarität der Arbeiterklasse. Auch andere bedeutende gesellschaftliche, politische und kirchliche Organisationen und Vereinigungen unterstützten die Kriegspolitik ihrer jeweiligen Regierung.

Der Erste Weltkrieg mobilisierte wie kein Krieg zuvor auch die Zivilbevölkerung, wobei der Einzelne in unterschiedlicher Weise betroffen war. So wurden die Menschen in den besetzten Gebieten West- und Osteuropas mit der Brutalität des Krieges direkt konfrontiert. Kriegsfernere Länder wie Deutschland und Österreich hingegen hatten hingegen stark unter Hunger zu leiden. Die Abwesenheit der Männer und das millionenfache Leid wegen verletzter, verstümmelter und toter Angehöriger wurden in allen kriegführenden Staaten geteilt.

Kriegswirtschaft

Die beteiligten Mächte rechneten nicht mit einem langen Krieg. Deshalb wurde die Versorgung der Truppen mit Waffen, Munition und Ausrüstungsgegenständen rasch zu einem Problem. Es wurden staatliche Abteilungen eingerichtet, die die Aufgabe übernahmen, die notwendigen Ressourcen für die Weiterführung des Krieges zu organisieren. In diesem Prozess flossen staatliche und ökonomische Interessen der Privatwirtschaft ineinander. Als Folge davon fand in der Industrie ein Konzentrationsprozess statt, und die Gewinne grosser Firmen nahmen im Vergleich zur Vorkriegszeit stark zu. Die Kriegsfinanzierung war in allen Ländern so angelegt, dass die erwarteten Kosten dem Verlierer aufgebürdet werden sollten. Dafür wurden Wertpapiere aufgelegt, die von der Bevölkerung gekauft und nach dem Sieg von den Kriegsverlierern zu einem festen Zins zurückgezahlt werden sollten (Kriegsanleihen, engl. Bonds, M1). Zudem wurde die Notenpresse angekurbelt, was die kriegsbedingte Inflation verstärkte. Forderungen nach einer Abschöpfung von Kriegsgewinnen durch den Staat, die dessen Verschuldung und die wachsende Geldentwertung zumindest teilweise entschärft hätte, konnten nicht durchgesetzt werden.

Versorgung der Bevölkerung

Im Gegensatz zu Deutschland und Österreich-Ungarn gelang es der französischen und englischen Führung wesentlich besser, die Versorgung der Zivilbevölkerung mit Lebensmitteln und Verbrauchsgütern sicherzustellen. Gravierende Mangelerscheinungen waren nur wenig verbreitet. Die Behörden richteten im Gegensatz zur deutschen Führung – seit 1916 stark von der OHL unter Hindenburg und Ludendorff dominiert (s. S. 340) – den kriegswirtschaftlichen Fokus nicht einseitig auf die Rüstungsindustrie. Natürlich erschwerte die britische Seeblockade die Versorgung in Deutschland, die These von der „Hungerblockade" wurde hier jedoch auch gerne als Ausrede für das eigene Versagen gebraucht. Bereits früh ergriff der deutsche Staat Massnahmen, um den Mangel zu verwalten. Grundnahrungsmittel wurden erfasst, rationiert und verteilt (M2). Da die Mengenzuweisungen auf Lebensmittelkarten nicht ausreichten, versuchten sich die Menschen selbst zu versorgen: So legten viele Städter Kleingärten oder „Fensterplantagen" an, hielten – zum Teil in Wohnungen! – Hühner, Kaninchen oder Schweine. Wer genug Geld hatte, besorgte sich die benötigten Produkte auf dem Schwarzmarkt. In Frankreich und England hingegen wurde eine allgemeine Lebensmittelrationierung erst gegen Ende des Krieges eingeführt.

Soziale Gegensätze Die bei Kriegsbeginn in Deutschland propagierte Einheit der Gesellschaft entpuppte sich rasch als Illusion. Die wirtschaftliche Not und die unterschiedlichen Auswirkungen der Kriegswirtschaft, die durchaus auch Gewinner hervorbrachte, vergrösserten die sozialen Gegensätze. Für Arbeiter und Angestellte, die nicht eingezogen wurden, verschärfte die Kriegsgesetzgebung Arbeitsbelastung und Arbeitsbedingungen bei sinkenden Reallöhnen. Tendenziell fand eine Angleichung der Löhne bei den Beschäftigten auf sinkendem Niveau statt. Diese Entwicklung kontrastierte mit den hohen Gewinnen, die Grossbetriebe gerade in der Rüstungsindustrie erwirtschafteten. Da die deutsche Regierung der zunehmenden Verelendung weitgehend tatenlos zusah, erstaunt es nicht, dass soziale Unruhen und Streiks ab 1916 gerade in der deutschen Arbeiterschaft deutlich zunahmen. Dies und eine zunehmende Kriegsmüdigkeit führten dazu, dass die staatliche Legitimität immer mehr infrage gestellt wurde.

Emanzipation der Frauen Die Zivilgesellschaft im Krieg war weitgehend eine weibliche. In den Krieg führenden Staaten mussten die Frauen nicht nur die ihnen traditionell zugeschriebenen Tätigkeiten ausfüllen, sondern waren nun verstärkt auch für die Ernährung ihrer Familien verantwortlich, weil die staatliche Unterstützung häufig nicht genügte. Obwohl im Krieg Frauen in Berufen anzutreffen waren, die vorher Männern vorbehalten waren, bedeutete dies noch nicht, dass sich die Idee der Gleichberechtigung durchgesetzt hätte. Durch die Erfahrungen des Ersten Weltkriegs stieg aber das Selbstbewusstsein der Frauen, denn sie zeigten, dass sie die bisher den Männern vorbehaltenen Tätigkeiten erfolgreich ausführen konnten (M 3). Dieses neue Selbstbewusstsein äusserte sich in einem zunehmenden politischen Bewusstsein und Engagement.

M 2 Warteschlange vor einer Speise- und Lebensmittelausgabestelle, Deutschland, 1916

M 3 Rüstungsarbeiterinnen in einer britischen Munitionsfabrik, 1916

1 ■ Lege dar, mit welchen Mitteln und Massnahmen der Staat die Möglichkeiten schuf, einen mehrjährigen Krieg zu führen.
2 ■ Erläutere die Auswirkungen dieser Politik auf das Leben der Menschen.

M 4 Militärische Mobilisierung und Verluste der wichtigsten europäischen Mächte 1914–1918

	Russland	Grossbritannien	Frankreich	Deutschland	Österreich-Ungarn
Bevölkerung 1910–1911	160 700 000	40 460 000	39 192 000	64 296 000	51 356 000
Männliche Bevölkerung insgesamt 1910–1911	78 790 000	19 638 000	19 254 000	32 040 000	23 374 000
Mobilisierte Männer 1914–1918[1] Anteil an der männl. Bevölkerung in %	13 700 000	6 211 000	8 660 000	13 250 000	8 000 000
Militärische Verluste insgesamt Anteil an der männl. Bevölkerung Mob. männl. Bevölkerung in %	5 409 000	2 438 000	3 120 000	6 193 000	6 400 000
Gefallen Anteil an der männl. Bevölkerung Mob. männl. Bevölkerung in %	1 660 000	745 000	1 420 000	2 045 000	1 100 000
Verwundet Anteil an der männl. Bevölkerung Mob. männl. Bevölkerung in %	3 749 000	1 693 000	1 700 000	4 148 000	5 300 000

1 Altersgrenzen der militärischen Mobilisierung: 18. bis 45. Lebensjahr

Nach: Roger Chickering, Das Deutsche Reich und der Erste Weltkrieg, München (Beck) 2002, S. 235

3 ■ Berechne die militärischen Verluste (M 4), kopiere die Tabelle und ergänze sie durch die jeweiligen Prozentanteile der Verluste.

4 ■ Skizziere die sich daraus ergebenden kurz- und langfristigen Auswirkungen für die Krieg führenden Staaten.

M 5 Trauer über den Tod des Bruders

Die 17-jährige Amalie, Tochter des SPD-Vorsitzenden und späteren Reichspräsidenten Friedrich Ebert, in einem Tagebucheintrag zum Tod ihres Bruders Heinrich, Februar 1917:

12. Februar

Nach langer, langer Zeit habe ich in der Schule geweint. An drei Tagen hintereinander. Heinrich ist am 26. Januar schwer
5 verwundet worden. Ein Granatsplitter drang in den Rücken und verletzte die Lunge. Nun liegt er so mutterseelenallein in der weiten Ferne, vielleicht bei unsäglichen Schmerzen. [...]

15. Februar

Heute Morgen erhielten wir ein Telegramm. Ich beachtete
10 es gar nicht und legte es fort. Da stand meine Mutter auf. Plötzlich hörte ich einen Schrei; sie hat das Telegramm geöffnet. Unser guter Heinrich ist gestorben. Ich kann es nicht glauben, ich kann nicht weinen, denn ich begreife das Wort gestorben nicht. Da sehe ich ihn vor mir, wie er so gutmütig
15 lächelt, ich sehe ihn, wie er zum letzten Male mit uns ging und so herzlich froh war. Wenn ich nun denke, er liegt mit gefalteten Händen unter Blumen in seinem Bett, so kann ich mir sein liebes Gesicht nicht vorstellen. Im Geiste sehe ich, wie man den Sarg hinabsenkt in die kahle Erde, aber
20 dass er, der liebste meiner Brüder, darin liegen soll, dieser Gedanke ist zu gewaltig. Ich kann ihn nicht bezwingen. Es rinnen mir die Tränen, aber mein Herz hat sich diesem Ge-

schick noch nicht erschlossen. Noch steht es fern von mir. Warum soll er gestorben sein. Er, der keinem Menschen etwas zuleide getan hat; der so sprühte vor jugendlicher Le-
25 benskraft. [...] Schon lange Wochen freuten wir uns auf die Wiederkehr. Es sollte so schön werden. Wir wollten ihn pflegen und mit Liebe umgeben. Und er selbst schrieb: Liebe Mutter! Es wird schon wieder werden, nur Kopf hoch!

*Zit. nach: Philipp Witkop (Hg.), Kriegsbriefe gefallener Studenten, München (Langen/Müller) 1928, S. 241 f.**

5 ■ Diskutiert auf der Grundlage von M 4 und M 5 die (dem sowjetischen Dikator Stalin zugeschriebene) Aussage: „Der Tod eines einzelnen Mannes ist eine Tragödie, aber der Tod von Millionen nur eine Statistik".

M 6 Nahrungsmittelbedarf und Lebensmittelrationen im Deutschen Reich, Herbst 1917

Deckung des täglichen Nahrungsmittelbedarfs durch Normalration und Zulage				
Tätigkeit nach körperlicher Anstrengung	Festgesetzter Bedarf in kcal	Erteilte Ration in kcal	Es fehlen in kcal	in %
Normalverbraucher	2 432	1 296	1 136	46,71
Schwerarbeiter	2 945	1 943	1 002	34,02
Rüstungsarbeiter	3 072	2 000	1 072	34,90
Schwerstarbeiter	3 199	2 248	951	29,73
Bergarbeiter	3 500	2 521	979	27,97

Nach: Anne Roerkohl, Hungerblockade und Heimatfront. Die kommunale Lebensmittelversorgung in Westfalen während des Ersten Weltkriegs, Stuttgart (Steiner) 1991, S. 297

M7 Nahrungsmittelration im Deutschen Reich pro Woche, Oktober 1918

50 g Fleisch, 57 g Fett, 25 g Butter, 5 Pfd. Brot, 125 g Hülsenfrüchte, 250 g Mehl, 4–5 Pfd. Kartoffeln, 1 Pfd. Marmelade, ½ l Milch und 1 g Zucker

M9 Aufteilung eines toten Pferdes in München, 1918

6 ■ Erkläre die Lebensmittelrationen und ihre Auswirkungen auf das Leistungsvermögen der betroffenen Arbeiter (M6, M7).

7 ■ Stelle deinen Essensplan eines normalen Tages zusammen und kürze ihn entsprechend der vorliegenden Rationierung für Normalverbraucher (M7).

M8 Anarchische Zustände in Deutschland

Bericht des II. Armeekorps über Hamsterfahrten, Juli 1917:
Ein grosser Übelstand, den die Nahrungsmittelknappheit hervorgerufen hat, lag in den täglichen Raubzügen aufs Land, wo mit Überredung oder auch mit Gewalt in Massen herbeigeschleppt wurde. [...] Mit Wagen und in kleinen
5 Kähnen, die nicht auf der Oder, sondern auf der Regliz herunterkommen, werden Kartoffeln und Gemüse weggeschafft. Auf den Eisenbahnen herrschten teilweise geradezu anarchische Zustände. Das Eisenbahnpersonal, zum grössten Teil aus weiblichen Schaffnern bestehend, war vollkom-
10 men machtlos, und auch die militärische Besatzung der Bahnhöfe war den Massen gegenüber unfähig durchzudringen. Zur Zeit ist es erheblich besser geworden. Das ist aber mehr dem eingetretenen Regenwetter und den jetzt reichlicher zufliessenden Mengen von Kartoffeln und Gemüse
15 zuzuschreiben als den getroffenen Massnahmen, die wegen Mangel an Personal nicht durchgreifend sein konnten. Die staatliche Autorität wurde zeitweise geradezu infrage gestellt.

Zit. nach: Wolfgang Kruse, Der Erste Weltkrieg, Darmstadt (WBG) 2014, S. 104*

8 ■ Erkläre, welche Auswirkungen die Nahrungsmittelknappheit auf Wirtschaft und Gesellschaft in Deutschland insgesamt hatte (M8, M9).

M10 Plakat von 1918

9 ■ Lege den Anlass des Plakats M10 dar und erläutere seine Aussage.

Krieg und Sinnstiftung

M 1 US-Plakat für die Anwerbung von Kriegsfrei-willigen, 1917

Dem Krieg wird ein Sinn unterstellt

Der Krieg fand nicht nur auf den Schlachtfeldern statt. In zahlreichen Reden und Schriften nahmen in allen Ländern Teile der kulturellen und gesellschaftlichen Elite Stellung zu Sinn und Zweck des Krieges. In diesem „Krieg der Geister" waren die Deutungen im Kern gleich: Die eigene Nation führe einen gerechten Krieg, der ihr vom Ausland aufgezwungen worden sei. Auf beiden Seiten prägten die nationalen Selbst- und Fremdbilder diese Sinnstiftungen. Auf der Seite der Entente bildete sich schon bei Kriegsbeginn die Idee heraus, wonach die Kräfte der Zivilisation und Humanität einen Krieg gegen den brutalen deutschen Militarismus führten (M 1). Die deut-sche Seite hingegen argumentierte eher defensiv und sprach von einem heroi-schen „Überlebenskampf des Deutschtums". Dieser Ideologisierung des Krieges, die ihre Entsprechung in der staatlichen Propaganda fand, entzogen sich nur we-nige Intellektuelle. Sie sollte sich für eine rasche Beendigung des Krieges und für die Gestaltung der Nachkriegszeit als grosse Belastung erweisen.

Staatliche Propaganda

Die Regierungen überliessen die Sinnstiftung nicht der Zivilgesellschaft. Zu unsicher schien ihnen die öffentliche Meinung, als sich zeigte, dass sich der erwartete kurze Waffengang in einen langen, opferreichen Krieg verwandelte. Damit rückte die Meinungslen-kung im Inland rasch in den Fokus der staatlichen Propaganda. Man warb um das Vertrauen in die politische und militärische Führung, stellte den Krieg als gerecht dar, versuchte den nationalen Zusammenhalt zu stärken und die Bevölkerung zu mobilisieren. Stark emotional ausgerichtete Botschaften suggerierten der Bevöl-kerung, dass es weniger um politische Interessen als vielmehr um kollektive Wer-tesysteme gehe: um das „Wesen" der eigenen Nation gegen das als bedrohlich empfundene Fremde. Auf diese Weise hofften die Regierungen, den „Durchhalte-willen" des eigenen Volkes zu stärken und die Opfer, die der Einzelne erbrachte, zu rechtfertigen. Die für diese Aufgaben neu geschaffenen staatlichen Einrichtun-gen benutzten dabei Bildplakate, Postkarten, Fotografien und Filme als wichtigste Medienformen.

M 2 Deutsche Postkarte, 1914

Propaganda und Kriegsverbrechen

In diesem Kampf um die öffentliche Meinung im In- und Ausland gerieten Deutschland und Österreich-Ungarn bereits zu Beginn des Krieges in die Defensive. Sie hatten den Krieg begonnen, und Deutschland brach mit der Verletzung der belgischen Neutraliät das Völkerrecht. Zudem hinterliess der rücksichtslose Durchmarsch der deutschen Armee vor allem durch Belgien zerstörte Städte und kostete Tausende von Zivilisten das Leben, darunter auch Frauen und Kinder. Dies ermöglichte der alliierten Meinungslenkung bereits in den ersten Kriegsmonaten, den ideologischen und emotionalen Rahmen gegenwärtiger und künftiger Propaganda abzustecken. Die deutschen Kriegsverbrechen in Belgien rechtfertigten einen Krieg wider die deutsche „Barbarei". An dieser Realität konnte auch die deutsche Rechtfertigung, wonach es sich bei den Opfern um Freischärler gehandelt habe, nichts ändern. Auch der Verweis auf die Verheerungen des russischen Vormarsches in Ostpreussen konnte das Vorgehen der Mittelmächte im Osten nicht rechtfertigen. Denn dort wurden unter dem Vorwand der Spionage oder sonstiger Unterstützung des Feindes allein in den ersten Kriegsmonaten etwa 4 000 Zivilisten durch Soldaten der österreichisch-ungarischen Armee hingerichtet und ganze Dörfer verwüstet (M 3). Die rücksichtslose Behandlung der Bevölkerung in den von österreichisch-ungarischen Truppen besetzten Gebieten passte durchaus zum propagierten Überlebenskampf der eigenen Nation gegen das „Slawentum". Die grössten Kriegsverbrechen beging die türkische Armee mit dem Völkermord an den Armeniern, dem zwischen 800 000 und 1,5 Mio. Menschen zum Opfer fielen.

M 3 Von österreichisch-ungarischen Truppen erhängte serbische Bauern, August 1914

Kriegsziele

Trotz der unterschiedlichen Kriegsziele der Krieg führenden Staaten liefen diese alle auf eine Zerstörung der Vorkriegsordnung hinaus. In welchem Ausmass Deutschland bereits vor dem Krieg Eroberungsziele festgelegt hat, ist umstritten. Im Verlauf des Krieges konkretisierten sich diese Pläne jedoch. Nach den Vorstellungen der Militärs sollte nun die deutsche Hegemonie in der Mitte Europas durch einen Vasallenstatus Belgiens und Polens für immer gesichert und die Kolonien vermehrt werden. Die gegnerische Koalition wollte die europäische Grossmachtstellung des Deutschen Reiches dagegen zerstören, da es sich in ihren Augen als notorischer Friedensstörer erwiesen hatte. Österreich-Ungarn wollte den Krieg zur Befriedung seiner Nationalitätenkonflikte und zur Annexion Serbiens, Montenegros und Rumäniens nutzen. Russland liess sich die seit Jahrzehnten gewünschten Meerengen bei Konstantinopel und somit stärkeren Einfluss auf dem Balkan zusichern. Für Frankreich bot der Krieg die Gelegenheit, Elsass-Lothringen zurückzubekommen, das Saarland hinzuzugewinnen und die Rheingrenze zu kontrollieren. England verlangte die Wiederherstellung der Souveränität der kleinen Staaten, z. B. Belgiens, und wollte sicherstellen, auch in Zukunft die grösste Seemacht zu sein. Sowohl Frankreich als auch Grossbritannien beabsichtigten, die deutschen Kolonien und Gebiete des Osmanischen Reiches im Nahen Osten unter sich aufzuteilen.

Die Realisierung dieser Kriegsziele liess sich nur durch die vollständige Unterwerfung der Gegenseite erreichen. Dies war mitverantwortlich für die fehlende Bereitschaft, den Krieg zu beenden.

1 ■ Lege Ziele, Mittel und Inhalte der Kriegspropaganda im Ersten Weltkrieg dar.
2 ■ Erkläre, inwiefern Kriegsziele und Kriegspropaganda eine vorzeitige Beendigung des Ersten Weltkriegs weitgehend unmöglich machten.

M 4 **Deutsche Postkarte von 1918.**

In der Postkarte kommt das Eiserne Kreuz vor, der höchste deutsche Kriegsorden, der in drei Klassen verliehen wurde. Im Verlauf des Ersten Weltkriegs wurde er gegen fünf Millionen Mal verliehen, sodass er an Bedeutung verlor

Für's Vaterland

3 ■ Interpretiere die Postkarte M 4. Vergleiche die darin ausgedrückte Stimmung mit M 6 auf Seite 339.

M 5 **Deutsches Manifest der 93, Oktober 1914**

Der Aufruf wurde vom Kaufmann Erich Buchwald angeregt und von 93 Wissenschaftlern, Künstlern und Schriftstellern unterschrieben. An der Vorbereitung waren neben verschiedenen Wissenschaftlern und Schriftstellern auch Vertreter des Aussenministeriums, der Chef des Nachrichtenbüros des Reichsmarineamtes und andere der Politik nahestehende Persönlichkeiten beteiligt.

„An die Kulturwelt! Ein Aufruf

Wir als Vertreter deutscher Wissenschaft und Kultur erheben vor der gesamten Kulturwelt Protest gegen die Lügen und Verleumdungen, mit denen unsere Feinde Deutsch-
5 lands reine Sache in dem ihm aufgezwungenen schweren Daseinskampfe zu beschmutzen trachten. Der eherne Mund der Ereignisse hat die Ausstreuung erdichteter deutscher Niederlagen widerlegt. Um so eifriger arbeitet man jetzt mit Entstellungen und Verdächtigungen. Gegen sie er-
10 heben wir laut unsere Stimme. Sie soll die Verkünderin der Wahrheit sein.

Es ist nicht wahr, dass Deutschland diesen Krieg verschuldet hat. Weder das Volk hat ihn gewollt noch die Regierung noch der Kaiser. Von deutscher Seite ist das Äusserste ge-
15 schehen, ihn abzuwenden. Dafür liegen der Welt die urkundlichen Beweise vor. Oft genug hat Wilhelm II. in den 26 Jahren seiner Regierung sich als Schirmherr des Weltfriedens erwiesen; oft genug haben selbst unsere Gegner dies anerkannt. Ja, dieser nämliche Kaiser, den sie jetzt einen At-
20 tila [einen grausamen Hunnenkönig] zu nennen wagen, ist jahrzehntelang wegen seiner unerschütterlichen Friedensliebe von ihnen verspottet worden. Erst als eine schon lange an den Grenzen lauernde Übermacht von drei Seiten über unser Volk herfiel, hat es sich erhoben wie ein Mann.

Es ist nicht wahr, dass wir freventlich die Neutralität Belgiens 25 verletzt haben. Nachweislich waren Frankreich und England zu ihrer Verletzung entschlossen. Nachweislich war Belgien damit einverstanden. Selbstvernichtung wäre es gewesen, ihnen nicht zuvorzukommen.

Es ist nicht wahr, dass eines einzigen belgischen Bürgers Le- 30 ben und Eigentum von unseren Soldaten angetastet worden ist, ohne dass die bitterste Notwehr es gebot. Denn wieder und immer wieder, allen Mahnungen zum Trotz, hat die Bevölkerung sie aus dem Hinterhalt beschossen, Verwundete verstümmelt, Ärzte bei der Ausübung ihres Sama- 35 riterwerks ermordet. Man kann nicht niederträchtiger fälschen, als wenn man die Verbrechen dieser Meuchelmörder verschweigt, um die gerechte Strafe, die sie erlitten haben, den Deutschen zum Verbrechen zu machen.

Es ist nicht wahr, dass unsere Truppen brutal gegen Löwen 40 [belgische Stadt] gewütet haben. An einer rasenden Einwohnerschaft, die sie im Quartier heimtückisch überfiel, haben sie durch Beschiessung eines Teils der Stadt schweren Herzens Vergeltung üben müssen. Der grösste Teil von Löwen ist erhalten geblieben. Das berühmte Rathaus steht 45 gänzlich unversehrt. Mit Selbstaufopferung haben unsere Soldaten es vor den Flammen bewahrt. – Sollten in diesem furchtbaren Kriege Kunstwerke zerstört worden sein oder noch zerstört werden, so würde jeder Deutsche es beklagen. Aber so wenig wir uns in der Liebe zur Kunst von irgend je- 50 mand übertreffen lassen, so entschieden lehnen wir es ab, die Erhaltung eines Kunstwerks mit einer deutschen Niederlage zu erkaufen.

Es ist nicht wahr, dass unsere Kriegführung die Gesetze des Völkerrechts missachtet. Sie kennt keine zuchtlose Grau- 55 samkeit. Im Osten aber tränkt das Blut der von russischen Horden hingeschlachteten Frauen und Kinder die Erde, und im Westen zerreissen Dumdumgeschosse unseren Kriegern die Brust. Sich als Verteidiger europäischer Zivilisation zu gebärden, haben die am wenigsten das Recht, die sich mit 60 Russen und Serben verbünden und der Welt das schmachvolle Schauspiel bieten, Mongolen und Neger auf die weisse Rasse zu hetzen.

Es ist nicht wahr, dass der Kampf gegen unseren sogenann-
65 ten Militarismus kein Kampf gegen unsere Kultur ist, wie
unsere Feinde heuchlerisch vorgeben. Ohne den deutschen
Militarismus wäre die deutsche Kultur längst vom Erdbo-
den getilgt. Zu ihrem Schutz ist er aus ihr hervorgegangen in
einem Lande, das jahrhundertelang von Raubzügen heim-
70 gesucht wurde wie kein zweites. Deutsches Heer und deutsches Volk sind eins. Dieses Bewusstsein verbrüdert heute
70 Millionen Deutsche ohne Unterschied der Bildung, des
Standes und der Partei.
Wir können die vergifteten Waffen der Lüge unseren Fein-
75 den nicht entwinden. Wir können nur in alle Welt hinausru-
fen, dass sie falsches Zeugnis ablegen wider uns. Euch, die Ihr
uns kennt, die Ihr bisher gemeinsam mit uns den höchsten
Besitz der Menschheit gehütet habt, Euch rufen wir zu:
Glaubt uns! Glaubt, dass wir diesen Kampf zu Ende kämpfen
80 werden als ein Kulturvolk, dem das Vermächtnis eines Goethe, eines Beethoven, eines Kant ebenso heilig ist wie sein
Herd und seine Scholle. Dafür stehen wir Euch ein mit unserem Namen und mit unserer Ehre!

*Zit. nach: Jürgen von Ungern-Sternberg/Wolfgang von Ungern-Sternberg
(Hg.), Der Aufruf „An die Kulturwelt!". Das Manifest der 93 und die Anfänge
der Kriegspropaganda im Ersten Weltkrieg, Stuttgart (Steiner) 1996, S. 247 ff.**

4 ■ Nenne die Adressaten und das Ziel des Manifests
(M 5).

5 ■ Arbeite die Hauptargumente des Manifests heraus
und erläutere, inwieweit das Dokument nicht als
Information, sondern als Propagandaschrift bezeichnet werden kann.

M6 Kritik an der Kriegsideologie

Der deutsche Schriftsteller Hermann Hesse, September 1914:
O Freunde, nicht diese Töne! […] Da sind uns in letzter Zeit
betrübliche Zeichen einer unheilvollen Verwirrung des Denkens aufgefallen. Wir hören von Aufhebung der deutschen
Patente in Deutschland, von einem Boykott deutscher Mu-
5   sik in Frankreich, von einem ebensolchen Boykott gegen
geistige Werke feindlicher Völker in Deutschland. Es sollen
in sehr vielen deutschen Blättern künftig Werke von Engländern, Franzosen, Russen, Japanern nicht mehr übersetzt,
nicht mehr anerkannt, nicht mehr kritisiert werden. […] An-
10 dere nehmen am grossen Geschehen teil, indem sie den
Krieg ins Studierzimmer tragen und am Schreibtisch blutige
Schlachtgesänge verfassen oder Artikel, in denen der Hass
zwischen den Völkern genährt und ingrimmig geschürt
wird. Das ist vielleicht das Schlimmste. Jeder, der im Felde
15 steht und täglich sein Leben wagt, habe das volle Recht zu
Erbitterung und momentanem Zorn und Hass, und jeder
aktive Politiker ebenso. Aber wir andern, wir Dichter, Künstler, Journalisten – kann es unsere Aufgabe sein, das Schlim-
me zu verschlimmern, das Hässliche und Beweinenswerte
20 zu vermehren?

Gewinnt Frankreich etwas, wenn alle Künstler der Welt gegen die Gefährdung eines schönen Bauwerks protestieren?
Gewinnt Deutschland etwas, wenn es keine englischen und
französischen Bücher mehr liest? Wird irgend etwas in der
Welt besser, gesünder, richtiger, wenn ein französischer 25
Schriftsteller den Feind mit gemeinen Schimpfworten be-
wirft und das Heer zu tierischer Wut aufzustacheln versucht?

*Hermann Hesse, Politik des Gewissens. Politische Schriften 1914–1962, zit.
nach: Der Erste Weltkrieg und der ihm folgende Friede, hg. von Berthold Wiegand, Frankfurt/M. (Hirschgraben) 1982, S. 29 f.**

6 ■ Beschreibe die bei Kriegsausbruch vorherrschende
Volksstimmung im Text M 6. Arbeite die Position
Hesses in Bezug auf diese Stimmung heraus.

7 ■ Versetze dich in die Propagandabehörde einer
Krieg führenden Macht und nenne drei Ereignisse im
Kriegsverlauf, die besondere Aktivität erfordern, und
lege begründet dar, mit welchen Parolen und Bildern
du dabei vorgehst.

**M7 Völkermord an den Armeniern: deportierte
armenische Familie, 1915.**

*Im Ersten Weltkrieg kam es zu einem der ersten Völkermorde
im 20. Jahrhundert. Die türkische Regierung nahm die teilweise armenische Unterstützung des russischen Kriegsgegners im
Kaukasus zum Anlass, die armenische Minderheit im Osmanischen Reich zu vernichten. 1915 und 1916 wurden die armenische Elite systematisch ermordet und zahlreiche Massaker
begangen. Teil der Vernichtungspolitik waren auch die ange-
ordneten Deportationen der Armenier in den Süden des Osmanischen Reiches. Auf diesen wochenlangen Fussmärschen
verhungerten und verdursteten Hunderttausende. Der Völkermord an den Armeniern kostete zwischen 800 000 und 1,5 Millionen Menschen das Leben*

8 ■ Recherchiere im Internet die Haltung der heutigen
türkischen Regierung zum Völkermord an den Armeniern und nimm Stellung dazu.

Die Schweiz im Ersten Weltkrieg

Neutralität
Im völkerrechtlichen Sinn die Unparteilichkeit eines Staates in bewaffneten zwischenstaatlichen Auseinandersetzungen.

Kriegsausbruch

Bei Kriegsbeginn erklärte der Bundesrat die Neutralität der Schweiz und mobilisierte erstmals in der Geschichte der Schweiz die Armee. Das Gebiet der Schweiz stiess an zwei Punkten unmittelbar an die Fronten der Kriegsparteien: an der Grenze des heutigen Kantons Jura bei Pruntrut an die deutsch-französische Front und – ab 1915 – im Südosten Graubündens an die italienisch-österreichische Front. Die schweizerische Armee hatte den Auftrag, Durchbruchsversuche der einen oder anderen Kriegspartei über schweizerisches Gebiet in die Flanke des Gegners zu verhindern. Tatsächlich wurden solche Versuche nicht unternommen; es kam auch zu keinen grösseren Grenzverletzungen. Am 3. August 1914 übertrugen die eidgenössischen Räte dem Bundesrat diskussionslos ausserordentliche Vollmachten, die es der Regierung erlaubten, Entscheidungen zu treffen, die gegen die Verfassung verstiessen, wie beispielsweise die Trennung legislativer und exekutiver Kompetenzen. Kontrovers war hingegen die Wahl des Oberkommandierenden. Auf Drängen des Bundesrates und gegen grosse Vorbehalte aus der französischen Schweiz wurde der deutschfreundliche Ulrich Wille, Kommandant des III. Armeekorps, mit 122 gegen 63 Stimmen zum General der Schweizer Armee gewählt (M 1).

M1 Ulrich Wille (1848–1925), General der Schweizer Armee im Ersten Weltkrieg, 1922

Kulturelle Spaltung

Der Erste Weltkrieg wurde zu einer Belastung für die innere Geschlossenheit des Landes. Die traditionell starke kulturelle Ausrichtung der drei Sprachregionen auf ihre Nachbarn verband sich nun mit einer Parteinahme. Man übernahm die Kriegsschuldthesen sowie die propagandistischen Einseitigkeiten der jeweiligen Kriegspartei und vertrat sie in den Medien und in der öffentlichen Diskussion. Der sich so öffnende Graben machte sich vor allem durch eine vehemente westschweizerische Kritik am Bundesrat und an der Armeeführung bemerkbar. Man bezichtigte sie der Deutschfreundlichkeit. Eine gewisse Entspannung setzte ab 1916 ein, als sich Teile der Deutschschweizer Öffentlichkeit – im Zusammenhang mit dem deutschen Durchbruchsversuch bei Verdun – von den Mittelmächten distanzierten.

Hoffmann-Grimm-Affäre

Im Bundesrat sorgte eine diplomatische Affäre Mitte 1917 zur stärkeren Abgrenzung gegenüber den Mittelmächten. Bundesrat Arthur Hoffmann, Vorsteher des aussenpolitischen Departements und Deutschland stark zugeneigt, erhielt im Mai Informationen, dass Russland möglicherweise friedensbereit sei, sofern das Deutsche Reich nicht zu hohe Forderungen stelle. Er antwortete nach Konsultation mit der deutschen Gesandtschaft, dass auch von dieser Seite her die Aussichten auf einen Verständigungsfrieden günstig seien. Als diese diplomatische Aktion in die Öffentlichkeit gelangte, protestierten Vertreter der Entente scharf. Seine Aktion wurde als Begünstigung einer Kriegspartei und damit als Neutralitätsbruch betrachtet. Die nicht informierten Bundesratskollegen drängten Hoffmann zum Rücktritt.

Kriegswirtschaft

Der stark von den Westmächten geprägte Wirtschaftskrieg beeinflusste auch den schweizerischen Aussenhandel. Die Krieg führenden Staaten wollten von den wirtschaftlichen Ressourcen der Schweiz profitieren, gleichzeitig versuchten sie, ihren Gegnern den Zugang dazu zu erschweren. Auf Drängen der Kriegsparteien musste die Schweiz 1915 die Einrichtung von Kontrollorganen zulassen, die vor Ort überprüften, dass keine gehandelten Waren an die gegnerische Kriegspartei weitergeleitet wurden. Insgesamt lagen die schweizerischen Ausfuhren über dem Vorkriegsstand. Gerade die Metall-, Maschinen- und Uhrenindustrie sowie die chemische Industrie profitierten stark vom Krieg und konnten ihre Gewinne deutlich steigern. Die Kriegsfinanzierung erfolgte wie bei den Kriegsparteien durch Anleihen, Geldschöpfung und Steuern. Neu war die Einführung einer direkten Steuer, die einen Beitrag zu den wachsenden Ausgaben des Bundes leisten sollte.

Soziale Lage

Die Versorgung mit Nahrungsmitteln gestaltete sich mit zunehmender Kriegsdauer als schwierig. Zwischen 1913 und 1918 ging der Durchschnitt der täglich zur Verfügung stehenden Kilokalorien von 4 000 auf 2 800 zurück. Trotz des zunehmenden Mangels rationierte der Bundesrat erst im Herbst 1917 einzelne Lebensmittel.

Neben der problematischen Ernährungssituation führten die starke Teuerung und die sinkende Kaufkraft zur wachsenden Not der Arbeitnehmer mit mittleren oder niedrigen Löhnen. Die im Durchschnitt 500 Diensttage absolvierenden Wehrpflichtigen bezogen nur einen geringen Sold und erhielten weder Lohn- noch Verdienstausfallentschädigungen. Das soziale Gefälle, das schon vor Kriegsbeginn bestanden hatte, wurde durch die Entwicklung während des Krieges wesentlich vergrössert. Es kann daher nicht erstaunen, dass der zu Beginn des Krieges geschlossene „Burgfrieden" zunehmend brüchig wurde und sich die Spannungen zwischen Arbeiterbewegung und Bürgertum – in der Gestalt des Bundesrats – gegen Ende des Krieges zunehmend verschärften.

Warum blieb die Schweiz verschont?

Die Eroberung oder Besetzung der Schweiz war für die Kriegsparteien weder kriegswirtschaftlich noch militärisch von grossem Nutzen. Deshalb war es von Beginn an kein Kriegsziel, die Schweiz einzunehmen. Auch als Durchgangsland war sie nicht interessant. Ihre Topografie sowie deren kriegstechnische Ausnutzung (Gotthardfestung) und die im Verhältnis zur Bevölkerungszahl grosse Armee schreckten zudem militärisch ab. Schliesslich besass die Schweiz auch keine kriegswichtigen Rohstoffe.

Schweiz im Ersten Weltkrieg
cornelsen.de/Webcodes
Code: tucuno

M2 Postkarte zur Erinnerung an die Grenzbesetzung, 1914

1 ■ Vergleiche die Auswirkungen des Ersten Weltkrieges auf die Schweiz und Deutschland und erkläre die Unterschiede.
2 ■ Lege die Aussage der Postkarte M 2 dar.

M3 **Zur innenpolitischen Spaltung der Schweiz im Ersten Weltkrieg**

Der Schriftsteller Carl Spitteler nach Ausbruch des Ersten Weltkriegs zur Einigkeit innerhalb der Schweiz und zur Neutralität, Dezember 1914:

Vor allem müssen wir uns klarmachen, was wir wollen. Wollen wir oder wollen wir nicht ein schweizerischer Staat bleiben, der dem Ausland gegenüber eine politische Einheit darstellt? […] Wenn aber ja, dann müssen wir inne werden,
5 dass die Landesgrenzen auch für die politischen Gefühle Marklinien bedeuten. Alle, die jenseits der Landesgrenze wohnen, sind unsere Nachbarn, und bis auf weiteres liebe Nachbarn; alle, die diesseits wohnen, sind mehr als Nachbarn, nämlich unsere Brüder. Der Unterschied zwischen
10 Nachbar und Bruder aber ist ein ungeheurer. Auch der beste Nachbar kann unter Umständen mit Kanonen auf uns schiessen, während der Bruder in der Schlacht auf unserer Seite kämpft. Ein grösserer Unterschied lässt sich gar nicht denken. […]
15 Den Westschweizern droht die Versuchung, sich zu nahe an Frankreich zu gesellen, bei uns ist es umgekehrt. Sowohl hier wie dort ist Mahnung, Warnung und Korrektur nötig. […] Bei aller herzlicher Freundschaft, die uns im Privatleben mit Tausenden von deutschen Untertanen verbindet, bei aller
20 Solidarität, die wir mit dem deutschen Geistesleben pietätvoll verspüren, bei aller Traulichkeit, die uns aus der gemeinsamen Sache heimatlich anmutet, dürfen wir dem politischen Deutschland, dem deutschen Kaiserreich gegenüber keine andere Stellung einnehmen als gegenüber jedem an-
25 deren Staate: die Stellung der neutralen Zurückhaltung in freundnachbarlicher Distanz diesseits der Grenze. […] Und da doch so viel von Verwandtschaft die Rede ist, sind wir denn mit den Franzosen nicht ebenfalls verwandt? Die Gemeinsamkeit der politischen Ideale, die Gleichheit der
30 Staatsformen, die Ähnlichkeit der gesellschaftlichen Zustände, ist das nicht auch eine Verwandtschaft? Namen wie „Republik", „Demokratie", Freiheit, Duldsamkeit und so weiter, bedeuten diese einem Schweizer etwas Nebensächliches? Es gab eine Zeit – ich habe sie erlebt –, da galten diese Namen
35 in Europa alles. Heute werden sie nahezu als Null behandelt. […] Und da wir doch einmal von Bescheidenheit sprechen, eine schüchterne Bitte. Die patriotischen Fantasien von einer vorbildlichen (oder schiedsrichterlichen) Mission der Schweiz bitte möglichst leise. Ehe wir anderen Völkern zum
40 Vorbild dienen könnten, müssten wir erst unsere eigenen Aufgaben mustergültig lösen.

Zit. nach: Joseph Hardegger u. a. (Hg.), Das Werden der modernen Schweiz. Quellen, Bd. 2. Die Schweiz im 20. Jahrhundert (1914 bis Gegenwart), Luzern (Interkantonale Lehrmittelzentrale) 1989, S. 15.*

3 ■ Erkläre, worin der Autor die Gefahr im Gegensatz von Welsch- und Deutschschweiz sieht und welchen Lösungsansatz er skizziert (M3).

M4 **Schweizer Soldat beim Ausbau eines Tunnels zur Verstärkung der Landesverteidigung, 1918**

4 ■ Lege anhand M4 die bevorzugte schweizerische Taktik bei der Landesverteidigung dar und erläutere, inwieweit sie der Kriegführung im Ersten Weltkrieg entsprach.

M5 **„Vertraue auf dein Heer!"**

Aufruf des Bundesrates an das Schweizer Volk zum Jahreswechsel 1915/1916:

Hinter den Behörden steht das Schweizervolk in bewunderungswürdiger Einigkeit und Geschlossenheit. […] Ihr Offiziere werdet, wir sind dessen gewiss, überall Euren Untergebenen mit leuchtendem Beispiel der Pflichterfüllung 5
und der Aufopferung vorangehen. Ihr Unteroffiziere und Soldaten werdet, wir wissen es, durch die Tat beweisen, dass auch im Freistaat der Wehrmann den Befehlen seiner Vorgesetzten willig und unbedingt Gehorsam leistet. Du Schweizervolk, das du am häuslichen Herde zurückgeblieben 10
bist, bewahre deine Ruhe und Besonnenheit. Vertraue auf deine Behörden, die in diesen schweren Tagen nach besten Kräften ihres Amtes walten und auch für die Notleidenden nach Möglichkeit sorgen werden. Vertraue auf dein Heer, für das du nicht umsonst in Friedenszeiten so grosse Opfer 15
brachtest und auf das du mit Recht stolz bist. Gott schütze und erhalte unser teures Vaterland!

Zit. nach: Jürg Schoch, Die Oberstenaffäre, Bern/Frankfurt (Lang) 1972, Teildruck, S. 3 f.*

5 ■ Untersuche den Aufruf M5 quellenkritisch.

M6 Lebensmittelpreise in der Schweiz 1914–1918

in Rappen, jeweils zum 1.3.

Jahr	Teigwaren (kg)	Käse (kg)	Eier (Stück)	Milch (Liter)	Butter (kg)	Brot halbweiss (kg)	Kaffee (kg)
1914	63	226	10	23	321	36	240
1915	95	230	16	22	359	47	237
1916	102	269	14	25	434	50	236
1917	110	317	23	26	534	59	254
1918	132	370	31	33	639	69	321

Nach: Joseph Hardegger u. a. (Hg.), Das Werden der modernen Schweiz. Quellen, Illustrationen und andere Materialien zur Schweizer Geschichte, Bd. 2: Die Schweiz im 20. Jahrhundert (1914 bis Gegenwart), Luzern 1989, (Interkantonale Lehrmittelzentrale), S. 23

6 ▪ Fasse die Entwicklung der Lebensmittelpreise zusammen und erläutere, inwieweit sie auf den Krieg zurückzuführen ist.

M7 Entwicklung der Preise und der Löhne der Industriearbeiter 1910–1920

Gewichteter Durchschnitt aller Branchen (deutschschweizerisches Mittelland)			
Jahr	Wochenlohn nominal (Franken pro Woche)		Index Preise (1914 = 100)
	Männer	Frauen	
1910	32,9	21	95,7
1914	35,5	21	100,0
1915	35,4	21	110,9
1916	38,4	21	127,1
1917	45,5	27	158,9
1918	57,7	33	210,4
1919	71,2	40	231,7
1920	81,6	48	233,7

Zit. nach: Joseph Hardegger u. a. (Hg.), Das Werden der modernen Schweiz. Quellen, Illustrationen und andere Materialien zur Schweizer Geschichte. Bd. 2: Die Schweiz im 20. Jahrhundert (1914 bis Gegenwart), Luzern (Interkantonale Lehrmittelzentrale)1989, S. 24

7 ▪ Vergleiche die Entwicklung der Preise mit der Lohnentwicklung der Industriearbeiterschaft zwischen 1910–1920.

M8 Einweckgläser, Plakat, Zürich, 1917

ORIGINAL WECK

GRAPH. ANSTALT J.E. WOLFENSBERGER, ZÜRICH

OTTO BAUMBERGER/PLAKAT
Druck der Firma J. E. Wolfensberger, Zürich

Wiedergabe durch die Firma Hugo Sensch, Berlin S.O. 16.

8 ▪ Lege die Absicht der Bilder M8 und M9 dar und setze sie in einen Zusammenhang mit den beiden statistischen Materialien (M6, M7).

M9 Aufruf zu einer Kundgebung in der Stadt Bern, Mai 1915

Der Erste Weltkrieg

Julikrise und Kriegsausbruch

Das tödliche Attentat auf den österreichischen Thronfolger Franz Ferdinand und seine Frau am 28. Juni 1914 in Sarajevo führte im Juli zu einer Konfrontation zwischen dem Kaiserreich Österreich-Ungarn und dem Königreich Serbien. Der Konflikt eskalierte, da Österreich auf seinen Bündnispartner Deutschland (Blankovollmacht) und Serbien auf die Hilfe seines slawischen „Brudervolkes" Russland und dessen Bündnispartner Frankreich zählen konnten. Auch Aufrufe von pazifistischen Organisationen und Massenkundgebungen der Arbeiterbewegung konnten den Krieg nicht mehr verhindern.

Kriegsverlauf

Um einem Zweifrontenkrieg zu entgehen, suchte die militärische Führung Deutschlands Anfang August 1914 eine schnelle Entscheidung im Westen (Schlieffenplan). Dabei wurde die Verletzung der belgischen Neutralität in Kauf genommen, was Grossbritannien zum Anlass nahm, auf der Seite Frankreichs und Russlands in den Krieg einzutreten. Der deutsche Vorstoss scheiterte und führte zu einem jahrelangen Stellungskrieg im Westen, während im Osten die Fronten stärker in Bewegung waren. Der Kriegseintritt der USA im Frühling 1917 und deren grosse Ressourcen brachten im Herbst 1918 die Entscheidung und veranlassten Deutschland, Waffenstillstandsverhandlungen aufzunehmen.

Image No.: 9.PKGOFX Credit: mauritius in world war i, British grenades, dicke brocke

Krieg im Industriezeitalter

Der Erste Weltkrieg war ein moderner Krieg. Die Regierungen mobilisierten alle wirtschaftlichen und gesellschaftlichen Ressourcen, um siegreich aus diesem Ringen hervorzugehen. Der Staat organisierte die Kriegswirtschaft, die dafür sorgen musste, dass der Nachschub an Waffen und Munition nicht versiegte. Rationierungsmassnahmen sollten dafür sorgen, dass die gesamte Bevölkerung mit Nahrungsmitteln und Heizmaterial versorgt wurde. Die staatlich gelenkte Propaganda rechtfertigte die eigene Politik als legitimen Verteidigungskrieg und verteufelte den Kriegsgegner.

Die Schweiz während des Ersten Weltkriegs

Die Schweiz folgte der aussenpolitischen Maxime der bewaffneten Neutralität und konnte sich aus dem Krieg heraushalten. Der mit Vollmachten ausgestattete Bundesrat agierte im Ersten Weltkrieg allerdings unglücklich. Es gelang ihm weder die Spaltung der Schweiz entlang der Sprachgrenze zwischen Welsch- und Deutschschweiz zu verringern, noch reagierte er rechtzeitig auf die sich verschlechternde Versorgung grosser Bevölkerungsteile mit Lebensmitteln und Heizmaterial.

Geschichte kontrovers: Die Kriegsschuldfrage

M 1 **Der australische Historiker Christopher Clark in einem Interview, 2014**

In Ihrem Buch bezeichnen Sie die Entscheidungsträger der europäischen Grossmächte als „Schlafwandler, wachsam, aber blind, von Albträumen geplagt, aber unfähig, die Realität der Gräuel zu erkennen, die sie in Kürze in die Welt setzen sollten". Es kann doch nicht sein, dass niemand verantwortlich ist für das erste industrielle Massentöten der Geschichte.

Natürlich gibt es Verantwortliche für alle Entscheidungen, die den Krieg wahrscheinlicher machten. Von Schuld zu sprechen ist aber problematisch, wenn in einem gewissen Sinne alle schuldig waren. Der Krieg brach nicht aus, weil deutsche Philosophen von einem Germanentum träumten oder weil es in der rechten nationalistischen Presse Deutsch-
5 lands manchmal wilde Töne gab. Der Krieg brach aus wegen ganz bestimmter zwischenstaatlicher Entscheidungen und Handlungen. Und wenn man diese untersucht, verteilt sich die Verantwortung auf alle Beteiligten.

Wäre der Krieg zu vermeiden gewesen?

Absolut. Wenn die Schüsse am 28. Juni 1914 nicht gefallen wären, dann wäre Franz Ferdi-
10 nand heil nach Österreich zurückgekehrt und hätte als Erstes Franz Conrad von Hötzendorf seines Amtes enthoben, den Chef des Generalstabs von Österreich-Ungarn und einen der aggressivsten Militärführer des damaligen Europa. Franz Ferdinand hätte auch weiterhin für den Frieden plädiert, gegen jedes balkanische Abenteuer.

Sie entlasten nicht nur das Deutsche Reich von der Hauptschuld am Ausbruch des Ersten
15 *Weltkriegs, sondern belasten das damalige Königreich Serbien mehr als jeder andere Historiker vor Ihnen. Was haben die Serben falsch gemacht?*

Den drastischen Charakter der österreichisch-ungarischen Reaktion auf die Attentate im Juni 1914 – das Ultimatum und die Kriegserklärung an Serbien – kann man gar nicht verstehen, ohne den Hintergrund des Streits zwischen Wien und Belgrad darzustellen. Der
20 serbische Nationalismus war für alle Mitglieder der serbischen Elite eine verpflichtende Doktrin. Es gab keinen Politiker, der bereit gewesen wäre, das Ziel der Vereinigung aller Serben aufzugeben, also auch jener in Bosnien-Herzegowina, das damals unter der Herrschaft der Habsburger Doppelmonarchie stand.

Also war die Ermordung Franz Ferdinands durch den bosnischen Serben Gavrilo Princip
25 *mehr als bloss der zündende Funke für den „Grossen Krieg"?*

Ja, es fällt auf, wie oft dieses Ereignis in der wissenschaftlichen Literatur abgetan wurde als Vorwand für Kriegspläne, die schon bestanden hätten. Im Sinne von: Die Kriegslust der Deutschen erklärt alles, und das Balkanische stellt nur ein Nebentheater dar. Ich meine aber, dass dieses Attentat als Ereignis wahrgenommen werden muss. Es ist ein Ereignis wie
30 9/11, das eine unglaubliche Schockwirkung hatte. Danach stand das Barometer in Europa auf Krieg. Franz Ferdinand war ein Mann der Reform, der die südslawische Frage gemäss dem Modell der USA lösen wollte – er plante die Vereinigten Staaten von Österreich. Die Wiener Presse sagte damals zu Recht: Dieser Anschlag traf nicht nur einen Mann und Vater, sondern die Habsburger Staatsidee.

Neue Zürcher Zeitung am Sonntag, 23. März 2014

1 ■ Fasse die Argumentation Clarks zu den Ursachen des Kriegsausbruchs zusammen und erkläre, inwiefern sie nicht der traditionellen Sichtweise entspricht.

2 ■ Nimm kritisch Stellung zur Kritik an Clark, wonach seine These die damaligen Politiker aus ihrer Verantwortung am Ausbruch des Krieges entlässt.

3 ■ Informiere dich über die Geschichte Serbiens seit den 1980er-Jahren und überlege, inwieweit Clarks These auch ein Resultat dieser jüngsten Geschichte sein könnte.

Zentrale Begriffe

Julikrise
Kriegsanleihe
Kriegswirtschaft
Neutralität
Pazifismus
Präventivkrieg
Schlieffenplan
Stellungskrieg

Wichtige Jahreszahlen

1914
Beginn des Ersten Weltkriegs
1916
Schlacht bei Verdun
1917
Kriegseintritt der USA, Russische Revolutionen
1918
Waffenstillstand
1919
Unterzeichnung der Friedensverträge

Zusammenfassende Aufgaben

4 ■ Verfasse einen tabellarischen Überblick zu Ursachen, Verlauf und Ergebnis des Ersten Weltkriegs.

5 ■ Erläutere, warum man den Ersten Weltkrieg als „totalen Krieg" bezeichnet.

Begriffslexikon

Ablassbrief: Dokument, das ein Bischof oder Kardinal im Auftrag des Papstes gegen Geld ausstellt. Darin ist festgehalten, dass der Käufer durch den Erwerb des Briefes von Sünden oder noch zu verbüssenden Sündenstrafen ganz oder teilweise entbunden ist.

Absolutismus: Eine Regierungsform mit einem starken Monarchen an der Spitze, der nach zentralisierter Macht und unbeschränkter Herrschaft strebt, die er von Gott herleitet. Absolutistische Herrscher stützen sich auf Bürokratien und stehende Heere. Als Regierungsform war der Absolutismus in Europa im 17. und 18. Jahrhundert vorherrschend. Er endete relativ früh in England (spätestens 1688) und relativ spät in Russland (1905).

Adel: Bis um 1800 (teilweise länger) war der Adel in Europa die mächtigste Führungsschicht mit erblichen Vorrechten, besonderen politischen und militärischen Pflichten, mit ausgeprägtem Standesbewusstsein und besonderen Lebensformen. Adel war in der Regel verbunden mit Grundbesitz und daraus begründeten Herrschafts- und Einkommensrechten (Grundherrschaft, Gutsherrschaft). Der Adel als Stand setzte sich zusammen aus dem Hofadel, dem Amtsadel und dem Landadel. Obwohl politisch und rechtlich zur sozialen Oberschicht gehörend konnte insbesondere der Landadel wirtschaftlich zur Mittelschicht gehören. Der Absolutismus verminderte und die bürgerliche Gesellschaft beseitigte schrittweise die politische Macht des Adels. Ein Teil seiner gesellschaftlichen Vorrangstellung bestand jedoch bis ins 20. Jahrhundert weiter.

Agrarkapitalismus: Form des Kapitalismus, die nicht auf der industriellen Produktion beruht, sondern auf der Landwirtschaft. Kapitalinhaber lassen durch Pächter grosse Flächen mit rationellen Methoden bewirtschaften, um möglichst viel Gewinn zu machen. Es handelt sich um die kommerzielle landwirtschaftliche Bewirtschaftung, dank der es Ende des 18. Jahrhunderts in England möglich war, das grosse Bevölkerungswachstum aufzufangen.

Aktiengesellschaft: Privatrechtliche Vereinigung, die durch juristische oder natürliche Personen gegründet werden kann. Das Hauptmerkmal liegt darin, dass das Grundkapital in Teilsummen zerlegt ist. Alle Aktionäre tragen mit ihren Aktien zum Kapital bei und haften auch für den von ihnen beigesteuerten Betrag. Es sind meist Unternehmen mit grossem Kapitalbedarf, die diese Gesellschaftsform annehmen.

Allmend: Siehe Gemeinwesen.

Ancien Régime: Bezeichnung für die Zeit in Europa vor der Revolution bzw. vor den Napoleonischen Kriegen (französisch für: „frühere Regierungsform"). Der Begriff wird ursprünglich und speziell auch für die Regierungsform der herrschenden Bourbonen in Frankreich verwendet. Er wird oft mit „Absolutismus" gleichgesetzt.

Arbeiter: In der kapitalistischen Industrieproduktion führt der Arbeiter persönlich frei und ohne Besitz von Produktionsmitteln in einem Vertragsverhältnis mit einem Unternehmer gegen Lohn fremdbestimmte Arbeit aus. Viele Arbeiter entwickelten das Bewusstsein, als Klasse zusammenzugehören. Sie verstanden sich als Proletariat, dessen Situation durch Reformen oder Revolution zu verbessern sei.

Aufklärung: Eine viele Lebensbereiche umfassende Reformbewegung des 17./18. Jahrhunderts in Europa, die das „Licht der Vernunft" gegen klerikale, feudale und absolutistische Traditionen verbreiten wollte. Zentrale Forderungen der Aufklärer waren unbeschränkte Öffentlichkeit, freie Meinungsäusserung und Toleranz gegenüber anderen Meinungen. Mittel zur Durchsetzung der Aufklärung waren vor allem Wissenschaft und Erziehung.

Autonomie: Bezeichnung für die Selbstständigkeit und Unabhängigkeit von Völkern, Nationalitäten und Staaten (griech. = Selbstbestimmung). Völkerrechtlich bekam der Begriff im Zusammenhang mit der Verkündung des Selbstbestimmungsrechts nach dem Ersten Weltkrieg Bedeutung. Innerhalb bereits bestehender Nationalstaaten bedeutet Autonomie ein gewisses Mass an Eigenständigkeit, das ethnische Minderheiten oder Regionen besitzen, z. B. in der Kulturpolitik oder im Justiz- und Verwaltungswesen das Recht auf Verwendung der eigenen Sprache als Amts- oder Schulsprache.

Balance of power: Prinzip der englischen Aussenpolitik seit dem 17. Jahrhundert, deren Ziel das machtpolitische Gleichgewicht zwischen den europäischen Mächten war.

Binnenzölle: Zölle, die innerhalb der Landesgrenzen bzw. der Grenzen eines Wirtschaftsbundes (Beispiel EU) erhoben werden. Bis 1848 mussten in der Schweiz an allen Kantonsgrenzen sowie an Pässen und Brücken Zölle bezahlt werden.

Bonapartismus: Bezeichnung für eine von Napoleon I. und Napoleon III. ausgebildete Herrschaftstechnik. Sie förderte einerseits mit Hilfe der Bürokratie und des Militärs eine teilweise Modernisierung von Staat, Gesellschaft und Wirtschaft, was ihr die politische Unterstützung eines grossen Teils des Bürgertums sicherte. Andererseits blieb die eigentliche Macht im Staat in der Hand des bonapartistischen Staatsführers konzentriert.

Bundesbrief: Bezeichnung für Bündnisurkunden, die Ende des 19. Jahrhunderts aufkam und sich in erster Linie auf Bündnisse auf dem Gebiet der Eidgenossenschaft bezog.

Bruttoinlandsprodukt (BIP): Das Bruttoinlandsprodukt umfasst den Wert aller in einer Volkswirtschaft innerhalb eines Jahres hergestellten Waren und erbrachten Dienstleistungen. So kann die wirtschaftliche Leistung eines Staates erfasst und mit anderen Jahren oder Ländern verglichen werden.

Bundesstaat: Aus Einzelstaaten zusammengesetzter Gesamtstaat, wobei die Einzelstaaten einen Teil ihrer souveränen Rechte in der Gesetzgebung und Verwaltung an den Gesamtstaat übertragen, z. B. die Aussen-, Verteidigungs- oder Finanzpolitik, einen anderen Teil aber behalten, z. B. die Schul- und Kulturpolitik. Dieses Gestaltungsprinzip von Staaten wird auch Föderalismus genannt. Beispiele sind die Schweiz seit 1848, die USA und die Bundesrepublik Deutschland.

Bürger, Bürgertum: In Mittelalter und Früher Neuzeit vor allem die freien und vollberechtigten Stadtbewohner, im Wesentlichen die städtischen Kaufleute und Handwerker; im 19. und 20., in einigen Ländern (z. B. England) auch schon im 18. Jahrhundert, die Angehörigen einer durch Besitz, Bildung und spezifische Einstellungen gekennzeichneten Bevölkerungsschicht, die sich von Adel und Klerus, Bauern und Unterschichten (einschliesslich der Arbeiter) unterschied. Zu ihr gehörten Besitz- oder Wirtschaftsbürger (Bourgeoisie, also grössere Kaufleute, Unternehmer, Bankiers, Manager), Bildungsbürger (Angehörige freier Berufe, höhere Beamte und Angestellte zumeist mit akademischer Bildung), am Rande auch Kleinbürger (kleinere Handwerker, Krämer, Wirte). Staatsbürger meint dagegen alle Einwohner eines Staates ungeachtet ihrer sozialen Stellung, soweit sie gleiche „bürgerliche" Rechte und Pflichten haben (vor Gericht, in Wahlen, in der öffentlichen Meinung). Staatsbürger im vollen Sinne waren lange Zeit nur Männer und nur die Angehörigen der besitzenden und gebildeten Schichten. Im 19. Jahrhundert erfolgte eine allmähliche Ausweitung dieser Rechte auf die nicht besitzende männliche Bevölkerung, im 20. Jahrhundert dann auf Frauen.

Burgfrieden: Zurückstellung von politischer Uneinigkeit und Parteikämpfen in Kriegszeiten.

Bürokratie: Seit dem 18. Jahrhundert Bezeichnung für die Verwaltung des Staates durch Beamte im Rahmen von Gesetzen und Verordnungen auf der Grundlage von Akten (wörtlich „Schreibstubenherrschaft"). Als Prinzip war die Bürokratie bereits im Absolutismus entwickelt worden, wo sie die Verwaltung durch Lehnsträger ablöste. Im Unterschied zu dieser älteren Form ist die Amtsführung in der Bürokratie nicht vererbbar. Die Bürokratie war in der Regel streng von oben nach unten aufgebaut: fachlich (in der Frühen Neuzeit Finanzen und Krieg, im 19. Jahrhundert Inneres, Äusseres, Finanzen, Justiz, Kirchen und Schulen, Krieg) und geographisch (Kreis, Provinz). Die Beamten haben bestimmte Vorrechte wie lebenslängliche Anstellung und Anspruch auf Pension, aber auch eine besondere Gehorsamspflicht gegenüber dem Staat und die Pflicht zur Sachlichkeit und Unbestechlichkeit. Seit Ende des 19. Jahrhunderts können auch die Verwaltungen grosser nichtstaatlicher Organisationen als Bürokratie bezeichnet werden.

Demokratie, Demokratisierung: Demokratie (griech. Demokratia = Herrschaft des Volkes) ist eine Regierungsform, in der der Wille des Volkes ausschlaggebend ist. Die direkte Demokratie beruht auf der unmittelbaren Teilhabe der Bürger an den politischen Entscheidungen. Die moderne Form der Demokratie entwickelte sich in den europäischen Nationalstaaten als mittelbare oder repräsentative Demokratie, in der die Herrschaft nicht direkt vom Volk, sondern durch vom Volk gewählte Repräsentanten, die Abgeordneten, ausgeübt wird. Kennzeichen der modernen freiheitlichen Demokratie sind: Garantie der Menschenrechte, allgemeines, gleiches und freies Wahlrecht, Gewaltenteilung, Parlamente, Mehrparteiensystem, Minderheitenschutz.

Depression: Wirtschaftliches Tief, gekennzeichnet durch Arbeitslosigkeit, nachlassende Produktion, Deflation (sinkende Preise), reduzierten Konsum und negative Stimmung.

Deutscher König/Römisch-Deutscher König: Bezeichnung für den Herrscher des Heiligen Römischen Reichs. Der deutsche König war oberster Heerführer und Richter. Er stand an der Spitze der Lehenspyramide, hatte für Frieden zu sorgen (Friedensbann) und übte die Hoheit über die Reichskirche aus. Seine

Einkünfte bezog er aus dem Reichsgut und seinem Hausgut, also seinem eigenen Besitz. Der König musste sich stets gegen die Stammesherzöge bzw. Territorialfürsten behaupten. Es kam im Heiligen Römischen Reich letztlich zu keiner starken Zentralgewalt, da die Fürsten, die gegen den König arbeiteten, zu mächtig waren.

Bei der Erhebung des deutschen Königs wirkten Wahlrecht und Geblütsrecht (Abstammung) zusammen. Er wurde zunächst von den wichtigsten Fürsten des Reichs gewählt. Seit Ende des 12. Jahrhunderts gab es dann bevorrechtigte Wahlfürsten, später erwarben sieben Kurfürsten das alleinige Wahlrecht. Dies wurde 1356 in der Goldenen Bulle, einer Art Verfassung des Reiches, verankert. Daneben begründete jedoch die Verwandtschaft mit dem vorhergehenden König (Abstammung) oder eine Ernennung durch diesen (Designation) einen besonderen Anspruch auf die Wahl. Wollte der deutsche König Kaiser werden, musste er sich in Rom vom Papst dazu krönen lassen. Der letzte vom Papst zum Kaiser gekrönte deutsche König war Karl V. (1530), aber schon seit Maximilian I. (1508), bei dem es nicht zur Kaiserkrönung gekommen war, führte der deutsche König den Titel „Erwählter römischer Kaiser".

Diaspora: Angehörige einer Religion, die in einem Gebiet zerstreut leben, in dem die Mehrheit einem andern Glauben angehört. Auch das Gebiet selber wird als Diaspora (griech. = Zerstreuung) bezeichnet.

Diktatur: Auf Gewalt und Zwang beruhende unbeschränkte Herrschaft eines Einzelnen oder einer Gruppe über andere Menschen. Kennzeichen jeder modernen Diktatur ist die Aufhebung der Gewaltenteilung und die weitgehende Rechtlosigkeit der Bürger. Opposition ist in einer Diktatur verboten.

Diktatur des Proletariats: Nach marxistischer Auffassung versteht man darunter die Herrschaft der Mehrheit (d.h. des Proletariats) über die Minderheit (die Bourgeoisie) in der revolutionären Umwandlungsperiode vom Kapitalismus zum Kommunismus. Siehe Marxismus, Sozialdemokratie

Direktdemokratische Elemente:

– *Initiative:* Seit 1848 hat die Schweizer Stimmbevölkerung das Recht, die Totalrevision der Bundesverfassung zu verlangen. Dazu müssen heute 100 000 Unterschriften gesammelt werden, um die Revision zu veranlassen, die anschliessend dem Volk zur Abstimmung vorgelegt wird. Seit 1891 ist es auch möglich, Teiländerungen der Verfassung vorzuschlagen. Auch hier müssen 100 000 Stimmberech-

tigte das Begehren mittragen, damit es zur Abstimmung kommt. Wenn die Mehrheit der Stimmenden und die Mehrheit der Kantone die Vorlage annehmen, ist die Initiative erfolgreich.

– *Obligatorisches Referendum:* Nimmt das Parlament eine Änderung der Verfassung vor, muss diese vom Stimmvolk gutgeheissen werden. Sie wird also einer Abstimmung unterzogen. Eine Mehrheit der Kantone und der Stimmberechtigten muss zustimmen, damit der neue oder veränderte Verfassungsartikel rechtskräftig wird. Dieses Volksrecht existiert seit 1848.

– *Fakultatives Referendum:* Seit 1874 haben Stimmberechtigte oder die Kantone die Möglichkeit, ein vom Parlament verabschiedetes Gesetz oder einen Bundesbeschluss der Stimmbevölkerung zu unterbreiten und allenfalls zu verwerfen. Dazu müssen innert 100 Tagen 50 000 Unterschriften gesammelt werden oder 8 Kantone das Referendum verlangen. Anschliessend kommt es zur Volksabstimmung, wobei das Mehr der Stimmenden genügt, das Ständemehr ist für den Entscheid nicht relevant.

– *Gesetzesinitiative:* Alle oben erwähnten Volksrechte existieren auch auf Kantons- und Gemeindeebene. Einzelne Kantone und Gemeinden kennen zudem die Gesetzesinitiative. Diese ermöglicht es den Stimmberechtigten, nicht nur Änderungen der Verfassung, sondern selber auch Gesetze vorzuschlagen. Auch hier müssen Unterschriften gesammelt werden, um die Vorlage zur Abstimmung zu bringen.

Direktorialverfassung: Nachrevolutionäre Verfassung Frankreichs von 1795. Die oberste Regierungsbehörde bestand aus fünf Mitgliedern. 1799 wurde diese Regierung von Napoleon Bonaparte abgesetzt, nachdem sie ihn zum Oberbefehlshaber der Armee ernannt hatte. Damit kam die Direktoriumszeit zu einem Ende.

Disputation: Wissenschaftliches Streitgespräch. In der Frühen Neuzeit war es üblich, seine Doktorthesen in der Theologie zuerst öffentlich anzuschlagen (Kirchentüren etc.) und so zur Disputation einzuladen. Die geladenen Gelehrten oder sonstige Interessierte disputierten dann mit dem Prüfling über seine Thesen. Disputationen wurden regelmässig genutzt, um wissenschaftliche Streitfragen zu klären.

Dreibund: Bezeichnung für ein 1882 abgeschlossenes und bis 1914 mehrfach erneuertes geheimes Verteidigungsbündnis zwischen dem Deutschen Reich, Österreich-Ungarn und Italien, das sich vor allem gegen Frankreich, indirekt aber auch gegen Russland richtete. Der Dreibund endete mit der Neutralitätserklärung

Italiens 1914 und dessen Eintritt in die Kriegsallianz gegen das Deutsche Reich und Österreich-Ungarn 1915.

Dynastie: Herrschergeschlecht, Herrscherhaus.

Einhegung: Ende des 18. Jahrhunderts in England vermehrt vorgenommene Übernahme von Land (engl. = enclosures), das bisher allen Bauern des Dorfes zur Benutzung freistand, durch die englischen Grossgrundbesitzer. Es kam zu einer Privatisierung der Allmenden, des Gemeindelandes. Es entstanden intensiv und vor allem mit Viehzucht bewirtschaftete Grossbetriebe, die vermehrt in kommerzieller Weise produzierten und so die wachsende Bevölkerung Englands ernähren konnten.

Encomienda: Im Jahr 1503 übertrug die spanische Krone den spanischen Eroberern in Lateinamerika grosse Landgüter mitsamt der darin lebenden einheimischen Bevölkerung, die sie im Auftrag der spanischen Krone verwalten sollten (Encomienda-System von span. *encomienda* = Auftrag). Der Encomendero („Auftragnehmer"), also der spanische Grundherr, war damit formal beauftragt, für den Schutz und die Missionierung der dort lebenden Einheimischen zu sorgen. Die einheimischen Einwohner der Encomiendas waren formal grundsätzlich frei und nicht Eigentum der Grundbesitzer, also keine Sklaven. Sie konnten aber zur Zwangsarbeit für Haus-, Feld- und Bergwerksarbeiten verpflichtet werden, mussten allerdings entlohnt werden. Die Grundherren sollten dafür sorgen, dass ihre Untergegebenen im christlichen Glauben unterrichtet würden; zudem sollten sie für deren Schutz sorgen. Eine gewaltsame Unterwerfung der Indianer war nur zulässig, wenn diese sich weigerten, getauft zu werden. In seiner praktischen Umsetzung war das Encomienda-System allerdings nichts anderes als Sklaverei zugunsten der Plantagen- und Minenbesitzer und Vorwand für die rücksichtslose Ausbeutung und unmenschliche Behandlung der Indianer. Dies lag vor allem daran, dass die Unterdrückten für die Gutsherren keinerlei Wert darstellten, weil sie ihnen ja nicht gehörten. Sie wurden deshalb häufig zu Tode geschunden. Das System, spanische Siedler auf diese Weise mit Arbeitskräften zu versorgen, hatte aufgrund dieser Bedingungen ein Massensterben unter den Indianern zur Folge.

Entente cordiale: Bezeichnung für die seit 1904 zwischen Grossbritannien und Frankreich bestehenden Absprachen über die Vermeidung von Konflikten zwischen ihnen (insbesondere in der Kolonialpolitik) und über gemeinsame politische Ziele, insbesondere die Abwehr einer deutschen Vorherrschaft auf dem europäischen Kontinent (frz. = herzliches Einvernehmen). Die Summe der politischen und später auch militärischen Absprachen kam praktisch einem Bündnis gleich, in das seit 1907 schrittweise Russland einbezogen wurde (Triple-Entente).

Erster Koalitionskrieg: 1792–1797 der erste von sechs Kriegen der europäischen Mächte Preussen, Österreich u. a. gegen Napoleon, mit der Absicht, die Folgen der französischen Revolution rückgängig zu machen. Napoleon siegte in diesem ersten Krieg. 1797 wurde im italienischen Dorf Campo Formio der Friedensschluss zwischen Österreich und Frankreich unterzeichnet. Damit endete der Krieg, nachdem Napoleon vorher die andern Gegner mittels Friedensverträgen bereits neutralisiert hatte.

Erstes Vatikanisches Konzil: In der Vatikanstadt abgehaltene Versammlung der obersten Geistlichkeit 1869/70. Hauptthema war die Abwehr des Liberalismus und eine Stärkung der katholischen Kirche gegenüber dem zunehmenden Rationalismus. Unter anderem wurde das Dogma der päpstlichen Unfehlbarkeit beschlossen.

Fabrik: Im 18. und frühen 19. Jahrhundert ein zunftfreier Gewerbebetrieb, in dem zentralisiert oder dezentralisiert, aber arbeitsteilig produziert wurde. Fabrik war damals oft nur ein anderes Wort für Manufaktur oder Verlag. Seit der Industrialisierung ist „Fabrik" die Bezeichnung für den zentralisierten Gewerbebetrieb auf maschineller Grundlage.

Feudalabgaben: Aus dem Mittelalter stammende Leistungen (Zehnter, Frondienste), die aus der rechtlichen Abhängigkeit des Bauern vom adeligen oder geistlichen Grundherrn begründet wurden und die ursprünglich ihr Gegenstück im Schutz der Bauern durch die Grundherren hatten.

Feudalismus: Als Feudalismus (lat. *feudum* = Lehen) wird eine Herrschaftsform bezeichnet, die vor allem in Agrargesellschaften üblich war und auf Grundbesitz beruhte: Die sozial und politisch führende Schicht der Grundbesitzer (Monarch, Adel, Kirche) gab vor allem Ländereien an Vasallen (Lehensmänner) zur Nutzung weiter. Aber auch Rechte (Lehen) wurden weitergegeben, etwa das Recht auf Erhebung von Abgaben. Im Gegenzug verpflichteten sich die Lehensherrn dafür, ihre Vasallen zu schützen, notfalls auch mit Krieg. Der Feudalismus war also von gegenseitigen Treuepflichten zwischen Lehensherr (bzw. Feudalherr) einerseits und Lehensmann (bzw. Vasall) andererseits geprägt.

Zum Lehen zählte auch die bäuerliche Bevölkerung, die als Leibeigene in völliger Abhängigkeit zum Grundherrn stand.

Fiskal-, Schutz- und Kampfzoll: Der Fiskalzoll ist eine Abgabe, die der Staatskasse Geld zuführen soll. Er wird meist auf Genussmittel oder auf Produkte erhoben, die im eigenen Land nicht produziert werden. Schutzzölle werden erhoben, um die einheimische Produktion vor ausländischer Konkurrenz zu schützen. Indem Importprodukte künstlich verteuert werden, bleiben inländische Produkte attraktiv. Mit Kampfzöllen will ein Land Anbieter vom Export billiger Waren abhalten.

Föderalismus: Siehe Bundesstaat.

Fraktion: Zusammenschluss von Gleichgesinnten in einem Parlament. Die Mitglieder einer Fraktion müssen nicht alle derselben politischen Partei angehören.

Freihandelspolitik: Aussenhandelspolitik eines Staates, die auf einen von Zöllen oder anderen Beschränkungen ungestörten internationalen Handel dringt (Gegenteil: Protektionismus, s. dort). Angewandt ab 1860 zwischen Grossbritannien und Frankreich, weitete sich das Netz von Freihandelsverträgen unter den Staaten aus. Teilweise ab 1879, spätestens seit dem Ersten Weltkrieg, kam der Freihandel zum Erliegen. Nach dem Zweiten Weltkrieg setzten die Staaten verstärkt auf eine offene Aussenhandelspolitik.

Freisinn: Sammelbegriff für die verschiedenen Strömungen, die aus dem Liberalismus entstanden sind: Radikale, gemässigte Liberale, Demokraten. In der Schweiz dominierte der Freisinn ab 1848 jahrzehntelang die Bundespolitik in Parlament und Bundesrat.

Frieden: Zum einen völkerrechtlich der Zustand rechtlich geordneter Verhältnisse zwischen Staaten. Im politischen Denken der Neuzeit bedeutete Frieden allerdings nicht nur die Abwesenheit von Krieg, sondern auch das umfassende und andauernde Wohl eines Staates und seiner Bürger in einer legitimen Rechtsordnung. Kennzeichen sind ein lange dauernder Zustand von Gewaltfreiheit in sowie zwischen Staaten bzw. Staatengruppen und die Lösung von Interessengegensätzen auf friedlichem Wege. Zum anderen Bezeichnung für eine Vereinbarung zwischen kriegführenden Parteien, die den Krieg definitiv durch einen völkerrechtlich bindenden Vertrag (Friedensvertrag) beendet und in der Regel Vereinbarungen über Gebietsabtretungen, Reparationen usw. enthält. In der historisch-politischen Beurteilung wird zwischen einem Sieg- und einem Verständigungsfrieden unterschieden. Von einem Siegfrieden spricht man, wenn der militärische Sieger im Friedensvertrag seine Vorstellungen weitgehend durchsetzen kann und so nicht selten den Keim zu einem neuen Krieg legt. Bei einem Verständigungsfrieden dagegen versucht der Friedensvertrag die politischen Gründe, die zum Krieg führten, zu beseitigen oder doch zumindest eine erhebliche politische und wirtschaftliche Schwächung des unterlegenen Gegners zu vermeiden. Die grossen Friedensorganisationen des 20. Jahrhunderts waren zuerst der Völkerbund und dann die UNO.

Frühkapitalismus: s. Handelskapitalismus.

Gemeine Herrschaft: Von den vollberechtigten Orten gemeinsam verwaltete Untertanengebiete.

Gemeinwesen (Allmend): Wald-, Feld- oder Ödland, das allen Mitgliedern einer Dorfgemeinschaft (oder auch mehrerer Dörfer) zur Verfügung stand. Sie konnten als Acker- oder Weideland genutzt werden. Bereits im 16./17., aber vor allem im 18. Jahrhundert wurden sie aufgeteilt, weil das zur Verfügung stehende Land für die zunehmende Bevölkerung zu klein wurde.

Gesamtarbeitsvertrag: Vertrag zwischen einem Arbeitnehmerverband und einem Arbeitgeberverband. Er regelt die Arbeitsbedingungen und die Verhältnisse zwischen den Vertragspartnern und ist Teil des Obligationenrechts. Traditionelle Bestandteile sind Regelungen zu Abschluss, Inhalt und Kündigung des Einzelarbeitsvertrages, Erläuterungen von Rechten und Pflichten der Vertragsparteien sowie Bestimmungen zur Kontrolle und Durchsetzung des Gesamtarbeitsvertrags.

Geschlechtscharaktere: Meist biologisch begründete Eigenheiten von Mann und Frau, die sich aber auch auf Aufgaben und Pflichten bezogen und vor allem Ende des 19. und zu Beginn des 20. Jahrhunderts als gesellschaftlich erstrebenswert galten. Es handelte sich um Normvorstellungen, die von allen Männern und Frauen anzustreben waren. Die Frauen sollten sich um die Kinder und den Haushalt kümmern, sanft, emotional und dem Mann zu Diensten sein. Die Frau wurde als passives Element in der Ehe betrachtet. Der Mann hingegen sollte rational, aktiv, den Lebensunterhalt für die Familie verdienen und diese in der Öffentlichkeit vertreten. Es herrschte die Vorstellung, dass den Kindern diese Eigenarten schon bei der Geburt durch das Geschlecht mitgegeben seien, darüber hinaus aber auch anerzogen werden müssten.

Gesellschaftsvertrag: Die vor allem in den Staatstheorien der Aufklärung entwickelte Theorie vom Gesellschaftsvertrag ging von der (fiktiven) Vorstellung aus, dass die ehemals freien Menschen in einem Vertrag miteinander auf einen Teil ihrer Rechte verzichteten und diese – zu ihrem Schutz und Wohl – auf den dadurch entstehenden Staat übertrugen. Dessen Macht wurde damit als ursprünglich vom Volk übertragen gerechtfertigt und gleichzeitig begrenzt.

Gewaltenteilung (-trennung): Die politischen Gewalten – Legislative (gesetzgebende Gewalt, Parlament), Exekutive (ausführende Gewalt, Regierung) und Judikative (rechtsprechende Gewalt, Gerichte) sind funktional und personell klar voneinander getrennt. Meist spricht man eher von der Gewaltenteilung als von der -trennung, weil sehr oft die Legislative auch gewisse Aufgaben der Exekutive übernimmt (z. B. die Festlegung des Budgets) und umgekehrt. Die Trennung zwischen den Kompetenzen ist also nicht ganz scharf.

Girondisten: Gemässigte Republikaner während der Zeit der Französischen Revolution. Sie vertraten vor allem das liberale und wohlhabende Bürgertum aus dem Süden und Westen Frankreichs. Ihr Name geht auf das Departement Gironde zurück, aus dem die wichtigsten Personen der girondistischen Bewegung kamen.

Grundherrschaft: Die Grundherrschaft bestimmte weitgehend die Wirtschaftsweise und das gesamte Leben der Bauern in Europa bis ins 19. Jahrhundert. Grundherr war z. B. ein Adliger oder ein Kloster. Er verfügte über das Obereigentum an Grund und Boden und gab ihn an abhängige, oft unfreie Untereigentümer (Hörige, Leibeigene) zur Bewirtschaftung. Für den Schutz, den der Grundherr zu gewähren hatte, waren die Hörigen zu Abgaben und Diensten (Frondiensten) verpflichtet.

Handelskapitalismus: Der Handelskapitalismus begann im Spätmittelalter und setzte sich in der Frühen Neuzeit fort. Er war eine neue Gesellschaftsform, die sich vom Feudalismus des Mittelalters grundlegend unterschied. Der Feudalismus, das Lehenswesen, war davon geprägt, dass der Besitz von Grund und Boden im Mittelpunkt stand. Der Grossteil der Bevölkerung bestand aus Bauern, die selbst kein oder nur wenig Eigentum hatten und das Land ihres Grundherrn bewirtschaften mussten. Die Bauern waren somit vom Grundherrn abhängig und nicht frei. Im Unterschied zum Feudalismus gewannen nun Geld und Handel an Bedeutung. Kennzeichnend für die Epoche des Handelskapitalismus waren das in Italien aufkommende Bankwesen, das sich in ganz Europa und darüber hinaus verbreitete, und grosse Handelshäuser. Diese wurden vor allem durch den Fernhandel reich, der internationale Märkte geschaffen hatte.

Hegemonie: Bezeichnet die Vormachtstellung eines Staates innerhalb einer Gruppe von Staaten. Die Hegemonie stützt sich in der Regel auf militärische Überlegenheit, die eine politische Führungsrolle begründet und absichert. Die Hegemonie kann sich aber auch nur auf das wirtschaftliche Gebiet beziehen.

Heilige Allianz: Vereinbarung, die 1815 zwischen Preussen, Österreich und Russland getroffen wurde mit dem Ziel, in Europa auf der Grundlage der christlichen Religion die Ordnung von 1815 aufrechtzuerhalten. In den folgenden Jahren traten fast alle europäischen Mächte dem Bündnis bei. Das „Bündnis der Throne", wie die Allianz auch genannt wurde, richtete sich auch gegen das Vordringen nationaler und liberaler Bewegungen. Es wurde damit zum Inbegriff der Restauration und intervenierte etwa auch in der Schweiz, wenn zum Beispiel zu viele liberal gesinnte Flüchtlinge auf Schweizer Boden Schutz fanden. Die Heilige Allianz zerbrach in den Auseinandersetzungen der europäischen Mächte um den griechischen Freiheitskampf.

Heiliges Römisches Reich (Deutscher Nation): Das deutsche Kaiserreich erhob im Mittelalter den Anspruch, als Kaiserreich den Königreichen übergeordnet zu sein. Die deutschen Könige hatten deshalb stets das Ziel, Kaiser zu werden, weil sie damit über die Grenzen Deutschlands hinaus herrschen konnten. Die Ausdehnung und die Grenzen des Heiligen Römischen Reiches veränderten sich im Laufe der Zeit stark. In seiner grössten Ausdehnung umfasste das Reich fast das gesamte Gebiet des heutigen Mittel- und Teile Südeuropas. Die Kaiser sahen sich als Nachfolger der römischen Kaiser und erhoben diesen Anspruch ausdrücklich erstmals Anfang des 9. Jahrhunderts. Ihr Reich wurde deshalb „Heiliges Römisches Reich" genannt. Im 16. Jahrhundert erhielt es den Zusatz „Deutscher Nation". 1806 wurde es im Zuge der Napoleonischen Kriege aufgelöst.

Helvetische Gesellschaft: Ein 1761 gegründeter Verein, der aufklärerisch gesinnte Männer aus der ganzen Schweiz zu Diskussionen und Meinungsaustausch sammelte. Diese kritisierten die Zustände des Ancien Régime und forderten Reformen in allen Lebensbereichen, nicht aber die Revolution. Freiheit, Gleichheit und die Überwindung der konfessionellen Gegensätze waren wichtige Ziele. Jährlich fand eine Versammlung statt, an der auch Gäste aus dem Ausland teilnahmen. Zudem wurde eine Publikation veröffentlicht. Die zweite Generation ab ca. 1760 legte das Schwergewicht vermehrt auf gesellige Anlässe statt auf ernste Diskussionen. Nach 1797 brach die Helvetische Gesellschaft ihre Tätigkeiten ab, lebte aber 1807 im Umkreis der radikalen Bewegung wieder auf, bis sie sich 1858 endgültig auflöste.

Ideologie: Gesamtheit der geistigen Grundeinstellungen und Werthaltungen einer bestimmten Gesellschaftsgruppe oder einer Kultur. Im Unterschied zur „Mentalität" handelt es sich um intellektuell erarbeitete Lehren, die auch propagandistisch verbreitet werden.

Imperialismus: Der Begriff (lat. *imperium* = Reich) meint zunächst die Ausdehnung der Herrschaft eines Staates über andere Länder durch Eroberung, Annexion oder Durchdringung. Eine seiner Formen ist der Kolonialismus oder die Kapitaldurchdringung (z. B. Dollarimperialismus). Die Herrschaft wird formell (direkt) durch Besetzung und Einrichtung einer Kolonialregierung oder informell (indirekt) durch Kontrolle über die einheimische Regierung ausgeübt. Für die Zeit seit der Hochindustrialisierung bedeutet Imperialismus ein deutliches wirtschaftliches und politisches Abhängigkeits- und Ausnutzungsverhältnis zwischen industriell fortgeschrittenen und wirtschaftlich gering entwickelten Staaten oder Regionen, häufig zur Ablenkung von eigenen inneren sozialen Problemen (Sozialimperialismus). Vor allem die Zeit von 1880 bis 1918 gilt als Epoche des Imperialismus.

Industrielle Revolution: Durch den englischen Sozialreformer Arnold Toynbee (1852–1883) verbreiteter Begriff. Er bezeichnet die erste Phase der Industrialisierung, die in England um 1770 einsetzte (in Deutschland von ca. 1840 bis 1870). Die industrielle Revolution stellt die Anschubphase eines tiefgreifenden wirtschaftlichen und gesellschaftlichen Wandlungsprozesses dar, der bis heute nicht abgeschlossen ist (Industrialisierung). Im Mittelpunkt stehen die Einführung und Fortentwicklung der industriellen Produktionsweise (neue Energiequellen, Maschinen, Fabrik, Arbeitsteilung auf zunehmend wissenschaftlicher Grundlage, Wachstum des Sozialprodukts) und die Wanderung der Erwerbstätigen von der Landwirtschaft in das Gewerbe und in den Dienstleistungsbereich. Bestimmten mechanische Webstühle, Dampfschiffe, Kohle und Eisentechnologie im Wesentlichen die „erste" Industrielle Revolution, werden die Einführung der Chemie- und Elektroindustrie sowie die Erfindung des Verbrennungsmotors auch als „zweite" Industrielle Revolution, die Einführung der Raumfahrt- und Computertechnologie auch als „dritte" Industrielle Revolution bezeichnet.

Jakobiner: Ursprünglich Mitglieder von politischen Klubs in Frankreich, benannt nach ihrem Versammlungsort, dem Kloster Saint Jacques in Paris. Die Bezeichnung umfasste zunächst alle Reformkräfte, auch die später als Girondisten bezeichneten, von denen sich 1792/93 eine radikalere politische Gruppierung unter Robespierre abspaltete (Bergpartei), aber den Namen Jakobiner beibehielt. Ihr Ziel war die Verwirklichung der politischen und sozialen Gleichheit. Sie organisierten 1793/94 die Diktatur des Wohlfahrtsausschusses. Nach dem Sturz Robespierres wurden die Jakobinerklubs verboten.

Jesuiten: 1534 von Ignatius von Loyola gegründeter katholischer Orden, auch „Gesellschaft Jesu" genannt. Im Mittelpunkt stand der Wille, den katholischen Glauben mittels der Mission, der Schulbildung und der Erziehung zu verbreiten. Im 17. Jahrhundert waren die Jesuiten in allen katholischen Ländern der Welt sowie missionarisch in Indien, Japan, China, Afrika, Südamerika und Nordamerika aktiv. Je mehr der Staat die Bildung übernehmen und den Einfluss der Kirche zurückdrängen konnte, umso mehr kamen die Jesuiten mit ihm in Konflikt. Der Orden wurde sogar vorübergehend verboten. In der Schweiz wurde den Jesuiten ihre Tätigkeit im Rahmen des Kulturkampfs 1848 untersagt. Das Verbot wurde erst 1973 aufgehoben.

Juli-Revolution: Pariser Revolution von 1830. Dabei wurde der Bourbonenkönig Karl X. vom Thron gestürzt. An seine Stelle trat der französische König Louis-Philippe, der als „Bürgerkönig" in die Geschichte eingegangen ist, weil er sich bereits vor seiner Wahl der liberalen Opposition angenähert hatte und dann auch seine Regentschaft auf das liberale Grossbürgertum ausrichtete.

Kapital: Alle an der Erzeugung von Gütern beteiligten Produktionsmittel, neben Arbeit und Boden der dritte Produktionsfaktor. Es kann sich um Maschinen oder Werkzeuge handeln, oft aber auch um das Geld, das in die Produktion investiert wird.

Kapitalismus: Wirtschaftsordnung, in der sich das Produktivkapital in den Händen von Privatpersonen bzw. Personengruppen befindet, der Kapitalisten und Unternehmer. Diesen stehen die Lohnarbeiter gegenüber. Der erwirtschaftete Gewinn geht wieder an den Unternehmer und führt zur Vermehrung des Produktivkapitals. Die wichtigsten wirtschaftlichen Entscheidungen werden in den Unternehmen im Hinblick auf den Markt und die zu erwirtschaftenden Gewinne getroffen, nicht aber vom Staat.

Katholisch-Konservativ, Konservatismus: Gegenbewegung zur Französischen Revolution und zum Liberalismus, später auch zu Demokratie und Sozialismus. Der Konservative will nur behutsame Veränderungen und schätzt das in der Vergangenheit Bewährte. Er bezweifelt die Planbarkeit geschichtlichen Wandels. Im 19. Jahrhundert betonten Konservative oft die religiöse Gebundenheit politischer Ordnungen. In der Schweiz verteidigten die Katholisch-Konservativen zudem die Souveränität der Kantone und einen weit reichenden Föderalismus. Sie wehrten sich anfangs gegen die Gründung eines Bundesstaates. Erst nach mehreren gescheiterten Anläufen organisierten sie sich 1912 als Katholisch-Konservative Partei (heutige CVP). In den umliegenden konservativen Nachbarstaaten bemühten sich die Konservativen um den Erhalt von starken absolutistischen, meist monarchischen Staatssystemen.

Klassen: Bezeichnung für gesellschaftliche Grossgruppen etwa seit Ende des 18. Jahrhunderts, deren Angehörige durch Besitz bzw. Nichtbesitz von Produktionsmitteln und den sich daraus ergebenden gemeinsamen bzw. entgegengesetzten Interessen gekennzeichnet sind. Während des 19. Jahrhunderts lief in den Industriestaaten ein Prozess der Klassenbildung zwischen Unternehmern (Bourgeoisie) und Arbeitern (Proletariat) ab. Wenn sich diese Klassenunterscheidung und Klassenspannungen in einer Gesellschaft deutlich ausprägen, spricht man von einer Klassengesellschaft.

Klerus: Gesamtheit der Personen, die durch eine kirchliche Weihe in den Dienst der Kirche getreten sind (= Geistliche). Als eigener Stand besassen die Geistlichen bis ins 19. Jahrhundert hinein politische und wirtschaftliche Vorrechte: Recht zur Erhebung von Kirchenabgaben (Zehnt), eigene Gerichtsbarkeit, Steuerfreiheit.

Kolonialismus: Die Errichtung von Handelsstützpunkten und Siedlungskolonien in militärisch und politisch schwachen Ländern (vor allem in Asien, Afrika und Amerika) sowie deren Inbesitznahme durch überlegene Staaten (insbesondere Europas) seit dem 16. Jahrhundert. Die Kolonialstaaten verfolgten dabei vor allem wirtschaftliche und militärische Ziele.

Konfessionalisierung: Bezeichnet den im letzten Viertel des 16. Jahrhunderts einsetzenden Prozess der intensiven Durchdringung von Staat und Gesellschaft mit Regelungen und Einstellungen, die unmittelbar mit dem jeweiligen Glauben (katholisch, lutherisch, reformiert bzw. calvinistisch) zusammenhingen. Innerstaatlich bedeutete Konfessionalisierung die Etablierung einer vorherrschenden Religion durch Verwaltungs-, Kirchen- und Schulreformen, aber auch den Ausschluss Andersgläubiger aus führenden Stellungen. Zwischenstaatlich bewirkte die Konfessionalisierung eine massive Abgrenzung konfessionell geprägter Territorien voneinander.

Konjunktur: Periodisch wiederkehrende Schwankungen einer Volkswirtschaft oder der Weltwirtschaft. Ein Konjunkturzyklus besteht in der Regel aus vier Phasen: 1. Aufschwung (Gewinne, Investitionen und Beschäftigung steigen); 2. Hochkonjunktur (hohe Gewinne und Vollbeschäftigung); 3. Abschwung (sinkende Gewinne und Investitionen, mehr Arbeitslose); 4. Konjunkturkrise oder Depression (wenig Investitionen, hohe Arbeitslosigkeit).

Konkordanzdemokratie: Regierungssystem, bei dem alle wichtigen Parteien in die Regierung eingebunden sind und keine nur als Oppositionspartei fungiert. Das Gegenteil ist die Konkurrenzdemokratie, die sich meist dadurch auszeichnet, dass zwei grosse Parteien ein Land prägen. Die eine ist jeweils an der Macht und stellt die Regierung, die andere ist in der Opposition.

Konstanzer Konzil: Das Konzil von Konstanz tagte von 1414 bis 1418 und war die grösste Kirchenversammlung des Mittelalters. Die Versammlung beschäftigte sich mit der Einheit des Glaubens und der Kirche und beendete die seit 1378 andauernde Spaltung der Kirche, das Grosse Abendländische Schisma. Während dieses Schismas waren drei Päpste gleichzeitig im Amt gewesen und hatten um die Macht gekämpft. Zudem verurteilte die Versammlung den Prager Kirchenreformer Jan Hus zum Tode. Er wurde 1415 auf dem Scheiterhaufen verbrannt.

Kontinentalsperre: Wirtschaftliche Absperrung des europäischen Festlands gegen Grossbritannien. Napoleon I. veranlasste diese Massnahme 1806 im Rahmen des Wirtschaftskrieges, den er gegen Grossbritannien führte. Die britische Wirtschaft litt stark, auch wenn sich Grossbritannien neue Märkte in den Kolonien und in Südamerika eröffnete. Doch auch das europäische Festland spürte negative Folgen. Die Sperre dauerte bis 1814.

Kulturkampf: Der Begriff wurde 1873 in Preussen geprägt und bezeichnete den Befreiungskampf des Staates von kirchlich-klerikaler Bevormundung. Immer mehr Bereiche wie etwa die Schulen sollten dem Einfluss der Kirche entzogen werden. In der Schweiz kam es in einzelnen Kantonen zu Entlassungen von Priestern oder gar des Bischofs. Der Jesuitenorden wurde verboten, weil ihm eine radikale Papsttreue nachgesagt wurde. Die Katholiken wurden als von Rom manipuliert und „ultramontan" bezeichnet, sie seien reaktionär und stellten sich gegen jegliche wissenschaftliche Fortschritte. Tatsächlich war es so, dass sich die katholisch-konservativen Kantone anfangs zuerst gegen den Bundesstaat wehrten und einen möglichst ausgedehnten Föderalismus forderten. In gewissen Kantonen kam es deshalb zu gewalttätigen Auseinandersetzungen.

Kurfürst: Ein Kurfürst gehörte zu jenen Fürsten des Heiligen Römischen Reiches Deutscher Nation, die das Kurfürstenkollegium bildeten. Diesem stand seit dem 14. Jahrhundert das alleinige Recht zu, den deutschen König zu wählen. Mit dem Königstitel war auch das Recht verbunden, sich vom Papst zum Kaiser krönen zu lassen. Dieses Recht haben die meisten deutschen Könige wahrgenommen. Die Bezeichnung Kurfürst geht auf das mittelhochdeutsche Wort kur oder kure für Wahl zurück (küren = wählen). Es waren also die Fürsten, die wählen durften. Im Mittelalter und in der Frühen Neuzeit gehörten dem Kurfürstenkollegium sieben Reichsfürsten an: drei geistliche Fürstbischöfe, nämlich der Erzbischof von Mainz, der Erzbischof von Köln und der Erzbischof von Trier; vier weltliche Fürsten, nämlich der Pfalzgraf bei Rhein, der Herzog von Sachsen, der Markgraf von Brandenburg und der König von Böhmen.

Landsgemeinde: Älteste und einfachste Form der direkten Demokratie: Die stimm- und wahlberechtigten Bürgerinnen und Bürger versammeln sich, erledigen die Aufgaben der Legislative (Wahlen, Abstimmungen über Sachgeschäfte oder das Budget) und ersetzen damit das Parlament.

Leibeigenschaft: Persönliche Abhängigkeit eines Menschen von seinem Herrn (Leibherrn). Sie war nicht notwendigerweise mit der Abhängigkeit eines Hörigen von seinem Grundherrn verknüpft. Die Leibeigenen konnten ohne Zustimmung des Herrn nicht heiraten; sie mussten an ihn eine jährliche Kopfsteuer (vielfach ein Huhn) entrichten. Nach dem Tod hatten die Erben eine beträchtliche Vermögensabgabe zu leisten: das beste Stück Vieh oder das beste Kleidungsstück oder sogar die Hälfte der beweglichen Habe. In grossen Teilen der Schweiz war die Leibeigenschaft im 17./18. Jahrhundert weitgehend bedeutungslos geworden. In der Helvetik 1798 wurde sie aufgehoben.

Liberalismus: Politische Bewegung seit dem 18. Jahrhundert, die die Freiheit des Individuums gegenüber kollektiven Ansprüchen von Staat und Kirche betont. Merkmale des politischen Liberalismus sind die Forderung nach Glaubens- und Meinungsfreiheit, nach Sicherung von Grundrechten des Bürgers gegen staatliche Eingriffe, nach Unabhängigkeit der Rechtsprechung (Gewaltenteilung) und nach angemessener Teilnahme an politischen Entscheidungen. Hauptmerkmal des wirtschaftlichen Liberalismus ist die Forderung nach uneingeschränkter Freiheit aller wirtschaftlichen Betätigungen. In der Schweiz schlossen sich die liberalen Kräfte 1894 zur Freisinnig-Demokratischen Partei der Schweiz (FDP) zusammen.

Mächtegleichgewicht: Prinzip der internationalen Beziehungen, das auf ein Gleichgewicht von Staaten mit vergleichbarer Militär- und/oder Wirtschaftskraft setzt, um die Hegemonie eines Staates zu verhindern. Als Prinzip in der italienischen Staatenwelt des 13. bis 16. Jahrhunderts entwickelt wurde es im 18. Jahrhundert zur leitenden Vorstellung der Aussenpolitik der fünf europäischen Grossmächte (Pentarchie, s. dort).

Majorzwahlrecht: Wahlrecht, bei dem der Kandidat, die Kandidatin mit den meisten Stimmen gewählt ist (s. auch „Proporzwahlrecht") .

Manufaktur: Bezeichnung einer Betriebsform, die es erlaubt, grosse Mengen von Waren an einer Produktionsstätte arbeitsteilig herzustellen (lat. *manufactum* = mit der Hand gemacht). Der Besitzer der Manufaktur musste das erforderliche Kapital, die staatliche Genehmigung, die Gebäude und die Werkzeuge bereitstellen. Er beschaffte die Rohstoffe und sorgte für den Absatz der Waren. Die Rechte der in der Manufaktur Arbeitenden waren weniger gesichert als in den Handwerkszünften.

Marxismus: Die von Karl Marx und Friedrich Engels Mitte des 19. Jahrhunderts entwickelte Wirtschafts- und Gesellschaftstheorie mit dem Ziel einer klassenlosen Gesellschaft ohne Privatbesitz an Produktionsmitteln. Die Aufhebung der bürgerlich-kapitalistischen Ordnung wird mit einer Revolution eingeleitet und nach einer Übergangsphase der Diktatur des Proletariats vollendet. Mit der revolutionären Veränderung der wirtschaftlichen Basis wandelt sich nach Marx anschliessend auch der Überbau, d.h. die rechtlichen, politischen und geistigen Lebensumstände. Für Marx ging es um mehr als nur um die Verwirklichung von sozialer Gerechtigkeit. Es sollte vielmehr die Selbstentfremdung des Menschen rückgängig gemacht werden. Nach Aufhebung der Klassengegensätze solle sich jeder Mensch selber verwirklichen und seine Talente entwickeln können. Damit werde auch eine politische Ordnung überflüssig. Das Kernstück der ökonomischen Kritik Marx' am Kapitalismus ist die „Mehrwerttheorie". Darin geht er davon aus, dass der Arbeiter mehr produziert als er für seine eigene Lebensführung braucht. Den Überschuss eignet sich der Unternehmer (Kapitalist) an. Mit dieser Theorie versuchte Marx den Ursprung des Unternehmergewinns (Profit) in der Ausbeutung der lohnabhängigen Arbeiter nachzuweisen.

Menschen- und Bürgerrechte: Der durch die Aufklärung verbreitete und in der Amerikanischen und Französischen Revolution mit Verfassungsrang ausgestattete Begriff besagt, dass jeder Mensch unantastbare Rechte besitze, die der Staat achten müsse, so vor allem das Recht auf Leben, Glaubens- und Meinungsfreiheit, Versammlungs- und Vereinigungsfreiheit, Freizügigkeit, persönliche Sicherheit, Eigentum und Widerstand im Fall der Verletzung von Menschenrechten. Im 19. und 20. Jahrhundert wurden auch soziale Menschenrechte, besonders von sozialdemokratisch-sozialistischer Seite, formuliert, so das Recht auf Arbeit, soziale Sicherheit und Bildung.

Merkantilismus: Begriff für die Politik eines Staats im Zeitalter des Absolutismus, die die Staatsfinanzen und den Handel als entscheidend für die Stärkung der staatlichen Macht betrachtet (lat. *mercator* = Kaufmann): Mittel dazu waren Stärkung der Ausfuhr und Beschränkung der Einfuhr von Gütern, Errichtung von staatlichen Wirtschaftsbetrieben (Manufakturen), Bau von Strassen und Kanälen.

Monarchie: Gewöhnlich werden Monarchen durch Erbfolge oder Wahl zur Herrschaft bestellt (griech. *monarchia* = Herrschaft eines Einzelnen). Ihre Amtsdauer ist zumeist lebenslänglich. Oft wird ihre Herrschaft religiös begründet (Gottesgnadentum). In der absoluten Monarchie herrschte der Monarch der Tendenz nach uneingeschränkt. In der konstitutionellen Monarchie ist der Monarch an eine Verfassung gebunden, die einer Volksvertretung Rechte bei der Gesetzgebung zugesteht. In der parlamentarischen Monarchie hat allein das gewählte Parlament das Recht, Gesetze zu verabschieden und die Regierung zu wählen oder zu entlassen. Der Monarch ist in der parlamentarischen Monarchie vor allem für repräsentative Handlungen zuständig.

Nation: Im Mittelalter und in der frühen Neuzeit Bezeichnung für Grossgruppen mit gemeinsamer Herkunft (lat. *natio* = Abstammung). Seit dem 12. Jahrhundert stimmten die Teilnehmer auf den kirchlichen Konzilien nach Nationen ab; an vielen Universitäten organisierten sich die Studenten nach Nationen. Seit dem 18. Jahrhundert wird der Begriff auf ganze Völker übertragen. Er bezeichnet grosse Gruppen von Menschen mit gewissen, ihnen bewussten Gemeinsamkeiten, z. B. Sprache, Geschichte oder Verfassung, und mit vielen inneren Bindungen und Kontakten (wirtschaftlich, politisch, kulturell). Diese Gemeinsamkeiten und Bindungen werden von den Angehörigen der Nation positiv bewertet und teilweise leidenschaftlich gewollt. Nationen haben oder wollen eine gemeinsame staatliche Organisation und grenzen sich von anderen Nationen ab. Staatsbürgernationen („subjektive" Nation) haben sich in einem vorhandenen Staatsgebiet durch gemeinsames politisches Handeln entwickelt (z. B. Frankreich). Kulturnationen („objektive" Nation, Volksnation) verfügen über sprachlich-kulturelle Gemeinsamkeiten (z. B. eine Nationalliteratur) und Nationalbewusstsein, nicht jedoch unbedingt über einen Nationalstaat (z. B. Deutschland vor 1871, Polen vor 1918).

Nationalismus: Als wissenschaftlicher Begriff die auf die moderne Nation und den Nationalstaat bezogene politische Ideologie zur Integration von Grossgruppen durch Abgrenzung von anderen Grossgruppen. Der demokratische Nationalismus entstand in der Französischen Revolution und war verbunden mit den Ideen der Menschen- und Bürgerrechte, des Selbstbestimmungsrechts und der Volkssouveränität. Der integrale Nationalismus entstand im letzten Drittel des 19. Jahrhunderts und setzte die Nation als absoluten, allem anderen übergeordneten Wert. Zur politischen Macht wurde er insbesondere in der Zeit zwischen dem Ersten und Zweiten Weltkrieg. Daraus hat sich die negative Besetzung des Begriffs in der politischen Öffentlichkeit nach dem Zweiten Weltkrieg ergeben, in der Nationalismus in der Regel als übersteigerte und aggressive Form des Nationalgefühls verstanden wird (Chauvinismus).

Nationalitäten: Völkerrechtliche Bezeichnung für nationale (ethnische) Minderheiten in einem Staat. Als Nationalitätenstaaten werden solche Staaten bezeichnet, in denen eine Vielzahl von Nationalitäten leben, im 19. Jahrhundert z. B. Österreich-Ungarn oder Russland.

Nationalstaat: Bezeichnung für die annähernde Übereinstimmung von Staat und Nation durch die staatliche Konstituierung einer Nation. Der Nationalstaat löste im 19. Jahrhundert weitgehend den frühneuzeitlichen Territorialstaat ab. In der Regel, aber in unterschiedlichen Mischungsverhältnissen, spielten dabei sowohl ethnisch-kulturelle Gesichtspunkte als auch das Prinzip der Volkssouveränität und der Selbstbestimmung eine Rolle.

Naturrecht: Das in der „Natur" des Menschen begründete, ihr „entspringende" Recht, das dem positiven oder „gesetzten" Recht gegenübersteht und ihm übergeordnet ist. Historisch wurde das Naturrecht zur Begründung entgegengesetzter Positionen benutzt, und zwar abhängig vom jeweiligen Menschenbild: Entweder ging man davon aus, dass alle Menschen von Natur aus gleich oder umgekehrt, dass alle Menschen von Natur aus ungleich seien. Die griechischen Sophisten leiteten aus dem Naturecht das Recht des Stärkeren ab; Aristoteles rechtfertigte damit die Sklaverei. In der Neuzeit wurde es sowohl zur Legitimation des absoluten Fürstenstaates (Recht des Stärkeren) benutzt als auch, über die Begründung des Widerstandsrechts, zu dessen Bekämpfung (Gleichheit aller Menschen). Für die politische Theorie der Neuzeit sind die aus dem Naturrecht entwickelten Begriffe Souveränität und Gleichheit zentral.

Neutralität: Völkerrechtliche Rechtsstellung eines Staates, der es sich zum Grundsatz gemacht hat, keine Kriege anzuzetteln und sich von kriegerischen Auseinandersetzungen fernzuhalten. Neutrale Staaten können aber zur Selbstverteidigung eine Armee unterhalten. Auch der Beitritt zur UNO und die Teilnahme an Sanktionen sind mit der Neutralität vereinbar. Zwar hat die Neutralität offiziell keine Auswirkungen auf die Wirtschaftspolitik und die Berichterstattung in der Presse, dennoch wird von einem neutralen Staat erwartet, dass er alle Kriegsparteien gleichbehandelt. Dies führt immer wieder zu Diskussionen über die Definition von Neutralität. Diese bezieht sich auf den Staat als politische Einheit und nicht auf Einzelpersonen. Die Schweiz hat sich seit 1815 zur Neutralität verpflichtet.

Obligationenrecht: Teil des Schweizer Zivilgesetzbuches seit 1911. Es regelt die Schuldverhältnisse zwischen Rechtspersonen. Schuldverhältnisse sind zum Beispiel Kauf, Tausch, Miete, Darlehen, Arbeitsverträge etc.

Offene Tür (Politik der offenen Tür): Vor allem von den USA betriebene Form der Aussen- und Wirtschaftspolitik. Sie sollte den Freihandel für alle Länder garantieren und richtete sich gegen die formelle Kolonialreichsbildung durch die europäischen Mächte.

Öffentliche Meinung, Öffentlichkeit: Gesamtheit der von den Bürgern eines Staates öffentlich vertretenen und formulierten Ansichten. Die öffentliche Meinung entstand mit der Aufklärung in England und Frankreich in Klubs, Parlamenten und Presse. Sie ist angewiesen auf Meinungs-, Presse- und Wissenschaftsfreiheit. Regierung, Parteien, Verbände versuchen über die Massenmedien (Presse, heute auch Radio, Fernsehen und Internet) seit dem 19. Jahrhundert die öffentliche Meinung in ihrem Sinne zu beeinflussen und so politische Mehrheiten zu gewinnen.

Panslawismus: Zu Beginn des 19. Jahrhunderts entstand die Vorstellung von einem Bund aller Slawen, die zu diesem Zeitpunkt zu einem grossen Teil unter türkischer oder österreichischer Herrschaft standen. In Russland setzte eine Propaganda ein, Russland müsse die Schutzmacht aller slawischen Völkerschaften werden. Die einen verlangten vom Zarenreich die Befreiung aller Brudervölker und deren Unabhängigkeit, die durch ein Bündnis mit Russland gewährleistet werden sollte. Andere begründeten den Führungsanspruch des Slawentums damit, der Westen sei greisenhaft und ungläubig geworden; den wahren Glauben verkünde nur die orthodoxe Kirche.

Partei: Gruppe von politisch Gleichgesinnten, die sich organisieren, um auf die Politik Einfluss zu nehmen. Die meisten Parteien haben ein klares Programm, führen Versammlungen durch und schicken Vertreter in Parlament und Regierung.

Patriotismus: Als Patrioten (Vaterlandsfreunde; griech. *patriotes* = Landsmann, Mitbürger) bezeichneten sich in Frankreich die Anhänger der Revolution von 1789, in Deutschland die Anhänger der Befreiungskriege 1813/14. Ein Patriot setzt sich aktiv und mit gefühlsbetonter Hingabe für das Wohl des Vaterlandes ein; in Notlagen ist er bereit, freiwillig das Vaterland mit der Waffe zu verteidigen.

Patriziat: Oberschicht aus einflussreichen Familien, die die wichtigen Ämter und Ratssitze innehatten und immer wieder neu unter sich verteilten.

Pazifismus: Bezeichnung für eine politische Bestrebung, die die Ausschaltung des Krieges aus dem Völkerleben zum Ziel hat. Dabei strebt eine Gruppe die Errichtung internationaler Organisationen zur Kriegsverhinderung an, eine andere lehnt grundsätzlich jede vorbereitende Form für eine mögliche Kriegsführung ab (Kriegsdienstverweigerung). Der Pazifismus hat in christlichen und humanistischen bzw. aufklärerischen Ideen seine Grundlagen. Vor allem Ende des 19. Jahrhunderts entwickelte er sich durch die Friedensgesellschaften.

Pentarchie: Bezeichnung (griech. = Fünfherrschaft) für das Mächtesystem der fünf europäischen Grossmächte Grossbritannien, Frankreich, Russland, Österreich, Preussen bzw. Deutsches Reich, das von der Mitte des 18. Jahrhundert bis 1914 Europa beherrschte.

Pfründe: Im kanonischen Recht ein kirchliches Amt und gleichzeitig das Recht, von den Erträgen, die aus der mit dem Amt verbundenen Vermögensmasse gewonnen wurden, zu profitieren. Manchmal wird damit auch der Lohn des Pfarrers bezeichnet bzw. die ihm gewährte Nahrung und Verköstigung.

Produktionsmittel: In der sozialistischen Wirtschaftslehre: alle Arbeitsmittel (Werkzeuge, Maschinen) und Arbeitsgegenstände (Rohstoffe und natürliche Grundlagen wie Boden oder Tiere), die für den Produktionsprozess von einem Arbeiter benötigt werden, um Güter herzustellen.

Proporzwahlrecht: Wahlrecht, bei dem die Stimmen vor allem an die Parteien gehen. In einem ersten Schritt wird ermittelt, wie viele Sitze eine Partei demnach erhalten wird. Anschliessend werden innerhalb der einzelnen Parteien jenen Kandidatinnen und Kandidaten mit den meisten Stimmen die von der Partei erworbenen Sitze zugeteilt. Der Vorteil ist, dass auch kleinere Parteien die Möglichkeit haben, gewählt zu werden (s. auch Majorzwahlrecht).

Protektionismus: Bezeichnung für wirtschaftspolitische Massnahmen eines Staates zur Abwehr ausländischer Konkurrenz. Protektionismus ist der Gegensatz liberaler Freihandelspolitik (s. dort). Neben der Setzung von technischen Normen, die Importgüter erfüllen müssen, sind Zölle das wirksamste Instrument, um die heimische Wirtschaft und ihren Absatz zu schützen. Schutzzölle können zum Ziel haben,

1. als vorübergehende Massnahme den Aufbau eigener Wirtschaftszweige vor zu früher Konkurrenz abzuschirmen und
2. ausländische Konkurrenz eigener, bereits entwickelter Wirtschaftszweige zu bekämpfen.

In der Zwischenkriegszeit des 20. Jahrhunderts führte die protektionistische Politik fast aller Industriestaaten zu einem Zusammenbruch des Welthandels.

Protektorat: Gemeint ist erstens die Schutzherrschaft eines Staates über einen anderen; zweitens wird auch ein beherrschter Staat als Protektorat bezeichnet. Theoretisch bleibt er souverän, doch in der Regel wird unter dem Vorwand des Schutzes das schwächere Gebiet unterworfen.

Protoindustrialisierung: „Industrialisierung" vor der Industrialisierung. Gemeint ist die ausschliesslich für den Markt, d.h. nicht für den Eigenverbrauch, und nach kommerziellen Gesichtspunkten, aber noch nicht mit Maschinen organisierte dezentrale Produktion von Gütern. Damit war vor allem die Herstellung von Leinenstoffen gemeint, insbesondere in solchen Familien, die vom Ertrag ihrer „ersten" Arbeit nicht existieren konnten, z. B. Dorfhandwerker, Dorfschankwirte oder Dorfkrämer. Der im 18. Jahrhundert relativ gute Verdienst in Regionen mit ausgedehntem ländlichen Heimgewerbe führte zu einer tiefgreifenden Umgestaltung der dörflichen Lebenswelt. Das Heiratsalter sank, die Familiengrössen nahmen rasch zu, die Bedeutung der Landwirtschaft verringerte sich. Das Ende der Protoindustrialisierung kam mit der industriellen, d.h. mit Maschinen betriebenen Produktion von billigeren Baumwollstoffen. Die eigentliche Industrialisierung vollzog sich aber in der Regel in anderen Wirtschaftszweigen. Ein literarisches Beispiel für den Niedergang des ländlichen Heimgewerbes sind „Die Weber" von Gerhart Hauptmann.

Puritanischer Protestantismus: Der Puritanismus war eine im 16. Jahrhundert entstandene offene religiöse Bewegung innerhalb der anglikanischen Kirche. Sie wollte die Reformation, die unter Königin Elisabeth I. stattgefunden hatte, noch weiter führen. Die Puritaner – dem Calvinismus nahestehend – verstanden sich als Auserwählte, die durch Selbstdisziplin, Fleiss und Introspektion die Bekehrung anstrebten. Das Bewusstsein, auserwählt zu sein, gab ihnen ein Gefühl der Überlegenheit im Kampf gegen die Verderbtheit der Welt. Als „puritanisch" galt, was den Werten des Puritanismus entsprach.

Quäker: Im 17. Jahrhundert in England gegründete reformatorische Bewegung, die sich „religiöse Gemeinschaft der Freunde" nannte. Angeblich wegen ihres Zitterns während des Gottesdienstes wurden sie als „Quaker" (engl. *to quake* = beben, zittern) verspottet. Diese Bezeichnung hat sich aber allgemein durchgesetzt. Es gibt verschiedene Strömungen, wobei allen Quäkern gemeinsam ist, dass sie als Pazifisten keinen Militärdienst leisten und keine Eide ablegen. Das hat sie häufig in Konflikt mit dem Staat gebracht. Bereits im 18. Jahrhundert haben die Quäker gegen die Sklaverei und für die Gleichberechtigung der Frauen gekämpft.

Radikale: In der Schweiz des 19. Jahrhunderts der fortschrittlicher Flügel der Liberalen, der sich von den „Gemässigten" dadurch unterschied, dass sich seine Mitglieder radikaler gegen die Katholisch-Konservativen und den Einfluss der Kirche stellten und die Volksrechte konsequent auf allen politischen Ebenen umsetzen wollten. Während sich gewisse gemässigt Liberale als Wirtschaftsbarone bereicherten und im Parlament und in der Regierung ihre Vorrangstellung auch mit nichtdemokratischen Mitteln zu verteidigen suchten, setzten sich die Radikalen für die politische Stimme des „kleinen Mannes" ein. Allgemein bezeichnet der Begriff „Radikale" Menschen mit extremen Auffassungen.

Rassismus: Pseudowissenschaftliche Anwendung der biologischen Unterscheidungen von menschlichen Gruppen gleicher erblicher Merkmale (z. B. der Hautfarbe) auf das gesellschaftlich-politische Leben, wobei die Höher- bzw. Minderwertigkeit verschiedener „Rassen" unterstellt wird. Meist mit Verherrlichung der eigenen und teilweise aggressiver Ablehnung anderer „Rassen" verbunden, mit einem Höhepunkt im nationalsozialistischen Rassenwahn (Antisemitismus).

Rationalismus: Philosophie (lat. *ratio* = Vernunft), die in der kritischen Vernunft die Quelle aller menschlichen Erkenntnis sieht und deshalb eine wichtige Voraussetzung der Aufklärung wurde.

Realpolitik, Realpolitiker: Der Begriff stammt aus dem 19. Jahrhundert und bezeichnet ein politisches Handeln, das an den gegebenen Möglichkeiten orientiert ist. Realpolitik zielt ab auf das rasche Treffen von Entscheidungen und auf eine breite Akzeptanz in der Öffentlichkeit. Es ist die Gegenposition zum ideenbezogenen, an Wertorientierungen ausgerichteten politischen Handeln.

Reconquista: Reconquista ist das spanische Wort für die Rückeroberung der Iberischen Halbinsel durch christliche Heere. 711 hatten die nordafrikanischen Mauren das Reich der Westgoten auf der Iberischen Halbinsel erobert. Nach der Schlacht bei Tours und Poitiers 732 begann der Gegenangriff des Frankenreiches. Karl der Grosse drängte die Mauren an den Ebro zurück, zugleich begannen Angriffe aus den christlichen Rückzugsgebieten in Asturien und Nordwestspanien. Ab dem 11. Jahrhundert wurden die Angriffe der Christen stärker, und 1492 fiel mit dem Emirat Granada die letzte islamische Herrschaft in Spanien.

Reform: Neuordnung: Verbesserung und Umgestaltung von politischen und sozialen Verhältnissen im Rahmen der bestehenden Grundordnung. Hierin, oft weniger in den Zielen, unterscheiden sich Reformen als politisches Mittel von Revolutionen (s. auch dort).

Reichsacht: Eine auf dem Gebiet des Heiligen Römischen Reiches Deutscher Nation durch den Kaiser, das Reichskammergericht oder den König vollzogene Ächtung einer Person. Sie kam zur Anwendung, wenn man gerichtlichen Vorladungen mehrfach nicht folgte, bei Landfriedensbruch, bei Verweigerung gewisser Steuern oder Majestätsverletzung. Die geächtete Person wurde damit aus der Gesellschaft verstossen und konnte straffrei getötet werden.

Reparationen: Die zu leistende Wiedergutmachung (lat. *reparare* = wiederherstellen) der von einem Land verursachten Kriegsschäden an den/die siegreichen Kriegsgegner. Sie können in Form von Geld oder Sachleistungen erbracht werden. Erstmals taucht der Begriff im Ersten Weltkrieg auf.

Repräsentation: Stellvertretende Wahrnehmung politischer Rechte und Pflichten durch dazu legitimierte Vertreter. In der Frühen Neuzeit nahmen die Ständeversammlungen diese Funktion wahr. In modernen Verfassungsstaaten seit dem späten 18. Jahrhundert wird die Vertretung des Volkes durch frei gewählte Abgeordnete ausgeführt. Die Abgeordneten vertreten die ganze Nation und sind an Weisungen nicht gebunden.

Repräsentative Demokratie: Regierungssystem, bei dem das Stimmvolk der Souverän ist, jedoch durch gewählte Deputierte – ein Parlament – vertreten wird und nicht selber im Rahmen von Versammlungen Gesetze verabschiedet.

Republik: Bezeichnung für nichtmonarchische Staatsformen (lat. *res publica* = Angelegenheit des Volkes), mit dem Gedanken der Volkssouveränität verbunden.

Restauration: Wiederherstellung früherer Zustände, z. B. der monarchischen Ordnung eines Staates. Als Epochenbezeichnung für die Jahre 1815 bis 1848 betont der Begriff, dass die staatliche Politik dieser Jahre wichtige Grundsätze der Zeit vor der Französischen Revolution wieder zur Geltung bringen wollte.

Revolution: Meist gewalttätiger Umsturz des politischen Systems, der nicht nur durch einen Austausch von Führungsgruppen, sondern durch den tief greifenden Umbau eines Staates gekennzeichnet ist. Im Unterschied hierzu werden bei einer Reform nur gewisse Veränderungen vorgenommen, ohne dass dabei das Bestehende grundlegend aufgegeben wird (s. Reform). Klassische Beispiele für Revolutionen sind die Amerikanische Revolution 1776, die Französische Revolution 1789 und die Russische Revolution 1917.

Satellitenstaat: Ein eigentlich völkerrechtlich unabhängiger Staat, der aber bezüglich seines politischen Systems und seiner aussenpolitischen Orientierung von einer Grossmacht vollständig beeinflusst und kontrolliert wird.

Schutzzoll: s. Protektionismus

Selbstbestimmungsrecht: Das Recht von Völkern und Nationen, ihre Staatszugehörigkeit frei und ohne fremde Einmischung zu bestimmen (Autonomie). Selbstbestimmung schliesst Selbstregierung ein. Hervorgegangen ist das Selbstbestimmungsrecht aus den Forderungen der Französischen Revolution 1789, in deren Folge das individuelle Recht des Einzelnen auf Nationen übertragen wurde. Diese Forderungen beherrschten das 19. und beginnende 20. Jahrhundert als politisches Programm.

Sklaven/Sklaverei: Menschen, die in völliger persönlicher Abhängigkeit zu ihrem Herrn stehen. Sie sind dessen Eigentum und rechtlich kein Mensch, sondern eine Sache.

Souveränität: Der von Jean Bodin im 16. Jahrhundert geprägte Begriff (lat. *superanus* = darüber befindlich, überlegen) bezeichnet die höchste, unabhängige Staatsgewalt nach innen und aussen (innere und äussere Souveränität). Im Absolutismus war alleiniger Souverän, d.h. Träger aller Staatsgewalt und damit Herrschaftsgewalt, der Fürst. Dagegen gilt in demokratischen Staaten das Prinzip der Volkssouveränität. Alle Gewalt geht vom Volke aus, das seinen Willen direkt oder indirekt durch Abgeordnete zur Geltung bringt. Die Idee der Volkssouveränität setzte sich zuerst in der Amerikanischen und Französischen Revolution durch. Die Volkssouveränität wird nur durch die in der Verfassung festgelegten Menschenrechte beschränkt. Völkerrechtlich, d.h. nach aussen, gilt ein Staat als souverän, der nicht von einer anderen Macht besetzt ist und unabhängig von anderen Staaten handeln kann (Staatssouveränität).

Sozialdarwinismus: Anwendung der biologischen Auslesetheorie (Evolutionstheorie) Charles Darwins (1809–1882) auf das soziale Leben. Nach Darwin überlebt in der Natur immer die anpassungsfähigere Tier- oder Pflanzenart. Übertragen auf die menschliche Gesellschaft werden ihre Entwicklung vom Sozialdarwinismus als Folge natürlicher Selektion beim „Kampf ums Dasein" betrachtet und Konflikte als Auslese- und Anpassungsprozesse interpretiert, in dem die Tüchtigsten und Stärksten siegen. Seit dem Ende des 19. Jahrhunderts wurden auch die Konflikte zwischen einzelnen Staaten und Nationen sozialdarwinistisch interpretiert. Der Sozialdarwinismus war eine der ideologischen Grundlagen des Nationalsozialismus.

Sozialdemokratie: Eine in der ersten Hälfte des 19. Jahrhunderts in vielen Staaten entstandene politische Parteirichtung. Die sozialen Missstände und die Armut, die mit der fortschreitenden Industrialisierung im Arbeitermilieu auftraten, veranlassten Demokra-

ten, die sich für politische und soziale Reformen einsetzten, sich zu organisieren. Sie unterschieden sich von den später auftretenden Kommunisten, die eine Revolution anstrebten. Die deutschen Sozialdemokraten übernahmen in der zweiten Hälfte des 19. Jahrhunderts den Marxismus als ideologische Basis, was die Parteiposition auch in anderen Ländern radikalisierte. In der Schweiz wurde die Partei 1888 gegründet. Sie sah sich als Teil einer internationalen Organisation, was sie in den Augen der Liberalen zu Gegnern des Schweizer Nationalstaats machte. Die Schweizer Sozialdemokraten orientierten sich stark an der deutschen Partei. Entsprechend nahm auch die SP Schweiz 1904 den Marxismus als ideologische Grundlage in ihr Parteiprogramm auf. Obwohl sie die Diktatur des Proletariats offiziell anstrebte, war sie eher reformorientiert und politisierte mittels Referendum und Initiative. 1921 spaltete sich der linke Flügel ab und gründete die Kommunistische Partei der Schweiz. 1935, mit dem Aufkommen der „Fronten" in der Schweiz und der bedrohlichen Entwicklung der Nationalsozialisten mit ihrem Vorgehen gegen die deutsche Sozialdemokratie, strich die SP die Forderung nach der Diktatur des Proletariats aus dem Parteiprogramm. Spätestens mit der Wahl des ersten SP-Bundesrats, 1943, war sie endgültig in die Konkordanzdemokratie integriert.

Sozialdisziplinierung: Die durch die staatlichen Eliten gewollte und angeleitete Veränderung der Menschen in der Frühen Neuzeit. Es ging darum, christliche Moralvorstellungen zu verbreiten, die Arbeitsdisziplin zu heben und die Menschen dazu zu bringen, gewisse Tugenden wie Fleiss, Gehorsam, Zucht und Ordnung zu verinnerlichen. „Liederlichkeit", Verschwendung und Störung der Nachtruhe oder des Gottesdienstes sollten hingegen Schuldgefühle hervorrufen. Die staatliche Sozialdisziplinierung ging mit einem Abbau des kirchlichen Einflusses und einem Ausbau der Bürokratie einher.

Soziale Frage: Der Begriff bezeichnet die Notlage und die ungelösten Probleme vor allem der Industriearbeiter speziell in den frühen Phasen der Industrialisierung. Dazu gehörten: unsichere Arbeitsplätze, häufige Arbeitslosigkeit, niedrige Löhne bei langen Arbeitszeiten, Wohnungselend, Kinderarbeit, fehlende Versorgung bei Krankheit, Invalidität und Tod. Verstärkt wurden die Probleme durch die Trennung von der alten Lebenswelt beim Zug in die Städte und durch die ungewohnte Fabrikarbeit. Lösungsversuche kamen von einzelnen Reformern und den Kirchen, besonders aber vom Staat (Sozialgesetzgebung) und von den Arbeitern selbst (Organisation und Selbsthilfe).

Sozialimperialismus: Der Begriff hat zwei Bedeutungen:

1. Bezeichnung für einen wissenschaftlichen Ansatz zur Erklärung des Imperialismus, der in den innenpolitischen Krisen von Staaten als Folge von Industrialisierung und Demokratisierung eine der zentralen Ursachen des Imperialismus sieht. Mit aussenpolitischen Erfolgen und einem gesteigerten Nationalismus – so die Theorie – versuchte die bürgerlich-adlige Elite ihre Herrschaft gegen die immer stärker werdende politische und gewerkschaftliche Arbeiterbewegung zu behaupten.

2. Eine von Lenin stammende Bezeichnung für jene Teile der europäischen Sozialdemokratie, die im Ersten Weltkrieg ihre jeweilige nationale Regierung unterstützten und damit nach Auffassung Lenins ins imperialistische Lager übergewechselt waren.

Splendid Isolation: Politisches Schlagwort für die Bündnislosigkeit Grossbritanniens vor 1900 (engl. *splendid* = herrlich, *isolation* = Abschliessung, Abgeschiedenheit). Die Tendenz zum freiwilligen Selbstausschluss aus dem internationalen politischen Geschehen und der Abschottung vom Ausland (Isolationismus) war unter anderem seit der Monroe-Doktrin (1823) auch Teil der US-amerikanischen Aussenpolitik.

Staatenbund: Zusammenschluss von Staaten, wobei die einzelnen Staaten ihre eigenständige Staatsgewalt vollständig behalten. Es gibt aber Einrichtungen, in denen eine gemeinschaftliche Politik für alle Mitgliedsstaaten verbindlich festgelegt wird. Diese zentralen Einrichtungen sind aber eher schwach im Vergleich zur Macht der Einzelstaaten oder auch zu einem Bundesstaat. Beispiele für einen Staatenbund sind die USA

Staatsräson: Der Begriff bezeichnet nach Niccolò Machiavelli ein Prinzip, nach dem das Staatswohl Massstab und Ziel staatlichen Handelns ist und Vorrang vor allem anderen hat, selbst wenn es gegen Recht und Moral verstösst.

Stände, Ständeordnung: Stände waren gesellschaftliche Grossgruppen, die sich voneinander durch jeweils eigenes Recht, Einkommensart, politische Stellung, Lebensführung und Ansehen unterschieden und die Gesellschaftsordnung des Mittelalters und der frühen Neuzeit prägten ("ständische Gesellschaften"). Man unterschied vor allem Geistlichkeit (Klerus), Adel, Bürger und Bauern sowie unterständische Schichten. Man versteht darunter aber auch Körperschaften zur Wahrnehmung politischer Rechte, etwa der Steuerbewilligung, in den Vertretungsorganen (Landtagen, Reichs-

tagen) des frühneuzeitlichen "Ständestaates". Der Adel, der Klerus, die Vertreter der Städte und manchmal auch die der Bauern traten als "Stände" gegenüber dem Landesherrn auf. Der Absolutismus höhlte die Rechte der Stände aus. Mit den Revolutionen und Reformen um 1800 verloren die Stände ihre vorherrschende Stellung in Gesellschaft und Politik.

Stehende Heere: Sie entstanden im 17. Jahrhundert und lösten die bis dahin vorherrschenden Söldnerheere ab, die nur in Kriegszeiten aufgestellt wurden. Stehende Heere werden dagegen auch in Friedenszeiten unterhalten, um jederzeit Kriegsbereitschaft sicherzustellen. Sie dienten auch dem Ziel der absolutistischen Fürsten, sich vom Steuerbewilligungsrecht der Stände unabhängig zu machen, und um Kriege ohne deren Zustimmung führen zu können.

Tagsatzung: Die einzige gemeinsame Institution der verschiedenen Orte in der Alten Eidgenossenschaft. Sie fand seit 1713 meist in Frauenfeld statt. Jeder Ort schickte zwei Gesandte, die Zugewandten (s. dort) nur einen. Beschlüsse erforderten Einstimmigkeit, was bei so vielen Bündnispartnern oft schwer zu erreichen war. Die Gesandten stimmten nicht nach freiem Ermessen, sondern nach Instruktionen ihrer Regierungen. Zu den wichtigen Geschäften gehörten die Verwaltung der Gemeinen Herrschaften, die Aussenpolitik und die Verteidigung.

Täufer: Religiöse Bewegung (auch als Wiedertäufer bezeichnet), die im Rahmen der Reformation im 16. Jahrhundert in Zürich entstand und sich vor allem in der Schweiz, in Deutschland und den Niederlanden verbreitete. Den Täufern ging die Reformation nicht weit genug. Gemeinsamkeit der verschiedenen Strömungen war die Erwachsenentaufe. Gläubige sollten sich erst als Erwachsene und freiwillig taufen lassen. Die Täufer gerieten unter anderem mit der Obrigkeit in Konflikt, weil sie Kritik an den sozialen Verhältnissen übten. Auch lehnten sie Eide und den Kriegsdienst ab. Viele Täufer entzogen sich der teilweise erbitterten Verfolgung durch die Behörden durch Auswanderung. Heute werden die verschiedenen Täufergruppen als Mennoniten bezeichnet.

Tauner: Kleinbauern in der Schweiz, die zwar eigenes Land besassen, aber zu wenig, um davon leben zu können. Sie liessen sich daher im Tageslohn bei Grossbauern anstellen, wobei durchaus eine gegenseitige Abhängigkeit bestand: Der Tauner war auf den Lohn (meist Naturalien) angewiesen, der Grossbauer brauchte die Arbeitskraft des Tauners.

Toleranz: Forderung, die politischen, religiösen und

moralischen Meinungen und Handlungen Andersdenkender anzuerkennen, soweit sie nicht die verfassungsmässigen Rechte anderer einschränken. Toleranz setzte sich seit der Reformation zunächst in religiösen Fragen durch und wurde in der Aufklärung zum Prinzip in politischen und gesellschaftlichen Auseinandersetzungen erklärt.

Utopie: Begriff zur Kennzeichnung einer Denkweise, die die Realitätsbezüge von Zukunftsentwürfen bewusst oder unbewusst vernachlässigt. Utopisches Denken als Kritik und Verneinung bestehender gesellschaftlicher Verhältnisse entwirft eine ideale Gegenwelt, die oft religiös begründet wurde, z. B. im Chiliasmus (Glaube an die Wiederkunft Jesu). Seit der Aufklärung verbreiteten sich Sozialutopien, die möglichst rational und vernünftig argumentieren wollten, z. B. im Anarchismus und im Sozialismus.

Verfassung: Grundgesetz eines Staates, in dem die Regeln der Herrschaftsausübung und die Rechte und Pflichten der Bürger festgelegt sind. Demokratische Verfassungen beruhen auf der Volkssouveränität, und dementsprechend kommt die Verfassung in einem Akt der Verfassunggebung zustande, an der das Volk direkt oder durch von ihm gewählte Vertreter (Verfassungsversammlung) indirekt teilnimmt. Eine demokratische Verfassung wird in der Regel schriftlich festgehalten (zuerst in den USA 1787), garantiert die Menschenrechte, legt die Verteilung der staatlichen Gewalt (Gewaltenteilung) und das Mitbestimmungsrecht des Volkes (Wahlrecht, Parlament) bei der Gesetzgebung fest.

Verleger, Verlag: In der hier gebrauchten Bedeutung ein schon lange vor der Industrialisierung bestehender zunftfreier, grosser, aber dezentralisierter Gewerbebetrieb (vor allem im Textilgewerbe), der von Verleger-Kaufleuten geleitet wurde und in dem Heimarbeiter, z. B. ländliche Weber, die unmittelbare Produktion erledigten.

Volk: Gemeinschaft von Menschen mit einer gemeinsamen Herkunft, wird oft synonym mit Nation verwendet. In den romanischen Sprachen (ital. *populo*, frz. *peuple*) und im Englischen (*people*) setzt der Begriff die Anwesenheit einer Anzahl von Menschen voraus. Volk ist in diesem Sinne die Aktivbürgerschaft, die sich mittels Wahl- und Stimmrecht willensmässig äussert. Im Deutschen bezeichnet Volk seit dem letzten Drittel des 18. Jahrhunderts eine feste, unveränderbare Gemeinschaft von Menschen mit gemeinsamen Werten (Sprache, Religion, Kultur, Geschichte). Das Volk selbst ist danach als zusammengeschlossenes Ganzes mit Individualität ausgestattet. Im Staatsrecht heisst die Gesamtheit aller Bürger eines Staates Staatsvolk (lat. *populus*). Daneben ist Volk im Deutschen bis in die Moderne eine Bezeichnung für die sozialen Unterschichten.

Volkssouveränität: Grundprinzip der Legitimation demokratischer Herrschaft, nach dem alle Staatsgewalt vom Volke ausgeht. Entwickelte sich aus der frühneuzeitlichen Naturrechtslehre. Die Ausübung von Herrschaft ist an die Zustimmung des Volkes durch direkte Mitwirkung (Plebiszit) oder durch Wahlen gebunden. Die Volkssouveränität setzte sich in der Amerikanischen und Französischen Revolution als revolutionäres Prinzip gegen die absolute Monarchie durch. Sie wird durch die Geltung der Menschen- und Bürgerrechte eingeschränkt.

Vollberechtigte Orte: Die alte Eidgenossenschaft war ein uneinheitliches Geflecht souveräner Kleinstaaten, die diesem in ganz unterschiedlichem Masse angehörten. Es gab keine gemeinsame Verfassung; zusammengehalten wurde dieser Staatenbund durch eine Vielfalt höchst unterschiedlicher Bundesbriefe und Sonderbündnisse. Den Kern bildeten die dreizehn alten Orte (wobei Unterwalden und Appenzell wiederum in je zwei Hälften geteilt waren) mit ihren Untertanengebieten und den Gemeinen Herrschaften (gemeinsam verwaltete Untertanengebiete). Es waren dies Zürich, Bern, Luzern, Uri, Schwyz, Unterwalden nid dem Wald, Unterwalden ob dem Wald, Glarus, Zug, Solothurn, Freiburg, Basel, Schaffhausen, Appenzell Äussere Rhoden, Appenzell Innere Rhoden.

Wahlrecht: Recht des Volkes, in regelmässigen Abständen durch Wahl von Abgeordneten an der staatlichen Herrschaftsausübung teilzunehmen und diese zu kontrollieren. Unter passivem Wahlrecht versteht man das Recht, als Abgeordneter wählbar zu sein, unter aktivem das Recht zu wählen. Beim direkten Wahlrecht bestimmt der Wähler unmittelbar den zu Wählenden, etwa den Abgeordneten des Wahlkreises, beim indirekten Wahlrecht werden Wahlmänner gewählt, die dann erst den zu Wählenden bestimmen, etwa bei der Wahl des amerikanischen Präsidenten. Der Kampf um die Ausweitung des Wahlrechts auf alle erwachsenen Bürger, unabhängig von Geschlecht, Rasse oder Einkommen, bestimmte das 19. Jahrhundert, da das Wahlrecht in dieser Zeit meistens an eine bestimmte Steuerleistung gebunden (Zensuswahlrecht oder das Dreiklassenwahlrecht in Preussen) und auf die Männer beschränkt war. Das allgemeine und gleiche Wahlrecht für Männer und Frauen wurde in vielen Ländern erst nach 1918 eingeführt.

Wiener Kongress: Versammlung der europäischen Fürsten und Staatsmänner nach dem Ende der Koalitionskriege und dem endgültigen Sieg über Napoleon I. 1814–1815 unter dem Vorsitz von Fürst Metternich. Es überwog dabei das Anliegen, ein Gleichgewicht der Mächte einzurichten und möglichst die vorrevolutionären Zustände wiederherzustellen.

Wormser Edikt: Im Jahr 1521 wurde Luther von Kaiser Karl V. zum Wormser Reichstag vorgeladen, um seine Lehre zu widerrufen. Er lehnte ab, und am 8.5.1521 verhängte Karl V. die Reichsacht über ihn. Alle Schriften Luthers und seiner Mitstreiter wurden verboten und sollten verbrannt werden. Niemand durfte Luther beherbergen oder in irgendeiner Weise unterstützen. Der Kaiser unterzeichnete das Dokument erst am 26.5.1521, als der Reichstag bereits zu Ende ging und viele der daran teilnehmenden Fürsten bereits abgereist waren. Da die Unterschriften einiger Fürsten des Reiches (darunter jene von Luthers Landesherrn Friedrich dem Weisen) fehlten, konnte das Edikt nicht im ganzen Reich durchgesetzt werden.

Zölibat: Das Versprechen, für den Rest des Lebens in Ehelosigkeit zu leben. In der römisch-katholischen Kirche gilt dieses Gelübde für alle Angehörigen des Klerus. Es kommt aber auch in anderen Weltreligionen vor. Die Reformatoren schafften dieses Prinzip ab. Reformierte Pfarrer dürfen heiraten und eine Familie haben.

Zugewandte Orte: Die alte Eidgenossenschaft setzte sich aus den 13 alten Orten und den Zugewandten zusammen. Letztere standen in einem eher lockeren Rechtsverhältnis zum „Kern" und waren in einigen Fällen nur mit einem Teil der Orte verbündet. Zu ihnen gehörten etwa die Fürstabtei St. Gallen, das Wallis und Graubünden.

Zünfte: Eine Zunft ist ein Zusammenschluss von Handwerkern einzelner Gewerbe zu einer Genossenschaft. Im Mittelalter stieg der Bedarf an verschiedenen Waren und Dienstleistungen. Die Handwerker begannen sich auf ein bestimmtes Gebiet zu spezialisieren. So entstanden die Gewerbe der Bäcker, Schmiede, Gerber oder Nadler. Durch Zusammenschluss konnten die einzelnen Gewerbe ihre Ziele besser durchsetzen. Ausserdem bekamen sie dadurch ausreichende und gesicherte Einkünfte und Schutz vor Konkurrenz. Die Zünfte gaben sich bestimmte Regeln wie etwa einheitliche Öffnungs- und Arbeitszeiten, gleiche berufliche Chancen, gleiche Preise, gleiche Qualität und Produktionsmengen. Diese Regeln wurden in Zunftordnungen festgehalten, deren Einhaltung durch den Zunftzwang erfolgte. Ein Geschäft, das sich nicht der entsprechenden Zunft unterordnete, konnte nicht überleben. Waren ohne Zunftstempel waren im Vergleich zu den Waren mit Stempel nichts wert und durften auch nicht verkauft werden.

Zweibund: Bezeichnung für das 1879 zwischen dem Deutschen Reich und Österreich-Ungarn abgeschlossene Defensivbündnis gegen einen russischen Angriff auf Österreich-Ungarn oder einen französischen Angriff auf das Deutsche Reich (wechselseitiger Beistand). 1882 mit Italien zum Dreibund erweitert. Der Zweibund blieb bis 1890 ein reines Verteidigungsbündnis, wandelte sich jedoch unter dem Einfluss der deutschen Politik des „Neuen Kurses" zu einem Bündnis im Kriegsfall.

Methodenübersicht

Schriftliche Quellen – Arbeitsschritte zur Interpretation

1. Leitfrage   Welche Fragestellung bestimmt die Untersuchung der Quelle?

2. Analyse   *Formale Aspekte*
Autor
– Wer ist der Autor (ggf. Amt, Stellung, Funktion, soziale Schicht)?
Quelle
– Wann und wo ist der Text entstanden bzw. veröffentlicht worden?
– Um welche Textart handelt es sich (z. B. Brief, Rede, Vertrag)?
– Was ist das Thema des Textes?
Adressat
– An wen ist der Text gerichtet (z. B. Privatperson, Institution, Machthaber, Öffentlichkeit, Nachwelt)?
Inhaltliche Aspekte
Quelle
– Was sind die wesentlichen Textaussagen (z. B. anhand des gedanklichen Aufbaus bzw. einzelner Abschnitte)?
– Welche Begriffe sind von zentraler Bedeutung (Schlüsselbegriffe)?
– Wie ist die Textsprache (z. B. sachlich, emotional, appellativ, informativ, argumentativ, manipulierend, ggf. rhetorische Mittel)?
– Was ist die Kernaussage des Textes?

3. Historischer Kontext   In welchen historischen Zusammenhang (Ereignis, Epoche, Prozess bzw. Konflikt) lässt sich die Quelle einordnen?

4. Urteilen   *Sachurteil*
Autor
– Welchen politisch-ideologischen Standpunkt nimmt der Autor ein?
– Welche Intention verfolgt der Verfasser der Texte?
Quelle
– Inwieweit ist der Text glaubwürdig?
– Enthält er Widersprüche?
Adressat
– Welche Wirkung sollte der Text bei den Adressaten erzielen?
Werturteil
– Wie lässt sich der Text im Hinblick auf die Leifrage aus heutiger Sicht bewerten?

Robert Rauh, Methodentrainer Geschichte Oberstufe. Quellenarbeit, Arbeitstechniken, Klausurentraining, Berlin (Cornelsen) 2011, S. 17

Karikaturen – Arbeitsschritte zur Interpretation

1. Leitfrage Welche Fragestellung bestimmt die Untersuchung der Karikatur?

2. Analyse *Formale Aspekte*
- Wer ist der Zeichner und/bzw. Auftraggeber (ggf. soziale Herkunft, gesellschaftliche Stellung, Wertmassstäbe)?
- Wann ist die Karikatur entstanden bzw. veröffentlicht worden?
- Gibt es einen Titel oder/und einen Zusatzkommentar?
- Was thematisiert die Karikatur?

3. Inhaltliche Aspekte *Beschreibung*
- Welche Gestaltungsmittel (Figurendarstellung wie Mimik, Gestik, Kleidung, Gegenstände, Symbole, Metaphern, Personifikationen, Vergleiche, Allegorien, Proportionen, Schrift) sind verwendet worden?

Deutung
- Was bedeuten die einzelnen Gestaltungsmittel?
- Was ist die zentrale Bildaussage („Botschaft") der Karikatur?
- Welche Fragen bleiben bei der Deutung offen?

4. Historischer Kontext In welchen historischen Zusammenhang (Epoche, Ereignis, Prozess bzw. Konflikt) lässt sich die Karikatur einordnen?

5. Urteilen
- Welche Intention verfolgten Zeichner bzw. Auftraggeber?
- Für wen wird Partei ergriffen?
- Welche Wirkung sollte beim zeitgenössischen Betrachter erzielt werden?
- Mit welchen anderen bildlichen und textlichen Quellen lässt sich die Karikatur ggf. vergleichen?
- Inwieweit gibt die Karikatur den historischen Gegenstand sachlich angemessen wieder?
- Welche Schlussfolgerungen lassen sich im Hinblick auf die Leitfrage ziehen?
- Wie lässt sich die Karikatur aus heutiger Sicht bewerten?

Robert Rauh, Methodentrainer Geschichte Oberstufe. Quellenarbeit, Arbeitstechniken, Klausurentrainung, Berlin (Cornelsen) 2011, S. 35

Politische Reden – Arbeitsschritte zur Interpretation

1. Leitfrage Welche Fragestellung bestimmt die Untersuchung der Rede?

2. Analyse *Formale Aspekte*
- Wer ist der Redner (Name, ggf. Amt, Stellung, biografische Angaben)?
- Wann und wo wurde die Rede gehalten?
- Um welche Redegattung handelt es sich (z. B. Parlaments-, Wahlkampf-, Parteitags-, Gerichts- oder Festrede)?
- Was ist das Thema der Rede?
- An wen ist die Rede gerichtet (direkte und indirekte Adressaten)?

Inhaltliche Aspekte
- Was sind die wesentlichen Textaussagen (z. B. anhand des gedanklichen Aufbaus bzw. einzelner Abschnitte der Rede)?
- Welche Position vertritt der Redner?
- Welche Kennzeichen weist die Textsprache auf? Welche sprachlich-stilistischen Mittel wurden eingesetzt?

Vortragsweise
- Was charakterisiert die sprachliche Artikulation der Rede? (Stimmlage, Sprechtempo, Betonungen, Pausen)?
- Sind Reaktionen der Zuhörer im Redeprotokoll enthalten (z. B. bei Parlamentsreden)?

3. Historischer Kontext
- Was war der Anlass der Rede?
- Auf welchen historischen Zusammenhang (Epoche, Ereignis, Person, Prozess bzw. Konflikt) bezieht sich die Rede?

4. Historischer Kontext In welchen historischen Zusammenhang (Epoche, Ereignis, Prozess bzw. Konflikt) lässt sich die Karikatur einordnen?

5. Urteilen *Sachurteil*
- Welchen politisch-ideologischen Standpunkt nimmt der Redner ein?
- Welche Intentionen verfolgt er?
- Ist die Argumentation der Rede einleuchtend? Lassen sich Widersprüchlichkeiten, Fehler in der Rede feststellen?

Werturteil
- Wie lässt sich die Rede im Hinblick auf die Leitfrage aus heutiger Sicht bewerten?

Robert Rauh, Methodentrainer Geschichte Oberstufe. Quellenarbeit, Arbeitstechniken, Klausurentraining, Berlin (Cornelsen) 2011, S. 29

Malereien – Arbeitsschritte zur Interpretation

1. Leitfrage   Welche Fragestellung bestimmt die Untersuchung der Malerei?

2. Formale Aspekte
- Wer ist der Maler und/bzw. Auftraggeber (ggf. soziale Herkunft, gesellschaftliche Stellung, Wertmassstäbe)?
- Für welchen Zweck wurde das Bild gemalt?
- Wann ist das Gemälde entstanden?
- Um welche Art von Gemälde handelt es sich?
- Gibt es einen Titel?
- Wer ist der Adressat bzw. sind die Adressaten?

3. Inhaltliche Aspekte

Beschreibung
- Welche Gestaltungsmittel (Figurendarstellung wie Mimik, Gestik, Kleidung, Gegenstände, Symbole, Farbgebung, Komposition, Perspektive, Proportionen, Schrift) sind verwendet worden?

Deutung
- Was bedeuten die einzelnen Gestaltungsmittel?
- Welche Fragen bleiben bei der Deutung offen?

4. Historischer Kontext   In welchen historischen Zusammenhang (Epoche, Ereignis, Prozess bzw. Konflikt) lässt sich die Malerei einordnen?

5. Urteilen
- Welche Intention verfolgte(n) Maler und/bzw. Auftraggeber?
- Welche Wirkung soll beim zeitgenössischen Betrachter erzielt werden?
- Mit welchen anderen bildlichen und textlichen Quellen lässt sich das Bild ggf. vergleichen?
- Inwieweit gibt die Malerei den historischen Gegenstand sachlich angemessen wieder?
- Welche Schlussfolgerungen lassen sich im Hinblick auf die Leitfrage ziehen?
- Wie lässt sich das Bild aus heutiger Sicht bewerten?

Robert Rauh, Methodentrainer Geschichte Oberstufe. Quellenarbeit, Arbeitstechniken, Klausurentraining, Berlin (Cornelsen) 2011, S. 47

Denkmäler

Die Interpretation von Denkmälern sollte vier Aspekte berücksichtigen: Denkmalsplanung, Denkmalssetzung, Denkmalsnutzung, Denkmalsperspektive:

1. Denkmalsplanung
– Wer hat das Denkmal geplant und konzipiert?
– Wer hat das Denkmal künstlerisch gestaltet?
– Woran sollte erinnert werden?
– Aus welchem Anlass wurde es konzipiert?
– Um welchen Denkmalstyp handelte es sich?

2. Denkmalssetzung *Frage nach den Umständen der Errichtung*
– Wann wurde das Denkmal errichtet?
– Wie wurde die Denkmalssetzung gefeiert?
– Wo wurde das Denkmal errichtet?
– Warum gerade an diesem Ort?
– Durch wen wurde das Denkmal aufgestellt?
– Wer waren die Gegner der Denkmalssetzung?

3. Denkmalsnutzung *Frage nach der Gebrauchsgeschichte*
– Wie wurde das Denkmal seit seiner Setzung gebraucht?
– Wer hat das Denkmal bekämpft?
– Wurde das Denkmal verändert oder versetzt?
– Wurde das Denkmal restauriert?

4. Denkmalsperspektive *Frage nach der gegenwärtigen Funktion*
– Welche Rolle spielt das Denkmal im Bewusstsein der Bürgerinnen und Bürger?
– Welche Rolle spielt das Denkmal für den Tourismus?

Geschichtskarten – Arbeitsschritte zur Interpretation

1. Leitfrage Welche Fragestellung bestimmt die Untersuchung der Geschichtskarte?

2. Analyse *Formale Aspekte*
– Welchen Titel trägt die Karte?
– Welche Zeichen werden in der Legende verwendet und was bedeuten sie?
Inhaltliche Aspekte
– Welcher Gegenstand wird thematisiert?
– Welche Zeit stellt die Karte dar?
– Handelt es sich um eine statische oder um eine dynamische Karte?
– Welchen Raum erfasst die Karte?
– Handelt es sich um eine topografische oder thematische Karte?
– Welche Einzelinformationen lassen sich der Karte mithilfe der Legende entnehmen?
– Welche Beziehungen bestehen zwischen den Einzelinformationen?
– Welche weitergehenden Schlüsse lassen sich ziehen?

3. Historischer Kontext Auf welchen historischen Sachverhalt (Epoche, Ereignis, Prozess bzw. Konflikt) bezieht sich die Geschichtskarte?

4. Urteilen
– Welche kartografischen Informationen fehlen?
– Welche thematischen, zeitlichen und räumlichen Aspekte werden unter- bzw. übergewichtet, welche fehlen?
– Welche Gesamtaussage lässt sich hinsichtlich der Leitfrage formulieren?

Robert Rauh, Methodentrainer Geschichte Oberstufe. Quellenarbeit, Arbeitstechniken, Klausurentraining, Berlin (Cornelsen) 2011, S. 83

Statistiken – Arbeitsschritte zur Interpretation

1. Leitfrage Welche Fragestellung bestimmt die Untersuchung der Statistik?

2. Analyse *Formale Aspekte*
- Wer ist der Autor und/bzw. Auftraggeber?
- Wann und wo wurde sie veröffentlicht?
- Was thematisiert die Statistik?
- Welche Darstellungsform (Tabelle oder Diagramm) liegt vor?

Inhaltliche Aspekte
- Welcher geografische Raum bzw. welche Räume werden erfasst?
- Auf welchen Zeitraum bezieht sich die Statistik? Gibt es ggf. Lücken?
- Welche Einheiten (absolute Werte, z. B. Dollar, Tonnen; relative Werte, z. B. Prozent, Index) werden in den Zeilen und Spalten bzw. Graphen verwendet?
- Welche Daten werden wie aufeinander bezogen (z. B. Jahreszahlen und Bevölkerungszahlen)?
- Welche Einzelinformationen (Schwerpunkte, Ausschläge, regelhafte Verläufe, Zusammenhänge; ggf. bei Vergleich von Regionen: Gemeinsamkeiten und Unterschiede) ergeben sich?

3. Historischer Kontext Auf welchen historischen Sachverhalt (Epoche, Ereignis, Prozess) bezieht sich die Statistik?

4. Urteilen
- Welche Intention verfolgte(n) Autor und/bzw. Auftraggeber?
- Worüber gibt die Statistik keine Auskunft?
- Gibt es Hinweise auf Manipulationen?
- Mit welchen anderen Statistiken und/oder Quellen lässt sich die Statistik ggf. vergleichen bzw. überprüfen?
- Welche Gesamtaussage lässt sich im Hinblick auf die Leitfrage formulieren?

Robert Rauh, Methodentrainer Geschichte Oberstufe. Quellenarbeit, Arbeitstechniken, Klausurentrainng, Berlin (Cornelsen) 2011, S. 89

Verfassungsschaubilder – Arbeitsschritte zur Interpretation

1. Leitfrage   Welche Fragestellung bestimmt die Untersuchung des Schaubildes?

2. Formale Aspekte
– Für welchen Staat gilt die Verfassung?
– Wann und durch wen wurde die Verfassung verabschiedet und wann wurde sie in Kraft gesetzt?
– Wie lange war die Verfassung gültig?

3. Inhaltliche Aspekte

Verfassungsorgane
– Welche Verfassungsorgane sind dargestellt?
– Wie sind die Organe zusammengesetzt und welche Aufgaben bzw. Befugnisse besitzen sie?

Machtverteilung
– Welche Auskunft gibt das Schaubild über die staatliche Machtverteilung, die Machtkonzentration und -beschränkung?
– Wie wird die Gewaltenteilung umgesetzt?

Rechte des Volkes
– Wer darf wen wie oft wählen?
– Welche Rechte wurden der Bevölkerung garantiert?

Struktur des Staates
– Um welche Staatsform handelt es sich?
– Beinhaltet die Verfassung föderative oder/und zentralistische Elemente?

4. Historischer Kontext   In welchen geschichtlichen Zusammenhang lässt sich die Verfassung einordnen?

5. Urteilen
– Beurteilung der grafischen Übersichtlichkeit und des inhaltlichen Aussagegehalts des Schaubildes.
– Worüber gibt das Schaubild keine Auskunft?
– Welche Gesamtaussage lässt sich hinsichtlich der Leitfrage formulieren?

Robert Rauh, Methodentrainer Geschichte Oberstufe. Quellenarbeit, Arbeitstechniken, Klausurentrainung, Berlin (Cornelsen) 2011, S. 77

Register

Bildquellen

Cover: Schweizerisches Nationalmuseum
6 o., 8 M 1: akg-images/UIG/PHAS; **10 M 1:** bpk/Hermann Buresch;
11 M 2: Cornelsen/Volkhard Binder; **12 M 1:** Cornelsen/Elisabeth Galas;
12 M 2: bpk/Gemäldegalerie, SM B/Volker-H. Schneider; **13 M 3:** Cornelsen/Carlos Borrell; **14 M 1, 60 o.:** Bridgeman Images//Mondadori Portfolio/Buonarroti, Michelangelo; **15 M 4:** Bridgeman Images/Veneranda Biblioteca Ambrosiana/Mondadori Portfolio; **16 M 1:** akg-images/Erich Lessing; **16 M 2:** bpk/Scala – courtesy of the Ministero Beni e Att. Culturali; **18 M 1:** akg-images/Science Photo Library; **18 M 2:** interfoto e.k./Sammlung Rauch; **19 re.:** akg-images; **19 M 3:** akg-images/Heritage Images/Fine Art Images; **19 M 4:** akg-images/Science Source; **20 M 3:** akg-images; **20 M 2:** mauritius images/alamy stock photo/Andrew Payne;
20 M 1: Bridgeman Images/The Stapleton Collection Straet, Jan van der (Giovanni Stradano); **21 M 6:** Cornelsen/Carlos Borrell; **22 M 2:** akg-images; **22 M 1:** Bridgeman Images/Vinci, Leonardo da; **23 M 3 b):** akg-images/Rabatti & Dominigie; **23 M 3 a):** akg-images/Album/Prisma; **23 M 5 b):** akg-images/Erich Lessing; **23 M 5 a):** Bridgeman Images/Electa/Mondadori Portfolio/Arnaldo Vescovo; **24 M 2:** akg-images/Erich Lessing; **24 M 1:** bpk/Dietmar Katz; **25 M 3:** akg-images; **25 M 4:** Cornelsen/Uwe Rogal; **26 M 1:** interfoto e.k./Sammlung Rauch; **27 M 2:** Cornelsen/Carlos Borrell; **28 M 1 60 2. v. o.:** akg-images; **29 M 2:** akg-images/historic-maps; **30 M 1:** mauritius images/alamy stock photo/Zoonar GmbH;
31 M 2: Bridgeman Images; **32 M 3:** akg-images/De Agostini Picture Lib./G. Dagli Orti; **32 M 2:** akg-images/Roland and Sabrina Michaud; **32 M 1:** bpk/Staatsbibliothek zu Berlin; **33 M 4:** Cornelsen/Carlos Borrell; **34 M 2:** bpk/DeA Picture Library/G. Dagli Orti; **34 M 1:** interfoto e.k./Sammlung Rauch; **35 M 5:** Bridgeman Images/De Agostini Picture Library/G. Dagli Orti; **36 M 2:** laif/hemis.fr/ESCUDERO Patrick;
36 M 1: Bridgeman Images/Granger; **37 M 3:** © Banco de México Diego Rivera Frida Kahlo Museums Trust/VG Bild-Kunst, Bonn 2019; Diego Rivera: Die Landung der Spanier in Veracruz, 1951/bpk/Hermann Buresch; **38 M 1:** Bridgeman Images/Smith, Charles Hamilton (1776–1859) (after); **39 M 2:** Cornelsen/Volkhard Binder; **40 M 2:** akg-images/English Heritage/Heritage-Images/Historic England; **40 M 1:** mauritius images/Tschanz-Hofmann/Tschanz-Hofmann; **41 M 4:** akg-images/Imagno/Ulrich Richenthal; **42 M 1:** akg-images; **43 o. re.:** akg-images/Bildarchiv Monheim; **43 M 3:** bpk/Kunstbibliothek, SMB, **44 M 1, 60 3. v. o.:** akg-images;
46 M 1: Cornelsen/Carlos Borrell; **48 M 1:** bpk/Staatsbibliothek zu Berlin/Ruth Schacht; **49 M 2:** Cornelsen/Carlos Borrell Eiköter; **50 M 1, M 2:** bpk/DeA Picture Library/G. Dagli Orti; **51 M 4:** bpk; **52 M 1, 60 u.:** akg-images; **53 M 4:** laif/Keystone Schweiz/Christian Beutler; **54 M 1:** bpk/DeA Picture Library/G. Dagli Orti; **55 M 2:** mauritius images/alamy stock photo/The History Collection; **56 M 2:** bpk; **56 M 1:** bpk/Deutsches Historisches Museum/Arne Psille; **57 M 3:** Cornelsen/Uwe Rogal; **57 M 5:** Cornelsen/Carlos Borrell; **58 M 1:** bpk/Staatliche Kunstsammlungen Dresden; **59 M 2:** akg-images/André Held; **62 M 1:** bpk/British Library Board; **64 M 1:** bpk/RMN – Grand Palais/Gérard Blot; **65 M 2 a):** akg-images; **65 M 2 b):** Schweizerische Bundeskanzlei; **66 M 2:** bpk/RM N – Grand Palais/Gérard Blot; **66 M 1, 92 o.:** bpk/Christian Jean/RM N – Grand Palais/Jean Schormans; **67 M 3:** akg-images/Jean-Claude Varga; **68 M 1:** akg-images/Erich Lessing; **69 M 2:** akg-images/Erich Lessing; **70 M 1:** Bridgeman Images/The Stapleton Collection French School, (18th century); **71 M 2:** Cornelsen/Peter Kast; **72 M 2:** akg-images/Bildarchiv Monheim; **72 M 1:** mauritius images/Sonдеregger Christof/Prisma/Prisma/Sonеregger Christof; **73 M 4:** bpk/Hermann Buresch; **73 M 3:** Kloster Einsiedeln/P. Bruno Greis; **74 M 1:** akg-images; **75 M 5; 92. 2. v. o.:** bpk; **76 M 1:** akg-images/Science Source; **77 M 2:** Cornelsen/Carlos Borrell; **79 M 1:** Cornelsen/Peter Kast; **79 M 2:** Schweizerisches Nationalmuseum, DIG-2472; **80 M 1, 92 3. v. o.:** mauritius images/alamy stock photo/SFM GM WORLD; **81 M 2:** mauritius images/alamy stock photo/The History Collection; **82 M 1:** Die Familie von Johann Rudolf Stettler, Gemälde von Johann Ludwig Aberli, 1757 (Museum Schloss Jegenstorf); **84 M 1:** akg-images/Science Source; **85 u. re.:** bpk; **86 M 1:** Bridgeman Images; **86 M 2:** akg-images; **88 M 1:** akg-images/Robert Warthmüller; **88 M 2:** akg-images/Erich Lessing; **89** Cornelsen/Carlos Borrell Eiköter; **90 M 1, 92 u.:** mauritius images/alamy stock photo/Art Collection 3/Richard Knötel; **91 M 2:** Cornelsen/Peter Kast; **94 M 1:** akg-images/Hervé Champollion; **96 M 1:** akg-images/Science Source; **96 M 2:** Cornelsen/Peter Kast; **97 M 3:** akg-images; **98 M 4 a):** akg-images/Manuel Cohen; **98 M 4 b):** akg-images/Heritage Images/Historica Graphica Collection; **98 M 4 c) u. d):** akg-images/Science Photo Library; **99 M 6:** akg-images; **100 M 1, 138 o.:** akg-images; **102 M 2:** Cornelsen/Klaus Kühner; **103 M 5 o.:** bpk; **103 M 5 u.:** akg-images; **104 M 1:** bpk; **105 M 2:** akg-images/Science Source; **106 M 5:** akg-images; **106 M 4:** Bridgeman Images//Granger; **107 M 7:** akg-images/Imagno; **108 M 1, 138 2. v. o.:** Bridgeman Images/Currier, N. and Ives, J. M.; **109 M 2:** Bridgeman Images/Granger; **110:** akg-images/Fototeca Gilardi; **111 M 5:** akg-images/F. Godefroy; **6 M. li., 112 M 1:** bpk/Jochen Remmer; **6 Mi. re., 113 M 2:** Cornelsen/Rogal/tiff.any; **6 u., 114 M 3:** Cornelsen/Klaus Kühner; **116 M 1:** akg-images; **118 M 2:** Cornelsen/Peter Kast; **119 M 5:** akg-images/ClassicStock/H. ARMSTRONG ROBERTS; **119 M 6:** akg-images/E. Leutze; **119 M 4:** Cornelsen/Peter Kast; **120 M 1:** akg-images; **122 M 3:** akg-images/Science Source; **123 M 5:** mauritius images/alamy stock photo/Lee Foster; **124 M 1, 138 3. v. o.:** akg-images/Science Source; **125 M 2:** Bridgeman Images/Paul Damien/National Geographic Image Collection; **126 M 5:** akg-images/British Library; **126 M 3:** Cornelsen/Uwe Rogal; **127 M 7:** Cornelsen/Klaus Kühner; **127 M 8:** Bridgeman Images/Granger; **128 M 1:** bpk; **129 M 2:** laif/Luca Zanetti; **130 M 4:** Cornelsen/Uwe Rogal; **131 M 7:** Science Photo Library/Library of Congress; **132 M 1, 138 u.:** Bridgeman Images/Photo © Christie's Images; **132 M 2:** akg-images/WHA/World History Archive; **133 M 3:** mauritius images/alamy stock photo/Archive Pics; **134 M 4:** Cornelsen/Klaus Kühner; **135 M 8:** Bridgeman Images/Taylor Horace; **135 M 7:** Cornelsen/Uwe Rogal; **136 M 1:** Bridgeman Images/Photo © Christie's Images; **137 M 2:** Bridgeman Images/Photo Caroline P Digonis; **140 M 1:** akg-images; **142 M 1, 176 o.:** akg-images/Erich Lessing; **143 M 2:** Bridgeman Images//Granger; **145 M 4:** Bridgeman Images/Granger; **146 M 1, 176 2. v. o. :** akg-images/Jacques-Louis David; **146 M 2:** akg-images; **147 M 3:** Cornelsen/Uwe Rogal; **148 M 4:** bpk; **149 M 7:** akg-images; **150 M 1:** akg-images; **151 M 2:** bpk; **152 M 4:** akg-images; **153 M 7:** akg-images; **153 M 8:** Cornelsen/Uwe Rogal; **154 M 1:** Bridgeman Images; **156 M 1:** bpk/BnF, Dist. RMN-GP; **156 M 2:** bpk; **157 M 3:** akg-images; **158 M 4:** akg-images/Heritage Images/Fine Art Images; **159 M 8:** Museum für Gestaltung Zürich, Plakatsammlung, ZHdK/Lithografie von Donald Brun; **160 M 1:** akg-images; **161 M 2, 161 3. v. o.:** akg-images/Jacques-Louis David; **162 M 5:** Cornelsen/Uwe Rogal; **163 M 6:** Bridgeman Images//Photo CCI; **164 M 1:** Cornelsen/Carlos Borrell; **165 M 2:** Bridgeman Images/Habermann, Franz von; **167 M 6:** bpk/Kunstbibliothek, SMB/Knud Petersen; **167 M 7:** akg-images/Théodore Gericault; **168 M 1:** Schweizerisches Nationalmuseum, DIG-42290; **169 M 2:** Cornelsen/Uwe Rogal, Berlin; **170 M 3 b)** Schweizerisches Nationalmuseum, DIG-26157/Balthasar Anton Dunker; **170 M 3 a)** Schweizerisches Nationalmuseum, DIG-3735/Laurent Louis Midart; **171 M 5:** akg-images; **173 M 1:** Cornelsen/Peter Kast; **174 M 2, 176 u.:** Schweizerisches Nationalmuseum, DIG-3019/David Hess; **175 M 4:** Schweizerisches Nationalmuseum, DIG-16730/David Hess; **178 M 1:** bpk/Frédéric Sorrieu; **180 M 1:** bpk/Kupferstichkabinett, SMB/Jörg P. Anders; **181 M 2:** interfoto e.k./Sammlung Rauch; **182 M 4, 234 o.:** akg-images; **183 M 9:** interfoto e.k./Sammlung Rauch; **183 M 8:** Bridgeman Images/Selva//Leemage; **184 M 1, 234 2. v. o.:** Bridgeman Images/De Agostini Picture Library; **185 M 2:** interfoto e.k./Sammlung Rauch; **186 M 6:** akg-images; **186 M 4:** Bridgeman Images; **188 M 1, 234 3. v. o.:** Bridgeman Images; **190 M 2:** bpk/Kunstbibliothek, SMB/Dietmar Katz; **192 M 2:** bpk/Hermann Buresch; **192 M 1:** akg-images/Imagno; **194 M 3:** Cornelsen/Carlos Borrell; **195 M 5:** Bridgeman Images/De Agostini Picture Library/A. Dagli Orti; **196 M 1:** F1online/Imagebroker RM; **198 M 3:** Schweizerisches Nationalmuseum, DIG-7045/David Hess; **199 M 4:** Cornelsen/Carlos Borrell; **200 M 2:** yourphototoday/EAG Günter Gräfenhain; **200 M 1:** akg-images/Albert Anker; **202 M 4:** David Hess, Das neue Verhältnis des Herrn Schullehrers zum Pfarrer, 1834/1839, Aquarell auf Papier, Kunsthaus Zürich, Grafische Sammlung; **203 M 7:** akg-images; **203 o.:** mauritius images/alamy stock photo/Historic Images;

204 M 1: Zentralbibliothek Zürich, Graphische Sammlung und Foto-
archiv; 205 M 2: bpk/adoc-photos; 206 M 3: Cornelsen/Uwe Rogal;
207 M 7: interfoto e.k./Austrian National Library; 207 M 5, 234 u.: interfoto e.k./Bildarchiv Hansmann; 208 M 1: mauritius images/alamy stock
photo/The History Collection; 209 M 2: interfoto e.k./Sammlung Rauch;
211 M 7: interfoto e.k./TV-Yesterday; 212 M 1: akg-images; 214 M 3:
Schweizerisches Nationalmuseum, GBE-55010; 215 M 5: Cornelsen/Uwe
Rogal; 216 M 1: akg-images; 217 M 2: akg-images/De Agostini Picture Library; 218 M 3: akg-images; 219 M 6: bpk; 220 M 1: bpk/H. Schnaebeli;
221 M 2: akg-images/Konrad Siemenroth; 222 M 3: Cornelsen/Volkhard
Binder; 223 M 7: akg-images; 224 M 1: akg-images/Bildarchiv Monheim;
225 M 2: akg-images; 226 M 3: akg-images/Sammlung Berliner Verlag/
Archiv; 227 M 7: bpk/Kunstbibliothek, SMB/Eduard Thöny; 228 M 1: akg-
images/Fototeca Gilardi; 229 M 2: akg-images; 229 M 3: akg-images/Foto-
teca Gilardi; 230 M 4: Cornelsen/Carlos Borrell; 231 M 7: akg-images/epd-
bild; 231 M 9: Bridgeman Images/Granger; 232 M 1: www.colourbox.de/
Fotoember; 236 M 1: bpk/Hans-Joachim Bartsch/Carl-Eduard Biermann;
238 M 2: akg-images/Album/Prisma; 238 M 1: Bridgeman Images;
239 M 3: akg-images/Fototeca Gilardi; 240 M 4, 280 o.: akg-images/Heri-
tage-Images/Oxford Science Archive; 240 M 5: Bridgeman Images;
240 M 7: Cornelsen/Uwe Rogal; 242 M 1: Bridgeman Images/James Hargreaves; 243 M 2: Bridgeman Images; 244 M 5: Cornelsen/Carlos Borrell;
245 M 8: interfoto e.k./Sammlung Rauch; 246 M 1, 280 2. v. o.: Arkivi;
248 M 2: Cornelsen/Carlos Borrell; 7 o., 250 M 1 b), c), d): Cornelsen/
Markus Kluger; 252 M 1: OKAPIA KG/Imagebroker; 253 M 2: akg-images;
254 M 5: Cornelsen/Elisabeth Galas; 255 M 6: stock.adobe.com/Juergen;
255 M 7, 280 3. v. o.: Bridgeman Images/Photo Ken Welsh; 256 M 1:
Bridgeman Images; 258 M 5: akg-images; 259 M 8: bpk/adoc-photos;
260 M 1: interfoto e.k./Sammlung Rauch; 262 M 2: Cornelsen/Uwe Rogal;
263 M 5: mauritius images/age fotostock/edpics; 264 M 1: Bridgeman
Images; 265 M 2: Bridgeman Images/S. Bianchetti/Leemage; 266 M 3: akg-
images; 268 M 1, 280 u.: Bridgeman Images/Universal History Archive/
UIG; 269 M 2: Bridgeman Images; 270 M 4, M 5: Cornelsen/Uwe Rogal;
270 M 3: Cornelsen/Peter Kast; 271 M 8: Bridgeman Images; 272 M 1:
Arkivi; 273 M 2: Bridgeman Images/Universal History Archive/UIG;
274 M 3: Cornelsen/Carlos Borrell Eiköter, Berlin; 275 M 7: Cornelsen/Uwe
Rogal; 276 M 1: interfoto e.k./Sammlung Rauch; 278 M 4: Staatsarchiv
Basel-Stadt, Hö B 169 (Foto: Jakob Höflinger-Hirth); 279 M 6: akg-images/
Heritage-Images/The Print Collector; 282 M 1: dpa Picture-Alliance/ull-
stein bild; 284 M 1: Bridgeman Images//Granger; 285 M 2: Leemage/
Fotofinder.com; 286 M 3: Cornelsen/Volkhard Binder; 287 M 7: akg-ima-
ges/Science Photo Library; 287 M 8: dpa Picture-Alliance/Keystone;
289 M 2: akg-images/Peter Weiss; 290 M 3: Cornelsen/Carlos Borrell;
290 M 4: Cornelsen/Peter Kast; 291 M 7: akg-images; 7 M i. li. o., 292 M 1,
328 o.: Bridgeman Images/Arkivi UG All Rights Reserved; 294 M 2: Cor-
nelsen/Carlos Borrell; 296 M 1: akg-images/Science Source; 297 M 2: Science Photo Library/Bildagentur-Online/TH Foto; 298 M 3: Scherl/Süd-
deutsche Zeitung Photo; 7 M i. li. 2. v. o., 299 M 5, 328 2. v. o.:
culture-images GmbH/fine art images/Udo J. Kepler/in Privatsammlung;
299 M 6: akg-images; 7 M i. li. 3. v. o., 300 M 1, 328 3. v. o.: Bridgeman Ima-
ges/Granger; 301 M 2: Bridgeman Images/Granger; 302 M 3: Bridgeman
Images/Pictures from History; 303 M 5: bpk/Kunstbibliothek, SMB;
304 M 1: bpk; 304 M 2: Cornelsen/Carlos Borrell; 305 M 3: interfoto e.k./
Sammlung Rauch; 306 M 4: akg-images; 307 M 9: bpk/Deutsches Historisches Museum; 308 M 1: Bridgeman Images/S. Bianchetti/Leemage;
309 M 2: Bridgeman Images/W. A. Rogers; 309 M 3: mauritius images/
alamy stock photo/Chronicle of World History/Georges Ferdinand Bigot;
310 M 4: Cornelsen/Volkhard Binder; 311 M 7: Cornelsen/Carlos Borrell
Eiköter; 7 M i. li. 4. v. o., 312 M 1, 328 4. v. o.: bpk; 313 M 2: Bridgeman
Images; 314 M 3 a) u. b): Cornelsen/Carlos Borrell; 315 M 6: mauritius
images/alamy stock photo/Historic Collection; 315 M 7: dpa Picture-Alli-
ance/WZ-Bilddienst; 316 M 1: Bridgeman Images/Universal History Archi-
ve/UIG; 317 M 2: bpk/M . Bätz; 317 M 3: interfoto e.k./Sammlung Rauch;
318 M 5: Cornelsen/Carlos Borrell; 319 M 6: dpa Picture-Alliance/Ruben
Mühlenbruch; 320 M 1: Cornelsen/Carlos Borrell; 321 M 2: bpk;
321 M 3: akg-images/WHA/World History Archive; 323 M 8: bpk/Kunstbi-
bliothek, SMB/Dietmar Katz; 323 M 9: akg-images; 323 M 7: Cornelsen/
Uwe Rogal; 323 M 6: Cornelsen/Volkhard Binder; 324 M 1: Bridgeman
Images; 7 M i. li. u., 325 M 2, 328 u.: Bridgeman Images; 326 M 5: akg-images; 326 M 3: Cornelsen/Carlos Borrell; 327 M 9: Cornelsen/Carlos Borrell;
7 M i. re., 329 M 1: Arkivi; 330 M 1: akg-images/Erich Lessing; 332 M 1:
Bridgeman Images; 333 M 2: Bridgeman Images/SZ Photo; 334 M 5: interfoto e.k./Sammlung Rauch; 336 M 1, 360 o.: bpk; 337 M 3: Cornelsen/
Carlos Borrell; 337 M 2: Bridgeman Images/Arkivi UG All Rights Reserved;
339 M 5: Scherl/Süddeutsche Zeitung Photo; 339 M 6: akg-images;
340 M 2: akg-images/Science Source; 340 M 1: Cornelsen/Peter Kast;
341 M 3, 360 2. v. o.: Scherl/Süddeutsche Zeitung Photo; 343 M 5: Cornel-
sen/Peter Kast; 344 M 1: Scherl/Süddeutsche Zeitung Photo; 345 M 2:
Scherl/Süddeutsche Zeitung Photo; 345 M 4, 360 3. v. o.: mauritius ima-
ges/alamy stock photo/Shotshop GmbH; 345 M 3: bpk/Coll. O. Calonge/
adoc-photos; 347 M 6: Bridgeman Images; 348 M 1 b): Bridgeman Images/
Galerie Bilderwelt/Roller, Alfred; 348 M 1 a): Bridgeman Images/The
Stapleton Collection/Thomas, Bert P.S.; 349 M 2: dpa Picture-Alliance/ZB/
Berliner Verlag; 349 M 3: bpk; 351 M 7: bpk; 351 M 9: akg-images/Samm-
lung Berliner Verlag/Archiv; 351 M 10: bpk/Deutsches Historisches Museum; 352 M 2: Bridgeman Images; 352 M 1: Bridgeman Images/Granger;
353 M 3: bpk/Staatsbibliothek zu Berlin; 354 M 4: bpk; 355 M 7: Shutter-
stock.com/Everett Historical; 356 M 1: United Archives/TopFoto/Süd-
deutsche Zeitung Photo; 357 M 2: Schweizerisches Sozialarchiv,
Sozarch_F_Ka-0001-724; 358 M 4, 360 u.: UIG/Fotofinder.com;
359 M 8: VG Bild-Kunst, Bonn 2019; Otto Baumberger: Plakat Original
Weck/akg-images; 359 M 9: Staatsarchiv des Kantons Bern, T.137

Karten:
Dr. Volkhard Binder, Telgte: 222, 286, 310, 323; Carlos Borrell Eiköter, Berlin: 89, 194, 199, 244, 248, 290 (M 4), 294, 304, 314 a, 314 b, 318, 320, 326
(1), 326 (2), 327, 337; Peter Kast, Wismar: 71, 77, 79, 96, 118, 119, 173, 270,
290 (M 5), 340, 343 (1), 343 (2): Klaus Kühner, Hamburg 91, 102, 114, 127,
134, 164, 230

Grafiken:
Dr. Volkhard Binder: 11; Elisabeth Galas, Bad Breisig: 12, 254; Erfurth Kluger Infografik GbR, Berlin: 250; Uwe Rogal, Berlin: 57, 113, 126, 130, 135,
147, 153, 162, 169, 206, 262, 270, 275, 323